Refo 500 성경 해설 1

모세오경

Refo 500 성경 해설 시리즈는 종교개혁 500주년을 맞아 **〈고신 Refo 500 준비위원회〉**가 기획하고 **〈세움북스〉**가 협력하여 출간하게 되었습니다. 건강한 개혁주의 신학을 담고 있는 본서가 한국교회를 말씀 위에 바로 세우는 유익하고 좋은 도구가 되길 소망합니다.

Refo 500 성경 해설 시리즈 ❶

Refo 500 성경 해설 : 모세오경

초판 1쇄 발행 2017년 9월 30일

지은이 | 박우택
펴낸이 | 강인구 · 고신 Refo 500 준비위원회
감 수 | 김성수 문장환 박영호

펴낸곳 | 세움북스
등 록 | 제2014-000144호
주 소 | 서울시 마포구 양화로 78, 502호(서교동, 서교빌딩)
전 화 | 02-3144-3500
팩 스 | 02-6008-5712
이메일 | cdgn@daum.net

교 정 | 김민철 이윤경
디자인 | 참디자인

ISBN 979-11-87025-21-4 (03230)
979-11-87025-20-7 (03230) 세트

Refo 500 성경 해설 시리즈 1

Refo 500 성경 해설

박우택 지음

1 모세오경
The Pentateuch

세움북스

저자 서문

종교개혁 500주년을 맞아 그 의미를 바르게 진단하는 일은 복된 미래를 열어가는 초석이 된다. 종교개혁이 어떤 의미를 가지고 있는지 '세계 레포 500'에서 자문학자들이 "2017년 종교개혁 500주년을 위한 진단과 전망"을 23개 항목으로 발표한 바가 있다. 그중에 이 책의 핵심과 관련된 몇 가지 내용을 요약하면 다음과 같다.

> 종교개혁은 오직 믿음으로 하나님께 의롭다 함을 받음으로 직접 하나님 앞에 서 있는 존재로서 사람을 발견하게 했다. 이러한 사람의 존재, 그 자유와 책임에 대한 언급은 교회와 기독교를 넘어 사회 각 분야, 특히 문화, 학문, 교육, 법, 정치, 경제 영역에 영향을 미쳤다. 그리고 사람이 하나님 앞에 서 있다는 사실은 자신이 믿는 것을 이해하고 자신의 믿음에 관해 설명할 수 있다는 점을 포함하기 때문에 종교개혁의 중심적인 관심사는 성경과 설교였다. 그래서 성경이 일반 대중의 언어로 번역되고 성경에 근거한 강해설교가 예배의 필수불가결한 요소가 되었다. 이 기본 신념은 그리스도인을 양성하기 위해 교육의 필요성을 불러일으켰다.

자문학자들의 이 진단은 옳을 뿐만 아니라 매우 중요하다고 생각한다. 성경을 가르칠 때 하나님 앞에 서 있는 존재로서 자기 자신을 발견하게 하고, 그 사람으로 하여금 하나님이 원하시는 새로운 세상, 곧 하나님 나라를 건설하게 할 수 있다고 믿기 때문이다.

종교개혁의 표어(motto)는 '오직 성경'(sola scriptura), '오직 믿음'(sola fide), '오직 은혜'(sola gratia)다. 이 중 첫 번째 '오직 성경'은 나머지 2개의 표어를 올바른 방향으로 이끄는 가장 중요한 요소다. 성경은 우리가 믿어야 할 믿음의 내용과 하나님이 우리를 구원하여 하나님 나라에 살게 하시는 은혜와 그 은혜를 받은 자의 자유와 책임을 기록하기 때문이다.

당시 종교개혁자들은 '오직 성경'이라고 말했지만 오늘날 불행하게도 다수의 가르치는 자들은 원저자이신 하나님의 의도와 상관없이 그들의 주관적인 생각에 따라 가르쳤다. 그래서 성도들로 하여금 성경을 바르게 읽지 못하게 했다. 이뿐만 아니라 누구든지 읽고 구원의 길을 찾을 수 있도록 쉽게 기록된 책을 어렵고 복잡하게 만들어 돌아가게 만들거나, 어떤 경우에는 아예 길을 찾을 수 없게 만든다. 심지어 성도들의 자유를 유린하거나 억압하는 도구로 사용하기도 한다. 또한 '오직 믿음'이라고 말했지만 믿음이 무엇이며, 그 믿음이 어떻게 표현되는지를 설명하지 못했기 때문에 실천과 연결되지 못했다. '오직 은혜'라고 말했지만 하나님이 우리의 구원을 위해 행하신 은혜가 무엇인지 보여 주지 못함으로 기복주의로 흐르게 하여 '값싼 은혜'만 넘쳐나게 되었다.

이러한 현상의 근본 원인은 성경이 어떤 책이며, 어떻게 기록하고 있는지 모르기 때문이다. 성경은 하나님이 우리를 구원하시기 위해 역사 가운데 행하신 구속사를 기록하고 있다. 그리고 그 구속사를 사람이 잘 알 수 있도록 우리가 사용하는 언어로 기록하였다. 언어를 이해하는 핵심은 문맥이다. 문맥은 본문의 의미를 결정하는 가장 중요한 요소다. 성경에서 어떤 단어의 문맥은 그 단어가 속해 있는 구절이며, 구절의 문맥은 그 구절이 속해 있는 문단이며, 문단의 문맥은 장(章)이며, 장의 문맥은 그 장이 속해 있는 책이다. 성경 기록의 특성상 각각의 저자가 66권을 다른 역사적인 상황에서 기록했다 할지라도 성경은 한 분 저자이신 하나님의 감동으로 된 책이기에(딤후 3:16) 성경 전체가 한 문맥을 이루고 있다. 이것은 성경 각 부분이 성경 전체의 핵심 주제인 언약과 그 언약의 목표인 하나님 나라와 밀접한 연관성을 가지고 있다는 것이다. 그럼에도 성경을 문맥과 관계없이, 또한 언약의 핵심인 그리스도와 아무런 연관성이 없이 연결하기 때문에 성경을 기록한 목적에 이르지 못한다. 하나님 앞에 서 있는 자신의 존재와 그 존재에 합당한 자유와 책임을 인식할 수가 없다. 이러한 이유에서 성경이 어떻게 그리스도와 연관되는지 올바른 신학적 관점과 그 내용을 기록한 방법을 이해하는 것이 필요하다.

현재 성경 개관서나 개론서도 있고, 셀 수도 없는 주해서들이 있다. 그럼에도 이 책을 쓴 것은 개혁주의 교리 표준에 따라 성경 전체와 각각의 본문이 어떤 의미를 가지고 있는지 성경의 논리에 따라 설명할 필요가 있기 때문이다. 이 책은 다음과 같은 몇 가지 특징들을 가지고 있다. 이 특징들은 이 책을 어떻게 읽고 사용해야 하는지의 문제와 연관되어 있다.

1. 우리가 믿어야 할 믿음의 내용과 하나님이 그리스도 안에서 행하신 은혜를 구속사와 하나님 나라의 관점에서 설명하였다. 그래서 성경 전체와 각 권과 절들이 어떻게 이와 연관되는지 설명했다.

2. 구속사에서 하나님이 우리를 구속하시기 위하여 역사 가운데 행하신 하나님의 주권적인 사역만을 강조하지 않고, 하나님의 언약 당사자인 사람의 역할과 책임도 동일하게 강조하였다. 구속사에서 하나님이 우리를 구속하시기 위해 행하신 객관적인 사실을 아는 일이 중요하지만 언약 당사자인 사람이 하나님과 교제하며 그 은혜를 누리는 일과 이 세상에서의 그 역할과 책임도 중요하다고 보았기 때문이다.

3. 성경 저자들이 주제와 전하고자 하는 교훈을 어떻게 전달하는지 보여 주려고 했다. 각 책이 어떤 문학적 구조를 가지고 있고, 어떤 문학적 장치와 기교를 사용하여 의미를 전달하고 있는지를 보여 주려고 했다. 또한 각 책의 성격에 따라 이야기로 된 계시는 스토리를 살렸고, 설명으로 된 계시는 논리의 흐름을 살렸다.

4. 각 책의 주제와 기록 목적을 성경 자체가 가지고 있는 논리적 근거에 따라 기술했다. 어떤 근거에서 그 책의 주제가 되고 목적이 되는지, 저자가 주제를 전달하는 도구로 사용한 문학적 구조와 다양한 문학적 장치를 통하여 드러냈다.

5. 성경 각 권이 가지고 있는 스토리나 논리의 흐름에 따라 각 책의 모든 내용을 성경의 순서대로 기술했다. 누구든지 성경과 함께 읽어 가면 더 좋지만, 그냥 읽어도 성경 순서에 따라 그 내용과 그 의미를 알 수 있도록 썼다. 교회나 성도가 성경 전체를 읽거나 가르치려고 할 때 이 책과 함께 읽는다면, 성경의 주제와 논리를 따라 읽고 의미를 쉽게 파악할 수 있다. 그리고 성경 어떤 본문을 알고 싶다면 성경 순서에 따라 쉽게 찾을 수 있다.

6. 일선 목사님들이 새벽기도회, 주일 오후나 저녁예배 또는 수요 예배에서

차례대로 설교하거나 가르칠 수 있도록 썼다. 긴 본문도 선택할 수도 있고, 짧은 본문을 선택할 수 있도록 문단의 흐름과 대지를 따라 썼다. 작은 단위의 본문도 가능하다면 다 해설하려고 했다. 필요하다면 성경의 원어와 문법적 특징 등을 다루어 의미를 더 자세히 알 수 있게 썼다.

7. 목회자나 독자들이 다른 주석이나 주해서를 사용하지 않더라도 쉽게 성경의 핵심을 파악하고 가르칠 수 있도록 썼다. 뿐만 아니라 더 깊은 연구가 가능하도록 참고 문헌과 출처를 밝혔고, 또한 설명주를 달아 의미를 더 자세하게 알 수 있게 했다.

8. 목회자와 독자들이 이 책을 읽다가 의미를 더 보완하거나 적용점이 있다면 기록할 수 있도록 여백을 두었다. 성경의 특성상 이 여백은 본문의 의미를 더 풍성하게 할 수 있다.

9. 독자들이 더 잘 이해할 수 있도록 고착화된 몇 가지 외래어를 제외하고는 신학이나 문학과 관련된 전문 용어를 우리말인 한글로 표기했다. 또한 일본이나 중국의 언어 습관에서 비롯된 어투를 버리고 때로는 어색하지만 우리말로 표기하려고 했다.

이 책이 성경을 사랑하고 성경의 이상을 이 땅에 실현하기 원하는 성도들의 필요를 다 충족시키지는 못할 것이다. 그래도 이 책을 성도들이 성경과 함께 읽고 공부하면서 믿음으로 하나님에 의해 의롭다 함을 받은 자로서 그 자유와 책임을 발견하게 되기를 소망한다. 그리고 그들이 구속사의 넓은 지평에서 하나님과 교제하며 하나님 나라를 경험하게 되기를 원한다. 이뿐만 아니라 주님이 다시 오시는 그날까지 복음을 전파하여 성령 안에서 의와 평화와 기쁨이 특징인 하나님 나라를 만들어 가게 되기를 꿈꾼다(롬 14:17). 이 나라는 하나님이 그의 경륜 가운데 설계하셨고, 우리 믿음의 조상들과 바울과 요한이 꿈꾸었던 새로운 세상이다.

"고신 Refo 500 준비위원회"(이하 Refo 500)가 종교개혁 500주년 기념 사업으로 성경 전체를 우리의 교리 표준에 따라 구속사와 하나님 나라의 관점에서 개관한 책을 써 줄 수 있는지 물었고, 어떻게 쓸 것인지 계획서를 제출해 줄 것을 요청하였다. Refo 500이 그 계획서를 검토한 후 이 복되고 영광스러운 작업을 저에게 맡겨 주신 것에 진심으로 감사드린다. 특히 위원장이신 박영호 목사님(창원

새순교회)께 감사드린다. 박 목사님은 목회자와 독자의 입장에서 제가 쓴 원고를 긴 시간 동안 꼼꼼하게 여러 번 읽으며 내용을 보완하거나 바로잡는 일에 도움을 주셨다. 또한 글의 주인은 저자가 아니라 일선 목회자와 독자들이기 때문에 쉽게 읽을 수 있는 책이 되어야 함을 지적해 주셨다. 박 목사님은 성경을 알고 성경대로 살면서 교회마다 성경이 바르게 가르쳐지기를 원하는 '성경의 사람'이다. 또한 이 책의 전체적인 틀을 잡아주시고 수시로 대화하고 격려하며 감수해 주신 김성수 교수님(고려신학대학원)과 문장환 목사님(신학박사, 진주삼일교회)께 감사드린다. 또한 제가 속한 노회의 목사님들(박명진, 이영, 도근도, 김주환, 이순교, 정연무, 박보현 목사님)과 사모님들에게 감사드린다. 이 분들은 제가 이 책을 쓰기 시작하면서 함께 공부하며 책의 방향성을 잡는 일에 도움을 주셨다. 이 분들 중에 정연무 목사님(한샘교회), 박보현 목사님(지음교회)은 이 책을 긴 시간 독회(讀會)하며 내용을 보완하거나 바로잡는 일에 도움을 주셨다.

이 책을 출판할 수 있도록 도와 준『특강 소요리문답』과『특강 종교개혁사』의 저자 황희상 선생님과 이 책을 의미 있게 생각하고 출판해 주신 세움북스 강인구 대표님에게 감사드린다.

그리고 이 책을 쓰는 일에 결코 잊을 수 없는 분들이 있다. 이분들이 기회를 주고 배려해 주지 않았다면 이 책을 쓰는 일 자체가 불가능했을 것이다. 이분들은 제가 지금 협동목사로 봉사할 수 있는 은혜를 주신 한밭교회 곽창대 목사님과 장로님들과 성도들이다. 특히 곽 목사님은 제가 이 책을 쓸 수 있도록 배려해 주시고 격려해 주셨다. 교회에서 책의 초고를 강의할 때 성도들의 질문과 격려는 책의 내용을 더욱 풍성하게 만들었다. 성경과 교회를 사랑하는 성도들과 교제하며 교회를 섬기는 것은 큰 복이다. 그리고 사랑하는 아내와 세 딸들이 복음의 동역자로 함께 기도하며 격려해 주지 않았다면 이 일이 가능하지 않기에 이들에게도 감사드린다. 그러나 하나님의 인도가 없었다면 이 영광스러운 일을 할 수 없기에 하나님의 은혜와 위로는 이 모든 감사 위에 있다.

2017. 8. 17.
박우택

추천사

500년 전 종교개혁은 위클리프, 후스, 루터, 칼빈 등이 성경의 진리를 깨닫고 그 진리에 헌신하므로 일어났다. 당시 잘못된 교황제도 아래서 교회는 성경을 잘못 해석하여 구원과 은혜 교리를 왜곡시켰다. 그 중에 하나가 면죄부다. 성도들은 성경을 읽지 못해서 진리를 알 수 없었다. 종교개혁자들은 모든 성도가 자기들의 언어로 성경을 읽을 수 있게 했다. 그래서 종교개혁의 불길이 들불처럼 번졌다. 진리로 자유를 얻은 많은 사람들이 순교자의 길을 걸었음에도 하나님의 교회는 진리의 말씀 위에 세워지고 부흥하게 되었다.

시간이 흘러 종교개혁자들이 진리의 터 위에 세운 교회가 다시 무너졌다. 유럽에서 시작하여 북미 대륙까지 성경 해석에 인본주의와 세속주의가 영향을 미쳤다. 성경이 구원과 생활에 유일한 표준이 아니라는 생각이 교회 안에 들어왔다. 심지어 하나님의 존재마저 의심했다. 종교개혁 500주년을 맞이한 한국 교회 역시 동일한 위기를 만나고 있다. 종교개혁자들의 후예들이라고 외치기도 하고 '오직 성경'이라는 구호도 잊은 적이 없다. 그러나 정말 한국 교회 선교 역사 130년에 성경을 바르고 충분하게 설교하고 가르쳤는지 확신이 서지 않는다.

성경 한 권이면 충분하다는 목회자와 성도를 찾아보기가 쉽지 않다. 다른 문제도 있다. 일부이기는 하지만 성경을 잘못 해석하여 하나님의 목적과 뜻을 왜곡하는 사람들이 교회 안팎에서 늘어나고 있다. 순수한 복음이 선포되지 않는다. 새롭게 되는 길은 한 가지뿐이다. 바르게 해석된 하나님의 말씀이 교회 안에서 충족하게 선포되어야 한다.

성경 한 권으로 충분한 세대를 꿈꾸며 모세는 광야에서 다섯 권의 책을 기록하고 가르쳤다. 그 책이 모세오경이다. 우리 모두는 보물 중의 보물을 가지고 있다. 모세는 그 말씀을 가지고 60여 만 명의 만나 세대를 가슴 뛰게 했다. 죽고 사는 것과 행복과 불행이 그 말씀에 달려 있었다. 이집트의 우상 숭배 문화 속에서 자란 세대와 새 세대를 향해 창조의 목적대로 살라는 가르침이었다. 창조주 하나님과 사람 사이에 아름다운 교제가 이뤄져 행복한 개인과 가정과 교회를 통해서 세상이 하나님의 복을 받게 하시려는 하나님의 꿈이 모세오경에 담겨 있었다. 모세는 그 말씀에 충실한 여호와의 종으로 살다 갔다.

하나님은 새로운 지도자 여호수아에게 모세의 율법 책을 주야로 묵상하라고 주문하셨다. 그렇게 하면 형통할 것이라고 약속해 주셨다. 여호수아는 자기 시대를 그렇게 살았고, 마지막 유언으로 그렇게 살 것을 부탁하면서 죽었다. 그러나 불행하게도 사사시대 350년 동안 하나님의 말씀이 희귀했다. 각 사람은 모두 자기 생각에 좋은 대로 살았다. 그때 하나님은 한 사람 사무엘을 준비시키셨다. 하나님의 음성을 들을 줄 아는 사무엘을 엘리 제사장 밑에서 키우신 것이다. 사무엘은 미스바 세대를 만들었다. 모세 세대만큼이나 하나님의 말씀으로 부유하게 만들었다. 제사장 나라의 영광이 나타났다. 적대국이었던 블레셋이 국경을 넘지 못하게 지켜 주셨다.

사사시대 말기에는 사무엘의 아들들이 율법을 무시했다. 그래서 왕정시대가 열리게 되었다. 사울의 시대를 지나 다윗의 시대는 율법이 가장 귀하게 여김을 받았던 시대이다. 하나님은 다윗 왕국을 통해서 하나님 나라의 영광스러움을 드러내셨다. 다윗은 죽을 때 그 아들 솔로몬에게 모세의 율법 책을 유산으로 주면서 기록된 대로 지켜 행하면 형통할 것이라고 했다.

솔로몬은 초창기에는 율법에 충실하게 살았다. 그런데 불행하게도 솔로몬의 중년은 하나님의 말씀에서 멀어졌다. 그 후 긴 역사에서 이스라엘 백성들은 하나님의 말씀을 업신여기다가 징계를 받았다. 하나님은 수많은 선지자를 보내셔서 돌아오라고 외쳤는데도 그들은 돌아오지 않았다. 마침내 바벨론 포로라는 수치스러운 역사를 경험하게 되었다. 나라가 흥하고 망하는 일이 말씀을 어떻게 대하느냐로 결정된 것이었다. 바벨론, 페르시아, 헬라, 로마 제국 시대까지 교회는 하나님의 영광을 드러내지 못했다. 포로 생활 중에도 다니엘과 그의 친구들처럼 오직 율법만을 유일한 가치로 여기며 살았던 사람들이 있었다. 에스라와 같은 사람들에 의해서 재건 공동체가 율법으로 새롭게 되었다. 오래 가진 않았지만, 소수의 율법을 지켜 행하는 사람들을 통해서 하나님 나라의 구원 역사 계시가 이어졌다.

옛적에 선지자들을 통하여 여러 부분과 여러 모양으로 말씀하신 하나님이 마지막 날에 아들 예수님을 통하여 말씀하셨다. 말씀의 성취자로, 계시의 완성자로 예수님이 오신 것이다. 예수님은 제자들을 오직 하나님의 말씀인 율법과 선지자의 글과 시편을 통해서 세웠다. 예수님에게서 배운 제자들과 그들에 의해서 가르침 받았던 세대가 신약성경을 완성했다. 성경 66권이 선지자들과 사도들에 의해서 완성되었다. 성경의 모든 저자가 잘못되지 않도록 성령께서 감동을 주셨다. 제자들의 시대가 열렸을 때 초대 교회에는 말씀 때문에 부흥이 일어났다. 하나님께서 날마다 구원받는 사람들을 더해 주셨다. 허다한 제사장의 무리까지 돌아왔다.

말씀 위에 교회를 세우고 새롭게 하고 성장시키기 위해서는 말씀과 기도에 전념하겠다는 사도들의 결단이 모든 목회자의 결단이어야 한다. 목사는 다시 그 자리로 가야 한다. 모세 한 사람이 만나 세대를 만들었고, 사무엘은 미스바 세대를 만들었고, 에스라 한 사람이 레위인과 백성들을 가르쳐 포로 귀환 공동체를 개혁했다. 예수님은 혼자서 율법과 선지자와 시편을 가지고 제자들을 준비시키셨다. 사도 바울은 혼자서 두란노 서원에서 2년, 곧 3000여 시간을 가르쳐 다음 세대를 준비시켰다. 사도 바울이 길러 낸 사람 가운데 디모데가 있다. 바울은 그에게 주 예수님의 말씀과 경건에 관한 교훈을 지키고 전파하라고 했다. 디모데는 로마 제국주의에 맞서는 교회의 대안이었다. 구약을 통달한 사람으로 보이는 히브리서의 저자를 보면서 그런 한 사람이 또 다른 한 사람을 성경 전문가로 길러내는 일이 얼마나 중요한지를 깨닫는다. 세속주의를 이기는 길은 성경의 사람들을 세우는 것이다.

종교개혁 500주년을 맞아 출간되는 『Refo 500 성경 해설 시리즈』는 한 사람 박우택 목사에 의해서 쓰였다. 그는 신학대학원과 교회에서 성경을 가르치고 연구한 성경신학자로서 성경이 어떤 책인지 잘 설명하였다. 하나님과 그 백성의 관계를 절대로 포기하지 않으시는 하나님의 사랑을 언약신학을 통해서 담아내었다. 그리고 하나님께서 이 땅과 이 역사 속에서 이루고자 하시는 하나님의 궁극적 목적인 하나님 나라를 잘 표현하였다. 창세기부터 계시록까지 66권이 한 권의 책임을 보여 준다. 그는 건강한 개혁주의 신학을 가지고 성경 전체를 해설하였다. 누구든지 이 해설서를 통해 혼자서도 충분히 성경을 가르칠 수 있는 목회자, 교사, 부모가 될 수 있을 것이다.

성경 다중 번역 시대에 좋은 번역 성경을 읽어야 하고, 좋은 해설서를 곁에 두고 읽어야 한다. 『Refo 500 성경 해설 시리즈』는 종교개혁 500주년을 맞아 교회가 말씀 위에 세워져 교회가 새로워지고 부흥되기를 소망하며 기획된 책이다. 이 책을 통해서 율법을 연구하고 준행하며 가르치기로 했던 에스라 같은 사람이 많이 일어나기를 소망한다. 하나님의 말씀이 완전하고 송이 꿀보다 더 달다는 것을 맛보게 되기를 바란다. 기쁜 마음으로 이 책을 적극 추천한다.

박영호 목사(고신 Refo 500 준비위원회 위원장)

추천사

한 신학자가 일관된 신학적 관점과 방법론을 가지고 일정한 깊이와 수준을 유지하면서 성경 전 권을 다 해설한다는 것은 정말 힘든 작업이라 할 수 있다. 교회 역사에서 이런 작업을 이룬 신학자는 손에 꼽을 정도로 적다. 그러나 이 작업은 교회에 정말 필요한 일이 아닐 수 없다. 개혁 신학의 관점에서 창세기부터 요한계시록까지 꼼꼼히 주석한 고 박윤선 박사님의 성경 주석은 지난 반세기 동안 한국의 많은 목회자들에게 큰 도움을 주었다. 특히 이 주석은 장로교 목사님들만이 아니라 많은 목회자들과 성경을 배우고 싶은 성도들에게 없어서는 안 될 보배와 같은 책으로 지금도 그 독특한 위치를 차지하고 있다. 종교개혁자 칼뱅도 개혁 신학을 바탕으로 구약의 사사기, 열왕기서, 역대기서, 에스라-느헤미야, 신약의 요한계시록 등을 제외하고 성경 전 권을 주석했다. 이 주석을 전 세계의 개혁파 목사님들이 아직도 가장 권위 있게 참고하고 있다. 이렇듯 바른 신학적 관점으로 성경을 읽고 해설하는 것은 그 신학의 전통 속에 있는 설교자들과 성도들에게 중요한 선물이 아닐 수 없다.

종교개혁 500주년이 되는 해에 박우택 박사가 성경 전 권을 해설한 책을 출간하게 된 것은 정말 의미 있고 기쁜 일이 아닐 수 없다. 박우택 박사는 거의 30년간 지역 교회에서 목회를 하고 끊임없이 설교하면서, 한편으로 고려신학대학원에서 계속 구약학을 가르쳐 온 학자이다. 그의 역사서 강의에는 학생들로 늘 가득 찼다. 학구적으로 꼼꼼하고 치밀하게 본문을 분석하고 목회적으로 종합하는 그의 수업과 강의는 신대원 학생들로부터 가장 환영받는 강의였다. 누구보다도 이 해설서를 쓸 적임자라고 할 수 있는 학자요 목회자이다.

이 책은 저자가 서문에서 언급하였듯이 성경의 핵심 주제인 구속사와 하나님 나라의 관점으로 성경 저자들이 전달하고자 했던 방법인 문학적 특징과 문맥의 흐름을 따라 이해할 수 있도록 쓴 성경 해설서이다. 그래서 이 책은 목회자들이 설교할 때뿐만 아니라 성도들이 성경을 규칙적으로 읽거나 큐티(QT)를 할 때도 직접적으로 도움을 줄 수 있는 장점을 가지고 있다. 그리고 개혁 신학의 핵심을 담고 있는 교리 표준인 웨스트민스터 표준 문서에 따라 중요 교리를 설명하고 있다.

일본의 사사키 아타루(佐々木 中)라는 철학자는 종교개혁을 "읽기 혁명"이라고 명명한 바 있다. 이렇게 말한 것은 성경을 직접 읽을 뿐만 아니라 성경을 바른 관점과 신학을 통해 읽고자 했던 혁명이 종교개혁이었다는 것이다. 종교개혁 500주년을 맞이하여 발간되는 박우택 박사의 성경 해설서가 한국 교회 목회자들과 성도들이 성경을 바르게 읽게 하므로 설교 강단과 교회와 세상을 새롭게 만드는 신앙의 혁명을 가져오게 되기를 희망하면서 목회자들만이 아니라 모든 성도들에게 이 책을 진심으로 추천한다.

신원하 교수(고려신학대학원, 원장)

추천사

본서와 같이 신구약 성경 전반의 흐름을 개관하되 개론서 수준이 아니라 모든 본문들을 신학적이고도 문학적으로 정리해 주는 책을 찾기는 어렵다. 더군다나 각 분야의 전문가들이 각 파트를 하나씩 담당해서 쓰는 것이 아니라 한 저자가 신구약 전체를 다루는 경우는 굉장히 보기 드문 일이다. 누군가에겐 무모한 시도로 보일 수도 있을 것이다. 하지만 저자가 박우택 박사라면 이야기가 달라진다. 박우택 목사님은 이런 책을 쓸 충분한 자격과 능력을 갖춘 분이다. 박 목사님은 거의 30년 동안 신학교와 교회에서 성경을 가르쳐 왔기 때문이다. 박 목사님은 고신대의 학부 학생들과 석사 과정 학생들, 고려신학대학원의 목회자 후보생들과 여신원 학생들, 교회의 성도들, 선교지의 지도자들을 가리지 않고 다양한 대상들에게 다양한 성경 분야들을 강의해 왔다. 이러한 그의 강의 경력은 에스라-느헤미야에 대한 그의 박사 학위 논문을 통해서 더욱 더 예리하게 다듬어졌다. 박사 학위를 받기 이전에도 신대원 학생들에게 환호를 받았던 '에스라-느헤미야' 과목이었지만 학위 논문을 쓴 이후에는 반드시 들어야 하는 선택 과목으로 확실하게 자리를 잡게 되었다. 평소에 박 목사님을 대하면서 느낀 그 느낌이 본서에 고스란히 반영되었다. 성경에 대한 열정과 구속사적 해석에 대한 소신, 그리고 교회에 대한 그의 사랑이 본서에서 그대로 묻어난다.

본서는 여러 가지 면에서 교회 사역자들과 성도들에게 유익하다. 먼저, 성경 전체에 대한 그림을 잘 그려 준다. 구속사적인 흐름을 보여 줄 뿐만 아니라 각 책이 그 흐름 가운데서 차지하는 자리들을 잘 제시해 준다. 무엇보다 구약과 신약 본문들을 수시로 연결해 주면서 전체의 흐름을 독자들이 지속적으로 감지하게 해 준다. 평상시에 나무는 보는데 숲을 볼 수 없어서 아쉬움을 느끼던 독자들의 목마름을 채워줄 생수와 같은 책이다.

또한 본서는 신학적이고 신앙적이다. 학문적인 논쟁이나 전문적인 해석만을 다룬 책도 아니고 전문성이 결여된 묵상집도 아니다. 전문성을 가지고 각 책들에 대한 해석을 제시하되 신학적이고도 신앙적으로 제시한다. 본문에 대한 필자의 신학적 설명은 어느새 신앙적인 적용이 되고 있다. 평생 개혁주의 신학과 신앙에 헌신한 저자의 삶이 책의 곳곳에 성실하게 반영되어 있다. 독자들이 성경의 흐름을 파악하면서 신학적인 방향성을 잘 잡을 수 있게 하는 책이다.

본서는 성경이 가지고 있는 문학적인 측면들을 잘 부각시켜 준다. 하나님이 우리에게 성경을 주시되 각 시대 저자들의 문학적 기술과 감수성을 잘 사용하셔서 효과적으로 전달하셨다. 이러한 문학적 특징들이 어우러져서 신학적인 교훈이라는 열매를 만들어 낸다. 본서는 이러한 특징들을 잘 드러내 준다. 본서가 가진 이런 장점들은 저자가 문학적 기교나 특징들에 대해 수년간 탐구하고 연구한 열매이기도 하다. 우리는 본서를 통해서 다른 개론서들에서 잘 보기 어려운 선물들을 누리게 될 것이다.

본서가 가지고 있는 다양한 장점들이 본서를 읽는 많은 독자들에게 고스란히 전달이 되어 한국 교회 가운데 성경에 대한 관심과 열정이 새롭게 일어나게 되기를 기대한다.

김성수 교수(고려신학대학원, 구약학)

목 차

창세기 • 77

Genesis

출애굽기 • 193

Exodus

레위기 • 259 Leviticus

민수기 • 307 Numbers

성경은 어떤 책인가?

SUMMARY

1. 성경을 대하는 기본적인 관점은 무엇인가?

2. 성경은 어떤 책인가: 구속사와 하나님 나라

(1) 창조

(2) 타락

(3) 구속

(4) 회복

3. 성경을 어떻게 읽어야 하는가?

(1) 구속사적 해석

① 구속사는 역사다

② 구속사는 그리스도 안에서 통일성을 이루고 있다

③ 구속사는 점진적이다

(2) 문학적 해석

① 산문 해석

② 운문 해석

③ 문학적 장치(반복적 재개, 수미쌍관법, 대칭, 평행 구조 등)

4. 이 책은 어떻게 구성되었는가?

(1) 저자와 기록 배경

(2) 문학적 구조

(3) 주제와 기록 목적

(4) 내용

(5) 구속사적 의미

성경은 어떤 책인가?

"성경은 어떤 책이야?"라고 누군가가 질문해 온다면 무엇이라고 말해줄 것인가? 웨스트민스터 소교리문답 3문은 이렇게 고백한다.

> 성경이 가장 중요하게 가르치는 것은 사람이 하나님에 대하여 믿는 것이 무엇이며[1] 하나님이 사람에게 요구하시는 본분이 무엇인가 하는 것이다[2].

이 고백대로 성경은 하나님이 어떤 분이시며 우리의 구원을 위해 어떤 일을 하셨는지 알게 한다. 그리고 성경은 하나님이 사람에게 요구하시는 본분이 무엇인지 알게 한다. 사람의 본분은 누구든지 예수님을 그리스도로 믿고 영생을 얻는 것 뿐만 아니라, 영생 얻은 자에 합당한 삶을 사는 것이다. 이러한 내용이 기록된 성경에는 사람을 바꾸고 세상을 바꾸는 능력이 있다. 왜냐하면 성경은 단순히 인간의 말이 아니라 하나님 말씀이기 때문이다. 누구든지 성경을 읽을 때 하나님을 만나고 교제하는 신비로운 세상을 경험할 수 있다. 이것은 일차적으로 성경의 원저자이신 성령께서 성경을 믿게 해 주시고, 개인의 삶에 적용해 주시기 때문이다.

그럼에도 성경을 바르게 읽어야 말씀이 주는 은혜와 유익을 얻을 수 있다. 웨스트민스터 신앙고백서 제1장 "성경" 7항에서 이렇게 고백한다.

> 성경에 있는 모든 것은 자체로서 똑같이 명백하지도 않으며 만인에게 분명하지도 않다. 그러나 구원을 위하여 반드시 알고, 믿고 준수해야 할 바는

1 딤후 3:15; 요 20:31; 요 5:39
2 미 6:8; 롬 15:4; 고전 10:11

> 성경 여러 곳에 아주 분명하게 공표되었고 열려 있기 때문에 배운 자든 못 배운 자든 통상적인 방편을 합당하게 사용하여 충분하게 이해할 수 있다.

여기서 말하는 통상적인 방편은 일반적으로 책을 이해하는 방식으로 역사적이고 문법적인 해석이다. 누구든지 이 방법을 합당하게 사용하면 성경을 통하여 구원에 이르는 지혜를 얻고 하나님과 만나 교제하는 신비로운 세상을 볼 수 있다.

역사적으로 보면 초대 교회 시대부터 성경을 바르게 읽지 못하는 현상들이 있었다. 그 대표적인 것이 우화적(allegorical) 해석 방법이다.[3] 이 방법은 자연적인 의미 뒤에 감추어진 '영적인' 의미를 찾는 것으로 성경의 역사적이고 자연적인 의미를 무시하고 성경을 주관적으로 이해하게 만들었다(Goldsworthy 1987, 14–15). 그 결과 종교개혁 이전에는 성경을 읽고 해석하고 적용하거나, 옳고 그름을 가려야 할 때 교황의 결정이 최종적인 권위를 가졌다. 이것이 중세 교회가 부패한 원인 가운데 하나이다. 그러나 개혁자들은 성경 해석의 최종적인 권위는 성경 자체에서 나온다고 생각했다. 이 생각 자체는 매우 중요한 일이었지만 이러한 생각은 성경을 해석하고 적용하는 일에 끝없이 다양하게 해석할 수 있는 길을 열어 놓았다. 동일한 성경 본문인데도 한 개인이 가지고 있는 신학적 관점이나 주관적 시각에 따라 다르게 해석되었다. 실제로 성경의 해석 역사를 추적하지 않는다 할지라도 우리 교회가 이단으로 규정하고 있는 신천지 장막성전, 여호와의 증인, 통일교 등은 모두 성경을 근거로 그들의 교리를 주장한다. 그래서 성경을 읽는다고 다 구원을 얻고 구원의 은혜를 경험하는 것은 아니다. 성경을 바르게 읽어야 한다. 이 일을 위하여 무엇보다 성경을 읽을 때 바른 관점을 가져야 한다. 이 전제 위에 성경이 어떤 책이며, 어떻게 읽어야 하는지를 알아야 한다.

---

3 알레고리(αλληγορια)는 문자적으로는 '다른'(αλλος)과 '말하다'(αγορευειν)라는 단어의 합성어로 대개 우화, 풍유 등으로 번역된다. 이것은 추상적인 개념을 직설적으로 표현하지 않고 그것과 유사한 구체적인 이미지(image)로 메시지의 핵심을 전달하는 문학 형식이다. 성경 저자들은 알레고리로 메시지를 전달하기도 한다. 예를 들면 에스겔 16:1–34, 23:1–49, 그리고 넓은 의미에서 예수님의 비유도 알레고리다. 문제는 역사적 사실이나 알레고리로 전달된 메시지를 지나치게 확대해석하여 저자의 의도와 관계없이 의미를 이끌어 내는 것이다.

1. 성경을 대하는 기본적인 관점은 무엇인가?

성경을 읽고 연구할 때 무엇보다 올바른 관점을 가져야 한다. 성경에 대한 올바른 관점이 없다면 성경의 원저자이신 성령의 의도와 상관없이 읽을 수도 있기 때문이다. 그래서 성경을 바르게 읽으려면 다음과 같은 기본적인 관점을 가져야 한다.

첫째, 성경을 인간의 말이 아니라 하나님 말씀으로 믿어야 한다(살전 2:13). 성경은 스스로 하나님의 말씀임을 증거하지만 동시에 성령께서도 증거하시기 때문이다(살전 2:13; 요일 2:20, 27; 요 16:13; 고전 2:10–12). 웨스트민스터 신앙고백서 제1장 "성경" 4항은 이 점을 이렇게 고백한다.

> 성경을 믿고 순종해야만 하는 권위는 어떤 사람이나 교회의 증거가 아니라 저자이시며 진리 자체이신 하나님께 전적으로 의존한다. 그러므로 성경은 하나님의 말씀이기 때문에 받아들여야 한다(벧후 1:19, 21; 딤후 3:16; 요일 5:9; 살전 2:13).

둘째, 성경을 믿음으로 읽어야 한다(딤후 3:15). 왜냐하면 성경 저자들은 끊임없이 믿음을 요구하고 있기 때문이다. 우리가 역사와 언어와 문헌 연구에서 찾아낸 주석에 필요한 모든 도구들을 잘 활용한다고 할지라도 성경 저자가 말하는 기본적인 경험, 즉 믿음에 우리 자신을 복종시키지 않으면 문제의 핵심에 결코 이를 수 없다(Hasel 1991, 201–202).

셋째, 성경을 올바른 교리 표준을 가지고 읽어야 한다(벧전 1:20–21). 개혁주의 신학에 토대를 둔 교회의 교리 표준은 웨스트민스터 표준 문서(신앙고백서 1647년, 대교리문답 1648년, 소교리문답 1648년, 예배모범 1645년, 교회정치 1645년), 하이델베르크 교리문답(1563년), 벨직 신앙고백서(1561년) 등이다. 때로는 교리 표준에 따른 신학적 전제가 성경 해석의 방향을 미리 결정함으로 본문을 잘못 이해하거나 왜곡할 수 있는 가능성도 있다. 그런데도 성경을 읽을 때 전제를 버릴 수는 없다. 왜냐하면 전제는 성경에 대한 관점, 그리고 신학적 배경과 밀접하게 연관되어 있기 때문이다. 우리가 교리 표준을 가지고 성경을 읽어야 할 이유는 해석자가 본문의 숨겨진 의미를 찾거나 신비적인 상징주의를 찾지 않게 하려는 것이다. 그리고 해석자가 본문을 설교나 성경 공부에 사용할 때 자기가 원하는 대로 조작하지 못하게 하려는 것이다(Hill & Walton 1991, 6). 신학적인 전제가 없는 성경 해석은 전체 문맥에서 분리시키거나 주관화하는 위험성을 안고 있다.

2. 성경은 어떤 책인가: 구속사와 하나님 나라

퍼즐 500개를 맞추어 보았는가? 퍼즐을 맞춘 경험이 있는 분들은 알겠지만 퍼즐 500개는 상당히 어렵다. 그 퍼즐 500개 중에 퍼즐 하나만 보면 그것이 무슨 그림인지 알 수 없고, 무엇을 의미하는지도 알 수 없다. 그러나 전체적인 그림이 그려져 있는 퍼즐 상자를 보면 퍼즐을 맞추기가 쉬울 뿐만 아니라 퍼즐 하나에 어떤 의미가 있는지 알 수 있다. 이와 같이 성경 전체 그림을 알면 성경 66권과 그 안에 있는 각 책과 각 본문의 의미를 잘 이해할 수 있다.

성경 전체는 어떤 그림을 보여 주는가? 다시 말해 성경 전체를 하나로 묶는 주제가 무엇인가? 성경학자들은 성경 전체를 하나로 묶는 주제를 언약, 약속, 하나님의 주권, 하나님의 거룩하심, 하나님의 통치와 하나님과 인간 사이의 교제, 하나님 나라 등으로 다양하게 본다(Hasel 1991, 139–171). 이 관점을 무시할 수 없지만 무엇보다 예수님이 성경을 어떤 책으로 보셨는지가 가장 중요하다. 예수님은 누가복음 24:27, 44에서 '모세와 모든 선지자의 글과 시편'[4] 곧 구약성경을 예수님과 관련된 책으로 '자세히 설명해'(διερμήνευσεν)[5] 주셨다(참조. 눅 24:44–47; 요 5:39–40). 바울도 비시디아 안디옥에서 설교할 때 아브라함부터 다윗까지의 역사를 언급하면서 그리스도를 중심으로 해석했다(행 13:16–41). 이 설교의 구조는 다음과 같다.

- 그리스도께서 오시는 통로로서의 구약 역사(행 13:16–23)

4 신약성경에 종종 나타나는 '모세와 선지자' 또는 '율법과 선지자' 등은 구약성경의 명칭인 '토라 너비임 우커투빔'(תורה נביאים וכתובים)을 말한다.

5 이 단어는 '디아'(δια)와 '헤르메뉴오'(ἑρμηνευω)의 합성어로 '자세히 해석하다'라는 뜻이다. 이 단어에서 '해석학'이라는 hermeneutics가 나왔다.

- 아브라함과 이삭과 야곱을 선택하신 역사(행 13:16–17a)
- 애굽에서 가나안으로 인도하신 역사(행 13:17b–19)
- 사사 시대의 역사(행 13:20)
- 사울을 폐하시고 다윗을 왕으로 세우신 역사(행 13:21–22)
- 약속대로 다윗의 후손에서 구주를 세우신 역사(행 13:23)

• 약속대로 오신 예수님의 죽으심과 부활(행 13:24–37)
• 예수 그리스도를 믿어야 의롭다 함을 얻음(행 13:38–41)

바울은 이 설교에서 아브라함부터 다윗까지의 역사(창세기부터 사무엘하까지의 역사)의 결론을 다음과 같이 맺었다. "하나님이 약속하신 대로 이 사람의 후손에서 이스라엘을 위하여 구주를 세우셨으니 곧 예수라"(행 13:23).

신약성경은 구약의 예언에 따라 오신 예수님이 메시아(= 그리스도)가 되심을 논증하고 그의 죽으심이 우리에게 어떤 의미가 있는지를 설명한다. 복음서 저자들은 예수님의 전체 지상 생애 33년 중에서 예수님이 나귀를 타시고 예루살렘으로 올라가실 때부터 예수님의 죽음과 부활, 승천 때까지, 곧 예수님의 공생애 3년 가운데 마지막 일주일의 이야기를 자세히 기록한다. 이 기록은 분량 면에서 최소한 1/3 이상을 차지한다(마 21:1–28:20; 막 11:1–16:20; 눅 19:28–24:53; 요 12:12–21:25). 복음서의 구조를 보면 이 사건 앞의 2/3에는 예수님이 행하신 초자연적인 기적과 그의 가르침을 중심으로 기록되어 있다. 이것은 복음서 저자들이 예수님이 구약성경에 예언된 메시아라는 사실을 보여 주기 위함이다. 그리고 약 1/3에는 초자연적인 능력을 가지신 메시아가 고난을 당하고 십자가에 죽으신 내용이 기록되어 있다. 이것은 역설이다. 초자연적인 능력을 가지신 그리스도께서 왜 고난을 당하고 십자가에 죽으셨는가? 이것은 복음서 저자들이 그리스도께서 우리를 죄에서 구원하시기 위하여 죽으셨음을 보여 주기 위함이다.

성경 저자들은 그리스도를 중심으로 성경을 기록하고 있다. 성경은 그리스도께서 왜 오셨는지, 어떤 경로를 통하여 오셔서 어떤 삶을 사셨는지, 그리고 십자가에서의 그리스도의 죽음, 그리스도의 부활, 그리스도의 승천, 그리스도의 재림이 우리에게 어떤 의미가 있는지 기록하고 있다. 그 사건은 창조–타락–구속–회복의 구조를 가지고 있다.

(1) 창조

하나님이 세상을 창조하셨다(창 1:1). 하나님이 세상을 창조하셨을 때 그 세상을 가리켜 해설자(narrator)는 "하나님이 보시기에 좋았더라"(창 1:4, 12, 18, 21, 25, 31)고 기록했다. 이것은 하나님이 세상을 선하고 완전하게 창조하셨다는 의미이다. 하나님은 그 가운데 인간을 '하나님의 형상'으로 창조하셨다(창 1:26–28). 하나님이 인간을 하나님의 형상으로 창조하셨다는 것은 '관계'를 말해 주는 개념이다. 인간이 무엇으로 구성되었는지가 아니라 누구와 어떤 관계를 맺고 있는지의 관점에서 정의하고 있다(Goldsworthy 1987a, 20). 그래서 하나님의 형상을 하나님과 인간과 자연의 관계라는 삼중적인 관계에서 생각해야 한다. 왜냐하면 하나님은 인간을 하나님을 알고 교제하는 자로 창조하셨고(엡 4:24; 골 3:9–10), 남자와 여자로 창조하시되, 특히 여자를 돕는 배필로 창조하셨으며, 인간으로 하여금 만드신 모든 만물을 다스리게 하셨기 때문이다(창 1:27–28; 2:18). 이 말씀을 근거로 우리는 하나님의 형상을 세 가지 관계에서 정의할 수 있다. 첫째, 하나님과의 관계 속에서 하나님과 교제할 수 있는 인격적 자아를 가진 존재다. 둘째, 인간과의 관계에서 서로 사랑하고 하나님의 뜻을 이루기 위해 협력하는 사회적 존재다. 셋째, 자연과의 관계에서 하나님이 창조하신 자연 세계를 관리하고 돌보는 존재다.[6] 우리 인간은 이 세 가지 관계 가운데 어느 하나라도 없이는 존재할 수 없고, 하나님의 형상을 지닌 자로서 사명을 감당할 수도 없다(Hoekema 1986, 81).

인간은 어떻게 하나님의 형상으로 에덴동산에서 하나님과 교제하며 살 수 있을까? 웨스트민스터 신앙고백서 제7장 "하나님이 사람과 맺은 언약" 1항에서 잘 표현하고 있다.

> 하나님과 피조물 사이의 간격이 너무 크기 때문에, 이성적 피조물은 창조주인 그분에게 순종해야 함에도 불구하고, 하나님은 어떤 방식으로든 자발적으로 눈높이를 낮추지 않고는 하나님을 그들의 복락과 상급으로 향유할 수 없었다. 하나님은 이것을 언약이라는 방식으로 기꺼이 표현하셨다.

6 이 정의는 후크마(Hoekema 1986, 66–100)의 글에서 중요한 도움을 받았다.

하나님은 스스로 낮추시고 우리와 교제할 수 있는 방법인 언약을 주셨다. 그 언약은 "동산 각종 나무의 열매는 네가 임의로 먹되 선악을 알게 하는 나무의 열매는 먹지 말라 네가 먹는 날에는 반드시 죽으리라"(창 2:16–17)는 말씀이다. 이 말씀은 인간의 순종을 조건으로 맺은 계약이기 때문에 '행위 언약'이라고 부르기도 하고, 언약을 지킴으로 생명을 얻을 수 있다는 의미에서 '생명 언약'이라고 부르기도 한다. 또한 최초의 인간인 아담과 맺었다고 '아담 언약'이라고 부르기도 하고, 창조 때 맺은 언약이라고 하여 '창조 언약'이라고 부르기도 한다. 인간은 하나님과 맺은 언약의 말씀을 믿고 순종한다면, 에덴동산에서 영원히 하나님과 교제하며 살 수 있었다. 이것이 창조 때의 인간의 본래 모습이다.

(2) 타락

불행히도 인간은 하나님이 그를 처음에 창조하셨던 상태에 계속하여 있지 못했다. 그것은 우리 인간의 시조인 아담이 자유 의지를 바르게 사용하지 못하고 사탄의 유혹에 빠져 하나님과 맺은 언약을 지키지 못하고 금하신 열매를 먹었기 때문이다(창 3:6–8; 전 7:29; 고후 11:3; 웨스트민스터 대교리문답 21문). 인간에게는 이성적 능력인 자유 의지를 가지고 하나님의 명령에 순종할 수 있는 자유도 있었고, 불순종하여 자기 생각대로 할 수 있는 자유도 있었다. 그러나 그는 하나님과 맺은 언약의 말씀을 믿지 않고 사탄의 말을 믿어 선악을 알게 하는 나무의 열매를 따먹고 말았다. 그가 불순종한 이유는 사탄의 말을 믿고 하나님처럼 되려는 교만함 때문이다. 이것이 죄다. 죄는 하나님의 말씀을 믿지 않고 불순종하는 것이다. 인간이 죄를 지은 것은 인간이 불완전하게 지음을 받았거나, 주변의 환경 때문이 결코 아니다. 하나님이 인간을 하나님의 형상으로 창조하신 일에 대하여 해설자는 '하나님이 … 보시기에 심히 좋았더라'(창 1:31)고 하였고, 하나님이 만드신 모든 환경에 대하여서도 '하나님이 보시기에 좋았더라'(창 1:10, 12, 18, 25)라고 하였기 때문이다. 인간이 죄를 범하므로 창조 세계에 몇 가지 중요한 변화들이 나타나게 되었다.

- 사단의 도구가 된 뱀은 형체가 변하였고 흙을 먹게 되었다(창 3:14). 뱀이 '흙을 먹게 되었다'는 것은 '비천하고 더러운 상태가 되었다'는 뜻이다(Calvin

1963, 167).[7]

- 여자는 임신하는 고통을 얻게 되었고, 수고하여 자식을 낳을 것이며, 남편을 원하고 남편의 다스림을 받게 되었다(창 3:16).
- 남자는 땅이 저주를 받으므로 평생에 수고하여야 그 소산을 먹을 수 있게 되었다(창 3:17–19).
- 거주하는 장소의 변화로서, 인간은 에덴동산에서 쫓겨나게 되었다(창 3:22–24).
- 인류에게 나타난 변화로서, 아담이 죄를 범할 때 전 인류도 죄와 비참한 상태에 이르게 되었다(웨스트민스터 소교리문답, 제16문). 그 이유는 아담이 모든 인류의 대표로 언약을 맺었기 때문이다(롬 5:12). 그리고 인간에게 모든 실제적인 악한 행위들이 나타나게 되었다. 그것들은 우상 숭배, 순리대로 하지 않고 남자가 남자끼리 여자가 여자끼리 벌이는 부끄러운 일, 불의, 추악, 사기, 악독이 가득함, 수군수군함, 비방함, 교만, 악을 도모함, 부모를 거역함, 무정함, 무자비한 행동 등이다(롬 1:18–32).
- 자연에 나타난 변화로서, 인간의 죄로 말미암아 자연이 저주를 받아 고통을 당하게 되었다(창 3:17–18; 롬 8:19–21).
- 인간은 이생의 모든 비참함과 죽음 그 자체와 영원한 지옥 형벌을 면할 수 없게 되었다(웨스트민스터 소교리문답, 제19문).

죄는 하나님과 맺은 관계를 단절시키고, 인간과 자연과 가진 관계까지 변질시키거나 왜곡시켰을 뿐만 아니라 모든 인간의 범죄와 악한 행위들로 나타나게 만들었다. 특히 죄로 말미암아 변질된 하나님의 형상으로서 인간은, 하나님이 하나님을 알 만한 것들을 보여 알게 해 주셨는데도 헛된 우상으로 바꾸어 섬겼다(롬 1:23). 인간을 사랑하고 협력하기보다는 미워하고 질투하며 심지어 죽이기도 하는 존재가 되었다. 또한 자연을 이기적인 목적으로 사용하여 해롭게 하거나 착취했다. 오늘날 인류 사회에서 발생하는 문제들은 다 죄에서 비롯되었다. 예를 들면 그것들은 인간의 욕심과 다툼과 미움, 여기에서 발생하는 전쟁과 경제적인 불균형 그리고 지진과 기근과 홍수와 같은 자연재해 등이다. 인간은 이

7 '흙을 먹게 되었다'는 것은 비천한 존재가 되었다는 의미의 관용적 표현으로 미가 7:16–17에도 나온다.

문제를 해결하기 위하여 교육, 철학, 과학, 도덕, 종교 등의 방법을 기대하지만 이러한 것들이 모든 문제의 근원인 죄에 대한 해결책은 되지 못한다. 왜냐하면 인류와 환경과 관련된 모든 문제는 죄에서 비롯되었기 때문이다. 성경은 죄를 다루고, 교회는 성경을 토대로 인류의 근원적 문제인 죄를 다룬다. 그래서 교회는 인류를 위해 가장 본질적이며 중요한 일을 위해 봉사한다.

(3) 구속(救贖)

감사하게도 하나님은 모든 인류를 죄와 비참한 상태에 멸망하도록 버려두지 않으셨다. 하나님은 그의 선하신 뜻에 따라 영원부터 그의 택하신 자들로 하여금 영생을 얻을 수 있도록 은혜 언약을 맺으시고 한 구속자로 말미암아 그들의 죄와 비참의 상태에서 건져내어 구원을 얻을 수 있는 길을 예비해 주셨다(웨스트민스터 소교리문답, 제20문)[8]. 은혜 언약은 둘째 아담이신 그리스도와, 그분 안에서 그분의 후손인 모든 택한 자들과 맺은 언약이다(웨스트민스터 대교리문답, 제31문)[9].

어떻게 이 일이 가능한가? 그 답은 하나님께서 우리에게 주신 약속인 창세기 3:15에 있다. "내가 너로 여자와 원수가 되게 하고 네 후손도 여자의 후손과 원수가 되게 하리니 여자의 후손은 네 머리를 상하게 할 것이요 너는 그의 발꿈치를 상하게 할 것이니라." 하나님은 이때 약속하신 대로 사탄의 머리를 상하게 할 여자의 후손으로 구속자 예수 그리스도를 보내셨다. 그리고 하나님이 우리가 받아야 할 죄의 형벌을 여자의 후손으로 오신 구속자이신 예수님을 화목제물로 세우셔서 담당하게 하심으로 자기의 의로우심을 나타내셨고, 또한 예수 믿는 자를 의롭다 하셨다(롬 3:25-26). 이 일은 창세전에 그리스도 안에서 맺은 은혜 언약에 근거한 것이다(엡 1:4). 하나님은 선지자들을 통하여 이 구속의 사건을 여러 부분과 여러 모양으로 말씀해 주셨다(히 1:1). 구약성경은 언약에 따라 오실 그리스도와 그의 사역을 많은 시대를 걸쳐 다양한 방법으로 기록한다.[10] 이뿐만 아니라

---

8 엡 1:4; 롬 3:20-22; 갈 3:21-22

9 갈 3:16; 사 53:10

10 히브리서 저자는 '여러 부분과 여러 모양으로'(πολυ+μερως και πολυ+τρόπως) 말씀하셨다고 기록했다. NIV성경은 이 단어가 가지고 있는 의미를 '여러 시대에 다양한 방법으

성경은 성도들이 구약 시대나 신약 시대에 그리스도 안에서 어떻게 살아야 하나님과 교제하는 생명을 얻을 수 있는지 언약의 방식으로 기록한다.

성경에 기록된 모든 언약이 다 중요하지만 특히 아브라함과 맺은 언약이 중요하다(창 12:1-3; 15:1-21; 17:1-27). 왜냐하면 이 언약은 하나님과 우리 관계의 기초를 이루고 있기 때문이다. 또한 이 언약은 언약이 담고 있는 핵심적인 개념과 함께 구약성경이 어떤 책인지를 알게 할 뿐만 아니라 신약성경과 어떻게 연관되어 있는지 잘 보여 주기 때문이다. 아브라함에게 하신 언약은 그의 후손들이 이루게 될 백성, 그 후손들이 살게 될 땅 그리고 그들이 하나님의 백성이 됨으로 성립되는 하나님과의 관계에서 누리는 복 등의 요소를 가지고 있다(Goldsworthy 1987, 46). 아브라함에게 주신 약속이 그리스도 안에서 우리의 구원과 연관이 있음은 갈라디아서 3:7-9에서 보여 준다.

> 그런즉 믿음으로 말미암은 자들은 아브라함의 자손인 줄 알지어다 또 하나님이 이방을 믿음으로 말미암아 의로 정하실 것을 성경이 미리 알고 먼저 아브라함에게 복음을 전하되 모든 이방인이 너로 말미암아 복을 받으리라 하였느니라 그러므로 믿음으로 말미암은 자는 믿음이 있는 아브라함과 함께 복을 받느니라.

여기서 성경은 아브라함이 받은 약속을 가리켜 '복음'이라고 하였고, 모든 이방이 아브라함으로 말미암아 복음을 받을 것이라고 했다. 이 복음은 오실 그리스도를 말한다(갈 3:16). 그리고 믿음으로 그리스도와 연합하여 세례를 받은 자는 모두 아브라함의 자손이다. 여기에는 인종의 차별, 신분의 차별, 성의 차별이 없다(갈 3:26-29). 그래서 하나님이 아브라함에게 자손을 약속하신 것은 우리의 구원을 위하여 그리스도를 보내시겠다는 것이다.

이 약속이 우리의 구원과 연관되어 있음은 땅에 대한 약속을 통해서도 알 수 있다. 왜냐하면 하나님이 아브라함에게 주신 땅에 대한 약속도 장차 그리스도를 믿는 우리가 들어가게 될 완전한 하나님 나라, 곧 천국에 대한 약속이기 때문이

로'(at many times and in various ways)라고 번역했다.

다(히 11:13–16). 아브라함이 받은 약속은 일차적으로는 가나안 땅이지만 궁극적으로는 완전한 하나님 나라였다.

아브라함이 받은 약속 가운데 '복'에 대한 약속은 자손을 많이 얻는 것도 포함되고(창 26:24; 48:3–4), 물질적인 것도 포함된다(창 24:35; 26:12–14). 그리고 오실 그리스도와도 연관되어 있다(창 27:27–36; 28:4; 32:26–28; 48:16, 20). 이 복은 그리스도 안에서 구원을 얻는 것도 포함한다(행 3:25; 갈 3:8). 이러한 이유에서 구원의 복과 자손의 복과 물질의 복을 서로 분리해서는 안 된다. 오히려 자손과 물질의 복은 구원의 복이 확실함을 증명한다. 그래서 아브라함이 받은 약속은 구약의 모든 시대를 거치면서 결국 구원의 총체적인 개념인 그리스도 안에서 이루게 될 하나님 나라를 말한다는 것을 알 수 있다.

그러면 이 언약에 참여한 자들은 어떤 삶을 살아야 이러한 복을 누릴 수 있는가? 하나님이 그 삶을 시내산 언약에서 보여 주셨다(출 19:3–24:11). 이 언약은 언약 백성의 삶의 규범으로 십계명과 이 계명을 여러 상황에 적용한 계명을 담고 있다. 이 계명을 지켜야 언약에 약속된 복을 누릴 수 있다. 그리고 시내산 언약을 맺을 때 모세는 소를 잡아 그 피를 제단과 백성에게 뿌리게 했다. 모세는 이 피를 가리켜 "이는 여호와께서 이 모든 말씀에 대하여 너희와 세운 언약의 피니라"(출 24:8)고 말했다. 이 희생은 속죄를 위한 희생이 아니라 서약을 위한 것이었다. 피를 제단에 뿌렸다는 것은 하나님 편에서 언약서에 기록된 대로 '보배로운 자'(그의 소유된 백성)와 제사장 나라로 대하지 않으면 하나님 자신의 생명을 내어놓겠다는 뜻이고, 이스라엘 백성들 편에서는 백성들이 그 생명을 내어놓겠다는 뜻이다(Song 1992, 142–145). 그러나 역사를 보면 이스라엘은 가나안에 들어간 이후에 사사 시대와 왕정 시대를 거치면서 끊임없이 하나님의 계명을 지키지 않았다. 그러면 하나님과 맺은 언약을 언약 당사자가 이행하지 못한다면 어떻게 언약적 축복을 누릴 수 있으며, 언약 백성으로서의 삶이 가능할까? 인간은 그 스스로의 능력으로는 시내산 언약을 능히 지켜, 하나님이 그들의 하나님이 되고 그들이 하나님의 백성이 될 수 없다.

그러나 하나님이 감사하게도 이 언약을 지킬 수 있도록 갱신해 주셨다. 그것이 새 언약이다(렘 31:31–33; 겔 36:26–28; 37:24–28). 히브리서 8:13에서 새 언약의 의미를 설명한다. "새 언약이라 말씀하셨으매 첫 것은 낡아지게 하신 것이니 낡아지고 쇠하는 것은 없어져 가는 것이니라." 첫 언약이 낡아지게 되었다는 것은 그리스도 안에서 성취하게 될 언약과 언약의 목표인 하나님 나라를 보여 주는 기능을 다했다는 것이다. 왜냐하면 옛 언약의 가장 중요한 기능은 하늘에 있는 것의 모형이요 그림자로서의 역할이기 때문이다(히 8:5). 그래서 새 언약은 언약을 온전히 이루어 언약 백성의 삶을 가능하게 한다.

히브리서 저자는 옛 언약인 시내산 언약을 가리켜 '그 양심을[11] 온전하게 할 수 없다'(히 9:9)라고 했다. 또한 예수님의 속죄 사역을 구약의 제사와 비교하면서 히브리서 9:13–14에서는 이렇게 말했다. "염소와 황소의 피와 및 암송아지 재를 부정한 자에게 뿌려 그 육체를 정결하게 하여 거룩하게 하거든, 하물며 영원하신 성령으로 말미암아 흠 없는 자기를 하나님께 드린 그리스도의 피가 어찌 너희 양심을 죽은 행실에서 깨끗하게 하고 살아 계신 하나님을 섬기게 하지 못하겠느냐."[12] 이 말씀은 구약의 제사 제도에 따라 제사를 드려도 거룩케 하는 것이 사실이라면, 그보다 훨씬 더 중요한 흠 없으신 예수님이 제물로 십자가에서 죽으셨기 때문에 그 양심을 죽은 행실에서 깨끗하게 하여 하나님을 섬기게 하는 것이 가능하다는 뜻이다. 이뿐만 아니라 에스겔 선지자를 통하여 예언한 대로 그리스도께서 구속을 이루시고 성령을 보내어 주심으로 하나님을 사랑하고 그의 계명을 지킬 수 있게 해 주셨다(요 14:14–21; 롬 8:1–4, 9, 참조. 겔 36:26–28). 그러므로 그리스도를 믿음으로 구속받은 자는 하나님의 계명을 지켜 하나님이 그의 하나님이 되고, 그는 하나님의 백성이 되어 하나님과 교제할 수 있을 뿐만 아니라, 하나님이 원하시는 새로운 세상을 만들어 갈 수 있다.

(4) 회복

그리스도께서 우리를 죄에서 구속해 주심으로 우리는 새로운 존재가 되었다.

---

11 개역개정판에 '양심상'이라고 번역하였으나 헬라어 원문은 목적격인 '수네이데신'(συνείδησιν)으로 '양심을'이라고 번역해야 한다.

12 이 말씀은 가벼운 차원에 해당되는 진리와 보다 무거운 차원에 해당되는 진리를 '하물며'를 통하여 연결시키고 있다. 이러한 논법을 '칼 와호메르 논리'(the logic of Qal Wahomer)라고 부른다(최승락 2013, 4, 27).

"그런즉 누구든지 그리스도 안에 있으면 새로운 피조물이라 이전 것은 지나갔으니 보라 새 것이 되었다"(고후 5:17). 특히 그리스도의 구속으로 말미암아 죄 때문에 변질되거나 왜곡된 하나님의 형상이 회복되었다. 그래서 인간은 하나님과 맺은 관계에서 하나님을 예배하고 하나님과 교제할 수 있게 되었다. 인간과의 관계에서 인간은 이웃을 사랑하고 협력하여 하나님의 뜻을 이룰 수 있게 되었다. 자연과의 관계에서 인간은 하나님이 창조하신 세계를 바르게 통치할 수 있게 되었다. 그래서 하나님의 형상이 회복되었다는 것은 종교적인 경건이나 사람들에게 그리스도를 증거하는 일, 혹은 '영혼 구원'을 위한 활동만을 말하는 것이 아니다(Hoekema 1986, 88). 그리스도 안에서 새로운 피조물로 회복된 성도들은 이 땅에서 하나님을 사랑하고, 이웃을 사랑하며, 자연을 잘 관리하여 하나님의 뜻을 이루는 책임 있는 삶을 살아가야 할 존재가 되었다.

그럼에도 우리는 이러한 삶을 살기 위해 마음을 새롭게 함으로 변화를 받아야 하며(롬 12:1-2), 육과 영의 온갖 더러운 것에서 자신을 깨끗하게 해야 한다(고후 7:1). 믿는 자들은 이 세상에 사는 동안에 진정으로 새로운 존재이기는 하나 완전히 새로운 존재는 아니기 때문이다. 그들은 불완전한 새로운 존재이다(Hoekema 1986, 91). 이것은 그리스도 안에서 구속을 받아 하나님의 형상이 회복되었다고 할지라도 믿는 자들은 계속하여 거룩함을 온전히 이루어야 할 책임이 있다는 것이다.

하지만 성경의 이야기는 그리스도께서 이 세상에 오셔서 죽임을 당하시고 장사지낸 바 되셨다가 부활하시고 승천하신 사건으로 끝나는 것이 아니다. 성경 이야기는 그리스도께서 다시 오셔서 아브라함과 맺은 언약이 완성되어 하나님이 우리와 함께 계시는 나라를 세우시는 것으로 완성된다.

> 내가 들으니 보좌에서 큰 음성이 나서 이르되 보라 하나님의 장막이 사람들과 함께 있으매 하나님이 그들과 함께 계시리니 그들은 하나님의 백성이 되고 하나님은 친히 그들과 함께 1)계셔서 모든 눈물을 그 눈에서 닦아 주시니 다시는 사망이 없고 애통하는 것이나 곡하는 것이나 아픈 것이 다시 있지 아니하리니 처음 것들이 다 지나갔음이러라(계 21:3-4).

이때 영화롭게 된 성도는 처음 인간이 창조되었을 때의 아담과는 다르다. 아담은 '죄를 짓지 않을 수도 있고 죽지 않을 수도 있는' 존재였으나, 영화롭게 된 성도는 '죄를 지을 수 없고 죽을 수 없는' 존재가 되기 때문이다(Hoekema 1986, 92). 그리스도께서 오셔서 죄로 말미암아 변질되고 왜곡된 세상을 구속하시고 회복하셔서 과정을 볼 때, 성경의 중심이 무엇인지 알 수 있다. 성경의 중심은 성육신하시어 고난을 받으시고 십자가에서 죽으셨다가 사흘 만에 부활하셔서 영화롭게 된 그리스도이며, 그리스도께서 만물을 새롭게 회복하신다는 것이다.

성경은 인간이 범죄한 후 하나님께서 약속하신 여자의 후손(창 3:15)을 역사의 흐름 속에서 어떤 경로를 통하여 보내실 것인지, 그리스도를 믿는 자는 어떻게 살아야 하나님과 교제할 수 있는지를 기록한다. 그리고 성경은 하나님께서 그리스도의 구속으로 말미암아 완전한 하나님 나라를 이루시는 역사를 기록한다. 이 역사를 가리켜 구속사(= 구속 역사, redemptive history)라고 부른다. 구속사란 하나님이 우리를 구원하시기 위하여 역사 가운데 행하신 사건을 말한다. 트림프(Trimp 1988, 37)는 구속사를 "예수 그리스도의 아버지께서 자신의 백성과 사랑의 교제 가운데 살고자 하는 계획을 성취하시기 위하여 일하시는 역사적 사건의 전체"라고 정의했다. 그러므로 성경 전체를 하나로 엮는 주제는 구속사와 구속사의 목표인 하나님의 나라다. 이 구속사의 발전과 구속사 안에서 하나님과 교제하는 역사를 담은 언약의 진전 과정을 도식화하면 다음과 같다.

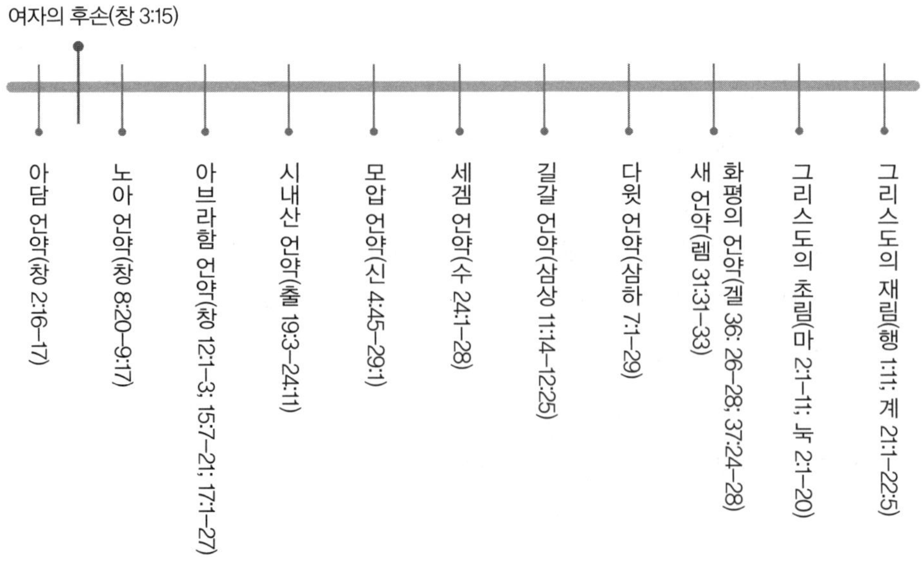

성경은 인간이 범죄한 이후에 하나님이 그리스도를 보내실 것이라고 약속하시고, 그 약속에 따라 긴 역사의 흐름 속에서 그리스도께서 오셔서 구속을 성취하신 사실을 기록한다. 또한 성경은 그리스도께서 다시 오심으로 구속의 완성인 완전한 하나님 나라를 이루실 것을 기록한다. 이 일은 모두 하나님의 경륜 가운데 있다. '경륜'(οἰκονομία)은 하나님이 그의 나라를 역사 가운데 세우시려는 전체 계획을 말한다(송제근 2017, 27).[13] 이 경륜의 궁극적 목적이 하나님 나라이고, 이 나라를 어떻게 이루시는지를 보여 주는 것이 언약이다. 언약을 역사 가운데 성취하시는 과정이 구속사다. 이것을 도식화하면 다음과 같다.

경륜	하나님이 그의 나라를 역사 가운데 세우시려는 계획
하나님 나라	경륜의 궁극적 목적
언약	하나님 나라를 이루시는 방법: 그리스도, 구속, 법
구속사	언약을 역사 가운데 성취하시는 과정

3. 성경을 어떻게 읽어야 하는가?

하나님이 역사의 긴 과정을 통하여 구속(救贖)을 이루셨고, 또한 완전한 나라를 이루실 때까지 이루어 가실 것이다. 이러한 구속사의 과정을 이해한다면 성경을 해석(이해하고 적용하는 일)할 때 역사적인 방법을 사용해야 한다(헬버그 1986, 104). 역사적인 방법을 사용한다는 것은 하나님이 계시하신 역사 상황과 함께 계시가 궁극의 목표를 향하여 진행되어 가는 과정을 살펴야 한다는 것이다. 그리고 성경 저자들은 이 내용을 다양한 문학 장르와 구조와 논리 등의 문학적 장치를 사용하여 기록했다. 그래서 우리는 성경을 바르게 읽기 위하여 두 가지 요소를 생각해야 한다. 하나는 하나님의 작정 가운데 있는 구속의 진전 과정을 살피는 구속사적 해석이다. 또 하나는 구속사의 내용을 어떻게 기록하는지, 곧 그 내

13 경륜이라는 단이인 '오이코노미아'(οἰκονομία)는 헬라어 성경에 모두 9번 나온다(눅 16:2, 3, 4; 고전 9:17; 엡 1:10(9); 3:2, 9; 골 1:25; 딤전 1:4). 이 중에 네 곳만 경륜으로 번역할 수 있다(엡 1:9, 3:2, 9; 딤전 1:4).

용을 전달하는 방법인 문학적 해석이다.

(1) 구속사적 해석(redemptive-historical interpretation)

구약성경은 예수 그리스도와 그가 이루실 하나님 나라를 약속하고 있고, 신약성경은 그 약속이 그리스도 안에서 성취가 되었고, 그것이 어떤 의미가 있는지를 설명한다. 그렇다면 우리는 당연히 그리스도와 그리스도 안에서 하나님 나라를 완성하기 위하여 진행되어 가는 과정을 살펴야 한다. 이러한 이유에서 하나님의 작정을 실현하시는 계시 역사의 전 과정을 다루는 성경신학이 필요하다. 성경신학은 예수 그리스도 안에서 이루시려는 하나님의 계시의 최종 목적지를 향하여 전개되고 움직이는 진행 과정을 묘사하는 데 관심을 기울이는 신학을 말한다(Goldsworthy 1987, 40). 그 진행 과정은 하나님이 창세기 3:15에 메시아를 약속하신 이후에 역사 가운데 구속을 실현하는 긴 구속의 역사를 말한다. 구속사의 목표는 완전한 하나님 나라이다. 예수님도 이 하나님 나라의 복음을 전파하기 위하여 오셨다고 말씀하셨다(눅 4:43). 그래서 우리가 성경의 각 책과 그 책에 기록된 본문을 이해할 때 그 본문은 구속사에서 어떤 위치이며, 어떻게 하나님 나라를 경험하였으며, 그 본문이 그리스도 안에서 현대에 어떤 의미가 있는지를 살펴야 한다. 이것이 구속사적 해석 방법이다.

구속사적 방법으로 본문을 연구할 때 세 가지를 고려해야 한다. 첫째, 구속사는 역사다. 둘째, 구속사는 그리스도 안에서 통일성을 이루고 있다. 셋째, 구속사는 완전한 하나님 나라에 이르기까지 점진적인 성격을 가지고 있다(Greidanus 1970, 121-124). 이 점을 고려할 때 성경의 각 사건이나 인물들이 하나님의 구속사 안에서 서로 연속성을 가질 수 있고, 본문의 올바른 의미를 드러낼 수 있다.

① 구속사는 역사다

우리는 성경을 읽을 때 하나님이 그의 구속 계획을 역사의 지평에서 실현하시기 때문에 역사를 고려해야 한다(Greidanus 1970, 122). 성경에서 역사를 기록하고 있다면 우리는 성경에 기록된 역사적 사실 자체를 계시로 받아들여야 한다. 그것은 역사 자체가 메시지이고, 동시에 의미를 결정하는 요소가 되기 때문이다.

② 구속사는 그리스도 안에서 통일성을 이루고 있다

성경은 단편적인 이야기를 담고 있는 것이 아니라 그리스도와 그리스도 안에서 이루실 하나님 나라라는 통일된 주제를 담고 있다. 그렇다면 성경의 각 부분들이 성경 전체와 가지는 연관성을 이해하는 것은 성경 해석에서 가장 중요한 문제이다(Goldsworthy 1987, 26). 성경의 통일성을 이루는 요소들은 다음과 같다.

첫째, 하나님의 작정이다(Greidanus 1970, 123).[14] 개혁주의 신학은 하나님의 주권을 강조한다. 왜냐하면 하나님이 영원 전부터 무엇이 일어날지를 주권적으로 결정하셨으며, 그가 미리 정하신 계획에 따라 자연적인 영역과 영적인 영역에 걸친 그의 전 창조 사역에서 그의 주권적인 의지로 행하셨기 때문이다(Berkhof 1941, 100). 그리스도 안에 있는 구속 사역 역시 하나님이 세상을 창조하시기 전에 이미 계획하신 일이다(엡 1:4이하; 벧전 1:2).

둘째, 그리스도 안에서 구원을 이루신다는 것이다. 예수 그리스도께서 고난을 받고 죽으심으로 우리의 구원을 위한 기초를 세우셨고, 부활하심으로 완전한 구원을 이루셨다. 이 사건은 신약 시대에 일어났지만, 구약의 신자들도 그리스도 안에서 구원을 받을 수 있고, 우리도 그리스도 안에서 구원을 받을 수 있다(Gootjes 1992, 362). 그래서 본문을 정낭하게 다루기 위해서 설교자나 성경을 읽는 독자는 예수 그리스도를 바라보는 일을 무시해서는 안 된다. 이는 신구약성경의 어떤 책이든지 예수 그리스도 안에서 성취되는 하나님의 구속 사역과 연관을 맺지 않는 본문이 없기 때문이다(오만 1986, 168).

셋째, 믿음이다. 이미 구약에서 하나님은 언약과 언약 속에 약속된 그리스도를 믿어야 한다는 것, 또한 믿음을 요구하신다는 것을 보여 주셨다. 이것은 신약에서도 마찬가지다. 이것이 아브라함의 믿음이 신약의 성도들을 위한 모범이 될 수 있음을 보여 주는 이유이기도 하다(Gootjes 1990, 362).

넷째, 구속사의 핵심인 하나님 나라와 그 최종 목표인 하나님 나라의 완성이다. 예수님의 초림으로 하나님의 나라가 세상에 이미 시작되었기 때문에 우리는 그 생활을 맛볼 수가 있다. 그래서 우리는 각각의 구속사에서 하나님 나라가 어

14 그레이다누스는 모범적-구속사적 논쟁을 취급하면서 양편 모두 성경의 통일성을 하나님의 작정에서 찾고 있다고 언급했다(… both sides ultimately find the final support for this unity in the Counsel of God).

떻게 경험되고 이루어지고 있는지를 살펴야 한다(현재적 하나님 나라). 그러나 하나님의 나라는 이 세상에서 완성되는 것이 아니다. 구약의 성도들도 하나님의 통치를 받으며 살았지만 궁극적으로는 땅 위의 축복을 기대한 것이 아니고, 새 예루살렘을 기대하며 살았다(히 11:10, 16). 오늘날 우리도 역사의 동일한 목표, 즉 죄로 말미암아 왜곡되고 변질된 이 세상의 완전한 회복을 기대한다(미래적 하나님 나라).

성경의 통일성을 이루고 있는 이러한 요소들이 의미를 지니려면 어떠한 성경 본문이든지 그 실질적인 문맥은 성경전체가 되어야 한다. 그리고 주어진 성경본문이 그것의 직접적인 문맥뿐만 아니라 성경 전체 안에 계시된 구원의 전체 계획과도 연관을 가져야 그 의미가 더욱 분명하게 드러난다(Goldsworthy 1987, 28).

③ 구속사는 점진적이다

구속사는 긴 역사적 과정이라는 시간 안에서 점진적으로 일어난다. 이 점진은 통일성과 분리될 수 없으면서 점진적으로 발전해 간다. 그래서 구속사에서 시대의 변화와 직분의 변화를 살펴야 한다.

첫째, 시대의 변화를 살펴야 한다. 이 변화는 우선적으로 예수 그리스도의 오심의 사건을 중심으로 나눌 수 있다. 성경을 구약과 신약으로 나누는 것도 예수 그리스도의 오심을 중심으로 나누는 것이다. 구약 시대는 타락 이전과 타락 이후로 나눌 수 있다. 그리고 타락 이후는 아브라함을 부르신 사건을 중심으로 약속을 받기 이전과 이후, 그리고 시내산에서 언약을 맺기 이전과 이후로 구분할 수 있다. 신약 시대는 예수님이 이 세상에서 활동하던 시대로부터 오순절에 성령께서 임하시는 사건과 오순절에 성령께서 임하신 이후부터 오늘날의 교회 시대로 나눌 수 있다(Gootjes 1990, 362). 구속사에 이처럼 시대가 명백하게 구분되고 있기에 성경을 해석하고 적용하는 일에 그 차이점을 살펴야 한다.

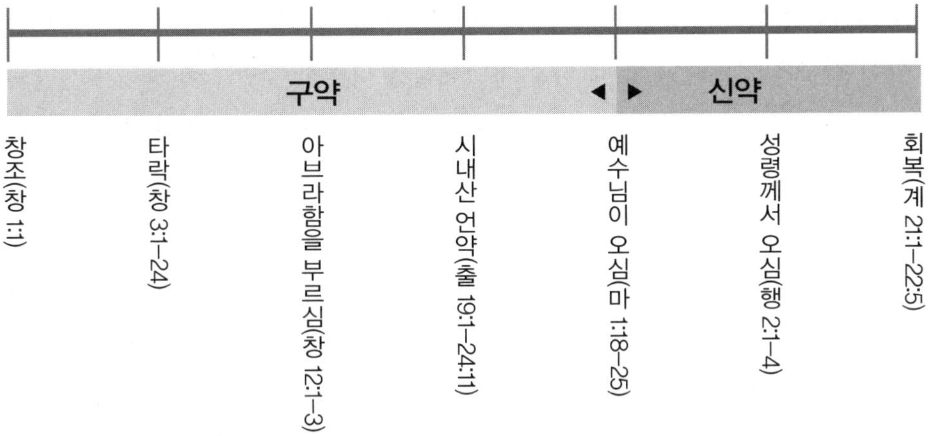

둘째, 직분의 변화를 살펴야 한다. 그리스도께서 오시기 전에는 왕, 제사장, 그리고 선지자의 직분들이 있었다. 하지만 그리스도의 승천 이후 첫 시대에 하나님이 교회에 사도와 선지자들을 주셨고, 목사와 교사[15]를 주셨다(엡 4:11). 그리고 교회가 변화해 감에 따라 구제하고 봉사하는 일을 위해 집사를 세우며 발전해 갔다(행 6:1–6). 그리고 신약의 성도들은 구약 시대의 왕, 제사장, 선지자의 직분과는 다르다 할지라도 그리스도와 연합하여 그리스도와 함께 왕으로 세상을 다스리며, 하나님과 세상 사이의 왕 같은 제사장으로, 선지자로 하나님의 말씀을 전파하며 봉사한다(엡 2:6–7; 벧전 2:9–10). 성경을 읽고 적용할 때 이러한 변화를 고려한다면 오늘날 구속사에서 성도의 위치와 책임을 더 잘 알게 될 것이다.

(2) 문학적 해석(literary interpretation)

성경이 구속 역사를 담고 있는 책이며, 동시에 구속사적 관점으로 각각의 사건과 인물을 묘사하고 있음을 아는 것만으로 성경을 바르게 읽을 수 없다. 성경의 저자들이 이러한 구속의 내용을 어떤 방법으로 전달하고 있는지도 알아야 한다. 다른 말로 하면 성경의 저자들이 이러한 구속 역사를 어떤 그릇에 담아서 어

15 에베소서 4:11에 '목사와 교사'(τοὺς ποιμένας καὶ διδασκάλους)는 두 직분을 말한다기보다는 헬라어 문법상 하나의 정관사에 두 직분이 있다. 이것은 헬라어 성경에 자주 나타나는 표현으로 하나의 개념을 더 구체적으로 설명하는 방식이다. 그래서 '목사와 교사'는 한 직분으로 목사는 돌보는 자이며, 동시에 가르치는 자라는 뜻이다.

떤 논리로 전달하고 있는지, 곧 계시 전달 방법을 알아야 한다. 예를 들어 우리가 어떤 글을 읽는다고 할 때 단순히 단어들을 나열한 것만으로 의사가 전달되는 것이 아니다. 저자는 전달하고자 하는 메시지를 효과적으로 전하기 위하여 적절한 단어를 선택하고, 비유와 상징을 사용하기도 한다. 또한 저자는 어떤 문학 장르를 사용할 것인지, 그리고 어떤 논리로 메시지를 전개할 것인지를 선택한다. 성경의 저자들 역시 인간이 사용하는 언어를 통하여 하나님의 계시를 전달하기 때문에 이 점을 잘 알아야 한다. 그래서 계시 전달 방법인 언어와 관련하여 주제와 기록 목적이 무엇이고, 어떤 비유(직유, 은유, 알레고리, 상징 등)를 사용하고 있으며, 어떤 방식으로 논리를 전개하고 있는지 잘 이해해야 한다.

교회는 오랫동안 하나님이 인간의 언어로 계시하셨다는 사실을 근거로 '문법적 해석'이라는 표현을 사용했다(벌코프 2009, 69–119). 그러나 문법은 문장을 이해하는 규칙과 질서를 의미하는 것으로 글을 이해하는 방법 가운데 하나다. 글을 이해하기 위해서 문법을 알아야 하지만, 글이나 말을 전달하는 도구인 단어(word)와 언어의 본질과 기능 등과 관련한 언어학(linguistics), 구문(syntax), 문맥(context), 비유(parable), 상징(symbol) 등도 알아야 한다. 그리고 글의 장르(genre)가 산문(prose)인지 운문(poetry)인지 등을 알아야 한다. 이뿐만 아니라 저자가 어떤 관점을 가지고 쓰는지, 어떤 방식으로 논리를 전개하며 메시지를 전달하는지를 알아야 한다. 이러한 개념을 다 담을 수 있는 용어로 문학적 해석이라는 용어를 사용하려고 한다.[16] 대개 문학을 시와 소설, 희곡 등의 좁은 의미로 이해하기 때문에 성경도 그러한 인상을 줄 수 있는 위험은 있다. 그런데도 '문학'이라는 용어를 사용하는 것은 문학이 언어를 통하여 의미를 전달하는 기술을 말한다고 보기 때문이다.

성경에 기록된 문학 장르, 곧 글의 종류는 크게 산문과 운문으로 나눌 수 있다. 이러한 글의 형식은 어떤 주제를, 어떻게 전달하고 있느냐 하는 문제와 함께, 문단의 흐름과 함께 주제가 무엇인지 알게 하는 역할을 한다. 문학 기술 방식, 곧 계시 전달 방식은 본문의 주제를 이해하기 위한 중요한 장치다. 이것은 형식이 의미를 포함한다는 것이다. 형식에 관하여 탐구한다는 것은 의미를 탐구하는 것과 같다고 본다. 왜냐하면 본문의 형식은 본문의 의미를 기대하게 만들

16 신득일(Shin 2004, 24)은 '문헌적 해석'(philological interpretation)이라는 용어 사용을 제안했다.

고, 문제의 본질로 인도해 가기 때문이다(Greidanus 1988, 16–18).

① 산문 해석

성경에 기록된 글의 대부분은 산문이다. 산문은 이야기 형식의 글(내러티브)과 설명문으로 되어 있다. 구약성경의 1/3 이상은 이야기로 구성되어 있다(Bar-Efrat 1989, 9; Amit 2001, 1.) 관점에 따라 약간의 차이가 있을 수 있으나 구약성경을 책별로 구분하면 40퍼센트가 이야기로 되어 있고, 구약 전체를 분량(分量)으로 구분하면 전체의 3/4을 차지한다고 보기도 한다(피 & 스튜어트 1991, 109). 신약성경 역시 복음서와 사도행전, 그리고 요한계시록은 이야기로 되어 있기 때문에 분량으로 보면 거의 정확하게 신약성경의 3/5을 차지한다. 이것은 성경의 많은 부분이 이야기를 통해 계시를 전달한다는 것이다. 그래서 이야기를 이해하는 방법은 성경을 이해하는 방법이다.

일반적으로 이야기는 인물(characters)과 배경(setting)과 구성(plot)을 가지고 있듯이 성경의 이야기도 이 요소들을 가지고 있다.

인물은 행동의 주체로서 저자가 전달하고자 하는 메시지를 표현하는 매우 중요한 장치이다. 성경을 처음 펼 때 만나게 되는 것은 교리가 아니라 이야기이다. 성경 이야기의 가장 중요한 인물은 하나님이시다. 이야기 속에 묘사된 하나님은 철학적으로 선포된 분이 아니라 자기 백성을 부르시고 교제하시는 인격적이며 역동적인 분이시다(Chisholm 2006, 32). 그리고 이야기에는 하나님과 언약을 맺어 하나님과 교제하며 하나님의 뜻을 이루어 가야 할 책임 있는 존재인 언약 백성들도 있고, 언약 백성들과 갈등을 일으키는 악한 자들도 있다. 성경 이야기를 읽을 때 하나님의 구속사에서 하나님과 언약 백성의 역할, 언약 백성과 갈등 구조를 일으키는 부차적 인물의 역할,[17] 그리고 갈등을 극복하는 과정에서 일어나는 다양한 현상들과 갈등을 극복하는 방법을 연구하는 것도 성경의 핵심을 찾는 중

17 이야기에 등장하는 인물은 사건의 중심인물인 주인공이 있고, 부수적인 역할을 하는 부차적 인물이 있다. 부차적 인물은 중심인물과 갈등이나 투쟁의 대상이나 때로는 동반자적 인물이다. 전자를 프로타고니스트(protagonist), 후자를 안타고니스트(antagonist)라 부른다(서종택 1984, 91). 성경의 예를 들면 엘리야 이야기에서 엘리야와 이스라엘 백성은 중심인물이고, 아합과 이세벨과 바알 선지자 등은 부차적 인물이다(왕상 17:1–18:46).

요한 방법이다. 그래서 성경의 다양한 인물들이 어떻게 우리가 본받거나 피해야 할 사례가 되고 있는지, 하나님이 인물들을 다루시는 방법을 통해 어떤 교훈을 주는지 구속사의 맥락에서 살펴야 한다.

배경은 등장인물의 상황을 제공해 주는 이야기의 한 면이다(Powell 1990, 69). 배경은 다양한 기능을 하는데, 등장인물의 모습을 보여 주는 일을 돕기도 하고, 갈등을 결정하는 요인이 되기도 하고, 이야기의 구조를 제공해 주기도 한다(Rhodes & Michi 1982, 53). 이러한 이유에서 이야기의 의미를 파악하려면 본문의 역사적이고 문화적인 배경을 살펴야 한다. 이야기의 배경은 시간적 배경과 공간적 배경, 그리고 사회적 배경 등을 포함한다. 특히 시간적 배경은 독자들에게 이야기에 기록된 사건이 언제 일어났는지를 알려 줄 뿐만 아니라, 이야기 전개와 관련하여 더 중요한 의미를 가지고 있다(Chisholm 2006, 27). 시간적 배경은 본문에 묘사된 인물의 행위와 사건의 의미를 이해하기 위한 중요한 요소이다.[18] 공간적 배경은 기록된 사건이 어디에서 일어났는지, 사회적 배경은 어떤 상황에서 일어났으며 그 의미가 무엇인지 알게 하는 요소이다.[19]

구성은 여러 등장인물의 말과 행동을 비롯하여 그들과 관계된 사건들을 인과적 원리에 따라 연결하여 이야기의 주제를 드러내는 장치다. 성경의 이야기를 읽으면 마치 영화나 소설에서 보는 것처럼 긴장과 흥미를 가지고 볼 수 있도록 장면과 인물과 내용이 배열되었음을 알 수 있다. 이것은 성경 이야기에 구성을 사용하였기 때문이다. 구성과 스토리가 때로는 동의어로 사용되기는 하지만 이 두 가지는 구별된다. 스토리는 이야기의 줄거리고, 구성은 독자가 이야기의 줄거리를

---

18 예를 들어 열왕기서 저자는 솔로몬이 성전 공사를 시작한 시점으로 "이스라엘 자손이 애굽 땅에서 나온 지 사백팔십 년"(왕상 6:1)을 언급한다. 이는 단순히 성전 건축의 시점을 알려 줄 뿐만 아니라 역사적이고 신학적인 의미를 밝히는 기능을 한다. 저자는 이 정보를 통하여 솔로몬이 성전을 건축한 것은 출애굽 사건의 목표이자 완성이라는 사실을 암시한다(Devries, 93). 이러한 해석이 가능한 것은 모세가 바로에게 이스라엘 백성을 보내어 줄 것을 요구할 때 그 이유를 "여호와께 제사를 드리려(섬기려) 하오니 허락하소서"(출 5:8; 7:16; 8:1, 8, 20 등)라고 말한 데서도 알 수 있다.

19 예를 들면 요나서의 시간적 배경은 북 왕국 여로보암 2세 시대이다(왕하 14:25). 이 시대의 사회적 배경은 동시대에 활동한 아모스, 호세아, 이사야 선지자가 기록한 책에서 설명하고 있다. 이 사회적 배경을 이해할 때 요나서는 언약 백성인 이스라엘이 회개하고 여호와께 돌아오면 구원을 받을 수 있음을 니느웨의 회개를 통하여 보여 주려는 책임을 알 수 있다(신 32:21; 마 12:41).

알게 되는 경로다(서종택 1984, 102). 그래서 구성을 바르게 파악하는 것은 이야기의 핵심을 파악하는 중요한 방법이다. 구성은 이야기마다 다양한 형태를 이루고 있지만, 오래된 구분 가운데 하나는 브룩스(Brooks & Warren 1959, 81)가 구분한 것으로 발단(exposition), 분규(complication), 절정(climax), 대단원(denouement)이다.[20] 특히 책의 저자가 주제와 메시지를 전달하는 방법으로 구성을 선택했다면 구성의 구조와 형태를 아는 일은 본문의 의미를 알아가는 중요한 방법이다.

이야기로 된 계시는 여러 가지 요소들이 결합하여 하나의 이야기를 구성하고 있고, 이야기를 통하여 하나님의 계시를 전달한다. 그래서 이야기로 된 성경을 해석하고 적용할 때는 알아야 할 몇 가지 요소가 있다.[21]

- 이야기를 단순히 구약이나 신약 시대에 살았던 사람들의 이야기로 보아서는 안 된다. 인물, 사건, 상황 전개, 구성이나 이야기의 절정으로 나아가는 과정을 통하여 하나님이 어떤 분이시며, 이 사건을 통하여 하나님과 맺은 언약과 관련하여 하나님이 무엇을 계시하고자 하시는지를 알아야 한다.
- 구약의 이야기들을 숨은 의미가 가득한 알레고리로 생각해서는 안 된다.
- 구약의 이야기는 직접적으로 어떤 교리를 가르치지 않는다.
- 이야기 속에 나타난 사람들의 행동은 반드시 우리에게 좋은 모범이 되는 것은 아니고, 오히려 그 반대의 경우가 될 수도 있다.
- 이야기 속에 나타난 사람들의 행동은 사건을 '설명'하는 것이지, 우리도 그렇게 하면 반드시 그렇게 된다는 보편적인 '규칙'을 말하는 것이 아니다.

산문 가운데 이야기가 많은 부분을 차지하지만 구약의 신명기와 같은 설교, 하박국, 말라기 등의 논쟁 형식의 글과 신약의 로마서, 고린도전후서, 에베소서 등과 같은 설명 형식의 글도 있다. 이러한 설명문 형식의 글은 주제를 전개하는 일정한 논리를 가지고 있다. 논리 전개의 핵심적인 장치는 구조다. 그래서 각 책

20 일반적으로 구성은 발단–전개–갈등–절정–대단원으로 구분되지만 전개와 갈등을 분규로 보는 것이 더 좋다. 왜냐하면 전개는 발단에 속할 수도 있고, 갈등에 속할 수도 있어 때로는 구분하기 어렵기 때문이다.

21 이러한 점에 대하여 스튜어트는 더 많은 부분을 지적한다(피와 스튜어트 1991, 117–118).

의 구조를 파악하는 일은 본문을 이해하기 위한 중요한 방법이다.

② 운문(시) 해석

운문(시)은 간결하고, 평행법을 사용하고 있으며, 다양한 이미지(image)를 사용하여 전달한다는 특징을 가지고 있다(Longman 1987, 119–134). '평행법'(parallelism)은 동일한 단어가 아니라 유사한 개념이나 의미를 가진 단어를 동일한 문법 구조를 사용하여 의미를 구체적이고 풍성하게 알게 하는 문학적 장치다. 평행법을 처음으로 발견한 것으로 알려진 로버트 로쓰(Lowth 1923, 204–205)는 한 절이나 행이 다른 절이나 행과 동일하거나 유사하거나 평행을 이루는 것이라고 했다. 예를 들어 시편 15:1을 보자.

여호와여
주의 장막에 / 머무를 자 / 누구오며
주의 성산에 / 사는 자 / 누구오니이까

이 절에서 '주의 장막'과 '주의 성산'은 같은 뜻이고, '머무를 자'와 '사는 자' 역시 같은 뜻이다. 역시 문법 구조도 같다. 이러한 평행법은 의미를 구체적이고 풍성하게 알게 한다.

또한 운문(시)은 다양한 이미지를 통하여 의미를 전달한다.[22] 우리가 잘 아는 시편 23편은 목자와 양이라는 이미지와 잔치의 주인과 손님이라는 이미지를 사용하여 하나님과 우리와 관계를 설명한다. 이미지는 의미를 복잡하게 만드는 것이 아니라 그림으로 연상시킨다. 그래서 이미지에 여러 가지 복잡한 의미를 부여해서는 안 된다.

③ 문학적 장치

성경은 저자가 전하고자 하는 의미를 쉽고 정확하게 전달하기 위하여 다양한 문학적 장치를 사용한다. 그것은 반복적 재개, 삽입구, 수미쌍관법, 대칭 구조,

22 '이미지'는 모습, 영상, 인상, 개념, 상징, 수사적 비유(직유, 은유) 등을 의미한다. 이 책에서 이러한 의미를 다 담을 수 있는 개념으로 외래어지만 부득이 사용했다.

평행 구조 등이다. 이 외에도 성경은 다양한 문학적 장치들을 사용한다.[23]

• 반복적 재개와 삽입구

반복적 재개(repetitional resumption)는 광범위한 문단의 앞부분에서 끝맺은 구절 다음에 어떤 독립된 문단을 삽입한 후 다시 앞에서 끝맺은 단어나 구절을 반복하는 것이다(Talmon 1976, 317–328). 그리고 그 사이에 들어 있는 부분은 현대 문학이나 성경에서 종종 발견되는 '삽입구'(parenthesis)다. 이러한 장치는 고대의 저자들이 사용한 괄호(brackets)나 각주(footnotes)와 유사한 것이라고 할 수 있다(Williamson 1985, 56).

이러한 문학적 장치를 사용한 본문은 창세기 38:1–30, 출애굽기 12:43–13:16, 에스라 4:6–23, 에베소서 3:1–13, 히브리서 5:11–6:20 등이다. 이 중에 에스라 4:6–23을 예로 들어 보자. 에스라 4:5에 "다리오가 즉위할 때까지 관리들에게 뇌물을 주어 그 계획을 막았으며"라고 기록되었다. 그리고 에스라 4:6–23은 연대기적으로 맞지 않는 독립된 문단으로 삽입구다. 그리고 에스라 4:24에서 "이에 예루살렘에서 하나님의 성전 공사가 바사 왕 다리오 이 년까지 중단되니라"라고 기록하므로 에스라 4:5에서 언급한 이야기를 다시 반복하여 시작한다. 이 경우에 에스라 4:6–23을 괄호 안에 넣고 에스라 4:5과 4:24을 연결하여 읽을 때 전혀 어색함이 없다. 이것이 반복적 재개의 특징이다.

• 수미쌍관법(inclusio)

수미쌍관법은 성경 전체에서 자주 발견되는 문학적 장치다. 이것은 저자가 한 이야기의 처음과 끝부분에 같거나 유사한 어휘/표현을 사용함으로써 전체가 하나의 단락인 것을 표시해 주고, 이야기에 통일성을 부여하며, 더 나아가 본문의 주제를 이해하는 중요한 단서를 제공하는 기법이다(김진수 2013, 45). 이러한 장치는 처음에 나타난 어구나 절의 중요성을 다양한 빛깔을 가진 논리로 입증하

23 이 외에도 장면, 요약, 대조, 반복, 아이러니, 언어유희, 비유, 직유, 은유, 대유(환유, 제유), 퍼포먼스 등을 사용한다.

는 기능을 가지고 있다.

예를 들면 창세기 46:8-27, 출애굽기 1:1-5, 시편 8:1, 9, 할렐루야 시편인 시편 146-150, 에스겔 20:3-31, 마태복음 19:30, 20:16 등이 이 기법을 사용한다. 이 중에 예를 들어 마태복음 19:30, 20:16을 보자. 예수님이 부자 청년과 대화하시면서 결론으로 "그러나 먼저 된 자로서 나중 되고 나중 된 자로서 먼저 될 자가 많으니라"(마 19:30)고 말씀하셨다. 그리고 마태복음 20:1-16에서 '포도원 품꾼의 비유'를 말씀하시고 이 비유의 결론으로 "이와 같이 나중 된 자로서 먼저 되고 먼저 된 자로서 나중 되리라"(마 20:16)고 말씀하셨다. 이것은 포도원 품꾼의 비유가 먼저 된 자가 나중 되고 나중 된 자가 먼저 될 자가 많다는 진리를 입증하는 기능을 가지고 있음을 알 수 있다.

• 대칭 구조 또는 집중성

대칭 구조는 성경에 많이 나타난다. 예를 들면 사사기 1:1-3:5, 17:1-21:25, 열왕기상 6:1-38, 요한복음 14:15-21 등이다. 교차 대칭 구조는 중심축(X)을 중심으로 위아래로 동일한 내용이 A, B와 B′, A′ 형태의 구조적 장치로 되어 있다. 이 구조는 독자들이 문학적 단락의 범위를 결정하도록 돕고, 동시에 그 단락 안에 있는 내용이 논리적으로도 동일하다는 것을 보여준다(Throntveit 1992, 6). 이뿐만 아니라 중심축은 저자가 말하고자 하는 핵심을 드러내는 수사적 장치다(Throntveit 1992, 5). 예를 들어 열왕기상 6:1-38을 보면 대칭 구조가 어떤 기능을 하는지 잘 알 수 있다.

A 성전 건축 시작일(왕상 6:1)
  B 성전 건축 외장 공사(왕상 6:2-10)
    X 성전 건축이 의미를 가지는 조건(왕상 6:11-13)
  B′ 성전 건축 내장 공사(왕상 6:14-36)
A′ 성전 건축 완공일(왕상 6:37-38)

이러한 교차 대칭 구조는 성전 건축에서 가장 중요한 요소가 무엇인지를 보여 준다. 그것은 성전 건축이 의미를 가지려면 언약의 말씀을 믿고 순종해야 한다는 조건이 충족되어야 한다는 것이다. 성경에는 A–B–X–B′–A′ 형태로 된 대칭 구조(symmetric patterns) 외에도 A–B–B′–A′로 된 교차대구법(chiasmus), A–B–C–D–E 형태로 된 선형 구조(liner patterns) 등이 있다. 특히 교차대구법은 넓은 의미로 교차 대칭 구조에 속하지만 아래위 두 개만 짝을 이루어 헬라어 대문자 X(chi)를 이룬다. 일반적으로 이 경우는 두 가지 개념이 서로 밀접한 연관성이 있어 함께 강조되어야 할 필요가 있을 때 사용된다(시 19:1–2; 요 14:15, 21).

• 평행 구조(parallel structures or parallel panels)

평행 구조는 첫 번째 구조에서 A–B–C–D 형식이 두 번째 구조에서 A′–B′–C′–D′ 형식으로 세 개 이상이 연속으로 반복하여 의미를 풍성하게 하고 강조하는 형태를 말한다.[24] 예를 들어 사사기의 본론인 사사기 3:7–16:31은 이 구조로 메시지를 전달한다.

평행 구조 1: 옷니엘(삿 3:7–11)

A 반역: 바알과 아세라(삿 3:7)
B 보응: 메소포타미아 왕 구산 리사다임, 8년(삿 3:8)
C 회개: 여호와께 부르짖음(삿 3:9a)
D 구원: 사사 옷니엘, 40년 평화(삿 3:9b–11)

평행 구조 2: 에훗(삿 3:12–30)

A 반역: 여호와 목전에 악을 행함(삿 3:12a)
B 보응: 모압 왕 에글론, 18년(삿 3:12b–14)
C 회개: 여호와께 부르짖음(삿 3:14a)

---

24 이러한 구조를 스론바이트(Throntveit 1992, 6)는 '평행적 패널'(parallel panels)이라 하였고, 키숌(Chisholm 2006, 50)은 '연속적 패널'(paneled sequencing)이라 했다.

D 구원: 사사 에훗, 80년 평화(삿 3:14b–30)

평행 구조 3: 드보라, 바락(삿 4:1–5:31)

A 반역: 여호와 목전에 악을 행함(삿 4:1a)

B 보응: 가나안 왕 야빈, 20년(삿 4:2–3a)

C 회개: 여호와께 부르짖음(삿 4:3b)

D 구원: 사사 드보라와 바락, 40년 평화(삿 4:4–5:31)

평행 구조 4: 기드온(삿 6:1–8:28)

A 반역: 여호와 목전에 악을 행함(삿 6:1a)

B 보응: 미디안, 7년(삿 6:1b–6a)

C 회개: 여호와께 부르짖음(삿 6:6b–7)

D 구원: 사사 기드온, 40년 평화(삿 6:8–8:28)

평행 구조 5: 입다(삿 10:6–12:7)

A 반역: 바알, 아스다롯, 시돈과 암몬과 블레셋의 신(삿 10:6)

B 보응: 블레셋과 암몬, 18년(삿 10:7–9)

C 회개: 여호와께 부르짖음(삿 10:10–16)

D 구원: 사사 입다, 6년 평화(삿 10:17–12:7)

평행 구조 6: 삼손(삿 13:1–16:31)

A 반역: 여호와의 목전에 악을 행함(삿 13:1a)

B 보응: 블레셋, 40년(삿 13:1b)

C 회개: 없음

D 구원: 사사 삼손, 20년 동안 구원하지 못함(삿 13:2–16:31)

이러한 구조적 장치는 유사한 자료를 나란히 두어 뜻을 강화시키며, 문학적 단락의 한계를 설정하는 일에 도움을 준다(Throntveit 1992, 6). 성경에서 이러한 장치를 사용한 곳은 욥기 4:1–27:23, 시편 107:4–32, 에스겔 20:5–26 등 많이 있다. 이러한 문학적 장치는 저자가 전달하고자 하는 의미를 분명하게 보여준다.

4. 이 책은 어떻게 구성되었는가?

이 책의 집필 목적은 누구든지 성경을 쉽게 읽을 수 있게 하여, 성경이 어떤 책인지 알게 하고, 또한 다른 사람들에게 가르칠 수 있게 하려는 것이다. 또한 성경을 전체로 읽고, 성경의 각 책이 전체와 어떤 관계를 가지고 있는지 알게 하여 성경이 어떤 책인지 알게 하려는 것이다. 성경은 구약 39권과 신약 27권으로 이루어져 있고, 그 책들을 약간 세분화하면 구약은 오경, 역사서, 시가서, 선지서로, 신약은 복음서, 역사서, 서신서, 계시록 등으로 구분되어 있다. 이 구분은 아무런 의미 없이 배열된 것이 아니고 일정한 규칙과 논리적 연관성에 따라 배열되었다. 이 책은 교회가 전통적으로 구분한 성경의 구조와 순서를 따라 내용을 설명했다. 그리고 성경 각 권의 의미를 알 수 있도록 저자와 기록 배경, 문학적 구조, 주제와 기록 목적, 내용, 구속사적 의미 등의 순서로 되어 있다.

(1) 저자와 기록 배경

성경을 이해하려면 성경 본문 자체를 읽어야 하는데, 그렇다고 해서 본문의 의미를 알 수 있는 것은 아니다. 성경은 다양한 역사적 상황에서 기록되었다. 이 책에서 저자와 기록 배경을 설명하는 것은 저자가 살았던 역사적 배경을 알아야 책의 내용을 잘 알 수 있다고 보기 때문이다. '역사적 배경'이라고 하지 않고 '기록 배경'이라고 한 것 때문에 자칫 책을 기록하게 된 동기로 오해할 수도 있다. 그런데도 기록 배경이라고 한 것은 성경에 기록된 사건이 실제로 일어난 역사적 배경과 책을 기록할 당시의 배경이 다른 책이 있고, 또한 이 차이는 본문의 의미를 결정하는 중요한 요소가 되기 때문이다. 기록 배경은 시간적, 공간적, 지리적 배경과 저자가 책을 쓸 당시의 배경 등을 포함한다. 이러한 기록 배경을 결정하는 가장 중요한 요소는 각 권을 쓴 저자이다. 저자가 누구인지 밝히는 일은 그 저자가 살았던 배경을 알려 주는 역할을 하기 때문이다. 예를 들면 이사야(사 1:1), 예레미야(렘 1:1-3), 에스겔(겔 1:1-2), 다니엘(단 1:1-7), 호세아(호 1:1) 등의 선지서와 바울 서신 등을 이해할 때 큰 도움이 된다.

또한 성경에서 지리적 배경을 이해하는 것도 본문을 이해하는 일과 연관이 있다. 예를 들면 우리가 지리적 배경을 알 때 예수님이 산상수훈의 말씀이나 천국의 비유를 말씀하신 때가 오전이었는지, 오후였는지를 알 수 있다. 그리고 예수님이 왜 산 위에서 가르치시거나 배를 띄워 놓고 가르치셨는지도 알 수 있다(마 5:1; 13:2). 또한 사사 드보라와 바락이 이스르엘 평원에서 시스라의 철병거 900승을 어떻게 무력화시켰는지도 알 수 있다. 철병거는 평지에서 위력을 발휘한다. 하지만 하나님이 비를 내려 기손 강을 범람하게 하여 철병거를 움직일 수 없게 하셨다(삿 4:13; 5:4, 20-21). 성경의 지리는 전 세계를 다 포함하는 것이 아니라 구약의 배경은 가나안을 중심으로 메소포타미아와 애굽이며, 신약의 배경은 지금의 터키 지역인 소아시아와 그리스, 로마에 제한되어 있다. 그래서 지리적 위치를 파악하는 일은 본문을 이해하는 일과 맞물려 있다.

(2) 문학적 구조

성경은 어떤 책이든 논리를 전개하는 문학적 구조를 가지고 있다. 구조는 수사학적인 효과를 주기 때문에 성경 저자들은 글을 쓰기 전에 의미를 전달하기 위해 먼저 가장 적합한 구조를 선택한다(Bar-Efrat 1980, 172-173). 그래서 구조를 안다는 것은 책의 내용과 의미를 파악하는 방법이다(Walsh 1977, 172). 왜냐하면 전하고자 하는 신학적 메시지와 문학적 구조는 밀접한 연관성을 가지고 있기 때문이다(Hill & Walton 1991, 342). 이 책에서 문학적 구조를 주제와 기록 목적보다 먼저 다루는 것은 구조가 주제와 목적을 보여 주는 경로이기 때문이다.

일반적으로 우리는 초등학교와 중학교 국어 시간에 문단 나누기와 대의와 주제, 기록 목적 등을 배운다. 이것은 글을 이해하는 기본이다. 이 책에서 문학적 구조를 다루는 것은 문학 장르가 무엇이며, 문학 단위가 어디에서 나누어지는지, 그리고 어떤 구조와 논리로 주제를 전달하고 있으며, 어떤 문학적 장치를 사용하여 본문의 핵심을 전달하는지를 보여 주기 위함이다.

(3) 주제와 기록 목적

대부분의 성경 개론서나 총론서나 주석을 보면 주제와 목적을 다룬다. 그것은 그 책에 기록된 인물들과 사건들과 심지어 작은 요소들까지 주제와 목적을 드러내는 데 어떤 기능을 하는지 알게 한다. 예를 들어 요한복음에는 기록 목적이 선명하게 명시되었다. "예수께서 제자들 앞에서 이 책에 기록되지 아니한 다른 표적도 많이 행하셨으나 오직 이것을 기록함은 너희로 예수께서 하나님의 아들 그리스도이심을 믿게 하려 함이요 또 너희로 믿고 그 이름을 힘입어 생명을 얻게 하려 함이니라"(요 20:30-31). 이것은 이 책에 기록된 예수님의 기적과 가르침이 예수님을 그리스도로 믿고 그 이름을 힘입어 생명을 얻을 수 있도록 채택되었다는 것을 알게 한다. 요한1서에는 "내가 하나님의 아들의 이름을 믿는 너희에게 이것을 쓰는 것은 너희로 하여금 너희에게 영생이 있음을 알게 하려 함이라"(요일 5:13)라고 기록되어있다. 이것은 이 책이 이미 예수님을 그리스도로 믿는 자들에게 영생을 얻었다는 사실을 확신시키고 경험하게 하려는 목적으로 기록되었음을 알게 한다. 이처럼 책의 주제와 기록 목적은 문학적 구조와 더불어 씨줄과 날줄로 엮인 책의 의미를 푸는 열쇠와 같은 기능을 한다.

(4) 내용

이 책은 성경 각 권이 어떤 내용으로 이루어져 있는지를 먼저 문학적 구조에 따라 도표를 통해 전체 큰 개요를 보게 하고, 각각의 내용을 문맥 단위로 기술하고 있다. 종교개혁 시대 이후에 성경을 공예배와 성경 공부에 사용하기 위하여 장과 절이 구분되었다.[25] 성경의 장과 절은 성경을 찾기에 용이하도록 도움을

25 구약성경의 문단이 구분된 것은 쿰란 사본을 위시한 여러 사본을 통해 알 수 있다. 하지만 오늘날 공예배에 사용할 수 있도록 장과 절이 구분된 것은 파리의 인쇄업사 스테파누스(Robert Stephanus, 1503-1559)가 출판한 『헬라어 신약성경』에서 였는데, 제네바에서 발간된 1551년 4판에서 최초로 숫자로 절을 구분했다. 이 성경을 기초로 1557년에 신약, 1560년에 구약

줄 뿐만 아니라 문맥 단위로 끊어 내용을 잘 알 수 있도록 하기 위한 것이다. 하지만 그때에 성경이 가지고 있는 기본적인 구조와 논리 전개 방식과 관련한 연구가 충분히 이루어지지 못하였기 때문에 장과 절의 구분이 잘못된 곳이 많이 있다. 그러나 이 책은 장 단위로 주요 내용을 기록하지 않고 문맥 단위로 내용을 기록하여 각 권의 줄거리와 핵심 개념을 파악할 수 있게 했다. 이뿐만 아니라 이야기로 된 계시는 스토리를 살려 내었고, 선지자나 사도들이 쓴 계시는 글의 논리를 살려 내었다.

독자들은 이 책을 읽으면서 하나님의 말씀을 오늘날 교회와 성도의 삶에 적용하는 부분이 있기는 하지만 적다는 것을 발견하게 될 것이다. 그것은 본문에 대한 설명이 최선의 적용이라고 믿기 때문이다. 말씀을 바르게 깨달을 때 히브리서 저자가 말한 바와 같이 하나님의 말씀은 살아 있고 활력이 있어 좌우에 날선 어떤 검보다도 예리하여 혼과 영과 및 관절과 골수를 찔러 쪼개기까지 하며 또 마음의 생각과 뜻을 판단한다고 믿기 때문이다(히 4:12). 우리는 대개 적용이라는 명목 아래 본문의 인물과 사건과 관련한 설명(description)을 오늘날 사람들이 행해야 할 규칙(prescription)으로 변형시키는 잘못을 쉽게 범한다. 이러한 방식의 해석과 적용은 하나님의 말씀을 율법으로 바꾸는 것이다(Goldingay 1990, 40). 게다가 하나님 중심적인 성경의 초점을 인간 중심으로 바꾸어 버린다(Greidanus 1988, 163). 그렇게 함으로 하나님의 은혜가 아니라 율법주의로 흘러 하나님의 말씀을 무거운 짐이 되게 만든다. 율법은 하나님의 은혜에 토대를 둘 때 무거운 짐이 아니라 하나님을 사랑하고 섬기는 방법이요, 언약 속에 들어 있는 복을 누림으로 세상을 바꾸는 능력으로 나타난다.

특히 이 책은 성경을 읽다가 의문이 생기는 부분이 있다면 성경의 순서와 장절에 따라 찾을 수 있도록 되어 있다. 물론 이 책의 성격 자체가 성경 전체를 알 수 있도록 개괄적으로 설명하는 데 목적을 두고 있기 때문에 자세하게 주석한 것은 아니다. 그런데도 본문을 이해하는 일에 중요하다고 생각하는 부분이 있다면 단어나 어구를 설명했다.

까지 장과 절을 구분하여 출판된 제네바 성경이 장절을 구분한 최초의 영어 번역 성경이다. 오늘날 성경의 장절 구분은 여기에서 나왔다.

(5) 구속사적 의미

이 책에는 성경의 각 권에 기록된 내용이 전체 구속사에서 어떤 위치를 차지하고 있는지 알 수 있는 도표가 있다. 그것은 하나님의 구원이 어느 시대에 일어났으며, 전체 구속사에서 어떤 위치를 차지하고 있는지를 알게 하려는 것이다. 성경을 읽을 때 마치 새가 높은 하늘에서 아래를 내려다보는 것처럼 책 전체를 한눈으로 볼 수 있다면 각각의 본문의 의미를 더 잘 이해할 수 있을 것이다. 먼저 성경 전체의 구조를 이해하고, 성경에 기록된 역사의 기본적인 구조를 '조감'(鳥瞰, bird's eye view)해야 한다. 이 조감은 역사의 과정 속에 나타나는 중요한 사건을 파악하게 할 것이다(Goldsworthy 1987, 31). 성경 전체를 조감하는 일과 성경 각각의 책을 조감하는 일은 각각의 책의 위치와 의미를 알게 하고, 또한 각각의 본문의 의미를 성경 전체의 역사 흐름과 논리적 흐름에 따라 이해할 수 있게 한다.

성경은 구속사를 기록하고 있다. 구속사에는 항상 두 가지의 중심점이 있는데 하나는 구원하시는 하나님이시고, 또 하나는 구원을 필요로 하는 인간이다. 인간이 죄로 타락하였을 때 하나님은 인간을 버려두지 않으시고 그에게 다가가셔서 사탄의 멸망과 자기 백성의 승리를 예언하셨다(창 3:15). 그때부터 하나님이 이 구원의 약속을 성취하시기 위하여 이 세상에서 일해 오셨고, 예수님의 재림 때까지 그 구원 사역을 계속하실 것이다(고재수 1989, 24). 이뿐만 아니라 하나님은 언약 백성과 교제하시며 하나님 나라를 이루신다. 그래서 이 책은 구속사의 핵심인 두 가지 중심점을 드러내었다. 하나는 각 시대마다 하나님이 구원의 약속을 성취하시기 위하여 어떤 일을 하셨는지를 드러내었다. 또 하나는 인간은 약속에 대하여 어떻게 응답하였고, 하나님과 교제하였는지를 드러내었다. 그리고 구속사에서 언약 백성의 특권과 책임 부분을 드러내는 일에도 비중을 두었다. 이것은 독자들이 이 책을 읽으면서 하나님이 어떤 인간과 세상을 원하셨는지 알아 하나님과 교제하며 그 은혜를 누릴 뿐만 아니라 적극적으로 구속사의 중심에서 하나님 나라를 건설하는 자들이 되기를 소망하기 때문이다.

참고문헌(Bibliography)

고재수 1989. "구약의 역사적 본문에 대한 기독론적 해석." 『고려신학보』 제17집. 부산: 고신대학 신학대학원 출판부.

김진수 2012. "구약 내러티브의 해석과 설교 (1)." 『신학정론』 제30권 2호: 523-544.

김진수 2013. "구약 내러티브의 해석과 설교 (2)." 『신학정론』 제31권 1호: 35-62.

벌코프, 루이스 2009. 『성경해석학』. 박문재 역. 고양: 크리스챤다이제스트.

서종택 1984. "소설론." 『문학개론』. 구인환 외. 서울: 형설출판사.

송제근 2017. 『아주 오래된 날마다 새로운 구약성경 이야기』. 군포: 언약나라.

오만, H M 1986. "구약의 역사적 본문에 대한 기독론적 설교." 이병구 역. 『고려신학보』 제12집. 부산: 고신대학교 신학대학원 출판부.

오병세 1986. "신약에 나타나는 하나님의 나라." 『고신대학 논문집』 제14집. 부산: 고신대학 출판부.

최승락 2013. 『하물며 진리』. 용인: 킹덤북스.

피, 고든 D와 스튜어트, D 1991. 『성경을 어떻게 읽을 것인가』 오광만 역. 서울: 성서유니온.

헬버그, J L 1986. "구약성경연구의 출발점과 방법." 길성남 역. 『고려신학보』 제12집. 부산: 고신대학신학대학원 출판부: 95-117.

Amit, Y 2001. *Reading Biblical Narrative*. Minneapolis: Fortress Press.

Bar-Efrat, S 1980. "Some Observations on the Analysis of Structure in Biblical Narrative." In *Vetus Testamentum* 30: 154-73.

Bar-Efrat, S 1989. *Narrative Art in the Bible*. Sheffield: Almond Press.

Barth, K 1957. "The Strange New World Within the Bible." In *The Word God and the Word of Man*. trans. Douglas Horton. New York: Harper & Row.

Berkhof, L 1941. *Systematic Theology*. Grand Rapids: Eerdmans.

Brooks, C & Warren, R P 1959. *Understanding Fiction*. New York: Appleton Century Crofts.

Calvin, J 1963. *Genesis*. Grand Rapids: Eerdmans.

Chatman, S 1978. *Story and Discourse: Narrative Structure in Fiction and Film*. Ithaca: Cornell University Press.

Chisholm Jr., R B 1998. *From Exegesis to Exposition*. Grand Rapids: Baker Academic.

Chisholm Jr., R B 2006. *Interpreting the Historical Books: An Exegetical Handbook*. Grand Rapids: Kregel Pub.

Devries, S J 1985. *1 Kings*. WBC. Texas: Word Books.

Goldingay, J 1990. *Approaches to Old Testament Interpretation*. Downers Grove: IVP.

Goldsworthy, G 1987[1981]. *Gospel & Kingdom: A Christian Interpretation of the Old Testament*. Australia: The Paternoster Press.

Goldsworthy, G 1987a. *Gospel & Wisdom*. The Paternoster Press.

Gootjes, N H 1990. "Rethinking Redemptive–Historical Interpretation." *Clarion* Vol. 39. The Canadian Reformed Magazine.

Greidanus, S 1970. *Sola Scriptura*. Wipf and Stock Publishers.

Greidanus, S 1988. *The Modern Preacher and the Ancient Text: Interpreting and Preaching Biblical Literature*. Grand Rapids: Eerdmans.

Hasel, G 1991. *Old Testament Theology: Basic Issues in the Current Debate*. 4th edition. Grand Rapids: William B. Eerdmans Publishing Company.

Hill, A E & Walton, J H 1991. *A Survey of the Old Testament*, Grand Rapids: Zondervan.

Hoekema, A A 1986. *Created in God's Image*. Grand Rapids: Eerdmans.

Howard Jr., D M 1993. *An Introduction to the Old Testament Historical Books*. Chicago: Moody Press.

Kaiser Jr., W C 1987. *Toward Rediscovering the Old Testament Theology*. Grand Rapids: Zondervan.

Lowth, R 1923[1829]. *Lectures on the Sacred Poetry of the Hebrews*. 3rd ed. G. Gregory trans. Bibliolife.

Longman III, T 1997. *Reading The Bible With Heart Mind*. Nav. Press.

Obstfeld, R 2002. *Fiction First Aid: Instant Remedies for Novels, Stories and Scripts*. Cincinnati: Writer's Digest Books.

Powell, M A 1990. *What Is Narrative Criticism?* Minneapolis: Fortress Press.

Rhoads, D & Michi D 1982. *Mark As Story: An Introduction to the Narrative of a Gospel*. Philadelphia: Fortress Press.

Ryken, L 1984. *How to Read the Bible as Literature*. Grand Rapids: Academie Books.

Shin, D 2004. "The Ark of Yahweh in the Old Testament: An Exegetical–Theological Study." Ph. D. dissertation, North West University.

Song, T G 1992. "Sinai Covenant and Moab Covenant: An Exegetical Study of the Covenants in Exodus 19:1–24:11 and Deuteronomy 4:45–28:69." Ph. D. dissertation. Cheltenham and Gloucester College of Higher Education.

Talmon, S 1976. "Ezra and Nehemiah (Books and Man)." in *IDBSup*. New York: Abingdon Press.

Throntveit, M A 1992. *Ezra-Nehemiah*. Interpretation. Louisville: John Knox Press.

Trimp, C 1988. *Heilsgeschiedenis en Prediking*. Kampen: Uitgeverij Van Den Berg.

Vangemeren, W 1988. *The Progress of Redemption: The Story of Salvation from Creation to the New Jerusalem*. Grand Rapids: Academie.

Walsh, J T 1997. "Gen 2:4b–3:24: A Synchronic Approach." In *Journal of Biblical Literature* 96: 161–77.

Walsh, J T 2001. *Style & Structure in Biblical Hebrew Narrative*. Minnesota: A Michael Glazier Book.

Williamson, H G M 1985. *Ezra, Nehemiah*. WBC. Waco: Word Books.

모세오경은 어떤 책인가?

S U M M A R Y

모세오경은 어떤 책인가?

성경의 처음 다섯 권인 창세기, 출애굽기, 레위기, 민수기, 신명기를 가리켜 오경(The Pentateuch)이라 부른다. 이 다섯 권의 책들은 성경 전체의 맨 처음에 위치해 있다. 이것은 순서만큼이나 중요한 의미를 가지고 있다. 그것은 세상의 기원과 더불어 하나님과 인간의 관계의 기초인 언약을 통하여 우리 구원의 기초와 믿음의 기원 등 우리의 믿음 생활에서 중요한 요소들을 설명하고 있기 때문이다. 이 오경을 가리켜 '모세오경'이라 부른 것은 모세가 이 다섯 권의 책을 썼다고 보기 때문이다. 오경은 구원 역사와 그 궁극의 목표인 하나님 나라의 설계도면과 거기에 따라 기초를 놓는 내용이 기록되어 있다.

1. 오경의 저자

일반적으로 히브리어 성경에서 오경을 '토라'(תורה)라고 부른다. 이 단어는 구약성경에 법, 율법, 교훈 등으로 번역되어 있다. 초기 유대교와 필로(Philo), 요세푸스(Josephus), 미쉬나, 탈무드 등은 모세를 토라의 저자로 본다(Harrison 1999, 497). 오경의 저자를 모세로 이해하는 중요한 성경의 근거는 하나님이 모세로 하여금 몇 가지 역사적 사건들(출 17:14; 민 33:2)과 율법들(출 24:4; 34:27), 그리고 노래들(신 31:22; 신 32:1-33 등)을 기록하게 하셨다는 것이다.

모세 이후 오경 이외에 기록된 증거들을 보아도 모세가 썼음을 알 수 있다. 여호수아에서 모세의 율법책이라고 언급하였고(수 1:7-8), 전선지서(왕상 8:53-56; 왕하 14:6; 21:8)와 바벨론 포로 이후에 쓴 역사서에서도 '모세의 책'이라고 언급했다(대하 25:4; 스 6:18; 느 13:1). 오경을 모세의 저작으로 보는 가장 분명한 증거는 예수님과 신약의 저자들이 오경을 모세의 책으로 보았다는 것이다(마 8:4;

19:8; 막 1:44; 10:5; 눅 5:14; 24:44; 행 3:22; 롬 10:5, 19; 고전 9:9).

이러한 성경의 증거들은 분명 모세가 오경을 썼다는 확신을 줄 만하다. 그런데 모세의 죽음과(신 34:5-9) 모세 사후에 알려진 지명 '단'(Dan)이 나타나거나(창 14:14), 이스라엘의 왕 제도가 있기 전인데도 왕정이 언급되고 있음은 우리로 하여금 모세 저작설을 의심하게 만든다(창 36:31). 그리고 이 외에도 모세가 썼다고 보기에는 어울리지 않는 구절들도 있다. 예를 들어 민수기 12:3에 모세가 모든 사람들보다 온유함이 더 뛰어난 사람이라고 말하는 대목이다. 또한 모세는 '나'라는 1인칭 대명사를 쓰지 않고 '모세는(가)' 또는 '그'라는 3인칭 대명사로 나온다(출 2:11, 17 등). 이러한 점들은 모세가 오경을 썼다는 사실을 의심하게 만든다.

그러나 우리는 구약성경의 다른 책들(왕상 2:3; 8:53; 왕하 14:6; 18:12)과 예수님(마 19:7-8; 막 10:3-5; 요 5:46-47), 그리고 신약성경의 다른 저자들(행 3:22-23; 7:37-38; 15:1; 롬 10:19)이 증거하듯이 모세를 저자로 받아들인다. 모세가 썼다는 사실을 받아들인다는 것은 하나님의 말씀으로 믿는다는 의미도 있지만 오경이 한 문학적 구조로 되어 있음을 받아들인다는 뜻이기도 하다.

2. 오경 비평(해석 방법)에 대한 역사

오경 비평(해석 방법)에서 역사적으로 오경의 저작성과 자료들과 그 자료들의 형성 과정과 목적 등에 큰 변화들이 있었다. 그 변화들은 주로 역사비평과 문학비평으로 구분할 수 있다.[26]

26 역사비평은 성경에 기록된 역사적 사실을 입증하기 위하여 기록자와 수신자, 기록 연대와 그 때의 역사적, 지리적 상황과 기록 목적 등을 학문적으로 살피는 분야다. 왜냐하면 성경은 다양한 역사와 지리적 상황에서 기록된 말씀이기 때문이다. 그래서 역사비평은 본문이 전승되어 성경 안에 들어온 과정에서 그 말씀이 전달된 역사적 상황은 어떠하였으며, 저자들이 어떤 자료들을 사용하였으며, 어떤 관점으로 기술하였고, 그리고 어떤 문학 기술 방법을 사용하여 메시지를 전달하였는지를 면밀히 검토하고 본문을 재구성하여 본문의 의미를 파악하려는 데 관심이 있다. 이러한 이유에서 역사비평은 본문이 어떤 의미인지를 밝히는 해석학과 그 맥을 같이하고 있나. 그래서 '비평'과 '해석학'과 '섭근 방법'은 같은 의미로 사용되고 있다(밀러 1999, 23-50을 참조하라).

(1) 역사비평

역사비평은 자료비평, 양식비평, 전승사비평, 편집비평 등을 말한다. 자료비평의 우선적인 관심사는 기록된 문서 자료(written sources)를 확인하는 일이었다. 성경을 자세하게 읽고 조사해 보면 여러 자료들이 사용되었음을 알려주는 증거들이 많이 있다. 예를 들면 성경에 '여호와의 전쟁기'(민 21:14)와 '야살의 책'(수 10:13; 삼하1:18), '이스라엘 왕의 역대지략'(왕상 14:19; 15:31; 16:5, 14, 20, 27; 22:39; 왕상1:18; 10:34; 13:8, 12; 14:15, 28; 15:11, 15, 21, 26, 31), '유다 왕 역대지략'(왕상 14:29; 15:7, 23; 22:45; 왕하 8:23; 12:19; 14:18; 15:6, 36; 16:19; 20:20; 21:25; 23:28; 24:52), '열왕기 주석'(대하 24:27) 등이 있다. 하나님의 이름이 '엘로힘'(אֱלֹהִים)으로 나타나기도 하고, '여호와'(יהוה)라고 나타나기도 하고, 여호와의 산이 어떤 곳에서는 '호렙산'(출 17:6; 신 4:10; 9:8; 18:16 등), 또 어떤 곳에서는 '시내산'(출 19:11, 20; 24:16; 27:34 등)으로 나타난다. 이러한 불일치는 단일 저자가 하나님의 계시를 받은 것으로 보기보다는 이전에 존재하고 있었던 여러 가지 자료들을 후대의 저자들이나 편집자들이 수집하여 배열하였을 것이라고 추측하게 만들었다. 장 아스트뤽(Jean Astruc, 1684–1766)이 처음으로 하나님의 이름을 '엘로힘'과 '여호와'라는 두 개의 이름으로 자료들을 분리했다. 1805년에는 데 베테(W. M. L. De Wette)가 신명기를 요시야의 율법책이라고 주장했다. 이것은 신명기의 형성 과정에서 첫 번째 단계의 연대가 주전 7세기라고 보았다는 것이다. 역사비평학자들은 신명기를 요시야와 그의 일당들이 요시야의 권력 추구를 정당화시키고, 예루살렘의 영향력을 여타 지역들로 확장시키기 위하여 만들어 낸 경건한 사기(a pious fraud)로 이해했다(Dillard & Longman 1994, 93–94).

아스트뤽과 베테 이후 역사비평학자들은 문서를 구분하는 기준으로 문체의 특징들, 내용의 반복이나 중복 등을 추가하고, 그 연대와 상호관련성 등을 연구하기 시작했다. 이 과정에서 문서가설(Documentary Hypothesis)이 등장했다. 예를 들면 스코틀랜드의 가톨릭 신학자인 게데스(Geddes)는 단편가설(Fragmentary Hypothesis)을 주장했다. 이 단편가설은 한 사람의 편집자가 수많은 단편(Fragment)을 자료로 사용해서 모세오경을 편찬한 것으로 본다. 여기에 대하여 에발트(H. Ewald)는 오경이 통일성을 이루고 있음에 주목하고 저자가 구상했던 줄기에다가 단편들을 보충하였기 때문에 문체와 어휘, 시각의 다양성을 보여 준다고 보았다. 그의 견해를 보충가설이라고 한다. 이후에 여러 학자들이 다양한 가설들을 주장했다. 그러나 벨하우젠(J. Wellhausen, 1844–1918)의 저서인『이스라엘 역사 서설』에서 오늘날 우리가 말하는 고전적인 문서가설의 체계를 갖추게 되었다. 벨하우젠은 오경이 근본적으로 편집되어서 그 안에 여러 가지 문서가 함께 있는 것으로 생각했다. 그는 J, E, D, P라는 문서가설을 체계화했다. 그는 다음과 같이 자료를 구분했다.

J	**여호와 문서(Jehovist)**	하나님의 언약적 이름 사용 다윗과 솔로몬 통치 시대 창 2:4부터 시작	주전 950년경
E	**엘로힘 문서(Elohist)**	북 왕국의 세력이 최고조였던 시대 창세기 15장부터 시작	주전 850년경
D	**신명기 문서(Deuteronomic)**	요시야 개혁 이전 시대	주전 621년경
P	**제사장 문서(Priest)**	제사에 관한 율법, 성소의 기원 등 제사장 집단에서 나온 것으로 봄	주전 550년경

벨하우젠 이후에 그의 문서가설을 추종하는 세력들도 많이 있었지만 카일(C. F. Keil)과 프란츠 델리취(Franz Delitzsch) 등의 학자들은 벨하우젠의 문서가설을 반대했다. 특히 카일(1985)이 쓴 그의 주석 머리말은 그때의 신학적인 분위기와는 달리 그가 정통신앙에 서 있었다는 것을 잘 보여 준다.

> 구약은 신약의 기초이다. '여러 시대에 여러 모양으로 선지자들을 통하여 우리 조상들에게 말씀하신 하나님이 그의 독생자를 통하여 우리에게 말씀하셨다.' 그리스도의 교회는 사도들과 선지자들의 터 위에 설립되었다. 이는 그리스도께서 오신 것이 율법이나 선지자를 폐하려 하심이 아니요 온전케 하시기 위함이었기 때문이다.

성경의 내적인 구조를 면밀히 검토해 볼 때 저자가 자료들을 사용했을 가능성은 부인할 수 없다. 하지만 비평가들이 사용하는 기준은 자료들을 구분하는 적절한 잣대가 될 수 없다. 왜냐하면 지명이나 이름을 다르게 사용하거나 문체나 어휘나 시각이 다르다고 해서 언제나 다른 자료라고 분류할 수 있는 것도 아니기 때문이다. 주제를 진술하는 방식에 따라서 시각이나 문체나 어휘를 다양하게 기록할 수도 있다. 하지만 이 가설은 성경 본문에 단순하게 접근해서는 안 되며, 기록된 본문을 자세히 살펴야 한다는 점에서 긍정적인 영향을 미쳤다.

이러한 상황에서 헤르만 궁켈(Herman Gunkel, 1862–1932)에 따라 보다 설득력 있는 이론으로 대체되었다. 그는 현재 구약에서 하나의 연속된 이야기와 율법 규정들의 배경이 그 이전 단계에서는 특정한 장소와 관습과 관련을 맺으면서 각기 독립적으로 존재했다고 믿었다. 각각의 문학 유형들이 발생하고 전달되었던 본래적인 배경을 '삶의 정황'(Sits im Leben)이라고 했다. 그는 오경에 나타난 여러 가지 문학 형식들은 각기 그 나름대로 그것이 본래 생겨나 쓰이던 상황이 있었고, 그 상황이 달라짐에 따라 그 문학 형식도 달라질 수 있다고 보았다. 그 표현 형식을 '양식'(Form)이라고 했다. 이 양식이 달라지는 역사를 '양식사'라고 한다. 이런 여러 가지 양식은 시대에 따라 달라지기 때문에 '양식비평' 또는 '양식사비평'이라는 용어로 부른다. 궁켈은 본문에 나오는 일정한 유형을 통해서 본문이 어떠한 삶의 상황에서 생겨났는지를 알 수 있다고 보았다. 그래서 그의 연구방법은 '원인론적'(etiological)이다.[27] 실제로 그는 1901년에 출판한『창세기』에서 창세기에 기록된 역사적인 사건을 '원인론적인 이야기'(atiologische Sagen)로 설명한다. 그가 볼 때에 창세기는 역사적 기록이 아니라 이스라엘 백성들의 믿음이 계속 여러 단계들을 거치면서 높은 단계로 발전하여 기록된 신앙의 역사였다. 이러한 그의 믿음은 그의 창세기 주석 1장 타이틀을 "창세기는 민담의 수집물이다"(Die Genesis ist eine Sammlung von Sagen)라고 정한 데서 드러난다.

이후에 폰 라트는 그 자료들이 어떤 목적으로 전승되고 기록되었는지에 관심을 기울였다. 이러한 관심은 성경에 기록된 역사가 얼마나 정확한지에 강조점을 두지 않았고 이스라엘 백성들이 어떤 하나님으로 믿었느냐로 옮겨지게 되었다(클레멘츠 1994, 40–42). 이때부터 본문의 역사성보다는 기능에 강조점을 두었다. 그

27 원인론(etiology)은 성경에 나타난 지명이나 내용 등이 생겨난 원인이 되는 과거의 사건을 설명하려는 것이다. 원인을 규명하기 위하여 다양한 유형(= 양식)으로 이야기를 구분한 사람이 헤르만 궁켈이다. 그래서 그의 방법론을 양식비평 또는 전승사비평이라 부른다.

의 전승사적 방법은 성경의 내용을 역사적 사실보다는 신앙 공동체의 신앙고백적 산물로 보는 것이다. 이러한 신학적 배경을 가진 학자들은 성경의 기록을 역사로 받아들이지 않는다. 그중에 김정준(1980, 44)은 "창조주 하나님이 손수 지었다 한다. 이것은 역사적 사실로 받아들일 일이 아니다. 다만 신앙고백으로 받아들일 일이다"라고 말했다. 이것은 그가 전승사비평의 노선 위에 있기 때문이다.

이러한 역사비평 방법은 성경 자료를 객관적이고 과학적으로 분석하여 성경이 기록된 시대의 삶과 사상을 재구성해 내고자 하는 것이다(Powell 1990, 2). 자료비평은 오경을 기록할 때 사용한 자료들을 찾으려고 하고, 양식비평은 개별적인 자료들이 오경에 포함되기 이전에 지니고 있었다고 추정되는 삶의 정황들을 찾으려 한다. 전승사비평과 편집비평은 각각의 본문이 전승된 단위들과 이 단위들이 배열된 방식을 관찰함으로 오경의 신학과 주제와 기록 목적 등을 찾으려 한다. 이 과정에서, 특히 양식비평과 전승사비평은 성경에 기록된 내용의 역사적 사실 여부보다는 그때 사람들이 어떻게 믿었으며, 어떤 기능을 하였느냐에 관심을 기울인다. 그래서 점차적으로 성경을 계시로 이해하기보다는 인간의 문학작품의 하나로 이해하려는 경향이 나타나게 되었다. 이러한 경향은 자연스럽게 문학비평으로 나아가는 길을 열어 주었다.

그러나 우리는 양식비평과 전승사비평과 편집비평을 받아들일 수 없다. 왜냐하면 그것들이 성경에 기록된 사실을 역사로 받아들이지 않고 사람들이 믿어온 것이라고 보기 때문이다. 우리는 성경에 기록된 사건을 역사로 받아들인다.

(2) 문학비평

1941년 존 크로 랜섬의 『신비평』(*The New Criticism*)이 나오면서 성경 연구는 저자의 의도와 본문 외적인 평가에는 관심을 두지 않고 본문의 자율성과 충족성을 강조하여 본문의 최종적 형태에 관심을 가지게 되었다(신득일 2012, 97). 이러한 연구방법을 문학비평이라고 부른다.[28] 문학비평에는 해석에서 본문(text) 자체에

28 역사비평의 시초인 '자료비평'(source criticism)을 '문서비평'(literary criticism)이라고 불렀다. 이와 구별하기 위해 '신문학비평'이라는 용어를 사용하기도 하였지만 현대에 이르러 넓은 의미로 '문학비평'이라고 부른다.

관심을 두는 방법인 정경비평, 구조주의 비평, 수사비평, 내러티브 비평, 독자에 관심을 두는 독자 중심 비평 등이 있다. 정경비평의 서막을 연 학자로 평가를 받는 차일즈(1999, 16)는 그때의 성경 연구 방법의 주된 흐름으로 인식되었던 역사비평 방법의 심각한 오류를 이렇게 지적했다.

> 역사비평학자들은 문학적, 어원학적, 역사적 문제들의 세목(細目) 속에서 길을 잃어버리는 잘못을 범했다. 그 결과 성경은 절망적으로 산산조각이나 버렸고 복음의 본질적인 통일성은 왜곡되고 잊혀 버렸다. 성경에 대한 학문적인 연구는 사소한 것을 추구하는 비극적인 과정 속에서 심원한 신학적 차원들이 간과되는 지적 훈련으로 변질되어 버렸다.

정경비평은 그때까지 성경을 연구하는 방법론으로 받아들여졌던 역사비평의 한계를 극복하기 위한 방법으로 태동되었다. 차일즈(1992a, 19)는 기독교회가 정경으로 받아들이고 완전무결성을 인정하였으며 그 형태조차 변경하지 않았기 때문에 성경 자체를 연구해야 한다고 주장했다. 하지만 그가 말하는 정경은 우리가 믿음의 표준으로 받아들이는 것과는 차이가 있다. 그는 정경을 "객관적으로 나타내 보일 수 있는 주장이 아니라 기독교적 신념에 따른 진술이다"(차일즈 1999, 100)라고 정의했다. 그의 성경 해석 방법론은 성경 자체를 출발점으로 삼았고, 교회의 현장을 무시하지 않는 면에서 긍정적이다. 그리고 성경 전체를 하나의 문맥으로 보고 성경을 해석하는 바람직한 경향으로 분위기를 반전시켰다는 것도 긍정적이다. 그의 방법론은 성경신학 방법론, 주석 방법론, 설교 방법론 등에 큰 영향을 미쳤다. 그러나 차일즈가 성경을 계시된 하나님의 말씀으로 보기보다는 인간의 문학 작품으로 보고, 전승사적 관점에서 기능적으로 이해한다는 점을 유의해야 한다.

문학비평은 텍스트의 기원과 관련한 연구에서부터 텍스트 자체와 관련한 연구로 전환을 이룬 것이라고 할 수 있다. 로버트슨(Robertson 1976, 548)은 성경의 역사적인 면에 관심을 기울이다가 문예적인 면으로 변동된 것을 가리켜 '패러다임 전환'이라는 표현을 사용하기도 했다. 결과적으로 이러한 변농은 본분 자체에 관심을 기울이는 긍정적인 효과를 가져왔다. 그 결과 본문의 의미가 본문과 역사적 상황 사이의 관계에서만 파악되기보다는 주로 본문 자체의 양식과 내용의 통일성에따라 파악되었다. 동시에 성경의 계시 전달 방법인 문학 장르에 관심을 기울이게 되었다. 이러한 상황에서 나타난 여러 문학적인 접근이 구조주의 비평, 수사비평, 내러티브 비평, 독자 반응 비평, 사회과학적 비평 등이다. 이러한 비평 방법은 오경 전체를 각각의 분리된 책으로 이해하는 것이 아니라 한권의 책으로 보고 해석한다는 특징을 가지고 있다.

3. 오경의 문학적 구조

오경은 다양한 종류의 문학 장르로 이루어져 있지만 대부분은 산문으로 기록되어 있고, 산문 가운데서도 설명문과 이야기로 기록되어 있다. 오경이 산문으로 기록되어 있다는 것은 논리 구조를 가지고 있다는 것이다. 또한 오경의 많은 부분이 이야기 방식으로 기록되어 있다. 그래서 이야기 속에 나타나는 등장인물을 어떻게 묘사하고 있고, 어떤 상황에서 일어난 이야기이며, 어떻게 이야기가 전개되어 메시지의 핵심을 전달하고 있는지를 알아야 한다(Ryken 1984, 35; Powell 1990, 69). 저자는 오경의 내용을 무작위로 배열하지 않고 논리 구조를 가지고 배열했다.

오경은 한 문맥을 가진 책이다. 이것을 알 수 있는 두 가지 이유가 있다. 첫째, 오경은 창세기부터 출애굽기와 레위기, 민수기까지를 '그리고'라는 연결 접속사로 연결하고 있다. 출애굽기는 '워에일레 셔모트'(וְאֵלֶּה שְׁמוֹת), 레위기는 '와이크라'(וַיִּקְרָא), 민수기는 '와여다베르'(וַיְדַבֵּר)로 시작한다. 이것은 원래 히브리어 성경의 제목이기도 하지만 연속된 기록이라는 것이다. 오경을 '그리고'로 연결한 것은 창세기부터 민수기까지는 창조부터 모압 평지에 이르기까지의 구속 역사를 시대 순으로 기록하고 있기 때문이다. 하지만 신명기는 모세가 이스라엘 백성이 약속의 땅에 들어가기 전에 모압에서 행한 설교다. 이 설교는 출애굽에서 모압 평지에 이르기까지 하나님이 행하신 구속사를 회고하며 미래에 가나안에서 어떻게 살아야 할 것인지 보여 준다. 문학 장르도 창세기부터 민수기가 대부분 이야기라면 신명기는 설명문이다.

둘째, 오경은 내용적으로 서로 연결되어 있다. 창세기는 구속(救贖, redemption)

의 밑그림을 그리면서 어떻게 하나님과 언약 관계를 이루고 있는지 보여 준다. 출애굽기는 그 밑그림에 따라 하나님께서 언약 백성들을 어떻게 구속하여 언약 백성으로 삼으셨는지, 그들이 어떤 삶을 살아야 하나님과 교제하며 제사장 나라로서 책임 있는 삶을 살아갈 수 있는지를 보여 준다. 특히 저자는 이 점을 출애굽 사건과 시내산 언약과 성막 제도를 통하여 보여 준다. 그리고 레위기는 성막에 임재해 계시는 하나님과 어떻게 교제하고 시내산 언약을 이루며 살아가는 것이 가능한지를 보여 준다. 민수기는 출애굽기와 레위기에서 보여 준 언약을 광야 생활에 적용한 역사를 기록하고 있다. 신명기는 모세의 설교로서 이러한 광야 생활을 통하여 듣고 배운 것을 토대로 언약을 지키는 일의 중요성을 다시 강조한다. 이처럼 오경은 구속의 밑그림인 하나님의 약속을 중심으로 하나님께서 어떻게 구속을 이루시는지, 그리고 하나님 나라의 구성 요소인 언약 백성으로 어떻게 하나님과 교제할 수 있는지 기록하고 있다. 이 구조를 도식화하면 다음과 같다.

창세기	창조와 구속의 밑그림과 어떻게 하나님과 언약 관계를 이루고 있는지를 설명한다.
출애굽기	하나님이 구속의 밑그림에 따라 어떻게 구속하셨고, 이스라엘 백성이 하나님과 어떻게 교제하며 제사장 나라로서 사명을 다할 수 있는지 출애굽과 시내산 언약과 성막 제도를 통하여 보여 준다.
레위기	성막에 임재해 계시는 하나님과 어떻게 교제하고 시내산 언약을 이루며 살 수 있는지를 제사 제도와 제사장의 중보 사역과 언약 백성의 삶을 통해 보여 준다.
민수기	시내산 언약과 레위기에서 보여 준 언약을 광야 생활에 적용하고 있다.
신명기	광야 40년간의 생활을 토대로 언약을 지키는 일의 중요성을 세 편의 설교를 통하여 보여 준다.

4. 오경의 주제와 기록 목적

오경은 구속에 대한 약속과 그 약속을 받은 자로서의 특권과 더불어 합당한 삶을 보여 주는 것과도 연관되어 있다. 그래서 오경의 주제는 하나님이 우리의 구원을 위하여 역사 가운데 어떻게 일하셨는지, 그리고 우리는 어떻게 언약의 백성이 되고 하나님과 교제할 수 있는지이다. 그래서 오경은 하나님과 맺은 첫 언약부터 노아 언약, 아브라함 언약, 시내산 언약, 모압 언약 등을 자세히 설명한다. 이 언약을 통해 하나님은 어떤 분이시며, 인간은 어떻게 하나님과 만나 교제하고 하나님 나라를 이루며 살 수 있는지를 알려 주셨다. 이 주제를 중심으로 오경은 누구든지 언약 속에 담겨 있는 그리스도를 믿어 구원을 얻고 그 구원에 합당한 개인과 공동체의 삶을 회복하게 하려는 목적으로 기록되었다.

창세기

Genesis

S U M M A R Y

창세기

오경의 첫 번째 책이면서 성경 전체의 시작으로서 창세기는 구속사의 기초를 놓아 주며, 그 시작을 보여 주는 책이다. 특히 창세기의 첫 부분인 모든 만물의 창조와 안식에 대한 기사(창 1:1–2:3)는 전체 책의 서론 역할을 한다(웬함 2015, 45). 창세기는 이 처음의 상태가 변질되거나 왜곡된 원인이 되는 죄의 시작과 더불어 그 죄로부터 구속하시기 위하여 하나님이 '여자의 후손'(창 3:15)을 약속하시고 그 약속을 어떻게 이루시는지에 대한 구속사의 중요한 밑그림을 보여 준다. 이러한 의미에서 창세기는 논리적으로 오경의 서론일 뿐 아니라 일반적으로 계시된 진리 전체의 서론도 된다. 그래서 이 책을 올바르게 이해하지 못하면 그리스도 안에서 이루시는 구원 개념을 온전히 알 수 없다.

I. 저자와 기록 배경

역사적으로 유대인들과 그리스도인들은 모세가 성경의 첫 다섯 권의 저자라고 믿는다. 무엇보다도 성경 자체가 창세기의 저자가 모세임을 증거하기 때문이다. 누가는 사도행전 15:1에서 창세기 17장에 기록된 할례를 '모세의 법'이라고 말했다. 모세가 창세기의 저자라면 이 책을 기록할 당시와 이 책에 기록된 실제 역사와는 긴 간격이 있음을 알 수 있다. 모세는 120년간 살았다(신 34:7). 모세는 그의 생애 첫 40년간은 바로의 공주의 아들로서 애굽의 지혜를 배우면서 보냈고(행 7:22; 히 11:24), 그 다음 40년간은 미디안에서 목자로서 살았으며(출 2:15), 마지막 40년간은 이스라엘의 자손들과 함께 광야에서 살았다(신 8:2). 전통적으로 이해하고 있는 출애굽 연대인 주전 1446년에 근거해 볼 때 모세가 태어난 해는 주전 1526년이 된다. 그렇다면 모세는 천지 창조와 아담부터 노아와 아브라함을 거쳐 야곱이 애굽으로 내려가기까지의 역사를 어떻게 기록하였을까? 그것은 모세가 그때까지 전해져 오던 여러 자료를 사용하였을 것이다.

창세기의 배경은 다양하다. 창세기 1–38장은 고대 메소포타미아의 수메리안 시대(New Sumerian Period, 주전 약 21–20세기)와 이신, 라르사 시대(Isin, Larsa Period, 주전 1945–1720)와 구 바벨론 시대(Old Babylonian Period, 주전 1894–1595?)가 그 배경이다. 그래서 여기에 기록된 창조, 홍수, 지리, 건축 기술, 백성들의 이주, 땅을 사고파는 문제, 풍습, 상속권, 양자 입양 등에 대한 규정은 고대 메소포타미아를 배경으로 한다. 비록 창세기 12장부터 아브라함이 가나안에 정착했다고 할지라도 아브라함은 거기에서 태어나 자랐고, 이삭은 그의 아내 리브가를 밧단 아람에서 데려왔다. 야곱은 20년 동안 메소포타미아에서 살았다. 바벨론의 신 마르둑의 이야기를 담고 있는 에누마 엘리쉬(*Enuma Elish*)는 어떤 면에서 신화적이고 다신론적인 요소가 있다고 할지라도 창세기 1장의 창조 기사와 유사한 면이 있다.[29] 길가메쉬 서사시(*The Epic of Gilgamesh*)는 홍수 사건이 기록된 창세기 6–8장과 유사한 면을 가지고 있다.[30] 그리고 이것은 성경의 기록처럼 창조–반역–홍수라는 기본적인 동인(motive)을 가지고 있다. 족장 시대로 추정되는 마리 문서(*Mari Letters*)는 아브람, 야곱 그리고 욥과 같은 이름이 이 시대에 전형적이었다는 사실을 보여 준다.[31] 또한 이 문서는 족장들이 살았던 아모리 세계에서 다

29 에누마 엘리쉬(*Enûma Elish*)는 메소포타미아의 창조 신화로 7개의 토판으로 되어 있다. 에누마 엘리쉬라는 제목은 서사시에 나오는 처음 두 단어인 "높은 곳에서 … 때"(When on high)이다. 이 토판은 니느웨 앗수르바니팔(Ashurbanipal)의 도서관과 다른 여러 유적지에서 발굴되었다. 이것은 점토판에 아카드어로 기록되어 있고, 각 점토판은 115줄에서 170줄로 구성되어 있다. 언제 기록되었는지 일치하지 않으나 문맥이나 언어학적인 증거와 같은 본문의 내적인 증거에 근거하여 구 바벨론 시대인 주전 2000년 초반으로 추정한다(Pritchard 1969, 60–72).

30 길가메쉬 서사시는 아카드어로 된 점토판에 기록된 서사시로, 1852–1853년 영국의 탐사팀에 의해 앗수르 왕 앗수르바니팔의 도서관에서 발굴되었다. 그 후 1872년 홍수에 관련된 내용이 번역되면서 길가메쉬 서사시는 학계의 큰 화제가 되었다. 나중에 발굴된 수메르어 판본은 아카드어 판본과 내용에서 조금 차이가 있다. 길가메쉬 서사시는 12개의 점토판(tablets)에 포함되어 있고, 최초의 발견 이후에 그 서사시는 다른 점토판들에서도 초기의 다른 고대 언어들로 번역되어서 발견되었다. 이것을 기록한 연대는 주전 약 2000년 초로 추정된다. 이 토판 가운데 XI 토판에 '노아 홍수'와 유사한 내용이 있다(Pritchard 1969, 72–97).

31 마리 문서는 1935–1938년에 앙드레 빠로가 텔 엘–하리리(Tell el–Hariri)에 있는 짐리림(Zimri–Lim, 주전 약 1730–1700년) 왕의 궁전에서 발견한 문서다. '마리' 문서라는 이름은 이 문서가 발견된 지명의 이름을 따라서 지어졌는데, 이곳이 유프라테스 강 중류에 위치한

양한 부분에서 여행의 자유가 있었음을 보여 준다. 누지 서판(*Nuzi Tablets*)은 족장들이 살았던 시대보다 후대에 기록되었다고 할지라도 족장 시대의 관습을 조명해 준다.[32] 예를 들면 이 문서는 집에서 기른 자나 종을 양자로 삼아 상속할 수도 있고(참조. 창 15:1–4), 아기를 낳지 못하는 부인이 여종을 통하여 자손을 잇게 할 수 있음을 알게 한다(참조. 창 16:2–4). 또한 이 문서는 고대 근동의 법에서 이삭이 야곱에게 축복하는 일과 같이(창 27:1–4, 22–23, 33) 말로 진술하는 것도 법적인 효력을 가지는 권위가 있음도 알게 한다(Pritchard 1969, 219–220). 이러한 메소포타미아 문서에서 법적인 관습, 사회적 계약과 규정 등을 담고 있는 내용은 우리가 성경을 읽을 때 족장들의 말과 행동의 의미를 이해하는 일에 도움을 준다.

창세기 39–50장은 애굽을 배경으로 기록했다. 이 기록은 애굽 사람들이 히브리 사람과 같이 먹으면 부정하다고 생각하는 풍습(창 43:32), 목축업을 가증하게 여기는 풍습(창 46:34), 장례 풍습(창 50:1–3) 등을 보여 준다. 이러한 자료들은 창세기에 등장하는 이야기의 역사적이고, 지리적이며, 문화적인 배경을 보여 준다. 이러한 배경은 본문의 의미를 이해하는 일에 도움이 된다.

II. 문학적 구조

창세기가 어떤 구조로 배열되어 있으며, 핵심 되는 주제가 무엇인지 알기 위하여 구조를 살피는 일은 중요하다. 문학적 구조를 파악하는 것은 책의 핵심적인 주제와 목적을 아는 일과 밀접한 연관성이 있기 때문이다.

창세기는 '계보'[33]라는 용어를 중심으로 배열되어 있다. 개역개정판 성경은

마리(Mari)라는 고대 도시였기 때문이다.. 이곳에서 발굴된 20,000여 점의 토판들 중에 약 5,000점이 편지다. 이 편지 속 사람 이름, 언어, 생활풍습 등은 족장시대의 문화를 반영한다(Pritchard 1969, 482).

32 누지(또는 누주, 현재 이라크의 요르간 테페)는 티그리스 강과 가까운 이라크 키르쿠크의 남서쪽에 위치한 고대 메소포타미아의 도시이다. 1925년에 이곳에서 아카드어 설형 문자로 기록된 토판이 발굴되었다. 여기서 발굴된 토판 속 6,500개 이상의 설형 문자로 된 조각들은 족장 시대의 생활상과 관련한 여러 정보를 제공해 준다. 이 문서는 시기적으로 주전 15–14세기 정도로 추정된다.

33 '계보'는 히브리어로 '토레이도트'(תּוֹלְדוֹת)다. 전문적으로 히브리어를 그대로 음역하여 사용하기도 한다.

이 단어를 내력(창 2:4), 계보(창 5:1), 족보(창 6:9; 10:1; 11:10; 11:27; 25:12, 19; 36:1; 37:2) 등으로 번역한다. 그런데 이 용어는 이야기의 시작을 알리는 형식적인 문구(formula)인 '…의 계보는 이러하니라'(에일레 토러도트, אֵלֶּה תּוֹלְדוֹת)에만 나타난다. 예외로 창세기 5:1에만 "이것은 …의 계보를 적은 책이니라"(제 세펠 토러도트, זֶה סֵפֶר תּוֹלְדֹת)로 시작하지만 같은 뜻이다. 웬함(2015, 44)은 이 계보를 다음과 같이 도식화했다.

성경	제 목	이어지는 내용
2:4	이것이 천지가 창조될 때에 하늘과 땅의 내력이니	아담과 그의 후손들의 이야기(2:4–4:26)
5:1	이것은 아담의 계보를 적은 책이니라	아담부터 노아까지의 계보(5:1–6:8)
6:9	이것이 노아의 족보니라	홍수 이야기(6:9–9:29)
10:1	노아의 아들 셈과 함과 야벳의 족보는 이러하니라	노아의 후손들이 형성한 민족들의 목록(10:1–11:9)
11:10	셈의 족보는 이러하니라	셈부터 아브라함까지의 족보(11:10–26)
11:27	데라의 족보는 이러하니라	아브라함 이야기(11:27–25:11)
25:12	이스마엘의 족보는 이러하고	이스마엘의 족보(25:12–18)
25:19	이삭의 족보는 이러하니라	야곱과 에서 이야기(25:19–35:29)
36:1	에돔의 족보는 이러하니라	에서의 족보(36:1–37:1)
37:2	야곱의 족보는 이러하니라	요셉과 그의 형제들의 이야기(37:2–50:26)

성경에 이 계보가 나타나는 곳은 창세기와 역대상 1–9장, 룻기 4:18–22, 마태복음 1:1–16, 누가복음 3:23–38이다. 이 계보는 룻기에서만 맨 마지막에 나타나고, 나머지는 모두 첫 부분에 나타난다. 이것은 그곳에 기록된 내용이 계보와 연관된 이야기임을 보여 준다.

계보는 단순히 족보 개념이 아니다. 헬버그(1986, 98)는 계보라는 용어를 "그것에 대하여 일어난 것은 바로 이것이다"라는 의미로 설명했다. 이 공식을 마태복음 1:1, "아브라함과 다윗의 자손 예수 그리스도의 계보라"는 말씀에 대입해 보면 다음과 같다. "아브라함과 다윗의 자손과 관련한 이야기는 그리스도에 대한 이야기다." 성경에 나타나는 모든 계보를 퍼즐 맞추듯이 전체를 연결하여 맞추면 예수 그리스도의 계보임을 알 수 있다. 계보는 창세기를 이해하는 핵심 용어다. 헬라어 성경은 창세기의 제목을 계보에 해당하는 용어인 '톨레도트'를 '게네시스'(γενεσις)라고 번역했다. 영어 성경은 창세기를 헬라어 제목인 '게네시스'를 소리 나는 대로 Genesis라고 번역했다. 그런데 이 단어를 한글 성경에서 창세기라고 번역한 것은 구속의 기원을 설명하는 책의 본래적 의미를 약화시켰다.

창세기는 각각의 이야기의 시작에 나타나는 '…의 계보는 이러하니라'는 문구를 중심으로 하는 10개의 이야기로 구성되어 있다. 이 점을 염두에 두고 창세기의 구조를 도식화해 보면 창세기 1:1–2:3은 창세기의 서론임을 알 수 있다.

(1) 하늘과 땅의 계보(창 2:4–4:26)

(2) 아담 자손의 계보(창 5:1–6:8)

(3) 노아의 계보(창 6:9–9:29)

(4) 셈과 함과 야벳의 계보(창 10:1–11:9)

(5) 셈의 계보(창 11:10–26)

(6) 데라의 계보(창 11:27–25:11)

(7) 아브라함의 자손 이스마엘의 계보(창 25:12–18)

(8) 아브라함의 자손 이삭의 계보(창 25:19–35:29)

(9) 에서의 계보(창 36:1–37:1)

(10) 야곱의 계보(창 37:2–50:26)

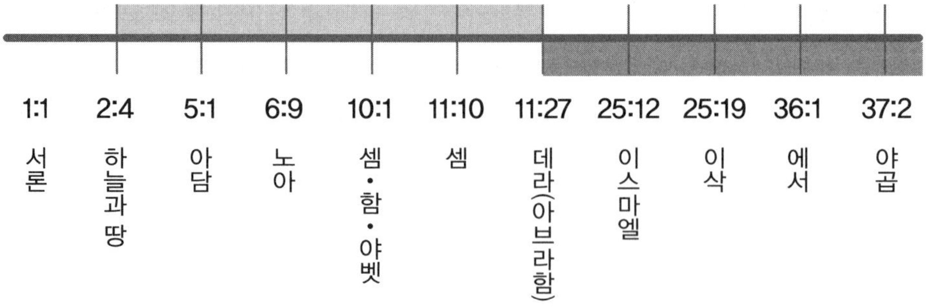

창세기의 문학적 구조를 볼 때 계보는 천지 창조에서 노아 홍수 이후 셈까지 다섯 번이 나타나고, 바벨탑 사건 이후 아브라함의 아버지 데라부터 야곱까지 다섯 번 나타나 서로 대칭 구조를 이루고 있다. 이와 같은 문학적 장치는 창세기 11:27–50:26의 이야기와 계보를 태고 시대의 이야기와 계보인 창세기 2:4–11:26과 연결한다. 여기에 기록된 계시를 통하여 이스라엘은 그 기원을 아브라함, 데라, 셈, 노아, 셋 그리고 마침내 아담까지 추적할 수 있었다(Vangemeren 1988, 70). 이러한 구조는 역대기 사가가 이스라엘의 계보를 아담까지 연결시킨 것에서 볼 수 있는 것처럼 이스라엘이 구속사의 중심임을 보여 준다(대상 1:1–9:34). 그리고 두 번째 구조인 믿음의 조상들인 아브라함부터 야곱까지의 계보를 도식화해 보면 데라(아브라함)의 이야기가 14장, 야곱의 이야기가 14장, 중간 부분인 이삭의 이야기는 10장인 반면에 이스마엘과 에서의 이야기는 매우 짧다.

- 데라/아브라함(창 11:27–25:11)
- 이스마엘(창 25:12–18)
- 이삭(창 25:19–35:29)
- 에서(창 36:1–37:1)
- 야곱(창 37:2–50:26)

이 구조에서 볼 때 분량 면에서 이스마엘과 에서의 이야기는 매우 짧다. 저자가 이들의 이야기를 짧게 기록한 것은 구속사의 중심인물이 아니라 단순히 이 민족이 어떻게 생겨났는지를 보여 준다. 동시에 모든 민족이 다 구원을 얻는 것이 아니라 하나님이 택한 백성들이 구원을 얻는다는 것을 보여 준다. 이 점에 대하여 바울은 아브라함의 자손이라고 해서 다 그의 자녀가 아니라 이삭으로부터 난 자여야 그의 자녀이고, 리브가가 임신하여 아이들이 태어나지도 아니하였고 선과 악을 행하지도 않았는데도 야곱을 선택한 것은 행위가 아니라 하나님의 주권적인 은혜 때문이라고 설명했다(롬 9:6–13; 말 1:2–3).

저자가 창세기를 10개의 계보를 중심으로 기록한 것은 의미가 있다. 왜냐하면 이 계보는 후에 다윗과 그의 자손으로 오실 그리스도와 연결되기 때문이다(마 1:1). 그래서 이 계보를 중심으로 기록된 창세기는 하나님의 구속 계획의 근거와 과정을 보여 준다. 창세기는 그리스도의 오심과 관계된 이야기라고 말할 수 있다. 이뿐만 아니라 창세기는 하나님이 어떤 사람을 선택하여 당신의 백성으로 삼으시고, 어떻게 믿음을 연단하시며 하나님의 뜻을 이루시는지를 보여 준다.

III. 주제와 기록 목적

창세기의 문학적 구조에서 살펴본 바와 같이 이 책의 밑그림을 이해하는 중요한 핵심 용어는 '계보'이다. 창세기는 '계보'를 중심으로 하여 10개의 이야기로 배열되어 있다. 이 용어의 의미는 문자적으로는 '대'(代), '세대', '계보' 등인데 예수 그리스도와 관련된 이야기라는 뜻이다. 이러한 구조를 통해 창세기의 주제가 예수 그리스도를 보내시는 일과 연관되어 있다는 사실을 알 수 있다.

그러면 창세기는 예수 그리스도를 어떻게 묘사하고 있을까? 그것은 언약의 방식으로 예수 그리스도가 누구이고, 어떻게 오실 것이며, 우리는 어떻게 구원을 얻고 하나님과 교제할 수 있는지를 설명한다(웨스트민스터 신앙고백서 제7장 "하나님께서 사람과 맺으신 언약"). 언약이란 용어는 하나님과 인간의 관계를 비유적으로 나타낸 말이다. 성경은 하나님과 인간이 어떻게 관계를 맺고 있는지를 설명한다. 언약을 통하여 언약 백성은 어떻게 하나님과 교제하며 하나님의 뜻을 이루어 갈 수 있는지와 같은 언약 백성의 독특한 신분적 특권과 책임을 기록하고 있다. 성경에 기록된 언약에는 하나님과 인류의 대표인 아담이 최초로 맺은 아담 언약(창 2:16–17), 노아 언약(창 8:20–9:17), 아브라함 언약(창 12:1–3; 15:1–21; 17:1–27), 시내산 언약(출 19:3–24:11), 모압 언약(신명기), 세겜 언약(수 24:1–28), 길갈 언약(삼상 11:14–12:25), 다윗 언약(삼하 7:1–17), 새 언약(렘 31:31–33), 화평의 언약(겔 37:26–28) 등이 있다. 이 가운데 아담 언약과 노아 언약과 아브라함 언약이 창세기에 나온다. 그래서 창세기에서 계보를 중심으로 기록한 열 개의 구조와 그 구조 안에 담긴 언약을 볼 때 주제는 예수 그리스도가 왜 오시고, 인간은 어떻게 구원을 받으며, 구원받은 언약 백성은 어떻게 살아야 하나님과 교제할 수 있는지와 관련한 구속의 밑그림을 보여 주는 것이다.

이 주제를 중심으로 창세기는 몇 가지 실제적인 목적을 가지고 있다. 첫째, 창세기는 하나님과 인간의 처음 상태의 모습과 인간이 어떤 존재인지를 보여 준다. 둘째, 하나님이 창조하신 세상과 인간이 왜 변질되고 왜곡되었는지의 과정과 그 결과를 보여 준다. 셋째, 창세기는 인간이 타락해 가는 과정에 나타난 죄의 모습과 그것을 어떻게 해결하실 것인지를 언약의 방식을 통하여 보여 준다. 넷째, 창세기는 하나님이 언약 안에 있는 백성들을 어떻게 구속하시고, 그들과 어떻게 교제하시며 하나님 나라를 세우실 것인지를 보여 준다.

그래서 이 책에 기록된 이야기는 단순히 세속적인 교훈이나 윤리적인 교훈을 주기 위해 선택된 것이 아니라, 하나님이 예수 그리스도 안에서 우리를 구원하여 하나님 나라를 이루시는지를 보여 주려는 목적으로 선택되었다. 특히 창세기는 하나님이 변질되고 왜곡된 인간과 자연 세계를 어떻게 회복하실 것인지와 관련하여 구속사의 중요한 밑그림(설계도)을 보여 준다. 창세기에 나타나는 아브라함과 이삭과 야곱, 요셉의 이야기는 바로 하나님께서 예수 그리스도 안에서 구속하시고 회복하여 하나님 나라를 이루어 가시는 이야기다.

IV. 내용

내용 구조

1. 서론: 하늘과 땅의 창조(창 1:1–2:3)
2. 하늘과 땅의 계보(창 2:4–4:26)
3. 아담의 계보(창 5:1–6:8)
4. 노아의 계보(창 6:9–9:29)

5. 셈과 함과 야벳의 계보(창 10:1–11:9)
6. 셈의 계보(창 11:10–26)
7. 데라의 계보(창 11:27–25:11)
8. 아브라함의 자손 이스마엘의 계보(창 25:12–18)
9. 아브라함의 자손 이삭의 계보(창 25:19–35:29)
10. 에서의 계보(창 36:1–37:1)
11. 야곱의 계보(창 37:2–50:26)

1. 서론: 하늘과 땅의 창조(창 1:1-2:3)

이 문단은 하늘과 땅의 기원을 설명한다. 그리고 오경과 전체 성경의 서론 역할을 한다. 창세기는 10개의 계보를 중심으로 배열되어 있다. 그 계보는 이야기의 시작을 보여 주는 신호인 '…의 계보는 이러하니라'는 형식의 문구로 시작한다. 하지만 이 문단은 이러한 형식의 문구로 시작하지 않는다. 이것은 이 문단이 창세기에서 10개의 계보를 설명하는 서론이기 때문이다.

내용 분해

(1) 하늘과 땅의 창조 순서(창 1:1–31)
(2) 안식(창 2:1–3)

내용 해설

(1) 하늘과 땅의 창조 순서(창 1:1–31)

성경을 여는 장(the opening chapter)인 이 문단은 아름답고 장엄한 시인데 창조주 하나님의 위엄을 찬양하는 찬송시이다. 이 시는 존재하는 모든 것의 근원이 되시고 유지하시는 하나님을 바라보게 하고 겸손하게 그의 창조적 말씀 앞에 경배하도록 이끈다. 그리고 하나님이 세상을 창조하신 광대한 목적 가운데 우리 자신의 위치를 보여 준다(Atkinson 1990, 15). 왜냐하면 하나님은 그의 형상으로 창조된 인간에게 그가 창조하신 모든 만물을 다스리게 하셨기 때문이다(창 1:26–28).

① 하늘과 땅의 창조(창 1:1–2)

저자는 성경을 "태초에 하나님이 천지를 창조하시니라"(창 1:1)는 선포로 시작한다. 이 선포는 결어인 "천지와 만물이 다 이루니라"(창 2:1)라는 말씀과 짝을 이루어 하나님이 태초에 하늘과 땅을 창조하셨다는 사실을 강조한다. 이 말씀을 창세기 1:2–31을 요약하는 주절로 보기도 하지만 선포인 동시에 하나님의 창조 행위로 보아야 한다. 이렇게 보지 않으면 창조 사역이 시작되기 전에 이미 혼돈된 물질이 존재한 것이 된다(한정건 2016, 42–44). 이 말씀은 선포이기도 하지만 창세기 1:2과 긴밀하게 연결되어 있다. 여기에 '하늘'로 번역된 히브리어 '샤마임'(שָׁמַיִם)은 양수(dual number)로 단순히 하늘을 가리키기보다는 우주를 가리킨다. 여기에 '땅'이라고 번역된 히브리어 '에레츠'(אֶרֶץ)는 우리가 살고 있는 지구라고 보아야 한다.[34] 또한 히브리어 성경은 창세기 1:2에서 이때의 땅을 설명할 때 연결 접속사 '그리고'와 결합하여 '(그리고) 그 땅'(וְהָאָרֶץ)을 설명한다. "땅이 혼돈하고 공허하며 흑암이 깊음 위에 있고 하나님의 영은 수면 위에 운행하시니라." 그래서 창세기 1:1은 하나님이 우주와 지구를 창조하셨음을, 창세기 1:2은 하나님이 창조하신 우주와 지구 가운데 지구의 상태를 설명하는 것이다.

저자는 이때의 지구의 상태를 "땅이 혼돈하고(토후, תֹהוּ), 공허하며(보후, בֹהוּ), 흑암(호쉑, חֹשֶׁךְ)이 깊음(터홈, תְהוֹם) 위에 있고 하나님의 영은 수면 위에 운행하시니라"(창 1:2)고 설명한다. 여기에서 '혼돈하고'(토후), '공허하며'(보후)라는 단어는 두 단어에 포함된 모음인 '오우'라는 동일한 모음을 반복함으로 두 용어가 서

34 개역개정판은 창세기 1:1을 "태초에 하나님이 천지를 창조하시니라"(버레이쉬트 바라 엘로힘 엣 하샤마임 버엣 하아레츠, בְּרֵאשִׁית בָּרָא אֱלֹהִים אֵת הַשָּׁמַיִם וְאֵת הָאָרֶץ)라고 번역하고 있지만 '천지'(הַשָּׁמַיִם … הָאָרֶץ)를 구분하여 번역해야 한다. 왜냐하면 히브리어 원문도 천지를 하나의 단위로 기록하지 않고, '하늘'(שָׁמַיִם)과 '땅'(אֶרֶץ)에 목석을 의미하는 전치사 '엣'(אֵת)를 쓰고 있기 때문이다. 그래서 '하늘과 땅'이라고 구분하여 번역해야 한다.

로 연결되어 있음을 보여 주는 모운법(母韻法, assonance)으로 되어 있다. 그리고 이 구문에는 두 개의 단어를 연결하여 하나의 의미를 강조하는 중언법(重言法, hendiadys)도 사용되었다. 두 번째 단어인 '보후'는 성경에 단 세 번만 나타난다(창 1:2; 사 34:11; 렘 4:23). 이 단어가 독자적으로 사용된 예는 없고 항상 '토후'와 같이 쓰인다. '토후'는 죽음이나 사막의 황폐함을 가리키는 데 사용되거나(신 32:10; 욥 12:24), 파멸을 가리키기도 하고(사 24:10; 34:11 등), 어떤 경우에는 창조와 정반대가 되는 무(욥 26:7; 삼상 12:21; 사 29:21 등)에 사용된다(김지찬 1996, 93–95). 특이한 것은 하나님이 창조하신 처음 상태의 땅에 대하여 "하나님의 영은 수면 위에 운행하시니라"(창 1:2)고 표현했다는 것이다. 여기에 '운행하시니라'(머라헤페트, מְרַחֶפֶת)는 동사는 신명기 32:11에서 하나님이 이스라엘을 인도하시는 것을 어미 독수리가 새끼 위를 맴돌고 있는 것과 비교하며 묘사할 때도 사용되었다. 어미 새가 새끼 위를 맴도는 이유는 새끼를 훈련하고 먹이기 위함이다. 그래서 하나님의 영이 운행하신다는 것은 이미 창조하신 지구를 완전한 상태로 만드실 것을 보여 준다(한정건 2016, 44–46). 그리고 저자는 창세기 1:3–31에서 하나님이 이 상태의 지구를 사람을 비롯한 생명체가 살 수 있도록 어떻게 창조하셨는지에 초점을 맞추어 세부적으로 설명한다. 이것이 우주와 지구의 기원이다.

하나님이 하늘과 땅을 창조하신 사건은 우리가 믿는 기독교 교리의 뿌리다(Goldsworthy 1987, 51). 하나님이 하늘과 땅을 창조하신 일을 시편 저자는 "주께서 옛적에 땅의 기초를 놓으셨사오며 하늘도 주의 손으로 지으신 바니이다"(시 102:25)라고 증거하였고, 이사야 선지자도 증거했다(사 40:21–22). 창조 이야기를 일종의 '옛날 이야기'로 간주해서는 안 된다. 성경은 여호와께서 창조주 하나님 되심을 논증하지 않고, 오히려 창조주로 제시한다(Vangemeren 1988, 52–53). 그래서 우리는 인간 편에서 우선적으로 하나님의 존재를 인정하고 그분을 믿음으로 받아들여야 한다.

그렇다고 이 신앙은 맹목적이거나 주관적인 것이 아니라 증거에 따른 것이다. 이것을 웨스트민스터 신앙고백서 제1장 "성경" 5항[35]에서 고백하고 있는 바와 같

35 "우리는 교회의 증거로 감동과 인도를 받아 성경을 높게 인정하고 존중할 수 있다. 또 성경이 하나님의 말씀임을 풍성하게 자증하는 논거는 내용의 천상적 성질, 교리의 유효성, 문체의 장엄성, 모든 일치, (모든 영광을 하나님께 돌리는) 전체의 의도, 구원의 유일한 길을 완전하게

이 성경이 스스로 증거하고(살전 2:13), 또한 말씀과 더불어 성령이 우리 마음에 증거하신다(요일 2:20, 27; 요 16:13–14). 그래서 성경은 하나님이 없다고 주장하는 무신론자를 가리켜서 어리석은 자(시 14:1)라고 하였고, 무신론적인 사상을 가리켜서 악하고 교만한 것(시 10:4)이라고 했다. 우리는 유일하신 하나님이 하늘과 땅과 그 안에 있는 모든 만물을 창조하셨다는 사실을 믿음으로 믿음 생활을 시작한다. 이것은 창조가 우리가 믿는 기독교 신앙의 출발점이기 때문이다(히 11:3).

하나님이 창조주가 되신다는 믿음은 우리도 하나님의 창조 목적 안에 있기 때문에 하나님이 위엄과 신비로 이끄신다는 것을 믿는 것이다. 시편 저자나 성경 저자가 언약 백성을 창조주 하나님과 연결시키는 것은 언약 백성은 창조주 하나님의 자녀이고 그와 교제하는 은혜를 '영원히' 경험할 수 있다는 것을 전제하기 때문이다(시 136:4–9, 23–25; 느 9:5–6). 또한 태초에 하나님이 하늘과 땅을 창조하셨다는 선포는 애굽의 태양신 '라'(Ra)나 '아몬'(Amon or Amun)만이 아니라 이 땅에 존재하는 어떤 것도 신이 될 수 없음을 의미한다.

② 하늘과 땅의 창조 순서(창 1:3–31)

하나님이 하늘과 땅을 창조하신 기사를 담고 있는 창세기 1장의 문학 장르는 시(= 운문, poetry)다. 이 시는 다음과 같이 매우 정교한 평행 구조를 이루고 있다. 전체 6개의 평행 구조로 되어 있고, 또한 6개의 구조를 2개로 나눌 수 있다. 이것은 일정한 운율이 있음을 보여 주고, 문단의 범위를 결정해 준다.

• 평행 구조 1: 첫째 날(창 1:3–5)

A 하나님이 이르시되(창 1:3a)

B 하나님이 하신 일(창 1:3b–5a)

– 빛을 창조하시고, 빛과 어둠을 나누시며,

전개하는 방식, 비할 수 없는 수많은 탁월성과 성경의 전적 완전성 등이 있다. 그럼에도 불구하고 무오한 진리와 성경의 신적 권위에 대한 완전한 설복과 확신은 말씀을 수단으로, 또한 그 말씀과 더불어 우리 마음에 증거하시는 성령의 내적 사역에서 온다"(웨스트민스터 신앙고백서 1장 5항).

빛을 낮이라 부르시고 어둠을 밤이라 부르심

C 저녁이 되고 아침이 되니 이는 첫째 날이니라(창 1:5b).

• 평행 구조 2: 둘째 날(창 1:6–8)

A 하나님이 이르시되(창 1:6a)

B 하나님이 하신 일(창 1:6b–8a)

– 물에서 궁창을 창조하시고, 궁창 아래의 물과 궁창 위의 물로 나누시며, 궁창을 하늘이라 부르심

C 저녁이 되고 아침이 되니 이는 둘째 날이니라(창 1:8b).

• 평행 구조 3: 셋째 날(창 1:9–13)

A 하나님이 이르시되(창 1:9a)

B 하나님이 하신 일(창 1:9b–10)

– 하늘 아래의 물을 한 곳으로 모으시고, 물과 뭍을 나누시며 뭍을 땅이라 부르시고 모인 물을 바다라 부르심

A′ 하나님이 이르시되(창 1:11a)

B′ 하나님이 하신 일(창 1:11b–12)

– 땅은 풀과 씨 맺는 채소와 각기 종류대로 씨 가진 열매 맺는 나무를 내라 하심

C 저녁이 되고 아침이 되니 이는 셋째 날이니라(창 1:13).

• 평행 구조 4: 넷째 날(창 1:14–19)

A 하나님이 이르시되(창 1:14a)

B 하나님이 하신 일(창 1:14b–18)

– 하늘의 궁창에 광명체를 두셔서 낮과 밤을 나뉘게 하시고, 그것들로 징조와 계절과 날과 해를 이루게 하시며, 두 광명체를 만드셔서 큰 광명체

는 낮을, 작은 광명체는 밤을 주관하게 하시고, 별들을 만드심

C 저녁이 되고 아침이 되는 이는 넷째 날이니라(창 1:19).

• 평행 구조5: 다섯째 날(창 1:20–23)

A 하나님이 이르시되(창 1:20a)

B 하나님이 하신 일(창 1:20b–22)

– 바다의 짐승들과 물에서 번성하여 움직이는 모든 생물과 날개 있는 모든 새를 종류대로 만드심

C 저녁이 되고 아침이 되니 이는 다섯째 날이니라(창 1:23).

• 평행 구조 6: 여섯째 날(창 1:24–31)

A 하나님이 이르시되(창 1:24a)

B 하나님이 하신 일(창 1:24b–25)

– 땅의 짐승과 가축과 기는 모든 것을 그 종류대로 내게 하심

A′ 하나님이 이르시되(창 1:26a)

B′ 하나님이 하신 일(창 1:26b–28)

– 하나님 형상대로 사람을 만드셔서 바다의 물고기와 하늘의 새와 가축과 온 땅에 기는 모든 것을 다스리게 하려는 계획에 따라 사람을 창조하셔서 그들로 하여금 다스리게 하심

A″ 하나님이 이르시되(창 1:29a)

B″ 하나님이 하신 일(창 1:29b–30)

– 사람에게 씨 맺는 모든 채소와 씨 가진 열매 맺는 모든 나무의 열매를 먹을거리로 주시고, 땅의 모든 짐승과 하늘의 새와 땅에 기는 모든 것에 모든 푸른 풀을 먹을거리로 주심

C 저녁이 되고 아침이 되니 이는 여섯째 날이니라(창 1:31)

하나님이 하늘과 땅을 창조하신 기사를 평행 구조와 '하나님이 이르시되'를 중심으로 다음과 같이 도식으로 정리할 수 있다.

	하늘과 땅을 조성하심 (창 1:2–13)	–	하늘과 땅을 채우심 (창 1:14–31)
1	A 하나님이 이르시되 B 빛, 어두움	4	A 하나님이 이르시되 B 해, 달, 별
2	A 하나님이 이르시되 B 궁창, 하늘, 물	5	A 하나님이 이르시되 B 새, 물고기
3	A 하나님이 이르시되 B 땅, 바다 A' 하나님이 이르시되 B' 식물	6	A 하나님이 이르시되 B 짐승, 가축, 기는 모든 것 A' 하나님이 이르시되 B' 사람 A" 하나님이 이르시되 B" 먹을거리로 식물을 주심

이것은 하나님의 창조 행위가 절서정연함과 하늘과 땅을 조성하시고 채우시는 행동이 서로 대칭 구조를 이루고 있음을 보여 준다. 운문(시)으로 기록한 창조 기사는 하나님이 하늘과 땅을 창조하셨음을, 그리고 '하나님이 이르시되'를 반복하여 강조함으로 '말씀으로' 창조하셨음을 보여 준다.

(2) 안식(창 2:1–3)

이 문단은 안식의 기원과 개념이 무엇인지 보여 준다. 저자는 하나님이 세상을 7일 동안 창조하셨다고 기록한다(창 2:1–2). 우리가 하나님이 7일 동안 창조하셨음을 이해하는 일은 쉽지 않다. 이것은 창조 시의 하루를 오늘날의 24시간 개념으로 보아야 하는지 아니면 다르게 보아야 하는지의 문제 때문이다. 이 기록에 사용된 '날'(욤, יום)이 일정 기간의 단위를 의미한다고 보기도 하고(데렉 키드너 1994, 75), 7일이라는 구도로 엮어진 것은 정확하게 7일이라는 시간적인 개념 때문이라기보다는 창조가 진행되는 과정 중의 일곱 단계를 보여준다고도 한다(한정건 1996, 43). 성경에서 '날'은 기본적으로 24시간을 가리키지만 역사나 개인의 한 시점(삼상 3:2; 26:10)이나 어떤 정해진 기간(레 14:2) 등으로도 사용된다. 창조시의 '날'을 문맥상 필요치 않다면 단어의 일차적인 의미인 하루로 보는 것이 주석의 기본 원칙이다. 저자가 "저녁이 되고 아침이 되니 이는 … 날이니라"는 말을 덧붙이고 있는 것은 하루로 보아야 함을 강조하는 것이다(Berkhof 1941, 154–155; 아처 1985, 204).

그러나 우리가 '하나님이 안식하셨다'(창 2:2–3)라는 말씀을 이해할 때 하나님은 정확하게 6일을 일하셨고, 또 정확하게 하루인 7일에 쉬셨다는 개념으로 이해할 수 없다(한정건 1996, 43). 일곱 번째 날을 하나님 자신만 안식하는 날이 아니라 창조된 모든 만물이 함께 안식하는 날로 이해해야 하기 때문이다. 하나님은 이날을 "복되게 하시고 거룩하게 하셨다"(창 2:3). 만약에 일곱 번째 날이 하나님만의 쉼이라면 복의 근원이신 하나님이 복을 받을 이유가 없다(한정건 1996, 43–44). 하나님은 복의 근원이시고 거룩하신 분이기 때문이다. 또한 안식에 다른 피조물도 참여했다는 것은 하나님과 인간과 다른 피조물이 다 함께 안식했다는 것으로 단순히 일에서 쉼을 의미하지 않는다. 이 날은 칠 일의 고정된 안식을 말하지 않는다. 이 날을 안식일만이 아니라 안식년, 희년 등의 긴 단위로도 말할 수 있기 때문이다(레 25:4, 8).

그러면 창세기 2:2–3에서 말하는 '안식'은 어떤 의미일까? 여기서 말하는 안식이 하나님 자신이 일하시고 하루를 쉬셨다는 개념은 분명 아니다. 왜냐하면 하나님은 복의 근원이시고 거룩하신 분이시기에 구태여 일곱째 날을 복되게 하시거나 거룩하게 하실 필요가 없기 때문이다. 안식이 단순히 일로부터의 쉼을 의미하는 것만은 아니다. 하나님이 하늘과 땅과 그 안에 있는 모든 만물들을 창조하시고 이날을 복되게 하시며 거룩하게 하신 것은 인간과 피조 세계를 위한 것이다. 성경에 기록된 안식년과 희년 제도를 볼 때 이날에는 단순히 쉰다는 개념보다는 종과 짐승과 땅이 함께 참여하고 그 복을 누린다(출 23:10–11; 레 25:1–12; 신 15:1–11). 그리고 히브리서 저자는 이스라엘 백성들이 가나안에 들어가는 것이 안식이 아니라 궁극적인 안식은 미래에 있게 될 것이라고 말했다. 그는 히브리서 4:8에서 "만일 여호수아가 저희에게 안식을 주었다면 그 후에 다른 날을 말씀하지 아니 하셨으리라"라고 말하면서 "저 안식에 들어가기를 힘쓸지니 이는 누구든지 순종하지 아니하는 본에 빠지지 않게 하려 함이라"(히 4:11)고 말했다. 여기서 안식의 개념은 재림 후에 있을 완전한 하나님 나라를 의미한다. 스나

이더(1991, 74)는 '거룩'과 '복'이 하나님의 속성이며 하나님이 이날에 창조하신 모든 피조물에 이 '거룩'과 '복'을 입게 하신 것으로 이해했다. 그는 이것이 바로 하나님의 창조 사역의 절정이자 목표이며, 이로써 하나님 나라가 이루어진다고 이해했다. 그러므로 창세기 2:3의 안식은 성경 전체 문맥에서 볼 때 단순히 쉰다는 개념이 아니다. 안식은 하나님이 하늘과 땅을 창조하신 후 지구의 완전한 상태를 말하는 것으로 하나님 나라의 개념과 같다.

창세기에는 '계보'를 중심으로 10개의 이야기가 배열되어 있다. 10개의 계보에 기록된 각각의 이야기를 끌어가는 시작점에 놓여 있는 창세기 1:1–2:3의 내용은 무엇을 말하는 것일까? 이것은 하나님이 세상을 창조하신 처음의 상태를 보여 준다. 그래서 우리는 창세기의 서론에 해당하는 이 본문을 하나님과 모든 창조물이 함께 안식에 참여하면서 누리게 되는 이상적인 상태를 설명하는 내용이라고 보아야 한다. 우리가 이 점을 이해할 때 왜 구속이 필요하고, 창세기 2:4부터 시작되는 구속의 이야기가 어떤 의미가 있는지 알 수 있고, 마지막 날 주님이 재림하실 때에 회복하게 될 안식의 상태를 전망할 수 있다. 이로 볼 때 창세기 1:1–2:3과 성경의 마지막 책인 요한계시록 21:1–22:5은 서로 짝을 이루고 있다. 그래서 성경은 하나님이 완전한 상태로 창조하신 세상이 죄로 말미암아 변질되고 왜곡되었으나 그리스도 안에서 회복되는 이야기를 담고 있다.

2. 하늘과 땅의 계보(창 2:4-4:26)

이 문단은 창세기에 나오는 첫 계보인 하늘과 땅의 계보로서 인간 창조와 하나님과 맺으신 언약과 죄의 기원을 보여 준다. 그리고 하나님이 그 죄의 문제를 해결하시고 원래의 상태를 회복하시기 위하여 여자의 후손을 약속하신 이야기를, 그리고 죄의 결과가 얼마나 심각한 영향을 주었는지 가인과 아벨의 제사와 그 이후 삶의 양상을 통하여 보여 준다. 하지만 그 가운데서도 하나님이 언약을 성취하시기 위하여 아벨 대신에 셋이라는 후손을 주심으로 인류의 희망이 어디에 있는지를 보여 준다.

내용 분해

(1) 사람 창조(창 1:26–28; 2:4–25)

(2) 아담 언약과 사람의 타락(창 2:16–17; 3:1–24)

(3) 원시 복음: 여자의 후손을 약속하심(창 3:15)

(4) 가인과 아벨(창 4:1–15)

(5) 가인과 아벨 이후(창 4:16–26)

내용 해설

(1) 사람 창조(창 1:26–28; 2:4–25)

이 문단은 하나님이 사람을 어떤 존재로, 그리고 어떻게 창조하셨는지를 보여 준다. 창조 기사 가운데 가장 중요한 부분은 하나님이 사람을 창조하신 일이다. 창조 기사가 성경에 두 군데 나타난다. 첫 번째 부분(창 1:1–2:3)은 일련의 규칙적인 틀을 가진 운문으로 되어 있고, 두 번째 부분(창 2:4–25)은 이야기로 되어 있다. 이 두 기사는 서로 다르지만 서로 보충적인 관점을 가지고 있다(Vangemeren 1988, 42). 첫 번째 부분이 창조에 대한 전체적인 그림을 보여 주는 것이라면 두 번째 부분은 창세기 1:26–28에 기록된 사람 창조 부분을 세부적으로 기록하고 있다.

하나님이 사람을 '땅의 흙으로부터' 창조하셨지만 특별히 다른 피조물들과는 달리 '하나님의 형상'으로 창조하셨다(창 1:27; 2:7). 인간이 하나님의 형상으로 창조되었다는 의미에 대하여 역사적으로 많이 연구되어 왔지만 가장 중요한 사상은 하나님과 교제할 수 있는 인격적인 존재로 지어졌다는 것이다(엡 4:24; 골 3:10). 예수님이 십자가를 지신 목적은 우리를 의로운 자가 되게 하셔서 하나님과 교제하는 자가 되게 하시려는 것이다. 이 점을 고려하면 하나님의 형상으로 지음을 받았다는 말이 보여 주는 가장 중요한 개념은 하나님과 교제할 수 있는 자로 지음을 받았다는 것이다. 하지만 이것만으로 하나님의 형상을 충분히 설명할 수 없다. 하나님은 사람을 남자와 여자로 창조하셨다. 특히 하나님이 여자를

'그를 위하여 돕는 배필'로 지으셨다(창 2:18). 이것은 사람들이 서로 협력하여 하나님과 교제하며 하나님의 명령을 수행해야 하는 존재들임을 의미한다. 그리고 하나님은 그에게 하나님이 만드신 모든 만물을 다스리는 권세를 주셨다. 여기서 우리는 하나님의 형상을 세 가지 관계성 속에서 정의할 수 있다. 첫째, 하나님과 맺은 관계에서 하나님과 교제할 수 있는 인격적인 자아를 가진 존재다. 둘째, 인간과 가진 관계에서 서로 사랑하고 하나님의 뜻을 이루기 위해 서로 협력하는 사회적 존재다. 셋째, 자연과 가진 관계에서 하나님이 창조하신 자연 세계를 관리하고 돌보는 존재다(Hoekema 1986, 75–82). 이것이 인간의 본래 모습이다.

이때 해설자는 하나님이 창조하신 만물을 가리켜 '하나님이 보시기에 좋았더라'라고 말했다(창 1:4, 10, 12, 18, 21, 25, 31). 여기에서 '좋았다'(토브, טוֹב)라는 단어는 성경의 용례를 보면 단순히 외적으로 좋았다는 뜻만이 아니라 도덕적인 의미를 담고 있다. 사람들이 살 수 있는 환경은 부족하거나 흠이 전혀 없는 완전한 상태였다는 것이다. 사람도 역시 완전하고 인격적인 존재였다. 최초의 사람인 아담은 이곳에서 하나님과 교제하며 살았다.

(2) 아담 언약과 사람의 타락(창 2:16–17; 3:1–24)

이 문단에는 하나님이 최초로 사람과 맺은 언약과 그 언약을 배반한 사람의 타락이 기록되어 있다. 하나님이 인간을 인격적인 존재인 하나님의 형상으로 창조하셨다 할지라도 우리는 피조물로서 마땅히 창조주 하나님에게 순종해야 한다. 그러나 하나님은 언약이라는 수단을 통해서 교제하시며 은혜와 사랑을 베풀어 주시기를 기뻐하셨다(웨스트민스터 신앙고백서, 제7장 1항). 그 언약의 내용이 창세기 2:16–17 "… 동산 각종 나무의 열매는 네가 임의로 먹되 선악을 알게 하는 나무의 열매는 먹지 말라. 네가 먹는 날에는 반드시 죽으리라"는 말씀에 나타나 있다. 이것을 일반적으로 행위 언약 또는 생명의 언약이라고 부른다. 하나님이 인간과 언약을 맺으셨다는 것은 인간을 다른 피조물과는 구별되는 존재로 지으셨을 뿐만 아니라, 인간을 인격적인 존재로 창조하셨다는 것을 보여 준다. 왜냐하면 하나님은 인간과 언약을 맺으시면서 무조건 '예'(Yes)만 할 수 있게 하신 것이 아니라, 자신의 의지에 따라 '아니오'(No) 할 수 있는 자유까지 주셨기 때문이다.

이러한 언약의 말씀에 비추어 볼 때 우리는 인간의 진정한 자유와 행복은 하나님의 말씀을 순종하는 일에 있음을 알 수 있다. 흔히 자유를 규범에서 벗어나는 것이라고 생각하는 경향이 있다. 그러나 사실 참된 자유는 어떤 질서와 권위 아래에 머무는 것이다. 하나님의 법에 순종하여 살 때는 모든 좋은 것을 다 누릴 수 있었다. 그렇다고 해서 선악을 알게 하는 나무의 열매를 먹지 말라는 말씀이 인간을 시험하기 위한 것으로 생각해서는 안 된다. 하나님이 선악을 알게 하는 나무의 열매를 두신 것은 분명한 두 가지 목적 때문이었다. 하나는 하나님과 인간의 관계, 즉 창조주와 피조물의 관계를 보여 주려는 것이다. 또 하나는 하나님을 사랑하고 교제하는 방편으로 주셨다는 것이다.

그런데 언약 관계가 단절이 되고, 하나님과 교제할 수 없는 결정적인 사건이 발생했다. 그것은 하나님이 따먹지 말라고 말씀하신 선악을 알게 하는 나무의 열매를 인간이 따먹은 것이다. 인간은 뱀이 "너희가 결코 죽지 아니 하리라 너희가 그것을 먹는 날에는 너희 눈이 밝아 하나님과 같이 되어 선악을 알 줄을 하나님이 아심이라"(창 3:4-5)라고 한 말을 듣고 선악을 알게 하는 나무의 열매를 따먹었다(창 3:6). 이 뱀의 정체는 마귀이다(요 8:44). 인간은 자신이 가지고 있는 이성적인 능력인 자유 의지를 가지고 하나님의 명령을 순종할 수도 있고, 불순종하여 자기 생각대로 할 수도 있었다. 그러나 그는 하나님의 말씀을 믿지 않고 사탄의 말을 믿어 선악을 알게 하는 나무의 열매를 따먹었다. 이것이 죄다. 죄는 하나님의 말씀을 믿지 않고 불순종하는 것이다. 이 죄가 하나님과 우리의 관계를 단절시키고, 인간 상호 간의 관계를 왜곡시켰으며, 인간과 자연의 관계도 왜곡시키거나 변질시켰다.

인간이 죄를 범하게 된 것은 어떤 사람들이 이야기하는 것처럼 인간이 불완전하게 지음을 받았거나, 주변의 환경 때문이 결코 아니다. 해설자가 하나님이 창조하신 모든 세계를 보고 "하나님이 지으신 모든 것을 다 보시니 보시기에 심히 좋았더라"(창 1:31)라고 말씀하였기 때문이다. 그래서 인간이 타락한 것은 인간이 불완전하게 창조함을 받았다거나, 외부적인 조건이나 환경 때문이 아니고 전적으로 인간 자신의 의지에 따른 것이다.

결과적으로 인간의 죄로 말미암아 모든 관계가 달라졌다. 하나님과 맺은 관계가 달라짐으로 인간의 상태나 만물의 상태도 많이 달라졌다. 사탄의 도구가 된 뱀은 그 형체가 변하여 기어 다니는 가장 천한 존재가 되었고, 사탄은 멸망을 받게 될 것이다. 하와는 임신하는 고통과 함께 남편을 사모하고 남편의 다스림을 받게 되었다. 아담은 종신토록 수고하여야 땅의 소산을 먹고, 땀을 흘려야 식물을 먹을 수 있게 되었다. 그리고 인간은 죽게 되었다. 땅은 인간의 죄로 말미암아 저주를 받아서 가시와 엉겅퀴를 내게 되었다(창 3:16–21).[36] 그리고 인간은 그들이 살았던 생명나무 과일이 있는 에덴동산에서 쫓겨났다(창 3:22–24). 우리가 이러한 죄의 결과들을 볼 때 인간이 진정한 자유와 행복을 누리는 방법은 하나님의 말씀에 순종하는 데 있음을 알 수 있다. 그러면 죄로 말미암아 깨어진 하나님과 맺은 언약 관계를 어떻게 회복할 수 있겠는가?

(3) 원시 복음: 여자의 후손을 약속하심(창 3:15)

하나님은 인간이 언약을 배반했다고 할지라도 다시금 하나님과 맺은 관계를 회복할 수 있는 길을 열어 주셨다. 그 길은 뱀에게 하신 저주의 말씀 가운데 나타나 있다. 하나님은 인간이 선악을 알게 하는 나무의 열매를 따먹고 죄를 범하자 그를 유혹한 뱀을 저주하셨다. "내가 너로 여자와 원수가 되게 하고 너희 후손도 여자의 후손과 원수가 되게 하리니 여자의 후손은 네 머리를 상하게 할 것이요 너는 그의 발꿈치를 상하게 할 것이니라"(창 3:15). 교회 역사에서 이 말씀을 가리켜 원시 복음(proto–evangelism)이라고 부른다. 뱀에게 한 이 저주에 복음이 어떻게 계시되어 있을까?

하나님이 뱀에게 하신 저주를 두 부분으로 나누어서 이해해야 한다. 한 부분은 물리적 뱀에게 말씀하신 것이다. "네가 이렇게 하였으니 네가 모든 육축과 들의 모든 짐승보다 더욱 저주를 받아 배로 다니고 종신토록 흙을 먹을지니라"(창 3:14). 여기서 '흙을 먹는다'라는 말은 천하고 더러운 존재가 되었다는 관용구다 (Calvin 1963, 167).[37] 인간을 유혹하기 위하여 사탄의 도구가 된 뱀은 비천해지는 저주를 받았다. 또 한 부분은 사탄에게 하신 저주다. 하나님이 사탄에게 하신 저

36 이러한 관점에서 환경 문제를 이해하기 시작한다면 오늘날 지구상의 모든 나라가 관심을 가지는 환경 문제는 곧 인간 문제임을 알 수 있다.

37 이러한 관용적인 표현은 미가 7:16–17에도 나타난다.

주에 복음적인 내용이 담겨 있다. 이 저주에는 여자와 뱀의 관계와 여자의 후손과 뱀의 후손의 관계가, 그리고 그 관계의 최후가 기록되어 있다. 사탄은 여자와 원수가 되고 여자는 사탄의 원수가 되어서 서로 미워하게 될 것이다. 이러한 관계는 사탄의 후손과 여자의 후손 사이에도 계속될 것이다.

그러면 여자의 후손은 누구를 말하는가? 그것은 하나님이 여자의 후손을 사탄의 후손과 대조적으로 설명하는 말씀을 통하여 짐작할 수 있다. 사탄은 후손이 없다. 천사들과 사탄은 가족 관계가 없기 때문이다(막 12:25). 오히려 사탄에게는 그의 동료들이 있다(마 25:41; 계 12:7–9). 그래서 사탄의 후손은 사탄의 성격을 가진 자로서 사탄을 따르는 무리를 의미한다. 이와 마찬가지로 여자의 후손은 여자에게서 나올 모든 사람을 의미하지 않고 여자를 따르는 사람을 말한다(고재수 1991, 11). 왜냐하면 창세기 4장에 기록된 가인을 가리켜 신약성경은 "가인 같이 하지 말라 그는 악한 자에게 속하여 그 아우를 죽였으니 …"(요일 3:12)라고 말씀하기 때문이다. 그래서 가인은 그의 동생 아벨과 같이 하와의 후손이지만 이 본문에 기록된 여자의 후손이라고 간주될 수 없다. 그는 사탄을 대적하는 자가 아니라 사탄을 따르는 사탄의 후손이다. 그러므로 이 본문에서 말하는 여자의 후손은 단순히 여성의 육체적인 후손인 전 인류와 동일시 될 수 없다. 이 여자의 후손은 아담이 아벨 대신에 주신 셋을 낳은 후에 "하나님이 내게 가인이 죽인 아벨 대신에 다른 씨(후손)를 주셨다"(창 4:25)라고 한 말을 보면 경건한 후손을 의미함을 알 수 있다(고재수 1991, 11). 이 후손은 오실 그리스도를 따르는 무리를 말한다.

하나님은 이 싸움에서 여자의 후손이 승리하게 될 것을 말씀하셨다. 왜냐하면 사탄의 후손은 여자의 후손의 경미한 부분인 발꿈치를 상하게 할 것이지만 여자의 후손은 치명적인 부분인 사탄의 머리를 상하게 할 것이기 때문이다. 이 일을 누가 행할 것인가? 여자의 후손인 경건한 자들이 다 함께 행할 것인지, 아니면 대표 한 사람이 행할 것인지 이 본문만으로는 알 수 없다. 하지만 지금 우리는 여자의 후손으로 오신 그리스도께서 사탄을 이길 것을 안다(요일 3:8; 계 12:3–9). 성경 전체의 문맥을 볼 때, 이 여자의 후손은 궁극적으로 그리스도를 가리킨다(사 7:14; 미 5:3; 마 1:23, 25; 갈 4:4). 그리고 구약의 성도들도 우리처럼 분명하게는 아니라 할지라도 알았을 것이다(창 4:25; 12:1–4; 삼하 7:1–17; 눅 1:68; 2:25,

38; 23:51; 행 28:20 등). 이것이 인류의 희망이다.

이러한 이유에서 사도 바울은 한 사람, 곧 전 인류의 대표인 아담으로 말미암아 죄가 세상에 들어왔지만 한 사람, 곧 예수님의 의로운 행위로 말미암아 많은 사람이 의롭다 하심을 받아 생명에 이르게 되었다고 설명한다(롬 5:12, 18).

이뿐만 아니라 원시 복음인 창세기 3:15의 말씀을 볼 때 예수 그리스도를 따르는 신자들은 항상 사탄의 원수가 되기 때문에 미움을 받고 핍박을 받게 될 것이다. 그래서 처음부터 세상에서 하나님의 백성으로 사는 삶이 어떤 의미에서 매우 어렵고 힘든 일임을 알 수 있다.

(4) 가인과 아벨(창 4:1-15)

이 문단에는 인류 최초의 살인과 그 배경이 되는 제사 행위가 기록되어 있다. 아담은 하와와 동침하여 가인과 아벨을 낳았다. '세월이 지난 후에' 가인은 농사를 짓는 사람이었기 때문에 땅에서 난 곡물을 가지고 하나님께 제사를 드렸고, 아벨은 양을 치는 자였기 때문에 양의 첫 새끼와 그 기름으로 제사를 드렸다(창 4:3-4). 여기서 '세월이 지난 후에'(와히 미케이츠 야밈, וַיְהִי מִקֵּץ יָמִים)라는 뜻은 문자적으로 '날들의 끝에 있었다'이다. 이것은 이들이 어느 한 날 단 한 번의 제사만을 드렸음을 말한 것이 아니라 이들의 제사가 긴 과정 속에 있었다는 것을 의미한다. 그런데 하나님은 아벨과 그의 제사는 받으시고 가인과 그의 제사는 받지 않으셨다. 오랫동안 많은 사람들은 하나님이 아벨의 제사는 받으시고 가인의 제사는 받지 않으신 이유를 제물의 차이로 보았다. 그러나 그때는 하나님이 어떤 제사를 드려야 하는지 계시해 주시지 않았었다. 하나님이 제사법을 계시하는 것은 출애굽 이후에 시내산에서였다(레 1:1-7:38). 저자는 가인과 아벨이 드린 '제물'을 표현하면서 히브리어로 '민카'(מִנְחָה)라는 용어를 사용했다. 이 단어는 곡물로 드리는 제사인 '소제'를 의미한다. 소제는 하나님의 은혜에 감사하기 위해서 드리는 제사이다. 저자는 왜 이 단어를 사용했을까? 그리고 저자가 가인과 아벨이라는 인물이 가지는 특징적인 요소의 대조를 통하여 중요한 차이점을 보여 주는 문학적 표현 방식을 사용한 것만 보아도 제물의 차이가 아님을 알 수 있다.

가인	농사하는 자	땅의 소산물	x
아벨	양을 치는 자	양	첫 새끼

저자는 아벨이 양의 '첫 새끼'를 가져왔음을 언급한다. 그렇다면 가인은 농사하는 자로서 '첫 새끼'에 해당하는 '첫 열매'를 드려야 했다. 이것은 가인이 바친 제물이 그의 소산물을 대표하는 것이 아니었다는 것이다. 왜냐하면 첫 새끼나 첫 열매는 전체의 대표성을 의미하기 때문이다. 그리고 아벨은 동물의 가장 좋은 것을 의미하는 '그 기름'을 가져왔다. 여기에서 기름은 히브리어 성경에서 가장 좋은 것을 의미하는 은유적인(metaphorical) 표현이다. 가인의 제사는 이 점에서도 대조를 이룬다. 아벨의 제사는 정성을 다하는 제사였으나 가인의 제사는 명목상의 제사에 불과하다는 것이다(Waltke 1986, 363–72). 가인은 하나님이 아벨의 제사를 받으시고 자기의 제사를 받지 않으시자 분했다. 그러자 하나님은 그의 제사가 선하지 못하다는 사실을 지적하면서 "선을 행하지 아니하면 죄가 문에 엎드린다"(창 4:7)라고 말씀하셨다.[38] 이 말씀은 사나운 동물이 먹잇감을 노리는 것을 묘사한 이미지(image) 언어로 가인이 선을 행하지 아니하면 죄가 그를 잡기 때문에 죄를 다스려야 한다는 뜻이다. 이 말을 들은 가인은 아벨을 죽였다. 억울하게 죽은 아벨의 피가 하늘에 호소했다. 이 호소는 주님이 다시 오실 때까지 계속될 것이다(창 4:10, 참조. 욥 16:18; 시 9:12; 마 23:35; 히 12;24 등). 이로 말미암아 가인은 저주를 받았다(창 4:11–12). 이 저주가 힘들어 하나님께 부르짖자 하나님은 그에게 죽임을 당하지 않도록 어떤 '표'를 주셨다. 그것이 무엇인지는 알 수 없다. 이 표는 심판의 표가 아니라 가인을 죽여서는 안 됨을 보여 주는 것으로 보인다(Atkinson 1990, 113).

우리는 히브리서 저자가 아벨의 제사를 가리켜 "믿음으로 아벨은 가인보다 더 나은 제사를 드렸다"(히 11:4)라고 설명한 말을 주목해야 한다. 믿음은 모든 것이 하나님의 은혜로 되었음을 인식하고 감사하는 일에서부터 시작하기 때문이다.

38 '엎드리나'라는 히브리어 난어는 '라바츠'(רֹבֵץ)로 사나운 동물이 먹잇감을 잡기 위해 엎드려 있는 것을 묘사한 이미지 언어다.

(5) 가인과 아벨 이후(창 4:16-26)

이 문단에는 가인이 아벨을 죽인 이후 일어나는 가인 계열의 악행과 그 가운데 하나님이 우리의 구원을 위해 행하신 사건이 기록되어 있다. 하나님이 가인의 죽음을 면하게 하심으로 가인은 에녹을, 에녹은 이랏을, 이랏은 므후야엘을, 므후야엘은 므드사엘을, 므드사엘은 라멕을 낳았으며, 라멕은 두 아내인 아다와 씰라를 얻었다. 아다는 야발을 낳았는데, 그는 가축을 치는 자의 조상이 되었고, 그의 아우인 유발은 수금과 퉁소를 부는 자의 조상이 되었다. 씰라는 두발가인을 낳았는데 그는 구리와 쇠로 여러 기구를 만드는 자가 되었다(창 4:16-22). 이들은 분명 인류 문명을 발전시키는 일에 기여했다. 이 일에 대하여 키드너(Kidner 1967, 78)는 가인 자손의 기술이 유용해서 우리로 하여금 세속적인 기업체가 발달시킨 문명의 혜택을 입을 수 있음을 가르친다고 말했다. 하지만 그가 이들에 대하여 다음과 같이 평가한 내용은 새겨볼 만하다. "우리는 그들의 기술을 과대평가해서는 안 된다. 라멕의 가족은 그 환경을 다룰 수 있는 기술은 가졌지만 자신들을 다룰 줄은 몰랐던 것이다."

그러나 이러한 문명의 발달 가운데서도 라멕은 자신이 상처를 받음으로 사람을 죽이고도 가인을 해치면 칠 배로 보복을 당하지만(참조. 창 4:15)[39] 자신을 해치면 칠십칠 배나 보복을 당하게 될 것이라고 노래했다(창 4:23-24). 베드로가 용서에 관하여 일곱 번까지 용서해야 하느냐고 예수님께 질문했다. 이때 예수님이 일곱 번을 일흔 번까지도 용서하라고 말씀하셨다(마 18:21-22). 예수님의 이 말씀은 자신에게 해를 끼치는 자에게 칠십칠 배나 보복을 당하게 될 것이라는 라멕의 말과 완전히 대조적이다.

저자는 가인 계열의 사람들 사이에서 문명이 발달해 감에도 라멕의 노래를 볼 때 악이 세력을 얻어 갔음을 말하고, 이와는 대조적으로 아담이 아내와 동침하여 셋이라는 아들을 얻었다는 사실을 말한다. 이 아들에 관하여 아담은 "하나님이 가인이 죽인 아벨 대신에 다른 씨를 주셨다"(창 4:25)라고 말했다. 이것은 그가 여자의 후손으로 오실 메시아를 바라보았음을 알게 한다. 그리고 사람들은

39 개역개정판에는 '벌을 받는다'라는 말로 번역되어 느낌이 모호하지만 히브리어 원문에는 '복수하다'라는 뜻의 동사인 '나캄'(נקם)의 수동형이 사용되었고, 그 의미는 '보복을 당하다'이다.

오실 메시아를 바라보고 여호와의 이름을 불렀다(창 4:26). 이것은 셋 계열의 사람들이 가인 계열의 사람들과 대조적으로 하나님을 예배했음을 보여 준다.

3. 아담의 계보(창 5:1-6:8)

이 문단에는 아담의 계보가 기록되어 있다. 이 계보는 인간이 타락한 이후 인간과 세상이 달라지고 변질된 모습과 그 가운데 하나님이 어떻게 구원을 이루시는지를 보여준다. 이 계보는 아담부터 노아까지의 계보를 보여 주는데, 가인의 후손과 비교하면 흥미로운 점을 발견할 수 있다.

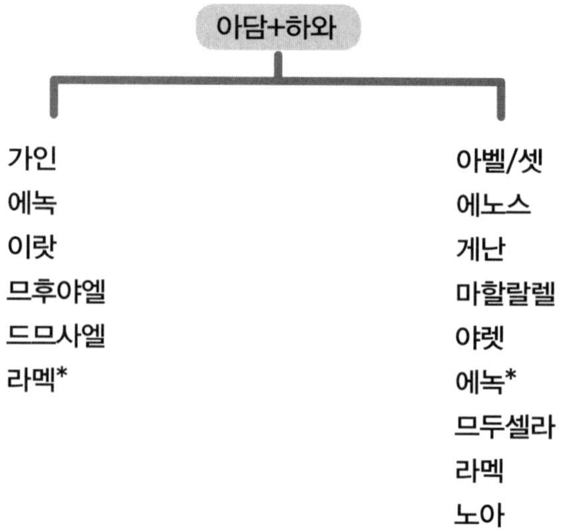

※ 이 도표는 가인과 아벨/셋의 후손들이 어떤 사람인지를 대조하는데, 특히 *는 라멕과 에녹의 삶을 대조적으로 보여 준다. 문학적으로 서로 대칭 구조를 이루고 있다.

아담의 계보에 속한 경건한 계열의 사람들에게는 셋부터 노아에 이르기까지 에녹과 노아를 제외하고는 특별한 삶의 특징이 없다. 그냥 단순하게 '누가 몇 세에 누구를 낳고, 그를 낳은 후 몇 년을 살다가 자녀들을 낳았으며 몇 세에 죽었더라'라고 기록하고 있다. 그런데 에녹의 대에 와서는 독특하게 그의 생애 한 단면을 기록하고 있다. 창세기 5:21-24에 이렇게 기록하고 있다. "에녹은 육십오 세에 므두셀라를 낳았고, 므두셀라를 낳은 후 삼백 년을 하나님과 동행하며 자녀를 낳았으며 그는 삼백육십오 세를 살았더라 에녹이 하나님과 동행하더니 하나님이 그를 데려가시므로 세상에 있지 아니하였더라." 여기에서 '하나님과 동행한다'라는 표현은 문자적으로는 '하나님과 함께 걸어간다'라는 말이지만 성경에 자주 나타나는 관용적인 표현으로 하나님의 말씀을 믿음으로 산다는 뜻이다. 이 말의 의미가 무엇인지 신약의 기록을 보면 "… 그는 옮겨지기 전에 하나님을 기쁘시게 하는 자라 하는 증거를 받았느니라"(히 11:5-6)라고 했다. 히브리서 저자는 에녹이 하나님과 동행한 생활을 가리켜 '하나님을 기쁘시게 하는 생활'이라고 말하였고, 또한 '믿음으로 사는 생활'이라고 말했다.

에녹은 경건한 셋 계열의 사람이다. 문학적인 대칭 구조에서 대조적인 위치에 있는 라멕은 자신에게 상처를 입히는 자들이 칠십칠 배나 보복을 당하게 될 것이라고 하며 자신이 심판자처럼 행동하는 노래를 지어 불렀다. 에녹은 이러한 시대에 살면서 주께서 경건치 못한 사람들을 심판하러 오실 것이라는 사실을 전파했다. 에녹은 노아가 이 세상에 태어나기 69년 전까지 경건치 못한 그 세대 사람들에게 하나님의 심판이 임하게 될 것을 예언했다.[40] 유다서에 보면 에녹은 하나님의 심판을 외치면서 당시 사람들의 타락상에 대하여 "이 사람들은 원망하는 자며 불만을 토하는 자며 그 정욕대로 행하는 자라 그 입으로 자랑하는 말을 하며 이익을 위하여 아첨하느니라"(유 1:16)라고 말했다. 에녹은 이러한 시대에 하나님과 동행하는 삶을 살았다.

에녹이 300년을 하나님과 동행하던 시대에 경건한 셋 계열의 사람들과 불경건한 가인 계열의 사람이 서로 뒤섞여 살았다. 여기에 대하여 창세기 6:2에서 "하나님의 아들들이 사람의 딸들의 아름다움을 보고 아내를 삼았다"라고 말했다. 여기에서 '하나님의 아들들'은 누구를 말하며, '사람의 딸들'은 누구를 말하는가? '하나님의 아들들'이 천사라고 언급하기도 하고 인간이라고 말하기도 한다(욥 1:6; 2:1; 유 1:6-7). 그러나 천사들과 인간이 서로 결혼하고 같이 사는 일이 신화에는 언급되어 있다고 할지라도 창조 질서에는 어긋난다(막 12:25). 신득일(2012, 237-238)은 고대 사회에서 특별한 능력을 가진 자들을 가리켜 '신들의 아

40 에녹은 창조 후 622년에 태어나 65세에 므두셀라를 낳고 300년을 하나님과 동행하다가 987년에 죽음을 보지 않고 하늘로 올라갔고, 노아는 창조 후 1056년에 태어났기 때문에 노아가 태어나기 69년 전까지 에녹이 심판을 예언했다고 말할 수 있다.

들'이라 불렀기 때문에 하나님의 아들을 고대의 용사로 보았다. 그러나 '하나님의 아들들'(sons of God)이라는 표현은 인간 존재에 사용되기도 한다(신 14:1; 32:5; 시 73:15; 사 43:6; 호 1:10; 11:1; 눅 3:38; 요일 3:1–2, 10). 그래서 전통적으로 이해해 왔듯이 하나님의 아들들을 경건한 셋 계열의 사람으로 보고, 사람의 딸들을 가인 계열의 불경건한 사람으로 보아야 한다. 이 구도에서 볼 때 경건한 셋 계열의 사람과 불경건한 가인 계열의 사람들이 서로 결혼한 것은 그 계열 사이의 분리가 깨어졌다는 것이다. 이때부터 셋 계열의 사람들과 가인 계열의 사람들이 서로 구별됨이 없이 더욱 범죄하였고 하나님을 멸시했다. 유다서는 이 시대가 얼마나 불경건한 시대였는지를 잘 보여 준다(유 1:14–16). 그래서 하나님이 그들의 날을 120년으로 제한하셨다(창 6:3). 이 120년이 홍수 이전에 유예 기간이라는 견해도 있고(참조. 벧전 3:20), 인간의 짧아진 평균수명이라는 견해도 있다(Kidner 1967, 85). 이것은 범죄의 결과 인간의 생명이 더 이상 조상들처럼 수백 년이 아니라 짧아지게 될 것을 말한다. 여기에는 두 가지 중요한 이유가 있다. 첫째, 하나님께서 "나의 영이 영원히 사람과 함께하지 아니 하리니 이는 그들이 육신이 됨이라"(창 6:3)라고 말씀하셨기 때문이다. 이것은 인간이 죽음을 면할 수 없는 존재라는 것이다. 둘째, 하나님이 노아에게 방주를 지으라고 말씀하시기 전 노아는 이미 셈과 함과 야벳을 낳았기 때문이다. 노아는 500세 후에 이들을 낳았고(창 5:32), 600세 때 홍수가 일어났다(창 7:11). 하나님이 인간에게 홍수 심판이 있을 것(창 6:13, 17)이라고 구체적으로 말씀하신 시점은 그의 나이 500세 이후다. 그래서 홍수 유예 기간은 될 수 없다.

하나님은 에녹 때부터 심판을 예언하신 대로 심판하실 것이다. 하나님은 사람의 죄악이 세상에 가득함을 보시고 사람만이 아니라 가축과 기는 것과 공중의 새까지 심판하실 것이라고 말씀하셨다(창 6:5–7). 그럼에도 해설자는 "그러나 노아는 여호와께 은혜를 입었더라"(창 6:8)라고 말하고 있다. 이것은 하나님이 노아를 통하여 은혜를 베푸실 것이라는 기대감을 가지게 한다.

4. 노아의 계보(창 6:9-9:29)

이 문단은 노아의 계보를 기록한다. 이 계보는 하나님의 심판과 은혜를 동시에 보여 준다. 하나님이 노아와 그의 가족들을 새로운 시작을 위하여 남겨 두셨기 때문이다(Hill & Walton 1991, 96). 온 땅이 부패하여 포악함이 땅에 가득하였기 때문에 하나님이 홍수로 심판하여 창조 질서를 다시 회복하실 것을 노아와 맺은 언약을 통하여 보여 주셨다.

내용 분해

(1) 노아의 방주(창 6:9–7:5)
(2) 홍수의 기간(창 7:6–8:19)
(3) 노아 홍수에 대한 성경적 증거
(4) 비슷한 홍수 설화들
(5) 노아 언약(창 6:18; 8:20–9:17)
(6) 노아의 예언(창 9:18–29)

내용 해설

(1) 노아의 방주(창 6:9–7:5)

온 땅이 하나님 앞에 부패하고 포악함이 땅에 가득했다. 그 포악함은 라멕의 노래에 잘 나타나 있다(창 4:23–24). 하나님은 노아에게 고페르 나무로[41] 방주를 만들게 하셨다. 방주를 길이가 삼백 규빗(300×45=135m), 너비가 오십 규빗(50×45=22.5m), 높이가 삼십 규빗(30×45=13.5m)으로 만들고, 위에서부터 한 규빗(45cm)의 창(원문은 지붕)을 내고, 삼층으로 만들라고 하셨다(창 6:14–17). 그러시면서 홍수를 일으켜 생명의 기운이 있는 것들을 다 멸절하실 것이지만 "너와는 내

41 방주의 자재로 언급된 '고페르 나무'에서 '고페르'는 히브리어 '고페르'(גֹּפֶר)를 소리나는 대로 적은 것으로 성경에서 이곳에만 나타나는 단어이기 때문에 어떤 나무인지 알 수 없다.

가 내 언약을 세우리니"(창 6:18)라고 노아에게 말씀하셨다. 그리고 노아의 아들들과 아내와 며느리들과 혈육 있는 모든 생물을 한 쌍씩 방주로 이끌어 들이고 모든 양식을 준비하라고 말씀하셨다(창 6:18–20). 이것은 하나님의 약속을 믿고 순종하면 홍수에서 건져 주신다는 의미이다. 그런데 저자는 노아가 하나님이 하신 언약의 말씀을 믿고 하나님이 명하신 대로 다 준행한 일을 수미쌍관법으로 기록했다(창 6:22, 7:5). 이것은 노아가 하나님이 명하신 대로 믿고 행한 내용을 그 안에 기록함으로 노아의 믿음을 강조한 것임을 알게 한다. 바로 이 점에 대하여 히브리서 저자는 "믿음으로 노아는 아직 보이지 않는 일에 경고하심을 받아 경외함으로 방주를 준비하여 그 집을 구원하였으니 이로 말미암아 세상을 정죄하고 믿음을 따르는 의의 상속자가 되었느니라"(히 11:7)고 말했다.

(2) 홍수의 기간(창 7:6–8:19)

홍수가 땅에 있을 때 노아는 600세였다(창 7:6). 노아가 600세 되던 해 둘째 달에 큰 깊음의 샘이 터지며 하늘의 창문이 열렸고(창 7:11), 601년 첫째 달에 물이 걷혔다(창 8:13). 이는 홍수의 기간을 정확하게 밝히려는 의도가 있다는 것이다. 그리고 방주에 들어가는 것과 홍수가 내리는 것을 반복하여 묘사하고 있다. 이것은 노아가 하나님이 말씀하신 대로 순종했고, 또한 하나님이 말씀하신 대로 홍수 심판이 이루어졌음을 강조하기 위한 것이다.

A 방주로 들어가라(창 6:18–22)
  A′ 방주로 들어가라는 명령을 반복함(창 7:1–5)
B 홍수가 내리다(창 7:6–12)
  B′ 홍수가 내리는 사건을 반복함(창 7:13–17)

다음은 존 왈턴(1981, 35–37)이 홍수의 기간을 도표로 나타낸 것이다. 이 도표를 보면 150일간 물이 땅에 넘쳤다가(창 7:24), 150일간 물이 줄어들었다(창 8:3). 또 40일간 비가 오고, 40일간을 기다리고, 7일을 기다렸다. 저자는 홍수의 기간에 있었던 일을 설명하면서 150일, 40일, 7일 등을 반복한다.

날 짜		일 수	사 건	창세기
7일을 기다림	2월 10일	7일이 끝남	방주에 들어감	7:4, 10
150일간 물이 넘침	☆2월 17일	40일간 계속됨	비가 내리기 시작	7:4–6, 11–12
	3월 26일	40일이 끝남	비가 멈춤	7:4, 11
	☆7월 17일	150일이 끝남	방주가 아라랏 산에 머묾	7:24; 8:4
150일간 물이 줄어듦	☆10월 1일	40일간 기다림	산들의 봉우리가 보임	8:5–6
	11월 10일		까마귀를 내어 보냄	8:7
	11월 11일		비둘기를 내어 보냈으나 돌아옴	8:8–9
	11월 19일	7일을 기다림	비둘기가 감람나무 새 잎사귀를 물고 돌아옴	8:10–11
	11월 27일		비둘기가 돌아오지 아니함	8:12
	12월 17일	150일이 끝남	물이 충분히 물러감	8:3
땅이 마름	☆ 1월 1일		방주 뚜껑을 제침	8:13
	☆2월 27일		땅이 말랐으며 방주에서 나옴	8:14–19
통계	방주에서 보낸 전체 일수 360일+17일=377일간 7일을 기다림+150일간+150일간+70일간=377일간			

☆ 이 별표의 일자는 성경에 언급되어 있으나 나머지는 추리된 것임.

(3) 노아 홍수에 대한 성경적 증거

노아 홍수가 역사적 사실인지, 아니면 신화인지 논쟁이 있다. 하지만 성경은 노아 홍수를 역사적 사건으로 증거한다. 첫 번째 증거는 예수님이 인자의 날이 임하게 될 것을 설명하시면서 노아 홍수를 재림에 대한 경고로 사용하셨다는 것이다(눅 17:26–30). 이것은 예수님이 노아 홍수를 역사적 사실로 보셨다는 것이다. 두 번째 증거는 사도 베드로가 주께서 강림하신다는 약속을 조롱하는 자들에게 노아 홍수를 실례로 들어 마지막 날의 심판을 경고한 것이다(벧후 3:3–7). 이것은 과거에 홍수 심판이 있었던 것처럼 주께서 강림하신다는 약속도 있을 것이라는 말씀이다. 이러한 성경의 증거는 노아 홍수가 역사 가운데 실제 있었던 사건임을 보여 준다.

(4) 비슷한 홍수 설화들

성경의 홍수와 비슷한 홍수 설화들이 고대의 수메르(Sumer)와 바벨론(Babylon)의 문헌에도 나타난다. 홍수와 관련한 가장 오래된 기록은 수메르 문헌이다. 바벨론 홍수신화는 길가메쉬 서사시에 기록되어 있다.[42] 이 문서에서 노아 역할을 하는 사람은 '우트나피쉬팀'(Utnapishtim)이고, 그의 별명은 '아트라하시스'(Atrahasis)로 '매우 지혜로운 자'라는 뜻이다(Pritchard 1969, 95). 길가메쉬 서사시에 나타나 있는 홍수 내용은 다음과 같이 성경과 유사한 면이 있다(Pritchard 1969, 88–95).

- 배를 짓고 생명을 구하라(참조. 창 6:17–18).
- 배로 살아 있는 모든 것의 씨를 가져가라(참조. 창 6:19–20).
- 배를 지을 때 너비는 길이와 동일하게 하고 압수처럼 배를 방수하라(참조. 창 6:14–15).
- 모든 생물을 배에 실었다(참조. 창 7:7–8).
- 비바람이 강해지고 산들이 그 아래 잠겼다(참조. 창 7:20–22).
- 니시르 산에 배가 멈추었다(참조. 창 8:4).
- 비둘기를 내보내 자유롭게 했다. 그러나 나간 비둘기가 돌아왔다(참조. 창 8:8–9).

형식과 내용에서 성경의 홍수와 비슷한 홍수 설화들이 시리아, 소아시아, 이란, 이집트, 인도에서 뿐만 아니라 오스트레일리아에서도 언급되고 있다(화이퍼 1979, 25–26). 이것은 성경의 홍수가 세계적이었음을 보여 주는 증거가 된다. 심

42 창세기 서론의 "저자와 기록 배경"을 참조하라.

지어 중국의 상형 문자인 한자에서도 노아의 홍수의 증거를 볼 수 있다. 한자의 배(船)는 배(舟)와 여덟을 의미하는 팔(八)과 사람의 입을 의미하는 구(口)가 합성된 것으로 본다. 이것은 최초의 배가 여덟 사람, 즉 노아의 여덟 가족을 태운 것을 의미하는 것으로 해석된다(캉 & 넬슨 1997, 139-141).

(5) 노아 언약(창 6:18; 8:20-9:17)

이 문단은 노아 언약이 어떤 내용을 담고 있는지 설명한다. 노아 홍수 사건과 관련하여 언약이라는 용어가 모두 8번 나타난다(창 6:18; 9:9, 11, 12, 13, 15, 16, 17). 창세기 6:18은 방주로 들어가면 생명을 보존하시겠다는 약속이다. 이 약속에 대하여 노아는 믿음으로 응답을 했다(창 6:22; 7:5; 히 11:7). 그리고 홍수 후 노아가 제단을 쌓았을 때 하나님이 그 향기를 받으시고 언약을 주셨다(창 8:20-9:17). 그 내용은 다음과 같다.

- 사람으로 말미암아 땅을 저주하지 않을 것이다. 왜냐하면 사람의 마음이 어려서부터 악하기 때문이다(창 8:21).
- 땅이 있을 동안에 심음과 거둠과 추위와 더위와 여름과 겨울과 낮과 밤이 쉬지 아니하리라(창 8:22).
- 노아의 아들들에게 복을 주시고 그들에게 이르시되 생육하고 번성하여 땅에 충만하라(창 9:1).
- 땅의 모든 짐승과 공중의 모든 새와 땅에 기는 모든 것과 바다의 모든 물고기가 너희를 두려워하며 무서워하리라. 왜냐하면 이것들은 너희의 손에 붙였기 때문이다(창 9:2).
- 모든 동물은 너희의 먹을 것이 될 것이다(창 9:3).
- 고기를 그 생명 되는 피째 먹지 말라(창 9:4)
- 다른 사람의 피를 흘리지 말라. 그러면 그 사람의 피도 흘릴 것인데 이는 하나님이 자기 형상대로 사람을 지으셨기 때문이다(창 9:6).

이 언약에는 몇 가지 특이한 점이 있다. 첫째, 하나님이 다시는 사람으로 말미암아 땅을 저주하지 않겠다고 말씀하셨다는 것이다. 이는 사람의 마음이 어려서부터 악하기 때문이다. 둘째, 홍수 이후에 심음과 거둠과 낮과 밤은 처음 창조하신 때처럼 계속될 것이지만(창 1:14-19) 추위와 더위와 여름과 겨울이 생긴다는 것이다. 셋째, 하나님이 세상을 창조하실 때 인간에게 주셨던 "생육하고 번성하여 땅에 충만하라"(창 1:28)는 명령을 다시 주셨다는 것이다(창 9:1, 7).

하나님은 이 약속을 주시고 인간만이 아니라 모든 생물을 홍수로 멸하시지 아니할 것이라 말씀하시고(창 8:21; 9:11), 그 증거로 무지개를 주셔서 그것을 볼 때마다 언약을 기억할 수 있게 하셨다(창 9:16).

저자는 홍수 전에 방주로 들어가라는 말씀(창 6:22-7:5), 홍수 후에 생육하고 번성하라는 명령(창 9:1-7), 언약을 사람만이 아니라 모든 생물에게 적용하신다는 약속(창 9:12-17)을 수미쌍관법으로 기록하고 있다. 이러한 문학적 장치는 문단을 구분할 뿐만 아니라 핵심적인 주제가 무엇인지 알게 한다. 이 세 가지가 노아 언약의 핵심적인 주제이다. 첫째, 노아는 아직 보이지 아니한 일에 경고를 받았지만 하나님을 경외함으로 방주를 준비했다. 둘째, 하나님은 홍수 후에도 동일하게 창조 질서를 회복하시며 생육하고 번성하라는 명령을 주셨다. 셋째, 하나님은 다시는 홍수로 심판하지 않으신다는 증거로 무지개를 주셨다.

(6) 노아의 예언(창 9:18-29)

이 문단은 노아의 아들로 말미암아 민족이 어떻게 분포되었고, 가나안이 왜 저주를 받는지 그 배경을 보여 준다. 저자는 방주에서 나온 노아의 세 아들 셈과 함과 야벳으로 말미암아 사람들이 온 땅에 퍼지게 되었다고 언급한다(창 9:18-19). 이것은 세계의 민족이 어떻게 분포되고 발전될 것인지와 관련한 무대를 제공해 준다. 다음의 도표는 노아의 세 아들로 말미암아 민족이 분포된 지역을 보여 준다.[43]

그런데 저자는 함을 가리켜 '가나안의 아버지라'(창 9:18)고 소개함으로 앞으

43 이 도표는 *NIV Study Bible*의 지도를 기본으로 참조했다.

민족의 분포도

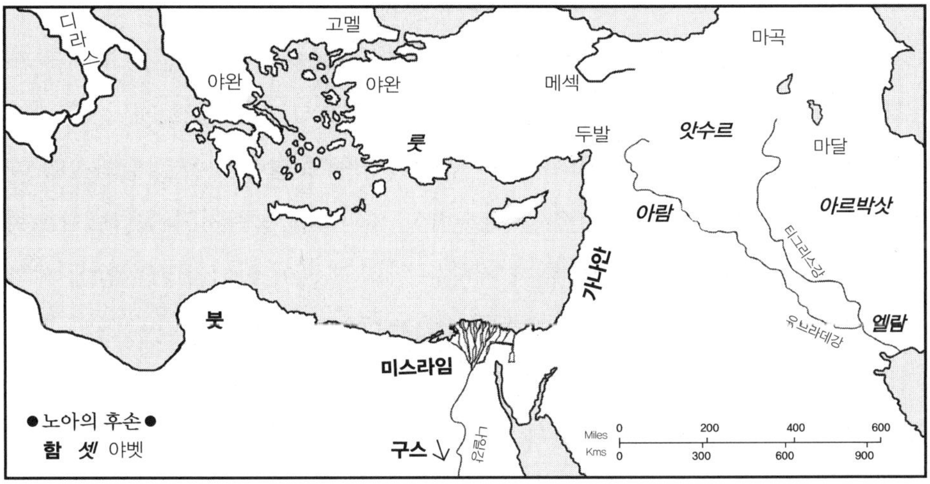

로 가나안이 구속사에서 어떤 의미를 가지게 될 것인지 복선(複線)으로 깔고 있다. 어느 날 노아는 포도나무를 심고 포도주를 마시고 취하여 장막 안에서 벌거벗고 잤다. 가나안의 아버지 함이 그의 아버지의 하체를 보고 나와서 두 형제에게 알렸다. 두 형제는 뒷걸음쳐 들어가 아버지의 하체를 덮었다(창 9:20-23). 이 일로 말미암아 노아는 가나안이 저주를 받아 형제들의 종이 될 것이라고 말했다(창 9:25). 그리고 하나님이 야벳을 창대하게 하시고, 셈의 장막에 거하게 하실 것이라고 말했다(창 9:27). 노아는 함의 일로 그의 아들인 가나안이 왜 저주를 받았는지는 설명하지 않는다. 하지만 '하체를 본다'는 것은 단순히 벗은 몸을 보았음을 말하는 것은 아니다. '하체를 본다'는 말은 심각한 성적인 범죄를 행하는 것을 완곡하게 표현한 것이다. 레위기 20:17-18에 보면 저자가 '아버지의 하체를 보고'라는 말과 '(어떤 여인의) 하체를 보다'라는 말과 '(어떤 여인의) 하체를 범하다'라는 말을 평행법으로 기록하고 있다. 그리고 노아가 깨어난 후 자기에게 일어난 일을 '알았다'라고 했을 때 단순히 함이 하체를 본 것을 의미하지는 않았을 것이다. 이러한 점을 고려한다면 함은 심각한 성격의 죄를 범했다고 볼 수 있다(로벗슨 1999, 1-30 Atkinson 1990, 169). 그리고 함이 '아버지의 하체를 보고' 한 행동과 셈과 야벳이 뒷걸음쳐 들어가 아버지의 하체를 덮고 '아버지의 하체를 보지 아니하였다'라는 표현이 대조적으로 나타난다. 이 행동을 근거로 셈과 야벳은 아버지의 수치를 가리고 존중하는 태도를 보였지만 함은 아버지의 수치를 드러낸 죄를 범했다고 볼 수 있다.

이 사건의 결과로 노아가 함의 아들 가나안을 저주하며 가장 천한 노예를 가리키는 어법인 '종들의 종'이 될 것이라고 했다(창 9:25). 불행히도 지난 몇 세기 동안 이 말씀을 오용하여 아프리카 원주민들을 노예로 삼는 것을 정당화하여 하나님의 형상으로 지음 받은 인간을 잔혹하고 불의하게 상품처럼 취급했다(알렉산더 2014, 86). 하지만 가나안에 대한 저주는 함의 자손이 아니라 가나안에 제한되어 있다(창 10:15-19; 신 7:1-3). 가나안의 후손들이 시돈과 그랄과 소돔과 고모라와 아드마와 스보임이라는 점과 이들이 보여 준 행동은 함의 죄가 성적인 범죄와 연관되어 있음을 암시해 준다(창 19:5; 레 18:1-30). 이 저주는 여호수아의 인도로 이스라엘이 가나안을 정복할 때 성취가 되었다. 하지만 여기서 주목해 보아야 할 부분은 함의 모든 자손들이 저주를 받은 것이 아니라는 점이다. 함은 아프리카의 흑인을 말하지 않는다. 이와 함께 셈의 모든 족속이 다 복을 받지 않는다는 점도 관심을 기울여야 한다. 예를 들면 아브라함의 아들 이스마엘과 이삭 중에 이삭이, 이삭의 아들 에서와 야곱 중에 야곱이 복을 받았다. 그리고 할례 언약에서 그 대상을 모든 믿는 자에게로 확대한다(창 17:12-13). 바로 이 점은 혈통을 무시할 수 없지만 그것이 반드시 구원을 보장하는 것이 아니라 모든 사람에게 열려 있음을 알게 한다. 그러므로 구약 시대에도 누구든지 언약을 통해 말씀하신 그리스도를 믿고 순종한다면 구원을 받을 수 있다. 특히 그리스도께서 오신 이후에 어느 민족 누구나 하나님을 경외하고 의롭게 사는 자라면 차별받지 않고 하나님의 목전에서 은혜를 발견할 수 있다(행 10:34-35). 구약 시대에 라합과 기브온 족속이 구원을 받아 언약 백성이 되었다는 것은 언약 속에 말씀하신 그리스도를 믿는 사람이라면 어느 민족 누구에게나 하나님 나라의 백성이 될 수 있는 문이 열려 있음을 보여 준다.

5. 셈과 함과 야벳의 계보(창 10:1-11:9)

이 문단에는 셈과 함과 야벳의 계보가 기록되어 있다. 이 계보는 홍수 이후 민족이 어떻게 분포되었는지를 보여 준다.

내용 분해

(1) 각 민족과 지역의 분포도(창 10:1–32)
(2) 바벨탑(창 11:1–9)

내용 해설

(1) 각 민족과 지역의 분포도(창 10:1–32)

이 문단은 각 민족과 지역이 어떻게 분포되었는지 보여 준다. 저자는 각 민족의 분포도를 다음과 같이 평행 구조로 설명한다.

A 야벳(창 10:1–5)
B 함(창 10:6–20)
C 셈(창 10:21–31)

이 구분에서 저자는 특히 함의 아들 가나안이 장자 시돈과 헷을 낳고, 여부스 족속과 아모리 족속과 기르가스 족속과 히위 족속을 낳았다고 언급한다(창 10:15–16). 이 족속의 땅은 장차 셈의 계보에 있는 아르박삿의 족속 아브라함에게 약속하신 땅과 일치한다(창 11:10–26; 창 15:19–21). 노아는 이들을 가리켜 셈의 종이 되리라고 예언했다. 특히 셈의 하나님 여호와를 찬송했으며, 야벳이 셈의 장막에 거하게 될 것이라고 예언했다(창 9:26–27). 이 예언은 셈의 후손으로 메시아를 보내실 것을 암시한다. 이들에 대한 예언은 앞으로 진개될 역사와 비교해 볼 때 이들의 운명을 짐작케 한다.

(2) 바벨탑(창 11:1–9)

이 문단은 바벨이라는 지명의 기원과 이 세상의 언어가 왜 다양해졌는지를 보여 준다. 저자는 바벨탑 사건으로 말미암아 창세기 10장에서 열거한 민족들이 어떻게 흩어지게 되었는지 그 이유를 두 가지로 설명한다. 첫째, 홍수 가운데 살아남은 자들은 “우리 이름을 내고”(창 11:4)라고 말했다. 이는 이들이 홍수 가운데 구원해 주신 하나님의 은혜를 잊었다는 것이다. 둘째, “온 지면에 흩어짐을 면하자”라고 말하며 탑 꼭대기를 하늘에 닿게 하려고 했다(창 11:4). 이는 하나님이 땅에 생육하고 번성하여 땅에 충만하라고 하셨고(창 9:1–7), 다시는 홍수로 심판하지 않으실 것이라고 언약하신 것을 그들이 믿지 않았다는 것이다. 그래서 여호와께서는 언어를 혼잡케 하심으로 그들을 온 지면에 흩으셨다(창 11:7–9).

바벨탑 이야기는 매우 정교한 교차 대칭 구조로 되어 있다. 이러한 문학적 장치는 문단의 구분과 함께 핵심적인 의미가 어디에 있는지를 보여 주는 신호 기능(signal)이다(Youngblood 2002, 3).

A 온 땅의 언어가 하나요 말이 하나임(창 11:1)
　B 동방으로 옮기다가 시날 땅에 정착함(창 11:2)
　　C 사람들: 성읍과 탑을 건설하자(창 11:3–4).
　　　X 여호와께서 내려오심(창 11:5)
　　C′ 여호와: 성읍과 탑을 건설하지 못하게 하자(창 11:6–7).
　B′ 온 지면에 흩어짐으로 도시 건설하기를 그침(창 11:8)
A′ 온 땅의 언어를 혼잡하게 하심(창 11:9)

여호와께서 사람들이 도시와 탑을 건설하지 못하도록 언어를 혼잡하게 하심으로 사람들은 흩어져 도시를 건설하기를 그쳤다. 해설자는 이곳의 이름을 ‘바벨’(בָּבֶל)이라고 하고, 그 이유를 여호와께서 온 땅의 언어를 ‘혼잡하게’(바랄, בָּלַל) 하셨기 때문이라고 설명했다(창 11:9). 이것은 언어유희(word play)라는 장치로 이 지명이 왜 생겨났는지를 강조한다. 그러나 그리스도의 구속 사역 이후에 오순절에 성령이 강림하심으로 각 나라의 언어가 소통이 되어 “각 사람이 난 곳 방언으로"(행 2:8) 복음을 듣게 하심으로 구원의 소식이 전 세계에 들려지게 되었다. 하나님의 말씀으로 하나가 되어 하나님이 원하시는 새로운 세상을 만들어 갈 수 있게 되었다. 그래서 언어를 혼잡하게 하신 사건을 현대에 적용하여 죄를 공모하고 결탁할 기회가 상대적으로 줄어들었다고 보는 것은 조심해야 할 것으로 보인다(Vanderwaal 1978a, 71). 심지어 오늘날 국제연합(UN)이나 유럽 공동체(EU) 등을 부정적으로 보는 사례는 조심스럽게 다루어져야 한다.[44] 이러한 연합은 선한 일을 위하여 하나가 되어 인류의 안전과 행복을 도모할 수도 있기 때문이다.

6. 셈의 계보(창 11:10-26)

셈의 계보는 창세기 5:1–31에 기록된 아담의 계보와 유사한 면도 있고, 다른 면도 있다. 유사한 면은 두 계보 다 10명의 이름이 나타나고 있다는 것이다. 여기에는 기억하기 좋도록 하려는 의도가 담겨 있다. 다른 면은 아담의 계보와 달리 셈의 계보에는 전체적으로 몇 년을 살았으며 각 사람마다 "그가 언제까지 살다가 …년에 죽었다"라고 끝을 맺는 것이 없다는 것이다. 아담의 계보에는 특정 인물인 에녹에 대한 설명이 비교적 길게 나타나고 있으나 셈의 계보는 특정한 인물에 대한 설명이 없이 빠르게 지나가고 있다. 또한 사람의 평균 수명이 현저하게 줄어들고 있다. 예를 들면 라멕은 백팔십 세에 노아를 낳고 그 후 오백구십오 년을 살다가 자녀들을 낳고 칠백칠십칠 세를 살았다(창 5:28–31). 하지만 나홀은 이십구 세에 데라를 낳고 데라를 낳은 후 백십구 년을 지냈다(창 11:24–25).

셈과 함과 야벳의 계보(창 10:1–11:9)는 그리스도가 셈의 후손으로 오실 것을 암시한다 할지라도(창 9:27) 그것을 구체적으로 보여 주지는 않았다. 반면에 셈의 계보(창 11:10–26)는 그리스도가 어떻게 오시는지 구체적인 경로를 보여 준다. 이 셈의 계보는 우리 믿음의 조상 아브라함의 계보로 이어지기 때문이다.

44 C. Vanderwaal의 *Search the Scriptures*를 명종남이 한국어로 번역하였는데 원문에 없는 이 내용이 첨가되어 있다(명종남, 131).

7. 데라의 계보(창 11:27-25:11)

이 문단에는 데라의 계보가 기록되어 있다. 이 계보는 하나님이 우리 믿음의 조상 아브라함을 부르셔서 언약을 맺으신 것을 보여 준다. 또한 우리가 구원을 얻고 누리는 방법과 그것이 세상을 구원하는 일과 어떤 연관이 있는지를 보여 준다. 하나님이 아브라함을 부르신 사건은 인류를 다루시는 방법이 전환되었음을 보여 준다. 아브라함 이전까지는 하나님이 전 인류를 대하셨다. 특별히 한 민족을 구별하여 선택하지 않으셨다(Wood 1970, 19). 그러나 하나님이 아브라함을 부르신 이후부터는 인류 전체를 대상으로 말씀하지 않으시고, 특정한 사람과 민족을 중심으로 말씀하셨다. 하나님은 오직 한 사람만을 선택하여 개인적으로 약속을 주셨다. 그것은 아브라함을 믿음의 조상으로 세워 새롭고 선택된 민족으로 세우시려는 것이었다(Wood 1970, 19). 이때부터 하나님은 노아 홍수나 바벨탑 사건에서 보여 주신 것처럼 죄를 홍수로 심판하시거나 억제하시는 것이 아니라, 구속을 통하여 죄가 사함을 얻고 인간의 마음을 정결하게 하여 새로운 생명을 얻게 하는 구속의 역사를 시작하시려 했다(Youngblood 2002, 23). 이뿐만 아니라 아브라함의 삶은 구속사에서 하나님의 백성들이 만날 수 있는 수많은 시련들을 극복할 수 있는 방법과 하나님과 교제하며 새로운 세상을 만들어 갈 수 있는 방법에 대한 통찰력을 보여 주는 데도 큰 의미가 있다.

내용 분해

(1) 하나님의 약속과 아브라함의 믿음(창 11:27–12:5)

(2) 약속과 현실 사이의 간격(창 12:6–9)

(3) 믿음의 위기: 아브라함의 첫 번째 거짓말(창 12:10–20)

(4) 아브라함과 롯의 선택(창 13:1–18)

(5) 믿음의 보상(창 14:1–24)

(6) 믿음으로 의롭다 하심을 얻다(창 15:1–6)

(7) 횃불 언약(창 15:7–21)

(8) 믿음과 인내(창 16:1–16)

(9) 할례 언약(창 17:1–26)

(10) 봉사하는 자에게 주신 은혜(창 18:1–21)

(11) 소돔과 고모라를 위한 아브라함의 기도(창 18:16–33)

(12) 소돔과 고모라의 멸망(창 19:1–38)

(13) 아브라함의 두 번째 거짓말(창 20:1–18)

(14) 약속의 성취(창 21:1–7)

(15) 하갈과 이스마엘을 내쫓음(창 21:8–21)

(16) 아브라함과 아비멜렉의 언약(창 21:22–34)

(17) 믿음의 절정(창 22:1–19)

(18) 나홀의 후예(창 22:20–24)

(19) 사라의 죽음과 막벨라 굴(창 23:1–20)

(20) 이삭의 아내 리브가(창 24:1–67)

(21) 아브라함의 죽음(창 25:1–11)

내용 해설

(1) 하나님의 약속과 아브라함의 믿음(창 11:27–12:5)

이 문단은 하나님이 아브라함에게 약속하신 내용이 무엇이며, 아브라함은 그 약속에 대하여 어떻게 응답했는지 기록하고 있다.

① 데라의 계보(창 11:27–32)

저자는 아브라함의 이야기를 시작하면서 그의 배경을 소개하는데, 저자는 셈의 계보(창 11:10–26) 가운데 마지막 부분에 있는 데라의 이야기를 줌 렌즈로 잡아(zoom in) 상세하게 설명한다(창 11:26). "데라는 아브람과 나홀과 하란을 낳고 하란은 롯을 낳았으며 하란은 그 아비 데라보다 먼저 고향 갈대아인의 우르에서 죽었더라"(창 11:27–28). 데라의 아들 아브람과 나홀이 장가 들었는데 아브람의 아내의 이름이 사래이고, 사래는 임신하지 못하여 자식이 없었다는 이야기를 복선(複線)으로 깔고 있다. 이것은 앞으로 자식이 없는 아브람이 어떻게 자식을 가지게 될 것인지 기대감을 갖게 한다.

② 아브라함이 받은 약속(창 12:1-3)

저자는 아브라함의 이야기의 배경을 소개한 다음에 아브라함의 부르심을 소개한다. 이 부르심은 중요하다. 왜냐하면 이 부르심은 아브라함 개인만이 아니라 전 인류와 연관되어 있기 때문이다. 하나님이 아브라함을 부르셔서 그의 후손들을 통하여 큰 민족을 이루게 하실 것과 아브라함에게 복을 주셔서 땅의 모든 민족이 그로 말미암아 복을 받게 될 것이라고 약속하셨다(창 12:1-3). 이 약속에는 빠져 있지만 이후의 약속을 보면 자손에 대한 약속(창 15:1-6; 17:1-27)과 땅에 대한 약속도 있다(창 15:7-21).

하나님이 아브라함을 부르시고 그에게 하신 약속을 기록한 창세기 12:1-3, 15:1-21, 17:1-27 등을 볼 때 그 약속을 세 가지로 요약할 수 있다. 그 약속은 그의 후손들이 이루게 될 백성, 그 후손들이 살게 될 땅, 그들이 하나님의 백성이 됨으로 성립되는 하나님과 맺은 관계 안에서 누리는 복 등이다(Goldsworthy 1987, 46). 간략하게 요약하면 자손, 땅, 복이다. 이 세 가지는 하나님 나라의 중요한 요소이다.

아브라함이 받은 약속은 우리와 어떤 연관이 있는가? 이것을 보여 주는 말씀이 갈라디아서 3:7-9이다. "그런즉 믿음으로 말미암은 자들은 아브라함의 자손인 줄 알지어다 또 하나님이 이방을 믿음으로 말미암아 의로 정하실 것을 성경이 미리 알고 먼저 아브라함에게 복음을 전하되 너로 말미암아 복을 받으리라 하였느니라 그러므로 믿음으로 말미암은 자는 믿음이 있는 아브라함과 함께 복을 받느니라." 우리가 아브라함의 생애에 관심을 기울이는 것은 그가 받은 약속을 '복음'이라고 말씀하였고, 모든 이방이 아브라함으로 말미암아 복을 받을 것이라고 말씀하였기 때문이다. 바울은 아브라함에게 약속하신 자손을 가리켜 그리스도라고 말했다(갈 3:16). 그리고 바울은 누구든지 그리스도를 믿고 그와 연합한 자가 되면 아브라함의 약속을 적용 받아 그 약속대로 유업을 잇게 된다고 말했다(갈 3:26-29). 이 말씀은 "땅의 모든 족속이 너로 말미암아 복을 얻을 것이라"(창 12:3)는 말씀의 해석이다. 바울의 설명을 볼 때 우리는 아브라함이 받은 약속이 우리의 구원을 위한 약속임을 알 수 있다. 이 언약 안에서 다 같이 중보자가 되시는 그리스도를 통해서만 하나님과 연합하여 그의 약속에 참여하는 자가 된다. 그러나 특이한 점은 이 약속은 "너를 축복하는 자에게는 내가 복을 내리고 너를 저주하는 자에게는 내가 저주하리니"(창 12:3)라는 말씀처럼 복음을 대하는 자의 태도에 달려 있다는 것이다.

또한 아브라함에게 하신 땅에 대한 약속도 장차 그리스도를 믿는 우리가 들어가게 될 완전한 하나님 나라, 곧 천국에 대한 약속이다. 처음 약속을 받았을 당시 아브라함은 약속 받은 땅이 1차적으로 지리적인 땅인 가나안을 말하지만 궁극적으로는 그리스도 안에서 이루시는 완전한 하나님 나라를 말한다는 것을 알았다.[45] 왜냐하면 그들은 더 나은 본향, 곧 하늘에 있는 것을 사모하였고 하나님은 그들을 위하여 새 예루살렘 성을 예비해 주셨기 때문이다(히 11:13-16).

또한 하나님은 아브라함에게 "네게 복을 주어 네 이름을 창대하게 하리니 너는 복이 될지라"(창 12:2)라고 말씀하심으로 복을 약속하셨다. 이 복에는 자손을 많이 얻는 것도 포함되고(창 26:24; 48:3-4), 물질적인 것도 포함된다(창 24:35; 26:12-14). 그리고 오실 그리스도 안에서 구원을 얻는 것도 포함된다(창 27:27-29; 행 3:25; 갈 3:8). 이러한 이유에서 구원의 복과 자손의 복과 물질의 복이 서로 분리되어서는 안 된다. 오히려 자손과 물질의 복은 구원의 복이 확실함을 증명해 준다.

그러므로 아브라함이 받은 약속은 구약의 전 시대를 거치면서 그리스도 안에서 이루게 될 하나님 나라에 대한 약속이다. 특히 하나님은 창세기 18:18에서 "아브라함은 강대한 나라가 되고 천하 만민은 그로 말미암아 복을 받게 될 것이 아니냐"라고 말씀하셨고, 이삭에게도 "네 자손으로 말미암아 천하 만민이 복을 받으리라"(창 26:4)라고 말씀하셨다. 이것은 아브라함 자손이 천하 만민이 복을 받는 통로가 될 것이라는 뜻이다. 하나님은 이 약속대로 아브라함의 자손으로 예수 그리스도를 보내셨다. 이 약속에 따라서 이삭과 그의 아들 야곱으로 하여금 이스라엘 열두 지파의 기원이 되는 열두 아들을 얻게 하셨다. 우리가 성경에 기록된 이스라엘 역사를 고려하는 것은 여기에 구원의 계시와 방법이 포함되

45 히브리서 11:13에 "이 사람들은 … 약속을 받지 못하였으되"라는 말씀을 번역을 잘못했다. 이들은 약속을 받지 못한 것이 아니라 하나님의 약속이 성취되는 것을 보지 못했다. 그래서 NIV 번역처럼 "그들은 약속된 것을 받지 못했다"(They did not receive the things promised)라고 번역해야 한다.

어 있기 때문이다(Goldsworthy 1987, 58). 하나님이 아브라함에게 주신 약속은 우리의 구원을 위한 약속이다.

그리고 우리가 어떻게 하나님과 교제하고 그 유업을 누리면서 아브라함처럼 축복의 통로로 살 수 있는지도 알게 한다. 왜냐하면 아브라함의 삶은 성도가 약속을 믿고 이 땅에서 살면서 완전한 하나님 나라에 들어가는 날까지 만날 수 있는 수많은 문제들과 시련을 극복해 낼 수 있는 방법에 대한 통찰력을 주기 때문이다.

③ 약속과 믿음의 관계(창 12:4–5)

아브라함이 처음 이 약속을 받았을 때 이 내용을 다 알았을까? 아마도 이 모든 약속이 성취된 신약 시대에 살고 있는 우리보다는 분명하게 알지 못했을 것이다. 그런데도 아브라함이 믿음의 조상이 될 수 있었던 것은 그가 약속을 믿었기 때문이다(롬 4:1–25). 이 점에 대하여 히브리서 저자는 "믿음으로 아브라함은 부르심을 받았을 때에 순종하여 장래의 유업으로 받을 땅에 나아갈새 갈 바를 알지 못하고 나아갔으며"(히 11:8)라고 기록했다. 그런데 히브리서의 말씀을 아브라함이 어디로 가야할지 전혀 모르고 간 것처럼 오해할 수 있다. 하지만 창세기 11:31에서는 "갈대아인의 우르를 떠나 가나안 땅으로 가고자 하더니"라고 말씀하였고, 창세기 12:5에 보면 "아브라함이 … 가나안 땅으로 가려고 떠나서 마침내 가나안 땅에 들어갔더라"고 말씀했다.[46] 그래서 히브리서 본문에는 아브라함이 목적지 가나안 땅을 알고 있었고, 다만 그 땅의 상태를 알지 못하였음에도 하나님의 부르심에 응답하고 순종했다는 데 강조점이 있다. 여기에 하나님의 부르심과 인간의 믿음의 관계가 잘 나타난다. 약속을 믿고 순종한다는 것은 그 안에 하나님의 부르심이 있다는 것을 증명하는 행동이다.

(2) 약속과 현실 사이의 간격(창 12:6–9)

아브라함이 하나님의 약속을 믿고 가나안에 도착했지만 그 땅에는 가나안 사람들이 거주하고 있었다(창 12:6). 이것은 약속과 현실 사이에 어떤 간격(gap)이

46 히브리어 본문에는 가는 목적과 방향이 분명하게 나타나 있다. 이 말씀을 '가나안 땅으로 가기 위하여'(라라케트 알차 커나안, לָלֶכֶת אַרְצָה כְּנַעַן)라고 번역하는 것이 좋다.

있음을 알게 한다. 이때 하나님이 아브라함에게 나타나셔서 "내가 이 땅을 네 자손에게 주리라"라고 말씀하셨다. 그러자 아브라함은 그에게 나타나신 여호와께 제단을 쌓고 여호와의 이름을 불렀다(창 12:8). 이것은 여호와께서 약속하신 말씀을 반드시 이루어 주실 줄을 믿고 아브라함이 예배를 드렸다는 뜻으로 땅과 자손에 대한 믿음의 표현이라고 할 수 있다. 단순하게 보이지만 이 일은 약속과 현실 사이의 간격을 극복하는 실제적인 방법이며 약속을 현재화시키고 은혜를 누리는 방법이다.

(3) 믿음의 위기: 아브라함의 첫 번째 거짓말(창 12:10-20)

아브라함은 하나님의 약속에 따라 가나안에 정착했다. 하지만 그에게 믿음의 위기가 찾아왔다. 위기의 원인은 무엇이며, 어떻게 위기를 극복할 수 있겠는가?

① 위기에 직면하게 된 아브라함(창 12:10)

아브라함은 하나님이 약속하신 대로 가나안에서 큰 복을 주실 것을 믿으며 살았다. 그러나 그의 삶에 큰 위기가 찾아왔다. 그것은 그 땅에 있었던 기근 때문이다. 그래서 아브라함은 가나안 땅을 떠나 애굽으로 갔다(창 12:10). 애굽은 나일 강이 있어 기근에도 사람과 가축에게 음식을 제공해 줄 수 있었기 때문이다.

② 더 큰 위기에 직면하게 된 아브라함(창 12:11-16)

아브라함은 애굽에 와서 그의 아내 사라에게 자신의 누이라 말하라고 했다. 그 이유는 애굽 사람이 아내를 빼앗고 자기를 죽일 것이라고 생각했기 때문이다(창 12:11-13). 실제로 아브라함이 우려하던 일이 발생했다. 아브라함의 아내 사라의 외모를 애굽의 일반 사람들과 고관들도 알아보고 바로 앞에서 칭찬함으로 사라가 바로의 궁으로 들어가게 되었기 때문이다(창 12:14-15). 여기에서 이야기가 흥미롭게 전개 되고 있음을 알 수 있다. 저자는 지금까지 사라를 소개하면서 '그의 아내' 곧 '아브라함의 아내'라고 소개하고 있으나 여기서는 '그 여인'으로 소개한다. 이것은 애굽 사람의 관점에서 사라를 보고 있다는 것이다. 이것은 저자가 사라를 더 이상 아브라함의 아내가 아니라 아브라함과 상관없는 한 여인으로 묘사하기 위함이다. 그렇기 때문에 애굽 사람들의 시각에서는 사라가 아브라함과 상관없는 한 여성일 뿐이라는 것을 보여 준다. 애굽 사람들이 '그 여인'으로 알고 있는 사라의 운명은 어떻게 될까?

그런데 바로는 이 사라로 말미암아 아브라함을 후대하여 그에게 양과 소와 노비와 암수 나귀와 낙타를 주었다(창 12:16). 이것은 그때 상황에서 일종의 결혼 지참금이다. 결과적으로 아브라함은 거짓말로 말미암아 큰 부를 얻었다. 이 사건에서 바로의 행동에 문제가 있을까? 아무런 문제가 없다. 왜냐하면 아브라함은 자신의 목숨만을 건지기 위하여 거짓말을 하였고, 바로는 사라가 아브라함의 아내인 것을 몰랐기 때문이다. 아브라함은 자신의 생명을 구하기 위하여 거짓말을 하였고, 이로 말미암아 예물로 많은 선물을 받아 부자가 되었다. 하지만 그의 아내는 버려진 꼴이 되었다.

아브라함에게 왜 이러한 문제가 찾아왔는가? 그것은 아브라함이 하나님이 그에게 자손을 주시고, 그로 말미암아 땅의 모든 족속이 복을 얻을 것이라고 하신 약속을 신뢰하지 못했기 때문이다. 아브라함이 애굽에 내려가 거짓말을 한 것은 하나님의 약속을 믿지 못하는 불신앙에서 비롯된 것이다. 만약에 아브라함이 약속을 믿었다면 애굽 사람들이 그의 아내 사라 때문에 자신을 죽일 수 없다는 사실도 믿어야 했다.

③ 위기에 빠진 아브라함을 건지신 하나님(창 12:17-20)

아브라함이 이 위기 상황을 어떻게 극복할 수 있을까? 이 상황에서 하나님이 결정적으로 개입해 주셨다. 하나님이 아브라함의 아내 사라의 일로 바로와 그 집에 큰 재앙을 내리셨기 때문이다(창 12:17). 하나님이 어떤 큰 재앙을, 어떤 방법으로 내리셨는지는 저자가 설명하지 않기 때문에 알 수 없다. 하지만 바로는 그가 데려온 아브라함의 아내 사라 때문에 발생한 재앙이라는 사실을 알았다. 그래서 바로는 아브라함을 불러서 '어찌하여'라는 의문사를 세 번이나 반복하며 책망하고 그가 아내를 데려가게 했다(창 12:18-19). 그러나 바로는 그에게 결혼예물로 준 양과 소와 암수 나귀와 종들과 낙타를 돌려 달라고 하지 않았다. 그 일로 말미암아 아브라함은 큰 부자가 되었다(창 13:1-2).

그러면 하나님이 이 상황에서 왜 개입하셨을까? 그것은 하나님이 아브라함에게 하신 약속 때문이다. 아브라함에게 하신 약속은 단순히 그의 계보에 자손을 주시고 복을 주신다는 것만이 아니었다. 그에게 하신 약속은 장차 아브라함의 씨를 통하여 오실 그리스도와 그리스도 안에서 그를 믿는 자들이 받게 될 구원이었다(참조. 시 105:12–15). 사실 이러한 경우에 우리의 예상대로라면 거짓말을 한 아브라함은 하나님으로부터 벌을 받아야 한다. 하지만 바로가 벌을 받고 거짓말을 한 아브라함이 많은 재산을 얻게 된 것은 하나님이 아브라함에게 하신 약속 때문이다.

(4) 아브라함과 롯의 선택(창 13:1–18)

애굽에서 있었던 사건 이후에 아브라함은 그의 아내와 모든 소유와 롯과 함께 네게브로 올라왔고, 거기에서 길을 떠나 벧엘과 아이 사이에 장막을 쳤다(창 13:1–3). 여기에서 아브라함의 종들과 롯의 종들 간의 갈등이 생기게 되었다. 아브라함은 어떻게 갈등을 풀어갈 수 있을까?

① 아브라함의 믿음의 회복(창 13:1–4)

아브라함은 애굽에서 네게브로 올라왔나. 그때 아브라함에세 가축과 은과 금이 풍부했다(창 13:2). 이것은 애굽에서 사라의 일로 받은 것이다. 아브라함은 네게브를 떠나 벧엘과 아이 사이에 장막을 치고 여호와의 이름을 부르며 예배했다(창 13:3–4, 참조. 창 12:7–8). 이것은 아브라함이 애굽에서 올라온 이후에 그의 믿음이 회복되었음을 의미한다.

오늘날에도 하나님은 아브라함의 후손으로 오신 그리스도 안에서 약속하신 것을 다 이루실 것이다. 때로 우리 앞에 질병, 경제적인 문제, 자녀들의 문제, 사회적 부조리 등의 시련이 닥친다 할지라도 하나님이 하신 약속을 믿어야 한다. 약속을 믿지 못하면 세상의 논리를 따르게 된다.

② 아브라함의 종들과 롯의 종들 사이의 다툼(창 13:5–7)

아브라함이 세겜 땅 모레 상수리나무에 제단을 쌓은 후 어느 정도의 시간이 흘렀는지는 알 수 없지만 아브라함의 종들과 롯의 종들 간에 다툼이 생겼다(창 13:6–7). 그것은 하나님이 아브라함에게 약속하신 대로 그가 복을 받아 재산이 많이 늘어났고, 또한 롯도 아브라함으로 말미암아 복을 받아 재산이 늘어났기 때문이다. 그런데 저자는 이들이 갈등을 빚을 때의 주변 상황을 "가나안 사람과 브리스 사람도 그 땅에 거주하였는지라"(창 13:7)라고 언급했다. 이들을 언급한 것은 그 땅에 거주하는 사람들이 지켜보고 있음을 보여 주려는 것이다.

③ 갈등 가운데 아브라함과 롯의 선택(창 13:8–13)

아브라함은 이 상황에서 어떻게 갈등을 풀어갔을까? 아브라함은 롯에게 서로 다투지 말자고 하면서 롯에게 먼저 땅을 선택하여 떠나라고 했다(창 13:8–9). 그때 족장인 아브라함은 왕적인 권위를 가지고 있었다.[47] 그런데도 아브라함은 그의 조카 롯에게 모든 선택권을 주었다. 롯은 소알까지 온 땅에 물이 넉넉하였기 때문에 요단 지역을 선택하고 동쪽으로 옮겼다(창 13:10–11). 그러나 롯이 선택한 도시가 어떤 성격의 도시인지 해설자는 "소돔 사람은 여호와 앞에 악하며 큰 죄인이었더라"(창 13:13)고 설명한다. 해설자는 왜 이 말을 했을까? 그것은 아브라함의 조카 롯이 하나님의 약속의 관점이 아니라 '무엇이 나에게 현실적으로 유익한가?'라는 실용주의 관점으로 선택했음을 보여 주기 위함이다.

④ 아브라함과 롯의 선택 이후(창 13:14–18)

아브라함과 롯이 선택한 이후에 어떻게 되었을까? 롯이 떠난 뒤에 하나님이 아브라함에게 나타나셔서 약속을 재확인해 주셨다. 하나님은 아브라함에게 눈에 보이는 땅을 그와 그의 자손들에게 주실 것이고, 자손들을 땅의 띠끌 같이 능히 셀 수 없을 정도로 주실 것이라고 약속하셨다(창 13:14–17). 아브라함은 이 약속의 말씀을 듣고 장막을 옮겨 헤브론에 있는 마므레 상수리 수풀 근처에 거하면서 여호와를 위하여 단을 쌓았다(창 13:18). 이것은 아브라함이 지금 당장의 현실 때문에 아프고 당장의 현실이 하나님이 주신 약속하고는 거리가 멀게 느껴져도 하나님이 언젠가 약속을 이루실 것을 바라보았다는 것이다.

롯이 선택한 결과는 소돔과 고모라의 멸망으로 끝이 난다(창 19:1–29). 그렇다고 그를 성도의 반열에서 제외시켜서는 안 된다. 왜냐하면 베드로는 롯을 가리켜

47 족장이 왕의 권위를 가졌다는 것은 당시 메소포타미아 지역의 법전들인 우르 남무(*Ur-Nammu*)와 에쉬눈나(*Eshnunna*) 법전 등에도 나타난다.

"무법한 자들의 음란한 행실로 말미암아 고통당하는 '의로운 롯'을 건지셨다"(벧후 2:7)라고 말하기 때문이다. 롯의 경우를 볼 때 택함을 받은 성도라 할지라도 하나님의 약속에 큰 비중을 두지 않고 살아가면 어떤 결과를 가져오는지 알게 된다. 눈앞의 이익인 돈과 권력이 우선이고 믿음의 관점은 선택 사양(option)이라고 생각한다면 그는 믿음의 세계를 볼 수가 없고 그 세계의 신비로움도 경험할 수 없다.

(5) 믿음의 보상(창 14:1-24)

아브라함은 그의 종들과 조카 롯의 종들 간에 다툼이 있었을 때 모든 선택권을 롯에게 주었다. 하나님은 그러한 아브라함에게 약속을 구체적으로 재확인시켜 주시고, 믿음으로 한 선택에는 반드시 보상이 따름과 그와 함께 하신다는 것을 증명해 주셨다.

① 그돌라오멜 연합군과 소돔과 고모라 연합군이 싸운 전쟁(창 14:1-12)

아브라함과 롯이 서로 헤어진 후 어느 정도의 시간이 흘렀는지 알 수 없지만 그때 메소포타미아 지역에 있는 나라들의 연합군과 팔레스타인을 중심으로 한 나라들의 연합군 사이에 전쟁이 일어났다. 이 전쟁은 성경에 나타난 최초의 국제 전쟁이다. 북방 지역 나라의 맹주는 엘람 왕 그돌라오멜이다. 이 전쟁은 소돔, 고모라, 시납, 스보임, 벨라의 다섯 왕들이 그돌라오멜에게 12년간이나 조공을 바치고 있었는데 13년째가 되던 해 조공을 거부하였기 때문에 일어났다(창 14:4). 이 전쟁에서 그돌라오멜 연합군은 승리하고 모든 재물과 양식을 빼앗아 갔다(창 14:12). 이들이 내려왔던 길을 이름하여 '왕의 대로'(King's Highway)라 한다. 당시 이집트 문명권과 메소포타미아를 잇는 중요한 두 개의 국제 도로가 있었는데 하나가 '해변길'(Via Maris)이고, 또 하나가 그돌라오멜 동맹군이 내려왔던 길인 '왕의 대로'이다. 그런데 이 전쟁에서 그돌라오멜은 소돔과 고모라의 모든 재물만이 아니라 롯과 그의 재산도 노략하여 갔다(창 14:5-13). 롯의 운명은 어떻게 될까?

② 이 전쟁에 개입한 아브라함(창 14:13-16)

어떤 사람이 소돔과 고모라에서 있었던 상황을 아모리 족속 마므레의 상수리

수풀 근처에 거하였던 아브라함에게 알려 주었다(창 14:13). 아브라함에게는 그돌라오멜 동맹군을 이길 수 있는 군사들이 없었다. 그에게는 집에서 길리고 훈련된 318명의 사병(私兵)이 있었다. 그리고 그와 동맹을 맺은 아넬과 에스골과 마므레가 있었다(창 14:13, 24). 아브라함은 이들과 연합하여 롯과 그의 가속과 사로잡혀 갔던 백성들과 부녀들을 다 구원해 내었다.

③ 아브라함이 전쟁에서 승리한 배경(창 14:17–24)

아브라함은 어떻게 그때 당시 강력했던 그돌라오멜 연합군과 싸운 전쟁에서 승리하고 롯과 소돔과 고모라의 백성들과 그 재물들을 다 찾아올 수 있었을까? 그 이유를 알 수 있는 실마리가 아브라함이 멜기세덱에게 십분의 일을 드린 일이다. '멜기세덱'(מַלְכִּי־צֶדֶק)은 글자 그대로 '의의 왕'이라는 뜻이다. 또한 '살렘 왕'(מֶלֶךְ שָׁלֵם)은 '평화의 왕'이라는 뜻이다. '의의 왕이요 평화의 왕'이라는 뜻의 이름을 가진 멜기세덱이 떡과 포도주를 가지고 와서 아브라함을 축복하자 아브라함은 그에게 십일조를 드렸다. 히브리서 7:1–10에서 멜기세덱에 대하여 비교적 자세하게 설명한다. 거기에 그의 부모나 출생과 사망 기록이 없다. 그것은 그가 신적인 존재라는 뜻이다. 이 멜기세덱은 아브라함이 승리하고 돌아오자 떡과 포도주를 가지고 나와서 "천지의 주재이시요 지극히 높으신 하나님이여 아브람에게 복을 주옵소서 너희 대적을 네 손에 붙이신 지극히 높으신 하나님을 찬송할지로다"(창 14:19–20)라고 말했다. 이것은 그돌라오멜 연합군과 전쟁하여 빼앗겼던 모든 사람들과 재물을 찾아온 일의 배후에 하나님이 함께하셨다는 것이다. 이 말을 들은 아브라함은 십분의 일을 멜기세덱에게 드렸다(창 14:20). 이것이 오늘날 우리가 드리는 십일조의 기원이다. 십분의 일을 드린다는 것은 모든 것이 다 주님의 것이라는 신앙 고백적인 행동이다. 그렇다면 아브라함과 함께한 동맹군이 그돌라오멜 연합군과의 전쟁에서 승리한 요인은 무엇일까? 그것은 하나님이 아브라함과 함께해 주셨기 때문이다.

저자는 아브라함이 승리를 얻은 배경에 하나님이 함께하셨다는 사실을 알고 난 후에 일어난 한 가지 특별한 사건을 기록하고 있다. 그것은 소돔 왕이 아브라함에게 물품을 가지라고 했을 때 아브라함이 거절한 일이다(창 14:21–24). 아브라함이 거절한 것은 소돔 왕이 아브라함을 치부하게 했다고 말하지 못하도록 하기 위함이다. 아브라함은 그 대신에 아브라함의 사병 318명이 먹은 것과 이들과 함께 동맹한 아넬과 에스골과 마므레의 분깃을 제하라고 했다. 그것은 아브라함이 전쟁 결과를 통하여 하나님이 약속하신 대로 복을 주시고 이름을 높여 주신다는 사실을 믿었기 때문이다. 하나님은 이 전쟁을 통하여 조카 롯에게 모든 것을 양보한 아브라함을 위로해 주셨다.

(6) 믿음으로 의롭다 하심을 얻다(창 15:1–6)

이 문단은 짧지만 믿음으로 말미암아 의롭게 된다는 진리를 보여 준다. 신약의 저자들은 이 말씀을 네 번이나 인용하며 믿음의 중요성을 강조하는 근거로 사용한다(롬 4:3, 22; 갈 3:6; 약 2:23).

① 아브라함의 불평과 갈등(창 15:1–3)

아브라함은 이 전쟁 후에 두려워했던 것으로 보인다. 그때에 여호와께서 환상 중에 "아브람아 두려워하지 말라 나는 네 방패요 너의 지극히 큰 상급이니라"(창 15:1)라고 아브라함에게 말씀하셨다. 아브라함이 두려워했던 것은 그때 승리를 하였지만 자신들은 여전히 소수 부족이어서 그들의 보복 공격을 당할 수 있는 위험 때문으로 보인다. 이때 하나님이 말을 걸어오시자 아브라함은 다소 냉소적으로 "주 여호와여 무엇을 내게 주시려 하나이까 나는 자식이 없사오니 나의 상속자는 이 다메섹 사람 엘리에셀이니이다"(창 15:2)라고 말했다. 하나님은 이전에 여러 차례 아브라함에게 후손을 주신다고 약속하셨다(창 12:2; 13:15–16). 그때 몇 년의 세월이 흘렀는지 알 수 없지만 하나님은 여전히 그에게 아들을 주시지 않았다. 그래서 아브라함은 불평이 섞인 말로 주께서 약속하신 씨를 자기에게 주시지 않았기 때문에 자기의 집에서 기른 종을 양자로 입양할 것이라고 말했다(창 15:2–3). 종을 입양하여 아들로 삼아 대를 잇게 하려는 아브라함의 생각은 당시 사회의 관습에서 흔히 있었던 일이다.[48] 그래서 아브라함의 불평은 오랫동안 이루어지지 않았던 약속을 기다리기보다는 당시 사회의 사람들이 하

48 이 관습은 누지 서판(*Nuzi Tablets*)에도 기록되어 있다(Pritchard 1969, 219–220).

는 것처럼 양자를 입양하여 대를 잇게 하고 싶다는 것이다.

사실 참된 믿음은 회의와 갈등이 없이 성장할 수 없다. 눈에 보이지 않는 하나님을 만나고 교제한다는 일은 쉬워 보이지만 결코 쉬운 일이 아니다. 의심과 불평이 생기고 갈등도 생긴다.

② 아브라함의 불평에 대한 하나님의 응답(창 15:4–5)

아브라함의 불평이 섞인 말에 대하여 하나님이 어떻게 응답하셨을까? 하나님은 그 밤에 낭만적으로 밤하늘의 별들을 가리키며 아브라함에게 세어 보라고 하셨다. 그리고 하나님은 "보라 네가 셀 수 있느냐?"라고 하시며 아브라함의 자손도 그와 같게 될 것이라고 약속하셨다(창 15:5).

③ 아브라함의 믿음과 그 결과(창 15:6)

하나님의 약속을 듣고 아브라함이 어떤 반응을 보였는지 해설자는 이렇게 설명했다. "아브람이 여호와를 믿으니 여호와께서 이를 그의 의로 여기시고"(창 15:6). 이 말씀은 '이신칭의'(以信稱義) 교리의 진원지다. 신약의 저자들은 아브라함의 이 고백을 근거로 하여 믿음으로 말미암아 의롭게 된다는 진리를 입증한다(롬 4:3; 갈 3:6; 약 2:23–24). 로마서와 갈라디아서에서는 할례를 받음으로나 율법을 지킴으로써가 아니라 오직 믿음으로 구원을 받는다는 사실을 입증하기 위하여 이 말씀을 증거 본문으로 선택했다. 그런데 야고보서에서는 행함이 동반되지 아니하는 믿음은 참된 믿음이 아니라는 사실을 입증하기 위하여 이 말씀을 증거 본문으로 선택했다. 믿음에는 인간 편에서의 책임적인 요소가 있다는 것이다. 믿음은 하나님의 은혜와 인간의 책임 간에 구분선을 분명하게 그을 수가 없는 신비한 속성을 가지고 있다. 왜냐하면 믿음은 하나님의 선물이면서 동시에 그 속에는 인간의 책임적인 요소도 함께 나타나고 있기 때문이다. 아브라함이 여호와의 말씀을 믿었다는 것은 여호와의 약속을 믿었다는 것이다. 동시에 그 자손을 통하여 오실 그리스도를 믿었다는 것이다.

바울은 로마서 4:23–24에서 아브라함의 믿음의 고백을 인용하여 "그에게 의로 여겨졌다 기록된 것은 아브라함만 위한 것이 아니요 의로 여기심을 받을 우리도 위함이니 곧 예수 우리 주를 죽은 자 가운데서 살리신 이를 믿는 자니라"고 말했다. 아브라함이 믿음으로 말미암아 의로 여겨졌다는 것은 아브라함에게만이 아니라 예수님을 죽은 자 가운데서 다시 살리신 이를 믿는 우리에게도 동일하게 적용된다는 것이다. 할렐루야!

(7) 횃불 언약(창 15:7–21)

이 문단은 횃불 언약으로 하나님께서 아브라함에게 하신 땅에 대한 약속을 반드시 이루신다는 것을 보증하신 내용을 기록하고 있다. 특히 하나님께서 자신의 생명을 담보로 제공하시며 약속을 보증하신다.

① 땅을 주실 것이라는 약속과 아브라함의 반응(창 15:7–8)

아브라함이 자손에 대한 약속을 믿음으로 의로 여김을 받은 후에 하나님은 땅에 대하여 다시 약속해 주셨다(창 15:7). 하지만 지금 이 땅에는 겐, 그니스, 갓몬, 헷, 브리스, 르바, 아모리, 가나안, 기르가스, 여부스 족속 등이 살고 있다(창 15:19–21). 이 약속에 대하여 아브라함은 "주 여호와여 내가 이 땅을 소유로 받을 것을 무엇으로 알리이까"(창 15:8)라고 질문했다. 아브라함의 질문은 약속을 확실하게 보증을 받겠다는 의지의 표현이라고 볼 수도 있다(Aalders 1981, 126).

② 아브라함의 질문에 대한 하나님의 응답(창 15:8–21)

하나님은 아브라함의 질문에 대하여 삼 년 된 암소와 삼 년 된 암염소와 삼 년 된 숫양과 산비둘기와 집비둘기 새끼를 가져오라고 답변하셨다(창 15:9). 아브라함은 하나님이 말씀하신 대로 모든 짐승들을 취하여 그들을 죽이고, 둘로 쪼개어 놓았다. 그리고 그 쪼갠 고기를 일정한 간격으로 띄워서 마주 보도록 놓았다. 그러나 새들은 쪼개지 않았다.

아브라함은 그때 하나님이 말씀하신 의미가 무엇인지 알았다. 이 일이 의미하는 바는 무엇일까? 예레미야 34:18–20에 "송아지를 둘로 쪼개고 그 두 조각 사이로 지나매 내 앞에 언약을 맺었으나 그 말을 실행하지 아니하여 내 계약을 어긴 그들을 곧 송아지 두 조각 사이로 지난 유다 고관들과 예루살렘 고관들과 내시들과 제사장들과 이 땅 모든 백성을 내가 그들의 원수의 손과 그들의 생명을 찾는 자의 손에 넘기리니 그들의 시체가 공중의 새와 땅의 짐승의 먹이가 될 것이며"라는 말씀이 있다. 아브라함이 고기를 쪼개어 놓은 것과 그림이 비슷하지 않는가? 이 행동은 언약을 확실하게 이행하겠다며 생명을 걸고 보증하는 한 의식이다. 이와 관련한 고고학적인 증거들도 있다. 주전 18-17세기경의 한 시리아 토판에 아바-안(abba-AN)이 야림림(Yarimrim)에게 도시를 기증하는 문서를 작성하며 맹세의 표시로 '양의 목을 잘랐다'는 기록이 있다(로벗슨 1988, 134). 이러한 사상은 '언약을 맺는다'는 단어에도 나타나 있다. '언약을 맺는다'는 말은 히브리어로 '카라트 버리트'(כָּרַת בְּרִית)이다. 이 말씀을 단어 그대로 옮기면 '계약을 자르다'라는 말이다. '언약을 맺는다'는 용어는 언약을 맺을 때 동물을 서로 쪼개어 놓은 것에서 유래된 단어임을 알 수 있다. 여기에는 중요한 상징적인 의미가 담겨 있었다. 그 의미는 만일 계약에 서명한 대로 약속을 지키지 아니하면 이 의식에서 짐승들이 죽임을 당한 것같이 죽음의 저주를 받겠다는 것이다. 이러한 배경에서 아브라함은 하나님의 말씀을 듣고 동물들을 잡아 쪼갤 것은 쪼개고, 그냥 둘 것은 그냥 두어서 분리해 놓았다. 이것은 언약을 맺는 일로서 약속에 대하여 생명을 걸고 맹세로 보증하려는 의식이다.

그런데 아브라함은 하나님과 언약을 맺기 위해 고기를 쪼개어 놓았는데 솔개들이 달려들어 그것을 먹으려고 하는 것을 보고 솔개들을 쫓아내었다. 이것은 무엇을 보여 주는 그림일까? 이것은 계약을 파기하는 자가 어떻게 될 것인지를 보여 주는 아주 중요한 그림이다(신 28:26; 렘 34:20).

아브라함은 하나님과 언약을 맺기 위하여 의식을 준비한 후에 깊이 잠이 들었다. 이때 하나님은 아브라함에게 앞으로 역사 가운데 있게 될 사건들을 보여 주셨다. 그것은 하나님이 아브라함에게 약속대로 후손을 주시고 가나안을 주실 때까지 어떤 과정으로 역사를 섭리하실 것인지에 대한 전체적인 그림이다. 이 그림을 보면 아브라함이 가나안 땅을 기업으로 얻게 되는 것은 아브라함 당대가 아니라 먼 훗날 400년이 지난 후에 이루어지게 된다. 특히 이 역사의 과정을 보면 아브라함의 자손들은 400년 동안 이방에서 객이 되었다가 하나님이 그 나라를 징벌하신 후에 큰 재물을 가지고 약속의 땅에 들어가게 된다(창 15:13-14). 그러나 아브라함은 장수하다가 평안히 조상들에게 돌아가게 될 것이다(창 15:15) 이 역사는 앞으로 아브라함의 손자 야곱과 그의 아들들이 애굽으로 이주한 해부터 모세를 따라 출애굽 할 때까지의 과정을 말한다(행 46:1-7; 출 13:7-21).

그러면 하나님이 보여 주신 전체 역사의 그림을 보면서 왜 아브라함의 후손들은 400년이란 긴 기간 동안이나 고통을 당해야 하는가? 여기에 대한 대답은 성경에 두 가지로 나타나 있다. 하나는 이스라엘의 우상 숭배 때문이다(겔 20:8). 또 하나는 하나님이 가나안 족속들의 죄악을 심판하실 때가 아직 이르지 않았기 때문이다(창 15:16). 역사적으로 볼 때 가나안은 노아에게 저주받은 민족이다. 노아는 가나안의 아비 함이 아버지의 하체를 본 일에 대하여 가나안을 저주했다(창 9:25).[49] 그러나 하나님은 가나안을 즉각적으로 멸망시키지 않았다. 오랜 세월을 참으시고 때가 되어 하나님의 택한 백성인 이스라엘로 하여금 이 백성들의 죄악을 심판하게 하셨다. 이러한 이유에서 가나안을 정복하는 전쟁을 거룩한 전쟁으로 이해한다. 우리는 하나님이 아브라함에게 보여 주시는 역사의 전체적인 그림을 보면서 하나님이 모든 역사를 계획하신 대로 섭리하신다는 사실을 알 수 있다.

그런데 하나님은 이러한 전체 역사를 보여 주시고 난 후에 아브라함에게 아주 특별한 한 가지 현상을 보여 주셨다. "해가 져서 어둘 때에 연기 나는 화로가 보이며 타는 횃불이 쪼갠 고기 사이로 지나더라"(창 15:17). 이 현상을 가리켜 해설자는 "그 날에 여호와께서 아브람으로 더불어 언약을 세워"(창 15:18)라고 설명했다. 아브라함이 하나님의 말씀대로 계약을 맺기 위해 고기를 쪼개 놓았는데 하나님을 상징하는 타는 횃불이 그 사이로 지나갔다. 일반적으로 계약을 맺고 의식을 행할 때 계약 당사자가 지나가야 한다. 하지만 이 계약에서는 하나님만 지나가신 것이다. 이 의식은 당시에 언약을 맺고 맹세로 보증하는 방식이다. 특히 고기를 쪼개어 놓은 것이나 여기에 여러 마리의 솔개가 덤비는 것은 언약을 파기하는 자의 운명을 상징적으로 보여 준다. 그러면 여호와 하나님이 타는 횃불의 모습으로 그 쪼갠 고기 사이로 지나가신 의미는 무엇일까? 이 행동은 아브라함이 "주 여호와여 내가 이 땅을 소유로 받을 것을 무엇으로 알리이까?"라고 질문한 일에 대한 대답이다. 이 대답의 의미는 하나님이 만약에 아브라함에게 이 땅을 주시겠다고 한 그 약속을 이루지 못한다면 쪼개진 고기처럼 내 생명을

49 이 일이 무엇을 의미하는지 창세기 9:25을 설명하는 내용 가운데 있다.

내어놓겠다는 것이다. 이것은 하나님이 하신 약속대로 가나안 땅을 주시겠다는 뜻으로 하나님 당신의 생명을 담보로 제공하시고 맹세로 보증하신 것이다. 하나님이 자신의 생명을 담보로 보증하시면서 약속하신 내용을 과연 이루어 주셨을까? 역사를 추적해 보면 하나님이 이 땅을 주셨다.

그러면 오늘날 우리도 이러한 방식의 보증을 요구할 수 있을까? 그럴 수는 없다. 구속 역사적인 면에서 볼 때 우리는 아브라함보다 더 풍성한 계시와 은혜를 받았기 때문이다. 그것은 모든 믿는 자에게 하나님이 성령을 보내어 주심으로 우리가 받은 구원을 보증해 주셨기 때문이다(고후 1:18–22; 5:1–5).

(8) 믿음과 인내(창 16:1–16)

이 문단은 아브라함이 후손을 주신다는 하나님의 약속을 기다리지 못하므로 발생한 사건을 기록하고 있다.

① 아브라함이 사라의 제안을 받아들인 배경(창 16:1–3, 16)

아브라함이 가나안 땅에 거주한지 10년이 지났는데도 아브라함의 아내 사라에게 자식이 없었다(창 16:1, 3). 그래서 사라는 아브라함에게 그의 여종 하갈을 첩으로 주어 아들을 얻자고 제안했다. 사라의 제안은 그때의 사회법이나 관습이었다. 그때의 관습이 기록된 누지 서판에 보면 본 부인이 자녀를 낳지 못하면 첩을 통하여 아이를 낳아 양자로 입양할 수 있었다(Pritchard 1969, 219–220). 그런데 아브라함이 그의 아내 사라의 제안을 받아들이고 하갈을 첩으로 맞아들이자 임신이 바로 이루어졌다. 아브라함이 사라의 제안을 받아들인 것은 약속을 받은 지 10년 후였다(창 16:3, 참조. 창 12:4–7). 아브라함은 하나님의 약속을 온전히 믿지 못해 인내하지 못했다.

② 아브라함이 사라의 제안을 받아들인 결과(창 16:4–16)

아브라함이 사라의 제안을 받아들였기 때문에 큰 대가를 지불하지 않으면 안 되었다. 그것은 하갈이 임신함으로 그의 여주인을 멸시하였기 때문이다(창 16:4). 그 결과 사라는 아브라함의 허락을 받아 하갈을 학대했다(창 16:6). 하나님의 약속을 기다리지 못해서 행했던 그 일이, 그때의 관습과 시각에서 볼 때 타당해 보이며, 합법적인 것처럼 보였던 그 일이 가정에 갈등을 불러일으켰다. 여주인 사라와 여종 하갈 사이에 갈등이 생기게 되었고, 아브라함과 사라의 사이에도 갈등이 생기게 되었다. 이 갈등은 어떻게 풀릴 수 있을까? 결국 사라의 학대를 견디지 못한 하갈은 집을 뛰쳐나와 광야로 도망갔다. 그때 여호와의 사자가 하갈에게 나타나 아브라함이 약속을 믿지 못하여 한 행동으로 말미암아 생긴 문제를 다 보시고 그녀로 하여금 다시 집으로 돌아가 주인에게 복종하게 말했다. 이뿐만 아니라 하갈에게 그 자손이 크게 번성하여 그 수가 셀 수 없이 많아지게 할 것이라고 했다. 비록 하갈의 몸을 통하여 났다고 할지라도 하나님이 아브라함을 통하여 많은 민족이 나게 될 것이라고 약속하신 대로 이스마엘이라는 새로운 민족이 생기게 된 것이다(창 16:11, 15). 하갈이 아브라함에게 이스마엘을 낳았을 때가 아브라함의 나이 86세 때였다(창 16:17).

그러나 이때 태어난 이스마엘의 후손은 앞으로 아브라함과 이삭의 후손과 계속하여 갈등을 빚게 된다(창 16:12). 이 이스마엘의 후손이 오늘날 이스라엘에게 가장 적대적인 아랍 계열의 사람들이다. 종교적으로도 유대교, 기독교와 가장 크게 대립하는 종교가 아랍 중심의 이슬람이다. 이슬람교의 경전인 코란에도 그들의 조상은 아브라함이고, 또한 아브라함의 서자인 이스마엘이라고 주장한다. 그들은 주후 7세기에 이 성경에 예언하고 있는 대로 들나귀처럼 칼과 코란을 들고 주변 지역을 정복하였고, 아프리카 북부와 스페인 남부까지 점령했다. 그 후에 중세의 십자군 전쟁과 근대의 제국주의의 식민지 전쟁으로 말미암아 갈등과 분쟁은 지속되었다. 오늘날 이 지역에서 발견된 석유로 말미암아 이슬람은 막강한 경제력과 집단적인 힘으로 계속하여 갈등을 빚고 있다. 그 시작점이 어디일까? 아브라함과 사라가 약속을 인내하며 기다리지 못한 결과이다.

믿음의 조상 아브라함이 모든 민족이 구원을 얻는 축복의 통로로 부르심을 받은 것은 전적으로 하나님의 은혜이다. 하지만 하나님의 은혜가 인간이 믿고 순종해야 할 책임을 무시하지 않는다. 인내하며 기다린다는 것 – 이것이 어떤 때는 견딜 수 없는 고통을 준다 할지라도 – 이것이 하나님이 우리를 위해 설계해 놓으신 믿음의 특징 가운데 하나이기도 하다.

(9) 할례 언약(창 17:1–26)

이 문단은 신구약 성경에서 매우 중요한 믿음의 내용 가운데 하나인 할례 언약의 내용을 담고 있다. 특히 할례는 신약 시대에 세례로 의미가 전이가 되었기 때문에 중요하다. 또한 하나님의 약속을 믿는 자로서 왜 거룩한 삶을 살아야 하는지의 문제와도 연관되어 있기 때문에 중요하다.

① 할례 언약의 배경과 내용(창 17:1–8)

아브라함이 86세에 사라의 여종 하갈을 통하여 이스마엘을 얻은 이후 약 13년 동안 어떤 이야기도 없다가 그의 나이 99세에 여호와께서 그에게 나타나셨다. 이때 여호와께서 "나는 전능한 하나님이라 너는 내 앞에서 행하여 완전하라"(창 17:1)라고 말씀하셨다. '전능한 하나님'이라는 표현은 하나님의 이름으로 '엘 샤다이'(אֵל שַׁדַּי)인데 고유명사로 번역해야 한다. NIV나 NASB 등은 하나님의 이름으로 이해하고 대문자로 God Almighty라고 번역했다. 하나님의 많은 이름 가운데 '엘 샤다이'라는 이름으로는 구약성경에 모두 15번(창 17:1; 28:3; 35:11; 48:3; 출 6:3; 욥 8:5; 13:3; 15:25; 35:13; 겔 10:5)이 나타나는데 이곳이 그중에 첫 번째이다. 이때 하나님이 예전에는 말씀하시지 않았던 부분으로 아브라함이 어떻게 살아야 하는지를 계시해 주셨다. 그것은 "너는 내 앞에서 행하여 완전하라"는 말씀이다. 여기에서 '행하여'라는 말은 히브리어 성경에 '걷다', '행하다'는 뜻의 동사로 재귀와 반복의 의미를 가지고 있다.[50] 이것은 하나님과 언약을 맺은 자로서 흠 없고 깨끗한 제물을 드리듯이 거룩하고 깨끗하게 살아야 하되, 끊임없이 반복적으로 거룩한 삶을 살아야 한다는 뜻이다. 이러한 문법적인 특징을 알고 조이스 볼드윈(Baldwin 1985, 63)은 의미있는 주석을 했다. "신자가 거룩하게 살아가는 일에 '단 한 번에 모든 것을'(once for all)이라는 공식은 존재하지 않는다. 왜냐하면 삶의 환경과 요구는 마치 여행지가 장소에 따라 다르듯이 계속 변하고 있기 때문이다." 구속받은 사람에게 거룩한 삶은 선택 사양(option)이 아니라 필수다.

---

50 히브리어 동사는 '히트할레익'(הִתְהַלֵּךְ)로 '걷다,' '행하다'라는 의미를 가진 '하락'(הָלַךְ)의 히트파엘형이고 재귀와 반복과 강조의 의미를 가지고 있다.

하나님이 지금까지 하시지 않았던 말씀을 하실 뿐만 아니라 언약을 맺는 일도 예전과는 다른 방식으로 말씀해 주셨다. 창세기 17:2에서 "내가 내 언약을 나와 너 사이에 두어 너를 크게 번성하게 하리라 하시니"라고 말씀하셨다. 창세기 15:18에서는 언약을 맺을 때 하나님이 홀로 쪼개진 고기 사이로 지나가심으로 하나님이 일방적으로 언약의 책임을 지신 것이었다. 그러나 여기에서는 언약을 '나와 너 사이에 둔다'라고 하심으로 언약 당사자 쌍방이 이행해야 할 책임이 있다는 점을 명시했다는 것이다.

이때 하나님이 아브라함에게 주신 약속은 무엇인가? 하나님이 아브람의 이름을 '아브라함'(אַבְרָהָם)으로 바꾸어 주셨다(창 17:5). 아브라함의 원래 이름은 '아브람'(אַבְרָם)인데, '높은 아버지' 또는 '높임을 받는 아버지'라는 뜻이다. 그런데 아브라함은 '많은 민족들의 아버지'라는 뜻이다. 그리고 하나님이 "내가 너로 심히 번성하게 하리니 내가 네게서 민족들이 나게 하며 왕들이 네게로부터 나오리라"라고 말씀하셨다(창 17:6). 하나님이 이미 앞에서 여러 차례 말씀하신 것을 재확인하신 것이다(창 12:2; 13:16; 15:5). 이와 함께 하나님이 "내가 내 언약을 나와 너 및 네 대대 후손 사이에 세워서 영원한 언약을 삼고 너와 네 후손의 하나님이 되리라"라고 말씀하셨다(창 17:7). 그리고 하나님이 땅과 복에 대한 약속을 다시 확인해 주셨다(창 17:8). 이 약속 역시 앞에서 하신 약속을 재확인하신 것이다(창 14:14–15; 15:18). 이 언약을 통하여 하나님은 아브라함에게 그가 언약 당사자로서 져야 할 책임이 있다는 사실을 가르치고 싶으셨다. 그 책임은 하나님의 약속을 믿고 거룩한 삶을 살아야 한다는 것이다. 이것이 할례 언약을 주신 배경이다.

② 할례 언약의 의미: 언약의 표징(창 17:9–14)

하나님이 아브라함에게 언약을 지키라고 말씀하시고 그로 하여금 할례를 받게 하셨다. 그러면서 할례를 "이것이 나와 너희 사이의 언약의 표징이니라"(창 17:11)라고 말씀하셨다. 할례를 행한다는 것은 하나님이 하신 약속을 이루어 주실 것을 믿는다는 표시다. 그리고 하나님이 언약을 배반하여 할례를 받지 않는 자들에게는 "백성 중에서 끊어지리라"(창 17:14)라고 말씀하셨다. 할례를 받지 아니한다는 것은 하나님이 하신 약속을 믿지 않는 것을 의미하기 때문이다.

할례를 받아야 할 대상은 난 지 팔 일밖에 안 되는 유아뿐만 아니라 아브라함과 관련된 자는 집에서 난 자녀와 이방 사람에게서 산 자까지 포함된다(창 17:12–13). 이것은 누구든지 언약을 믿으면 하나님의 백성이 될 수 있다는 말이다.

③ 할례 언약의 목적(창 17:13–14)

하나님이 그들로 하여금 왜 할례를 받게 하셨을까? 그것은 신체의 일부분을 잘라내어 신체 안에 표식을 가지게 함으로 계속하여 언약을 기억하게 하시려는 것이다(창 17:13). 신체의 일부분을 잘라 낸다는 의식 자체가 언약의 증거가 되는 것은 아니다. 신명기 10:16에 보면 "그러므로 너희는 마음에 할례를 행하고 다시는 목을 곧게 하지 말라"고 했다. 이것은 단순히 신체적 표시를 지니는 것이 중요한 것이 아니라 언약을 맺은 자로서 상응한 행동을 해야 함을 의미한다.

④ 아브라함의 믿음(창 17:15–27)

하나님이 할례를 명하시고 아브라함의 이름을 바꾸어 주신 것처럼 그의 아내의 이름을 '사래'에서 '사라'로 바꾸어 주셨다(창 17:15). 사라는 왕비(princess)라는 뜻이다. 그때 하나님이 사라에게 아들을 주어 여러 민족의 어머니가 되게 하실 것이라고 말씀하셨다(창 17:16). 그런데 이 말씀을 들은 아브라함은 의외의 반응을 보였다. 아브라함은 이 말씀을 듣고 엎드려 웃었다. 그리고 아브라함은 '마음속으로' "백 세 된 사람이 어찌 자식을 낳을까 사라는 구십 세니 어찌 출산하리요"(창 17:17)라고 말했다. 이 웃음의 의미는 무엇일까? 마음속으로 한 이 말은 어떤 의미가 있는가? 그것은 아브라함이 하나님의 약속을 믿지 않고 비웃었다는 것이다. 그러면서 아브라함은 "이스마엘이나 하나님 앞에 살기를 원하나이다"라고 말했다(창 17:18). 이 말은 이스마엘을 입양하여 대를 잇게 하겠다는 뜻이다. 당시에는 본 부인이 아이를 낳지 못할 경우에 종이나 다른 여성을 통하여 아이를 낳아 아들로 입양할 수 있었기 때문이다(Pritchard 1969, 219–220). 이러한 일련의 아브라함의 행동은 하나님이 할례 언약을 통하여 하신 말씀을 믿지 못한 데서 나온 것이다. 이것이 당시 아브라함의 믿음의 상태였다.

이때 하나님은 내년에 태어날 아이의 이름을 '이삭'이라 하라고 말씀하셨다(창 17:19). '이삭'이라는 이름은 히브리어로 '이츠하크'다. 이 단어가 구약성경에 사용된 용례를 보면 하나님이 왜 이삭이라고 하셨는지 알 수 있다. 하나님이 아브라함에게 약속을 주셨을 때 그는 웃었다. '웃었다'라는 단어가 히브리어로 '이츠하크'다. 이 단어의 기본형이 '차하크'인데 이 단어가 어떤 의미인지 구약성경에 13번 사용되고 있다. 소돔과 고모라가 멸망할 때 롯이 그의 사위들에게 이 성이 멸망하기 때문에 떠나자고 하였을 때 그들이 '농담'(머차헤익, מְצַחֵק)으로 여겼다고 할 때 이 단어를 사용했다(창 19:14). 보디발의 아내가 요셉을 모함하여 자신을 '희롱했다'(러차헤익, לְצַחֶק)라고 할 때도 이 단어를 사용했다(창 39:14, 17). 이러한 몇 가지 용례를 볼 때 하나님이 아이의 이름을 '이삭'이라고 지으라고 말씀하셨을 때 이 의미는 무엇일까? 하나님은 아브라함이 속으로 '비웃으며'(이츠학, יִצְחָק) 하는 말을 아시고, 태어날 아들의 이름을 '이삭'(이츠학, יִצְחָק), 곧 비웃음이라고 짓게 하셨다. 이것은 '언어유희'(word play)를 통하여 하나님이 아브라함이 가졌던 마음의 생각을 그대로 꿰뚫어 보셨음을 보여 준다.

아브라함은 이 말을 듣고 얼마나 깜짝 놀랐을까? 하나님은 아브라함이 비웃은 일을 책망하지 않으셨지만 아브라함은 하나님을 '전능한 하나님'으로 믿을 수밖에 없었다. 아브라함은 하나님이 이렇게 말씀하시는 것을 듣고 그와 온 가족과 종들이 다 할례를 받았다(창 17:23–27).

아브라함이 할례를 받은 것은 하나님이 자손과 땅과 복을 주신다는 약속을 믿고 완전하게(거룩하고 깨끗하게) 살겠다는 의미였다. 아브라함이 믿었던 대로 하나님이 1년 뒤에 이삭을 주셨고, 이뿐만 아니라 아브라함의 자손으로 그리스도를 보내셨다(마 1:1).

우리 믿음의 여정에서 인내는 믿음의 특징 가운데 하나로 하나님이 설계해 놓으신 것이다. 그러면 우리는 어떻게 인내하며 믿음으로 승리할 수 있을까? 우리는 구약의 할례가 예표적으로 보여 주던 세례를 받고 그 세례의 의미를 되새기므로 인내하며 살아갈 수 있다(골 2:11–12). 오늘날 세례를 받아 그리스도와 연합되었다면 성경과 교회 생활을 통하여 늘 하나님의 약속을 상기함으로 믿음을 세워 갈 수 있다. 이것이 매우 단순하게 보여도 믿음이 성장해 가는 방법이고 은혜의 세계로 나아가는 실제적인 방법이다.

(10) 봉사하는 자에게 주신 은혜(창 18:1-21)

이 문단은 아브라함이 하나님과 할례 언약을 맺은 이후 얼마의 시간이 흘렀는지는 알 수 없으나 부지중에 나그네를 대접함으로 일어나는 이야기를 소개한다.

① 믿음과 봉사의 관계(창 18:1-8)

아브라함은 마므레 상수리나무들이 있는 곳에서 살고 있었다. 그는 어느 날 세 사람이 오고 있는 것을 보았다. 한 분은 여호와이시고(창 18:1) 나머지 두 분은 천사처럼 보인다. 아브라함은 그들을 대접하였는데 이분들이 누구인지 알지 못했다. 신약성경에 보면 이 사건을 예로 들고 있다. "형제 사랑하기를 계속하고 손님 대접하기를 잊지 말라 이로써 부지중에 천사들을 대접한 이들이 있었느니라"(히 13:1-2). 히브리서 본문을 볼 때 아브라함이 그들을 여호와와 천사들로 인식하지 못한 채 대접했다는 것을 알 수 있다. 아브라함은 여호와를 포함한 세 사람의 나그네를 영접하고 극진하게 대접했다(창 18:2-8). 지금 아브라함이 여호와 하나님이신 줄 알지 못하였지만 손님을 대접한 것은 할례 언약을 맺고 하나님이 약속을 이루시기 때문에 거룩한 삶을 살아야 한다는 것을 생각할 때였다. 할례 언약을 맺었을 때도 그의 나이 구십구 세 때였고, 지금 부지중에 여호와와 천사들을 영접할 때도 그의 나이 구십구 세 때였다. 그래서 이 스토리는 할례 언약을 맺은 이후 믿음을 가진 사람은 어떻게 살아야 하는지를 보여 주는 보여 준다.

② 봉사하는 자에게 주시는 위로와 은혜(창 18:9-15)

신분을 드러내지 않으신 하나님과 천사들은 아브라함이 차려 주는 음식을 다 먹고는 내년 이맘때 사라가 아이를 낳게 될 것이라고 그에게 약속하셨다(창 18:9-15). 아브라함 이야기를 처음 시작할 때 사라는 아이를 낳지 못하는 불임 여성이었다고 소개한 바가 있다(창 11:30). 아브라함과 사라에게는 약속을 받고 부르심을 받은 후 25년이 지난 지금도 여전히 아들이 없었을 뿐만 아니라 사라는 이미 여성의 생리도 끊어졌다(창 18:11). 그러나 하나님은 과거에 여러 차례 사라를 통하여 아들을 낳게 하실 것이라고 말씀하셨다(창 12:7; 15:4; 17:18-19). 그때에 하나님은 '언제'(when) 아들을 주실 것인지는 말씀하지 않으셨지만 아브라함이 부지중에 나그네를 영접하였을 때는 구체적으로 '내년 이맘때'라고 명시하셨다(창 18:10). 그런데 하나님의 이 말을 듣고 아브라함의 아내 사라도 아브라함과 동일하게 마음속으로 '웃고'는 "내가 노쇠하였고 내 주인도 늙었으니 내게 무슨 즐거움이 있으리요"(창 18:12)라고 말했다. 그때 여호와께서 들으시고 "사라가 왜 웃으며 이르기를 내가 늙었거늘 어떻게 아들을 낳으리요 하느냐 여호와께 능하지 못한 일이 있겠느냐 …"(창 18:13-14)라고 말씀하셨다. 사라는 하나님이 그의 속마음을 다 아시는 것을 보고 얼마나 놀랐을까? 그래서 사라가 두려워서 부인하며 "내가 웃지(비웃지) 아니하였나이다"라고 말하자 하나님은 "아니라 네가 웃었느니라(비웃었느니라)"(창 18:15)라고 말씀하셨다. 이것이 하나님이 부지중에 손님을 대접하고 봉사한 아브라함과 사라에게 주신 위로요 은혜였다.

(11) 소돔과 고모라를 위한 아브라함의 기도(창 18:16-33)

이 문단은 아브라함이 소돔과 고모라를 위해 기도하는 내용이다. 하나님은 당시 악하고 음란했던 소돔과 고모라를 심판하실 것이라는 계획을 아브라함에게 설명해 주셨다. 하나님은 아브라함의 기도를 들으시고 작정을 시행하셨다. 여기에서 하나님은 택한 사람의 기도를 통하여 작정을 시행하신다는 것을 보여주신다.

① 택한 사람을 통하여 작정을 시행하신다(창 18:16-21)

하나님은 소돔과 고모라에 대하여 작정하신 내용을 아브라함에게 숨길 이유가 없다고 말씀하시면서 아브라함을 가리켜 "아브라함은 강대한 나라가 되고 천하 만민은 그로 말미암아 복을 받게 될 것이 아니냐"라고 말씀하셨다(창 18:17-18). 그리고 아브라함이 어떤 사람인지 두 가지로 설명해 주셨다. 하나는 아브라함은 그로 그 자식과 권속에게 명하여 여호와의 도를 지켜 의와 공도를 행하도록 여호와께서 선택하신 사람이라는 것이다. 또 하나는 여호와께서 아브라함에게 대하여 말씀하신 일을 이루시기 위하여 선택하신 사람이라는 것이다(창 18:19). 이 두 가지는 서로 분리될 수 없다. 천하 만민이 아브라함으로 말미암아 복을 받게 될 것이라는 하나님의 작정과 아브라함이 여호와의 도를 지켜 의와 공도를 행하기 위하여 선택받은 사람이라는 것을 나란히 기록하고 있는 이유는 무엇일까? 조이스 볼드윈(Baldwin 1985, 72)은 이 본문을 "하나님이 아브라함과 맺은 언약은 무조건적이지만 하나님과 맺은 언약 안에 있는 교제 속으로 들어가는 것은 적어도 그의 모든 선하심을 본받는 것을 포함하는 조건적인 성격이 있다"라고 주석했다. 하나님이 아브라함을 선택하신 일은 전적으로 하나님의 은혜이지만 하나님과 교제하면서 하나님의 뜻을 이룰 수 있는 은혜와 특권을 누리려면 의를 행하는 자가 되어야 한다는 것이다.

사도 바울은 구원 받은 자로서 하나님의 뜻을 수행해야 할 하나님의 사람은 의와 경건과 믿음과 사랑과 인내와 온유를 좇아야 한다고 말했다(딤전 6:1). 이것은 구원을 받고 하나님의 뜻을 이루려는 소망을 품은 사람들은 주의 법을 배우고, 배운 말씀에 따라 실천해야 한다는 뜻이다.

② 택한 백성의 기도로 작정을 시행하신다(창 18:22-32)

하나님이 작정을 시행하실 때 아브라함에게 계획을 설명해 주시고 난 뒤에 그의 기도를 들으시고 작정을 시행하셨다. 두 천사가 가고 난 후에 아브라함은 하나님 앞에 서서 그 도시를 바라보면서 기도했다. 그 기도는 아브라함이 질문하고 하나님이 응답하시는 방식으로 여섯 번 반복된다. 그 기도에서 아브라함은 50명부터 시작하여 45, 40, 30, 20, 10명의 의인이라도 있으면 용서해 달라고 간구했다(창 18:23-32).

- (아브라함) "주께서 의인을 악인과 함께 멸하려 하시나이까 그 성 중에 의인 오십 명이 있을지라도 주께서 그 곳을 멸하시고 그 오십 의인을 위하여 용서하지 아니하시리이까 주께서 이같이 하사 의인을 악인과 함께 죽이심은 부당하오며 의인과 악인을 같이 하심도 부당하니이다 세상을 심판하시는 이가 정의를 행하실 것이 아니니이까"(창 18:23-25).
- (여호와) "내가 만일 소돔 성읍 가운데서 의인 오십 명을 찾으면 그들을 위하여 온 지역을 용서하리라"(창 18:26).

……

- (아브라함) "주는 노하지 마옵소서 내가 이번만 더 아뢰리이다 거기서 십 명

을 찾으시면 어찌 하려 하시나이까"(창 18:32a).

• (여호와) "내가 십 명으로 말미암아 멸하지 아니하리라"(창 18:32b).

여호와께서 이 기도를 들으시고 어떻게 응답하셨을까? 이 뒤의 역사를 보면 소돔과 고모라는 의인 10명이 없어 멸망했다. 하지만 관심을 가지고 보아야 할 부분은 이것이다. '아브라함의 기도가 하나님의 작정에 어떤 변화를 일으켰는가?' 소돔과 고모라의 죄악상과 그 심판을 설명한 창세기 19장을 보면 하나님이 아브라함의 기도를 들으시고 그의 조카 롯과 그 두 딸을 구원해 주셨다. 창세기 19:29을 보면 아주 흥미로운 진술이 있다. "하나님이 그 지역의 성을 멸하실 때 곧 롯이 거주하는 성을 엎으실 때에 하나님이 아브라함을 생각하사 롯을 그 엎으시는 중에서 내보내셨더라."

이 말씀에는 두 가지 중요한 의미가 있다. 하나는 하나님이 아브라함이 차마 구하지 못한 그의 마음을 헤아리시고 조카 롯을 구원해 주셨다는 것이다. 아브라함이 소돔과 고모라를 위해 기도하긴 했지만 그가 기도할 때 일차적으로 염두에 둔 것은 롯이 아니겠는가? 또 하나는 중보기도는 하나님의 마음을 움직인다는 것이다. 심지어 그 성에 의인 10명이 없어서 완전히 멸하시리라 계획하셨을지라도 하나님은 계획을 바꾸셔서 아브라함의 기도를 들으시고 롯과 그의 가정을 구원해 내셨다. 이러한 이유에서 택한 백성들이 다른 사람을 위하여 기도하는 일은 중요하다. 기도는 하나님의 작정을 바꿀 수도 있기 때문이다. 아브라함의 기도는 소돔과 고모라의 의인을 위한 기도였는데 하나님은 그의 기도를 들으시고 롯의 가정을 구원해 주셨다. 이러한 이유에서도 아브라함은 복의 통로다.

만약 예수님이 우리 죄를 대신 담당하시기 위하여 십자가에서 죽으시고 부활하신 사실이 믿어진다면 우리는 택한 백성이다. 사도 베드로는 구원 받은 성도들을 가리켜 "오직 너희는 택하신 족속이요 왕 같은 제사장들이요 거룩한 나라요 그의 소유된 백성이니"(벧전 2:9)라고 했다. 여기에서 성도들을 가리켜 '왕 같은 제사장'이라고 한 것은 성도들이 온 세상의 왕이시며 통치권자이신 하나님과 교제하며, 하나님과 세상의 중보자로서 왕이신 하나님의 통치를 나타내는 자라는 뜻이다. 성도의 위치가 얼마나 영광스럽고 귀한 일인가?

(12) 소돔과 고모라의 멸망(창 19:1-38)

오늘날 사람들은 '소돔과 고모라'라는 말을 들으면 악하고 음란한 도시를 연상한다. 이러한 현상은 지금만이 아니라 성경 시대에도 나타나는데, 종종 악하고 음란한 일들이 크게 벌어지던 시대마다 소돔과 고모라의 역사적인 사건이 언급된다(사 3:9; 마 11:24; 벧후 2:6). 소돔과 고모라 이야기는 악독한 죄에 따른 하나님의 심판이 얼마나 무서운지를 보여 주는 중요한 거울이다.

① 소돔과 고모라의 죄악상(창 19:1-11)

하나님은 아브라함을 대면하여 이야기하시고, 두 천사는 소돔과 고모라의 죄악을 살피기 위하여 소돔과 고모라에 도착했다. 그때 롯은 성문에 앉아 있었다. 롯이 '성문에 앉아 있었다'라는 말은 그가 성의 관리로 있었다는 것을 의미한다. 왜냐하면 당시 성문은 관리들이 주로 앉아서 백성들의 삶을 살피고 재판하는 장소였기 때문이다(신 21:19). 롯은 아브라함과 같이 이들이 하나님이 보내신 천사인 줄을 알지 못하고 그들을 대접했다(창 19:1-3). 이때에 그 성읍에 살던 사람들이 찾아와서 롯이 맞이한 손님들을 내어놓으라고 소리쳤다. 성문에 앉아서 지나가던 길손을 보고 대접하는 아름다운 도시가 순식간에 그 사람들을 끌어내라고 소리치는 폭도들로 가득하게 되었다(창 19:4-5). 폭도로 변한 사람들은 롯이 영접한 사람들을 끌어내라고 하면서 "우리가 그들을 상관하리라"(창 19:5, 참조. 삿 19:22)라고 말했다. 이 말은 당시 소돔과 고모라의 도덕적 상태를 잘 보여 준다. '상관하다'는 말은 히브리어로 '야다'(יָדַע)인데, 이는 '경험적으로 안다'는 말이기도 하지만 '임신하다', '성관계를 가지다'라는 말도 된다. 여기서는 '성관계를 가지다'라는 뜻이다. 특히 롯을 찾아온 천사들의 히브리어 성이 남성이기 때문에 동성애를 말한다. 영어 표현에서 '남창'이나 '수간'을 의미하는 단어를 가리켜 '소도미'(sodomy)라고 부르는데, 이는 소돔에서 파생된 단어다. 이것은 당시 소돔과 고모라가 얼마나 도덕적으로 타락했는지를 잘 보여 준다.

소돔과 고모라 사람들이 폭도로 변하여 두 사람을 끌어내라고 했을 때 롯이 보인 반응 역시 이 도시의 도덕적 상태를 반영하고 있다. 왜냐하면 롯이 그의 두 딸을 줄 것이라고 말했기 때문이다(창 19:8). 이러한 롯의 제안에 대하여 그들은 롯이 그들의 법관이 되려고 한다고 비난하면서 그를 해하려고 했다(창 19:9). 이뿐만 아니라 이 도시의 죄악은 창세기 18:21과 19:13에 "그들에 대하여 부르짖음이 여호와 앞에 크므로"라는 말씀에도 나타나 있다. 여기에 '부르짖음'(צְעָקָה)이라는 단어는 억울한 일을 당한 사람들, 무고한 사람들, 순박한 사람들이 고통을 겪으며 부르짖는 것을 말한다. 이것은 소돔과 고모라 성에 부도덕한 일들과 부패와 압제와 착취 행위들이 광범위하게 있었음을 의미한다. 롯의 집에 찾아온 손님을 강제적으로 끌어내려고 하는 이 행동 역시 폭력적이고 무법적인 행동이다.

소돔과 고모라에서 있었던 이 사건은 이 성의 죄악을 탐문하기 위하여 온 두 천사들에게 그 도시가 심판을 받을 수밖에 없다는 사실을 확인시켜 주었다. 이 성에 살던 사람들은 지나는 손님을 모신 롯을 해하려고 하였고, 손님과 성관계를 가지려고 했다. 이러한 심각한 사태를 목격한 두 천사들은 롯을 해치려고 하는 것과 문을 부수고 들어오려는 것을 알고 그들의 눈을 멀게 했다(창 19:11). 그리고 롯을 안으로 끌어들여 사태의 긴급성을 알리고 하나님이 이 도시를 심판하실 것이라는 사실을 알려 주었다. 이것이 당시 소돔과 고모라의 죄악상이다.

② 심판의 메시지에 대한 롯의 가족들의 반응(창 19:12-29)

천사가 롯에게 여호와께서 그 성을 심판하실 것이기 때문에 롯의 가족들이나 그에게 속한 자들을 성 밖으로 이끌어 내라고 하였고, 롯은 그 사실을 그 딸들과 사위들에게 말했다(창 19:12-14). 그런데 사위들은 심판에 대한 소식을 '농담'(צחק, מְצַחֵק)으로 들었다(창 19:12-14). 임박할 심판을 알리고 그 심판에서 피하여 구원을 받을 수 있는 길을 가르쳐 주는데도 비웃는 이들의 운명은 어떻게 될까? 이뿐만 아니라 천사들이 심판의 긴급성을 알리며 재촉하는데도 이 가족들은 지체했다(창 19:15-16). 천사는 "도망하여 생명을 보존하라 돌아보거나 들에 머물지 말고 산으로 도망하여 멸망함을 면하라"(창 19:17)라고 말했다. 그런데도 롯의 아내는 뒤를 돌아보았으므로 소금 기둥이 되었다(창 19:26). 롯의 아내는 왜 뒤를 돌아보았을까? 예수님은 그 일을 세상에 속한 것에 대한 미련을 버리지 못했기 때문이라고 해석해 주셨다(눅 17:28-32). 지금 이스라엘의 염해 근처에 있는 수많은 바위 기둥들 가운데 하나를 가리켜 '롯의 처'라고 명명하고 있다. 당시 이 심판으로 말미암아 여호와의 동산 같았던 소돔이 많이 달라졌음을 염해와 그 주변의 땅이 보여 준다(참조. 창 13:10).

이 상황에서 아브라함의 중보 기도는 어떤 역할을 하였을까? 아브라함의 중보 기도로 롯의 가족들 가운데 그나마 롯과 두 딸은 구원을 받았다(창 19:29). 아브라함의 중보 기도는 하나님이 의인 열 명이 없기 때문에 다 멸하시리라고 작정하셨다 할지라도 그 생각을 바꾸시고 롯과 두 딸을 구원해 주시는 은혜를 받게 했다. 이러한 이유에서 오늘날 우리가 믿지 않는 사람들이나 죄악 가운데 빠져 있는 자들을 위하여 기도하는 일은 중요하다. 왜냐하면 아브라함이 복의 통로인 것과 같이 우리 역시 복의 통로이기 때문이다. 세상의 운명은 하나님이 택한 백성들인 성도에게 달려 있다.

③ 모압과 암몬 자손의 조상(창 19:30-38)

소돔과 고모라에서 구원 받은 롯은 두 딸과 함께 소알을 떠나 산에 올라가 어떤 굴에 거주했다. 그는 소돔과 고모라에서 피할 때 산으로 피하라는 말을 생각했던 것이다(창 19:17). 여기서 두 딸은 아버지에게 술을 마시게 하고 아버지와 성관계를 가져 아들을 낳았다. 큰 딸이 아들을 낳아 모압이라 하였는데 그는 모압 자손의 조상이 되었고, 작은 딸이 아들을 낳아 벤암미라 하였는데 그는 암몬 자손의 조상이 되었다(창 19:37-38). 이 장면은 홍수 후에 노아가 포도주에 취해 잘 때 일어났던 사건을 연상시킨다(창 9:20-27). 이렇게 태어난 모압과 암몬은 이스라엘 역사에서 끊임없이 갈등을 일으켰다. 모세는 모압과 암몬 자손을 영원히 여호와의 총회에 들어오지 못하게 했다(신 23:3-6; 느 13:1).

(13) 아브라함의 두 번째 거짓말(창 20:1-18)

이 문단의 이야기는 이전에 아브라함이 기근을 피하여 애굽에 내려갔을 때 바로가 사라를 데려간 사건과 매우 유사하다(창 12:10-20). 이 사건은 사라를 통하여 아브라함에게 아들을 낳게 하실 것이라는 약속이 성취되는 일에 매우 위험한 일이었다.

① 아브라함의 거짓말의 내용과 그 의미(창 20:1–2)

아브라함은 아내 사라를 통해 자녀를 주신다는 약속을 여러 차례 듣고 확인했다. 그런데도 그는 자신의 생명을 위하여 약속을 붙들기보다는 또 다시 거짓말로 위기를 모면하려 했다. 과거와는 장소도 다르고 상황도 달라져 그는 훨씬 더 믿음으로 처신할 수 있었지만 반복적으로 불신앙적인 모습을 보여주었다. 전에는 애굽이었고, 이번에는 애굽에 가까운 '그랄'이다. 장소는 달라졌지만 거짓말한 내용은 똑같다. 하지만 거짓말을 한 전후 상황을 살펴보면 우리의 상식으로 납득이 되지 않는 두 가지가 있다. 하나는 하나님이 아브라함의 아내 사라가 '내년 이맘때'에아기를 낳게 될 것이라고 구체적인 시한을 약속해 주셨다는 것이다. 다른 하나는 하나님이 소돔과 고모라를 멸하시려는 하나님의 역사 경영을 아브라함에게 말씀해 주셨고 그는 그 말씀대로 이루어진 일을 보았다는 것이다. 그런데도 그는 과거에 범했던 동일한 죄를 범함으로 곤경에 빠지게 되었다.

아브라함이 거짓말한 표면적인 이유는 그랄에 있는 사람들이 아내로 말미암아 자신을 죽일지도 모른다는 두려움 때문이었다(창 20:11). 이 일로 말미암아 그는 더 힘든 덫에 빠지고 말았다. 그가 거짓말을 하게 된 것은 하나님의 약속을 신뢰하지 못한 네서 오는 불신앙 때문이다. 아브라함의 불신앙적인 이 행동으로 말미암아 '내년 이맘 때' 사라를 통하여 아들을 낳게 될 것이라는 약속은 어떻게 되겠는가?

② 하나님의 개입(창 20:3–16)

하나님은 이 위기 상황에서 오래 전에 애굽의 바로에게 개입하셨던 것처럼 아비멜렉의 꿈에 개입하셨다. 하나님은 아비멜렉의 꿈에 나타나 그 여인을 돌려보내지 않으면 죽을 것이라고 말씀하셨다(창 20:3). 이 사건에서 아비멜렉은 죄를 범하지 않았다. 아브라함의 거짓말 때문에 아비멜렉이 위험에 처하게 된 것이다. 아비멜렉은 이 특별한 일을 오랫동안 기억했을 것이다. 왜냐하면 이 사건 이후 적어도 40년 혹은 그 이상이 지난 후에 이삭이 자기 아내 리브가를 누이라고 하였을 때 아비멜렉이 그를 불러 이 사건을 염두에 두고 책망하였기 때문이다(창 26:9–10).

이런 경우 우리는 거짓말을 한 아브라함이 벌을 받을 것이라고 예상한다. 하지만 아브라함은 사라의 일로 말미암아 양과 소와 노비와 은 천개를 얻었다(창 20:14–16). 이것을 어떻게 이해할 수 있겠는가? 하나님이 이 사건에 개입하신 것은 아브라함과 맺은 언약과 그에게 하신 약속 때문에 그를 지키시고 보호해 주시기 위함이다. 그러나 이러한 하나님의 주권적인 은혜가 우리의 도덕적 방종으로 나타나서는 안 된다. 하나님의 은혜는 죄를 범하게 하는 것이 아니라 오히려 죄를 억제하고 선을 행할 수 있는 촉매가 되어야 한다.

③ 아브라함의 존재적 위치(창 20:7, 17–18)

하나님은 이 사건을 통하여 아비멜렉에게 아브라함을 선지자로 소개하시고, 그가 너를 위해 기도하면 살게 될 것이라고 말씀하셨다(창 20:7). '선지자'는 히브리어로 '나비'(נָבִיא)인데, 구약성경 전체에서 317번 나오는 단어로 여기에서 처음 나온다. 이 단어가 사용된 용례를 보면 하나님의 말씀을 전하는 자와 하나님과 백성 사이의 중보자의 위치에 있는 자에게 사용되고 있다(렘 1:5–7; 15:19). 하나님이 아브라함을 이러한 위치에 있는 자로 말씀하심으로 하나님의 말씀을 전하는 자요 하나님과 백성의 중보자로 알려 주셨다는 것이다. 그런데 이러한 그의 위치를 어떻게 알려주셨는가? 하나님이 그랄 왕 아비멜렉의 입을 통하여 자신의 생명을 구하기 위하여 거짓말을 한 아브라함에게 알려 주셨다. 이때 아브라함은 어떤 감정을 느꼈을까? 그리고 그의 기도로 말미암아 하나님의 저주가 풀려지게 된다는 말을 들었을 때 아브라함은 어떤 생각을 하였을까? 아브라함은 아비멜렉을 통해 하나님의 뜻을 이 땅에 나타내 보이는 선지자였고, 그의 기도를 통하여 하나님의 저주까지 풀어줄 수 있는 위치에 있다는 것을 배웠을 것이다. 신약 시대에 살고 있는 모든 성도들도 그리스도 안에서 선지자 직무를 가지고 있다. 이 얼마나 영광스러운 일인가?

(14) 약속의 성취(창 21:1–7)

이 문단은 하나님이 약속하신 대로 아브라함과 사라에게 아들을 주시는 내용을 기록하고 있다.

① 아브라함에게 주신 약속의 내용과 그 성취(창 21:1–2, 5–7)

하나님은 아브라함에게 언제, 어떤 약속을 하셨는가? 아브라함이 75세 때에 그의 자손을 통하여 큰 민족을 이루게 하실 것이라고 약속하셨다(창 12:1–3). 드디어 하나님은 그 약속을 이루셨다. 이 일에 대하여 해설자는 "여호와께서 말씀하신 대로 사라를 돌보셨고 여호와께서 말씀하신 대로 사라에게 행하셨다"(창 21:1)라고 언급했다. 사라가 임신하여 노년의 아브라함에게 아들을 낳아 주었다(창 21:2). 여기에서 '여호와께서 말씀하신 대로'라는 말씀을 두 번이나 반복한 것은 여호와께서 그 말씀하신 것을 확실히 이루셨다는 것을 강조하기 위함이다.

하나님이 약 1년 전에 '내년 이맘때' 아들을 주시겠다고 하실 때 아브라함과 사라는 속으로 비웃었다(창 17:17; 18:12). 하나님은 그들의 속마음을 아시고 아들의 이름을 '이삭'이라 짓게 하셨다. 그리고 사라는 이 이름을 '하나님이 자기에게 웃음을 주셨다'라는 의미로 바꾸었다. 이 사건을 통하여 아브라함과 사라는 하나님은 그가 하신 약속을 반드시 성취하시는 신실하신 분이심을 알게 되었을 것이다.

② 약속의 성취를 본 아브라함과 사라의 반응(창 21:3–7)

하나님이 말씀하신 대로 약속이 성취되는 것을 본 아브라함은 태어난 아들의 이름을 '이삭'이라고 지었다(창 21:3). 아브라함이 아들의 이름을 이삭이라 부른 것은 과거에 하나님의 약속을 믿지 못하고 비웃은 사실을 상기할 뿐만 아니라 하나님이 하신 약속을 반드시 이루신다는 사실을 상기하기 위한 것으로 보인다. 그리고 아브라함은 '하나님이 명하신 대로' 이삭이 태어난 지 팔 일 만에 할례를 행했다(창 21:4). 이것은 언약 백성으로 거룩한 삶을 살겠다는 믿음의 표현이다(참조. 창 17:1–4). 사라는 "하나님이 나를 웃게 하시니 듣는 자가 다 나와 함께 웃으리로다"(창 17:6)라고 말하며 원래 단어의 의미를 '웃음'으로 바꾸었다.

우리도 하나님으로부터 받은 약속이 곧바로 성취가 되지 않아 갈등하기도 한다. 하지만 이 사건을 통하여 인내하며 기다리는 법을 배워야 한다. 왜냐하면 하나님은 그 약속하신 것을 이루심을 아브라함에게 증명해 주신 것처럼 우리에게도 증명해 주실 것이기 때문이다(참조. 고후 1:18–20).

(15) 하갈과 이스마엘을 내쫓음(창 21:8-21)

이삭이 젖을 떼는 날에 아브라함은 큰 잔치를 베풀었다. 이때 사라는 이스마엘이 이삭을 놀리는 것을 보았다(창 21:8-9). 여기에 '놀리다'(מְצַחֵק)라는 히브리어 단어는 '이삭'(יִצְחָק)의 이름과 어근이 같다. 또한 이 단어가 반복적이고 강조적인 의미를 나타내는 피엘형이다. 이로 볼 때 이날에 이스마엘은 반복적으로 이름과 관련하여 조롱했던 것으로 보인다. 그래서 사라는 아브라함에게 여종과 그의 아들을 쫓아내라고 했다(창 21:10). 이 일은 아브라함에게 큰 근심거리가 되었다. 이때 하나님은 아브라함에게 근심하지 말고 사라의 말을 들으라고 말씀하며 "이삭에게서 난 자라야 네 씨라 부를 것"(창 21:12)이라고 말씀하셨다.

바울과 히브리서 저자는 이 말씀을 인용하며 아브라함의 씨가 다 자녀가 아니라 이삭으로부터 난 자가 약속의 자녀라고 했다(롬 9:6-8; 히 11:17-19). 이것은 하나님이 이삭을 통하여 그리스도를 보내어 구원의 계획을 성취하신다는 것을 보여 준다. 특히 바울은 이 사건을 비유적으로 적용하여 종인 하갈에게서 난 자인 이스마엘은 육체를 따라 난 자고, 자유 있는 여자인 사라에게서 난 자인 이삭은 약속의 자녀요 성령을 따라 난 자라고 했다(갈 4:21-31). 바울은 이러한 비유를 통하여 인간적인 계획에 따라 낳은 아들 이스마엘을 율법을 지킴으로 구원을 얻으려는 사람을 대표하는 것으로 설명한다. 그러나 약속의 자녀는 자유 있는 여자에게서 난 자이기 때문에 그리스도 안에서 자유한 자가 되었다.

그런데 하나님은 아브라함에게 "여종의 아들도 네 씨니 내가 그로 한 민족을 이루게 하리라"라고 말씀하셨다(창 21:12-13). 이뿐만 아니라 쫓겨난 하갈과 아이가 물이 떨어져 소리 내어 울자 하나님은 아이의 소리를 들으시고 하갈에게 그가 큰 민족을 이룰 것이라고 말씀하시고 하갈의 눈을 열어 샘물을 보게 하셨다. 하갈은 그 물을 아이에게 마시게 했다(창 21:18-19). 이스마엘이라는 이름의 뜻대로 그가 약속의 자녀가 아니라 할지라도 하나님은 그의 간구를 들으시고 응답하셨다. 하나님은 이스마엘도 아브라함의 자녀이고 큰 민족을 이루게 될 것이라고 하셨다(창 15:5; 17:20; 21:13, 18). 이것은 무엇을 말하는가?

또한 해설자는 이 아이에 대하여 다음과 같이 기록한다. "하나님이 그 아이와 함께 계시매 그가 장성하여 광야에서 거주하며 활 쏘는 자가 되었다"(창 21:20).

이러한 설명은 하갈이 임신한 후 사라의 학대 때문에 도망갔을 때 여호와의 사자가 "그가 사람 중에 들나귀같이 되리니 그의 손이 모든 사람을 치겠고 모든 사람의 손이 그를 칠지며 그가 모든 형제와 대항하여 살리라"(창 16:12)라고 하신 말씀을 생각나게 한다. 이스마엘이 태어난 것은 아브라함이 하나님의 약속을 온전히 믿지 못하였기 때문이다.

그런데도 하나님은 왜 이스마엘과 함께 계시고, 그로 하여금 활 쏘는 자가 되게 하시며, 한 민족을 이루게 하셨을까? 이스마엘도 아브라함의 자손인데, 그가 그의 모든 형제와 대항하여 싸운다는 것은 쉽게 이해가 되지 않는다. 여기에는 하나님이 아브라함의 실수까지도 책임지시며 후일에 이들도 선교의 대상으로 삼으시고 그리스도 안에서 구속하시려는 하나님의 섭리가 작용하고 있는 것은 아닐까 조심스럽게 생각해 본다.

(16) 아브라함과 아비멜렉의 언약(창 21:22-34)

아비멜렉과 그의 군대 장관 비골이 아브라함에게 "네가 무슨 일을 하든지 하나님이 너와 함께 계시도다"(창 21:22)라고 말했다. 아비멜렉은 하나님이 아브라함과 함께하시는 것을 여러 과정을 통하여 보았을 것이다. 그래서 그는 아브라함과 언약을 맺음으로 서로 평화롭게 살기를 원했다(창 21:23). 하지만 아브라함은 이때 아비멜렉의 종들이 아브라함의 우물을 빼앗은 일에 관하여 아비멜렉을 책망했다. 이 경우에 아비멜렉이 제물을 가지고 와서 아브라함에게 언약을 맺자고 제안해야 한다. 하지만 아브라함이 양과 소를 가져다가 아비멜렉에게 주었다. 이것은 조약을 맺기 위한 것으로 보인다(참조. 창 15:10). 그리고 일곱 암양 새끼를 따로 구별하여 우물을 판 증거로 삼았다(창 21:27-30). 두 사람은 서로 맹세했다. 그리고 그곳을 '브엘세바'(בְּאֵר שֶׁבַע)라고 불렀다. 이는 문자적으로 '맹세의 우물'이라는 뜻이지만, '일곱 우물'이라는 뜻도 된다. 또한 이는 두 사람이 이곳에서 맹세했다는 뜻이기도 하지만, 일곱 암양 새끼를 주었기 때문이기도 하다. 아비멜렉이 먼저 언약을 제안하였지만 아브라함이 양과 소를 주어 조약을 맺고 우물을 위한 증거로 암양 새끼 일곱을 준 것은 하나님이 약속하신 땅에서 안전하게 목축업을 하기 위한 것이다. 또한 아브라함은 하나님이 약속하신 대로 씨

(자손)를 주신 것을 경험하였기 때문에 땅도 주실 것을 기대하였기 때문이다.

(17) 믿음의 절정(창 22:1-19)

아브라함의 이야기는 우리를 구원하시려는 하나님의 목적만이 아니라 우리의 신앙의 여정에서 만날 수 있는 다양한 삶의 양상도 보여 준다. 특히 이 문단은 우리 믿음의 조상 아브라함 한 개인의 믿음을 통하여 우리가 도달해야 할 믿음의 정상이 어디인지를 알게 한다.

① 아브라함의 믿음을 시험하시는 하나님(창 22:1-2)

하나님은 아브라함의 믿음을 확인해 보고 한 단계 끌어올리시려고 그의 믿음을 시험해 보기로 하셨다. 그 시험은 사랑하는 아들 이삭을 번제로 드리라는 것이었다(창 22:1-2). 하나님은 이를 통하여 무엇을 시험해 보기를 원하셨을까? 성경에 보면 하나님이 당신의 자녀들을 교육하여 성숙하게 만드는 중요한 수단으로 시험을 사용하기도 하신다(약 1:2-4).

② 하나님의 시험에 대한 아브라함의 믿음(창 22:3-12)

아브라함은 하나님의 시험에서 그의 믿음을 증명해 보였을까? 아브라함은 하나님의 말씀에 따라 이삭을 번제로 드리기 위하여 아침 일찍이 일어나 여장을 준비하여 두 종과 함께 떠났다. 하나님이 이삭을 번제로 드리라고 명한 장소는 모리아 땅에 있는 한 산이다. 그들은 브엘세바에서 출발하여 모리아 땅에 있는 한 산에 제3일에 도착했다(창 22:1-4). 이 장소도 역사적으로 의미가 있다. 역대기 저자는 이 산이 솔로몬 성전을 지은 곳이라고 언급했다(대하 3:1). 그리고 이곳은 예수님이 우리의 죄악을 대신 담당하시고 산 제물로 십자가에서 못 박히신 장소이기도 하다.

이삭이 아브라함에게 "번제할 어린 양이 어디 있나이까"라고 질문한 것을 보면 아브라함은 이삭에게 왜 이곳에 오게 되었는지 설명해 주지 않았음을 알 수 있다(창 22:7). 아브라함은 하나님이 그에게 일러준 장소에 이르러 제단을 쌓고 나무를 벌여 놓은 후 이삭을 결박하여 제단 나무 위에 놓았다(창 22:9-10). 저자는 이삭이 번제물로 드려지는 과정을 자세하게 묘사하지 않는다. 이삭이 아버지와 단둘이 번제로 드릴 나무를 등에 지고 모리아 산으로 갔다면 그의 나이는 몇 살이나 되었을까? 아브라함이 함께 갔던 종들에게 "너희는 나귀와 함께 여기서 기다리라 내가 아이와 함께 저기 가서 경배하고"(창 22:5)라고 말하였다. '아이'라는 단어는 히브리어로 '나아르'(נַעַר)다. 이 단어는 갈대 상자에 실려 나일 강에 보내질 당시의 모세와 17세의 요셉과 골리앗을 치기 위해 나가는 다윗 등에 사용되었다(참조. 창 37:2; 출 2:6; 삼상 17:33). 그래서 단어만 가지고는 나이를 알 수 없고 문맥에 묘사된 내용을 통하여 짐작할 수 있을 뿐이다. 이 이야기가 기록된 내용을 보면 아브라함은 불과 칼만 들고 가고 이삭은 번제에 쓸 나무를 지고 갔다(창 22:6). 이 점은 이삭이 어린아이가 아니라 어느 정도 장성한 젊은이였을 것이라고 볼 수 있는 중요한 단서다. 그렇다면 당시 적어도 115세 이상은 되었을 아브라함이 힘으로 이삭을 제어할 수는 없었을 것이다. 그런데도 이삭은 아브라함에게 말없이 순종한 것으로 보인다.

아브라함은 칼을 잡고 드디어 이삭을 죽이려고 했다. 그때에 여호와의 사자가 "아브라함아 아브라함아"라고 이름을 두 번이나 부르시며 아이에게 손을 대지 못하게 하셨다. 그리고 아브라함을 시험하신 목적을 말씀해 주셨다. 그것은 아브라함이 진심으로 하나님을 경외하는 줄을 알아보시기 위함이었다(창 22:11–12). 이 사건을 볼 때 하나님이 아브라함의 나이 75세에 그를 불러 약속을 주시고, 그 약속을 이루시기까지 25년이라는 긴 시간을 지나게 하신 이유를 어느 정도 알 수 있다. 그것은 그의 믿음을 훈련하시려는 하나님의 은혜로운 섭리가 작용하고 있었다는 것이다.

특히 이 상황에서 아브라함이 하나님을 경외하고 신뢰한 믿음에 대하여 히브리서 저자는 히브리서 11:19에서 "그가 하나님이 능히 죽은 자 가운데서 다시 살리실 줄을 생각한지라 비유컨대 죽은 자 가운데서 도로 받은 것이니라"라고 진술했다. 이러한 말씀을 볼 때 아브라함은 부활의 신앙을 가지고 있었음을 알 수 있다. 이것이 믿음의 절정이다.

③ 믿음의 결과(창 22:13–19)

아브라함이 하나님의 명령을 듣고 순종하였을 때에 어떤 결과가 있었을까?

하나님은 아브라함이 그의 사랑하는 독자 이삭까지 아끼지 않고 바치려고 했을 때 그의 믿음을 확인하시고 그에게 두 가지 중요한 복을 주셨다. 하나는 여호와께서 아브라함이 바치려고 했던 아들 대신에 숫양 한 마리를 준비해 주신 것이다. 이러한 놀라운 체험을 한 아브라함은 그 땅 이름을 '여호와 이레'(יְהוָה יִרְאֶה)라고 불렀다(창 22:13-14). 이는 우리의 상식으로 이해가 되지 않아도 믿고 순종하기만 하면 하나님이 준비해 주실 것이라는 뜻이다. 이 '여호와 이레'라는 이름은 우리 교회가 물려받은 유산 가운데 핵심적인 부분이 되었다. 또 하나는 아브라함의 자손이 번성하여 하늘의 별과 바닷가의 모래같이 될 것이고, 그의 자손으로 말미암아 천하 만민이 복을 얻게 되리라고 약속해 주신 것이다(창 22:16-18). 하나님이 주신 이 약속은 처음이 아니고 이미 말씀하신 것이다(참조. 창 13:16; 15:5 등). 하지만 이 약속과 관련하여 두 부분에 주의할 필요가 있다. 하나는 "네가 이같이 행하여 네 아들 네 독자를 아끼지 아니하였은즉"(창 22:16)이라는 말씀과, 또 하나는 "이는 네가 나의 말을 준행하였음이니라"(창 22:18)는 말씀이다. 이 말씀은 하나님이 하신 약속은 저절로 이루어지는 것이 아니라 하나님을 신뢰하고 믿으며 그 말씀대로 순종하는 자를 통하여 이루신다는 것을 보여준다.

(18) 나홀의 후예(창 22:20-24)

아브라함의 이야기를 거의 끝낼 즈음에 아브라함의 형제 나홀의 계보를 소개한다. 나홀은 그의 아내 밀가에게서 여덟 명의 아들을 낳았는데 그중에 '우스'와 '브두엘'이 있고, '브두엘'은 이삭의 아내가 될 '리브가'를 낳았다. 이러한 인물들이 이 본문에서는 실제로 역할을 하지 않는 것처럼 보이지만 앞으로 이 사람들이 어떤 역할을 할 것인지 예시해 주고 성경을 이해하는 일에 자료를 제공해 준다. 특별히 '우스'는 "우스 땅에 욥이라 불리는 사람이 있었는데…"(욥 1:1)라는 말씀을 생각나게 함으로 욥이 어느 시대의 사람인지 정보를 제공하는 역할을 하기도 한다. 그러나 여기서 나홀의 계보를 소개한 가장 중요한 목적은 이삭의 아내 리브가가 누구며, 어떻게 이삭의 아내가 되었는지를 소개하는 데 있다.

(19) 사라의 죽음과 막벨라 굴(창 23:1-20)

아브라함의 아내 사라가 127세에 헤브론에서 죽었다(창 23:1-2). 아브라함은 슬퍼하며 울다가 사라를 매장할 무덤을 얻기 위하여 그 땅의 주민이었던 헷 족속에게 에브론이 소유하고 있었던 막벨라 굴을 자신에게 줄 것을 요청했다(창 23:7-9). 원래 헷 족속은 지금의 터키인 아나톨리아 지방을 중심으로 번성했고 그들의 제국은 방대했다. 역사 기록에는 세계 최초의 철기 문화를 소유한 민족으로 알려져 있었는데 이들이 팔레스타인까지 이주하여 정착했다(창 26:34; 27:46; 28:1; 36:2). 아브라함은 이들에게 땅을 사려고 할 때 "에브론이 헷 족속 중에 앉아 있더니 그가 헷 족속 곧 성문에 들어온 모든 자가 듣는 데서"(창 23:10) 말했다. 이것은 법정에서 공적인 거래를 요구한 것이다. 이 자리에서 땅 주인인 에브론은 땅을 그냥 줄 테니 죽은 아내를 장사하라고 했다. 그런데도 아브라함은 '상인이 통용하는'(창 23:16) 값인 은 사백 세겔을 주고 샀다. 그래서 막벨라 굴은 성 문에 들어오는 모든 헷 족속이 보는 데서 공적으로 아브라함의 소유가 되었다(창 23:18).

아브라함은 막벨라 굴을 선물로 받아서 헷 족속의 묘실 가운데 하나를 사용할 수도 있었을 텐데 왜 돈을 주고 법적인 소유권을 가진 땅으로 구입하였을까? 그것은 이미 자손에 대한 약속이 성취되는 것을 경험했던 아브라함이 땅에 대한 약속도 성취될 것이라고 믿었기 때문이다. 특히 이 땅은 마므레라고 부르기도 하지만 헤브론이다(창 23:19). 이곳은 아브라함이 롯이 떠난 후에 여호와께서 아브라함에게 나타나셔서 이 땅을 주실 것이라고 약속하셨을 때 그가 제단을 쌓았던 곳이다(참조. 창 13:18). 아브라함이 이곳을 돈을 주고 매입한 것은 하나님이 약속하신 대로 자손들이 반드시 이 땅을 차지하게 될 것이라는 믿음을 가지고 있었기 때문이다. 나중에 아브라함 역시 죽어서 이 굴에 장사되었다(창 25:7-8).

아브라함이 막벨라 굴을 매입한 것은 단순히 그의 후손들이 이 땅을 차지하게 될 것을 바라보았기 때문만은 아니다. 그가 궁극적으로 바라본 것은 하늘 본향이다(히 11:13-16). 그곳은 아브라함의 본향이요 우리 신자의 본향으로 주님이 재림하시게 되면 들어가게 될 완전한 하나님 나라이다.

(20) 이삭의 아내 리브가(창 24:1-67)

아브라함이 나이가 많아 늙었고 여호와께서는 그에게 범사에 복을 주셨다(창 24:1). 사라가 127세에 죽었고 이삭이 40세에 리브가를 얻었다면 이때 아브라함의 나이는 139-140세 정도였을 것이다(참조. 창 25:20). 아브라함은 그의 아들 이삭의 아내를 구하려고 그의 종을 자신의 고향으로 보내었다(창 24:4). 이 일에 대하여 아브라함이 거룩한 계보를 이어가기 위해 자신의 친족이 있는 곳에서 이삭의 아내를 선택하기를 원했다고 보기도 한다(Vanderwaal 1978a, 83). 하지만 아브라함의 친족들이 거룩한 계보라는 단서는 없다. 이 본문을 이해할 수 있는 단서는 아브라함이 그의 종을 보내며 "여호와께서 … 내게 맹세하여 이르시기를 이 땅을 네 씨에게 주리라 하셨으니 그가 그 사자를 너보다 앞서 보내실지라"(창 24:7)라고 한 말씀에 나타나 있다. 아브라함은 여호와께서 약속을 이루시기 위하여 그의 사자를 앞서 보내실 것을 믿었다. 아브라함이 기대한 대로 여호와께서 언약을 이어갈 사람으로 리브가를 인도해 주셨다(창 24:58).

그런데 아브라함의 종이 리브가를 만나는 장면을 보면 일정한 구조가 있음을 발견할 수 있다. 아브라함의 종이 기도하고 어떻게 하겠다고 말하고(창 24:12-14), 그의 말대로 리브가가 행했다(창 24:15-20). 그리고 저자는 아브라함이 종을 보낼 때의 말과 그 말을 듣고 하나님의 인도를 기대하며 기도하고 그대로 이루어진 일을 반복하여 기록하고 있다(창 24:3-27; 37-48). 이것을 도식화하면 다음과 같다.

A 아브라함의 말(창 24:6-9)
B 여호와의 인도를 위한 종의 기도(창 24:12-14)
C 종이 기도한 대로 리브가가 행동함(창 24:15-20)
D 여호와의 인도 여부를 확인함(창 24:21-27)

A′ 아브라함의 말(창 24:37-41)
B′ 여호와의 인도를 위한 종의 기도(창 24:42-44)
C′ 종이 기도한 대로 리브가가 행동함(창 24:45-46)
D′ 여호와의 인도 여부를 확인함(창 24:47-48)

저자는 이야기를 반복하지 않고 '종이 기도한 대로 그대로 되었다'라고 기록할 수도 있다. 그럼에도 반복한 것은 히브리 성경의 독특한 방식으로 하나님의 인도가 확실하다는 점을 강조하기 위함이다. 아브라함이 이삭의 아내를 구하는 문제와 같은 것은 아니라 할지라도, 이 점은 오늘날 성도들이 하나님의 인도를 기대하며 기도하는 일이 매우 중요하다는 것을 보여 준다.

(21) 아브라함의 죽음(창 25:1-11)

아브라함은 그의 아들 이삭이 결혼한 후에 후처 그두라를 맞았다(창 25:1). 이때 아브라함의 나이는 적어도 140세 이후가 될 것이다. 그가 부름받기 전 175세에 죽었다는 점을 고려한다면 그는 35년 동안 시므란과 욕산과 므단과 미디안과 이스박과 수아라는 6명의 자녀를 낳았다(창 25:2). 이 기간에 아브라함이 6명의 자녀를 낳는 일이 가능한지 의문은 있다. 그러나 이러한 그두라의 자손 목록은 아브라함이 "여러 민족(들)의 아버지가 될지라"(창 17:4-6)는 말씀이 성취되고 있음을 보여 준다. 궁극적으로 이 말씀은 아브라함의 자손으로 오신 그리스도를 믿는 모든 사람에게 적용된다(롬 4:16-18; 15:8-12; 갈 3:29; 계 7:9; 21:24).

아브라함은 이삭에게 재산을 물려주었고, 그의 서자들에게도 물려주었다(창 25:5-6). 그리고 아브라함은 175세에 죽었다(창 25:7). 그는 75년을 하나님 없이 살았고, 100년을 하나님과 동행하며 살았다. 이삭과 이스마엘은 아브라함을 막벨라 굴에 장사했다(창 25:9). 막벨라 굴은 아브라함이 하나님이 약속하신 가나안 땅을 주실 것을 믿고 값을 주고 사서 법적 소유권을 가진 곳일 뿐만 아니라 그의 아내 사라가 장사된 곳이다(참조. 창 23:1-20).

저자는 창세기 11:27부터 시작된 그의 이야기를 그의 죽음으로 끝내고 있다. 그러나 예수님은 "나는 아브라함의 하나님이요 이삭의 하나님이요 야곱의 하나님이로라 하신 것을 읽어 보지 못하였느냐 하나님은 죽은 자의 하나님이 아니요 살아 있는 자의 하나님이시니라 하시니"(마 22:32)라고 말씀하셨다. 이것은 아브라함이 죽은 것이 아니라 살아 있음을 의미한다. 이와 같이 성도에게는 이 땅의 생애가 전부가 아니라 영원한 삶이 있다.

8. 아브라함의 자손 이스마엘의 계보(창 25:12-18)

아브라함이 하나님의 약속을 온전히 믿지 못하여 낳은 이스마엘의 계보는 매우 짧다. 이 계보는 아브라함에서 나왔다고 할지라도 다 구원을 받은 자는 아님을 보여 준다(롬 9:7). 특히 사라의 학대로 하갈이 애굽으로 도망갈 때 여호와의 사자가 나타나 "그가 모든 형제와 대항해서"(알–퍼네이 콜–에하우, עַל־פְּנֵי כָל־אֶחָיו)라고 말한 것처럼(창 16:12) 그 자손들이 하윌라에서부터 앗수르로 통하여 애굽 앞 술까지 "그 모든 형제의 맞은 편에"(알–퍼네이 칼–에하우, עַל־פְּנֵי כָל־אֶחָיו) 거주했다(창 25:18). 반더발(Vanderwaal 1978a, 84)은 하나님이 이스마엘을 분리하신 것은 이삭의 자손이 교회를 보존하고 장차 기업을 차지할 것이기 때문이라고 보았다. 그러나 더 중요한 것은 이 계보에 속한 사람들이 역사 가운데 어떻게 교회를 고통스럽게 할 것인지를 보여 주는 데 있다.

9. 아브라함의 자손 이삭의 계보(창 25:19-35:29)

저자는 이삭의 계보에서 이삭의 이야기보다 야곱의 이야기를 더 많이 다루고 있지만, 이삭은 아브라함과 야곱의 이야기를 연결시켜 줄 뿐만 아니라 이야기를 서로 엮어 주기도 한다.

내용 분해

(1) 이삭의 기도와 에서와 야곱의 출생(창 25:19–34)
(2) 그랄의 이삭(창 26:1–33)
(3) 이삭의 축복과 야곱을 하란으로 보냄(창 26:34–28:9)
(4) 벧엘의 야곱(창 28:10–22)
(5) 야곱의 결혼과 그의 자녀들(창 29:1–30:24)
(6) 야곱의 소유(창 31:25–31:55)
(7) 브니엘의 야곱(창 32:1–33:20)
(8) 야곱을 대면하신 하나님(창 34:1–35:29)

내용 해설

(1) 이삭의 기도와 에서와 야곱의 출생(창 25:19-34)

이 문단은 이삭이 하나님이 약속하신 자녀를 얻는 일을 위하여 기도하였고, 하나님이 그 기도를 들으시고 에서와 야곱을 주신 이야기다. 또한 작정과 기도의 관계와 하나님의 선택과 인간의 책임 간의 관계를 보여 준다.

① 이삭의 기도(창 25:19-21)

아브라함의 아들 이삭은 하나님의 인도로 리브가와 결혼했다. 하지만 결혼한 지 거의 20년이 되도록 그들 사이에는 아이가 없었다(창 25:20, 26). 이것은 단순하게 아이가 없다는 것만이 아니라, 그의 자손을 통하여 모든 민족이 구원을 받게 될 것이라는 약속이 성취되는 문제와 연관이 있다. 그런데 해설자는 "이삭이 그의 아내가 임신하지 못하므로 그를 위하여 여호와께 간구하매 여호와께서 그의 간구를 들으셨으므로 그의 아내 리브가가 임신하였더니"(창 25:21)라고 기록했다. 하나님이 아브라함과 이삭에게 자손을 약속하시고 그 자손을 통하여 예수 그리스도를 보내실 것이라고 약속하셨다면 그냥 가만히 기다리면 되지 않을까? 하나님이 약속하신 것을 이루시는 일과 기도는 어떤 연관성이 있을까? 그것은 하나님이 약속하신 것을 이루시는 방법 가운데 하나가 성도의 기도라는 것이다.

② 에서와 야곱의 출생(창 25:22-26)

여호와께서 이삭의 기도를 들으시고 약속하신 대로 리브가에게 아이를 잉태하게 하셨다. 그러나 리브가는 그의 태중에서 싸움으로 말미암아 고통스러워 여호와께 기도했다(창 25:22). 그때 여호와께서 기도의 응답으로 "두 국민이 네 태중에 있구나 두 민족이 네 복중에서부터 나누이리라. 이 족속이 저 족속보다 강하겠고 큰 자는 어린 자를 섬기리라"(창 25:23)라고 말씀하셨다. 여호와께서 리브가의 기도를 들으시고 응답하신 내용에는 우리 인간의 능력으로는 이해하기 어려운 부분이 있다. 그것은 '왜 하나님이 야곱을 선택하시고 에서를 버리셨는가?' 하는 것이다. 이러한 의문은 바울이 살던 시대의 사람들에게도 있었던 것처럼 보인다. 이때 바울은 하나님이 에서를 버리시고 야곱을 선택하신 일을 인용하며 이는 하나님의 주권적인 은혜에 속한 일이라고 설명해 주었다(롬 9:10–13). 그렇다면 우리 안에 이러한 의문이 들 수 있다. '어떤 사람이 믿게 되는 것이 하나님의 선택의 결과라면 믿지 않는 것은 인간의 책임이 아니라 하나님의 책임이 아닌가?' 이 의문에 대하여 바울은 "토기장이가 진흙 한 덩이로 하나는 귀히 쓸 그릇을, 하나는 천히 쓸 그릇을 만들 권한이 없느냐"(롬 9:20–23)라고 질문하며 하나님의 주권에 속한 문제라고 설명했다.

에서는 사냥꾼으로 자랐고, 야곱은 주로 집에 머물렀다. 아버지 이삭은 에서를 사랑하였고, 어머니 리브가는 야곱을 사랑했다. 이러한 대조 외에도 주님의 약속을 무시하는 자와 그 약속을 믿음으로 받아들이는 자로 나누기도 한다(De Graaf 1981, 177).

③ 에서가 장자의 명분을 가볍게 여김(창 25:27–34)

어느 날 에서가 들에서 돌아왔을 때 야곱은 붉은 색의 음식을 준비하고 있었다. 에서가 시장하여 붉은 색의 음식을 달라고 하자 야곱은 그 음식을 주는 대가로 장자권을 요구했다. 모세의 율법은 장자에게 재산을 두 배로 주도록 규정한다(신 21:17). 이뿐만 아니라 언약 백성에게 장자는 하나님과 맺은 언약적 축복을 누릴 뿐만 아니라 언약을 전파하고 이루어야 할 특권과 책임을 가지고 있었다. 왜냐하면 이 언약은 아브라함과 이삭과 맺은 것이지만 단순히 개인적인 언약만이 아니고 그리스도 안에서 모든 이방이 복을 받게 되리라는 복음적 내용을 담고 있기 때문이다(창 12:3; 18:18; 26:4; 행 3:25; 갈 3:8). 야곱은 장자권을 얻기 위하여 당시 사회에서 법적인 구속력을 가지고 있었던 맹세를 요구하였는데도 에서는 장자권을 중요하게 생각하지 않았다. 이러한 에서의 행동에 대하여 해설자는 "에서가 장자의 명분을 가볍게 여김이었더라"(창 25:34)라고 언급했다. 저자는 하나님이 그를 버리셨기 때문에 에서가 장자권을 멸시했다고 하지 않고, 에서가 주체가 되어 '에서가' 장자의 명분을 가볍게 여겼다고 했다. 이것은 에서에게 책임이 있다는 것이다.

하나님의 작정과 인간의 책임 간의 문제에 선을 긋는 일은 어렵다. 안토니 후크마(Hoekema 1989, 5–6)는 수치적으로 하나님의 주권적인 은혜 100%이며, 인간의 책임적인 부분 역시 100%라고 표현하면서 이 역설(paradox)을 받아들어야 한다고 주장했다. 또한 에서의 행동에 대하여 히브리서 저자는 우리의 신앙생활에 적용했다. "음행하는 자와 혹 한 그릇 음식을 위하여 장자의 명분을 판 에서와 같이 망령된 자가 없도록 살피라"(히 12:16). 이것은 에서가 장자권을 가볍게 여긴 것은 하나님의 책임이 아니라 그의 책임을 보여 준다.

(2) 그랄의 이삭(창 26:1-33)

창세기 26:1-11에 기록된 사건이 야곱과 에서가 태어나기 전에 일어났다면 일반적으로 연대기적인 순서로 기록한 창세기의 기술 방식에 의문이 들 수 있다. 만약 야곱과 에서가 태어난 후라면 이삭이 아비멜렉에게 '내 누이'(창 26:7)라고 하였거나, 여호와께서 자손을 주신다는 약속(창 26:2-4, 24)을 하시지 않았을 것이다. 그래서 이 사건은 야곱과 에서가 태어나기 전에 일어났다(Youngblood 2002, 45; De Graaf 1981, 178). 이 문단을 삽입구로 보고 야곱과 에서가 태어나기 전의 이삭의 상황을 설명한 것이라고 보아야 한다. 그러면 자연스럽게 에서가 장자의 명분을 가볍게 여긴 일과 40세에 헷 족속 엘론의 딸을 아내로 맞은 일로 연결된다.

이삭은 그 땅에 흉년이 들자 그랄의 블레셋 왕 아비멜렉에게 갔다(창 26:1). 여호와께서 이삭에게 애굽으로 내려가지 말라고 말씀하시고, 아브라함에게 맹세하신 대로 자손을 하늘의 별과 같이 번성하게 하심으로 천하 만민이 복을 받을 것이라고 약속하셨기 때문이다(창 26:2-4). 여호와께서는 그 이유를 아브라함이 그의 명령과 계명과 법도를 지켰기 때문이라고 설명해 주셨다(창 26:5).

그런데 이삭은 그랄에 머물면서 예전에 아버지 아브라함이 했던 동일한 방식대로 리브가를 누이라고 속였다(창 26:6-7). 그런데 블레셋 왕 아비멜렉이 이삭이 리브가를 껴안고 있는 것을 보고 이삭을 불러 백성 중에 하나가 리브가와 동침하는 죄를 범할 뻔했다고 말했다(창 26:8-11). 이것은 아비벨렉이 과거에 아브라함에게 있었던 사건과 그로 말미암아 자신과 자신의 가족들에게 일어났던 일을 기억하였기 때문으로 보인다(창 20:4-7, 18).

이삭은 이 땅에서 농사하여 그해에 특별하게도 백배나 수확하였을 뿐만 아니라 여호와께서 약속하신 대로 복을 받음으로 창대하여 거부가 되었다(창 26:3, 12-13). 이 일로 말미암아 블레셋 사람들은 이삭을 시기하여 아브라함의 종들이 판 모든 우물들을 막았고, 아비멜렉은 이삭에게 떠나라고 했다(창 26:14-16). 이것은 아비멜렉이 과거에 아브라함과 맺은 언약을 파기하는 행동이다(참조. 창 21:27-31). 그래서 이삭은 그곳을 떠나 다시 우물을 파고 그 이름을 '다툼'이라는 의미의 '에섹'(עֵשֶׂק)이라고 지었고, 또 다른 우물을 팠는데 다시 다투므로 그 이름을 '대적함'이라는 의미를 가진 '싯나'(שִׂטְנָה)라 했다. 이삭은 다시 장소를 옮겨 우물을 팠는데 그 이름을 '장소가 넓다'는 의미의 '르호봇'(רְחֹבוֹת)이라고 지었다(창 26:17-22). 이 사건들은 이삭의 성격을 잘 보여 준다. 이러한 행동에 대하여 크라프(De Graaf 1981, 182)는 갈등의 핵심이 개인적인 권리 주장이라기보다는 약속의 상속자로서 권리를 주장하는 것인데 그의 믿음 부족으로 하나님의 약속이 위기에 처하게 되었다고 했다. 그러나 이삭이 그의 아버지와 아비멜렉이 맺은 약속을 몰랐을까? 이삭이 권리를 주장한다고 이 땅의 백성들이 들었겠는가? 이삭은 오히려 하나님을 신뢰하였기 때문에 양보하고 떠났다고 보아야 한다. 그래서 이삭은 다시 브엘세바로 올라갔다. 그때 여호와께서 "나는 네 아버지 아브라함의 하나님이니 두려워하지 말라 내 종 아브라함을 위하여 내가 너와 함께 있어 네게 복을 주어 네 자손이 번성하게 하리라"(창 26:24)라고 약속하셨다. 이삭은 이 약속을 믿는다는 믿음의 표현으로 제단을 쌓고 여호와의 이름을 불렀다(창 26:25).

이러한 이삭의 행동으로 말미암아 아비멜렉이 그의 친구와 군대 장관과 더불어 그랄에서부터 브엘세바로 와서 "여호와께서 너와 함께 계심을 우리가 분명히 보았으므로 … 이제 너는 여호와께 복을 받은 자니라"(창 26:28-29)라고 말했다. 이들은 우물과 관련된 일련의 사건을 통하여 여호와께서 이삭과 함께 계시고 그가 여호와께 복을 받은 자임을 알게 되었다. 이것이 선으로 악을 이기는 것이다(롬 12:21).

이삭은 그들을 위해 잔치를 베풀어서 그들이 먹고 마시고 아침에 일찍 일어나 서로 맹세한 후에 이삭은 그들을 보내었다. 그날에 이삭의 종들이 우물을 파서 물을 얻었는데 그 우물을 '브엘세바'(בְּאֵר שֶׁבַע)라고 명했다(창 26:32-33). 이는 '맹세의 우물'이라는 뜻이다. 이삭이 다시 우물을 파고 물을 얻었다는 것은 하나님이 이삭에게 약속하신 대로 그와 함께하신다는 것을 보여 준다.

(3) 이삭의 축복과 야곱을 하란으로 보냄(창 26:34-28:9)

저자는 이삭이 야곱을 축복하기 전에 에서가 사십 세에 헷 족속의 딸과 결혼한 일로 말미암아 이삭과 리브가의 마음에 근심이 되었다는 사실을 먼저 말한다(창 26:34). 그러고 난 뒤에 이삭이 눈이 어두워 잘 보이지 아니할 때에 야곱을 축복한 사건을 설명한다. 이것은 에서가 장자권을 가볍게 여긴 일과 그의 결혼 사건이 축복의 판단 기준이 되어야 한다는 것을 보이기 위함이다.

이삭은 나이가 많아 눈이 어두워져 앞을 잘 볼 수가 없었다. 이때 이삭의 나이는 137세였다.[51] 그는 180세에 죽었기 때문에 이 사건 이후 43년을 더 살았다(창 35:27-29).

이삭은 장자권을 무시하고, 에서가 헷 족속의 딸들과 결혼한 일을 무시하고 자신이 좋아하는 에서에게 축복하기를 원했다(창 27:2-4). 이뿐만 아니라 그는 하나님이 리브가를 통하여 "큰 자가 작은 자를 섬기리라"고 하신 예언의 말씀도 무시했다(참조. 창 25:23). 이때 리브가는 이러한 이삭의 계획을 엿듣고는 야곱으로 하여금 털이 많은 에서처럼 변장시켜 아버지에게 가게 했다(창 27:14-17). 리브가가 이렇게 한 이유가 단순히 야곱을 더 사랑해서였는지, 아니면 하나님의 말씀을 이루기 위해서였는지는 알 수 없다. 저자는 의도적으로 이삭은 에서를 사랑하고 리브가는 야곱을 사랑했다고 기록하고 있기 때문이다(창 25:28). 이삭은 리브가가 만든 음식을 먹고 야곱에게 축복했다(창 27:27-29). 그가 한 축복은 크게 두 가지다. 하나는 이 세상에 사는 동안에 누리는 땅 위의 축복이고, 또 하나는 야곱의 후손을 통하여 그리스도께서 오셔서 그로 말미암아 받게 될 축복이다(창 18:18; 22:18; 갈 3:7-8). 히브리서 저자는 이삭의 이러한 축복에 대하여 "믿음으로 이삭은 장차 오는 일에 대하여 야곱과 에서에게 축복하였으며"(히 11:20)라

---

51 당시 이삭의 나이가 137세인 근거는 다음과 같다. 야곱이 애굽에 내려갔을 때의 나이가 130세였으며(창 47:9), 이때 요셉의 나이는 39세였다(창 41:46-47, 54; 45:11). 이것은 요셉이 태어났을 때 야곱이 91세였음을 의미한다(130-39=91). 왜냐하면 요셉은 야곱이 하란에 도착한 후 레아와 라헬을 얻기 위하여 14년을 일한 후에 고향으로 돌아가겠다며 라반과 품삯을 정할 때에 태어났기 때문이다(창 30:25; 31:41). 이를 기준으로 볼 때 야곱은 77세(91-14=77)에 브엘세바를 떠났다. 이삭은 그의 나이 60세에 야곱과 에서를 낳았기 때문에 야곱에게 축복하였을 때의 나이가 137세(60+77=137)이다.

고 했다.

그런데 야곱이 이삭의 장막에서 축복을 받고 나가자마자 에서가 별미를 만들어 들어왔다(창 27:30–31). 이삭은 에서가 오자 야곱에게 축복했음을 깨닫고 크게 떨었다(창 27:33). 왜 떨었는지 설명이 없지만 이삭은 야곱에게 한 축복을 그대로 인정하고 바꾸지 않았다(창 27:37). 당시에 이삭은 구두로 유언을 하였지만 하나님의 이름으로 축복하였기에 거기에는 법적인 효력이 있었다(Pritchard 1969, 219–220). 반대로 에서는 이삭으로부터 거의 저주에 가까운 말을 듣고 야곱을 죽이려고 계획했다(창 27:39–41). 리브가가 이 말을 듣고 야곱에게 하란으로 가서 형의 노가 풀릴 때까지 라반의 집에 있으라고 했다(창 27:43–44). 이삭 역시 야곱에게 축복하며 가나안 사람의 딸들 가운데 아내를 맞이하지 말고 밧단아람으로 가서 라반의 딸들 중에서 아내를 맞이하라고 당부했다(창 28:2).

이삭이 야곱에게 축복하는 과정이나 리브가나 야곱이 축복을 받는 과정을 보면 정당한 방법이 아니라는 것을 알 수 있다. 여기에는 인간적인 술수가 작용했다. 그런데도 하나님이 원래 작정하신 대로 야곱이 축복을 받게 하신 것은 하나님의 주권적인 은혜다(창 25:23; 롬 9:10–13).

(4) 벧엘의 야곱(창 28:10–22)

야곱은 그의 고향 브엘세바를 떠나 하란으로 가다가 해가 져서 더 이상 갈 수가 없게 되자 한 곳에 이르러 돌을 베게로 삼고 누워 잤다(창 28:10–11). 야곱은 그 곳에서 한 꿈을 꾸었다. 그 꿈에 보니 한 사다리가 땅에서부터 하늘까지 걸쳐 있었고, 천사들이 그 위에서 오르락내리락하고 있었다(창 28:12). 이때 여호와께서 자신을 아브라함과 이삭의 하나님이라고 밝히시며 야곱의 후손이 땅의 먼지처럼 많아지게 될 것이고, 그 후손을 통하여 한 나라를 일으키실 것이며, 땅의 모든 족속이 그와 그의 자손으로 말미암아 복을 얻을 것이라며, 그가 어디로 가든지 함께 계셔서 지키실 것이라고 약속하셨다(창 28:13–15). 야곱은 이 약속을 듣고 잠에서 깨어난 이후에 여호와께서 여기 계신다고 하였고, 이곳을 가리켜 "하나님의 집이요 이는 하늘의 문이로다"(창 28:16–17)라고 했다. 예수님은 이 말씀을 자신에게 적용하여 "하늘이 열리고 하나님의 사자들이 인자 위에 오르락내리락 하는 것을 보리라"(요 1:51)라고 하시며 그 의미를 설명해 주셨다. 그것은 예수 그리스도의 십자가 죽으심과 부활로 말미암아 하나님의 집에서 자유롭게 만나 교제하게 될 시대가 된다는 것이다.

야곱은 이곳에서 하나님을 만나고 난 뒤 일어나 베개로 삼았던 돌을 기둥으로 삼아 여기에 기름을 붓고 이곳 이름을 '벧엘'(בֵּית־אֵל)이라 했다(창 28:19). 이 이름의 뜻은 '하나님의 집'이다. 야곱은 이곳에서 하나님이 약속을 이루어 주시면 여호와를 항상 자신의 하나님으로 삼으며, 하나님이 자기에게 주신 것에서 십분의 일을 바치겠다고 서원했다(창 28:20-22). 야곱이 이 서원을 한 것은 말씀대로 이루시면 전적으로 여호와께서 하신 일로 알고 여호와를 하나님과 왕으로 인정하겠다는 뜻이다(Youngblood 2002, 28, 50). 십분의 일은 전체의 대표를 의미한다.

하나님은 이곳에서 야곱에게 하신 약속을 이루어 주셨을까? 그리고 야곱은 하나님이 약속대로 이루어 주셨을 때 서원을 이행하였을까?

(5) 야곱의 결혼과 그의 자녀들(창 29:1-30:24)

이 문단은 야곱이 하나님의 섭리와 인도로 레아와 라헬을 만나 결혼하고, 열두 아들을 얻는 이야기다. 야곱의 열두 아들은 이스라엘 열두 지파의 기원이고, 교회의 기초이기도 하다.

① 야곱의 결혼(창 29:1-31)

야곱은 아버지 이삭의 집을 떠나 마침내 밧단아람에 이르게 되고 여기서 라반의 두 딸 레아와 라헬을 만나게 되었다. 라반은 야곱이 하란으로 오게 된 경위를 듣고 그와 한 달을 있은 후에 그가 생질이라도 그저 일할 수 없다고 하면서 그에게 품삯을 정하라고 했다. 그때 야곱은 라헬을 사랑하였기 때문에 그녀를 위하여 7년을 섬길 것이라고 했다(창 29:15-18). 그가 라헬을 선택한 이유는 레아는 시력이 약했지만, 라헬은 곱고 아리따웠기 때문이다(창 29:16-17). '시력이 약하고'라는 표현은 문맥적으로 라헬과 대조적으로 비교하는 것을 볼 때 '인물이 못하다'라는 뜻이다. 라반이 야곱의 제안을 받아들이자 야곱은 라헬을 사랑하였기 때문에 7년을 며칠같이 여겼다(창 29:20). 7년이 찬 후에 야곱이 라헬을 요구하자 라반은 라헬 대신 레아를 주었다. 이뿐만 아니라 라반은 레아에게 그의 여종 실바까지 주었다(창 29:22–23). 야곱이 이 일을 항의하자 라반은 아람 지방의 풍속을 따라 큰 자보다 작은 자를 먼저 주는 것은 합당하지 않다고 그 이유를 설명했다. 그리고 당시 결혼 잔치가 7일 동안 베풀어졌는데 라반은 레아와 결혼하여 7일을 채우면 라헬도 줄 것이고, 7년을 더 봉사하라고 야곱에게 말했다(창 29:27). 야곱이 그대로 하자 라반은 야곱에게 라헬을 주었고, 라헬에게 그의 여종 빌하도 주었다(창 29:29). 아내를 위하여 7년 동안 봉사하는 일은 당시 사회에서 널리 인정된 결혼 지참금이었다(Kaye & Wenham 1978, 35). 결국 야곱은 아내를 얻기 위하여 14년을 봉사했다. 이 일을 통하여 야곱은 장자가 아니었지만 장자의 축복을 받은 일이나 그 축복을 받기 위해 아버지를 속인 일을 생각하지 않았을까?

② 야곱의 자녀들(창 29:31–30:24)

야곱은 결혼하였고 두 아내와 두 아내의 여종을 통하여 자녀들을 낳았다. 야곱은 라헬을 사랑하였지만 레아는 사랑을 받지 못했다. 하지만 여호와께서 레아가 사랑 받지 못함을 보시고 그녀의 태를 열어 주셨다. 그때 태어난 아들이 르우벤(창 29:32), 시므온(창 29:33), 레위(창 29:34), 유다(창 29:35)이다. 그런데 자식이 없었던 라헬은 언니 레아를 시기하여 자신의 시녀 빌하를 남편에게 주어 단(창 30:6)과 납달리(창 30:8)를 얻었다. 레아는 자신의 출산이 멈추어지자 자신의 시녀 실바를 남편에게 주어 갓(창 30:11)과 아셀(창 30:13)을 얻었다. 그리고 레아의 아들 가운데 르우벤이 추수 때에 합환채를 구하여 어머니 레아에게 주었다(창 30:14). 르우벤이 어머니에게 준 합환채는 사람의 하체 모양과 비슷하게 생긴 뿌리이다. 당시의 사람들은 이것을 먹으면 아기를 가지게 될 것이라고 생각했다. 라헬은 언니 레아에게 그 밤을 야곱과 함께 보내게 한다는 조건으로 합환채를 요구했다(창 30:14–15). 이것은 인간적인 방법으로 아기를 낳아 보려는 노력이다. 하지만 하나님은 합환채를 먹은 라헬이 아기를 낳게 하신 것이 아니라 이미 생산이 멈춘 레아에게 잇사갈(창 30:18)과 스불론(창 30:20)이라는 아들과 디나(창 30:21)라는 딸을 주셨다. 이후에 하나님이 라헬을 생각하시고 그의 소원을 들어주셔서 태를 열어주신 것을 볼 때 라헬은 기도한 것처럼 보인다. 그래서 얻은 아들이 요셉이다(창 30:24). 이를 볼 때 생명을 얻는 문제는 인간의 지혜와 능력이나 노력 여하에 달려 있는 것이 아니라 하나님의 주권에 달려 있음을 알 수 있다. 야곱에게 태어난 이 아들들과 후에 태어난 베냐민(창 35:18)은 이스라엘 열두 지파의 족장이 되었고, 구약 교회의 기초가 되었다(계 21:14).

(6) 야곱의 소유(창 30:25-31:55)

야곱은 두 아내 레아와 라헬을 얻기 위하여 14년을 봉사하고 요셉을 낳을 때에 고향 땅으로 가게 해 달라고 라반에게 요구했다. 그러자 라반은 "여호와께서 너로 말미암아 내게 복 주신 줄을 내가 깨달았다"(창 30:27)라고 하면서 함께 있어 줄 것을 권했다. 특이한 것은 라반이 야곱 때문에 여호와께서 복을 주신 사실을 깨달은 방법이다. 여기에서 '내가 깨달았다'라는 동사가 히브리어로 '나하쉬'(נחש) 이다. 이 단어는 '점을 쳐서 안다'라는 특수한 용어이다. 야곱이 라반의 점괘를 통하여 하나님이 자기와 함께하신다는 사실을 알았을 때 그의 느낌은 어떠하였을까? 그리고 라반이 품삯을 야곱에게 정하라고 하자 야곱은 양 떼와 염소 떼 중에서 아롱진 것이나 점 있는 것이나 검은 것을 가려내고 앞으로 이 양 떼나 염소 떼 중에서 이 같은 것이 나면 그것으로 품삯을 정하자고 했다(창 30:32-33). 라반은 이 제안을 받아들였다. 그래서 야곱은 아롱지고 점 있는 양들이 많이 태어나게 하려고 버드나무와 살구나무와 신풍나무의 푸른 가지를 꺾어다가 무늬를 내고 그것을 양 떼가 와서 물을 마시는 구유에 세웠다. 심지어 야곱은 튼튼한 양이 오면 그 가지를 두어 튼튼한 것은 야곱의 소유가 되게 했다(창 30:41-42). 야곱은 매우 번창하여 양 떼와 노비와 낙타와 나귀가 많았다(창 30:43). 이로 말미암아 라반의 아들들과 갈등이 생겼고 라반이 야곱을 대하는 태도도 달라졌다(창 31:1-2).

그때 벧엘에서 나타나신 여호와께서 지나간 모든 과정을 자세하게 설명해 주셨다. 여호와께서는 야곱이 부자가 된 것이 그의 꾀 때문이 아니라 벧엘에서 약속하신 하나님이 약속을 이행하시려고 신실하게 일하셨기 때문이라고 설명해 주셨다. 특히 야곱은 자기 꾀로 나무껍질을 벗겨 양 떼나 염소 떼 중에서 얼룩진 것, 아롱진 것, 점 있는 것이 생기게 한 것으로 알았으나 하나님은 "네 눈을 들어 보라 양 떼를 탄 숫양은 다 얼룩무늬 있는 것, 점 있는 것과 아롱진 것이니라 라반이 네게 행한 모든 것을 내가 보았노라"(창 31:12)라고 말씀하셨다. 하나님은 야곱이 부자가 된 것은 야곱의 지혜가 아니라 라반이 그에게 행한 행동을 보시고 그에게 은혜를 주셨기 때문이라고 설명해 주셨다. 그러면서 "나는 벧엘의 하나님이라 네가 거기서 기둥에 기름을 붓고 거기서 내게 서원하였으니 지금 일어나서 네 출생지로 돌아가라"(창 31:13)라고 말씀하셨다. 이것은 서원을 이행하라는 말씀이다. 야곱은 이 서원을 이행하였을까?

야곱은 하나님의 말씀을 듣고 라반에게 떠난다는 인사도 없이 떠났다(창 31:20). 이 과정에서 라헬은 드라빔을 훔쳤다(창 31:19). 삼 일이 지난 후에 라반은 야곱이 도망갔다는 것을 알았고, 화가 나 야곱과 그의 가족을 뒤쫓았다(창 31:22-23). 라반은 칠 일 후 야곱에게 미치게 되었다. 하지만 하나님이 라반의 꿈속에 나타나셔서 "너는 삼가 야곱에게 선악 간 말하지 말라"(창 31:24)라고 말씀하셨다. 그리고 라반은 이 말을 그대로 야곱에게 전해 주었다(창 31:29). 이 말을 들은 야곱은 하나님이 과연 그 약속하신 대로 그와 함께하신다는 사실을 알게 되었을 것이다.

이때 라반은 자기 집의 우상이며 점치는 도구인 드라빔을 훔쳐간 일에 대해 야곱을 책망하며 그것을 되찾고자 했다(창 31:30). 누지(Nuzi) 서판에 따르면 가문의 신을 소유하는 것은 합법적인 상속인이라는 것을 나타낸다(Pritchard 1969, 220). 야곱은 라헬이 그 드라빔을 가져온 줄을 알지 못하고 "그것을 훔친 자는 살지 못할 것이다"라고 대답했다(창 31:33). 야곱의 이 말은 라헬의 운명에 어떤 영향을 미칠까?

(7) 브니엘의 야곱(창 32:1-33:20)

이 문단은 야곱이 브니엘에서 만난 사건과 그 이후에 보여 준 야곱의 행동을 기록하고 있다.

① 마하나임(창 32:1-2)

야곱이 라반과 헤어진 후에 길을 가는데 하나님의 사자들이 그를 만났다. 야곱은 그들을 보고 '하나님의 군대'라 하고 그 땅의 이름을 '마하나임'이라 했다(창 32:1-2). '마하나임'(מַחֲנָיִם)은 '두 진영'이라는 뜻이다. 이로 볼 때 하나님의 군대가

두 진영을 이루고 있었던 것으로 보인다. 여호와의 사자가 야곱을 만나고 하나님의 군대를 보여 준 것은 어떤 의미가 있을까? 그것은 여호와께서 야곱과 함께 하신다는 뜻이다.

② 야곱의 갈등(창 32:3-12)

야곱은 하나님의 군대를 보고 난 뒤에 용감하게 세일 산에 있는 에서에게 사람을 보내었다. 그리고 소와 나귀와 양 떼와 노비들을 보내었다. 그런데 에서에게 보낸 사람들이 돌아와서 에서가 사백 명을 거느리고 야곱에게 오고 있다는 사실을 전했다(창 32:6). 야곱은 하나님의 군대를 만났기 때문에 에서가 사백 명이 아니라 그 이상을 거느리고 온다고 할지라도 하나님이 그와 함께 계신다는 사실을 알고 믿음으로 가야 했다. 하지만 그는 새로운 상황 앞에서 자신의 잔꾀를 의지했다. 그는 그의 소유를 두 떼로 나누었다. 그러면서 그는 "에서가 와서 한 떼를 치면 남은 한 떼는 피하리라"(창 32:8)라고 생각했다. 그러면서도 야곱은 하나님의 약속에 근거해 기도했다(창 32:9-12). 이것이 당시 야곱의 갈등이었다.

③ 얍복 강가에서 기도한 야곱(창 32:13-32)

야곱은 밤에 모든 사람들로 하여금 얍복 강을 건너게 하고, 자기는 맞은 편 강가에 혼자 머물렀다. 여기서 야곱은 밤새도록 어떤 사람과 씨름을 했다(창 32:24). 이 사람은 누구인가? 그 사람은 자기가 야곱을 이기지 못함을 알고 야곱의 허벅지 관절을 치자 그의 관절이 어긋나게 되었다(창 32:25). 야곱과 씨름하던 사람이 "나로 가게 하라"라고 말했다. 이때에 야곱은 "당신이 내게 축복하지 아니하면 가게 하지 아니하겠나이다"(창 32:26)라고 말했다. 야곱과 씨름하던 사람은 "네 이름이 무엇이냐?"라고 물었다. 야곱은 자기의 이름을 야곱이라고 말했다(참조. 창 25:26). 이때 그 사람은 야곱에게 더 이상 야곱이라 부르지 말고 '이스라엘'이라고 부를 것이라고 했다. 그리고 이렇게 불러야 할 이유를 "네가 하나님과 및 사람들과 겨루어 이겼음이라"(창 32:28)라고 설명해 주었다. 야곱이 하나님과 겨룬 것은 맞고 호세아 선지자도 이를 인정한다(호 12:3-4).

그러면 사람들과 겨루어 이겼다는 것은 어떤 의미인가? 이를 야곱이라는 이름으로 기억되는 인간 존재와 겨루어 이겼다는 것으로 보기도 한다(Youngblood

2002, 57). 후에 하나님은 야곱의 이름을 이스라엘로 바꾸셨다(창 35:10). 이스라엘이라는 이름은 야곱의 후손들이 세운 나라의 이름이 되었다. 야곱은 하나님과 대면한 이후에 이곳 이름을 '브니엘'(פְּנִיאֵל)이라고 지었다. 이 이름의 문자적인 뜻은 '하나님의 얼굴'이다. 야곱은 그 의미를 "내가 하나님과 대면하여 보았으나 내 생명이 보전되었다"(창 32:30)라고 말했다. 이 말을 볼 때 야곱과 밤새도록 씨름한 사람은 하나님이셨음을 알 수가 있다.

④ 얍복 강가에서 기도한 결과(창 33:1-17)

하나님이 얍복 강가에서 밤이 맞도록 기도한 야곱의 기도를 들으시고 어떻게 응답해 주셨을까? 하나님은 에서의 마음을 풀어 주시며 서로 화해하게 하셨다(창 33:4). 이러한 이유에서 기도는 분명 생명선이다.

⑤ 야곱의 이상한 선택(창 33:18-20)

라반의 집에 20년 있었을 때와 떠나온 후에 경험했던 일을 볼 때 야곱은 서원을 이행하기 위하여 벧엘로 올라가야만 했다(참조. 창 28:20-22; 창 31:13). 그런데 야곱은 어디로 갔는가? 그는 세겜의 아비 하몰의 아들들로부터 은 일백 개로 땅을 사고 거기에 장막을 쳤다(창 33:18-19). 하나님은 이러한 야곱의 행동을 어떻게 보셨을까?

(8) 야곱을 대면하신 하나님(창 34:1-35:29)

이 문단은 야곱이 서원한 대로 벧엘로 올라가지 않음에 따라 발생한 이야기다. 이 이야기는 세겜에서 왜 야곱의 딸이 강간을 당하게 되고, 이로 말미암아 전 가족이 위험에 빠지게 되었는지 그 이유를 보여 준다.

① 부끄러운 일을 당한 디나와 잘못된 해결 방법(창 34:1-31)

하나님은 벧엘에서 야곱에게 약속하신 대로 다 이루어 주셨다. 하지만 야곱은 벧엘로 올라가 서원을 이행하지 않고 세겜에 장막을 치고 살았다. 그런데 어느 날 그의 딸 디나가 그 지역의 추장인 세겜에게 강간을 당하고 야곱은 세겜의 아비로부터 디나를 세겜의 아내로 달라는 요구를 받았다(창 34:1–4). 야곱의 아들들은 이 일을 듣고 분노하였지만 세겜에게 디나를 주겠다고 거짓으로 약속하며 그 대신에 세겜과 모든 부족이 할례를 받도록 요구했다. 그리고 할례 받은 후 가장 고통스러운 삼일 째가 되는 날에 그들을 습격하여 모든 남자를 다 죽였다. 이 일에 디나의 오라비 시므온과 레위가 주동이 되었다(창 34:25). 이 사건으로 말미암아 야곱과 그의 가정은 큰 위험 가운데 빠지게 되었다(창 34:30).

② 벧엘로 올라가라(창 35:1–29)

하나님은 이 상황에 나타나셔서 문제의 본질이 어디에 있는지 말씀해 주셨다. 하나님은 야곱에게 "일어나 벧엘로 올라가서 거기 거주하며 네가 네 형 에서의 낯을 피하여 도망하던 때에 네게 나타났던 하나님께 거기서 제단을 쌓으라"(창 35:1)라고 말씀하셨다. 문제의 본질은 하나님은 벧엘에서 말씀하신 대로 이루어 주셨는데도 야곱은 서원을 이행하지 않았다는 것이다(창 28:13–15). 야곱은 이 말씀을 듣고 자기 집안사람과 자기와 함께한 모든 사람에게 이방 신상을 버리고 자신을 정결케 하고 의복을 바꾸어 입으라고 말했으며 함께 벧엘로 올라가자고 권면하면서 자신은 그곳에서 제단을 쌓으려 한다고 말했다(창 35:2–3). 야곱의 말은 그와 그의 아들들이 세겜 땅의 문화에 상당히 젖어 있었음을 알게 한다. 그래서 하나님은 충격적인 방법으로 야곱과 대면하셨던 것이다. 야곱이 회개하고 벧엘로 올라가자 하나님은 야곱과 그의 가족들을 보호하기 위하여 사면 고을에 큰 두려움을 주셨다(창 35:5). 그리고 야곱은 하나님의 은혜로 벧엘로 옮겨와서는 제단을 쌓았다(창 35:6–7). 야곱은 벧엘에서 서원한 것을 이행한 것이다(참조. 창 28:20–22). 이때 하나님은 아브라함과 이삭에게 주신 약속을 다시 주셨다(창 35:11–12). 이 말씀은 창세기 25:19부터 시작된 이삭의 계보의 클라이맥스다. 이 약속은 이 백성을 통하여 메시아이신 예수님을 보내어 하나님 나라를 이루어 주시겠다는 것이다.

10. 에서의 계보(창 36:1-43)

에서의 계보는 아브라함과 사라에게 약속하신 '여러 민족'에 속해 있다(창

17:5-6). 아브라함에게서 났다고 해서 다 그리스도의 계보에 속한 것은 아니다. 에서의 계보를 소개하는 것은 앞으로 그리스도의 계보와 비교하며 어떤 역할을 할 것인지를 보여 주는 데 중요한 목적이 있다. 구약성경 가운데 오바댜서는 에돔이 이스라엘에게 행한 악한 행동에 대한 하나님의 심판을 선언하는 내용이다. 이뿐만 아니라 여러 선지자를 통하여 이들이 행한 악한 행동에 대하여 심판을 선언한다(사 34:1-17; 63:1-6; 렘 49:7-22; 겔 25:12-14; 암 1:11-12 등). 그래서 에서의 계보가 이야기의 흐름을 끊는 듯한 인상을 줄 수 있으나 언약 백성과 맺은 관계를 대조적으로 보여 주어 택한 백성의 축복이 무엇인지 잘 보여 준다.

하나님은 에서가 태어나기 전에 이미 "큰 자가 작은 자를 섬기리라"(창 25:23)라고 말씀하신 대로 야곱을 선택하셨다. 말라기 선지자는 "에서는 야곱의 형이 아니냐 그러나 내가 야곱은 사랑하였고 에서는 미워하였으며"(말 1:2-3)라고 말했다. 바울은 이 말씀을 인용하여 하나님의 선택을 설명했다(롬 9:11-13). 이로 볼 때 하나님의 선택이 한 나라와 개인의 운명을 결정하는 가장 중요한 요소임을 알 수 있다.

11. 야곱의 계보(창 37:1-50:26)

야곱의 계보는 주로 야곱의 아들들에게 초점이 맞추어져 있는데, 특히 요셉 이야기가 중심을 이루고 있다. 하나님은 이 이야기를 통하여 아브라함에게 하신 약속을 어떻게 이루시고, 어떻게 역사를 섭리하시는지를 잘 보여 주신다.

내용 분해

(1) 요셉의 꿈과 애굽으로 팔려 가는 요셉(창 37:1-36)

(2) 유다와 다말(창 38:1-30)

(3) 보디발의 집과 감옥의 요셉(창 39:1-40:23)

(4) 애굽의 총리가 된 요셉(창41:1-52)

(5) 형들을 만난 요셉(창 41:53-44:34)

(6) 하나님의 섭리(창 45:1-46:7)

(7) 애굽으로 내려간 야곱(창 46:8–50:14)

(8) 하나님의 섭리와 요셉의 믿음(창 50:15–26)

내용 해설

(1) 요셉의 꿈과 애굽으로 팔려 가는 요셉(창 37:1–36)

이 문단은 요셉이 계시적인 꿈을 꾸게 되고, 그 꿈으로 말미암아 형들의 미움을 받아 팔리게 되는 이야기다.

① 요셉의 꿈(창 37:1–11)

요셉의 이야기는 부모의 편애가 가져온 일상적인 행동을 중심으로 전개가 되고 있다. 요셉은 야곱이 사랑했던 라헬에게서 났고, 그것도 노년에 태어났기 때문에 야곱은 그를 더욱 사랑했다. 야곱은 더욱 요셉을 사랑하여 채색 옷까지 지어 입혔다(창37:3–4). 이 옷은 특별한 신분에 있는 사람들만 입을 수 있는 좋은 옷이었다(참조. 삼하 13:18). 야곱의 이러한 행동은 형들로 하여금 요셉을 미워하게 했다(창 37:4).

이때 요셉은 두 가지 꿈을 꾸었다. 첫 번째 꿈은 들의 곡식단 가운데 요셉의 형들의 단이 요셉의 단을 향하여 절하는 것이었다(창 37:5–8). 두 번째 꿈은 해와 달과 열한 별들이 요셉을 향하여 절하는 것이었다(창 37:9–10). 이 꿈은 앞으로 일어나게 될 일을 보여 주는 계시적 성격을 가지고 있다. 이는 하나님이 아브라함에게 말씀하신 대로 애굽으로 내려가게 될 것과 요셉을 통하여 온 가족들이 보호를 받게 될 것, 그리고 이들이 천하 만민이 구원을 얻는 축복의 통로가 되리라는 것이다(창 12:3; 18:18; 26:4; 행 3:25; 갈 3:8). 그런데 당시에 이 꿈이 계시적 성격을 가지고 있는지 부모와 형제들과 심지어 요셉조차 몰랐다(참조. 창 42:9).

② 애굽으로 팔려 간 요셉(창 37:12–36)

어느 날 야곱은 요셉에세 형들과 양 떼의 안부를 알아보게 했다. 당시 야곱이 살고 있는 헤브론에서 형들이 양을 치고 있다고 생각한 세겜까지는 북쪽으로 약

80km 떨어져 있었다(창 37:14). 그런데 요셉은 형들이 거기에 없을 뿐만 아니라 거기에서 약 24km 더 떨어진 도단으로 갔다는 정보를 듣고 그리로 갔다. 이 점은 요셉의 성실성을 잘 보여 준다.

그런데 요셉이 어렵게 형들을 찾아왔지만 형들은 요셉이 오는 것을 보고 죽이기를 계획했다(창 37:18). 그리고 형들은 "그 꿈이 어떻게 되는 것을 우리가 보게 될 것이다"(창 37:20)라고 했다. 이러한 형들의 말은 형들이 요셉의 꿈을 생각하고는 있었지만 하나님이 주신 계시로 이해하지 못했다는 것이다. 이때 장자 르우벤은 그를 웅덩이에 던질 것을 제안했다. 그것은 그가 나중에 요셉을 구해 줄 수 있으리라고 생각하였기 때문이다(창 37:22, 29). 그 말을 들은 다른 형들은 요셉의 채색 옷을 벗기고 그를 물 없는 구덩이에 집어넣었다(창 37:23-24). 때마침 애굽으로 내려가는 이스마엘 사람들을 보자 유다는 요셉을 죽이기보다는 노예로 팔자고 제안했다(창 37:26-27). 형들은 이 유다의 제안에 따라 요셉이 형들에게 자비를 베풀어 달라고 애걸하며 부탁하였지만(참조. 창 42:21) 종 한 사람의 값인 은 20개를 받고 요셉을 팔았다(창 37:28). 그리고 형들은 숫염소를 죽여 그 피에 다른 사람들의 옷과는 구별되는 요셉의 채색 옷을 적시고, 악한 짐승이 그를 먹은 것처럼 위장하여 야곱에게 보여 주었다(창 37:31-33). 야곱은 하나님이 요셉에게 보여 준 꿈도 잊어버리고 자기 옷을 찢으며 굵은 베로 허리를 동이고 아들을 위하여 애통했다(창 37:34). 이 사건은 야곱의 편애와 형들의 미움이 얼마나 무서운 죄악을 가져오게 되었는지 잘 보여 준다. 요셉을 산 미디안 사람들은 애굽에서 바로의 신하 친위대장 보디발에게 그를 팔았다(창 37:36). 요셉의 꿈은 어떻게 될 것인가?

(2) 유다와 다말(창 38:1-30)

창세기 37:36에서 요셉이 애굽에서 바로의 신하 보디발에 팔린 이야기로 끝이 난다. 이 이야기는 창세기 39:1에서 애굽 사람 보디발이 요셉을 이스마엘의 사람의 손에서 산 이야기로 다시 시작한다. 이러한 방식은 성경에 많이 나타나는 히브리식 어법으로 '반복적 재개'다. 이 사이에 있는 창세기 38:1-30은 삽입구다. 이러한 경우 대개 삽입구를 빼고 읽어도 문맥의 흐름에 아무런 지장이 없다.

요셉의 이야기 안에서 삽입구인 유다와 다말의 이야기는 도덕적으로 불미스러운 사건임에도 그리스도께서 어떤 통로를 통하여 이 세상에 오셨는지를 보여준다.

① 발단: 다말이 수절하고 기다린 배경(창 38:1–11)

유다는 자기 형제들을 떠나 아둘람 사람과 가까이 했다. 그는 거기에서 가나안 사람 수아라는 자의 딸을 보고 동침하여 엘과 오난과 셀라를 낳았다(창 38:1–5). 유다는 다말을 장자 엘에게 주었다(창 38:1–6). 하지만 엘이 여호와 보시기에 악하므로 여호와께서 엘을 죽이셨다. 그래서 유다는 당시 죽은 친족의 가문을 이어 주는 수혼(嫂婚, levirate marriage) 제도에 따라 오난이 형수에게 들어가 형의 가문을 잇게 했다(창 38:8). 그러나 오난은 자기 씨가 되지 않을 줄을 알고 땅에 설정하자 여호와께서 그를 죽이셨다(창 38:9–10). 유다는 이것을 보고 셀라도 형들처럼 죽을까 염려하여 셀라가 자랄 때까지 다말에게 친정으로 돌아가 수절하고 기다리라고 했다(창 38:11).

② 분규: 다말의 이상한 행동(장 38:12–23)

어느 정도의 세월이 흘렀는지 모르나 다말은 셀라가 장성하여도 유다가 자기를 셀라의 아내로 주지 않자 과부의 의복을 벗고 변장하여 유다를 기다렸다. 그리고 유다가 며느리를 창녀로 여겨 관계를 가지려고 하자 그녀는 그 대가로 염소 새끼 한 마리를 요구하고 그 담보물로 그의 도장과 끈과 지팡이를 요구했다(창 38:18). 유다는 그것들을 주고 그녀와 관계를 가졌고, 그녀는 임신하게 되었다. 유다는 친구 아둘람 사람을 통하여 염소 새끼를 보내었으나 다말을 찾지 못했다(창 38:20–23).

③ 절정: 다말의 임신과 유다의 깨달음(창 38:24–26)

석 달쯤 지나 유다는 다말이 임신했다는 소식을 듣고 그녀를 불사르라고 했다(창 38:24). 그때 다말이 끌려가면서 담보물로 받은 도장과 끈과 지팡이를 제시하자, 유다는 다말의 행동이 무엇을 의미하는지 알게 되었다. 그것은 유다가 셀라가 장성했어도 그를 다말에게 주어 자손을 잇게 하지 않았기 때문이다(창 38:14, 26).

④ 대단원: 다말의 해산(창 38:27–30)

다말이 해산할 때 쌍둥이라는 사실을 알게 되었다. 그래서 산파가 먼저 나온 자에게 홍색 실을 가져다가 매었는데 도로 들어가고 아우가 먼저 터트리고 나오자 그 이름을 '터트린다'는 의미인 베레스라 했다. 그리고 홍색 실이 있는 자가 뒤에 나오자 그 이름을 '나온다', '비춘다'는 의미인 세라라고 했다(창 38:27–30).

비록 이 일이 부도덕하고 이상한 사건이지만 그리스도께서 이 계보를 통하여 이 세상에 오셨고, 유다와 다말과 베레스와 세라는 이 계보 안에 들어오게 되었다(대상 2:3–8; 마 1:3). 이것은 하나님이 선택하시는 원리가 사람의 위대함이나 공로에 근거해 있는 것이 아니라 하나님이 자기 백성을 용서하시고 그들과 함께 계시는 은혜에 근거한다는 것을 보여 준다(McConville 1984, 9–10). 그러나 이 은혜가 크다고 하여 죄를 지어서는 안 된다. 왜냐하면 우리는 그리스도의 죽으심과 합하여 죄에 대하여 죽었고, 부활과 합하여 새 생명 가운데 사는 자가 되었기 때문이다(롬 6:1–4; 11).

(3) 보디발의 집과 감옥의 요셉(창 39:1–40:23)

이 문단은 요셉이 애굽 왕의 친위대장 보디발의 집에 팔리게 되고, 거기에서 보디발의 아내의 유혹을 거부하자 감옥에 들어가게 되므로 일어나는 이야기다. 그 감옥은 왕의 죄수들을 가두는 곳이다. 왜 하필 애굽 왕의 친위대장 집이며, 왕의 죄수들을 가두는 감옥인가? 이 이야기는 하나님이 섭리하셔서 요셉에게 주신 꿈을 이루시는 과정을 보여 준다.

① 보디발의 집의 요셉(창 39:1–18)

미디안 상인들은 요셉을 애굽 왕의 친위대장 보디발의 집에 팔았다. 그러나 여호와 하나님이 요셉과 함께 계셨다. 저자는 창세기 39:1–5의 짧은 단락에서 '여호와'라는 이름을 다섯 번(창 39:2, $3^{\times 2}$, $5^{\times 2}$)이나 사용하여 여호와께서 요셉과 함께하여 그에게 복을 주셨음을 강조한다. 보디발은 여호와께서 요셉과 함께하심을 보며, 또한 그의 범사에 형통하게 하시는 것을 보고 요셉을 가정 총무로 삼고 자기의 소유를 다 그의 손에 위탁했다. 그 결과에 대하여 해설자는 "여호와께서 요셉을 위하여 그 애굽 사람의 집에 복을 내리시므로"(창 39:5) 여호와의 복이 보디발의 집의 모든 소유에 미치게 되었다고 기록했다.

이와 더불어 저자는 보디발이 그의 소유를 요셉에게 위탁하고 간섭하지 아니한 사실과 그의 용모가 빼어나고 아름다웠다는 사실을 소개함으로 다음 이야기를 전개한다(창 39:6). 어느 날부터 요셉은 보디발의 아내가 동침하기를 청하는 유혹을 날마다 받았다(창 39:7, 10). 이때 요셉의 나이는 적어도 20대 중반이었을 것이다. 그가 17세에 애굽에 팔려 오게 되고 30세에 애굽의 총리가 되었으며, 28세 때에 감옥에서 애굽 왕의 술 맡은 자와 떡 굽는 자를 만나게 되는 점을 감안해 볼 때 이때는 적어도 20대 중반처럼 보인다(참조. 창37:2; 41:1, 46). 요셉은 보디발의 아내에게 거절하는 이유 두 가지를 말했다. 하나는 주인이 집안의 모든 소유를 간섭하지 아니하고 모든 일을 다 그에게 위임하였으나 자기 아내는 맡기지 않았다는 것이다. 또 하나는 그녀를 범하는 것이 하나님께 죄를 짓는 일이라는 것이다(창 39:8-9). 어느 날 요셉이 그 집에 혼자 있을 때 보디발의 아내가 그의 겉옷을 붙잡고 동침하기를 간청하자 요셉은 그의 겉옷을 벗어 놓고 도망쳤다. 이것을 빌미로 보디발의 아내는 자기 남편에게 요셉을 매우 악하고 자신을 해하려 하는 사람이라고 말했다(창 39:11-18).

② 감옥의 요셉(창 39:19-23)

보디발은 그의 아내의 말을 듣고 요셉을 감옥에 가두었다. 그런데 그 감옥은 왕의 죄수를 가두는 곳이었다(창 39:20). 결과적으로 요셉은 하나님 앞에서 범죄하지 않으려고 하다가 억울하게 감옥에 들어가게 되었다. 요셉이 처음에 감옥에 갔을 때 발이 차꼬에 상하고 몸이 쇠사슬에 매이기도 하였을 것이다(시 105:17-19). 하지만 저자는 요셉이 일반 죄수들이 가는 감옥이 아니라 왕의 죄수들을 가두는 곳에 갇혔다는 사실을 설명함으로 그의 삶에 어떤 반전(reverse)이 있을지 기대하게 만든다. 그리고 창세기 39:21-23에 '여호와'라는 이름을 세 번이나 사용하여 여호와께서 요셉과 함께하심을, 또한 여호와께서 간수장도 은혜를 받게 하셔서 그가 제반 사무를 요셉에게 처리하게 했다는 사실을 설명한다. 스데반은 구약의 역사를 그리스도의 오심과 관련하여 설명하면서 요셉에 대하여 "여러 조상이 요셉을 시기하여 애굽에 팔았더니 하나님이 그와 함께 계셨다"(행 7:9)라고 말했다.

③ 요셉이 관원장의 꿈을 해석함(창 40:1–23)

어느 날 요셉이 갇힌 감옥에 새로운 두 명의 죄수가 들어왔다. 그들은 왕의 술을 만들고, 그 술로 시중들던 술 맡은 관원장과 왕의 빵을 굽고 그것으로 시중들던 빵 굽는 관원장이었다(창 40:1–3). 당시 애굽이나 메소포타미아의 문헌을 보면 이들은 고귀한 위치에 있었던 사람들이었다. 이러한 위치를 감안하여 시위대장은 감옥의 제반 사무를 관장하는 요셉에게 이들을 섬기게 했다(창 40:4). 어느 날 아침 요셉은 이 두 사람의 안색이 슬프게 보여서 그들에게 이유를 물었다(창 40:6–7). 이들은 하룻밤에 꿈을 꾸었는데 각기 그 내용이 다른 꿈을 꾸었기 때문이다(창 40:5).

술 맡은 관원장은 자신의 앞에 포도나무가 있는 꿈을 꾸었다. 포도나무에 세 가지가 있는데 거기에서 싹이 나고, 꽃이 피며, 포도송이가 익자 그가 그 포도에서 즙을 바로의 잔에 짜서 그 잔을 바로에게 드리는 것이었다(창 40:9–11). 요셉은 그 의미를 설명했는데, 포도나무의 세 가지는 사흘을 말하는 것으로 사흘 안에 그는 다시 왕의 술 맡은 자가 될 것이라고 해석해 주었다(창 40:12–13). 그리고 요셉은 그 술 맡은 관원장에게 자신은 히브리 땅에서 끌려온 자로서 옥에 갇힐 일을 하지 않았다는 것을 왕에게 아뢰어 건져 주기를 요청했다(창 40:14). 요셉이 꿈을 해석하는 것을 들은 빵 굽는 관원장도 그 해석이 좋은 것을 보고 요셉에게 자기의 꿈도 말했다. 그것은 흰떡 세 광주리가 그의 머리 위에 있었는데, 가장 위의 광주리에는 왕을 위해 구운 빵들이 있었고, 새들이 광주리에서 그것들을 먹이는 꿈이었다(창 40:16–17). 요셉은 이 꿈을 해석해 주기를 세 광주리는 사흘을 말하는데, 사흘 안에 빵 굽는 자는 죽게 되고, 나무 위에 달릴 것이며, 새들이 그 몸을 먹게 될 것이라고 설명해 주었다(창 40:18–19). 그런데 요셉이 해석해 준 대로 바로의 신하들의 꿈이 이루어졌다. 술 맡은 관원장은 전직을 회복하였고, 빵 굽는 관원장은 나무에 달려 죽었다(창 40:21–22). 요셉이 꿈을 해석해 준 대로 모든 것이 잘 풀려 갈 것으로 보였다. 하지만 해설자는 "술 맡은 관원장이 요셉을 기억하지 못하고 그를 잊었더라"(출 40:23)라고 했다. 요셉이 부탁했지만 이루어지지 않은 이 사건은 장차 어떤 결과를 가져올까?

(4) 애굽의 총리가 된 요셉(창 41:1–52)

이 문단은 요셉이 어떻게 감옥에서 나와 애굽의 총리가 되었는지 설명하는 이야기다. 술 맡은 관원장의 꿈을 해석해 주었는데도 잊혀졌던 요셉을 하나님이 기억하시고 오래 전에 요셉에게 주신 꿈을 이루게 하시려고 섭리하셨다.

① 바로가 꾼 꿈(창 41:1–8)

요셉이 감옥에서 왕의 술을 맡은 관원장과 빵을 굽는 일을 맡은 관원장의 꿈을 해석해 준 대로 이루어진 지 만 이 년이 지났다. 그때에도 요셉은 여전히 감옥에 있었다(창 41:1). 당시 요셉은 하나님이 그를 돌아보시지 않는 것처럼 생각했는지도 모른다. 하지만 하나님은 예전에 요셉에게 보여 주신 꿈을 역사 가운데 실현하셨다. 어느 날 바로는 자신이 나일 강가에 서 있는 꿈을 꾸었다. 그 꿈에서는 아름답고 살진 일곱 암소가 하수에서 나와서 갈밭에서 풀을 뜯어먹고 있었다. 그런데 그 뒤에 흉하고 파리한 일곱 마리 암소가 나일 강가에서 올라와 살진 일곱 소를 잡아먹었다(창 41:3–4). 바로는 이 꿈을 꾸고 잠시 깨었다가 다시 잠이 들어 꿈을 꾸었다. 이번에는 한 줄기에 무성하고 충실한 일곱 이삭이 나왔다. 다음에는 가늘고 동풍에 마른 일곱 이삭이 나왔다. 그리고 그 가늘고 마른 일곱 이삭은 무성하고 충실한 일곱 이삭을 먹었다(창 41:5–7). 바로는 애굽에 있는 점술가와 현인들을 다 불러 그들에게 꿈을 말해 주었다. 하지만 꿈을 해석하는 자가 없었다(창 41:8).

② 바로가 꾼 꿈을 요셉이 해석함(창 41:9–36)

'그때에'[52] 술 맡은 관원장이 만 2년 전에 감옥에서 요셉이 꿈을 해석해 주었던 사실을 기억하고 바로에게 말했다(창 41:9–13). 이 이야기를 들은 왕은 요셉을

52 개역개정판에는 나타나 있지 않지만 히브리어 성경은 바로 이러한 시점에 이러한 일이 일어났음을 보여 주기 위하여 미완료형 와우 계속법으로 연결한다. 이것은 계속되는 이야기 범주 내에서 일어나는 사건을 연결할 때 사용하는 문법 기능을 가지고 있다(Weingreen 1959, 91). 이러한 점을 염두에 두고 NIV, NASB 등은 창세기 41:9을 시작할 때 '그때에'라는 접속사로 시작한다.

불렀다. 이때 요셉은 "내가 아니라 하나님이 바로에게 편안한 대답을 하시리이다"(창 41:16)라고 대답했다. 이 대답은 요셉이 애굽에 팔려 온 이후부터 줄곧 하나님을 의지해 왔고, 그 과정에서 갈등과 아픔은 있었겠지만 그가 하나님과 깊이 교제하고 있었음을 잘 보여 준다. 요셉은 바로가 꾼 두 가지 꿈을 듣고 해석해 주었다. 바로가 꾼 두 가지 꿈은 동일한 것이었다. 일곱 마리의 좋은 암소와 일곱 개의 좋은 이삭은 아주 많은 곡식들이 자라게 될 풍년이 일곱 해 동안 있을 것을 보여 주는 것이었다. 일곱 마리의 파리한 암소와 일곱 개의 마른 이삭은 기근이 일곱 해 동안 있을 것을 보여 주는 것이다. 이 기근이 너무 심하여 이전 풍년을 기억하지 못할 것이다. 이 꿈을 두 번이나 꾼 것은 하나님이 이 일을 속히 이루신다는 것을 보여 주신 것이었다(창 41:26–32). 그런데 요셉은 이 꿈만 해석해 준 것이 아니라 하나님이 하실 일에 대하여 필요한 대책까지 세워 주었다. 그것은 지혜로운 자를 세워 일곱 풍년이 든 해에 모든 곡식의 5분의 1을 거두어 다가올 일곱 해 흉년을 대비해야 한다는 것이다(창 41:35).

③ 애굽의 총리가 된 요셉(창 41:37–52)

바로와 그 신하들은 요셉이 그 꿈을 해석하고 거기에 대한 대책까지 제시하자 그것을 좋게 여겼다. 요셉의 이야기를 다 들은 바로는 요셉을 하나님의 영에 감동된 사람이라 보고 애굽의 온 나라를 다스리는 총리에 임명했다(창 41:40–41). 그가 애굽의 총리가 된 것은 그의 나이 30세 때였다(창 41:46). 이렇게 요셉의 나이를 밝히고 있는 것은 두 가지 목적이 있다. 하나는 언제 이 일이 일어났는지 보여 주려는 것이다. 이때는 주전 1876년으로 출애굽 430년 전으로 이스라엘이 얼마 동안 애굽에 있었는지 보여 준다. 또 하나는 하나님이 얼마 동안 요셉을 훈련하시고 인도하셨는지를 보여 주려는 것이다. 하나님은 요셉이 17세 때에 형들의 미움을 받아 이방 세계에 종의 신분으로 팔려 오게 하셨고 보디발의 집에서와 감옥에서 모두 13년을 보내게 하셨다. 이 기간에 요셉 편에서는 얼마나 고통스럽고 참기 힘들었을까?

하나님이 요셉으로 하여금 애굽 땅의 통치자가 되게 하셨고, 큰 부와 명예와 영화를 얻게 하셨다. 요셉은 이 일을 하나님의 섭리와 도우심으로 이해했다. 그것은 그가 결혼하여 장남의 이름을 '므낫세'(מְנַשֶּׁה)와 '에브라임'(אֶפְרַיִם)이라고 지은 것에서 알 수 있다. 므낫세라는 이름은 하나님이 자기의 모든 고난과 아버지의 집의 일을 잊어버리게 했다는 뜻이다. '에브라임'이라는 이름은 하나님이 자기가 수고한 땅에서 창성하게 하셨다는 뜻이다(창 41:51-52). 이러한 이름은 애굽식 이름이 아니고 모두 히브리식 이름이다. 그래서 요셉이 그의 아들들의 이름을 '므낫세'와 '에브라임'이라고 지은 것은 하나님의 섭리를 믿는 요셉의 신앙 고백임을 알 수 있다.

하나님의 섭리 교리는 하나님께서 그리스도 안에서 주신 그 약속을 바라보고 사는 우리 성도들에게도 많은 위로가 된다. 우리가 믿음으로 살 때 원치 않는 어려움도 있었고, 또 있을는지도 모른다. 이 기간 동안 우리는 많이 불안하고, 답답하며, 힘들고, 갈등을 겪기도 한다. 하지만 요셉처럼 하나님의 섭리를 믿고 기다려야 한다. 하나님의 섭리의 목표는 하나님의 영광과 성도의 유익이기 때문이다(롬 8:28). 하나님의 섭리를 믿는 것은 성도의 삶을 지탱하게 하는 힘이다.

(5) 형들을 만난 요셉(창 41:53-44:34)

이 문단은 하나님이 요셉에게 보여 주신 꿈대로 요셉의 형들이 요셉에게 절하는 이야기와 요셉의 형들이 어떻게 변화되었는지의 이야기다.

① 온 땅에 기근이 심하게 됨(창 41:53-57)

하나님은 바로의 꿈에 보여 주신 대로 7년간의 풍년이 끝나고 7년간의 흉년이 들게 하셨다. 이 기간 가운데 불과 2년밖에 지나지 않았는데도(창 45:6) 기근이 너무 심하여 애굽 온 땅만이 아니라 각국에서도 양식을 사기 위하여 애굽으로 왔다(창 41:55-57).

② 요셉의 형들이 애굽에서 요셉에게 절함(창 42:1-9a)

야곱이 살고 있는 가나안도 이 기근에서 예외가 아니었다. 온 세상에 흉년이 심하게 든 때에 야곱은 아들들에게 애굽에서 양식을 사오게 했다(창 42:2). 당시 요셉은 애굽의 총리로서 그 땅의 모든 백성에게 양식을 팔고 있었다. 요셉의 형들도 양식을 사기 위하여 요셉 앞에 엎드렸다. 요셉은 그 엎드린 사람들이 형들임을 알아보았다. 바로 '그때에'[53] 요셉은 그들에 관하여 꾼 꿈을 생각했다(창 42:9). 요셉은 형들이 그 앞에 엎드리는 것을 보고 거의 22년 전, 과거 그가 17세 소년이었을 때 꾸었던 꿈을 기억했다. 하나님은 요셉이 30세에 애굽의 총리가 되게 하심으로, 그리고 7년의 풍년이 끝나고 적어도 1–2년이 경과된 이후에 그의 형들이 그에게 절하게 하심으로 17세의 소년 요셉에게 주셨던 꿈을 이루셨다(창 45:6). 요셉은 당시 이 꿈을 꾸었을 때 무엇을 의미하는지 알지 못했을 것이다. 만약에 이 꿈의 의미를 알았다고 할지라도 하나님이 이 꿈을 언제, 어떻게 이루어 주실지 알지 못하였을 것이다. 하나님은 요셉이 꾼 꿈의 의미를 22년이 지난 다음에 알게 하시고, 또한 이루어 주셨다.

③ 요셉이 그의 형들을 시험함(창 42:9b–44:34)

요셉은 그의 나이 17세 때 꾸었던 꿈을 생각하고 "너희는 정탐꾼들이라 이 나라의 틈을 엿보려고 왔느니라"(창 42:9)라고 형들에게 말했다. 요셉이 이렇게 말한 것에는 중요한 이유가 있었다. 그가 17세 소년이었을 때 꾸었던 꿈은 두 가지였기 때문이다. 하나는 형들의 볏단이 자기의 볏단을 향하여 절하는 꿈이었고, 또 하나는 해와 달과 열한 별이 자기에게 절하는, 즉 아버지와 어머니와 열한 명의 형제들이 절하는 꿈이었다(창 37:7–10). 그런데 지금 하나님이 보여 주신 꿈 가운데 첫 번째, 형들의 볏단이 자기를 향하여 절하는 꿈만 이루어졌다. 요셉은 두 번째 꿈도 이루신다는 사실을 믿었고 동생의 안부와 함께 부모님의 안부를 알고 싶어 했을 것이다. 또한 그간 형들이 어떻게 변했는지를 알고 싶어 했을 것이다. 그래서 요셉은 형들을 나라의 틈을 엿보려고 온 정탐꾼들이라고 했다. 요셉의 이러한 말을 듣고 형들은 요셉이 알고 싶었던 아버지와 동생 베냐민의 소식까지 들려주었다(창 42:13). 이 말을 들은 요셉은 그들이 정탐꾼이 아니라는 것을 증명하려면 막내 아우를 데려와야 한다고 말하고 형들을 삼 일이나 감옥에 가두었다(창 42:14–17).

삼 일 후에 요셉은 다시 형들을 불렀다. 요셉은 형들을 계속 시험하기를 그들이 진정으로 정직한 자라면 형들 중에 한 명을 볼모로 옥에 갇히게 하고 말째 아

53 히브리어 성경에서는 동일한 상황에서 일어난 사건임을 보여 주기 위하여 미완료형 와우 계속법으로 연결한다. NIV 성경은 'Then'이라고 번역했다.

우를 데려와야 한다고 말했다(창 42:19-20). 이때 흥미로운 사건이 발생했다. 그 사건은 요셉과 형들 사이에 통역을 세웠기에 형들은 전혀 알지 못했지만, 요셉은 자신의 제안에 대하여 형들이 히브리 방언으로 서로 이야기하는 내용을 듣고 있었다는 것이다. 그 내용은 지금 이들이 당하고 있는 괴로움이 예전에 형제 중에 하나인 요셉이 살려 달라고 애걸할 때 듣지 아니하였기 때문이고, 그 때문에 그 핏값을 치르게 되었다고 말하는 것이었다(창 42:21-22). 히브리 사람으로 이 말을 듣고 있던 요셉은 형들이 과거의 죄를 뉘우치고 있음을 알고 그들을 떠나기서 울었다(창 42:23-24). 그리고 그들 중에 시므온을 끌어내어 감옥에 넣고 곡물을 그 그릇에 채우게 하였으며, 돈을 그 자루에 다시 넣게 하였다(창 42:24-25). 집으로 오는 도중에 형들은 돈을 발견하고는 "하나님이 어찌하여 이런 일을 우리에게 행하셨는가"(창 42:28)라고 말했다. 결국 이것은 하나님이 형들에게 과거의 죄를 생각나게 하시고 다시 가족들을 하나로 결속시키려는 하나님의 계획 가운데 있는 일이었다. 이러한 일련의 사건은 하나님이 형들로 하여금 자신들의 죄를 깨닫게 하시고, 그들을 변화시켜 구약 교회의 기초로서 천하 만민이 구원을 얻는 축복의 통로로 세우기를 원하셨기 때문이다.

하지만 아직까지 온 세계를 휩쓴 대 기근은 적어도 5년 이상 남아 있었다(창 45:6). 하나님은 야곱이 양식을 사기 위하여 베냐민을 애굽으로 보낼 수밖에 없게 하셨다. 형들은 아버지 야곱을 설득하여 베냐민을 데리고 애굽으로 돌아왔다. 형들은 다시 요셉을 찾아 예물을 드리고 절을 했다(창 43:26). 요셉은 자기 어머니의 아들 동생 베냐민을 보고 가슴이 터질 듯하여 안방으로 들어가 울었다(창 43:30). 그리고 음식을 차리고는 자기의 형들을 가장 나이든 자부터 어린 자까지 나이 순서대로 자리에 앉히자 그들은 서로 이상하게 생각했다. 그리고 베냐민에게는 다섯 배나 많은 음식을 주었다(창 43:31-34).

요셉은 이제 형들이 동생 베냐민을 얼마나 사랑하는지 알기를 원했다. 그래서 요셉은 자기 집의 청지기에게 자루에다가 양식을 가득 채우게 하고 그 자루의 아귀에다가 그들의 돈을 넣게 했다. 그리고 그의 은잔을 베냐민의 자루에다 넣게 했다(창 44:1-2). 이렇게 한 이유는 형들을 시험하여 동생을 사랑하고 있는지 알기를 원하였기 때문이다. 그들이 떠난 후에 청지기가 따라가면서 "너희가 어찌하여 선을 악으로 갚느냐 이것은 내 주인이 가지고 마시며 늘 점치는 데에 쓰는 것이 아니냐 너희가 이같이 하니 악하도다"(창 44:4-6)라고 책망했다. 이때 형들은 정색을 하면서 그 잔이 누구에게서 발견되든지 그는 죽을 것이요 자신들은 주의 종들이 될 것이라고 말했다(창 44:9). 청지기가 의식했는지는 알 수 없지만 사건의 긴장감을 고조시키기 위하여 가장 나이 많은 자의 자루부터 수색하기 시작했다(창 44:10-12). 그런데 그 잔이 베냐민에게서 발견되었다. 결국 형들은 다시 요셉 앞에 서게 되었다. 이때에 요셉의 형들 가운데 네 번째인 유다는 아버지의 생명과 베냐민의 생명이 연계되어 있기 때문에 자기가 베냐민을 대신하여 종이 될 것이라고 말했다(창 44:29-33). 형들은 예전의 형들이 아니었다. 가족들은 하나로 결속되어 있었고, 동생을 위하여 대신 종이 되겠다고까지 말했다. 요셉은 형들을 시험하였으나 이제 그들은 서로 사랑으로 결속되어 있음을 확인할 수 있었다.

저자는 요셉이 그의 형들을 만나는 이야기를 창세기 42장부터 44장까지 길게 설명했다. 이것은 하나님이 이러한 모든 과정을 섭리하셔서 구약 교회의 기초인 야곱의 아들들을 다듬으시고 변화시키시려 하신다는 것을 보여준다. 조이스 볼드윈(Baldwin 1985, 187)은 본문의 핵심을 따라 이 문단 전체의 결론으로 "여호와께서는 자기 백성을 자신이 원하는 자로 만들기 위해 끊임없이 일하신다"라고 맺는다.

(6) 하나님의 섭리(창 45:1-46:7)

이 문단은 요셉이 형들의 행동을 보고 자신의 신분을 밝히며 아버지 야곱을 데려오게 하는 이야기다. 이 이야기에서 저자는 하나님의 섭리의 신비와 그 목표를 잘 보여 준다.

① 요셉이 자신의 신분을 밝힘(창 45:1-15)

요셉은 형들이 예전의 모습이 아니라 베냐민을 위하여 종이 되겠다고까지 하면서 동생들과 가족들을 사랑하는 것을 보고 그 정을 억제하지 못하여 자신의 신분을 밝혔다. 그리고 아버지의 안부를 묻자 너무 충격을 받은 형들은 아무 대답도 하지 못했다(창 45:1-3). 이 일로 말미암아 지금까지 형들의 식량 자루에 돈을 넣은 것이나, 베냐민의 식량 자루에 은잔을 넣은 사람이 바로 요셉이라는 점이 밝혀졌다. 형들은 요셉을 노예로 판 일로 말미암아 요셉이 보복하리라는 생각 때문에 두려웠다. 하지만 요셉은 형들의 이러한 생각을 불식시키기 위하여 하나님이 이 모든 일을 섭리하셨다고 그들에게 설명해 주었다(창 45:4-8). 요셉의 말에 '하나님이 … 보내셨다'(창 45:5, 7, 8)라는 말이 세 번이나 나오고, "하나님이 … 삼으셨다"(창 45:8)는 말이 한 번 나오고 있다. 이것은 요셉의 형들이 그를 미디안 상인들에게 팔아 넘긴 일들이 하나님의 섭리 가운데 있었다고 본 것이다. 하나님은 형들이 가지고 있었던 악한 계획조차도 바로 그들 자신의 생명을 구원하시려는 선한 목적을 위해 사용하셨다.

② 요셉이 야곱을 데려오게 함(창 45:16-46:7)

바로는 요셉의 소식을 듣고 야곱의 가족들을 애굽으로 오게 했다(창 45:16-20). 요셉의 형들은 이 말을 듣고 가나안으로 돌아가서 아버지 야곱에게 요셉이 살아서 애굽의 총리가 되었다는 사실을 전했다. 이 말을 들은 야곱은 정신을 잃었다. 그리고 그 말을 믿지 못하여 어리둥절할 때 요셉이 보낸 수레를 보고야 기운이 소생하게 되었고 요셉을 보기를 원했다(창 45:25-28).

야곱은 모든 소유를 이끌고 출발하여 브엘세바에서 하나님께 제사를 드렸다. 그 밤에 하나님이 환상 중에 야곱을 불러 "… 애굽으로 내려가기를 두려워하지 말라 내가 거기서 너로 큰 민족을 이루게 하리라"(창 46:3-4)라고 약속하셨다. 이것은 이미 아브라함에게 약속하신 내용이다(창 15:13-16). 야곱이 애굽에 내려가는 일은 하나님의 구속사라는 큰 그림에서 볼 때 하나님의 구원 계획 속에 있는 일이었다. 이러한 전체적인 틀에서 본다면 요셉의 생애는 하나님이 구속사 가운데 아브라함에게 하신 약속을 이루시기 위하여 섭리하신 역사임을 알게 한다.

요셉의 삶과 같이 구속 받은 성도의 삶도 하나님의 구속사 가운데 있다. 왜냐하면 하나님의 구속사는 주님이 다시 오시는 날까지 계속될 것이고, 하나님은 우리 시대에 교회를 통하여 구속사를 이루시기 때문이다. 그때까지 우리는 하나님이 때로는 어렵고 힘든 일조차도 합력하게 하셔서 성도의 유익을 위하여 섭리하신다는 사실을 믿어야 한다(롬 8:28). 성도의 특성은 설명으로 사는 것이 아니라 믿음으로 사는 것이기 때문이다.

(7) 애굽으로 내려간 야곱(창 46:8-50:14)

이 문단은 야곱의 가족이 애굽으로 내려가 정착한 후에 있었던 야곱의 유언과 죽음, 그리고 요셉이 미래를 바라보며 유언하고 죽는 내용으로 끝맺고 있다.

① 애굽으로 내려간 야곱의 가족(창 46:8-27)

야곱의 가족들은 애굽으로 내려갔다. 야곱의 가족들의 명단은 장남 르우벤부터 요셉이 애굽에서 낳은 아들 므낫세와 에브라임까지 모두 70명이었다(창 46:8-27). 그런데 출애굽기 1:1-5에서도 야곱의 열두 아들의 명단을 합하여 70명이라고 기록하고 있다. 이 두 개의 명단은 동일한 것으로 수미쌍관법으로 연결되어 있다. 이것은 창세기 46:8-27부터 출애굽기 1:1-5 안에 기록된 이야기가 애굽에 내려간 야곱의 후손들이 애굽에 정착하게 된 과정과 그 후손에 대한 전체적인 그림을 그려 주고 있음을 알게 한다. 그리고 저자는 이들의 이야기를 출애굽기와 연결시킨다.

② 애굽의 고센 땅에 정착함(창 46:28-47:26)

애굽에 도착한 야곱은 유다를 요셉에게 미리 보내어 자신을 고센으로 인도하게 하고 고센에서 요셉을 만났다. 그리고 요셉은 형들에게 바로가 직업을 묻거든 목축업을 하는 사람이라 대답하게 했다(창 46:31-34). 그렇게 말하게 한 목적은 애굽 사람들이 목축을 가증히 여기기 때문에 자신의 가족들이 고센 땅에 살게 될 것을 예상하였기 때문이다(창 46:34). 야곱 가족들은 바로를 만났는데, 바로가 생업을 묻자 요셉이 일러 준 말로 대답했다(창 47:3-4). 이렇게 동일한 말을 반복하는 것은 히브리 어법 가운데 하나로 반복을 통하여 의미를 강조할 뿐만 아니라 사실을 생생하게 묘사하기 위함이다. 야곱이 애굽에 내려가 바로 앞에 서서 말할 때 그의 나이 130세였다(창 47:8). 그리고 그는 바로를 축복하였고, 바로는 애굽의 좋은 땅 라암셋을 주었다(창 47:10-11). 이것은 야곱의 가족들이 어떻게 고센 땅과 라암셋에 거주하게 되었는지 그 배경을 보여 준다.

③ 야곱의 유언과 죽음(창 47:27–50:14)

야곱은 애굽에 내려와 17년을 거주했다(창 47:28). 당시 야곱은 147세였는데 그의 죽음이 임박한 것을 깨닫고 장차 될 일들을 축복의 형식으로 예언했다. 야곱은 요셉에게 그의 두 아들 므낫세와 에브라임에 대하여 말하면서 과거 하나님이 벧엘에서 말씀하신 약속을 상기하며(창 48:3–5) “그들의 유산은 그들의 형의 이름으로 함께 받으리라”(창 48:6)라고 그들을 축복했다. 요셉은 에브라임과 므낫세의 두 기업을 받았다. 그래서 주권자는 유다에게서 났으나 장자의 명분은 요셉이 받게 되었다(참소. 대상 5:2).

야곱은 장남 므낫세와 차남 에브라임을 축복할 때 오른손을 차남 에브라임의 머리에 얹고, 왼손을 장남 므낫세의 머리에 얹어서 축복했다. 요셉이 이러한 야곱의 행동을 기뻐하지 아니하여 손을 들어 바꾸고자 하였을 때 야곱은 허락하지 않으면서 그도 큰 민족이 되겠지만 아우가 더 큰 자가 될 것이라고 말했다(창 48:19). 이러한 일은 하나님의 섭리 가운데 있는 일이라 설명하기 어렵다. 이 야곱의 예언대로 에브라임은 북쪽 이스라엘의 대표 지파가 되었고 므낫세보다 더 강성한 지파가 되었다.

야곱은 에브라임과 므낫세를 축복한 후에 그의 아들들을 다 불러 미래에 이루어질 일을 예언적으로 말했다(창 49:1). 야곱은 장자인 르우벤과 시므온과 레위를 축복하지 않았다. 르우벤은 아버지의 첩 빌하와 동침을 하였기 때문에 장자의 축복을 받지 못했다(창 49:4, 참조. 창 35:22). 시므온과 레위는 폭력을 사용한 문제로 책망을 받았다(창 49:5–7, 참조. 창 34:25–26). 그래서 요셉은 장자가 아닐지라도 장자의 명분을 받게 되었다(대상 5:1–2). 야곱의 아들들 가운데 유다가 큰 은혜를 입었다. 야곱은 “규가 유다를 떠나지 아니하며 통치자의 지팡이가 그 발 사이에서 떠나지 아니하기를 실로가 오시기까지 이르리니 그에게 모든 백성이 복종하리로다”(창 49:10)라고 유다를 축복했다. 여기에서 ‘실로’(שִׁילֹה)의 의미가 무엇인지 불분명하다. 그러나 전통적으로는 ‘실로’를 메시아적인 통치를 수행하는 분으로 이해했고, 그것이 다윗에게 성취가 되고, 궁극적으로 그리스도 안에서 성취되는 것으로 보았다(Youngblood 2002, 80). 그리고 문맥적으로 볼 때 통치권을 의미하는 ‘규’나 ‘통치자의 지팡이’가 유다 지파를 떠나지 아니한다고 하였기 때문에 실로는 유다 지파를 통하여 오실 메시아다.

야곱이 그의 아들들에게 예언하는 내용을 보면 그는 요셉에게 특별한 관심을 가졌던 것처럼 보인다. 그것은 야곱이 이미 에브라임과 므낫세를 축복하였는데도 창세기 49:22-26에서 다시 축복하고 있기 때문이다. 야곱은 "요셉은 무성한 가지, 곧 샘 곁의 무성한 가지라 그 가지가 담을 넘었도다"(창 49:22)라고 축복했다. 야곱은 요셉을 가리켜 '무성한 가지'를 두 번이나 반복할 뿐만 아니라 한 번은 '샘 곁에' 있는 '무성한 가지'라고 했다. 이러한 비유를 통하여 요셉이 큰 복을 받게 될 것을 예언했다.

야곱이 예언의 형태로 축복한 것에 대하여 저자는 "(야곱이) 그들 각 사람의 분량대로 축복하였더라"(창 49:28)라고 말했다. 히브리서 저자도 "믿음으로 야곱은 죽을 때에 요셉의 각 아들에게 축복하고 그 지팡이 머리에 의지하여 경배하였으며"(히 11:21)라고 했다. 그러나 르우벤이나 시므온, 레위, 베냐민 등은 복을 받았다고 말하기 어렵다. 그런데도 야곱의 아들들이 복을 받았다고 할 때 이것은 어떤 의미의 복을 말하는가? 그렇다고 반더발(Vanderwaal 1978a, 101)이 지적한 바와 같이 '자연적인' 복과 '영적인' 복을 대조시켜 구별해서는 안 된다. 왜냐하면 하나님이 주시는 복은 자연적인 것과 영적인 것으로 구분할 수 없기 때문이다.

역사적으로 볼 때 이들의 후손은 번성하였고 하나님의 말씀을 따라 행하던 다윗 시대와 솔로몬 시대에 절정을 이루기도 했다. 하지만 그 후의 역사를 보면 그들이 언약의 말씀을 어길 때 수치를 경험하기도 했다. 그리고 이 예언에 레위는 복을 받지 못한 것처럼 되어 있으나 출애굽 시대부터 제사장의 반열에 세움을 받았다. 그 중요한 계기가 출애굽 당시 모세가 시내산에 올라갔을 때 아론과 백성들이 금 송아지 형상을 만들어 섬기자 모세를 따라 레위인들이 우상 숭배자들을 죽여 여호와께 헌신한 것이었다(출 32:29). 여호와께서 이 일을 계기로 레위와 그의 후손에게 영원한 제사장 직분의 언약을 주셨다(민 25:13). 그래서 이 축복 가운데 영원한 성격의 것도 있지만 이 축복이 하나님의 말씀의 순종 여부에 따라 바뀔 수도 있음을 알 수 있다. 특히 야곱이 아들들의 미래에 대하여 축복을 마친 후에 저자는 "이들은 이스라엘의 열두 지파라"(창 49:28)라고 했다. 이 말은 이스라엘의 열두 지파의 미래에 관한 것으로 그들이 구약 교회의 기초(겔 48:30-35; 계 21:12)라는 점을 보여 주려는 것이다. 이 점을 이해한다면 이들은 모든 성도들의 구원과 직결되어 있다. 왜냐하면 우리는 이들을 통하여 보내신 그리스도를 믿고 순종함으로 구속사에서 하나님과 교제하며 하나님의 뜻을 이루는 자들이 될 수 있기 때문이다.

야곱은 이러한 예언 형태의 유언과 더불어 자신을 헷 사람에게서 구입한 가나안 땅 마므레 앞 막벨라에 장사하라고 명하고 숨을 거두었다(창 49:29-33). 요셉은 당시 애굽의 장례법에 따라 야곱을 40일 동안 향으로 처리하게 하였고, 애굽 사람들은 그를 위하여 칠십 일을 곡했다(창 50:1-3). 그리고 그는 아버지의 유언을 듣고 아버지에게 맹세한 대로 그를 가나안 땅에 있는 파 놓은 묘실에 장사했다. 장례 과정을 보면 오늘날의 국장(國葬)처럼 바로의 모든 신하와 바로 궁의 원로들과 애굽 땅의 모든 원로와 요셉 온 집과 그의 형제들이 다 함께 올라갔다(창 50:7-8). 이 땅에서 장례가 성대하게 치러지는 것은 영예로운 일이다. 그러나 그조차도 야곱이 바라본 그리스도 안에 있는 새로운 세계와 연결되지 않는다면 아무런 의미를 가지지 못한다.

야곱의 아들들은 아버지의 명령대로 조상들의 묘실이 있는 막벨라 굴에 그를 장사했다(창 50:12-14). 야곱이 이곳에 장사하도록 명한 것은 하나님이 약속하신 대로 언젠가 그 땅을 주실 것이고, 더 나아가 영원한 나라를 주실 것을 믿었기 때문이다. 왜냐하면 조상들이 바라본 땅의 궁극적인 미래는 하늘에 있는 것이었기 때문이다(히 11:13-16). 야곱은 매장지 너머에 있는 새로운 삶을 바라보았다. 성경은 흥미롭게도 "나는 아브라함과 이삭과 야곱의 하나님이다"(출 3:15-16)라고 말한다. 예수님도 "나는 아브라함의 하나님이요 이삭의 하나님이요 야곱의 하나님이로라 하신 것을 읽어 보지 못하였느냐 하나님은 죽은 자의 하나님이 아니요 살아 있는 자의 하나님이시니라"(마 22:32)라고 말씀하셨다. 이것은 야곱이 바라본 대로 그는 영원한 세계에서 살아 있다는 뜻이다.

(8) 하나님의 섭리와 요셉의 믿음(창 50:15-26)

이 문단은 야곱의 장례 이후에 형들이 이전에 요셉에게 행한 악한 일로 말미암아 두려워할 때 요셉이 하나님의 섭리로 그들을 위로하는 이야기와 요셉의 죽음에 대한 이야기다.

① 하나님의 섭리(창 50:15–21)

야곱이 죽자 형들은 혹시라도 자신들이 과거에 행한 악한 일들을 요셉이 기억하고 갚지 않을까 두려워했다(창 50:15–18). 그러나 요셉은 형들에게 두려워하지 말라고 말하면서 하나님의 섭리를 설명하며 간곡한 말로 위로했다(창 50:19–21). 요셉은 형들의 미움을 받아 애굽에 종으로 팔려 가 총리가 되기까지 보디발의 집에서와 감옥에서 13년간을 보내었다. 요셉은 그 기간 동안 고통을 당했지만 그는 그 일들을 하나님이 선으로 바꾸시어 많은 백성의 생명을 구원한 것으로 보았다. 요셉 이야기가 보여 준 것처럼 그가 고통을 당할 때는 하나님의 섭리가 작용하고 있는지 모를 수 있고, 후에 알 수도 있다. 그러나 한 가지 확실한 것은 요셉처럼 종으로 있을 때나 감옥에 있을 때나 변함없이 하나님을 신뢰한다면 하나님이 모든 일을 합력하여 선을 이루어 주신다는 것이다(롬 8:28). 이것이 우리가 믿는 섭리 교리이다(웨스트민스터 신앙고백서 5장, 5, "섭리" 7항).

② 요셉의 믿음(창 50:22–26)

요셉은 하나님이 주신 세상의 수명을 다하고 조상들이 갔던 곳으로 가는 자리에서 자식들에게 유언했다. 요셉이 죽을 때 그의 나이는 110세였다. 그는 이 긴 지상의 생애에서 17년은 가나안에서 야곱의 사랑받는 아들로 살았고, 13년은 애굽에서 보디발의 집의 노예로 살았는데, 이 기간 중에 적어도 2년 이상은 억울하게 모함을 받아 감옥에서 생활했다. 그리고 30세에 애굽의 총리가 되어 80년은 애굽에서 부귀와 영화를 누리며 살았다(창 37:2; 41:1, 46). 그런데 그는 그와 그의 후손이 영원히 정착할 곳은 애굽이 아니라 가나안이라는 점을 설명하고, 때가 되면 이 땅에서 나가야 한다고 말했다(창 50:24). 요셉은 애굽에 그의 마음을 두지 않았기에 자신이 죽으면 유골을 메고 올라갈 것을 유언했다(창 50:25). 이 유언에 따라 모세는 약 360년이 지난 뒤에 요셉의 유골을 메고 나갔고(출 13:19), 약 407년이 지난 뒤에는 이스라엘 자손이 세겜에 장사하였다(수 24:32). 이는 요셉이 지금 애굽 땅에 자기와 자기의 후손들이 살고 있지만 하나님이 정하신 때가 되면 조상들에게 말씀하신 대로 그 약속하신 모든 것을 성취하신다는 것을 믿었다는 것이다.

특히 히브리서 저자는 히브리서 11:22에서 요셉이 죽을 때 유언한 내용을 가지고 그의 믿음을 설명했다. "믿음으로 요셉은 임종 시에 이스라엘 자손들의 떠날 것을 말하고, 또 자기 해골을 위하여 명하였으며." 그러나 요셉이 바라본 것은 단순히 가나안 땅이 아니라 아브라함과 이삭과 야곱이 보았던 것처럼 하늘 본향이다(히 11:13-16). 요셉은 단순히 후손들이 애굽을 떠나는 것만이 아니라 가나안이 궁극적으로 지향하고 있는 완전한 하나님 나라를 바라보았다.

요셉은 그가 애굽에서 한 평생을, 그것도 거의 80년은 그곳에서 애굽의 총리로서 세상의 부귀와 영화를 누렸지만 그것이 그가 애굽에 있어야 할 이유가 되지는 못했다. 우리 성도들도 요셉처럼 그가 바라본 세계, 곧 완전한 하나님 나라를 바라보아야 한다. 왜냐하면 요셉이 바라본 나라가 우리가 살고 있는 역사 세계에 도래하기 때문이다. 이 나라는 우리 믿음 생활의 궁극적인 목표이다.

V. 구속사적 의미

구속사에서 창세기의 위치

창세기는 연대를 알 수 없는 천지 창조부터 요셉이 죽은 해(창 50:26)인 주전 1805년까지의 구속사(救贖史, redemptive history)를 기록하고 있다.[54] 창세기는 문

54 아브라함이 100세에 이삭을 낳았고(창 21:5), 이삭이 60세에 에서와 야곱을 낳았다(창 25:26). 야곱이 요셉을 낳았을 때가 라반의 집에서 두 아내를 위하여 봉사한 14년째가 되는 해, 곧 그의 나이 91세 때였다(창 30:25). 요셉은 애굽에서 110세에 죽었다(창 50:26). 아브라함이 주전 2166년에 태어난 것을 받아들인다면 요셉이 죽은 해는 1805년이 된다. 그리고 360

학적 구조가 보여 주는 바와 같이 10개의 계보를 중심으로 기록하고 있다. 이 계보는 하나님이 예수 그리스도 안에서 우리를 구속하여 하나님 나라에서 영원히 우리와 교제하시려는 구속의 밑그림을 보여 준다. 이 그림을 통하여 하나님이 어떤 사람을 구원하여, 어떻게 하나님 나라의 백성으로 살게 하시며 처음에 창조된 세상을 회복해 가실 것인지를 보여 주셨다.

하나님은 만물을 창조하시고 특별히 인간을 하나님의 형상으로 창조하셔서 하나님과 교제하며 에덴동산에서 안식하게 하셨다. 인간이 이러한 안식의 복을 누리며 살 수 있도록 하나님은 인류의 대표인 아담과 인격적인 사랑과 순종을 조건으로 언약을 맺으셨다(창 2:16–17). 그러나 인간은 하나님과 맺은 언약의 말씀을 믿고 순종하기보다는 선악을 알게 하는 나무의 열매를 먹으면 하나님처럼 된다는 사탄의 말을 듣고 그것을 따먹었다. 그래서 죄가 들어와 인간은 타락하고 하나님의 형상은 왜곡되거나 변질되었다. 이 상황에서 하나님은 인간이 범한 죄를 구속하시고 처음의 상태를 회복하시기 위하여 여자의 후손을 약속하셨다(창 3:15). 그런데도 인간들은 이 약속을 믿고 하나님을 경외하기보다는 악을 행하였기에 하나님은 노아 시대에 홍수로 세상을 심판하셨다. 그 후에도 인간들은 계속해서 죄를 지었음에도 하나님은 아브라함을 선택하여 여자의 후손에 대한 약속을 이어 가셨다. 특히 하나님은 아브라함과 맺은 언약 이후부터는 구속사에서 어떻게 하나님 나라를 세워갈 것인지 자손과 땅과 복을 약속하심으로 구속에 대한 구체적인 그림을 주셨다.

저자는 이 그림에 따라 하나님이 택한 백성을 구속하시기 위하여 그들을 다듬으시고 인도해 가시는 과정을 아브라함과 이삭과 야곱과 요셉의 삶을 통하여 보여 준다. 특히 저자는 이들의 삶을 통하여 우리가 믿음의 삶에서 만날 수 있는 다양한 문제들을 풀어 가는 방법인 믿음과 순종의 중요성을 보여 준다. 나아가 저자는 우리가 어떻게 구속사에 참여하며 그 은혜를 누릴 수 있는지를 보여 준다. 창세기 뒤에 기록된 출애굽기는 이 밑그림 위에서 어떻게 구속사에 참여할 수 있으며, 어떻게 은혜를 누리면서 언약의 목표인 하나님 나라를 세울 수 있는지를 구체적으로 보여 준다.

년 뒤에 출애굽이 이루어진다.

출애굽기

Exodus

S U M M A R Y

출애굽기

장세기는 천지 창조로 시작하여 그리스도께서 왜 오셔야 하며, 그리스도께서 어떤 통로를 통해 이 세상에 오실 것인지에 대한 구속사의 밑그림을 보여 준다. 출애굽기는 구속의 밑그림에서 하나님이 약속하신 자손이 약속대로 큰 민족을 이룬 이야기부터 시작한다. 출애굽기는 "… 애굽에 이른 이스라엘 아들들의 이름은 이러하니"(출 1:1)라는 말씀으로 시작한다. 이 말씀은 창세기 46:8 "애굽에 내려간 이스라엘의 아들들의 이름이 이러하니 …"라는 말씀과 서로 연결되어 있다. 책의 문학적 구조로 볼 때 창세기 46:8-27과 출애굽기 1:1-5은 수미쌍관법으로 연결되어 있다. 이것은 이스라엘 백성들이 어떻게 애굽에 정착하게 되었는지를 보여 주면서 그들의 이야기가 계속 이어짐을 보여 준다. 동시에 이 말씀은 아브라함에게 자손을 주셔서 큰 민족을 이루게 하시겠다고 하신 하나님의 약속(창 12:1-3; 15:4-5; 17:4-6)과 서로 연결된다. 그래서 출애굽기 1장에 이스라엘 자손들의 이름이 나타나는 것은 아브라함에게 하신 약속 가운데 하나가 성취 되었음을 보여 준다. 이것은 하나님이 아브라함에게 맹세로 약속하신 가나안 땅도 주시리라는 기대감을 가지게 한다(참조. 창 15:18-21). 이뿐만 아니라 출애굽기는 하나님이 아브라함에게 약속하신 대로 이스라엘로 하여금 큰 민족을 이루게 하시고 그들을 애굽에서 구원하신 이야기(출 1-18장)를, 그리고 그들이 어떻게 살아야 하나님과 교제하며 하나님 나라를 경험하고 세워갈 것인지와 관련한 구체적인 삶의 지침을 시내산 언약(출 19-24장)을 통해 설명한다. 또한 출애굽기는 성막 제도(출 25-40장)를 통하여 하나님과 어떻게 교제하며 삶의 지침인 계명을 지켜갈 수 있는지도 보여 준다.

I. 저자와 기록 배경

출애굽기에 기록된 여러 진술들은 모세가 이 책을 썼음을 알게 한다(출 17:14; 24:4; 34:27). 예를 들면 출애굽기 24:4은 "모세가 여호와의 모든 말씀을 기록하고"라고 언급했다. 이뿐만 아니라 성경 여러 곳에서도 모세가 출애굽기를 기록했다고 증거한다. 여호수아 8:31은 출애굽기 20:25의 말씀을 인용하여 '모세의 율법책에 기록된 대로' 쇠 연장으로 다듬지 아니한 새 돌로 만든 제단을 만들었다고 언급했다. 예수님도 출애굽기에 있는 여러 구절들을 인용하며 모세가 저자임을 증거해 주셨다(막 7:10; 12:26). 마가복음 12:26을 보면 예수님은 부활이 없다고 주장하는 사두개인과 논쟁하면서 출애굽기 3:1-4, 17을 인용하여 "너희가 모세의 책 중 가시나무 떨기에 관한 글에"라고 하시며 부활을 입증해 주셨다. 이러한 기사들을 종합해 볼 때 출애굽기의 저자는 모세다.

출애굽기의 배경과 관련하여 가장 중요한 것은 출애굽 연대 문제다. 그러나 출애굽기의 특징 가운데 하나는 역사적인 언급이 부족하다는 것이다. 예를 들면 당시의 역사 기술 방식인 왕들이 누구이며 몇 년을 통치했는지에 대한 언급이 없이 왕의 명칭인 '바로'만 나타난다. 그래서 애굽에서 이스라엘 백성들이 건설한 '라암셋'(출 1:11)을 근거로 출애굽 당시의 바로가 람세스 2세라고 보기도 한다. 여기에 연대를 결정하는 일의 어려움이 있다.

출애굽 연대와 관련한 대표적인 두 가지 관점은 '초기 연대설'(주전 1446)과 '후기 연대설'(주전 1250경)이다. 초기 연대설은 이스라엘을 억압한 바로가 18왕조의 투트모세 3세(Thut-mose III, 주전 1504-1450)이고, 출애굽 당시의 바로는 아멘호텝 2세(Amen-hotep II or Amenophis II, 주전 1450-1426)로 본다. 후기 연대설은 19왕조의 라암세스 1세(Rameses I, 주전 1314-1312)와 세티 1세(Seti I, 주전 1312-1289)를 이스라엘을 억압한 바로로, 람세스 2세(Rameses II, 주전 1290-1224)를 출애굽 당시의 바로로 본다.[55] 이러한 연대를 계산하는 일에서 해석상의 중요한 논점은 주어진 성경의

55 바로의 재위 연대가 각 책마다 연대 계산법이 달라 일치하지 않는다. 힐(Hill & Walton 1991)은 투트모세 3세를 주전 1504-1450, 아메노피스 2세를 주전 1450-1425, 람세스 1세를 주전 1320-1318, 세티 1세를 1318-1304, 그리고 람세스 2세를 1304-1237으로 본다. 윌슨(Wilson 1957)은 투트모세 3세를 주전 1490-1436, 아메노피스(아멘호텝)를 주전 1439-

자료와 고고학 자료를 어떻게 해석하느냐의 문제와 연관되어 있다. 동일한 자료라고 할지라도 각자의 논지를 증명하기에 유리한 부분을 선택한다. 하지만 이 책은 우리가 전통적으로 이해한 초기 연대설을 받아들인다. 이는 여러 가지 난점에도 불구하고 성경에서 기록하고 있는 연대를 문자 그대로 받아들이기 때문이다.

이스라엘 백성이 애굽에서 나온 연대와 관련된 자료는 성경 외에는 없다. 성경에 출애굽 연대를 알 수 있는 기준을 제시한 자료는 열왕기상 6:1과 사사기 11:26이다. 열왕기상 6:1에 보면 솔로몬이 성전을 건축한 때는 '이스라엘이 애굽에서 나온 지 480년'이라고 하였고, 또 그해는 솔로몬이 '왕이 된 지 4년'이 되는 해라고 했다. 솔로몬의 즉위는 주전 970년이고, 솔로몬 제4년은 주전 966년이다. 그렇다면 출애굽 연대는 주전 1446년(966+480)이다. 이 연대를 받아들인다면 이스라엘이 아모리 왕 시혼과 바산 왕 옥을 물리치고 길르앗을 차지한 때는 광야 생활 40년을 마치고 가나안에 입성하기 직전이기 때문에 1406년이다(민 21:21-32; 삿 11:21-22, 26). 그렇다면 사사기 11:26에서 입다가 암몬 왕에게 '이 모든 성읍에 거한 지 300년'이라고 한 해는 1106년이 되고 사울이 왕이 된 해가 주전 1050년이기 때문에 그 이후의 연대와도 잘 맞는다. 이 연대를 기준으로 볼 때 출애굽기는 모세가 출생한 해인 주선 1526년(1446+80)부터 이스라엘 백성들이 하나님이 말씀하신 대로 성막을 만든 후에 시내 광야를 출발한 1445년 둘째 달까지의 사건을 담고 있다(출 2:1-10; 7:7; 신 31:2; 34:7; 민 1:1; 10:11; 행 7:23).

II. 문학적 구조

출애굽기는 책의 주제와 메시지를 전달하기 위하여 특별한 논리 구조를 사용했다. 출애굽기는 장소적으로 세 군데에서 일어난 일을 기록하고 있다.

- 애굽에서 일어난 일(출 1:1-12:36)
- 애굽에서 나온 후 광야에서 일어난 일(출 13:17-18:27)
- 시내산에서 일어난 일(출 19:1-40:38)

1406, 람세스 1세를 주전 1303-1302, 세티 1세를 주전 1302-1290, 그리고 람세스 2세를 주전 1290-1224으로 본다.

시내산에서 일어난 일은 성막을 만든 일만이 아니라 성막에 들어가 그곳에 임재해 계시는 하나님과 만나 교제하는 방법을 기록한 레위기 전부(레 26:46; 27:34)와 민수기 1:1-10:11의 내용을 포함한다. 그래서 장소가 본문을 이해하는 일에 도움을 준다고 할지라도 중요한 사건을 중심으로 구분하는 것이 출애굽기 전체를 이해하는 일에 더 도움이 된다.

출애굽기는 크게 세 가지 사건을 중심으로 구분할 수 있다.

- 애굽에서 구원하신 사건(출 1:1-18:27)
- 시내산에서 언약을 맺으신 사건(출 19:1-24:18)
- 성막을 완공하는 사건(출 25:1-40:38)

출애굽 당시에 있었던 이 세 가지 사건은 구약성경과 신약성경에서도 언약 백성의 중요한 삶의 원리요 기초로서 믿음을 요구할 때나 윤리적 삶의 실천을 요구할 때마다 인용된다(신 20:1; 29:2; 수 2:10; 삼상 12:6; 시 81:10; 106:7; 렘 32:21; 행 13:17; 유 1:5 등). 이것은 출애굽기에 기록된 사건을 언약 백성의 삶의 원리와 기초로 이해하기 때문이다.

출애굽기의 문학적 구조와 의미를 다음과 같이 도식화할 수 있다.

출애굽(출 1-18)	시내산 언약(출 19-24)	성막(출 25-40)
하나님이 이스라엘 백성들을 애굽의 속박에서 (1) 어떻게 구원하셨고, (2) 구원한 백성을 어떻게 시내산까지 인도해 주셨는가?	구원받은 이스라엘 백성들은 (1) 어떻게 하나님을 사랑하고 섬기며 교제할 수 있고, (2) 어떻게 살아야 언약에 담긴 복을 누릴 수 있으며, (3) 어떤 삶의 특성을 드러내어야 언약의 궁극적 목표인 하나님 나라를 이루어 갈 수 있는가?	언약 백성으로서 (1) 성막에 임재해 계신 하나님을 어떻게 만나 교제할 수 있으며, (2) 어떻게 시내산 언약을 지켜 그 언약에 담긴 복을 누리고, 언약의 목표인 하나님 나라를 이루는 일이 가능한가?
구원	특권과 책임	교제

III. 주제와 기록 목적

출애굽기의 문학적 구조를 볼 때 그 주제는 애굽에서 구원하신 사건과 시내산에서 언약을 맺는 사건, 그리고 성막 제도를 주신 사건과 연관되어 있다. 출애굽기의 주제는 하나님이 애굽의 속박에서 이스라엘을 구속하시고 그들과 언약을 맺어 그들에게 언약 백성의 특권과 책임을 제시하시며 이 일을 위하여 성막을 주셔서 교제하게 하신다는 것이다.

저자는 이러한 주제들을 중심으로 몇 가지 중요한 목적을 가지고 기록하고 있다. 첫째, 하나님이 아브라함과 이삭과 야곱과 맺은 언약을 기억하시고 성취하신다는 것을 보여 주려는 것이다. 특별히 하나님이 아브라함과 맺은 언약을 기억하시고(출 2:23-25), 그 언약을 성취하시기 위하여 초자연적인 기적과 능력을 애굽과 이스라엘에 행하셨음을 보여 준다. 둘째, 하나님이 온 역사의 주가 되신다는 사실을 보여 주어 그를 믿게 하려는 것이다. 이스라엘의 고통이나 애굽에 내린 재앙들 모두 하나님의 역사 통치 범위 안에서 이루어진 일이다. 바로와 애굽 사람들로 하여금 하나님의 능력을 보고 하나님 여호와가 어떤 분이신 줄을 알게 하고(출 14:18), 이스라엘 백성들에게는 여호와를 경외하게 하며, 그의 종 모세를 하나님의 종으로 믿게 하려는 것이다(출 14:31). 셋째, 시내산 언약을 통하여 언약 백성은 어떤 삶을 살아야 하는지를 보여 주려는 것이다. 넷째, 성막 제도를 통하여 하나님이 어떻게 그들과 만나 교제하시는지를 보여 주려는 것이다.

IV. 내용

내용 구조

1. 애굽에서 구원하심과 인도(출 1:1-18:27)
2. 시내산 언약(출 19:1-24:11)
3. 성막 제도(출 25:1-40:38)

1. 애굽에서 구원하심과 인도(출 1:1-18:27)

이 문단은 하나님이 약속하신 대로 애굽에서 이스라엘 백성들을 구원하시기 위하여 모세를 세우셔서 큰 능력으로 구원해 내시고 시내산에 도착하기까지의 과정을 기록하고 있다. 여기서 저자는 하나님이 얼마나 위대한 분이시며, 그분을 왜 섬겨야 하는지를 보여 준다.

내용 분해

(1) 야곱의 자손들이 큰 민족을 이룸(출 1:1–7)
(2) 이스라엘 백성들이 압제를 당함(출 1:8–22)
(3) 모세의 출생과 그가 장성하여 미디안으로 피신함(출 2:1–25)
(4) 하나님께서 모세를 부르심(출 3:1–4:17)
(5) 바로 앞에 선 모세(출 4:18–6:27)
(6) 모세와 아론의 가문(출 6:14–13)
(7) 애굽에 내린 열 가지 재앙과 그 결과(출 6:28–12:42)
(8) 유월절 규례(출 12:43–13:16)
(9) 홍해를 건너다(출 13:17–15:21)
(10) 마라의 쓴 물(출 15:22–27)
(11) 만나와 메추라기(출16:1–35)
(12) 맛사와 므리바(출 17:1–16)
(13) 이드로의 방문과 이스라엘의 조직(출 18:1–27)

내용 해설

(1) 야곱의 자손들이 큰 민족을 이룸(출 1:1–7)

출애굽기는 애굽으로 내려간 이스라엘의 아들들의 이름을 언급함으로써 시작한다(출 1:1–5). 만약에 창세기와 연결하여 이들을 보지 않는다면 '이 사람들은 누구며 왜 여기에 등장하지?'라는 의문이 든다. 그러나 모세는 출애굽기에서 창세기에 이어서 구원의 역사가 전개되고 있다는 것을 보여 주기 위하여 이 이름을 야곱의 가족 70명이 애굽으로 내려갈 때의 사건이 기록된 창세기 46:8-27의 말씀과 수미쌍관법으로 연결한다. 이것은 출애굽기가 애굽으로 내려간 야곱의 자손들의 이야기임을 보여 준다.

요셉과 그의 형제들과 그 시대 사람들은 다 죽었다(출 1:6). 그러나 이스라엘 자손은 하나님이 야곱이 벧엘과 애굽에 내려갈 때 그에게 약속하신 것처럼(창 35:11; 46:3) 생육하고 번성하여 온 땅에 가득했다(출 1:7). 이때는 모세가 출생하기 이전으로 야곱의 가족들이 애굽에 내려간 뒤 약 350년이 지난 후이다. 왜냐하면 이스라엘이 애굽에서 나올 때 출애굽기 12:40에서 "이스라엘 자손이 애굽에 거주한 지 사백삼십 년이라"라고 하였고, 모세가 80세에 부름을 받아 그들을 인도하였기 때문이다(430-80=350년).

(2) 이스라엘 백성들이 압제를 당함(출 1:8-22)

요셉을 알지 못하는 새 왕이 일어나 애굽을 다스렸다(출 1:8). 이 왕은 힉소스(Hyksos) 왕조를 축출한 18왕조의 설립자 아모세(Ahmose)다(Young & Kaiser, 89). 그는 요셉이 과거에 애굽에 어떤 복을 주었는지 몰랐다. 그래서 이스라엘 백성들이 더 많아지면 애굽이 위험해진다고 생각하여 그들을 박해하기 시작했다(출 1:9-10). 그는 감독들을 세우고 이스라엘로 하여금 무거운 짐을 지워 비돔과 라암셋을 건축하게 하고 흙 이기기와 벽돌 굽기와 농사 등을 시켰다(출 1:11-14). 이뿐만 아니라 히브리 산파 십브라와 부아에게 히브리 여인의 아기를 살펴서 아들이면 죽이고 딸이거든 살려 두라고 명령했다. 그러나 이들은 하나님을 두려워하여 애굽 왕의 명령을 어기고 남자 아이들을 살렸다(출 1:15-17). 왕이 산파들을 불러 남자 아이를 살린 이유를 묻자 그들은 히브리 여인은 건장하여 산파가 그들에게 이르기 전에 해산한다고 거짓말을 했다(출 1:19). 하나님이 이 일로 말미암아 산파들에게 은혜를 베푸시므로 그 백성은 번성하였고, 산파들이 하나님을 경외하였으므로 하나님은 그들의 집안을 흥왕케 하셨다(출 1:20-21). 성경은 이 경우의 거짓말을 라합의 거짓말과 함께 하나님을 섬기는 믿음의 행위로 본다(참조.

수 2:1-13; 히 11:31). 바로는 히브리 산파들이 그 일을 하지 못하자 그의 모든 백성에게 아들이 태어나면 나일 강에 던지라고 명령했다(출 1:22).

그러면 왜 이스라엘 백성들이 애굽에서 박해를 받는가? 크라프(De Graaf, 257)는 하나님이 이스라엘이 주님의 은혜 때문에 산다는 것을 깨닫도록 하시기 위하여 애굽의 압제를 당하게 하셨다고 설명했다. 하나님은 당신의 백성들의 믿음을 연단하기 위하여 때로는 시련을 주시기도 하지만 이 경우는 하나님이 은혜를 깨닫게 하시려는 것과 거리가 멀다. 여기에는 두 가지 이유가 있다. 첫째, 신앙적 이유다. 이스라엘이 애굽에서 박해를 받는 것은 하나님께서 에스겔 선지자를 통하여 말씀하신 것처럼 하나님이 애굽의 가증한 것들과 우상들로 더럽히지 말라고 하셨으나 그 백성들이 하나님의 말씀을 듣지 않고 애굽의 우상을 버리지 않았기 때문이다(겔 20:7-8). 둘째, 정치적 이유다. 애굽에 요셉을 알지 못하는 새 왕조가 들어섰는데, 그들이 이스라엘에게 위협을 느꼈기 때문이다(참조. 출 1:8-10). 이 점은 아브라함의 자손이 이방에서 객이 되어 그들을 섬기고 그들은 400년 동안 아브라함의 자손들을 괴롭게 할 것이라는 말씀이 성취되고 있음을 보여준다(참조. 창 15:13).

(3) 모세의 출생과 그가 장성하여 미디안으로 피신함(출 2:1-25)

이 문단은 이스라엘 백성들이 애굽에서 고난을 당할 때 모세가 태어나 애굽 공주의 아들이 된 이야기(출 2:1-10)와 모세가 청년이 되었을 때의 이야기다(출 2:11-22).

① 모세의 출생(출 2:1-10)

이 문단은 이스라엘 백성들이 애굽에서 고통을 당할 때 모세가 출생한 이야기다. 레위 가족 중에 아므람은 요게벳에게 장가 들었다(출 2:1, 참조. 출 6:20; 민 26:59). 요게벳은 임신하여 아들을 낳았는데 그가 잘 생긴 것을 보고 석 달 동안 숨겼다(출 2:2). 여기에서 '잘 생긴 것을 보고'라는 말씀은 해석이 필요하다. 상식적으로 생각할 때 어떤 부모가 자기 자녀를 잘 생겼다고 보지 않겠는가? 70인역 성경은 '하나님 보시기에 아름다운'(αστειος τωθεω)이라는 말로 해석하여 번역했다. 사도행전의 저자 누가는 모세의 출생을 설명하면서 이 70인 역 성경을 인용했다. "그때에 모세가 났는데 하나님 보시기에 아름다운지라"(행 7:20). 히브리서 저자는 "믿음으로 모세가 났을 때에 그 부모가 아름다운 아이임을 보고 석 달 동안 숨겨 왕의 명령을 무서워하지 아니하였으며"(히 11:23)라고 기록했다. NIV 성경은 '보통 아이가 아님을 보고'(they saw he was no ordinary child)라고 번역했다. 이것은 단순히 아이의 외모의 아름다움을 말하는 것이 아니고, 여기에 계시적 의미가 있었다고 본 것이다. 아이가 자라 그 부모는 그를 더 숨길 수 없었다. 그래서 부모는 갈대 상자를 가져다가 역청과 나무 진을 칠하고 아이를 상자에 넣어 나일 강가 갈대 사이에 두었나. 아이의 누이 미리암은 아이가 어떻게 되는지 지켜보았다. 때마침 바로의 딸이 목욕하러 왔다가 갈대 상자를 발견했는데, 그 상자에는 아이가 있었고, 그녀는 그가 히브리인의 아이임을 알게 되었다. 아이의 누이인 미리암의 지혜로 아이의 어머니인 요게벳이 아이의 유모로 젖을 먹이는 은혜를 입었다. 아이가 자라 바로의 딸에게 데려가자 그는 바로의 공주의 아들이 되었다. 공주는 그 아이를 물에서 건졌다 하여 모세라고 이름을 지었다(출 2:10). 그리고 모세가 출생하기 전 당시 18왕조의 바로의 이름이 투트모세(Thut-mose) 1, 2, 3세라는 점을 고려한다면 공주가 왕의 후손이라는 의미를 담아 '모세'라고 지었을 가능성도 있다.

그러면 당시 바로의 압제에서 왜 유독 모세만 살아남았을까? 당시 이스라엘 백성들 가운데 모세의 부모 외에는 다 믿음이 없는 사람인가? 하나님이 아기 모세를 돌보셨으니 나의 자녀도 돌보실 것이라고 적용할 수 있는가? 그 시대에 죽은 아이들과 동일시하지 않고 모세와 동일시하는 이유는 무엇인가? 이것은 독특한 상황에서 모세라는 독특한 인물에게 적용한 것을 모든 시대 모든 사람에게 적용할 때 일어난다(Goldsworthy 1987, 25). 그렇다면 그 시대에 바로의 박해로 죽은 다른 히브리 아이들의 죽음을 설명할 수 없다. 이 일은 해설자가 해설한 대로 하나님이 아브라함과 맺은 언약을 기억하시고 구원자를 세우시기 위하여 모세를 지키신 일로 보아야 한다(출 2:23-25). 이 일은 하나님이 언약을 기억하시고 그 언약을 이루시기 위해 모세를 세우신 것이다.

② 미디안으로 피신함(출 2:11–22)

모세는 하나님의 섭리 가운데 어머니 요게벳의 품에서 자랐지만 애굽 공주의 아들로 성장하여 애굽의 모든 지혜를 배워 그의 말과 하는 일이 능했다(참조. 행 7:22). 모세는 그의 나이 사십이 되었을 때, 이스라엘 백성들을 돌볼 생각이 나서 자기 형제들에게 가서 그들이 고되게 노동하는 것을 보았고, 애굽 사람이 한 히브리 사람을 치는 것을 보고 그 애굽 사람을 쳐 죽였다(출 2:11–12). 사도행전의 저자는 이 일에 대하여 모세가 그의 형제들이 하나님이 자기 손을 통하여 구원해 주시는 것을 깨달으리라 기대한 것으로 보았다. 그러나 그들은 이것을 깨닫지 못하고 싸움을 말리려던 모세에게 전날에 애굽 사람을 죽인 것같이 자신들을 죽이려 한다고 말했다. 그러자 모세는 위험을 느끼고 미디안으로 도망을 갔다(출 2:11–15. 참조. 행 7:23–29). 히브리서 저자는 이러한 모세의 행동을 그가 하나님의 백성과 함께 고난 받기를 잠시 죄악의 낙을 누리는 것보다 더 좋아하고, 그리스도를 위하여 받는 수모를 애굽의 모든 보화보다 더 큰 재물로 여긴 믿음의 행동으로 해석했다(히 11:24–27). 이 사건 때문에 모세는 미디안으로 도망하여 미디안의 제사장 이드로의 딸 십보라와 결혼했다. 그리고 그는 아들을 낳아 이름을 '게르솜'이라 지었는데, 그 의미는 '내가 타국에서 나그네가 되었다'이다(출 2:22).

③ 하나님이 조상들과 맺은 언약을 기억하심(출 2:23–25)

이 문단은 하나님이 이스라엘 백성들이 애굽에서 고통을 당할 때 그들의 부르짖음을 들으시고 모세를 태어나게 하셔서 그를 세우신 이야기에 대한 해설자의 해설이다. 이 해설은 모세의 출생과 그가 미디안으로 도망간 이야기(출 1:8–2:22)와 모세를 부르시는 이야기(출 3:1–4:17)를 연결시키는 기능을 한다. 이 부분 "여러 해 후에 애굽 왕은 죽었고"(출 2:23)에서 말하는 애굽 왕은 투트모세 3세(Thut–mose III, 주전 1504–1450)이다. 당시 이스라엘 백성들은 고된 노동으로 탄식하며 부르짖었고, 하나님은 그 고통 소리를 들으셨으며 조상들과 맺은 언약을 기억하시고 이스라엘 자손을 돌보셨다. 하나님이 언약을 기억하시고 구체적으로 돌보신 일은 모세를 출생하게 하신 사건과 모세를 40년 동안 미디안 광야에서 훈련하신 후에 그를 부르신 일로 나타나고 있다. 여기서 하나님이 조상들과 언약을 맺으신 부분과 이스라엘 백성들이 부르짖는 부분이 나란히 나타나 있다.

이것은 하나님의 약속은 무조건적이고 주권적이지만, 동시에 그 약속을 바라보고 기도해야 할 책임이 우리에게 있음을 보여 준다. 부르짖음이 구원의 중요한 요소가 된다는 것은 출애굽 후에 모세가 가데스에서 에돔 왕에게 사신을 보내며 한 말에도 나타난다. "우리가 여호와께 부르짖었더니 우리 소리를 들으시고 천사를 보내서 우리를 애굽에서 인도해 내셨나이다."(민 20:16)

(4) 하나님께서 모세를 부르심(출 3:1-4:17)

이 문단은 하나님이 모세를 부르신 이야기다. 모세가 이드로의 양을 치다가 하나님의 산 호렙 산에 이르러 한 특이한 현상을 보았다. 그것은 떨기나무에 불은 붙었으나 떨기나무가 사라지지 않는 현상이었다. 해설자는 이 현상을 여호와께서 나타나신 것으로 설명했다(출 3:2). 모세가 이 현상을 보기 위하여 가까이 가자 하나님이 "이리로 가까이 오지 말라 네가 선 곳은 거룩한 땅이니 네 발에서 신을 벗으라"(출 3:5)라고 말씀하셨다. 그리고 하나님은 "나는 네 조상의 하나님이니 아브라함의 하나님, 이삭의 하나님, 야곱의 하나님이니라"(출 3:6)라고 말씀하셨다. 하나님은 자신을 아브라함과 이삭과 야곱의 하나님으로 알려 주셨다. 저자는 하나님이 모세에게 사명을 맡기시자, 모세가 그 사명에 대하여 질문하는 내용을 대화방식으로 설명한다.[56] 저자는 이 대화를 통해 하나님이 모세와 함께 하실 것임을 말하고 있고, 모세가 질문한 것처럼 바로와 백성들이 어떤 반응을 보이게 될는지 생각하게 만든다.

하나님: "내가 애굽에 있는 내 백성의 고통을 분명히 보고 … 너를 바로에게 보내어 내 백성 이스라엘 자손을 애굽에서 인도하여 내게 하리라"(출 3:7-10).

모　세: "내가 누구이기에 바로에게 가며 이스라엘 자손을 애굽에서 인도

56 '장면과 요약'은 성경과 일반 문학에서도 나오는 문학적 장치다. 일반적으로 장면은 이야기의 시간과 서술의 시간이 동일한 지속성을 갖는 경우를 말하며, 요약은 이야기의 시간이 서술의 시간보다 긴 경우를 가리킨다. 장면의 경우 대개 대화나 구체적인 묘사를 통하여 독자들에게 의미를 구체적으로 전달하기 위해 사용된다.

하여 내리이까"(출 3:11).

하나님: "반드시 너와 함께 있으리라 …"(출 3:12)

모　세: "… 그들이 내게 묻기를 '그의 이름이 무엇이냐' 하리니 내가 무엇이라고 그들에게 말하리이까"(출 3:13).

하나님: "나는 스스로 있는 자니라 … 애굽 왕에게 '우리 하나님께 제사를 드리려 하오니 … 허락하소서' 하라 … 여러 가지 이적으로 친 후에야 그가 너희를 보내리라 …"(출 3:14-22).

모　세: "그들이 … '여호와께서 네게 나타나지 아니하셨다' 하리이다"(출 4:1).

하나님: "네 손에 있는 것이 무엇이냐."

모　세: "지팡이니이다."

하나님: " … 그들이 이 두 이적을 믿지 아니하며 네 말을 듣지 아니하거든 나일 강 물을 조금 떠다가 땅에 부으라 네가 떠 온 나일 강 물이 땅에서 피가 되리라"(출 4:2-9).

모　세: "… 나는 입이 뻣뻣하고 둔한 자니이다"(출 4:10).

하나님: "누가 사람의 입을 지었느냐 …"(출 4:11-12).

모　세: "오 주여 보낼 만한 자를 보내소서"(출 4:13).

하나님: (노하여 이르시되) "레위 사람 네 형 아론이 있지 아니하냐 …"(출 4:14-16).

저자가 대화로 장면을 클로즈업한 것은 하나님이 자기 백성을 애굽에서 구원하시기 위하여 모세를 부르셨으나 모세가 가지 않으려 하자 그에게 확신을 주셔서 그 일을 하게 하신다는 것을 보여 준다.

(5) 바로 앞에 선 모세(출 4:18-6:13)

이 문단은 하나님이 시내산에서 모세를 만나 말씀하신 후에 그가 애굽으로 가서 바로 앞에서 하나님의 말씀을 전하는 내용과 바로가 그것에 대해 보인 반응을 기록하고 있다.

① 모세가 애굽으로 돌아감(출 4:18–31)

모세가 하나님을 만난 후에 이드로에게 애굽으로 갈 것이라고 말했다. 이때 여호와께서 "애굽으로 돌아가라 네 목숨을 노리던 자들이 다 죽었느니라"(출 4:19)라고 모세를 위로해 주셨다. 그런데 애굽으로 가는 길에 여호와께서 모세를 죽이려 하자 모세의 아내 십보라는 돌칼을 가져다가 그의 아들의 포피를 베어 던지며 "당신은 참으로 내게 피 남편이로다"(출 4:25)라고 했다. 이렇게 말한 이유를 할례 때문이라고 설명한다. 당시 모세의 두 아들 가운데 장남 게르솜은 할례를 받은 것처럼 보이고 차남 엘리에셀은 받지 않은 것처럼 보인다. 이 사건을 통하여 하나님이 강조하신 것은 이스라엘의 구원자로 일하기 전에 언약의 하나님이신 여호와의 요구를 먼저 행해야 한다는 것이다(신득일 2015, 64–65). 그리고 하나님이 모세에게 아론을 보내겠다고 말씀하신 대로(출 4:14) 아론에게 나타나셔서 "광야에 가서 모세를 맞으라"(출 4:27)라고 말씀하셨다. 모세가 하나님이 보이라고 하신 세 가지 표적들을 행하자 백성들은 믿었다(출 4:30–31). 그 세 가지 표적은 모세의 지팡이가 뱀이 되는 사건(출 4:3–4), 모세의 손을 품에 넣었을 때 나병이 생기고 다시 품에 넣었다가 내어보았을 때 본래의 살로 회복되는 사건(출 4:6–7), 그리고 나일 강 물을 조금 떠다가 땅에 부었을 때 물이 피가 되는 사건이다(출 4:8; 7:14–25). 모세 역시 이러한 일련의 사건을 보고 하나님이 그와 함께하신다는 사실을 확신하였을 것이다.

② 모세가 바로 앞에 섬(출 5:1–6:1)

모세가 바로에게 가서 여호와의 말씀대로 자기 백성들이 절기를 지킬 수 있도록 보내라고 말했다(출 5:1). '절기를 지킨다'라는 개념은 '제사를 드린다'(출 5:3, 8, 17; 8:27), '섬긴다'(출 7:16; 8:1, 20; 9:1) 등과 같은 개념이다. 이때 바로는 "여호와가 누구이기에 내가 그의 목소리를 듣고 이스라엘을 보내겠느냐 …"(출 5:2)라고 말했다. 바로의 이 말에 대하여 하나님은 10가지 재앙을 내리심으로 여호와께서 온 천하의 주가 되시고 통치하시며 생명이 되신다는 사실을 보여 주실 것이다(출 7:17; 8:10, 22; 14:4, 18).

바로는 여호와께서 말씀하신 대로 더 완악해져서 백성늘에게 노역을 시키면서도 벽돌에 쓸 짚을 주지도 않고 벽돌을 수효대로 만들게 했다. 백성들은 이 중한 노역의 원인이 모세 때문인 줄을 알고 도리어 모세에게 화를 내며 힘들게 했다(출 5:4–21). 모세를 부르신 것도, 아브라함과 맺은 언약을 기억하시고 이스라엘을 구원해 내시겠다는 것도 하나님의 뜻이다. 그렇다면 우리는 모든 일이 잘 되기를 기대한다. 하지만 바로의 강한 저항이 있었고 하나님의 뜻과 현실 사이에 갈등이 있었다. 이때 모세는 돌아와서 기도했다(출 5:22–23). 그리고 여호와께서는 그 기도를 들으시고 "이제 내가 바로에게 하는 일을 네가 보리라 강한 손으로 말미암아 바로가 그들을 보내리라 강한 손으로 말미암아 바로가 그들을 그의 땅에서 쫓아내리라"(출 6:1)라고 동일한 의미의 어구를 반복하시며 그들이 반드시 나오게 될 것을 말씀해 주셨다. 기도는 갈등을 해소하는 중요한 방법이다.

③ 모세를 격려하심(출 6:2–13)

여호와께서 모세에게 이스라엘을 애굽의 속박에서 구원해 내실 것을 세 가지 중요한 위로의 말씀에 근거하여 격려해 주셨다.

첫째, 하나님은 자신을 과거 역사 가운데 말씀하신 하나님, 곧 전능하신 하나님과 여호와로 알려 주셨다는 것이다(출 6:2–3). 그런데 출애굽기 6:3을 보면 하나님이 믿음의 조상 아브라함과 이삭과 야곱에게 '전능의 하나님'으로는 나타나셨는데, '여호와'라는 이름으로는 알리지 아니하셨다고 했다. 그렇게 되면 아브라함과 이삭과 야곱이 여호와를 불렀다는 것을 설명할 수가 없다(창 12:7–8; 22:14; 25:21; 28:12, 16 등). 이것은 번역상에 문제가 있기 때문이다. 다음의 문장을 비교해 보라.

A: 나의 이름을 여호와로는 그들에게 알리지 아니했다.
B: 나의 이름을 여호와로 그들에게 알리지 아니하였느냐?

A는 평서문이지만 B는 대답을 요구하지 않고 강한 긍정 또는 강한 부정의 수사적 효과를 보여 주는 수사의문문이다. 다시 번역하면 다음과 같다. '내가 아브라함과 이삭과 야곱에게 전능의 하나님으로 나타났고, 나의 이름을 여호와로 그들에게 알리지 아니하였느냐?' 출애굽기 6:2–3은 의문사 없는 의문문이다(기동연 2005, 55–69). 이 수사의문문에 나타나는 '전능의 하나님'과 '여호와'는 둘 다 하

나님이 어떤 분이신지 알려 주는 계시적인 이름이다. '전능의 하나님'은 '엘 샷다이'(אֵל שַׁדַּי)로 아브라함의 나이 99세 때에 "나는 전능한 하나님이라 너는 내 앞에서 행하여 완전하라"(창 17:1)라고 처음 계시하신 이름이다. '여호와'(יהוה)라는 계시적 이름은 일반적으로 '스스로 계시는 분'(I AM WHO I AM)으로 많이 알려져 있으나 이 이름은 존재론적이고 정적(靜的)인 인상을 준다. 하지만 여호와라는 이름이 나타난 곳을 조사해 보면 이 이름은 역동적이고 능동적이며 그 하신 약속을 역사 가운데 확실하게 이루신다는 의미로 많이 사용된다. 카이저(Kaiser 1978, 106–107)는 '거기 그 현장에 있게 되실 하나님'(I am the God who will be there)이라고 번역했다. 이 말씀은 당시 역사에서 말씀하시고 그 역사의 현장에 계시면서 능동적으로 행동하신 하나님이 이스라엘 백성들을 애굽에서 구원해 내실 때에도 전능의 하나님으로, 여호와로 행동하시겠다는 것이다.

둘째, 하나님이 과거 역사 가운데 '그들에게 주기로 그들과 언약하신 대로' 가나안을 주시겠다는 것이다(출 6:4). 개역개정판 성경에는 불분명하지만 히브리어 성경에는 '또한'이라는 의미의 접속사 '감'(גַּם)이라는 단어로 시작한다. 이것은 두 번째 위로의 근거를 나타내는 표시다.

셋째, 여호와께서 이제 그 약속을 기억하신다는 것이다(출 6:5). 역시 개역개정판에는 나타나 있지 않지만 히브리어 성경에는 '또한'이라는 접속사가 있는데 이는 세 번째 위로의 근거를 나타내는 표시다. 이것은 하나님이 약속하셨을 뿐만 아니라 지금 이 역사의 현장에서 이스라엘 자손이 고통당하는 것을 다 보시며 언약을 기억하고 계신다는 것이다. 하나님은 구약 시대 이스라엘 백성이나 신약 시대 그리스도 안에서 구속받은 우리의 아픔과 고통을 보지 않으시는 분이 아니다.

하나님은 모세에게 이 세 가지 위로의 말씀에 근거하여 당시 역사의 현장에 개입하셔서 애굽의 속박에서 이스라엘을 구원해 내실 것을 말씀하셨다. 모세가 이 모든 것을 백성들에게 전하였으나 그들이 마음의 상함과 가혹한 노역으로 말미암아 모세의 말을 듣지 아니했다(출 6:9). 그런데도 여호와께서는 모세가 "이스라엘 자손도 내 말을 듣지 아니하였거든 바로가 어찌 들으리이까"(출 6:12)라고 불평해도 다시 보내셨다.

(6) 모세와 아론의 가문(출 6:14-27)

이 문단은 이스라엘을 구원하는 자로 부름을 받은 모세와 아론의 가문을 소개한다. 저자는 문맥의 흐름상 출애굽기 6:14-27을 '괄호'(parenthesis or bracket) 안에 넣어서 별도로 설명한다. 출애굽기 6:13과 6:28을 연결하여 읽어도 문맥의 흐름이 어색하지 않다. 이 가문을 괄호에 넣어서 소개하는 목적은 이스라엘의 역사에서 이 가문이 제사장으로서 중요한 역할을 하기 때문이다. 여기서 저자는 이 가문의 중심 인물인 모세와 아론을, 이스라엘 자손을 애굽 땅에서 인도하라 하신 여호와의 명령을 받은 자이며, 동시에 여호와의 명령을 받고 애굽 왕 바로에게 이스라엘 자손을 내보내라고 말한 사람들로 소개한다(출 6:26-27). 이것은 독자들로 하여금 모세와 아론이 이스라엘을 애굽에서 인도해 내기 위하여 어떤 일을 할 것인지 기대하게 한다. 모세와 아론의 가문을 도식화하면 다음과 같다.

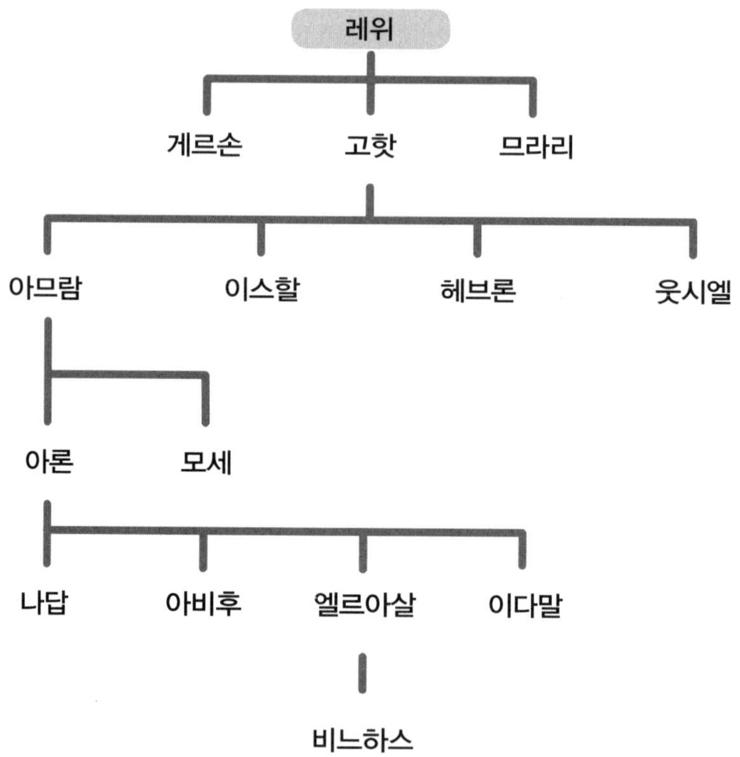

(7) 애굽에 내린 열 가지 재앙과 그 결과(출 6:28–12:42)

이 문단은 여호와께서 애굽에 내린 열 가지 재앙과 그 결과에 대한 이야기다. 특히 저자는 이러한 재앙을 통하여 애굽 사람들에게 이스라엘의 하나님 여호와가 어떤 분이신지 알게 하려는 목적으로 사건을 기술하고 있다.

① 여호와께서 모세에게 다시 확신을 주심(출 6:28–7:7)

저자는 출애굽기 6:10–12의 설명과 동일한 구조로 출애굽기 6:28–30에서 말한다. 여호와께서 모세에게 "나는 여호와라 내가 네게 이르는 바를 너는 애굽 왕 바로에게 다 말하라"(출 6:29)라고 하셨으나 모세는 "나는 입이 둔한 자이오니 바로가 어찌 나의 말을 들으리이까"(출 6:30)라고 반문했다. 그러자 하나님은 모세를 신과 같이 되게 하시고, 아론을 대언자로 세우실 것이라고 말씀하셨다. 그리고 하나님이 바로의 마음을 완악하게 하시고, 하나님이 표징과 기사를 애굽 땅에 많이 행하신다 할지라도 바로는 듣지 않다가 하나님이 큰 심판을 내리신 후에야 그 땅에서 인도해 내실 것이라고 말씀하셨다(출 7:3–4). 특히 여호와께서 이 사건을 통하여 "애굽 사람이 나를 여호와인 줄을 알리라"(출 7:5)라고 말씀하셨다. 이 말씀은 독자들로 하여금 출애굽 과정에서 여호와께서 모세에게 말씀하신 대로 여호와가 어떤 분이신지 표적과 기사를 통하여 보여 주실 것을 기대하게 한다.

② 모세와 아론이 바로 앞에 섬(출 7:8–13)

모세와 아론은 이미 바로에게 여호와께서 명령하신 대로 이스라엘을 보내라고 요구했었다(출 5:1–3). 그때 그들은 표적을 행하지 않았다. 그러나 여기서 그들은 아론의 지팡이를 던져 뱀이 되게 했다(출 7:10). 그러자 바로도 마술사들을 불렀고, 그들이 요술로 지팡이를 던져 뱀이 되게 하였으나 아론의 지팡이가 그들의 지팡이를 삼켰다(출 7:12). 이것은 하나님의 능력이 바로와 애굽의 신들을 주장한다는 것을 보여 준다. 바로는 이러한 기적을 보았는데도 여호와께서 이미 말씀해 주신 대로 바로의 마음이 완악하여 모세와 아론의 말을 듣지 않았다(출 7:13, 참조. 출 7:3–4). 이것은 여호와께서 말씀하신 대로 표적과 기사를 보내어 심판하실 것을 예상케 한다.

③ 10가지 재앙(출 7:14–12:36)

여호와께서 모세에게 말씀하신 대로 애굽 온 땅에 다음과 같이 열 가지 재앙을 내리셨다. 각각의 재앙은 일정한 구조를 가지고 있으면서 거기에는 특징이 나타난다. 그것은 하나님이 어떤 재앙을 내리시겠다는 경고, 바로가 보내겠다는 약속, 완악의 주체가 하나님이신지 아니면 바로인지를 말하는 구조로 되어 있다.

	재앙의 유형	성경 구절	경고	보낼 약속	완악의 주체
1	나일 강 물이 피로 변함	출 7:14–25	유	–	바로
2	개구리	출 8:1–15	유	유	바로
3	티끌이 이가 됨	출 8:16–19	–	–	바로
4	파리 떼	출 8:20–32	유	유	바로
5	가축의 죽음	출 9:1–7	유	–	바로
6	악성 종기	출 9:8–12	–	–	하나님
7	우박	출 9:13–35	유	유	바로
8	메뚜기 떼	출 10:1–20	유	유	하나님
9	흑암	출 10:21–29	–	유	하나님
10	맏아들과 처음 난 것들이 죽음	출 11:1–12:36	유	유	–

하나님이 10가지 재앙을 애굽에 내리신 목적은 바로를 설득하여 이스라엘 백성들을 애굽에서 구원해 내시려는 것이다. 이뿐만 아니라 하나님이 이방 나라에 하나님의 실재와 권능을 증명하시기 위함이기도 했다(Wood 1970, 101). 모세가 처음으로 바로에게 나아갔을 때 바로는 "여호와가 누구이기에 내가 그의 목소리를 듣고 이스라엘을 내어 보내겠느냐 나는 여호와를 알지 못하니 이스라엘을 보내지 아니하리라"(출 5:2)라고 말했다. 이러한 물음에 대하여 하나님은 10가지 재앙을 통하여 하나님이 어떤 분이신지를 보여 주실 것이라고 말씀하셨다. 하나님은 재앙을 내리시기 전에 바로가 이스라엘 백성을 내어보내라는 요구를 거절함에 따라 하나님이 애굽 위에서 계시될 때에야 그가 비로소 자신이 여호와이신 줄을 알게 될 것이라고 반복적으로 예언하셨다(출 7:4–5, 17; 8:10, 22; 9:14). 그리고 하나님은 바로의 통치가 종말을 맞이하고 난 뒤에 하나님의 능력이 입증될

것이고, 하나님의 이름이 온 세상에 알려지게 될 것이라고 선언하셨다(출 9:16). 사도 바울은 하나님의 주권과 선택의 문제를 말하면서 하나님이 바로를 세우신 것은 하나님의 이름을 온 땅에 전파되게 하려는 것으로 설명한다(롬 9:17). 그래서 바로가 매번 그의 마음을 바꾸고 약속을 어긴 것은 그 자신의 개인적인 권위를 논증한다기보다는 실제로는 하나님의 목적을 성취하는 데 조력했다는 것을 의미한다(Wood 1970, 101–102).

여기서 우리는 바로가 그의 마음을 완악하게 한 일과 하나님이 바로의 마음을 완악하게 하신 사건이 서로 교차되어 나타나고 있음을 볼 수 있다. 하나님이 바로의 마음을 완악하게 하시는 일은 많은 재앙을 내리시겠다고 하나님이 말씀하셨을 때(출 7:3)에, 그리고 여섯 번째(출 9:12), 여덟 번째(출 10:20), 아홉 번째 재앙(출 10:27)에 나타나 있다. 그리고 바로 자신이 완악하게 되었다고 기록하고 있는 부분은 첫 번째(출 7:22), 두 번째(출 8:15), 세 번째(출 8:19), 네 번째(출 8:32), 다섯 번째(출 9:7), 일곱 번째 재앙(출 9:35)에 나타나 있다. 이것은 역사 가운데 하나님의 뜻이 성취되는 일에서 인간의 책임과 하나님의 주권이 함께 역사한다는 것을 보여 주는 중요한 실례가 된다. 하나님은 이 10가지 재앙을 통해서 애굽의 풍요와 생명의 근원이라 믿었던 그 모든 것들(나일 강, 토지 등)이 하나님의 손에 달려 있고 자신이 온 세상을 통치하시며 주관하심을 보여 주셨다.

또한 하나님이 애굽에 10가지 재앙을 내리실 때 특히 신하들이 하나님의 능력을 보고 바로에게 직언(直言)하는 내용이 인상적이다. 당시 최고의 절대적 왕권을 지닌 바로 앞에서 신하들은 감히 "어느 때까지 이 사람이 우리의 함정이 되리이까 … 왕은 아직도 애굽이 망한 줄을 알지 못하시나이까"(출 10:7)라고 말했다. 이러한 충신들을 두고도 바로는 이들의 말을 듣지 않고 자신의 고집을 꺾지 않았다. 이 일은 바로가 맞게 될 운명을 예상케 한다.

④ 열 번째 재앙과 첫 유월절(출 11:1–12:36)

이 문단은 하나님이 애굽에 내리신 열 번째 재앙을 자세하게 설명하고, 첫 유월절을 지킨 일과 그때 일어난 특별한 사건을 설명한다. 열 번째 재앙은 하나님이 애굽 온 땅에 처음 난 것, 즉 바로의 장자로부터 몸종의 장자와 가축의 처음 난 것까지 다 죽인 사건이다. 이날에 하나님이 애굽의 장자들을 치신 사건을 가리켜 시편에서는 애굽의 기력의 시작을 치셨다고 표현한다(시 105:36). 동시에 이날은 이스라엘 백성들이 430년 동안 거주한 애굽을 떠나는 날이기도 했다(출 12:40). 그리고 하나님은 이스라엘 백성들에게 이날을 달의 시작, 곧 해의 첫 달이 되게 하라고 말씀하셨다(출 12:2). 이것은 이스라엘 종교력의 시작으로 새해가 될 때마다 하나님의 백성들의 삶은 출애굽 당시 하나님의 구속적인 행동에 근거해 있다는 것을 생각나게 하려는 것이었다. 이 첫 달을 아빕월(Abib)이라고 불렀다(출 13:4; 23:15; 34:18; 신 16:1). 후에는 바벨론식 이름인 니산(Nisan)이라고 불렀다(느 2:1; 에 3:7). 이뿐만 아니라 하나님은 각 사람이 흠 없고 일 년 된 수컷의 양이나 염소를 잡고 그 피를 좌우 문설주와 인방에 바르며 그 밤에 고기를 불에 구워 무교병과 쓴 나물을 먹고 남은 것은 불사르라고 말씀하셨다. 그러면서 여호와께서 이날을 유월절로 지키라고 하시며 애굽 땅에 있는 처음 난 것들을 다 치시고 애굽의 신들을 심판하시지만 피가 표적이 되어, 그 피를 볼 때에 넘어가시리라고 말씀하셨다(출 12:3–13). 유월절(פֶּסַח)은 '넘어간다'(פָּסַח)라는 동사의 명사형에서 온 이름이다. 여호와께서는 이날을 영원한 규례로 대대로 지키라고 명령하셨다(출 12:14, 42). 이 명령대로 이스라엘은 첫 유월절을 지켰다(출 12:28).

이스라엘 자손이 하나님의 말씀대로 첫 유월절을 지킨 그 밤에 여호와께서 애굽에서 처음 난 것, 곧 바로의 장자로부터 옥에 갇힌 사람의 장자와 가축의 처음 난 것까지 다 치셨다(출 12:29). 그러자 바로가 밤에 모세와 아론을 불러 여호와를 섬기라고 했다(출 12:31). 애굽 사람들도 그들을 재촉하여 그 땅에서 속히 내보내려고 하므로 그들은 발효되지 못한 반죽 담은 그릇을 옷에 싸서 어깨에 메었다. 그리고 여호와께서 애굽 사람들에게 이스라엘 백성에게 은혜를 입히게 하셔서 그들이 구하는 대로 주게 하셨다(출 12:36). 여호와께서 아브라함에게 이스라엘 자손이 큰 재물을 가지고 나올 것이라고 예언하신 말씀이 성취가 되었다(참조. 창 15:14).

⑤ 이스라엘 자손이 애굽에서 나옴(출 12:37–42)

이 문단은 하나님의 큰 능력으로 이스라엘 자손이 애굽에서 나온 때와 나온 백성들의 수를 설명한다. 이스라엘 자손은 그들이 살았던 라암셋(Rameses)을 떠나 숙곳에 이르렀다. 이때는 첫째 달 열다섯째 날이다(민 33:3). 이때 보행하는 장정이 약 60만가량이었다. 여기서는 어림수로 나와 있지만 애굽을 떠난 이스라엘 백성들은 20세 이상 싸움에 나갈 수 있는 사람으로 603,550명이었다(출 12:37; 민 1:45–46). 이들이 나올 때 여자와 노인들과 아이들을 포함한다면 약 200만 명가량이 되지 않을까 추측한다. 이들이 출발할 때 수많은 잡족들과 양과 소와 심히 많은 가축이 그들과 함께했다. 이들은 오래 지체할 수 없었기 때문에 발효되지 못한 반죽으로 무교병을 구웠고 다른 양식을 따로 준비할 수 없었다(출 12:38–39).

저자는 이스라엘 자손이 애굽에 거주한 지 430년이라고 하였고, 430년이 끝나는 날에 애굽에서 나왔다고 기록했다. 이 기간에 대하여 창세기 15:13과 사도행전 7:6에는 400년이라고 되어 있으니 이 숫자는 어림수라고 본다. 그래서 이 기간은 출애굽 연대와도 잘 조화된다.

중요 사건	나이	기간	연대
아브라함 출생			주전 2166년
아브라함이 이삭을 낳은 때	100세(창 21:5)		주전 2066년
이삭이 야곱과 에서를 낳은 때	60세(창 25:26)	290년	주전 2006년
야곱이 애굽에 내려갔을 때	130세(창 47:9)		주전 1876년
애굽에서 거주한 기간		430년	주전 1446년

(8) 유월절 규례(출 12:43–13:16)

하나님이 열 번째 재앙을 내리실 때 이미 첫 번째 유월절을 자세히 설명하셨고, 설명하신 대로 이루셨다(출 12:1–28). 하나님이 유월절 규례를 설명하신 바가 있었지만 다시 설명하신다. 이것은 이 규례의 중요성 때문이었다. 출애굽기 12:43–13:16은 문맥의 흐름상 '괄호' 안에 넣어서 읽어야 할 '삽입구'다. 이러한 경우 대개 괄호를 제외하고 출애굽기 12:42과 13:17을 연결하여 읽으면 문맥이 전혀 어색하지 않고 자연스럽다. 저자는 이 규례를 일정한 구조를 가지고 기억하기 쉽도록 설명한다.

A 규례: 이스라엘과 함께 지키기를 원하는 거류민도 할례를 받으면 참여할 수 있다(출 12:43–50).

B 이유: 여호와께서 이스라엘 자손을 무리대로 애굽 땅에서 인도하여 내셨기 때문이다(출 12:51).

A′ 규례: 이레 동안 무교병을 먹고 일곱째 날에 절기를 지켜라. 네 아들에게 설명하라(출 13:1–7).

B′ 이유: 여호와께서 강하신 손으로 너를 애굽에서 인도해 내셨기 때문이다(출 13:8–10).

A″ 규례: 처음 난 것을 다 구별하여 여호와께 돌리고, 아들 중 처음 난 자를 대속하라. 네 아들이 묻거든 설명하라(출 13:11–15).

B″ 이유: 여호와께서 그 손의 권능으로 우리를 애굽에서 인도하여 내셨기 때문이다(출 13:16).

유월절 규례를 지켜야 할 이유를 동일한 표현이나 동일한 의미로 반복적으로 설명한다(B, B′, B″). 이것은 여호와께서 애굽에서 그들을 인도해 내셨다는 사실을 기념하기 위함이다. 그날을 지키는 규례에 어떤 사람이든지, 그가 이방인이라 할지라도 약속을 믿고 할례를 받으면 참여할 수 있고, 무교병을 먹으며, 처음 난 것들을 드리되 장자는 대속해야 한다. 이뿐만 아니라 자녀들에게 이날을 지키는 의미를 설명해야 한다.

이 유월절 규례는 종 되었던 애굽에서 하나님이 구원해 내신 것을 기념하지만 동시에 그리스도께서 당신의 목숨을 주심으로 우리를 죄의 속박에서 대속해 주신 사건을 예표한다. 오늘날 우리는 이 예표의 실체가 되는 그리스도께서 우리를 죄에서 구속하시기 위하여 고난을 받으시고 십자가에 죽으신 사건과 그 의미를 담고 있는 성찬 예식을 지키며 기념한다.

(9) 홍해를 건너다(출 13:17–15:21)

이 문단은 이스라엘이 홍해를 건너는 신비로운 이야기와 이 특별한 사건의 의미를 담은 모세의 노래를 기록하고 있다.

① 하나님이 노정을 인도하심(출 13:17–22)

바로가 백성을 보낸 후에 블레셋 사람의 땅의 길은 가까울지라도 하나님은 그들을 그 길로 인도하지 않으셨다. 그것은 전쟁을 하게 되면 백성들이 돌이켜 애굽으로 돌아갈 마음을 가질 수도 있었기 때문이다(출 13:17). 당시 '블레셋 사람의 땅의 길'은 애굽 소유의 땅이었고 거기에는 애굽의 요새들이 있었다(Youngblood & Kaiser 2002, 106). 고대 세계에서 이 길은 메소포타미아로 가는 중요한 도로인 해변 도로(Via Maris)이다. 하나님은 홍해의 광야 길로 백성을 인도하셔서 낮에는 구름 기둥과 밤에는 불 기둥을 보내시어 백성들의 길을 인도하셨고 그들 앞에서 떠나지 아니하셨다(출 13:18, 21–22). 구름 기둥과 불 기둥은 하나님이 그들 가운데 임재해 계심을 눈으로 볼 수 있도록 주신 상징이었다(출 14:24; 민 12:5–6; 신 31:15–16; 시 99:7).

② 홍해를 건넘(출 14:1–31)

하나님은 이스라엘 백성들이 홍해 바다와 믹돌 사이의 비하히롯 앞 곧 바알스본 맞은편 바닷가에 장막을 치게 하셨다(출 14:2). 성경에 보면 믹돌은 애굽의 최북단에 위치해 있었고(겔 29:10; 30:6)[57], 광야와 접경지대로 유대인들이 도망을 가서 살았던 장소이기도 했다(렘 44:1; 46:14). 성경 외의 문서에는 세티 1세가 팔레스틴으로 침입해 가는 길로도 나타난다(Cornfeld 1976, 39). 이는 이 지역이 애굽의 북단에 위치해 있다는 것이다. 이 장소는 홍해를 건너지 않으면 꼼짝없이 갇힐 수밖에 없는 곳이었다(출 14:3). 그러나 여기에는 하나님의 계획이 있었다. 그것은 애굽 사람들로 하여금 이미 10가지 재앙을 통하여 보여 주신 대로 여호와 하나님이 어떤 분이신지 알게 하시려는 것이다(출 14:4). 이러한 여호와 하나님의 계획에 따라 바로가 병거를 갖추고 뒤따랐다(출 14:5–9). 그러자 비무장 상태에 있었던 이스라엘 백성들은 두려워서 여호와께 부르짖기도 하고 여호와를 원망하기도 했다(출 14:10–12). 이 상황을 머리에 그려 보라. 하나님은 모세에게 앞에 가로막힌 홍해를 향하여 지팡이를 들고 손을 내밀어 갈라지게 하라고 하셨다. 그리고 이스라엘 백성들은 바다 가운데 마른 땅으로 건너가게 하실 것이고,

57 에스겔 29:10에 '애굽 땅 믹돌에서 수에네 곧 구스 지경까지'라는 말은 '단에서 브엘세바까지'라는 표현처럼 애굽의 북쪽에서 남쪽까지 전체 국토를 가리키는 말이다.

애굽 사람들의 마음을 완악하게 하셔서 그 가운데 들어가게 하여 하나님의 영광을 나타내실 것이라고 말씀하셨다(출 14:15–18). 그리고 하나님이 구름 기둥도 앞에서 그 뒤로 옮기셔서 애굽 진과 이스라엘 진 사이를 가로막으셨기 때문에 애굽 쪽에는 구름과 흑암이 있고 이스라엘 백성 쪽에는 밤이 밝았다. 그래서 애굽의 군대는 밤새도록 가까이 갈 수가 없었다(출 14:19–20).

하나님이 말씀하신 대로 모세가 홍해 바다 위로 손을 내밀자 홍해가 갈라지고 물은 그들의 좌우에 벽이 되었다. 그리고 그 사이의 땅은 마른 땅이 되었기 때문에 이스라엘 자손이 바다 가운데를 육지처럼 걸어갔다. 홍해가 어느 정도 넓이로 갈라졌으며, 그 길이는 어느 정도 되었을까? 이스라엘 백성들의 전체 숫자가 약 200만 명이라고 할 때 이들이 100열로 걷고, 또한 앞뒤의 간격을 1m 정도로 걷는다고 가정해 본다면 그 길이는 20km이다. 적어도 갈라진 바다의 넓이가 100m 이상은 되어야 100열로, 아이들과 수레와 양과 소를 데리고 갈 수 있지 않겠는가?[58] 여호와께서 '새벽에'(출 14:24) 그 뒤를 따라 들어온 바로와 애굽의 군대를 어지럽게 하셨다고 기록하고 있기 때문에 이스라엘 백성들은 밤새도록 건넜을 것이다. 이스라엘 백성들이 안전하게 건넌 후에 여호와께서는 바로와 애굽의 군대를 바다 가운데로 이끌어 들이셨다. 그리고 여호와께서 처음의 상태로 바다를 회복시키시자 이스라엘 백성들의 뒤를 따라 바다에 들어온 바로의 군대는 다 죽었다(출 14:27–28).

여호와께서 이스라엘 백성들을 블레셋 사람의 길인 해안길을 따라 가게 하시지 않고 돌아서 홍해 길로 가게 하시고, 홍해와 믹돌 사이, 바알스본 맞은편 비하히롯이라는 곳으로 인도하신 것은 두 가지 중요한 목적이 있었기 때문이다. 첫째, 애굽 사람들에게 여호와 하나님이 어떤 분이신지 보여 주실 뿐만 아니라 최종적으로 온 세상과 인간사를 통치하시고 만물을 통치하시는 분이심을 보여 주시기 위함이다(출 14:18). 둘째, 이스라엘 백성들로 하여금 하나님을 경외하며, 동시에 그의 종 모세를 믿도록 하시기 위함이다(출 14:31; 신 6:20–24).

이 기적은 오늘날 그리스도 안에 있는 우리와도 연관이 있다. 하나님은 아브라함에게 약속하신 대로 그의 자손으로 메시아를 보내 주셨기 때문이다. 사도 바울

---

58 출애굽한 이스라엘 백성들이 홍해를 어떻게 건넜을까 생각해 보기 위하여 가정해 본 것이다. 100열 종대로 가도 20km가 되기 때문에 앞뒤 통제가 어렵다. 500열 종대로 걸어도 4km다.

은 고린도 교회에 보낸 편지에서 이스라엘 백성들이 모세와 연합하여[59] 구름과 바다에서 세례를 받았다고 설명한다(고전 10:2). 사도 바울은 홍해를 건넌 사건을 그리스도와 연합하는 세례를 예표하는 사건으로 보았다. 이스라엘이 모세와 연합하여 홍해를 건넜듯이 우리는 그리스도와 연합하여 구원을 얻기 때문이다. 또한 바울은 그리스도와 연합하여 구원을 받은 자는 그에 합당한 삶을 살고 악을 행하지 말아야 한다는 것을 말하기 위하여 이스라엘이 홍해에서 모세와 연합하여 세례를 받았는데도 멸망을 받은 것을 본보기(τύπος)로 삼아 교훈하기도 한다(고전 10:6).

③ 모세의 노래(출 15:1–21)

이 문단은 모세와 이스라엘 자손이 여호와께서 이스라엘을 구원하신 일을 찬양하는 노래를 담고 있다. 그리고 모세와 이스라엘 자손의 노래인 출애굽기 15:1 "내가 여호와를 찬송하리니 그는 높고 영화로우심이요 말과 그 탄 자를 바다에 던졌음이로다"를 미리암의 노래에서 거의 글자 그대로 반복한다(출 15:21). 시작과 끝이 같다는 것은 두 노래가 하나의 노래로 여호와의 구원을 찬송하는 노래라는 것이다.

이 노래는 세 개의 연을 이룬다. 첫 두 연(출 15:2–6, 7–11)은 여호와께서 이스라엘을 홍해에서 바로와 그의 군대로부터 구원하신 일을 반복한다. 특히 두 번째 연에서 첫 번째 연보다 자세하게 설명한다. 당시 원수들은 "내가 뒤쫓아 따라잡아 탈취물을 나누리라, 내가 그들로 말미암아 내 욕망을 나누리라, 내가 내 칼을 빼리니 내 손이 그들을 멸하리라"(출 15:9)고 말했다. 하지만 주께서 바람을 일으키시니 바다가 그들을 덮어 거센 물에 납같이 잠기게 하셨다(출 15:10).

세 번째 연(출 15:12–18)은 지금 주께서 홍해에서 큰 능력으로 구속하여 주의 거룩한 처소에 들어가게 하셨듯이 미래로 눈을 돌려 약속의 땅에 들어가게 하실 것을 바라보게 한다. 이것은 아브라함에게 약속하신 대로 성취하신 주께서 그 땅에 대한 약속도 성취하시리라는 기대감을 가지게 한다. 특히 주께서 주의 인자하심으로 구속하신 백성을 인도하셔서 그의 거룩한 처소, 곧 주의 손으로 세우신 성소로 세

59 개역개정판에는 '모세에게 속하여'라고 번역했으나 헬라어 성경은 '에이스 톤 모우센'(εις τον Μωυσην)으로 로마서 6:3에 '그리스도 예수와 합하여'(에이스 크리스톤 예순, εις 'Χησουν)와 동일한 표현이다.

우실 것이라고 하셨다(출 15:13, 17). 이것은 주께서 언약 백성 안에 거주하시며 교제하시고 그들로 하여금 제사장 나라로서의 사명을 감당하게 하시겠다는 것이다. 이 미래가 얼마나 영광스러운가? 신약 시대에는 그리스도 안에 있는 모든 성도가 그의 성전이 되어 하나님과 교제하며 그의 뜻을 이루게 하신다(고전 3:16; 고후 6:16).

(10) 마라의 쓴 물(출 15:22–27)

홍해의 기적을 체험한 후에 이스라엘 백성들은 수르 광야에서 사흘 길을 걸었으나 물을 얻지 못하고 마라에 도착했다. 하지만 물이 써서 마실 수 없었다(출 15:22–23). 원래 지명 이름이 '마라'(מָרָה)였는지, 물이 '써서'(מַר) '마라'였는지는 알 수 없지만 언어유희를 통하여 이곳의 상황을 보여 준다. 하나님이 홍해의 기적을 행하신 목적 가운데 하나는 모세를 하나님이 세우신 종으로 믿게 하려는 것이었다(참조. 출 14:31). 그런데 이스라엘은 물이 써서 마실 수 없게 되자 오히려 모세를 원망했다. 모세가 여호와께서 가리키시는 한 나무를 물에 던지니 물이 달게 되었다. 여기서 여호와께서 어떤 율례와 법도를 정하셨는지는 알 수 없으나 여호와의 말씀을 믿고 순종하면 애굽 사람에게 내린 질병을 그들 가운데 내리지 않으실 것이라고 약속하셨다. 이러한 기적을 통하여 이스라엘 백성들은 여호와께서 그들을 치료하는 분이심을 알아야했다(출 15:26).

이스라엘 백성들이 엘림에 이르렀다. 여기에는 물샘 열둘과 종려나무 일흔 그루가 있었다(출 15:27). 이것은 당시의 지형으로 볼 때 오아시스였을 것이다. 그러나 대전시의 인구가 1,551,931명(2017년 기준)이라는 점을 가정해 본다면 당시 약 2,000,000명의 이스라엘 백성들과 그들의 가축들에게 물샘 열두 개와 종려나무 일흔 그루가 어느 정도 쉼을 보장해 줄 수 있었겠는가? 이러한 상황을 설명한 것은 출애굽 당시에 이스라엘 백성들은 하나님의 능력으로 살았음을 보여 주기 위함이다.

(11) 만나와 메추라기(출 16:1–35)

이스라엘 백성들이 엘림과 시내산 사이의 신 광야에 이르렀는데 이때는 애굽에서 나온 후 둘째 달 십오일이었다(출 16:1). 이것은 이스라엘이 애굽에서 나온지 한 달 반이 되었다는 뜻이다. 이스라엘 백성들은 이곳에서 먹을 것이 없어 다시 모세와 아론을 원망했다(출 16:2–3). 이때 하나님은 만나와 메추라기를 주실 것이라고 말씀하셨다. 그러나 그냥 주시지 않고, 만나를 거두어들이는 방법을 가르쳐 주셨다. 매일 한 사람에 한 오멜(약 2L)씩 거두되 여섯째 날에는 일곱째 날의 안식일을 위하여 갑절로 거두게 하셨다(출 16:5, 16, 25–26, 29). 그리고 깟씨같이 희고 맛은 꿀 섞은 과자와 같았던 만나(출 16:31)를 오늘날의 밀이나 쌀처럼 구울 수도 있고, 삶을 수 있게 하심으로 요리가 가능하게 하셨다(출 16:23). 그리고 각 사람이 먹을 만큼만 거두게 하셨다(출 16:16, 18). 만약 많이 거두어 아침까지 남겨 두면 벌레가 생기고 냄새가 났다(출 16:20). 그래서 하나님이 많이 거둔 자도 남음이 없고 적게 거둔 자도 부족함이 없게 하셨다(출 16:18). 이것은 하나님이 이스라엘 백성들에게 고루 풍성한 은혜를 베푸셨다는 말이다.

바울은 고린도 교회에 보내는 편지에서 이 말씀을 인용하여 모두 '균등하게' 하려는 것이라고 했다(고후 8:13–15). 바울이 고린도 교회에 이 말을 한 것은 하나님이 은혜를 베푸실 것이기 때문에 당시 어려움 가운데 있는 성도들을 섬기는 일에 참여하게 하려는 것이었다(고후 8:4).

하나님이 만나를 내리실 때 거두는 규정을 주신 것은 이러한 목적 외에도 율법을 준수하는지의 여부를 시험하시려는 것도 있고(출 16:4), 여호와 하나님이 어떤 분이신지 알게 하려는 목적도 있다(출 16:12). 그래서 하나님은 그들이 만나를 항아리에 담아 보관하게 하셔서 하나님이 이스라엘에게 행하신 기이한 일들을 계속적으로 기억하기를 원하셨다(출 16:32–33).

예수님은 '하늘에서 (내린) 양식'(출 16:4)인 만나를 자신에게 적용하셔서 '하늘로부터 (내린) 참 떡'(요 6:32), '하나님의 떡'(요 6:33), '생명의 떡'(요 6:35, 48), '하늘에서 내려오는 살아 있는 떡'(요 6:63)이라고 말씀하셨다. 이것은 이스라엘이 광야에서 만나를 먹고 살았던 것처럼 신약의 백성은 예수님을 믿지 아니하면 생명을 얻지 못함을 말하기 위함이다. 예수님은 우리에게 생명을 주시려고 오신 분이기 때문에 음식을 먹지 않으면 살 수 없는 것처럼 예수님을 믿지 않으면 살 수 없음을 가르쳐 주셨다.

(12) 맛사와 므리바(출 17:1–16)

이스라엘 백성들이 르비딤이라는 곳에 이르렀는데 마실 물이 없었다(출 17:1). 여기에서 두 가지 상황이 발생했다. 하나는 백성들이 하나님이 세우신 종 모세와 다투었는데, 조금 더 있으면 모세에게 돌을 던질 것 같은 분위기를 느낄 정도로 긴박한 상황이었다(출 17:2, 4). 또 하나는 하나님이 그들 가운데 계신지 안 계신지를 백성들이 시험하는 상황이었다(출 17:2).

이러한 상황에서 하나님은 모세에게 "… 이스라엘 장로들을 데리고 나일 강을 치던 네 지팡이를 손에 잡고 가라 내가 호렙 산에 있는 그 반석 위 거기서 네 앞에 서리니 너는 그 반석을 치라 그것에서 물이 나오리니 백성이 마시리라"(출 17:5–6)라고 말씀하셨다. 여기서 '나일 강을 치던 지팡이'는 하나님의 기적을 나타내던 아론의 지팡이를 말한다(출 7:12, 15–20). 그리고 백성들의 장로들을 데리고 간 것은 온 백성들이 그 장면을 다 볼 수 없기 때문에 백성의 장로들만 따로 세워서 그들로 하여금 본 것에 대하여 증거하게 하려 한 것이었다. 하나님이 모세에게 명하신 대로 모세는 장로들이 보는 앞에서 지팡이로 반석을 쳤다. 그러자 물이 그 반석에서 나왔고 백성들이 마셨다.

또 한 가지 기적적인 사건은 아말렉과 싸운 전투이다. 이 전투는 이스라엘 백성이 애굽에서 나온 지 불과 한 달 반이 조금 지났을 때 일어났다(출 16:1; 19:1). 모세는 이 전쟁에서 여호수아를 세워 싸우게 하고 자신은 산꼭대기에 서서 기도했다(출 17:9). 그런데 이 전쟁에서 모세가 기도하던 손을 올리면 이스라엘이 이기고, 피곤하여 손을 내리면 아말렉이 이겼다. 그래서 모세의 팔이 피곤해 하자 아론과 훌이 모세의 손을 붙들어 올림으로 해가 지도록 내려오지 않게 하여 아말렉을 쳐서 무찔렀다(출 17:10–13).

그러면 하나님이 르비딤에서 백성들이 하나님의 종 모세와 다투고, 하나님이 그들 가운데 계신가 하여 시험할 때 보여 주신 이 두 가지 사건은 어떤 의미가 있는가? 르비딤에서 있었던 두 가지 사건이 무엇을 의미하는지 보여 주는 중요한 구절은 출애굽기 17:7이다. "그가 그곳 이름을 맛사라 또는 므리바라 불렀으니 이는 이스라엘 자손이 다투었음이요, 또는 그들이 여호와를 시험하여 이르기를 여호와께서 우리 중에 계신가 아닌가 하였음이더라." 지명 이름을 '맛사 또는 므리바'에서 '또는'(or)이라고 번역한 단어는 둘 중의 하나라는 개념이나, 원문은 둘 다를 의미하는 '그리고'(and)의 개념이다. 그래서 여기의 지명 이름은 '맛사와 므리바'(מַסָּה וּמְרִיבָה)라고 해야 한다. '맛사'는 '시험한다'라는 동사 '나사'(נסה)에서 명사형을 만드는 접두사 '메임'(מ)이 붙어서 된 말이다. '므리바'는 '다투다'라는 말인 '리브'(רִיב)에서 온 말로서 역시 명사형을 만드는 접두사 '메임'(מ)이 붙어서 된 말이다. 해설자는 이 지명 이름이 지어진 이유를 두 가지로 설명했다. 하나는 이스라엘 자손이 모세와 다투었기 때문이다. 또 하나는 백성들이 여호와께서 우리 중에 계신가 안 계신가 하고 시험하였기 때문이다. 특히 므리바라고 지은 것은 이스라엘 백성들의 운명이 모세의 기도와 맞물려 있음을 보여 준다. 이 일을 통하여 하나님은 모세의 위치의 중요성을 보여 주셨다. 모세 역시 이 사건이 의미하는 바를 알아서 제단을 쌓고 그 이름을 '여호와 닛시'(יְהוָה נִסִּי)라고 했다(출 17:15). 이 말은 '여호와는 나의 깃발'이라는 뜻이다. 이것은 여호와께서 아말렉과 싸운 전쟁에서 이스라엘에게 승리를 주신 것이기도 하지만, 하나님은 모세가 백성과 다투는 일에서 모세에게 승리를 주셨다는 것이다. 이것이 의미하는 바는 하나님의 종 모세가 백성들의 운명을 결정하는 중요한 요소이기 때문에 그를 함부로 대해서는 안 되고, 아론과 훌처럼 모세가 사역을 잘할 수 있도록 도와야 한다는 것이다.

르비딤에서 있었던 이 사건을 계기로 이 지명을 맛사와 므리바로 지어 기억하게 한 것이 이스라엘 백성들에게 의미가 있었다면 오늘 우리에게는 어떤 의미가 있는가? 여호와께서 모세에게 "그 반석 위 거기서 네 앞에 서리니 너는 그 반석을 치라 그것에서 물이 나리라"라고 말씀하셨을 때 반석이 의미하는 바는 무엇인가? 크라프(De Graaf 1981, 292)는 반석을 그리스도로 보고, 그리스도께서 겸손하게 되신 것과 자신의 생명을 대속물로 주신 것과 연결시킨다. 하지만 바울은 "그들을 따르는 신령한 반석으로부터 마셨으며 그 반석은 그리스도라"라고 했다. 여기에 반석을 '신령한'(πνευματικης)이라는 형용사와 '(항상) 그들을 따르는'(ακολουθουης)이라는 현재 분사형 단어로 수식한다. 이것은 당시 그곳에 있었던 반석을 그리스도라고 말하는 것이 아니다. 이스라엘 백성이 "여호와께서 우리 중에 계신가 아닌가" 시험한 일에 대하여 그리스도를 항상 그들과 함께 계셨던 분으로 설명하는 것이다. 그래서 르비딤에서 있었던 사건이 의미가 있는 것은 당시의 언약 백성들과 함께 하셨던 그리스도께서 오늘날에도 동일하게 우리 성도들과 항상 함께 계심을 보여 주기 때문이다.

이스라엘 백성들은 광야에서 그러한 기적을 보며 여호와께서 그들과 함께 계신다는 사실을 알았는데도 불순종하여 광야에서 멸망했다. 바울은 신약의 성도들이 이들처럼 불순종해서는 안 된다는 것을 '본보기'(τύπος)로 보여 주어 멸망하지 않게 하려고 이 사건을 인용했다(고전 10:6).

(13) 이드로의 방문과 이스라엘의 조직(출 18:1-27)

모세의 장인 이드로가 모세의 아내 십보라와 그의 아들 게르솜과 엘리에셀을 데리고 방문했다. 모세는 여호와께서 이스라엘을 위하여 행하신 일과 애굽 사람에게 행하신 일과 길에서 당한 고난과 여호와께서 구원하신 일을 말했다(출 18:8). 이드로는 "여호와는 모든 신보다 크시므로 이스라엘에게 교만하게 행하는 그들을 이기셨도다"라고 하면서 번제물과 희생 제물을 하나님께 드렸다(출 18:11-12).

이드로는 그의 사위 모세가 아침부터 저녁까지 백성을 재판하는 것을 보고 "네가 하는 것이 옳지 못하다"(출 18:17)라고 지적하며 대안을 제시했다. 이드로는 백성들 가운데 하나님을 두려워하며 진실하고 불의한 이익을 미워하는 자를 백성 위에 세워서 천부장과 백부장과 오십부장과 십부장을 삼아 그들로 하여금 재판하고 처리하게 할 것을 모세에게 권했다(출 18:20-21). 모세는 장인 이드로의 말을 듣고 그대로 행하여 사람을 세워 어려운 일은 자기에게 가져오게 하고 모든 작은 일은 스스로 세움을 받은 천부장과 백부장과 오십부장과 십부장이 처리하게 했다(출 18:25-26). 이러한 조직은 오늘날 국가나 교회에도 필요하다. 모세가 당시에 백성들을 잘 돌보도록 사람들을 세운 것은 신약의 교회가 목사, 교사, 장로, 집사 등을 세워 성도들을 돌보게 한 일과 맥을 같이한다(행 6:1-6; 엡 4:10-12 등). 당시 여호와를 경외하며 진실하고 불의한 이익을 미워하는 자들을 지도자로 세웠듯이 신약 시대에 교회의 목사나 장로를 세우는 자격 기준도 크게 다르지 않다(딤전 3:1-13; 딛 1:5-9).

2. 시내산 언약(출 19:1-24:11)

시내산 언약(출 19:3–24:11)은 하나님의 약속에 참여하는 자들이 어떤 삶을 살아야 하나님과 교제하며 언약 백성으로 하나님 나라를 건설하며 살 수 있는지를 잘 보여 준다. 시내산 언약의 구조는 우리 사회에서 계약을 맺는 방식과 거의 같은 구조로 되어 있다.

	내 용	본 문
1	역사적 서언	출 19:4
2	하나님의 약속	출 19:5–6
3	모세의 중재와 백성들의 응답	출 19:7–8
4	언약 당사자들의 대면	출 19:9–25
5	언약 조건 1: 십계명	출 20:1–17
6	언약 조건 2: 결의법	출 20:18–23:33
7	언약을 비준함	출 24:1–8
8	언약 맺음을 축하함	출 24:9–11

내용 분해

(1) 이스라엘이 시내산에 도착한 시점(출 19:1–3)

(2) 역사적 서언(출 19:4)

(3) 하나님의 약속(출 19:5–6)

(4) 모세의 중재와 백성들의 응답(출 19:7–8)

(5) 언약 당사자들의 대면(출 19:9–25)

(6) 언약 조건 1: 십계명(출 20:1–17)

(7) 하나님을 대면한 백성들의 반응(출 20:18–21)

(8) 언약 조건 2: 결의법(출 20:22–23:9)

(9) 언약을 비준함(출 24:1–8)

(10) 언약 맺음을 축하함(출 24:9–11)

(11) 하나님이 모세를 시내산 위로 부르심(출 24:12–18)

내용 해설

(1) 이스라엘이 시내산에 도착한 시점(출 19:1-3)

이 문단은 이스라엘이 애굽에서 나와 시내 광야에 도착한 시점을 보여 준다. 여호와께서 첫째 달 14일 밤 바로의 장자부터 가축의 처음 난 것까지 다 치시던 날에 이스라엘은 애굽에서 나왔다(출 12:6; 레 23:5). 이스라엘은 세 번째 달에[60] 시내산 앞 시내 광야에 진을 쳤다(출 19:1). 이것은 첫 유월절 이후 6주 만에 그들이 살았던 라암셋을 떠나 시내산에 도착했다는 것이다. 이 시내산에서 여호와께서 모세를 불러 중보자로 세우셔서 이스라엘 자손에게 말씀하셨다(출 19:3).

(2) 역사적 서언(출 19:4)

이 문단은 여호와께서 모세를 부르셔서 이스라엘을 애굽의 속박에서 구원하신 역사적 사실을 설명하시는 것으로 하나님과 이스라엘이 언약을 맺게 된 동기를 보여 준다. 그래서 이 문단을 역사적 서언이라 한다.

(3) 하나님의 약속(출 19:5-6)

이 문단은 하나님이 이스라엘에게 주신 약속이다. 하나님은 모세에게 다음과 같은 말씀을 이스라엘 백성들에게 전하라고 말씀하셨다. "세계가 다 내게 속하였나니 너희가 내 말을 잘 듣고 내 언약을 지키면 너희는 내 소유가 되겠고, 너희가 내게 대하여 제사장 나라가 되며, 거룩한 백성이 되리라"(출 19:5-6). 여기에 '내 소유'(서굴라, סְגֻלָּה)라는 말은 고대 근동의 조약에서 사용되는 전문 용어로 하나님과 이스라엘의 언약 관계를 나타내는 표현으로 응용되었다(송제근 1998. 55).

60 개역개정판은 "이스라엘 자손이 애굽 땅을 떠난 지 삼 개월이 되는 날"이라고 번역하여 마치 애굽에서 나온 후 삼 개월이 되는 것처럼 번역했다. 여기에 '삼 개월이 되는 날'은 원문으로 '바호데이쉬 하쉬리쉬'(בַּחֹדֶשׁ הַשְּׁלִישִׁי)인데, 이는 '세 번째 달에'라는 말로 첫 유월절(첫 번째 달 14일) 이후 6주 후인 세 번째 달에 도착하였음을 의미한다.

이 단어는 구약성경에 자주 언급되는데 문맥을 볼 때 관계적인 용어로 가장 보배롭고 귀한 사랑의 대상이라는 뜻이다(참조. 말 3:17). 그리고 이 용어와 함께 여호와께서는 그들이 언약을 지키면 제사장 나라가 되며, 거룩한 백성이 될 것이라고 하셨다. 제사장은 하나님과 인간 사이의 중보자로 하나님의 뜻을 전달하는 자이다. 사도 베드로는 이 말씀을 그리스도의 피 뿌림을 얻기 위하여 택하심을 입은 교회에 적용했다. "… 이는 너희를 어두운 데서 불러내어 그의 기이한 빛에 들어가게 하신 이의 아름다운 덕을 선포하게 하려 하심이라"(벧전 2:5, 9). 또한 거룩한 백성은 세상과 구별된 백성으로 하나님께 드리는 삶을 사는 백성이라는 뜻이다. 바울은 로마 교회에 보낸 편지에서 "로마에 하나님의 사랑하심을 받고 성도로 부르심을 받은 모든 자에게 …"(롬 1:7)라고 썼다. 이로 볼 때 이 약속은 언약 백성에게 하나님의 사랑을 받으며 교제하는 신분적 특권만이 아니라 거룩한 삶을 살면서 하나님의 영광을 드러내며 살아야 할 책임이 있음을 알게 한다.

(4) 모세의 중재와 백성들의 응답(출 19:7–8)

모세는 중재자로 시내산을 오르락내리락하면서 하나님의 뜻을 백성에게 전하고, 백성의 응답을 하나님에게 전했다.

(5) 언약 당사자들의 대면(출 19:9–25)

이 문단은 하나님의 말씀에 대하여 이스라엘 백성이 동의하자 하나님은 이스라엘 백성이 언약을 맺기 위해서 해야 할 일을 구체적으로 제시하셨고, 이스라엘 백성은 그대로 행함으로 하나님과 이스라엘 백성이 시내산에서 대면하는 내용이다. 하나님은 이스라엘 백성들과 언약을 맺으시기 위하여 불과 구름과 진동, 소리와 같은 특별한 자연 현상을 동반하여 임하실 것이다. 그리고 이스라엘 백성들은 삼 일이나 준비하면서 옷을 빨고, 성관계도 가지지 않아야 했다. 육체적으로나 영적으로 성결하게 해야 한다. 이것은 하나님 앞에 나아가는 자들의 합당한 대도를 상징하고 있다(Wood 1970, 116). 이 말씀대로 셋째 달 아침에 우레와 번개와 빽빽한 구름이 산 위에 있었고 나팔 소리가 크게 들려 모든 백성이 떨었다(출 19:16). 모세가 백성을 거느리고 진에서 나와 산기슭에 서 있는데 여호와께서 불 가운데 강림하셨다(출 19:17–18). 이것은 하나님이 시내산에 큰 권능으로 강림하셨음을 보여 준다. 그리고 하나님과 이스라엘 백성들이 서로 대면하고 있다. 이때 여호와께서 모세를 아론과 함께 올라오게 하시고 제사장들과 백성들은 올라오지 못하게 하셨다. 만약에 경계를 넘어 올라오면 여호와께서 그들을 치실 것이라고 경고하셨다(출 19:24). 모세는 백성에게 가서 이 말을 전했다(출 19:25). 이스라엘 백성은 모세의 말을 듣고 어떤 반응을 보였을까? 그 반응은 출애굽기 20:18–21에 기록되어 있다. 그 안에 기록된 십계명(출 20:1–17)은 삽입구다.

(6) 언약 조건 1: 십계명(출 20:1–17)

이 문단은 하나님이 주신 언약 조건으로 언약 백성의 도덕 법칙인 십계명을 기록하고 있다. 쌍방의 동의하에서 하나님은 언약 조건을 제시하셨다. 언약 조건은 크게 두 부분으로 나눌 수 있다. 한 부분은 십계명이고, 또 한 부분은 십계명을 개개인이 처한 상황과 행동에 따라 적용하는 부분이다. 십계명은 하나님과 그의 백성 간의 관계와 그 관계에 따른 책임을 기술한다. 이 가운데 십계명의 서문인 "나는 너를 애굽 땅 종 되었던 집에서 인도하여 낸 네 하나님 여호와니라"(출 20:2)는 말씀은 십계명을 언약 백성들의 삶의 규범으로 주신 배경을 설명해 준다. 그것은 구원 받은 자로서 은혜에 대한 감사로 계명을 지켜야 한다는 것이다. 그러므로 십계명은 하나님의 구원에 토대를 두고 있기 때문에 무거운 짐이 될 수 없다(참조. 요일 5:3). 이 계명의 특성은 하나님이 직접 기록하시고, 이스라엘 백성들에게 말씀하셨다는것이다(출 20:1; 32:16). 하나님이 이러한 방법으로 법을 주신 목적은 하나님을 두려워함이 백성들과 함께 있어 그들이 죄를 짓지 않게 하시기 위함이다(출 20:20). 이 계명을 필연법(Apodictic Law)이라고 부른다. 이것은 하나님이 주신 법으로 필연적으로 진리인 법이며 보편적인 도덕법이라는 뜻이다.[61]

61 십계명의 구조와 의미에 관해서는 신명기 5:6–21의 설명을 참조하라.

(7) 하나님을 대면한 백성들의 반응(출 20:18-21)

이 문단은 이스라엘 백성이 시내산에 강림하신 하나님을 대면하고 난 뒤에 보인 반응을 기록하고 있다. 이스라엘 백성은 두려워하여 모세가 듣고 말하게 해 달라고 했다. 그러나 모세는 두려워하지 말라고 말하며 하나님이 시내산에 강림하신 것은 이스라엘을 시험하시고 그들로 하여금 하나님을 경외하여 범죄하지 않게 하시려는 것이라고 했다(출 20:20). 이것은 하나님이 하늘의 왕으로서 이스라엘과 언약을 맺으시기 위해 오신 분이라는 것이다.

그런데 이 기록을 일어난 사건의 순서와 다르다고 보기도 한다. 왜냐하면 이 문단에서 보인 이스라엘 백성의 반응을 출애굽기 19:16-24과 연결하여 시내산에서 큰 능력으로 강림하신 하나님을 대면한 결과로 보기 때문이다. 또한 신명기 5:5에서 "그 때에 너희가 불을 두려워하여 산에 오르지 못하므로 내가 여호와와 너희 중간에 서서 여호와의 말씀을 전하였노라 여호와께서 이르시되"라고 기록하고 있기 때문이다. 그래서 저자가 의도적으로 연대기 순서를 바꾼 것으로 본 것이다. 그 이유로 십계명을 '언약의 책'(출 24:7)과 구별하기 위한 것이거나 언약의 중보자로서의 모세의 위치를 강조하기 위한 것으로, 아니면 둘 다를 강조하기 위한 것으로 보기도 한다(Youngblood & Kaiser 2002, 117). 하지만 신명기 5:4에서 "여호와께서 산 위 불 가운데에서 너희와 대면하여 말씀하시되"라고 기록했고, 신명기 5:22에서는 "여호와께서 이 모든 말씀을 산 위 불 가운데, 구름 가운데, 흑암 가운데에서 큰 음성으로 너희 총회에 이르신 후에 더 말씀하지 아니하시고 그것을 두 돌판에 써서 내게 주셨느니라"라고 기록했다. 그래서 시내산 언약을 맺는 이야기에서 이 부분을 시간 순으로 기록된 것으로 보아야 한다. 또한 십계명을 백성에게 직접 주신 것이 아니라 모세를 통해 전해 준 것으로 보아서도 안 된다(Childs 1974, 351-360). 그럼에도 당시 이스라엘 백성이 하나님과 그들 사이에 중보자를 세워주실 것을 요구하였고, 하나님은 모세에게 말씀하셨다는 것은 언약의 중보자로서의 모세의 위치를 강조한다. 이 중보자는 궁극적으로 그리스도이시다(딤전 2:5). 그러나 오늘날 모든 성도들도 그리스도 안에서 왕과 제사장과 선지자로서 중보자의 직분을 가지고 있다.

(8) 언약 조건 2: 결의법(출 20:22-23:9)

이 문단은 십계명을 개인과 여러 사회적 상황에 적용한다. 필연법인 십계명은 반드시 지켜야 할 법이며 진리이지만 구체적이지 못하다. 예를 들어 제6계명인 살인하지 말라는 계명을 보자. 가령 어떤 사람이 나무를 베기 위하여 산림에 들어가 벌목하다가 도끼 자루에서 도끼가 빠져나가 함께 일하던 사람을 죽였다 하자. 이 경우에 살인죄가 적용될 수 있겠는가? 여러분의 집에 기르는 소가 이웃집 아이를 받아서 죽였다면 살인죄가 적용되겠는가? 된다면 어떤 경우에 적용될 수 있겠는가? 출애굽기 20:22-23:23에 기록된 내용은 반드시 지켜야 할 보편적인 도덕 법칙을 개인이 처한 상황이나 그가 한 행동에 따라 다르게 적용해야 함을 보여 준다. 그래서 이 법을 전문적인 법적 용어로 결의법(Casuistic Law, 決疑法)이라고 부른다. 이것은 보편적인 도덕법을 개인의 행위와 양심과 사회적 상황에 따라 적용하는 법을 뜻한다. 우리가 이 법을 내용적으로 볼 때 십계명을 개인과 여러 사회적인 상황에 적용하는 내용임을 알 수 있다. 이 법은 공의의 시행, 재산상의 권리, 가난한 자를 돌보는 문제, 자녀들을 양육하는 문제, 범죄자들에 대한 형벌, 그리고 많은 다른 문제들에 관심을 기울이고 있다. 다수의 법이 인격적인 관계, 즉 아버지와 자녀, 남편과 아내, 주인과 종, 이방인에 대한 친절 문제를 다루고 있다(Wood 1970, 120). 법의 기본 원리와 정신의 핵심은 하나님 사랑과 이웃 사랑이다(마 22:37-40).

① 제사에 관한 법(출 20:22-26)

이 법은 제1계명과 제2계명을 실제 상황에 적용하여 설명한다. 이스라엘 백성들은 하나님이 시내산에서 자신들에게 하늘로부터 말씀하시는 것을 보았기 때문에 하나님을 은이나 금으로 신상을 만들어서는 안 된다는 것이다. 또한 토단을 쌓아 양과 소로 번제와 화목제를 드리라고 하셨다(출 20:22-23). 이것은 이스라엘이 하나님을 섬기고 제사를 드릴 때 자신의 방법으로 제사를 드려서는 안 된다는 것이다. 또한 보이지 않는 하나님을 은이나 금으로 우상을 만들어 섬겨서도 안 된다는 것이다. 하나님께서 제사를 드릴 때도 토단을 쌓아 드리라고 말씀하신 것은 자신이 고안해 낸 제단을 만들어서 하나님에게 제사해서는 안 된다는 것이다. 이것은 하나님이 제사하는 방법을 구체적으로 설명해 주신 것이다. 하나님은 당신이 명령하신 대로 제사를 바른 방법으로 드릴 때 "내가 내 이름을 기념하게 하는 모든 곳에게 네게 임하여 복을 주리라"(출 20:24)라고 약속하셨다. 이것은 하나님이 명령하신 방법대로 예배할 때 하나님이 그곳에 임재하여 복을 주신다는 것이다. 오늘날 하나님을 예배할 때 하나님의 말씀과 교회의 교리 표준을 무시하고 자기 마음대로 한다면 하나님의 임재를 경험하지 못하고 복을 받지 못할 것이다.

② 사람의 생명과 안전에 관한 법(출 21:12-14, 16, 28-34)

이 법은 제6계명인 '살인하지 말라'는 계명을 구체적인 상황에 적용한다. 언약 백성은 사람의 생명과 안전을 중요하게 생각해야 한다. 사람을 죽인 자는 반드시 죽여야 한다(출 21:12). 어떤 사람이 고의로 어떤 목적을 위하여 사람을 죽였을 경우에 그를 어떻게 처벌해야 하는가? 만약에 어떤 사람이 고의가 아니라 과실이나 사고로 사람을 죽였을 경우에 그에게 살인죄를 적용할 수 있겠는가(출 21:13-14)? 성경은 이런 경우 한 곳을 정하여 그 사람이 정당한 재판을 받을 때까지 피하게 했다. 이것이 도피성 제도이다(참조. 민 35:11; 신 4:41-43; 19:2-3; 수 20:1-6). 때로는 하나님의 주권 속에서 과실이나 사고사가 생길 때도 있다. 이때는 살인죄를 적용하면 안 된다. 그리고 사람을 납치하여 팔거나 자기 수하에 두어서 인권을 유린하는 행위는 오늘날 인신매매에 해당하는 것으로 이는 사람의 생명을 귀중히 여기는 행동이 아니다(출 21:16).

이뿐만 아니라 자신의 생산 수단으로, 또는 일을 할 때 관리와 단속을 하지 않아 이웃의 안전에 해를 끼쳐서도 안 된다. 만약에 집에 기르던 소가 남자나 여자를 받아서 죽였을 경우 이 소는 돌로 쳐서 죽이지만 소의 주인은 형벌을 받아서는 안 된다. 그러나 만약 소가 받는 버릇이 있고 그 소의 임자가 이 일로 말미암아 경고를 받은 바가 있는데도 단속하지 아니하여 그 소가 사람을 받아 죽이면 그 주인에게도 책임이 있다(출 21:28-30). 성경이 기록될 당시는 농경 사회였기 때문에 소는 중요한 생산 수단이었다. 주인은 생산 수단을 잘 관리하여 사람의 생명과 안전을 우선적으로 고려해야 한다. 이뿐만 아니라 구덩이를 파고 열어 두어 소나 나귀가 빠지면 보상해 주어야 한다(출 21:33-34).

오늘날 생산 수단은 건설, 운수, 철강, 전자, 유통 등이 있다. 기업하는 사람들이 사람의 생명과 안전을 우선으로 고려하지 않고 생산성을 높이고 수익을 높이기 위하여 규정 근로 시간을 지키지 않거나, 안전하게 일할 수 있는 근로 환경을 만들어 놓지 않아서 사고가 난다면 그것은 살인죄에 해당한다. 성도가 사업을 경영한다면 사람들이 안전하게 일할 수 있고, 더 나아가 기쁘고 즐겁게 일을 할 수 있도록 이웃의 안녕과 행복을 도모해야 한다. 언약 백성은 사람을 이익의 수단이나 착취의 수단으로 생각해서는 안 된다.

③ 법 적용의 형평성(출 21:22-27)

언약 백성은 법을 공평하게 적용해야 한다. 사람이 살다 보면 싸울 수 있다. 만약 싸우던 사람이 임신한 여인을 쳐서 낙태하게 했다면 남편의 청구대로 벌금형에 처하되 재판장의 판결을 받아서 해야 한다. 그런데 만약에 다른 해가 있으면 갚되 생명은 생명으로, 눈은 눈으로, 이는 이로, 손은 손으로, 발은 발로, 덴 것은 덴 것으로, 상하게 한 것은 상함으로, 때린 것은 때림으로 갚아야 한다(출 21:23-25). 이 법은 문자적인 의미 그대로 눈을 다치게 하였으면 눈을 다치게 하라는 말이 아니고, 눈을 다치게 하였으면 거기에 상응하는 법을 적용해야 한다는 것이다. 이것은 범죄와 형벌이 일치해야 한다는 것으로 법의 보편성과 형평성의 원칙이 적용되어야 한다는 것이다. 가령 어떤 사람이 100을 기준으로 50 정도의 상해를 입혔다면 그 정도에 맞는 형벌을 받아야 한다.

이 법과 유사한 형태가 함무라비 법전에 나온다. 하지만 법 적용에서 성경의 법과 상당한 차이가 있다. 성경에는 '눈에는 눈으로, 이에는 이로'라는 법이 하나님의 백성 모두에게 차별 없이 적용된다. 하지만 고대 바벨론 법에서는 자유인(Awilum)과 반자유인(Muskenum)과 노예(Waradum)의 세 신분으로 구분되어 적용되었다. 예를 들어 그 법에 자유인이 동등한 지위에 있는 사람의 눈을 상하게 하였으면 눈을 상하게 한 것에 해당하는 벌을 받아야 한다. 하지만 함무라비 법은 자유인이 반자유인의 이를 상하게 하였으면 은 1/3므나로 갚을 수 있고, 만약 자유인의 종이 자유인의 뺨을 치면 그의 귀를 잘라야 한다고 되어 있다(Pritchard 1969, 174-175). 이것은 공평한 법이 아니다. 언약 백성은 법을 공평하게 적용해야 한다. 오늘날 우리 사회에 회자되는 이야기 가운데 하나가 '유전무죄

무전유죄'(有錢無罪 無錢有罪)다. 이 뜻은 어떤 사람이 돈이 있으면 죄를 지어도 정죄를 받지 않고, 어떤 사람이 돈이 없으면 죄가 없어도 죄인으로 정죄를 받는다는 것이다. 그러나 언약 백성은 사람의 신분의 높고 낮음이나 돈의 유무와 관계없이 공평하게 법을 적용해야 한다.

④ 이웃의 재산에 관한 법(출 21:35–22:15)

이 법은 사유 재산 보호에 대한 계명인 제8계명을 구체적인 상황에 적용한 것이다. 언약 백성은 사람의 생명만이 아니라 이웃의 재산상의 손실이 생기지 않도록 배려해야 한다. 어떤 사람의 소가 받는 버릇이 있는 줄을 알고도 임자가 단속하지 아니하여 다른 사람의 소를 받아 죽이면 소는 소로 갚아야 한다(출 21:35–36). 사람이 소나 양을 도둑질하여 잡거나 팔면 소 한 마리에 다섯 마리로 갚고 양 한 마리에 양 네 마리로 갚아야 한다(출 22:1). 사람이 밭에서나 포도원에서 짐승을 먹이다가 자기의 짐승을 놓아 남의 밭에서 먹게 하면 자기 밭의 가장 좋은 것과 포도원의 가장 좋은 것으로 배상해야 한다(출 22:5). 이러한 규정들은 자신의 재산도 중요하지만 다른 사람의 재산도 소중하다는 것을 교훈한다.

⑤ 부모 공경에 관한 법(출 21:15, 17)

이 법은 부모 공경에 대한 제5계명을 구체적인 상황에 적용한 것이다. 언약 백성은 부모를 공경해야 한다. 부모를 폭행하거나 저주해서는 안 된다(출 21:15, 17). 우리는 부모를 치거나 저주하는 자의 형벌을 주의해서 볼 필요가 있다. 사람을 죽인 것도 아닌데 왜 최고 형벌을 적용하고 있을까? 그것은 부모를 하나님의 위치에 두고 부모 공경을 하나님을 섬기는 믿음 생활과 사회생활의 가장 기본으로 보기 때문이다. 언약 백성은 부모가 많은 교육을 시켜주었든지 시켜 주지 않았든지, 돈이 많든지 많지 않든지, 힘이 있든지 없든지 간에 내가 선택하기 이전에 하나님이 부모를 맡겨 주시고 세워 주신 자라 생각하고 하나님 섬기듯이 공경해야 한다.

⑥ 사회의 약자들을 배려하는 법(출 22:21–27; 23:9)

언약 백성은 이방의 나그네들(오늘날 외국인 근로자)을 학대하지 말고, 고아와 과부들을 압제하거나 학대하지 말아야 한다(출 22:21–24). 가난한 자들에게 돈을 꾸어 주면 그에게 채권자처럼 하지 말고 이자를 받지 말아야 하고, 이웃의 옷을 전당 잡으면 해가 지기 전에 돌려보내야 한다(출 22:25–27). 이것은 언약 백성들이 사회의 약자들을 배려해야 한다는 것이다. 하지만 성경의 역사를 보면 언약 백성들은 신 한 켤레의 돈을 높은 이자를 붙여 빌려주고 채무자가 갚지 못하자 그를 노예로 팔기도 하고, 고아와 과부들을 학대하므로 그들로 하여금 하나님에게 부르짖게 했다(암 2:6, 사 1:17; 5:7).

⑦ 이웃의 명예와 정직에 관한 법(출 23:1–3, 6–8)

이 법은 제9계명을 구체적인 상황에 적용한 것이다. 언약 백성은 거짓 풍설을 퍼뜨리지 말고 악인과 연합하여 위증하는 증인이 되지 말아야 한다. 다수를 따라 악을 행하지 말아야 하고 가난한 자의 송사라고 편파적으로 두둔해서도 안 된다(출 23:1–3). 언약 백성은 이웃의 명예를 소중하게 생각해야 하고, 정직해야 한다. 또한 가난한 자의 송사라고 정의를 굽게 해서도 안 되고, 거짓을 멀리하고 죄 없는 의인을 죽여서도 안 된다(출 23:6–7). 사실 이러한 일은 비민주국가 안에서 공공연하게 일어나는 일이다. 또한 언약 백성은 뇌물을 받지 말아야 한다(출 23:8). 의인을 죽이는 일이나 뇌물을 주고받아 사회 정의를 왜곡시키는 일은 악한 행동이기 때문이다.

하나님의 법을 구체적인 사회적 상황에 적용해 볼 때 하나님의 법의 핵심 원리는 무엇일까? 그것은 하나님 사랑과 이웃 사랑이다. 예수님은 율법과 선지자, 곧 모든 성경은 하나님 사랑, 이웃 사랑 연결되어 있다고 말씀하셨다(마 22:37–40). 하나님을 사랑하는 사람이 부모를 치거나 저주할 수 있을까? 이웃을 사랑하는 사람이 이웃의 생명과 안전을 등한시할 수 있으며, 법 적용을 공평하게 하지 않고 뇌물이나 뒷돈 거래를 하여 사회 정의를 왜곡시킬 수 있을까?

⑧ 안식년과 안식일에 관한 법(출 23:10–13)

이 법은 십계명의 제4계명(출 20:8–11)에 명한 원리 가운데 한 부분을 확장하여 안식년과 안식일을 어떻게 지켜야 할 것인지를 설명한다. 안식년에 대한 규정은 레위기 25:1–7에서 자세하게 설명한다. 시내산 언약에서는 일곱째 해, 곧 안식년에 땅을 갈지 말고 묵혀 두어서 이스라엘 백성들 중에서 가난한 자들과 들짐승을 먹게 해야 한다고 했다. 이것은 가난한 자들과 동물들을 배려해야 한다는 것이다.

안식일은 출애굽기 31:12-17에서 설명하고 있지만 여기서 강조점은 당시의 노동 수단인 소와 나귀가 쉬고, 종들이 쉬고, 나그네도 쉬게 해야 한다는 것이다. 오늘날 다양한 직업의 형태에서 노동자들만이 아니라 시설물도 피로도가 누적되면 생산에 어려움이 발생할 수 있기 때문에 쉬어야 한다.

⑨ 유월질, 맥추절, 수장절에 관한 법(출 23:14-19; 34:18-24)

이 법은 십계명의 핵심인 하나님 사랑과 이웃 사랑의 법을 실천하기 위한 제도적 장치에 관한 것이라고 할 수 있다. 이스라엘 역사에서 하나님이 행하신 구원 사건을 기념하는 세 가지 절기는 무교병의 절기, 곧 유월절과 맥추절과 수장절이다.[62]

- **무교병의 절기(출 23:15):** 무교병의 절기에 대하여 하나님이 자세한 규정을 주신 바가 있다(출 12:43-13:16). 첫째 달인 아빕월 15일부터 21일까지(현대력으로는 3월 중순에서 4월 중순경) 보리 추수를 시작할 때에 지키는 것으로 애굽에서 구원해 내신 날을 기념하여 지킨다.
- **맥추절(출 23:16a):** 맥추절은 무교병의 절기를 지킨 이후 일곱 번째 안식일에 지켰기 때문에 '칠칠절'(출 34:22)이라고 부르기도 한다. 일반적으로 세 번째 달 6일(현대력으로는 5월 중순에서 6월 중순경)에 지킨다. 이 절기는 구원받은 자들이 누리는 은혜인 추수를 하게 된 것을 기념하여 첫 열매로 드리는 절기다. 첫 열매는 추수 전체의 대표적인 성격을 가지고 있다. 신약 시대에는 오순절이라고 불렀다(행 2:1; 20:16; 고전 16:8). 오순절에 성령이 강림하심으로 하나님은 그리스도를 믿는 자들에게 그리스도 안에서 이루신 구원의 은혜를 누리게 하셨다. 그래서 오늘날은 구약의 맥추절을 지키지 않고 성령강림절을 지킨다. 사실 맥추절을 지키라고 기록된 출애굽기 23:16의 히브리어 원문에는 개역개정판 번역의 '맥추절'(麥秋節)처럼 보리의 개념이 없다. 원문에 따르면 '첫 열매 추수의 절기'(학 하카

62 구약의 절기에 대한 자세한 설명과 도표로 정리한 내용에 관하여서는 레위기 23:1-44의 설명을 보라.

치르 비쿠림, חַג הַקָּצִיר בִּכּוּרִים)라고 해야 한다. 개역개정판은 '첫 열매'의 개념을 추수한 작물 전체의 대표성의 개념이 아니라 시간적인 개념으로 이해하여 맥추절이라고 번역했다. 이것은 우리나라에 복음이 들어올 때의 문화적 상황과 연관이 있는 것처럼 보이는데, 아마도 우리나라에서 시간적으로 한 해의 처음에 수확하는 것이 보리였던 것 같다. 그래서 이 번역은 구약의 초실절이 의미하는 원래의 개념을 곡해하게 만들었다.

• **수장절(출 23:16b):** 수장절은 '초막절'(레 23:34; 슥 14:16)이라고 부르기도 한다. 이 절기는 일곱 번째 달 15일부터 22일까지(현대력으로 9월 중순에서 10월 중순) 출애굽 이후의 광야 생활을 기념하며 지켰다.

이스라엘의 모든 남자들은 매년 이 세 가지 절기를 지켜야 한다(출 23:17). 그리고 이 절기에 제물의 피를 유교병과 함께 드리지 말고, 토지에서 처음 거둔 열매의 가장 좋은 것을 여호와의 전에 드려야 한다(출 23:18–19).

이 세 가지 절기 가운데 맥추절(칠칠절)과 수장절(초막절)은 노비와 성중에 있는 레위인과 객과 고아와 과부와 함께 여호와 앞에서 즐거워하라고 하셨다(참조. 신 16:11, 14). 그래서 언약 백성이 세 가지 절기를 지킨다는 것은 두 가지 의미가 있다. 첫째, 하나님이 베푸신 은혜를 기억하고 감사한다는 것이다. 둘째, 하나님 사랑과 이웃 사랑의 계명을 실천하는 것이다.

⑩ 명령과 약속(출 23:20–33)

이 명령은 십계명 가운데 제1계명을 구체적으로 가나안의 생활에 적용한 것이다. 하나님이 그의 사자를 먼저 보내셔서 하나님의 백성을 가나안으로 인도하실 것인데, 그들이 하나님의 말씀을 듣고 순종할 때 아모리 사람과 헷 사람과 브리스 사람과 가나안 사람과 히위 사람과 여부스 사람을 다 쫓아내실 것이라고 하셨다. 그리고 여호와만을 섬기면 양식과 물에 복을 내리시고, 병을 제거하시며, 낙태하는 자가 없게 하시고, 임신하지 못하는 자가 없게 하실 것이라고 약속하셨다(출 23:25–26). 그리고 약속한 땅을 주시면 그 땅의 사람들과 그들의 신들과 언약을 맺지 말라고 하셨다. 만약에 그들과 언약을 맺고 그들의 신들을 섬기면 올무가 될 것이라고 경고하셨다(출 23:31–33). 이후의 역사를 보면 이스라엘은 가나안 사람들과 언약을 맺고 그들의 신들을 섬김으로 그것이 올무가 되기도 하고, 그들에게 심각한 삶의 위기들이 찾아오기도 한다. 이뿐만 아니라 언약 백성으로 복을 누리기는커녕 구속사에서 하나님의 뜻을 드러내지 못하고 오히려 조롱거리가 되었다(겔 22:4).

(9) 언약을 비준함(출 24:1–8)

이 문단은 언약을 비준하는 내용이다. 언약을 비준하는 일은 하나님과 언약 백성 간에 맺은 언약의 구속력을 확인하는 절차로 쌍방이 언약을 지키지 못한다면 그 일에 대하여 책임을 지도록 규정하는 것이다. 이 비준식에서 모세가 여호와의 모든 말씀과 그의 모든 율례를 백성들에게 전하자 백성들은 한소리로 언약을 지킬 것이라고 말했다(출 24:3). 이 일 후에 모세는 이 모든 말씀을 기록하고 산 아래에 제단을 쌓고 이스라엘 열두 지파대로 열두 기둥을 세우고 이스라엘 자손의 청년들을 보내 소를 잡아 번제와 화목제를 여호와께 드리게 하고, 모세는 피를 여러 양푼에 담고 반은 하나님을 상징하는 제단에 뿌렸다(출 24:6). 그리고 언약서를 가져다가 백성에게 다시 낭독하여 듣게 하고 백성들이 언약의 말씀을 지킬 것이라고 동의하자 반 남은 피를 백성들에게 뿌렸다(출 24:7–8). 그리고 모세는 "이는 여호와께서 이 모든 말씀에 대하여 너희와 세운 언약의 피니라"(출 24:8)라고 말했다. 여기에서 제단은 하나님을, 열두 기둥은 이스라엘 열두 지파를 대표한다. 이 비준식에서 피를 뿌렸다는 것은 생명을 걸고 언약을 맺었다는 것이다. 피는 본질적으로 생명을 의미하기 때문이다. 제단에 피를 뿌린 것은 여호와께서 언약을 지키지 않으시면 생명을 내어놓으시겠다는 뜻이다. 특히 모세가 백성을 향하여 피를 뿌릴 때 그는 언약서를 가지고 백성들에게 다시 낭독하고 그들이 지키겠다고 동의한 후에 피를 뿌렸다. 이 역시 언약을 이행하지 않으면 생명을 내어놓겠다는 뜻이다. 그래서 제단과 백성들을 향하여 피를 뿌린 일에 대하여 '언약의 피'라고 하신 것은 생명을 걸고 맺은 언약이라는 것이다. 하나님 편에서 언약서에 기록된 대로 이스라엘을 '보배로운 자'와 제사장 나라로 대하지 않으면 하나님 자신의 생명을 내어놓겠다는 뜻이고, 이스라엘 백성들 편에서는 백성들이 언약을 어기면 그 생명을 내어놓겠다는 뜻이다(Song 1992, 142–145).

역사적으로 볼 때 이스라엘은 이 언약을 지키지 못했다. 그런데도 하나님은 언약 관계를 회복하고 이 법을 지킬 수 있는 길을 열어 주셨다. 예수님은 잡히시던 날 밤에 제자들과 마지막 만찬을 드실 때 잔을 주시면서 "이것은 죄 사함을 얻게 하려고 많은 사람을 위하여 흘리는바 나의 피 곧 언약의 피니라"(마 26:28; 막 14:24)라고 말씀하셨다. 예수님은 구약 시대에 시내산에서 언약을 맺으며 비준한 사건을 근거로 이 표현을 사용하신 것이다. 예수님이 만찬을 드신 후에 잔을 주시며 '언약의 피'라고 하신 것은 언약 백성이 하나님의 법을 지키지 못함으로 대신 그 형벌을 담당하시기 위하여 당신의 생명을 주신다는 뜻이다. 그 결과 그리스도 안에 있는 우리는 양심을 죽은 행실에서 깨끗하게 하고 하나님의 법을 지키며 살아 계신 하나님을 섬기는 것이 가능하게 되었다(히 9:14).

(10) 언약 맺음을 축하함(출 24:9–11)

이 문단은 사회에서도 계약을 맺으면 서로 악수하고 축하하며 식사를 하듯이 하나님과 백성 사이에 언약을 맺고 난 후에 먹고 마시며 축하하는 내용이다.

이 시내산 언약의 가장 중요한 점은 하나님과 그의 백성은 언약을 맺음으로 특별한 관계가 되었다는 것이다. 또한 이 관계에서 하나님이 주신십계명과 그와 관계된 율법은 구원의 조건이 아니고 언약 속에 포함된 축복을 누리는 방법임을 이해해야 한다는 것이다. 동시에 십계명을 위시한 율법들은 언약 관계를 유지하기 위하여 언약 백성의 합당한 삶이 어떤 것인지를 보여 준다.

시내산 언약의 문맥에서 하나님의 법인 십계명을 이해할 때 십계명에는 중요한 세 가지 의미가 있다. 첫째, 하나님은 십계명을 구원의 조건으로 주신 것이 아니라 구원받은 자로서 하나님을 사랑하고 섬기는 방법으로 주셨다. 둘째, 십계명은 시내산 언약에 포함된 복을 누리는 방법이다. 셋째, 십계명은 언약의 궁극적인 목적인 하나님 나라를 건설하는 방법이다. 언약 백성으로서 합당한 윤리가 전제되지 않고서는 언약 백성으로서 소임을 다할 수 없기 때문이다. 이 문맥 구조 속에서 계명을 볼 때 계명의 의미를 잘 이해할 수 있다.

특히 주목해 보아야 할 부분은 하나님이 시내산 언약을 맺은 후부터는 백성들을 다르게 대하셨다는 것이다. 예를 들어 백성들은 출애굽 당시 르비딤이라는 곳에서 물이 없었을 때 모세와 다투고, 여호와가 그들 가운데 계신지, 아니 계신지 시험했다(출 17:1–7). 그런데도 하나님은 이들을 벌하시지 않았다. 그러나 하나님은 시내산 언약을 맺은 후부터는 언약의 말씀에 근거하여 책망하시고 벌을 내리셨다(출 32:1–35; 민 11:4–35; 20:2–13 등). 그리고 이스라엘 역사에서 모든 선지자들은 이 시내산 언약에 근거하여 경고하고 책망하고 위로한다. 이것은 시내산 언약이 하나님과 언약 백성 간의 관계를 규정하는 중요한 법적 기준이기 때문이다.

(11) 하나님이 모세를 시내산 위로 부르심(출 24:12–18)

여호와께서 이스라엘과 언약을 맺으신 후에 모세에게 산에 올라오라고 말씀하시고, 모세가 백성들을 가르치도록 친히 율법과 계명을 기록한 돌판을 주시겠다고 말씀하셨다(출 24:12). 모세는 여호수아를 데리고 산으로 올라가면서 장로들에게는 기다리게 하고, 아론과 훌을 책임자로 세웠다. 여호와의 영광이 시내산 위에 머무르고 구름이 엿새 동안 산을 가렸으며 하나님은 일곱째 날에 모세를 부르셨다. 모세는 여기서 사십 일 사십 야를 있었다(출 24:18). 이 말씀은 하나님이 친히 쓰신 두 개의 돌판을 모세에게 주신 일(출 31:18)과 짝을 이룬다. 이것은 모세가 산위에 있었던 사십 일 동안 성막에 관한 말씀인 출애굽기 25:1–31:17의 말씀을 주셨음을 의미한다.

3. 성막 제도(출 25:1-40:38)

하나님과 이스라엘 백성들은 시내산에서 언약을 맺을 때 피로 맺었다(출 24:4–8). 이것은 언약을 이행하지 않을 때 생명을 내어놓아야 한다는 뜻이다. 이 중요한 시내산 언약을 어떻게 이행할 수 있겠는가? 출애굽기의 문맥 구조에서 볼 때 하나님이 성막을 짓게 하신 일에는 특별한 의미가 있다. 그것은 출애굽기 19–24장에서 시내산 언약을 맺은 이후에 그 언약에 약속된 대로 이스라엘 백성들이 '보배로운 소유'와 제사장 나라와 거룩한 백성으로 하나님과 맺은 특별한 관계를 경험하며, 하나님과 교제할 수 있는 방법으로 성막을 주셨다는 것이다. 그리고 언약 백성으로 사는 것이 어떻게 가능한지를 보여 준다. 그것은 성막에 임재하시는 하나님을 만나 교제함으로 새 힘과 능력을 공급받기 때문이다.

내용 분해

(1) 성막 이야기의 구조
(2) 성막의 크기와 구조(출 25:10–27:19)
(3) 성막의 의미와 성전과 그리스도의 관계
(4) 안식일을 지키는 일(출 31:12–17; 35:1–3)
(5) 금송아지 숭배로 깨어진 언약을 다시 세움(출 32:1–34:35)
(6) 성막의 완성과 봉헌, 그리고 하나님의 임재(출 39:32–40:38)

내용 해설

(1) 성막 이야기의 구조

성막을 짓는 일과 관련된 중요한 기사는 출애굽기 25:1–40:38에 기록되어 있다. 분량이 반드시 그 중요성을 결정하는 것은 아니라 할지라도 성막의 기구들을 만드는 일을 자세하게 반복하여 기록한 것은 이 일의 중요성을 강조하는 것이라 할 수 있다. 성막에 관한 기록을 자세히 보면 매우 흥미로운 구조로 되어 있다.

A 성막 기구들에 대한 규정(출 25:1–31:18)
  X 금송아지 숭배로 깨어진 언약을 다시 세움(출 32:1–34:35)
A′ 성막 기구들을 규정대로 만듦(출 35:1–39:43)

이 대칭 구조를 통하여 저자는 성막의 기구들을 하나님이 가르쳐 주신 규정대로 만드는 일도 중요하지만 언약의 말씀을 믿고 순종하는 일이 더 중요하다는 것을 보여 준다. 성막의 기구들이 중요한 것은 사실이지만 이들은 언약 관계를 유지하고 증진시키기 위한 장치로 주신 것이다. 특히 이스라엘 백성들이 금송아지를 만들어 숭배함으로 언약 관계가 깨어지지만 모세의 중보 사역을 통하여 회복되었고 하나님은 다시 율법을 주셨다. 이것은 언약 관계를 유지하기 위하여 중보가 필요하고, 또한 언약 백성으로서 복을 누리며 하나님 나라를 건설해 가기 위해서는 언약의 말씀을 믿고 순종해야 할 책임이 있음을 보여 준다.

우리가 생각할 때 성막과 기구들을 만드는 일에 대하여 '하나님이 지시하신 대로 다 만들었더라'라고 하면 될 텐데도 그 과정을 반복하는 이유는 무엇일까? 이것은 히브리식 어법으로 하나님이 지시하신 대로 성막과 기구들을 만들었음을 강조한다. 규정이 설계도라면 지시대로 만드는 내용은 설계도에 따라 만드는 작업이다. 그 내용을 도식화해 보면 다음과 같다.

성막의 기구와 제도	규정	추가 *	규정 이행
성막에 쓸 예물	출 25:1-7	출 25:8-9	출 35:4-9
언약궤	출 25:10-20	출 25:21-22	출 37:1-9
진설병을 두는 상	출 25:23-29	출 25:30	출 37:10 16
등잔대	출 25:31-39	출 25:40	출 37:17-24
성막	출 26:1-37	-	출 36:8-38
제단	출 27:1-8	-	출 38:1-7
성막의 뜰	출 27:9-19	-	출 38:9-20
등불의 기름	출 27:20-21	-	-
제사장의 옷	출 28:1-5	-	-
에봇	출 28:6-14	-	출 39:2-7
판결 흉패	출 28:15-28	출 28:29-30	출 39:8-21
제사직 수행을 위한 옷	출 28:31-43		출 39:22-31
제사장 직분 위임	출 29:1-37	-	출 40:12-15
분향단	출 30:1-5	출30:6-10	출 37:25-28
생명의 속전	출 30:11-16	-	-
놋 물두멍	출 30:17-21	-	-
기름	출 30:22-38	-	-
향	출 30:34-38	-	-
브살렐과 오홀리압	출 31:2-6	출 31:7-11	출 35:30-35
안식일	출 31:12-17	-	출 35:1-3

*는 성막의 재료와 기구와 제도 등을 설명하면서 규정대로 만드는 부분에 없는 내용을 추가적으로 기록한 부분이다. 여기에는 주로 그 기구의 의미와 그것을 어떻게 사용할 것인지를 설명한다.

(2) 성막의 크기와 구조(출 25:10-27:19)

하나님이 말씀하신 성막의 크기와 구조를 도식화하면 다음과 같다.

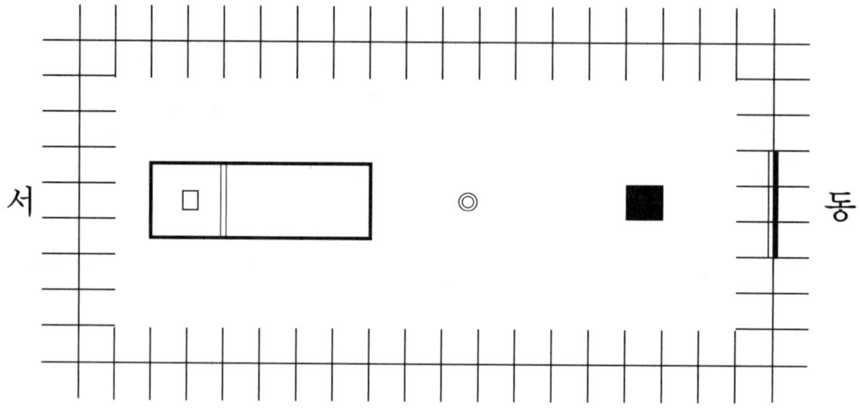

▶ 성막의 뜰(출 27:9-19)

남쪽 너비 100규빗(45m, 출 27:9),[63] 남쪽 기둥 20개(출 27:9)

북쪽 너비 100규빗(45m, 출 27:11), 북쪽 기둥 20개(출 27:11)

서쪽 너비 50규빗(22.5m, 출 27:12), 서쪽 기둥 10개(출 27:12)

동쪽 너비 50규빗(22.5m, 출 27:13), 각 15규빗, 각 기둥 3개(출 27:14-15)

뜰 문 20규빗(출 27:16), 기둥 4개(출 27:16)

뜰의 길이 100규빗(45m), 너비 50규빗(22.55m), 높이 5규빗(2.25m, 출 27:18)

성막에서 쓰는 모든 기구와 그 말뚝과 뜰의 포장 말뚝의 재료: 놋(출 27:19)

▶ 성막(출 26:1-37)

각 널판의 길이 10규빗, 너비 1.5규빗, 재료: 조각목(출 26:15-16)

남쪽 널판 20개(1.5규빗×20=30규빗, 13.5m, 출 26:18)

북쪽 널판 20개(1.5규빗×20=30규빗, 13.5m, 출 26:20)

63 규빗은 히브리어로 '암마'(אַמָּה)로 팔꿈치에서 가운데 손가락 끝의 길이를 말한다. 45cm로 보기도 하고, 50cm로 보기도 한다. 하지만 이 책에서는 45cm로 통일하여 사용한다.

성막 길이 30규빗(13.5m), 너비 10규빗(4.5m), 높이 10규빗(4.5m)

▶ 증거궤(출 25:10–22)

길이 2.5규빗(112.5cm), 너비 1.5규빗(67.5cm), 높이 1.5규빗(67.5cm)

▶ 제단(출 27:1–8)

길이 5규빗(2.25m), 너비 5규빗(2.25m), 높이 3규빗(1.35m)

이상에서 보는 것처럼 하나님은 성막의 크기와 중요한 기구들의 크기를 자세히 규정하신다. 특히 하나님은 모세에게 여러 번 반복하여 '네게 보인 양식대로'(출 25:40; 26:30; 27:8) 하라고 하셨다. 이것은 하나님에게 예배하는 일을 자기 생각대로 해서는 안 되고 하나님이 정해 주신 규칙을 따라야 함을 가르쳐 주시기 위함이다.

(3) 성막의 의미와 성전과 그리스도의 관계

성경에서 믿음 생활의 핵심을 설명하는 중요한 개념 가운데 하나는 성막이다. 성막은 그리스도의 구속의 의미와 성도의 신분과 삶의 특성을 잘 보여 준다.

① 성막의 의미(출 25:8, 22; 29:42–45)

성막에는 두 가지 의미가 있다. 첫째, 성막은 하나님이 그들 가운데 임재하시고, 자기 백성과 교제하시는 장소이다. 출애굽기 25:8에서 "내가 그들 중에 거할 성소를 그들을 시켜 나를 위하여 짓되"라고 하셨다. 그리고 제사 제도를 주시고 "이는 너희가 대대로 여호와 앞 회막문에서 늘 드릴 번제라 내가 거기서 너희와 만나고 네게 말하리라. 내가 거기서 이스라엘 자손을 만나리니 내 영광으로 말미암아 회막이 거룩하게 될지라"(출 29:42–43)라고 말씀하셨다. 성막의 가장 중요한 사상은 하나님 편에서 볼 때는 하나님의 임재(the presence of God)의 장소라는 점이고, 언약 백성의 편에서 볼 때는 하나님의 임재를 체험하고 교제하는 장소라는 점이다. 그래서 하나님이 지시하신 대로 성막을 다 만들고 규정대로 완공하였을 때 해설자는 "구름이 회막에 덮이고 여호와의 영광이 성막에 충만하매 모세가 회막에 들어갈 수 없었으니 이는 구름이 회막 위에 덮이고 여호와의 영광이 성막에 충만함이었으며"(출 40:34–35)라고 설명했다. 이러한 의미는 성막을 회막이라고 부른 데서도 잘 나타나는데, '회막'(the tent of meeting)이라는 이름은 하나님과 자기 백성이 만나 교제한다는 사상을 가르쳐 준다. 성막에서의 하나님의 임재는 타락 이전에 에덴동산에서 하나님과 남자와 여자가 함께 경험하며 즐겼던 친밀한 교제가 부분적으로 회복되었음을 보여 준다(창 3:8)(Hill & Walton, 117). 이것이 성막의 가장 중요한 의미이다.

둘째, 성막은 하나님의 통치를 나타낸다. 속죄소 위에 있는 두 그룹은 하늘 보좌의 형상이다. 사무엘하 6:2과 시편 80:1에서 '그룹들 사이에 좌정하신 만군의 여호와'라고 했다. 이 말씀은 여호와께서 그룹 사이에서 보좌에 앉아 통치하시는 분이라는 뜻이다. 이것은 성경이 성막의 중요한 의미를 하나님이 통치하시는 장소 개념으로 이해하고 있었음을 알게 한다. 이 모습은 이사야 6:1–3의 이사야 선지자가 본 하늘 보좌의 환상과, 계시록 4:1–11의 요한이 본 하늘 보좌의 모습과 그 전체적인 그림이 같다. 그래서 법궤의 모습은 온 세상을 통치하시는 하늘 보좌의 모습을 형상화한 것이다. 법궤 위의 그룹은 하늘에 있는 하나님의 왕좌 주위에서 수종들며 하나님의 거룩하심을 지키는 천사들을 나타낸다. 언약궤 안에 있는 율법은 온 세상의 왕이신 하나님의 통치 수단이다. 이러한 이유에서 밴게메렌(Vangemeren 1988, 165)은 성막을 가리켜 "성막은 지상에 있는 하나님의 '궁전'의 상징으로서, 하늘 궁전의 축소판이다"라고 했다. 성막은 하나님이 왕으로서 자기 백성을 다스리며, 또한 자기 백성을 통하여 세상을 통치하신다는 것을 보여 준다.

② 성막과 성전

성막은 하나님이 이스라엘 백성들이 가나안에 정착하기 전에 이동하기 쉬운 방식으로 그들에게 주신 것이었다. 하지만 가나안에 정착한 이스라엘 백성들은 더 이상 이동할 필요가 없었다. 그래서 하나님은 모세를 통하여 이스라엘이 여호와께서 주시는 땅에 거하면 "하나님 여호와께서 자기의 이름을 두시려고 너희 모든 지파 중에서 택하신 곳인 그 계실 곳으로 찾아 나아가서"(신 12:5)라고 말씀하셨다. 성전이 예루살렘에 지어지게 된 것은 다윗과 연관이 있다. 다윗은 여호와의 법궤를 예루살렘으로 옮겼다(삼하 6:1–19). 그런데 다윗은 자기는 궁전에 사는 데 비해 법궤는 휘장 가운데 있음을 깨달았다. 그래서 당시의 선지자인 나단에게 성전을 지어야겠다고 자신의 의견을 말했고, 나단은 왕이 좋을 대로 하라고 허락했다(삼하 7:1–3). 하지만 여호와께서 그 밤에 다윗의 계획을 좋게 여기셨으나 그의 아들이 지을 것이라고 말씀하셨다(삼하 7:6–13). 이 말씀에 따라 솔로몬이 성전을 지었다(왕상 6:1–38). 솔로몬이 성전을 완공한 후에 하나님은 성막에서 그의 임재를 보여 주신 것과 동일한 방법으로 성전에 임재하셨다(왕상 8:10–11, 참조. 출 40:34–35). 이것은 하나님이 성전에 계시며 백성들과 함께 계시겠다는 가시적 표현이다.

③ 성막과 그리스도

성막은 장래에 오실 그리스도에 대한 모형이기도 하다. 히브리서 저자는 성막과 그 안에 있는 모든 기구들이 현재까지의 비유라고 하며 예물과 제사는 섬기는 자의 양심을 온전하게 할 수 없기 때문에 그리스도께서 오실 때까지 맡겨 두신 것이라고 했다(히 9:1–10). 그리고 염소와 황소의 피를 부정한 자에게 뿌려 그 육체를 정결하고 거룩하게 하거든, 하물며 그리스도 피가 양심을 죽은 행실에서 깨끗하게 하여 살아 계신 하나님을 섬기게 하지 못하겠느냐고 했다(히 9:13–14).[64] 이것은 성막은 오실 그리스도 안에서 임시적인 것이며, 그리스도께서 오시면 새로운 방법으로 하나님의 임재와 교제를 경험하게 되고 살아계신 하나님을 섬기는 것이 가능하게 된다는 의미이다.

그런데 히브리서 저자는 성막만을 그리스도 안에서 새로운 의미로 전이하게 될 예표로 보았을 뿐, 성막 안에 있는 각 부분들이 예표를 가지고 있다고 설명하지는 않는다. 많은 사람들은 성막 기구들에 대하여 예표론적인 의미를 찾으려고 한다. 예를 들면 물두멍을 하나님에게 나아가려면 정결이 필요함을 보여 주는 것으로 보고 그리스도 안에서의 중생과 성화의 씻음(딛 3:5; 히 9:10)으로 이해하는 것이다. 임재의 떡을 화목을 확립하는 것으로, 그리고 그리스도와의 친밀한 교제를 예표하는 것으로 본다(Payne, 362). 가이슬러(1991, 83–84)는 훨씬 더 자

64 가벼운 일에 해당하는 진리와 보다 더 무거운 일에 해당하는 진리를 '하물며'를 통하여 연결시키는 방식으로 이를 '하물며 논리'라고 부른다(최승락 2013, 4).

세하게 이러한 점들을 설명하기도 한다. 하지만 성막의 기구들이 부분적으로 그리스도 안에서 예표하는 것이 될 수도 있으나 성경이 설명하지 않으면 억지로 의미를 부여해서는 안 된다. 이러한 방식으로 해석을 하면 그 해석을 통제할 수 없고, 입증할 수 있는 검사 장치(check points)도 없기 때문이다(Martens 1994, 94). 예를 들어 출애굽기 27:20-21에 기록된 등대가 빛이신 그리스도를 나타내는 것이라면 왜 아침이 되면 불을 꺼야 되는지에 대해서 설명을 할 수가 없다(참조. 출 30:7-8; 삼상 3:3 등). 낮에는 그리스도가 필요 없다는 뜻인가? 이 등대는 성전의 기능을 수행하기 위한 장치일 뿐이다. 이뿐만 아니라 등대에 불을 붙이는 기름을 성령으로 보아서도 안 된다. 그러나 어떤 것은 하늘에 있는 것의 모형과 그림자가 되는 것이 사실이지만(히 8:5) 성경에서 분명히 설명하고 있는 부분에 제한하여 의미를 이해해야 한다.

그러면 구약의 성막이 의미하는 바가 어떻게 성취가 되었고 어떤 의미를 가지고 있는가? 구약 시대의 성막과 성전이 오늘날 그리스도 안에서 어떤 의미를 가지고 있는지 신약성경에 많은 설명이 나타난다. 그중에서도 예수님이 이 세상에 계실 때 성전에 들어가셔서 당시에 부패한 성전을 책망하시면서 "이 성전을 헐라. 내가 사흘 동안에 일으키리라"(요 2:19)라고 하신 말씀에 잘 나타나 있다. 해설자는 이 의미를 "예수는 성전된 자기 육체를 가리켜 말씀하신 것이라 …"(요 2:21-22)라고 해설했다. 구약 시대의 성전은 하나님이 임재하시는 장소요 자기 백성과 만나시며 교제하시는 장소였고, 온 세상을 통치하시는 장소였다. 그런데 예수님이 십자가에 죽으심으로 구약의 성전이 의미하는 바가 성취되었다.

이것은 예수님이 십자가에 달려 죽으실 때의 사건이 기록된 마가복음 15:37-38에서 잘 드러난다. "예수께서 큰 소리를 지르시고 운명하시다. 이에 성소 휘장이 위로부터 아래까지 찢어져 둘이 되니라." 이 사건을 기록한 마가는 예수님이 십자가에 달려 죽으신 의미를 성소의 휘장이 위로부터 아래까지 찢어지는 사건으로 설명했다. 이것은 예수님이 십자가에서 죽으신 사건이 구약의 성막이 의미하는 핵심 개념을 성취하셨다는 것이다. 그래서 더 이상 성막에서 드리는 제사나 제사장의 중보를 통하여 하나님에게 나가는 것이 아니라 예수 그리스도를 믿음으로 자유롭게, 어떤 시공간의 제약도 받지 않고 나갈 수 있다는 것이다. 예수님이 십자가에서 죽으시고 부활하신 사건은 바로 구약의 성전이 의미하는 바대로 하나님이 그들 가운데 임재하시고 그들과 교제하신다는 것을 보여 준다. 그래서 누구든지 예수님을 믿는 자들은 구원을 받아 하나님의 임재 안에 들어가 그와 만나 교제할 수 있다. 이러한 이유에서 구약의 성막이나 성전은 오실 그리스도에 대한 예표요 그림자이다. 그래서 예수 그리스도께서 오심으로 더 이상 성막이나 성전은 존재할 필요가 없다.

바로 이러한 이유에서 신약 시대에는 교회와 구원받은 모든 성도들을 가리켜 하나님이 거하시는 성전이 되었다고 말하는 것이다. 고린도전서 3:16에서는 "너희가 하나님의 성전인 것과 하나님의 성령이 너희 안에 거하시는 것을 알지 못하느뇨?"라고 했다. 여기서 '너희'는 2인칭 복수로 고린도 교회를 말한다. 고린도후서 6:16에서는 "… 우리는 살아 계신 하나님의 성전이라 이와 같이 하나님이 이르시되 내가 그들 가운데 거하며 두루 행하여 나는 그들의 하나님이 되고 그들은 나의 백성이 되리라"라고 했다. 여기에서는 교회를 포함하고 있기는 하지만 모든 성도들을 가리킨다고 보아야 한다. 다시 말해 구약 시대에는 한 지역에 제한되어 임재하시고 자기 백성과 만나 교제하시던 하나님이 이제는 그리스도 안에서 구속받은 모든 성도들에게 언제, 어디서든지 임재하시고 그들과 교제하시며 그 영광을 나타내신다는 것이다. 구약 시대에는 장소와 시간에 제한을 받았지만 이제는 시공간에 제약이 없이 그리스도를 통하여 살아 계신 하나님을 만나 교제하며 그 능력을 경험할 수 있다. 이것이 우리 성도가 받은 은혜이다.

그런데 구약의 성전이 의미하는 하나님의 임재는 성도 개인에게만이 아니라 구원받은 성도들의 모임인 교회 가운데도 있다. 마태복음 18장에 보면 예수님은 하나님이 교회 가운데 구약 시대와 동일하게 임재하신다는 사실을 설명하기 위하여 한 가지 예를 들어 설명해 주셨다. 교회에 출석하는 사람 가운데 어떤 사람이 죄를 범했다. 그 죄는 신자로서 신분과 품위에 어울리지 않는 행동이었다. 그런데 그 죄를 범하는 것을 본 한 성도가 그에게 그렇게 하지 말도록 권했다. 만약에 그가 그 말을 듣지 않을 경우에 한두 사람을 더 데리고 가서 권하고, 그래도 듣지 않으면 교회에 말하라고 말씀하셨다. 마지막으로 그가 교회의 말도 듣지 않으면 그를 이방인과 세리처럼 여기라고 말씀하셨다. 이때에 예수님은 "… 두세 사람이 내 이름으로 모인 곳에는 나도 그들 중에 있느니라"(마 18:19-20)라고 하셨다. 이것은 하나님이 교회 가운데 계시며 여전히 그 통치권을 행사하신다는 뜻이다. 바로 이러한 점에서 구약의 성전과 신약의 교회는 동일선상에 있다. 신약의 교회에도 하나님이 임재하셔서 자기 백성과 교제하시며 그의 통치를 시행하신다(마 18:20; 요 4:24; 막 15:37–38).

이뿐만 아니라 구약의 성막이나 성전에는 종말론적인 개념도 있다. 학개 선지자가 "이 성전의 나중 영광이 이전보다 크리라"(학 2:9)라고 예언하신 대로 성전의 의미가 구속사에서 그리스도께서 오심으로 성취되었는데도 여전히 미래적이다. 하나님이 재림 후에 있게 될 새 하늘과 새 땅에서 하나님의 장막을 통해 사람들과 함께 계실 것이라고 사도요한에게 말씀하신 것처럼(계 21:3) 성막은 미래의 어느 한 날에 아버지와 그리스도께서 우리와 함께 영원히 거하시게 될 것을 의미하기 때문이다. 이 사실은 장차 우리가 들어가게 될 거룩한 성 예루살렘을 성막과 성전의 지성소가 길이와 너비와 높이가 같은 이미지(image)를 가지고 설명한 데서 잘 나타난다. 이것은 하나님과 영원히 교제하는 세상이 된다는 것이다.

> 그 성은 네모가 반듯하여 길이와 너비가 같은지라 그 갈대 자로 그 성을 측량하니 만 이천 스다디온이요 길이와 너비와 높이가 같더라(계 21:16).

(4) 안식일을 지키는 일(출 31:12–17; 35:1–3)

안식일을 기억하며 그날을 거룩하게 지키는 일은 구약의 이스라엘 공동체만이 아니라 신약의 구속받은 성도들에게도 필수적인 요소다. 안식일은 단순히 하루를 쉰다는 개념 이상의 의미를 가지고 있기 때문이다.

① 안식일의 개념

성경은 안식의 개념을 폭넓게 사용한다. 안식은 하나님 나라에서 하나님과 교제한다는 의미로 사용된 부분도 있지만(창 2:2–3; 시 95:11; 히 4:11) '쉰다', '안식한다'라는 뜻도 가지고 있다. '안식일'(שַׁבָּת)이라는 말은 '쉰다'라는 의미의 히브리어 '샤바트'(שָׁבַת)에서 온 명사형이다. 이 명사형을 음역하여 영어로 sabbath, 즉 안식일이라고 부른다. 하나님이 세상을 창조하시고 엿새 되는 날에 사람을 하나님의 형상대로 창조하시며 그에게 큰 임무를 맡기셨다. 그것은 하나님이 창조하신 세상을 다스리고 돌보는 것이었다(창 1:28). 이것은 타락 이전에도 노동이 있었음을 의미한다. 이러한 사상은 안식일을 기억하여 거룩하게 지키라고 명령하는 제 4계명에서도 볼 수 있다. "안식일을 기억하여 거룩히 지키라 엿새 동안은 힘써 네 모든 일을 행할 것이라." 이 계명을 보면 안식일을 기억하여 거룩히 지키는 문제와 엿새 동안 힘써 우리에게 주어진 일에 봉사해야 한다는 말씀이 서로 결합되어 있다. 그래서 안식일에는 엿새 동안 힘써 일하고 하루를 쉰다는 의미도 있다.

하나님이 천지 만물을 창조하신 후에 안식하시며 이날을 복되게 하시고 거룩하게 하셨다(창 2:3). 하나님이 안식일을 복되고 거룩하게 하신 것은 인간과 피조세계를 위한 것이다. 왜냐하면 하나님은 복의 근원이시고 거룩하신 분이시기 때문이다. 히브리서 저자는 이스라엘 백성들이 가나안에 들어가는 것이 안식이 아니라 궁극적 안식은 미래에 있게 될 것이라고 했다. 히브리서 4:8에 "만일 여호수아가 저희에게 안식을 주었다면 그 후에 다른 날을 말씀하지 아니 하셨으리라"라고 하면서 "저 안식에 들어가기를 힘쓸지니 이는 누구든지 순종하지 아니하는 본에 빠지지 않게 하려 함이라"(히 4:11)라고 했다. 여기서 안식의 개념은 재림 후에 있을 완전한 하나님 나라를 의미한다. 그러므로 안식은 하나님과 인간과 모든 피조물이 함께 참여하여 교제하는 하나님 나라와 같은 의미다.

② 안식일을 지켜야 할 이유

안식일을 지켜야 할 이유는 무엇인가? 두 가지 중요한 이유가 있다. 첫째, 안식일을 지키는 일은 언약 백성의 표징이기 때문이다. 안식일을 지켜야 할 이유는 그것이 여호와와 그 백성이 맺은 언약의 표징이고 이를 통하여 여호와께서 우리를 거룩하게 하시는 분이심을 알 수 있기 때문이다(출 31:13, 16-17). 우리가 어떻게 하나님의 언약 백성이 되었는가? 구약 시대에는 언약에 담긴 그리스도를 믿음으로 구원을 얻어 하나님 나라에 들어갈 것이고, 신약 시대에 살고 있는 우리는 언약 속에 말씀하신 그리스도를 믿음으로 구원을 얻어 하나님 나라의 백성이 되었다. 하나님은 자기의 백성이 안식일을 지키지 않으면 그는 하나님의 백성이 아니요, 하나님이 거룩하게 하시는 일이 필요 없는 사람이기에 죽이라고 하셨다(출 31:14-15).

둘째, 안식일을 지키는 일은 하나님과 교제하는 일이기 때문이다. 이 점은 안식일이 놓여 있는 문맥 구조를 볼 때 잘 나타낸다. 안식일에 대한 내용은 성막에 관한 문맥 가운데 있다. 성막은 하나님이 이곳에 임재해 계시며 당신의 백성과 만나 교제하시는 곳이다. 그래서 안식일을 지킬 때 하나님과 교제하며 하나님의 말씀을 지킬 수 있는 힘을 공급받을 수 있다. 때로는 죄를 범했다고 할지라도 용서를 받고 새롭게 회복될 수 있다.

③ 안식일과 주일

그런데 오늘날은 구약의 안식일을 지키지 않고 한 주의 첫날인 일요일을 주일로 지킨다. 그것은 안식일이 의미하는 것이 그리스도 안에서 성취가 되었기 때문이다. 안식은 하나님과 만나 교제하는 하나님 나라와 같은 개념이다. 그러나 이 처음의 안식이 인간이 죄를 범함으로 왜곡되고 변질되었다. 감사하게도 그리스도께서 우리 죄를 대신하여 십자가에서 죽으시고 부활하심으로 이 안식을 회복하셨다. 그래서 오늘날은 그리스도께서 우리 죄를 위하여 십자가에서 죽으셨다가 사흘 만에 다시 살아나신 날, 곧 구약의 안식일 다음 날을 기념하여 주일(Lord's Day)로 지키는 것이다. 초대 교회에서부터 안식 후 첫날에 예배를 드렸다(행 20:7). 신약에서 주일을 지키는 것은 그리스도 안에서 앞으로 완성될 완전한 나라에서의 안식을 바라보면서 새 하늘과 새 땅이 도래하기를 사모하는 것이다. 이뿐만 아니라 그리스도 안에서 구원받은 언약 백성으로서 하나님과 맺은 언약의 말씀을 지키면서 이 땅에서 하나님 나라를 건설해 가야 할 사명을 감당할 힘을 얻는 일이다. 구약 시대에 하나님이 성전에 임재하셨듯이 동일하게 하나님이 교회 가운데 임재하셔서 언약 백성으로 살아갈 수 있는 힘과 능력을 공급해 주시기 때문이다.

일반적으로 주일에 일하지 않으면 더 손해가 된다고 생각하는 경향이 있다. 그러나 하나님은 만나를 내리실 때 안식일에는 내리시지 않고 안식일 전에 두 배나 내리게 하셔서, 백성들로 하여금 거두게 하셨다(출 16:23). 이것은 안식일에 일하지 않아도 하나님이 공급해 주신다는 의미를 담고 있다. 그래서 오늘날 주일을 지키는 일은 하나님의 약속을 믿는 믿음과 연관되어 있다. 그리고 하나님은 이 계명을 우리뿐만 아니라 우리의 자녀들이나 우리가 고용한 사람들에게까지도 적용하게 하셨다(출 20:10). 그래서 성도들은 주일에 하나님이 명하신 일 외에는 하지 않는다. 우리와 관계된 모든 사람들을 쉬게 하여 안식일을 통하여 하나님을 증거하고 하나님과 교제하는 일이 중요한 일임을 보여 주어야 한다. 이러한 이유에서 안식일을 기억하여 거룩하게 지키는 것에는 선교적인 의미도 있다.

(5) 금송아지 숭배로 깨어진 언약을 다시 세움(출 32:1-34:35)

이 문단은 성막의 기구들에 대한 규정(출 25:1-31:18)과 성막의 기구들을 규정대로 만든 일(출 35:1-39:43) 사이에 위치해 있다. 이것은 금송아지 숭배로 깨어진 언약을 다시 세우는 과정으로 중보자가 필요하다는 사실을 보여 준다.

① 언약이 깨어짐: 금송아지 우상을 만듦(출 32:1-35)

이스라엘 백성들은 하나님과 언약을 맺은 지 얼마 되지 않아 중대한 위기를 맞이하게 되었다. 그것은 모세가 하나님이 친히 기록하신 돌판을 받기 위하여 시내산에 올라간 40일 동안에 금송아지 우상을 만들어 숭배하여 피로 맺은 시내산 언약을 배반하였기 때문이다. 이 40일 동안에 하나님은 계명이 기록된 돌판을 친히 만들어 주셨을 뿐만 아니라 성막 제도를 자세하게 설명해 주셨다(출 25:1-31:18). 이때 이스라엘 백성들이 금송아지를 만들게 된 것은 그들을 인도하던 모세가 40일 동안 하나님의 산에 있었기 때문이다(출 32:1). 아론은 이때 만든 금송아지 우상을 가리켜 "이는 너희를 애굽 땅에서 인도하여 낸 너희의 신이로다"(출 32:4)라고 말했다. 그리고 시내산에서 하나님과 언약을 맺을 때 했던 방식과 유사하게 제단을 쌓고 번제와 화목제를 드렸으나 이는 전형적인 이방인의 제사를 답습한 것이었다. "앉아서 먹고 마시며 일어나서 뛰어놀았다"(출 32:6). 바울은 이 말씀을 인용하여 우상 숭배의 위험성을 경고했다(고전 10:6).

모세는 이 광경을 보고 들고 내려오던 십계명 돌판을 던져 깨뜨렸다(출 32:19). 모세는 아론을 위시하여 백성들이 방자하게 행하는 것을 보고 "여호와 편에 있는 자는 내게로 나아오라"고 하였고, 레위인들이 나왔다. 레위인들은 백성 중에서 금송아지 숭배자 3천 명가량을 죽였다(출 32:28). 레위 지파는 이 일을 계기로 영원한 제사장 언약의 직분을 받았다(출 32:29; 민 25:11-13). 이 사건의 책임 있는 인물인 아론이 죽지 않은 것은 모세가 그를 위하여 중보 기도하였기 때문이다(신 9:20).

이스라엘 백성들은 금송아지를 만드는 법과 음란하고 퇴폐적인 예배 방법을 어디에서 배웠을까? 이스라엘 백성들은 애굽에서 체류한 430년 동안 고센에서 살았는데 그 아래에 있었던 유명한 도시가 멤피스(Memphis)이다. 유명한 기자의 피라미드와 사카라의 피라미드가 있는 곳이다. 이집트 신화에 보면 많은 동물을 신으로 숭배하였지만 고왕국시대(古王國時代)의 수도 멤피스에서는 황소와 송아지를 성스러운 짐승으로 오랫동안 숭배했다. 이집트어(語)로 송아지를 '하피'(Hapi)라고 하며, 헬라어로는 '아피스'(Apis)라고 부른다. 이스라엘 백성들은 바로 여기에서 배워 금송아지를 만들었다. 볼 수 있는 방식으로 하나님의 형상을 만든 것은 하나님의 인격과 말씀을 신뢰하기보다는 눈에 보이는 현상을 추구하였기 때문이다.

② 모세가 이스라엘을 위해 간구함(출 32:11–14; 33:1–23)

여호와께서 이스라엘 백성들에게 아브라함과 이삭과 야곱과 맹세한 땅을 주시리라 약속하셨음에도 금송아지 숭배로 말미암아 그들과 함께 올라가지는 않으실 것이라고 하셨다(출 33:1–3). 여호와께서는 이 백성들을 다 멸하여 새 인류를 일으키려고 하셨었다(출 32:10). 하지만 이때 모세가 이스라엘을 위하여 간절히 구함으로 여호와께서 뜻을 돌이키셨다(출 32:11–14). 이스라엘 백성은 금송아지 형상을 만들어 섬김으로 다 죽임을 당해야 할 위기에 빠지게 되었지만 하나님이 모세의 기도를 들으시고 노를 돌이켜 멸하지 않으셨다(출 32:14, 참조. 시 106:23).

그렇다고 하나님과 교제하는 길이 완전하게 열린 것은 아니다. 이들의 행동에 대하여 구체적으로 회개하는 행동이 있어야 한다. 여호와께서 모세에게 목이 곧은 백성이라 말씀하시며 "… 장신구를 떼어 내라 그리하면 내가 너희에게 어떻게 할 것인지 정하겠노라"(출 33:5)라고 말씀하셨다. '장신구를 떼어 낸다'라는 것은 회개한다는 표현이다. 이것은 모세의 중보사역의 결과로 하나님과 맺은 관계가 회복되었다고 할지라도 그들이 회개해야 하나님이 함께하신다는 것이다.

③ 언약이 다시 맺어짐(출 34:1–35)

이스라엘이 금송아지 우상을 만든 일로 말미암아 모세는 십계명이 새겨진 두 돌판을 산 아래로 던졌고, 그 돌판은 깨어졌다. 여호와께서 모세로 하여금 돌판 둘을 처음 것과 같이 다듬어 만들어 산에 올라오게 하시고 그 판에 다시 계명을 써 주시겠다고 말씀하셨다(출 34:1-2). 이것은 언약을 다시 맺으실 것이라는 신호다(참조. 출 31:18). 그리고 다시 언약을 세우실 것이라고 하시며 아무 국민에게도 행하지 아니한 기적을 전체 이스라엘 앞에서 행하실 것이고, 이스라엘이 머무는 나라 백성이 여호와의 행하심을 보게 될 것이라고 하셨다(출 34:10). 또한 다시 언약을 세우신 증거로 행하실 기적은 아모리 사람과 가나안 사람과 헷 사람과 브리스 사람과 히위 사람과 여부스 사람을 쫓아내는 것이다(출 34:11-12). 이것은 여호와께서 지금까지 기적적인 방법으로 이스라엘을 인도하신 것처럼 가나안에 들어가게 하시는 일이 언약을 다시 맺은 증거라는 것이다. 그리고 여호와께서 모세의 중보 사역으로 말미암아 이스라엘을 멸하지 않으셨기에 앞으로 들어가게 될 가나안의 사람들과 언약을 맺지 말라고 당부하셨다(출 34:11-12, 참조. 출 23:20-33). 또한 시내산 언약을 맺을 때 당부한 무교절과 초실절과 수장절을 지키라고 하시며 일 년에 세 번씩 여호와를 뵈러 오라고 명령하셨다(출 34:18-24, 참조. 출 23:14-19). 이와 더불어 하나님은 모세와 이스라엘과 다시 언약을 맺으시고 언약의 말씀, 곧 십계명을 모세가 만들어 간 돌판에 다시 기록해 주셨다(출 34:28). 이러한 일련의 말씀은 금송아지 사건으로 말미암아 언약이 깨어졌으나 모세의 중보 사역을 통하여 언약이 다시 회복되었다는 것을 보여 준다. 실제로 여호와께서 모세에게 금송아지 우상 사건과 관련하여 주신 말씀을 기록하라고 하시고 "내가 이 말의 뜻대로 너와 이스라엘과 언약을 세웠음이라"(출 34:27)라고 말씀하셨다.

모세가 십계명이 기록된 두 판을 들고 내려올 때 그의 얼굴에 광채가 있었다. 그것은 모세가 여호와의 영광을 보여 달라고 구했을 때 여호와께서 그의 영광을 보여 주셨기 때문이다(출 34:29, 참조. 33:18-24). 당시 모세는 그의 얼굴에 광채가 있다는 사실을 몰랐지만 백성들은 그를 보고 두려워했다. 모세의 얼굴에 광채가 있었다는 것은 여호와께서 그에게 직접 말씀하셨다는 것이다. 사도 바울은 고린도 교회에 보낸 편지에서 죽음에 이르는 율법과 생명에 이르는 성령의 법을 비교하면서 "모세의 얼굴의 없어질 영광 때문에도 그 얼굴을 주목하지 못하였거든 하물며 영의 직분은 더욱 영광이 있지 아니하겠느냐"(고후 3:7-8)라고 말했다. 이 말씀은 그리스도 안에서 구원받은 사람은 성령을 통하여 율법을 지킴으로 모세에게 나타났던 영광보다도 더 큰 하나님의 영광을 보게 된다는 말이다. 우리의 중보자로 오신 그리스도께서 우리의 연약을 다 담당하시고 십자가에서 죽으심으로 우리를 죄에서 자유하게 하시며, 우리로 하여금 하나님의 법을 마음에서 우러나와 지킬 수 있게 하셨다(롬 8:1-4; 히 9:14). 구약의 이스라엘 백성들이 지키지 못했던 법을 그리스도 안에서 지키게 하시고, 성령을 통하여 도덕적이고 윤리적인 의무를 다할 수 있게 하셨다. 그래서 수건을 벗은 얼굴로 거울을 보는 것같이 주의 영광을 보게 된다. 이것이 그리스도 안에서 구속받은 모든 그리스도인의 신분적인 특성이다.

(6) 성막의 완성과 봉헌, 그리고 하나님의 임재(출 39:32-40:38)

이 문단은 여호와께서 모세에게 말씀하신 대로 이스라엘 자손들이 성막의 모든 역사를 마친 일과, 그 후에 여호와의 영광이 임재한 사건을 담고 있다.

① 성막의 완성(출 39:32-43)

이스라엘 백성들은 성막의 모든 역사를 마쳤다. 저자는 이 사실을 출애굽기 39:32과 39:42에서 수미쌍관법으로 '여호와께서 모세에게 명령하신 대로 이스라엘 자손이 모든 역사를 마쳤다'라고 기록했다. 그 사이에는 성막과 관련된 모든 기구들을 열거한다.

② 성막의 봉헌(출 40:1-33)

성막의 기구들이 다 완성되고 난 뒤에 여호와께서 모세에게 첫째 달 초하루에 성막을 세우고 그 모든 기구에 관유를 발라 거룩하게 하라고 하셨다(출 40:1-11). 그리고 여호와께서 모세로 하여금 아론과 그 아들들을 거룩하게 준비시켜 그들이 제사장 직분을 행하게 하라고 명령하셨다(출 40:12-15).

모세는 여호와께서 자기에게 명령하신 대로 다 행했다. 특히 저자는 성막의 받침과 널판을 세우고 덮개를 덮는 일부터, 증거판을 궤 속에 두고 속죄소를 궤 위에 두는 일, 떡을 진설하는 일, 등잔대를 놓는 일, 금 향단을 회막 안에 두는 일, 번제단을 두고 번제와 소제를 드린 일, 모세와 아론과 그 아들들이 회막에 들어갈 때 씻는 일 등을 말하면서 "여호와께서 모세에게 명령하신 대로 되니라"는 말을 일곱 번(출 40:19, 21, 23, 25, 27, 29, 32)이나 반복한다. 이것은 하나님 앞에 나가는 일은 반드시 하나님이 정해 주신 규칙을 따라야 함을 강조하기 위함이다. 이것이 이방 종교와의 결정적인 차이점이기도 하다. 왜냐하면 이방 종교에는 인간이 고안해 낸 의식만 있을 뿐 계시된 규정이 없기 때문이다.

③ 하나님의 임재(출 40:34-38)

성막을 봉헌한 뒤에 구름이 회막에 덮이고 여호와의 영광이 충만했다(출 40:34-35). 이것은 여호와께서 말씀하신 대로 여호와께서 성막에 임재해 계신다는 뜻이다. 그리고 구름이 성막에 떠오를 때에는 이스라엘 자손이 행진하였고, 이스라엘 온 족속은 낮에는 여호와의 구름이 성막 위에 있고 밤에는 불이 그 구름 가운데 있음을 보았다(출 40:36-38). 이것은 성막에 임재해 계시는 여호와께서 이스라엘 가운데 항상 함께 계신다는 것이다. 그런데 저자는 출애굽기 40:34-35에서 구름이 회막에 덮이고 여호와의 영광이 충만해 있다는 것을 강조하면서 교차 대칭 구조로 모세가 회막에 들어갈 수 없다는 사실을 보여 준다.

A 구름이 회막에 덮이고 여호와의 영광이 성막에 충만하매
　X 모세가 회막에 들어갈 수 없었으니(출 40:35a)
A′ 구름이 회막에 덮이고 여호와의 영광이 성막에 충만함

이 구조에서 보는 바와 같이 저자는 성막에 여호와께서 임재해 계신데도 모세가 들어갈 수 없다는 것을 강조한다. 하나님이 임재해 계시는 성막에 모세가 들어갈 수 없다면 과연 누가, 어떻게 들어갈 수 있는가? 레위기는 이 점에 대하여 구체적인 방법을 설명해 준다.

V. 구속사적 의미

구속사에서 출애굽기의 위치

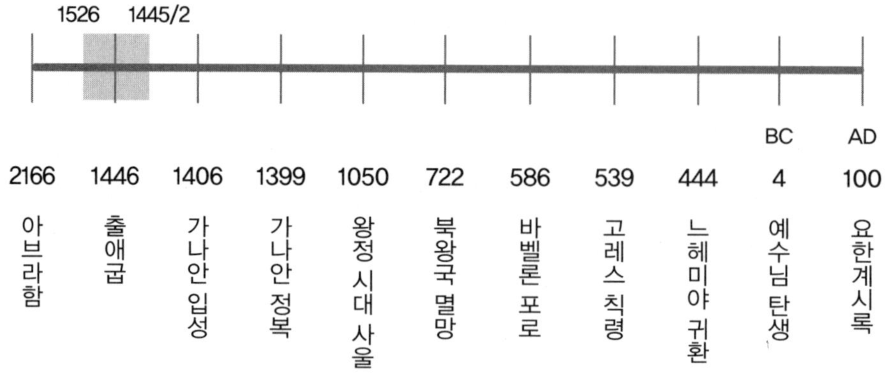

출애굽기는 모세가 출생한 해인 주전 1526년(주전 1446+80)부터 출애굽한 주전 1446년과 시내산에서 하나님과 언약을 맺고, 성막을 만든 후에 시내 광야를 출발한 주전 1445년 둘째 달까지의 구속사를 기록한다(출 2:1–10; 7:7; 신 31:2; 34:7; 민 1:1; 10:11; 행 7:23).

하나님은 아브라함과 이삭과 야곱과 맺은 언약에 따라 이스라엘 백성들을 애굽에서 구원해 내셨다. 아브라함과 횃불 언약을 맺으시며 말씀하신 대로 사백삼십 년이 끝나는 날에 이스라엘을 애굽에서 구원해 내셨다(출 12:40–41, 참조. 창 15:13; 행 7:6). 이 과정에서 하나님은 이스라엘만이 아니라 애굽과 온 우주와 자연 만물까지 통치하시는 분이심을 애굽에 내린 열 가지 재앙과 홍해의 기적과 만나와 메추라기 사건 등을 통하여 보여 주셨다. 하나님이 아브라함과 언약을 맺은 대로 이스라엘을 구원해 내신 것은 이들의 후손을 통하여 그리스도를 보내어 구원하시기 위함이었다.

하나님은 과거에 아브라함과 할례 언약을 맺으실 때 "내 앞에서 행하여 완전하라"(창 17:1)라고 하셨지만 구체적인 법을 주시지는 않았었다. 그러나 하나님은 시내산 언약에서 언약 백성으로서 어떻게 살아야 할 것인지 구체적인 법을 주셨다. 이 법은 하나님을 사랑하고 섬기는 방법이고, 언약 속에 들어 있는 복을 누리는 방법일 뿐만 아니라 어떤 삶의 특성을 드러내며 살아야 구속사에서 하나님의 구속 계획을 이루어 갈 수 있는지를 보여 준다. 이뿐만 아니라 하나님은 시내산 언약을 지켜 행할 수 있도록 성막 제도를 주셔서 하나님과 교제하며 구속사를 이루어갈 수 있게 하셨다.

이스라엘 백성들은 하나님과 시내산에서 피로 맺은 언약(출 24:8)을 금송아지를 만들어 섬김으로 지키지 못했다. 그런데도 하나님은 모세의 중보 사역을 통하여 언약을 다시 세우시고 성막을 짓게 하시고 성막에 임재해 주심으로 그들과 함께하신다는 것을 보여 주셨다(출 34:27–29; 40:34–35). 감사하게도 구약의 이스라엘 백성들이 언약을 이행하지 못하였는데도 아브라함에게 약속하신 대로 하나님은 이 백성을 통하여 그리스도를 보내셨다. 그리고 그리스도께서는 잡히시던 날 밤에 잔을 가지고 감사하시고 "이것은 죄 사함을 얻게 하려고 많은 사람을 위하여 흘리는바 나의 피 곧 언약의 피니라"(마 26:28)라고 말씀하셨다. 예수님이 십자가에서 당신의 생명을 주심으로 언약을 다 이루어 주셨다는 말이다.

이러한 구속 역사를 이해할 때 그리스도 안에서 구원받은 자들은 우리가 받은 구원이 얼마나 영광스러운 것인지 알게 된다. 또한 시내산 언약에서 말씀하신 계명을 지키는 일이 중요하다는 사실도 알게 된다. 감사하게도 구원받은 자들은 이 법을 짐으로 생각하지 않고 하나님을 사랑하고 섬기는 방법으로 지킬 수 있게 되었다. 하나님이 그리스도를 보내셔서 우리가 이 법을 지키지 못하여 받아야 할 저주를 대신 받게 하시므로 이 법에서 해방시켜 주셨고, 믿는 자들에게 성령을 주셔서 법을 지킬 수 있게 해 주셨기 때문이다(요 14:15–21).

레위기

Leviticus

S U M M A R Y

레위기

저지는 출애굽기 미지막 부분에서 성막을 완공한 후 그곳에 하나님의 영광이 충만하므로 모세가 들어가지 못하는 것으로 끝맺었다(출 40:34–35). 레위기는 출애굽기에 이어 완성된 성막에 누가, 어떻게 들어가는지와 관련한 문제를 기록하고 있다. 그래서 저자는 성막에 임재해 계시는 하나님에게 나가는 방법으로 제사제 도와 제사장의 중보 사역과 제사드리는 사람의 거룩한 삶을 자세하게 기록하고 있다. 특히 레위기는 하나님의 거룩한 백성이 된다는 것은 무엇을 의미하며, 어떻게 살아야 할 것인지에 대하여 관심을 기울이고 있다. 그래서 레위기는 구원받은 하나님의 백성들이 하나님과 어떻게 교제하고, 그들에게 위임해 준 구속사의 통로로 바르게 살 수 있는지를 보여 준다.

I. 저자와 기록 배경

레위기는 모세가 썼다고 밝히지 않는다 할지라도 모세가 기록했다. 특히 레위기에는 여호와께서 모세에게 계시하셨음을 보여 주는 '여호와께서 모세에게(또는 그에게) 말씀하여 이르시되'라는 표현이 약 35번이 나온다(레 1:1; 4:1; 5:14; 6:1, 19, 24; 7:22, 28 등). 그리고 여호와께서는 모세에게 말씀하신 것을 이스라엘 백성들에게 '말하여 이르라'(레 1:1; 4:2; 6:25 등)라고 하셨다. 이러한 표현은 적어도 모세가 여호와께 레위기의 내용을 들었음을, 그리고 그가 그 안에 계시된 내용을 전달하는 자라는 것을 증거한다.[65]

레위기에 기록된 사건은 시내산에서 일어났으며, 시내산 언약과 밀접한 연

65 저자에 대한 자세한 설명은 "오경은 어떤 책인가"와 "창세기"를 참조하다.

관이 있다. 여기에 기록된 말씀은 성막을 완공하고 봉헌한 날인 둘째 해 첫째 달 초하루에서부터(출 40:17) 둘째 해 둘째 달 첫째 날까지(민 1:1) 딱 한 달 동안에 하나님에게 받은 것이다. 그러므로 레위기의 배경은 공간적으로는 시내산이며, 시간적으로는 출애굽한 후 둘째 해 첫째 달 초하루부터 둘째 달 첫째 날까지이다. 레위기의 배경은 여호와께서 시내산에서 언약을 주실 때이다. 이것은 레위기가 시내산 언약과 밀접한 연관을 가지고 있음을 알게 해 준다.

II. 문학적 구조

레위기를 읽을 때 각각의 본문에서 느끼는 인상은 분명하고 단순한 구조로 되어 있다는 것이다. 왜냐하면 성막에서 제사를 드리는 의식과 그와 관련된 율법을 직설적인 방법으로 제시하고 있기 때문이다. 그것은 이 책의 목적이 문학적 기교보다 거룩하신 하나님 앞에서 해야 할 적절한 행동과 관련하여 제사장들과 일반 백성들에게 지침을 제공해 주는 일에 강조점을 두기 때문이다(Dillard & Longman 1994, 76). 실제로 레위기에 기록된 내용을 살펴보면 전체적으로 제사 제도에 관한 법(레 1:1–7:38), 제사장의 위임식(레 8:1–36), 제사 제도를 시연해 보게 하심(레 9:1–24), 제사장의 올바른 제사 의식 수행의 중요성(레 10:1–20), 정결한 것과 부정한 것에 관한 법(레 11:1–15:33),[66] 속죄일에 관한 법(레 16:1–34), 제사 드리는 자의 거룩한 삶에 관한 법(레 17:1–25:55) 등을 차례로 기록하고 있다. 이 구조를 볼 때 사람들이 거룩하게 되기 위해서 죄를 어떻게 처리하느냐의 문제를 레위기 1–16장에서 다루고 있고, 거룩하신 하나님과 교제하고자 할 때 필요한 거룩을 유지하기 위해서는 어떻게 해야 하는가의 문제를 레위기 17–27장에서 다루고 있음을 알 수 있다(라솔 외 2003, 235). 이러한 구조를 다음과 같이 도식화할 수 있다.

66 정결(clean)과 부정(unclean)에 관한 법은 제사와 제물을 드리는 사람이 성결해야 한다는 것을 보여 준다.

레위기 1-16장	레위기 17-27장
거룩하신 하나님과 교제하기 위해 거룩하게 되려면 죄를 어떻게 처리해야 하는가?	거룩하신 하나님과 교제하기 위해 필요한 거룩을 어떻게 유지할 수 있는가?

레위기에서 제사장의 위임식, 제사 제도의 시연, 올바른 제사 의식 수행의 중요성을 말하는 내용(레 8:1-10:20), 그리고 속죄일에 관한 법(레 16:1-34)은 이야기로 기록되었다. 이것은 제사와 관련된 율법의 중요성과 의미를 보여 준다.

레위기의 전체적인 내용은 시내산 언약의 구조 안에서 기록되었다. 레위기 26:46 "이것은(히브리어 원문은 '이것들은')[67] 여호와께서 시내산에서 자기와 이스라엘 자손 사이에 모세를 통하여 세우신 규례와 법도와 율법이니라"는 말씀은 앞의 모든 내용(레 1:1-26:45)이 시내산 언약과 연결되어 있음을 보여 준다(웬함 1998, 45). 특히 둠브렐(2001, 179)은 레위기에 나타나는 희생 제사는 언약 관계를 유지하기 위한 것이라고 했다. 그리고 서원과 십일조에 관한 규례를 따로 설명한 레위기 27장도 맨 마지막 레위기 27:34 "이것은(히브리어 원문은 '이것들은') 여호와께서 시내산에서 이스라엘 자손을 위하여 모세에게 명령하신 계명이니라"는 말씀을 볼 때 시내산 언약의 문맥 속에 있다. 이것은 오늘날 일종의 '부록'(appendix)이나 '추신'(postscript)과 같이 내용의 중요성을 강조한다. 그리고 레위기는 언약 문서의 중요한 요소 가운데 하나인 언약의 이행여부에 따른 축복과 저주(레 26:1-46)가 기록된 단락으로 종결되고 있다. 이러한 문학적 구조는 레위기의 주제가 언약과 연관되어 있음을 보여 준다.

III. 주제와 기록 목적

레위기의 원래 히브리어 이름은 '와이크라'(וַיִּקְרָא)인데, 그 뜻은 '그리고 그가 … 부르시고'이다(레 1:1). 이것은 오경에서 책의 첫 단어를 책의 이름으로 불렀기 때문이다. 지금 우리가 보편적으로 사용하는 명칭인 '레위기'는 70인 역에서

67 개역개정판은 단수로 번역하고 있으나 이는 히브리어 대명사 복수형인 '에일레'(אֵלֶּה)로 '이것들은'이라고 번역해야 한다.

'류이티콘'(Λευιτικον, Leuitikon)이라고 제목을 붙이고, 라틴어 역본에서 '레비티쿠스'(Leviticus)라고 부른 데서 비롯되었다. 그 뜻은 '레위 지파와 관련된'(relating to the Levites)이라는 것이다. 개역개정판의 '창세기'의 명칭처럼 이름 때문에 책의 본래의 기록 목적과 의미를 놓칠 위험이 있다. 그것은 두 가지 중요한 이유 때문이다. 첫째, 비록 제사장이 레위 지파에 속해 있기는 하지만 이 책은 제사장의 직무와 관계된 내용을 기록하고 있기 때문이다. 실제로 '제사장'(כֹּהֵן)이라는 단어가 레위기 안에 196번이 나오는 반면에 '레위인'이라는 단어는 단 4번만 나온다. 둘째, 이 책은 제사장의 직무와 관련된 내용만이 아니라 이스라엘 백성들에게 주신 말씀으로 예배, 가정 윤리, 사회와 공동체의 삶, 경제 문제 등을 다루고 있기 때문이다(라이트 2008, 175).

레위기의 주제는 출애굽기와 연관하여 살펴보면 쉽게 파악된다. 왜냐하면 오경이 각기 나누어진 책이 아니라 서로 논리적인 연관성을 가지고 동일한 저자가 기록한 책이기 때문이다. 출애굽기는 25장에서 마지막 40장까지는 성막에 관한 기록이다. 그리고 출애굽기 40장에는 성막이 완성되어 그 위에 하나님의 영광이 임재하는 것으로 끝을 맺고 있다(출 40:34-38). 하지만 이 마지막 부분을 보면 하나님의 영광으로 말미암아 모세도 함부로 들어가지 못한다. 그러면 누가 완성된 성막에 들어가 하나님과 교제할 수 있겠는가? 그래서 레위기의 주제는 '누가, 어떻게 이 성막에 들어가 하나님과 교제할 수 있는가?'하는 것이다. 이것은 언약 당자자인 하나님과 이스라엘이 언약관계를 유지하는데 매우 중요하다.

레위기의 기록 목적은 이러한 주제를 따라 하나님의 백성이 하나님에게 나아가는 바른 방법을 보여 주어 그들로 하여금 하나님과 교제하며 제사장 나라의 사명을 감당하게 하려는 것이다. 레위기의 기록 목적은 시내산에서 하나님과 맺은 언약과 관련이 있음을 보여 준다(레 26:46; 27:34). 레위기가 시내산 언약의 문맥 가운데 있다는 것은 언약 관계를 어떻게 지속하고, 언약 백성으로 어떻게 하나님과 교제하며 언약의 궁극적인 목적인 하나님 나라를 건설해 갈 수 있는지 보여 주기 위함이다.

그러면 우리는 어떻게 하나님과 교제하며 제사장 나라의 사명을 감당할 수 있는가? 저자는 이 책에서 세 가지 중요한 점을 가르쳐 준다.

- 하나님이 제정하신 제사 제도
- 제사장의 중보사역
- 제사를 드리는 사람의 거룩한 삶

레위기는 성막 중심의 삶을 소개하며 시작한다. 그리고 성소에서 이루어지는 여러 가지 규례에서 공동체, 사회생활에 관한 모든 생활의 규례로 그 내용이 확대됨을 볼 수 있다. 그중에서도 성막에 임재해 계시는 하나님과 교제하며 제사장 나라로 사명을 다하는 것과 관련하여 왜 레위기에서는 제일 먼저 성막에서 이루어지는 제사 제도를 설명하고 있을까? 그것은 하나님과의 언약 관계에서 제일 중요한 것이 성막을 중심으로 하는 예배적 삶이기 때문이다. 성막에서 드리는 속죄제, 속건제, 화목제, 번제, 소제 등의 제사 제도는 하나님에게 나아가 예배하는 방법이다. 이러한 제사 제도를 주신 것은 하나님이 정해 주신 방법을 통해서만 하나님에게 나아와 교제할 수 있음을 보여 준다. 하나님은 성소에 임재해 계신다 할지라도 예배드리는 자가 성막에 찾아와서 하나님이 정해 주신 방법으로 나아올 때만이 진정한 교제가 이루어진다는 것을 가르쳐 준다.

또한 레위기는 구약 시대에 성도가 성막에 임재해 계시는 하나님과 교제하기 위해서는 하나님이 세우신 제사장의 중보 사역이 있어야 함을 보여 준다. 이뿐만 아니라 레위기는 제사 제도와 제사장의 중보 사역도 중요하지만 제사드리는 사람의 거룩한 삶이 중요함을 강조한다. 특히 거룩한 삶은 제사장들과 백성들의 특징적인 요소가 되어야 한다. 왜냐하면 제사드리는 사람이 거룩한 삶 없이는 하나님과 교제할 수 없고 언약 백성으로 하나님 나라를 세울 수 없기 때문이다.

Ⅳ. 내용

내용 구조

1. 희생 제사에 관한 법(레 1:1–7:38)
2. 제사장의 중보 사역(레 8:1–10:20)
3. 거룩을 보호하기 위한 법(레 11:1–15:33)
4. 속죄일에 관한 법(레 16:1–34)
5. 제사드리는 자의 거룩에 관한 법(레 17:1–25:55)
6. 언약적 복과 저주(레 26:1–46)
7. 부록: 서원과 구별한 예물과 십일조에 관한 법(레 27:1–34)

1. 희생 제사에 관한 법(레 1:1-7:38)

희생 제사에 관한 법을 크게 두 가지로 구분할 수 있다. 하나는 제사하는 자들이 드리는 주요 다섯 가지 제사, 곧 번제(레 1:3–17), 소제(레 2:1–16), 화목제(레 3:1–17), 속죄제(레 4:1–5:13), 속건제(레 5:14–6:7)이다. 다른 하나는 제사장들이 이러한 제사를 드리는 법(레 6:8–7:38)이다.

내용 분해

(1) 제사하는 자들이 드리는 희생 제사에 관한 법(레 1:1–6:7)
(2) 제사장들을 위한 법(레 6:8–7:38)

내용 해설

(1) 제사하는 자들이 드리는 희생 제사에 관한 법(레 1:1–6:7)

이 문단은 언약 백성들이 하나님에게 드려야 할 희생 제사에 관한 다섯 가지 제사, 곧 번제, 소제, 화목제, 속죄제, 속건제를 설명한다.

제 사	참 조	제 물	목 적
번 제 **burnt offering**	레 1; 6:8–13; 8:18–21; 16:24	흠 없는 수컷(소, 양, 염소), 집비둘기, 산비둘기	1. 자원하여 드리는 제사 (Voluntary Sacrifice) 2. 일반적으로 무의도적인 죄에 대한 속죄 3. 하나님에 대한 완전한 헌신의 표현
소 제 **grain offering**	레 2; 6:14–23	곡물, 고운 가루, 기름, 소금, 유향, 누룩이나 꿀을 넣으면 안 됨, 번제와 화목제와 동반됨	1. 자원하여 드리는 제사 2. 하나님의 선하심과 보호에 대한 인식. 켈로그(Kellogg)는 "소제는 하나님의 절대적 권위를 인식하는 표현과 하나님의 축복과 사랑을 표현하는 것"이라고 함 3. 하나님에 대한 헌신을 표현
화목제 **fellowship offering**	레 3; 7:11–34	소 떼나 양 떼 가운데 흠 없는 것은 아무것이나 드릴 수 있음, 여러 종류의 빵을 드릴 수도 있었음(레7:12–14)	1. 자원하여 드리는 제사 2. 하나님에게 감사하며 드리는 제사 3. 서원하며 드리는 제사
속죄제 **sin offering**	레 4:1–5:13; 6:24–30; 8:14–17; 16:3–22	1. 수송아지: 제사장이나 회중(레 4:3, 13) 2. 수염소: 족장(레 4:22) 3. 암염소나 암양: 평민(레 4:27) 4. 집비둘기나 산비둘기 새끼 둘: 가난한 자들(레 5:7) 5. 고운 가루 에바 1/10: 매우 가난한 자(레 5:11)	1. 반드시 드려야 할 제사 (Mandatory Atonement) 2. 의도적이거나 무의도적인 죄에 대한 속죄 3. 죄의 고백 4. 죄의 용서 5. 더러움으로부터 깨끗하게 함
속건제 **guilt offering**	레 5:14–6:7; 7:1–6	흠 없는 수양	1. 반드시 드려야 할 제사 (Mandatory Atonement) 2. 보상을 요구하는 의도적이거나 무의도적인 죄에 대한 속죄 3. 더러움으로부터 깨끗하게 함 4. 보상은 1/5을 더함

① 서론(레 1:1–2)

희생 제사에 관한 법은 하나님이 출애굽에서 구속을 경험한 이스라엘 백성들에게 죄의 문제를 해결하고 하나님과 맺은 관계를 회복하여 교제하는 방법을 제공하심으로 하나님과 맺은 언약 관계를 유지하기 위한 목적으로 주신 것이다(라이트 2008, 178). 이 법은 '너희 중에 누구든지 여호와께 예물을 드리려거든'(레 1:2)이라는 말씀에서 알 수 있는 바와 같이 예물을 드리는, 곧 제사를 드리는 일과 관련된 규정이다. 여기에 여호와께 드리는 '예물'은 히브리어 '고르반'(קָרְבָּן)으로 하나님께 드리는 제물이나 선물을 가리키는 말이다.

② 번제(레 1:3–17)

번제는 히브리어로 '올라'(עֹלָה)인데 '올라간다'는 뜻이다. 이러한 이름으로 지은 이유는 바친 예물 전체를 불에 살라 하나님에게 향기로운 냄새로 올려 드리기 때문으로 보인다. 번제의 규례를 설명하는 문학적 구조를 보면 예물의 차이가 있고(A), 그 차이에 따라 규례가 다르다(B). 그리고 제사의 목적이 무엇인지 설명한다(C). 그 목적은 동일하게 "이는 화제라 여호와께 드리는 향기로운 냄새니라"로 자원하여 하나님에게 헌신한다는 의미를 담고 있다. 번제의 일반적인 규례를 보면 번제를 드리는 사람이 번제물의 머리에 안수하고, 그 제물을 잡아서 제사장에게 드린다. 다만 산비둘기나 집비둘기로 드리는 경우에는 제사장이 잡는다. 제사드리는 사람이 안수하고 잡는 것은 제사드리는 사람과 제물을 동일시하는 행위다. 뒤에 나오는 다른 제사 규정도 다음의 A–B–C 구조로 설명한다.

A 예물: 소(레 1:3a)
B 규례(레 1:3b–9a)
C 목적: "이는 화제라 여호와께 드리는 향기로운 냄새니라"(레 1:9b)

A 예물: 양이나 염소(레 1:10a)
B 규례(레 1:10b–13a)
C 목적: "이는 화제라 여호와께 드리는 향기로운 냄새니라"(레 1:13b)

A 예물: 새(레 1:14)

B 규례(레 1:15–17a)

C 목적: "이는 화제라 여호와께 드리는 향기로운 냄새니라"(레 1:17b)

③ 소제(레 2:1–16)

소제는 히브리어로 '민카'(מִנְחָה)인데 곡물로 드리는 제사를 말한다. 이 용어는 성경에서 감사와 경외와 존경의 의미로 하나님에게 바치는 선물을 말할 때 주로 사용되었다(창 32:13; 43:11; 삿 6:19; 시 96:8 등). 이 제사법에 관한 설명과 목적은 번제와 같이 A–B–C 구조로 되어 있다. 예물의 종류는 고운 가루(레 2:1)와 화덕에 구운 것(레 2:4), 첫 이삭(레 2:14) 등이다. 특이한 것은 제사의 성격으로 여호와께 드릴 향기로운 냄새라는 것, 남은 것을 아론과 그의 아들들에게 줄 것, 그리고 여호와의 화제물 중에 지극히 거룩한 것이라고 반복적으로 설명한다는 점이다(레 2:2b–3, 9b–10).

예물로 드린 고운 가루의 경우, 여호와께 드리기 전에 다양한 방법으로 조리했다. 화덕에 굽기도 하고(레 2:4), 철판에 부치기도 하며(레 2:5), 냄비에 삶을 수도 있었다(레 2:7). 이 예물의 남은 것은 제사장에게 주었기 때문에 이는 제사장을 위한 배려였다. 그러나 소제물에 '누룩'과 '꿀'은 넣지 말아야 했고(레 2:11), '소금'은 모든 소제물에 넣어야 했다(레 2:13). 이 소금을 '언약의 소금'이라고 설명하므로 이는 언약 관계를 지속하는 일과 연관된 것으로 보인다(민 18:19). 이러한 단서와 관련하여 이유를 설명하지 않기 때문에 마음대로 유추해서는 안 된다.

④ 화목제(레 3:1–17)

화목제는 히브리어로 '셔라밈'(שְׁלָמִים 〈 שֶׁלֶם)인데 '완전하다'라는 뜻의 '샤레임'(שָׁלֵם)에서 온 말로 '평화', '완전', '복락'의 의미인 '샬롬'(שָׁלוֹם)과 연관되어 있다. 성경은 화목제의 의미를 자세히 설명해 주지 않는다.[68] 그런데 화목제의 규례를 보면 가슴과 뒷다리는 제사장에게 주게 했고(레 7:28–34), 나머지는 제사드리는 사람과 그 가족과 자녀와 노비와 레위인과 함께 먹게 했다(신 12:7, 12, 18). 이 점

68 신약성경에 화목제물(롬 3:25; 요일 2:2; 4:10)로 번역된 것은 헬라어 '히라스테이리온'(ἱλαστήριον)과 '히라스모스'(ἱλασμός)를 번역한 것으로 속죄제물로 보아야 한다.

을 볼 때 화목제는 하나님의 화목, 그리고 그 은혜를 누리는 일과 연관된 것으로 보인다.

화목제의 규례와 목적도 번제와 같이 A-B-C 구조로 되어 있다. 제사의 예물은 소(레 3:1), 양(레 3:6), 염소(레 3:12) 등이었고, 제사의 성격은 "이는 화제라 여호와께 드리는 향기로운 냄새니라"(레 3:5, 11, 16)였다. 그리고 이 화목제는 제사를 드리는 사람의 개인적인 목적에 따라 감사제, 서원제, 자원제들로 구분할 수 있다(레 7:11-16; 신 12:6).

⑤ 속죄제(레 4:1-5:13)

속죄제와 속건제는 앞의 두 제사와 다르다. 그것은 특정한 상황에서 반드시 드려야 할 제사이기 때문이다. 속죄제는 히브리어로 '하타트'(חַטָּאת)인데 '죄를 사하다', '깨끗하게 하다'라는 뜻을 가지고 있다. 이 제사는 죄를 용서하여 깨끗하게 하는 성격을 가지고 있다. 이 제사는 '그릇', '부지중에' 여호와의 계명을 범한 죄를 용서받기 위해 드린다(레 4:2, 13, 22, 27). 개역개정판에는 다르게 번역되어 있으나 히브리어 원문은 동일한 어근의 단어인 '쉐가가'(שְׁגָגָה)이다. 이 단어는 '길을 잘못 들다'라는 어근에서 파생된 것으로 '의도적인' 범죄가 아니라 '무의도적으로' 범한 죄를 의미한다.

이 제사를 설명하는 구조는 앞의 세 가지 제사가 예물, 규례, 목적 등의 A-B-C 구조로 된 것과는 달리 레위기 4:1-21은 제사장, 이스라엘 온 회중이라는 신분(레 4:3a, 13), 예물(레 4:3b, 14a), 방법(레 4:4-12; 14b-20a), 목적(레 4:20-21)의 A-B-C-D 구조로 되어 있다. 백성의 지도자인 족장과 개인을 설명하는 레위기 4:22-5:13은 번제와 같이 예물(레 4:23, 28, 32; 5:7, 11), 방법(레 4:23-26a, 28-31a; 4:32-5:6a, 5:7-9, 11-12), 목적(레 4:26, 31, 35; 5:6, 10, 13)의 A-B-C의 구조로 되어 있다. 백성의 지도자인 족장이 부지중에 죄를 범하였으면 숫염소(레 4:23), 평민은 암염소(레 4:28)와 어린 양(레 4:32), 가난한 자들은 산비둘기 두 마리나 집비둘기 새끼 두 마리(레 5:7)를 드릴 수 있었다. 더 가난한 자는 고운 가루 십분의 일 에바(레 5:11)를 드릴 수 있었다. 이렇게 신분과 부유함 정도에 따라 예물의 차이를 둔 것은 신분이 높은 사람이나 낮은 사람이나 부유한 사람이나 가난한 사람이나 누구나 죄 사함을 받고 하나님과 교제할 수 있음을 보여 준다. 이 제사의 목적은 "제사장이 그를 위하여 속죄한즉 그가 사함을 받으리라"라는 말씀처럼 죄를 용서받고 하나님과 교제할 수 있는 자가 되는 것이다. 이 속죄제는 신약성경에서 그리스도의 사역을 '속죄 사역'으로 설명하고 있는 것을 볼 때, 오실 그리스도의 사역을 보여 주는 예표적인 성격을 가지고 있다(롬 3:25; 히 5:3; 9:12; 요일 2:2; 4:10).

⑥ 속건제(레 5:14-6:7)

속건제는 히브리어로 '아샴'(אָשָׁם)인데 이 제사에 관한 설명을 볼 때 그 의미를 알 수 있다. 여기에서 '범죄하다'(레 5:15)와 '잘못을 범하다'라는 단어는 '하타'(חָטָא)와 '신실하지 못하다'는 뜻인 '마알'(מָעַל)을 함께 사용한다(레 6:2). 이러한 단어를 사용한 것은 이 제사가 하나님과 맺은 관계와 이웃과 가진 관계에서 범한 죄에 대하여 예물을 드리는 제사임을 알게 한다. 이 제사를 설명하는 말 가운데 여호와의 성물에 대한 것(레 5:15)과 '부지중에' 계명 중 하나를 범한 것(레 5:17-19) 등이 있다. 그리고 여호와께 신실하지 못하여 범죄한 일, 즉 이웃이 맡긴 물건이나 전당물을 속이거나, 도둑질하거나, 착취하고도 사실을 부인하는 일과, 남의 잃은 물건을 줍고도 사실을 부인하며 거짓 맹세하는 일(레 6:2-3) 등을 언급하고 있다. 성물에 대한 범죄는 하나님에게 바쳤거나 제사장들의 봉사와 성소를 위하여 바친 거룩한 물품에 대하여 범죄한 것을 가리킨다. 여기에는 라이트(2008, 186)가 말한 것처럼 제사장에게 속한 음식이나 바쳐야 할 예물이나 십일조를 바치지 못했을 경우를 포함할 수도 있다(참조. 출 30:11-16; 왕하 12:16).

성물에 대하여 죄를 범하였을 경우에 죄 사함을 받으려면 흠 없는 숫양과 성물에 대한 보상으로 오분의 일을 더해 속건제를 드려야 한다(레 5:15-16). 여호와께 신실하지 못하여 이웃과 가진 관계에서 발생한 재산상의 문제와 관련하여, 즉 맡긴 물건을 속이거나, 도둑질한 것이나, 착취한 것이나 잃은 물건을 주운 것에 대하여 사함을 받으려면 물건을 돌려보내고 오분의 일을 더하여 보낸 후에 속건제물로 숫양을 가져가야 한다(레 6:5-7). 비슷한 내용이 출애굽기 22:7-15에 있는데 여기에는 배상하도록 되어 있다. 이러한 차이는 출애굽기에서는 재판정에 소환된 경우이고, 레위기에서는 자발적으로 죄를 자백하고 제물을 드린 경우라는 것이다. 레위기의 속건제는 고발당하기 전에 자발적으로 고백하는 것을 장려하기 위한 것으로 볼 수 있다(라이트 2008, 186). 특히 이웃과의 관계에서 지은 죄를 속하기 전에 먼저 물건을 돌려보내고 오분의 일을 더하여 보상했다는 것은 그 죄의 수직적인 면을 다루기 전에 먼저 수평적인 면을 다루어야 한다는 것이다(라이트 2008, 186). '이웃을 속인' 죄가 있는 사람에게 '여호와께 신실하지 못한' 죄가 있다는 사실을 먼저 지적한 것은 이 점을 반영하는 것이다(레 6:2). 속죄제와 속건제의 규례가 매우 유사하고 상호 교체적으로 사용되기도 한다(레 7:7). 그런데도 속죄제와 달리 속건제에는 두 가지 차이점이 있다. 하나는 '부지중에' 지었든지, '여호와께 신실하지 못하여' 지었든지 반드시 '지정한 가치에 따라'(레 5:15, 18; 6:6) '성소의 세겔로 몇 세겔 은에 상당한 흠 없는 숫양'(레 5:15, 18; 6:6)을 바쳐야 한다는 것이다. 또 하나는 성물이나 이웃에게 범한 죄에 대하여 본래 값의 1/5을 더하여 배상해야 한다는 것이다.

⑦ 제사법이 보여 주는 교훈

레위기에 나타난 제사법을 통하여 알아야 할 중요한 두 가지 교훈이 있다. 첫째, 거룩하신 하나님과 교제하기 위해서는 항상 대속물이 있어야 한다. 특히 제사를 드리는 사람은 그가 바치는 예물의 머리에 안수하고 그것을 잡았다(레 1:4-5, 10-11; 3:2, 8 등). 이렇게 하는 것은 제사드리는 사람이 그 대속물과 자신을 동일시하고 있고, 대속물이 죽어야 한다는 공통점을 보여 준다. 그 과정에서 피를 뿌리는 것은 희생 제물의 죽음을 의미하는 것으로 그 제물을 드리는 자의 죽음을 상징한다. 왜냐하면 죄의 값은 사망이기 때문에 동물이 예물을 드리는 자의 죽음을 대신하기 때문이다(라솔 외 2003, 242). 이것은 죄 사함이 없이는 하나님과 교제할 수 없음을 보여 준다. 그래서 이 제사는 오실 그리스도의 사역을 보여 주는 예표적인 성격을 가지고 있다(롬 3:25; 히 5:3; 9:12; 요일 2:2; 4:10). 역시 자원하여 드리는 번제나 화목제도 이러한 절차에 따라 제사드리는 사람이 바친 제물의 머리에 직접 안수하고, 자신이 그 제물을 잡는다. 여기에는 자신의 삶을 대속물과 완전히 동일시하여 하나님에게 드리겠다는 믿음이 담겨 있다.

둘째, 모든 제사의 제물에 차등을 두고 있다. 이것은 부자나 가난한 사람이나 차별 없이 하나님께 나아가 교제할 수 있다는 것이다. 의무적인 제사인 속죄제나 속건제만이 아니라 자원하여 드리는 제사인 번제와 소제와 화목제도 차등을 두고 있다.

⑧ 제사와 신약의 성도

신약의 저자들은 구약의 제사 이미지(image)를 통하여 예배와 성도의 삶에 관한 교훈을 준다. 신약성경은 구약의 제사를 예수 그리스도를 통하여 하나님에게 나아가는 '신령한 제사'와 같은 것으로 이해한다(벧전 2:5). 그리고 복음을 위하여 드리는 헌금을 '향기로운 제물'(빌 4:18)이라고 하였고, '찬송의 제사'(히 13:15)를 드리라고 하면서 그의 이름을 증언하는 입술의 열매라고 했다. 선을 행하고 서로 나누어 주기를 잊지 말라고 하며 이러한 일을 하나님이 기뻐하시는 '제사'라고 했다(히 13:16). 이것은 구약의 제사를 통하여 하나님을 예배하고 그분과 교제하듯이 이러한 일은 하나님을 예배하고 그분과 교제하는 일이라는 것이다. 이러한 관점에서 본다면 오늘날 예배를 드리는 일과 교회와 하나님 나라를 위하여 헌신하고 헌금하는 모든 일은 구약의 제물을 드리는 것과 같이 하나님과 교제하며, 시내산 언약의 궁극적 목표인 하나님 나라를 세우는 일이다.

(2) 제사장들을 위한 법(레 6:8-7:38)

얼핏 보면 이 분단은 앞 장에서 다룬 내용을 반복하고 있는 것 같다. 그러나 제사법을 기록하면서 "아론과 그 자손에게 명령하여 이르라"(레 6:9)는 말씀이 밝혀 주는 바와 같이 이 문단의 내용은 주로 제사장들에게 주신 법이라는 것을 알 수 있다. 이 문단은 번제(레 6:8-13), 소제(레 6:14-23), 속죄제(레 6:24-30), 속건제(레 7:1-10), 화목제(레 7:11-36)의 제사를 드리는 규례와 희생 제물을 먹거나 다루는 규례를 설명한다. 화목제의 경우 감사의 의미이거나(레 7:12), 서원이나 자원의 의미로 드린 제물(레 7:16)로 구분한다.

제사장들이 제사를 드리는 방법은 여러 가지다. '불로 태운다'는 의미의 '화제(אִשֶּׁה, 레 6:18; 7:5), '들어 올린다', 또는 '바친다'는 의미의 '거제'(תְּרוּמָה, 레 7:14, 32, 34), '흔들어 드린다'는 의미의 '요제'(תְּנוּפָה, 레 7:30, 34), 제물을 드릴 때 포도주나 물 등의 '액체로 붓는다'는 의미의 '전제'(נֶסֶךְ, 레 23:13, 18, 37) 등이 있다. 이러한 용어의 개념을 이해하는 것은 제사를 드리는 모습을 머리에 연상하게 만드는 효과가 있다.

제사장들에게 이와 같은 세부적인 규례를 주신 것은 인간이 고안해 낸 방법이 아니라 하나님이 정해 주신 방법으로만 죄를 용서받아 거룩하게 된다는 것을 보여 준다. 만약에 이와 같은 규례를 지키지 않는다면 하나님은 제사를 받지 않으실 뿐만 아니라 제사를 드리는 사람이 벌을 받게 될 것을 규정한다(레 7:18, 20–21).

특히 제사장에게 주는 제사 규례에 특이한 부분은 예배자가 속죄제와 속건제의 제물과 번제물의 가죽과 화덕이나 철판, 냄비에서 만든 소제물, 화목제물 중에서 흔든 가슴과 오른쪽 뒷다리 등을 제사장의 몫으로 주었다는 것이다(레 7:7–10, 32). 제사장들에게는 다른 수입이 없기 때문에 그들은 신실한 백성들의 헌신에 의존했다(신 14:28–29; 18:1–8). 신약에서 제사장 제도가 없다고 할지라도 하나님과 그의 백성을 섬기는 일에 헌신하는 사람들이 합당한 사례를 받는 것은 성경적인 원리로 예수님과 바울이 인정한 바가 있다(눅 10:7; 고전 7:1–14). 무엇보다 이 규례가 시내산 언약의 일부라는 점을 이해한다면 이 법은 제사와 언약 속에 들어 있는 복과 은혜를 누리며 동시에 거룩한 삶을 이루는 방식임을 알게 한다(레 7:38).

2. 제사장의 중보 사역(레 8:1-10:20)

성막 이야기는 출애굽기 25–40장에 기록되어 있다. 레위기 1–7장에서 저자는 성막에서 제사를 드리는 절차와 방법을 설명했다. 레위기 8장에서는 출애굽기 28–29장에 기록된 제사장의 옷과 규례에 따라 아론과 그의 아들들을 제사장으로 위임하는 내용을 기록하고 있다. 레위기 9장에서는 실제로 제사장 직분을 수행해 보게 하여 여호와께서 명령하신 규례대로 순종하는 것이 얼마나 중요한 것인지를 보여 준다. 그러나 레위기 10장에서는 나답과 아비후의 죽음을 통하여 하나님이 정해 주신 규례를 불순종할 때 일어나는 위험이 어떤 것인지를 보여 준다.

내용 분해

⑴ 제사장의 위임식(레 8:1–36)

⑵ 제사 제도를 시연해 보게 하심(레 9:1–24)

⑶ 제사장의 올바른 제사 의식 수행의 중요성(레 10:1–20)

내용 해설

(1) 제사장의 위임식(레 8:1-36)

여호와께서 아론과 그의 아들들을 제사장으로 위임하시기 위하여 의복과 관유와 속죄제의 수송아지와 숫양 두 마리와 무교병 한 광주리를 가지고 온 회중을 회막 문에 모으라고 모세에게 말씀하셨다(레 8:1-3). 특히 온 회중을 모으라고 하신 것은 제사장의 중요성을 보여 주려는 것이다. 이 온 회중은 전체 이스라엘 회중이라기보다는 회중의 대표격인 장로들을 말한다(레 9:1). 제사장을 위임하는 내용은 다음과 같은 구조로 되어 있다.

- 모세가 제사장의 의복을 입힘(레 8:6-9) + 반복구
- 모세가 관유로 성막과 제단과 제사장을 거룩하게 함(레 8:10-13) + 반복구
- 속죄제로 수송아지를 드림(레 8:14-17) + 반복구
- 번제로 숫양을 드림(레 8:18-21) + 반복구
- 위임식의 숫양을 드림(레 8:22-29) + 반복구
- 관유와 제단의 피로 아론과 아들들의 옷을 거룩하게 함(레 8:30-36) + 반복구

- 반복구: "여호와께서 모세에게 명령하신 것과 같았더라"(레 8:9, 13, 17, 21, 29, 36).

각 단계들마다 마지막에 반복적으로 "여호와께서 모세에게 명령하신 것과 같았더라"(레 8:9, 13, 17, 21, 29, 36)는 말씀으로 마치고 있다. 이러한 반복은 죄를 용서받고 하나님과 교제하는 길은 하나님이 정해 주신 규칙을 따라야 함을 강조하는 것이다. 그리고 이 위임식을 이레 동안 행했다(레 8:33). 이 일은 여호와께서 제사장들에 속죄하게 하시려는 것이다. 제사장들은 이를 지켜야 사망을 면할 수 있다(레 8:34-35). 이것은 제사 직무를 수행하는 제사장은 제사를 드리기 위해 자신이 먼저 거룩해야 한다는 것을 보여 준다.

(2) 제사 제도를 시연해 보게 하심(레 9:1–24)

이 문단에는 모세가 아론과 그의 아들들과 장로들을 불러 이레 동안 제사장 직분을 위임받은 제사장들로 하여금 여덟째 날에 제사를 시연해 보게 하는 이야기가 기록되어 있다. 모세는 아론에게 "속죄제를 위하여 흠 없는 송아지를 가져오고 번제를 위하여 흠 없는 숫양을 여호와 앞에 가져다 드리라"(레 9:2)라고 말하고, 이스라엘 자손에게는 "오늘 여호와께서 너희에게 나타나실 것"(레 9:4)이라고 말했다. 이것은 여호와께서 가르쳐 주신 방법에 따라 제사를 드리면 하나님이 제사를 받으시고 그 영광과 능력을 보여 주실 것이라는 뜻이다. 제사장들이 모세가 명령한 대로 가져오고 온 회중이 섰을 때 모세는 다시 "이는 여호와께서 너희에게 하라고 명하신 것이니 여호와의 영광이 너희에게 나타나리라"(레 9:6)라고 말했다.

여호와께서 말씀하신 대로 아론이 제사를 드릴 때 여호와의 영광이 나타났다. 그 구체적인 표시(sign)가 여호와 앞에서 불이 나와 단 위의 번제물과 기름을 불사른 일이다(레 9:24). 개역개정판에는 '(불이 나와) … 사른지라'라고 되어 있는데 이는 히브리어로 '먹는다'는 동사인 '아칼'(אָכַל)이다. 이 단어는 문자적으로 불이 그 제물을 다 먹었다는 뜻이다. 이것의 의미는 무엇일까? 하나님은 자기 백성이 하나님이 정해 주신 제사법대로 제사를 드리고, 그 말씀에 순종하면 그 제사를 받으시고 응답하신다는 것이다. 이 모습을 보고 백성들은 소리를 지르고 엎드렸다(레 9:24). 여기에서 '소리지르다'(רנן)라는 동사는 기뻐서 외친다는 뜻이다(참조. 시 95:1). 그래서 하나님이 불로써 응답하심으로 제사를 받으시는 것을 보고 백성들이 소리를 질렀다는 것은 백성들이 크게 기뻐하며 외쳤다는 것이다. 그리고 백성들은 얼굴을 땅에 대고 하나님 앞에 경배를 드렸다.

하나님은 자기 백성들이 그 정한 규례대로 드리는 제사를 받으신다. 그러나 구약의 제사는 완전하지 않다. 이 법은 장차 올 좋은 일의 그림자일 뿐이어서 해마다 늘 드리는 같은 제사로는 나아오는 자들을 언제나 온전하게 할 수 없기 때문이다(히 10:1). 그래서 하나님과 온전한 교제를 할 수 있는 새로운 길이 필요한 것이다. 하나님이 예수 그리스도를 보내어 우리가 지은 죄로 말미암아 받아야 할 죄의 형벌을 다 담당하게 하시고 십자가에 죽게 하심으로 더 이상 동물을 잡아드리는 희생 제물이 필요하지 않게 하셨다. 이뿐만 아니라 구약 시대의 성막이나 성전이라는 특별한 장소에 제약을 받을 필요가 없다. 제사장의 중보도 필요하지 않다. 왜냐하면 예수님께서 친히 희생 제물이 되시고, 또한 친히 대제사장이 되시어 자기 피를 가지고 성소에 들어가셨기 때문이다(막 15:37–38; 히 10:19–20).

(3) 제사장의 올바른 제사 의식 수행의 중요성(레 10:1–20)

여호와께서 제사장이 규례대로 제사를 드릴 때 제사를 받으심을 보여 주셨다(레 9:24). 그러나 말씀하신 규례대로 하지 않고 임의대로 제사를 드려서는 안 된다는 것을 처음 제사장 나답과 아비후를 죽이심으로 보여 주셨다.

① 나답과 아비후의 죽음(레 10:1–7)

하나님이 정해 주신 규례대로 제사를 드릴 때 하나님이 받으신다는 것을 불을 통해 보여 주신 뒤 얼마의 시간이 흘렀는지 알 수 없다. 하지만 동일한 사건 범주 안에서 아론의 아들 제사장인 나답과 아비후가 여호와 앞에서 죽었다.[69] "불이 여호와 앞에서 나와 제단 위의 번제물과 기름을 사른지라"(레 9:24)는 말씀과 같이 "불이 여호와 앞에서 나와 그들을 삼켰다"(레 10:2)라고 했다. 레위기 9장에서 제사장으로 위임을 받은 사람은 아론과 그의 아들들로 나답과 아비후, 엘르아살, 이다말이다(레 10:1, 6). 이들 중에 아론의 두 아들이 죽었다. 하나님은 헬라 신화에 나오는 여러 신들처럼 변덕스러운 분이라서 그러셨을까? 아니다. 우리 하나님은 존재하심과 지혜와 권능과 거룩하심과 공의와 인자하심과 진실하심이 무한하시며, 무궁하시며, 불변하시는 분이시다(소교리문답 제4문). 하나님이 성막제도를 제정하시고 그 목적에 대하여 그 성막을 통하여 자기 백성과 만나시며 교제하실 것이라고 말씀하셨다(출 25:21–22; 29:43). 그 조건은 제사장이 하나님이 정해 주신 제사 규례(레 6:8–7:38)를 지키는 것이다. 하지만 나답과 아비후

69 히브리어 성경에는 '미완료형 와우 계속법'으로 시작하고 있는데, 하나님이 명하신 방법대로 제사를 드릴 때 여호와께로부터 불이 나와 제물을 태운 사건과 같은 범주 안에서 일어났다는 것을 보여 주는 문법적 특징을 가지고 있다.

는 “여호와께서 명령하지 아니하신 다른 불을 담아”(레 10:1) 분향하려고 했다. 이들이 담아 가야 할 불은 향단에 향을 사르기 위하여 사용되었던 불인데 원래 제단 위에 있었던 것으로 보인다(레 16:12). ‘다른 불’은 히브리어로 ‘에이쉬 자라’(אֵשׁ זָרָה)인데 ‘이상한 불’, ‘완전히 다른 불’ 또는 ‘비합법적인 불’이라는 뜻이다. 이것이 나답과 아비후의 문제였다.

그들은 다른 불을 가지고 분향하지도 못했다. 왜냐하면 여호와께서 그들이 성막에 들어가지 못하도록 원천적으로 막으셨기 때문이다. 개역개정판 성경에는 ‘여호와 앞에 분향하였더니’(레 10:1)라고 번역되었지만 이 동사의 히브리어는 ‘카랍’(קָרַב)으로 ‘가까이 가다’라는 뜻이다. 또한 나답과 아비후가 죽은 상황을 볼 때 향단은 성막 안에 있었고 죽은 시체는 성막 밖에 있었다(레 10:4). 다시 말해 그들이 여호와께서 명하시지 않은 다른 불을 가지고 들어가려고 하였을 때 여호와께서 성막에 들어가지 못하도록 막으셨다는 것이다. 이 사건은 하나님께 나아갈 때 하나님이 정해 주신 규칙을 지키지 않으면 무서운 심판이 있을 수 있음을 보여 준다. 모세는 이 특별한 사건을 가리켜 “이는 여호와의 말씀이라”(레 10:3)[70]라고 아론에게 말하면서 하나님이 “나는 나를 가까이 하는 자 중에서 내 거룩함을 나타내겠고 온 백성 앞에서 내 영광을 나타내리라”라고 말씀하셨음을 아론에게 전했다. 제사는 분명 하나님을 만나고 교제하는 복된 일이지만 하나님이 명하신 규칙을 지켜 제사를 드려야 한다. 특히 하나님이 당시 제사장으로 위임을 받은 두 아들을 치신 것은 매우 충격적인 사건이지만 제사장이라는 특권과 책임을 가진 나답과 아비후의 직무와 연관되어 있다. 그들이 심판을 받은 것은 경고가 되는 선례를 남기기 위함이다(라이트 2008, 193).

오늘날 모든 그리스도인은 구원을 받아 거룩한 자들이 되어 하나님의 성소에 담대하게(자유롭게) 나아갈 수 있다(히 10:19–20). 그렇다고 하여 규칙이 없는 것은 아니다. 하나님이 예배에 관하여 제정해 주신 규칙을 무시하고 자기 마음대로 살면서 하나님에게 나아갈 수 없다. 오늘날 주일을 거룩하게 지키지 않고, 예배에 참여하지도 않으면서 인터넷으로 예배를 드린다는 사람들도 있다. 또 어떤

---

70 원문은 ‘후 아쉘 디바르 아도나이’(הוּא אֲשֶׁר־דִּבֶּר יְהוָה)로 ‘그 일은 여호와께서 반복하여 말씀하신 것이다’라는 뜻이다. 개역개정판에는 ‘말씀’이라고 번역되었지만 히브리어는 반복과 강조를 의미하는 피엘형 동사로 여호와께서 반복하여 강조하셨다는 의미가 담겨 있다.

사람은 외견상으로는 교회당에 와서 예배를 드리면서도 사회생활을 하면서는 음란과 욕설과 거짓을 행할 뿐만 아니라 하나님의 계명을 지키지 않는다. 하나님이 우리를 부르신 목적이 거룩하게 하심인데 이것을 저버리는 일은 하나님을 저버리는 일이다(살전 4:3–8). 하나님에게 나아가 그와 교제하기를 원하며 그 은혜와 능력을 열망하는 자라면 하나님이 가르쳐 주신 규칙대로 나아가야 한다.

② 제사장의 책임(레 10:8–11)

이 부분에서 특이하게도 여호와께서 모세에게 말씀하시는 것이 아니라 아론에게 직접 말씀하신다. 레위기에서 아론에게 직접 말씀하시는 것은 이 부분 외에 없다. 이 말씀은 아론과 그의 아들들이 제사장 직분을 어떻게 수행해야 할 것인지를 보여 준다. 회막에 들어갈 때는 포도주와 독주[71]를 마시지 말아야 하는데, 그것을 영원한 규례라고 말씀하셨다(레 10:9). 포도주와 독주가 제사장들에게 항상 금지된 것은 아니다. 이 본문에서도 '회막에 들어갈 때는'이라는 단서가 있고, 나실인으로서의 서원이 끝나면 마실 수 있다(민 6:20). 회막에 들어갈 때 포도주와 독주를 금한 것은 올바른 정신으로 제사장의 직분을 수행해야 하기 때문이다. 여호와께서 이 규례를 주신 목적은 아론과 그 자손들이 거룩하고 속된 것을 분별할 수 있게 하신 것이다. 그리고 모세가 모든 규례를 이스라엘 자손에게 가르치시게 하신 것이다(레 10:10–11). 이러한 설명 때문에 나답과 아비후가 포도주와 독주로 말미암아 취한 상태에서 잘못된 불을 드린 것이 아닌가 추측하기도 한다. 제사장의 직무는 거룩한 것과 속된 것을 구분하는 일과 백성들을 하나님의 말씀으로 가르치는 일이다. 여호와께서 이 일을 잘 수행하도록 회막에 들어갈 때, 즉 직분을 수행할 때 포도주와 독주를 금하신 것이다. 성경은 술을 많이 마시면 정신이 흐려지고 하나님의 말씀을 가르치는 능력이 파괴되기에 술을 금한다(잠 23:20–21; 사 28:7). 신약에서 바울이 감독의 직분을 맡은 자에게 절제하며 술 취하지 말 것을 언급한 것은 같은 맥락에서 보아야 한다(딤전 3:2–3, 8; 딛 1:7; 2:2–3).

71 개역개정판에 '독주'로 번역된 술은 히브리어로 '쉐이칼'(שֵׁכָר)인데 '독한 술'이라는 개념보다는 구약성경에 사용된 용례와 히브리어 어법을 볼 때 포도주 외의 다른 종류의 술로 이해해야 한다.

3. 거룩을 보호하기 위한 법(레 11:1-15:33)

레위기에서 이 문단은 정한 것과 부정한 것을 구분하고, 그것을 처리하는 방법에 관한 내용을 구체적으로 다루고 있다. 이것은 제사장에게 주어진 직무 가운데 하나이다(레 10:10). 그것은 부정하고 정한 것과 먹을 것과 먹지 못할 것을 구분하는 규례(레 11:1–47), 출산(레 12:1–8), 피부병과 나병(레 13:1–14:57), 유출병이 있는 남녀와 설정함으로 부정하게 된 자(레 15:1–33) 등과 관련한 규례이다.

내용 분해

⑴ 정하고 부정한 짐승과 먹을 짐승과 먹지 못할 짐승에 관한 규례(레 11:1–47)
⑵ 출산에 관한 규례(레 12:1–8)
⑶ 피부병과 악성 곰팡이에 관한 규례(레 13:1–14:57)
⑷ 유출병이 있는 남녀에 관한 규례(레 15:1–33)

내용 해설

(1) 정하고 부정한 짐승과 먹을 짐승과 먹지 못할 짐승에 관한 규례(레 11:1–47)

이 규례는 먹을 것과 먹지 못할 짐승을 구분하는 부분(레 11:1–23)과 부정한 동물의 주검과 그 주검을 만지는 자의 부정에 대한 부분으로 이루어져 있다(레 11:24–45). 그리고 이 문단은 이 규례를 간략하게 요약함으로 매듭짓고 있다(레 11:46–47). 어떤 짐승은 정하고 어떤 짐승은 부정한지, 그리고 어떤 생물을 먹을 수 있고, 어떤 생물을 먹을 수 없는지 합리적인 근거를 설명해 주지 않는다. 다만 이러한 구분은 언약 백성으로 하여금 다른 이방인과 달리 구별된 자로서 거룩해야 한다는 것을 상기시키는 기능을 한다(레 11:44).

그러면 이러한 규례가 신약 시대에 유효할까? 그 답은 '아니다'이다. 예수님은 정하고 부정하고의 문제는 뱃속으로 들어가는 음식의 문제가 아니라 사람 안에서 나오는 것이 사람을 더럽게 한다고 하심으로 음식의 구분을 폐하셨다(막

7:14–23). 그리고 베드로가 고넬료를 방문하도록 하기 위하여 환상 가운데 각종 네 발 가진 짐승과 기는 것과 공중에 나는 것을 먹으라고 하실 때 베드로가 '속되고 깨끗하지 않은' 것을 먹지 않겠다고 했다. 그때 하나님이 깨끗하다고 하신 것을 속되다고 구분하지 말라고 하셨다. 신약 시대에는 짐승을 속되고 깨끗한 것으로 구분하는 것이 적절하지 않다는 것이다. 예수님은 이 환상을 통하여 이방인들도 구원하신다는 것을 가르쳐 주셨다(행 10:9–43). 이로 볼 때 구약 시대에는 여호와께서 언약 백성들은 구별된 삶을 살아야 함을 의식적으로 가르치시려는 것으로 볼 수 있다.

(2) 출산에 관한 규례(레 12:1–8)

여호와께서 모세에게 여인이 임신하여 남자 아이를 낳으면 40일(7일 부정+33일), 여자 아이를 낳으면 80일(14일 부정+66일)을 지나야 한다고 말씀하셨다(레 12:1–5). 하지만 그 이유를 설명하시지는 않는다. 아이를 낳는 일은 하나님의 명령이며(창 1:28) 선물이기도 하다(시 127:3; 128:3–6). 그래서 출산이 죄와 결부되어 있다고 보아서는 안 된다. 이 기간이 지나면 산모는 번제를 위해 어린 양이나 어린 양을 바치기에 힘이 미치지 못하면 산비둘기 두 마리나 집비둘기 두 마리를, 속죄제를 위해 집비둘기나 산비둘기를 드려야 한다(레 12:6–8). 마리아도 예수님을 출산한 후에 산비둘기 한 쌍이나 집비둘기 한 쌍을 드리기 위해 올라갔다(눅 2:24). 이 규례 역시 언약 백성은 이방 백성과 구별되어 거룩해야 한다는 것을 가르치기 위한 것이다.

(3) 피부병과 악성 곰팡이에 관한 규례(레 13:1–14:57)

이 규례는 몸의 피부병과 의복이나 집의 악성 곰팡이에 관한 것으로 여호와께서 모세와 아론에게 이 규례를 자세하게 설명해 주셨다. 이 규례는 다음과 같은 구조로 되어 있다.

- 피부에 대한 다양한 증세(레 13:1–46)

- 의복이나 가죽 제품에 감염된 경우(레 13:47–58)
- 요약(레 13:59)
- 악성 피부병이 나은 경우에 행하는 정결 의식과 그 절차(레 14:1–32)
- 악성 곰팡이에 감염된 집에 대한 정결 의식과 그 절차(레 14:33–53)
- 요약(레 14:54–57)

개역개정판 성경에는 '나병'으로 번역되었지만 히브리어로는 '차라아트'(צָרַעַת)인데 악성 피부병을 말한다. 나병은 한센병으로도 불리지만 일종의 피부병이라고 할 수 있다.

일반적인 의미에서 질병은 다른 자연재해와 함께 언약을 이행하지 못한 일에 대한 심판의 일부일 수 있다(레 26:16). 실제로 그러한 경우가 성경에 나타난다(민 12:10–15; 대하 26:16–23). 하지만 여기서 악성 피부병을 가진 자들을 격리하는 것은 감염성 때문이다. 시각장애인과 청각장애인은 공동체에서 격리시키지 않았다. 그래서 나병은 죄와 연결되어 있는 것이 아니다(라이트 2008, 200).

(4) 유출병이 있는 남녀에 관한 규례(레 15:1–33)

이 규례는 다음과 같은 구조로 되어 있다.

A 남성의 유출병(레 15:2–15)
　B 남성의 설정(레 15:16–17)
　　X 남녀의 동침으로 인한 설정(레 15:18)
　B′ 여성의 생리적 유출(레 15:19–24)
A′ 여성의 유출병(레 15:25–30)

이러한 구조를 볼 때 남녀의 동침이 정상적인 경우도 있고, 이로 말미암아 발생하는 병도 있다는 것을 알 수 있다. 합법적이고 정상적인 동침을 죄로 볼 수는 없다. 하지만 이 규례는 하나님의 전에 나올 때는 구별되고 깨끗해야 한다는 것을 가르쳐 준다.

4. 속죄일에 관한 법(레 16:1-34)

이 문단은 속죄일에 관한 법을 다음과 같은 구조로 설명한다.

- 속죄소에 들어가기 위한 준비(레 16:1–5)
- 핵심적인 의식을 요약함(레 16:6–10)
- 핵심적인 의식에 관한 세부적 설명(레 16:11–22)
- 마무리 의식(레 16:23–28)
- 백성들을 위한 영원한 규례(레 16:29–34)

이 규례는 '속죄일'에 관한 것이지만 이 문단에 명칭이 나타나지는 않는다. 이렇게 부르는 것은 레위기 23:27에서 이날을 '속죄일'(욤 하키푸림, יוֹם הַכִּפֻּרִים)이라고 하였기 때문이다. 이 단어가 의미하는 것은 언약궤 뚜껑인 속죄소와 연관되어 있다(레 16:15). 이 속죄일은 '과거를 청산하고 새 출발하는' 연례적 기회를 제공한다. 유월절부터 6개월 후에 일곱째 달 십 일에 이날을 지켜야 한다. 이날에는 언약 백성을 깨끗하게 하는 지속적인 수단을 제공하여 하나님이 그들 가운데 계속 거하실 수 있게 하였다(라이트 2008, 203).

아론은 속죄일에 먼저 제사장의 집을 속죄하기 위하여 수송아지를 속죄제물로 준비하고, 백성들을 위하여 숫염소 두 마리를 준비한다. 그리고 그는 제비를 뽑아 여호와를 위한 염소는 속죄제물로 드리고(레 16:8, 15), '아사셀'을 위하여 제비뽑은 염소는 산 채로 여호와 앞에 두었다가 그것으로 속죄하고 아사셀을 위하여 광야로 보낸다(레 16:10). '아사셀'(עֲזָאזֵל)이 어떤 의미인지 알려져 있지 않다. 전통적으로는 NIV 번역처럼 '속죄 염소'(scapegoat)로 이해한다. 아사셀과 관련해서는 아론이 염소의 머리에 안수하여 이스라엘 자손의 모든 불의와 죄를 아뢰고 미리 정한 사람으로 하여금 접근하기 어려운 땅에 이르면 염소를 놓게 하라고 자세하게 설명한다(레 16:21–22). 이 설명을 볼 때 단순히 놓아 주어 자유롭게 해 주는 것이라기보다는 접근하기 어려운 곳으로 던진다는 의미로 보인다. 그래서 아사셀을 절벽(precipice)이라고 번역하기도 한다(NEB).

히브리서 9:1–10:22은 속죄일의 사건을 그리스도의 속죄 사역과 관련하여 잘 설명하고 있다. 대제사장이 일 년에 한 번 들어가 자기 백성의 허물을 위하여 제사하듯이 그리스도께서 대제사장으로 오셨다(히 9:7). 그리고 그리스도께서는 하나님의 뜻에 따라 자신의 몸을 단번에 드리심으로 우리를 거룩하게 하셨다(히 10:1, 11, 참조. 시 40:6-8). 우리는 그 피를 힘입어 자유롭게 시공간에 제약을 받지 않고 하늘 성소에서 하나님과 만나 교제하는 은혜를 얻게 되었다(히 10:19-20).

5. 제사드리는 자의 거룩에 관한 법(레 17:1-25:55)

레위기 17-25장을 '성결법'(Holiness Code)이라고 부른다. 왜냐하면 이 법은 언약 백성이 모든 실제적인 삶에서 거룩하게 살아야 한다는 내용을 담고 있기 때문이다. 언약 백성의 삶은 제사 그 이상을 의미한다. 그래서 이 법은 개인, 가족, 사회, 경제 등과 같은 영역에서 거룩함이 어떻게 나타나야 하는지를 설명한다. '거룩하다'는 히브리어 '카도쉬'(קָדוֹשׁ)인데, 이 문단에서는 '구별하다'라는 뜻인 '바달'(בדל)이라는 단어와 같은 의미로 사용된다(레 20:24, 25, 26). 이 단어는 세상과 구별된 하나님의 속성으로 사용되기도 하고(삼상 6:20; 사 43:3; 합 1:12), 하나님께 구별된 백성을 가리켜 사용되기도 하고(신 14:2; 26:19), 하나님을 예배하기 위하여 구별된 날에 사용되기도 한다(느 8:9, 10, 11). 여기에 기록된 성결법은 거룩하신 하나님과 교제하는 자는 세상과 구별된 거룩한 삶을 살아야 한다는 것으로 율법을 지키는 것과 연관되어 있다(라솔 외 2003, 236-237).

내용 분해

(1) 제물 드리는 곳과 피를 먹는 문제에 관한 규례(레 17:1-16)
(2) 성관계에 관한 규례(레 18:1-29)
(3) 하나님 사랑과 이웃 사랑에 관한 규례(레 19:1-37)
(4) 범죄와 처벌에 관한 규례(레 20:1-27)
(5) 제사장의 거룩에 관한 규례(레 21:1-22:33)
(6) 지켜야 할 여호와의 절기들에 관한 규례(레 23:1-44)

(7) 등잔불과 진설병에 관한 규례(레 24:1-9)

(8) 신성 모독에 관한 규례(레 24:10-23)

(9) 안식년과 희년에 관한 규례(레 25:1-55)

내용 해설

(1) 제물 드리는 곳과 피를 먹는 문제에 관한 규례(레 17:1-16)

여호와께서 언약 백성의 거룩한 삶에 관한 법 가운데 제일 먼저 제물을 드리는 곳에 대하여 말씀하셨다. 이것은 언약 백성의 거룩한 삶이 제물을 드리는 일에서부터 출발하기 때문이다. 여호와께서 제사장들과 이스라엘 백성들이 희생 제물을 진영 안에서 잡든지, 밖에서 잡든지 그것을 먼저 회막 문으로 가져와서[72] 여호와의 성막 앞에서 예물을 드리지 않는 자는 '피 흘리는 자로 여길 것이라'라고 말씀하셨다(레 17:3-4). 여기서 '피 흘리는 자로 여긴다'는 것은 사람을 죽여 자기 백성 중에서 끊어진 자, 곧 살인자로 간주될 만큼 큰 죄로 여기라는 것이다.

또한 여호와께서 언약 백성의 거룩한 삶을 위하여 이스라엘 사람이나 거류민 중에서 무슨 피든지 먹는 자 역시 백성 중에서 끊어질 것이라고 말씀하셨다(레 17:10, 14). 그 이유를 "육체의 생명은 피에 있기 때문"(레 17:11, 14)이라고 말씀하셨다. 특히 이 피는 제단에 뿌려 생명을 위하여 속죄하는 기능을 가진 것으로 설명한다(레 17:11). 이러한 사실을 고려하여 피를 먹는 것을 금지한 이유 중에 하나는 속죄 제사에서 피가 핵심적인 요소로 구별되었기 때문이며, 또 하나는 생명을 경솔하게 파괴하거나 소홀히 다루지 않도록 생명에 관한 기본적인 존중을 가르치기 위한 것으로 보인다(라이트 2008, 205). 이러한 피의 중요성 때문에 사냥해서 잡은 짐승이나 새를 잡으면 그것의 피를 흘리고 흙으로 덮을 것과(레 17:13) 죽은 짐승을 먹은 자는 정결하게 되는 절차를 거쳐야 한다고 규정한다(레 17:15-16).

72 개역개정판의 '끌고 와서'는 잘못된 번역이다. 진영 밖에서 희생 제물을 잡았다면 회막 문으로 가져오는 것이 되어야 한다.

(2) 성관계에 관한 규례(레 18:1–29)

언약 백성의 거룩한 삶은 성관계에도 나타나야 한다. 이 점을 특별히 설명하면서 이 문단에서 여호와께서는 '나는 여호와 너희의 하나님이니라' 또는 '나는 여호와니라'는 표현을 여섯 번이나 반복하여 말씀하셨다. 이것은 이 교훈의 중요성과 권위를 나타낼 뿐만 아니라 여호와 하나님과 교제하는 방법임을 알게 한다(레 18:2, 4, 5, 6, 21, 30). 이 규례는 네 부분으로 이루어져 있다.

첫째, 성관계에 관한 원리적인 부분으로 이스라엘이 애굽 땅과 가나안 땅의 풍속을 따르지 말고 여호와의 규례를 지키면 생명을 얻을 것이다(레 18:1–5).

둘째, 이스라엘은 어머니, 누이 등의 혈육과 결혼 관계로 형성된 이모, 숙모, 며느리, 처제 등과 성관계를 가져서는 안 된다(레 18:6–18). 여기서 '하체를 범하지 말라'(레 18:6, 6, 7, 8, 9, 11, 12, 14, 15, 16, 17, 18, 19)와 '하체를 보다'(레 20:17, 참조. 창 9:22)라는 표현은 같은 뜻으로 성관계를 가진다는 말의 완곡어법(euphemism)이다(발렌틴 2011, 248).

셋째, 이스라엘은 월경 중에 있는 여자와 이웃의 아내와 성관계를 가져서는 안 되고, 자녀를 몰렉에게 주어 불로 통과하게 하지 말아야 하고, 남자와 남자가 동침하지 말고, 짐승과 교합하지 말아야 한다(레 18:19–23). 자녀를 몰렉에게 바쳐 불 가운데 지나게 하는 문제를 성적인 범죄 가운데 기록한 것은 이와 무관하지 않기 때문으로 보인다.

넷째, 이스라엘이 레위기 18:1–23에서 언급한 부도덕한 성범죄로 스스로 더럽히면 그 땅이 그 주민을 토한 것같이 그 땅도 이스라엘을 토하게 될 것이고 그들은 백성 중에서 끊어지게 될 것이다(레 18:24–30).

언약 백성이 거룩해야 하나님과 교제할 수 있고 하나님의 뜻을 이루어갈 수 있기 때문에 가나안의 가증한 풍속을 따라서는 안 된다. 하지만 이 뒤의 역사를 보면 이스라엘은 자식을 몰렉에게 바치는 일만이 아니라 성적으로 부도덕한 행동을 보이고 있다(참조. 삿 19:22; 왕하 23:10; 렘 32:35 등).

(3) 하나님 사랑과 이웃 사랑에 관한 규례(레 19:1–37)

이 규례는 여호와께서 이스라엘이 하나님 사랑과 이웃 사랑의 법을 어떻게 실천해야 하는지를 구체적으로 설명해 주신 것이다. 특히 이 규례는 거룩함이 의식 문제에서만이 아니라 실제 사회의 모든 영역에서 드러나야 함을 보여 준다. 여호와께서 "너희는 거룩하라 이는 나 여호와 너희 하나님이 거룩함이니라"(레 19:2)는 명제 아래 거룩하신 하나님과 교제하는 자로서의 거룩한 삶이 어떤 것인지 설명해 주셨다. 특히 이 문단에서 "나는 너희의 하나님 여호와니라" 또는 "나는 여호와니라"는 표현이 15회나 반복적으로 나타나 있다(레 19:3, 4, 10, 12, 14, 16, 18, 25, 28, 30, 31, 32, 34, 36, 37). 이것은 이 명령을 주신 분이 여호와이시고, 여호와의 언약 백성과의 관계를 강조하여 거룩하신 하나님과 교제하는 자는 반드시 실천해야 할 하나님 사랑과 이웃 사랑의 원리를 보여 준다. 이 부분은 바로 십계명의 성격과 지켜야 할 언약 백성의 원리를 보여 주는 서문인 "나는 … 네 하나님 여호와니라"(출 20:2)라고 할 수 있다. 이 규례는 대부분 십계명을 반복한다. 이 규례를 출애굽기 20장의 십계명과 비교해 보면 다음과 같다(Hartley 1992, 310).

십계명	레위기 19장
1. 다른 신을 섬기지 말라(출 20:3)	
2. 우상을 만들지 말라(출 20:4–6)	4절
3. 여호와의 이름을 헛되이… (출 20:7)	12절
4. 안식을 기억하라(출 20:8–12)	3, 30절
5. 부모를 공경하라(출 20:12)	3절
6. 살인하지 말라(출 20:13)	16절
7. 간음하지 말라(출 20:14)	20–22절, 29절
8. 도둑질하지 말라(출 20:15)	11, 13, 35–36절
9. 거짓 증거 하지 말라(출 20:16)	11, 16절
10. 탐내지 말라(출 20: 17)	17–18절

이 외에도 이 규례는 하나님을 사랑하고 이웃을 사랑하는 구체적인 행위로 가난한 자를 구제하는 일(레 19:9–10), 이웃을 억압하거나 착취하거나 품삯을 제때에 주지 않아 부당한 이익을 얻는 일(레 19:13), 장애인을 배려하는 일(레 19:14), 정의로운 재판(레 19:15), 노인을 공경하는 일(레 19:32), 거류민(외국인)을 학대하지 않는 일(레 19:33–34), 제품의 규격과 품질을 정직하게 하는 일(레 19:35–36) 등을 열거하고 있다. 바울은 이 일을 가리켜 율법의 핵심이라고 하였고(롬 13:8–10), 예수님도 구약성경의 교훈인 "네 이웃 사랑하기를 네 자신과 같이 사랑하라"(레 19:18)는 말씀을 인용하여 십계명의 핵심을 요약하셨다(마 22:37–40).

불행히도 이스라엘은 이 법을 온전히 이행하지 못했다. 그러나 예수님이 죄를 대신하여 죽으심으로 육신의 연약함으로 할 수 없었던 율법의 요구를 이루게 하셨고, 성령을 주심으로 가능하게 하셨다(롬 8:3–4). 오늘날 그리스도를 믿음으로 성도가 된 자들은 거룩하신 하나님과 교제하는 거룩한 자가 되었다(롬 6:22; 엡 4:24; 히 10:10).

① 부모를 경외하는 일과 안식일을 지키는 일(레 19:3)

거룩하신 하나님에게 나아가는 거룩한 생활 가운데 제일 먼저 부모를 경외하는 일과 안식일을 지키는 일을 나란히 둔 것은 의미가 있다. 그것은 부모를 경외하는 일은 하나님을 섬기는 일과 같은 것으로 보고 있다는 것이다. 사무엘 켈로그(Kellogg 1988, 403)가 이 관계를 "한 개인의 생애에서 부모를 경외하고 공경하는 일을 통하여 하나님 경외하기를 배운다. 어릴 때에 어린이에게 부모는, 어떤 의미에서 하나님의 위치에 있다. 그래서 우리는 먼저 땅 위의 아버지로부터 하늘의 아버지가 어떤 분이신지 배우게 된다"라고 설명했다. 부모를 공경하는 일은 곧 하나님을 경외하는 일이며, 동시에 거룩하신 하나님과 교제할 때 가장 우선하는 일이다.

② 가난한 자들을 위한 배려(레 19:9–10)

여호와께서는 곡식을 추수할 때 다 거두지 말고 떨어진 이삭도 줍지 말며, 포도원의 포도도 다 따지 말고, 또한 떨어진 과일도 줍지 말라고 하셨다. 이것은 가난한 자들과 그 나라에서 법적인 보호를 받지 못하는 거류민(타국인)을 위한 것이다. 이 일은 사사 시대에 보아스가 나오미와 함께 돌아온 모압 여인 룻에게 베푼 일에 잘 나타나 있다(룻 2:8–9, 15–16).

당시 농경 사회에서 추수의 일부를 나누는 것과 떨어진 이삭을 줍지 않는 일은 오늘날 산업 정보화 사회에서 소득의 일부를 가난한 자들과 법적인 보호를 받지 못하는 타국인을 위하여 사용하는 것과 같다고 할 수 있다.

③ 장애인을 위한 배려(레 19:14)

하나님과 교제하는 자는 힘이 없고 소외된 자들을 무시하거나 괴롭히지 말아야 한다. 귀 먹은 사가 듣지 못한다 하여 그를 저주하거나 맹인이 보지 못한다 하여 그 앞에 장애물을 놓아서는 안 된다. 이들이 장애를 입은 것에 대하여 예수님은 "이 사람이나 그 부모의 죄 때문이 아니라 그에게서 하나님이 하시는 일을 나타내고자 하심이라"(요 9:3)고 말씀하셨다.

④ 거류민(외국인)을 위한 배려(레 19:9–10, 33–34)

거류민(외국인)에 대하여 어떤 태도를 가져야 하는지 구약성경에 많이 나타난다(출 12:48–49; 22:21; 신 10:18–19; 14:29 등). 언약 백성은 거류민을 학대하지 말고 낳은 자같이 여겨야 한다. 그러나 거류민이라도 여호와의 이름을 모독하거나 살인을 하면 법적인 책임을 져야 한다(레 24:16, 22). 이 법은 현대에 소수 인종, 난민, 이주 노동자, 망명자 등에 대하여 어떤 법적인 지위와 권리와 책임을 가지고 있는지를 보여 준다. 특히 여호와께서 "너희도 애굽 땅에서 거류민이었다"(레 19:34)라고 말씀하심으로 그들을 자신처럼 대우하고 사랑해야 한다고 하셨다.

⑤ 사법 질서, 상품의 규격과 질에 관한 규례(레 19:15–16, 35–36)

언약 백성은 재판할 때 가난하다고 편들지 말고, 세력 있는 자라고 두둔해서도 안 되고, 공의로 재판해야 한다. 그런데 우리 사회에 만연한 무전유죄(無錢有罪), 유전무죄(有錢無罪)는 공의로운 재판을 해친다. 상거래에서 길이, 무게, 양을 잴 때 불의를 행하지 말고, 무게를 계량하는 공평한 저울과 추와, 양을 계량하는 공평한 에바와 힌(한 힌은 3.67l)을 사용하라는 것은 상거래에서 상품의 규격과 질을 성실하고 공평하게 해야 한다는 것이다. 이러한 설명은 거룩한 삶이 사법 질서와 상거래와 상품의 규격과 질에 관한 부분에까지 나타나야 함을 보여 준다.

(4) 범죄와 처벌에 관한 규례(레 20:1–27)

레위기 20장은 레위기 18장과 매우 유사한 내용을 담고 있다. 레위기 18장에 성적인 범죄를 기록하고 레위기 20장에서는 이 범죄에 대한 형벌을 기록함으로 거룩함을 이루는 일에서 성적인 범죄가 얼마나 큰 비중을 차지하고 있는지 알게 한다. 그리고 자녀를 몰렉에게 주는 일을 금지하는 내용이 레위기 18:21에서 단 한절로 언급하고 있지만 레위기 20장에서는 몰렉에게 자식을 주는 일과 그 형벌(레 20:2–5)을 길게 언급하고, 또한 접신한 자와 박수무당을 음란하게 따르는 일과 그 형벌(레 20:6), 부모를 저주하는 자와 그 형벌(레 20:8)을 다루고 있다.

특히 성적인 범죄에 대하여 레위기 20:10–21은 성적인 범죄의 사례(A)와 형벌(B)과 이유(C)를 기술하는 방식으로 서술한다. 예를 들면 '누구든지 며느리와 동침하는 자는(A), 둘 다 반드시 죽일지니(B), 그들이 가증한 일을 행하였음이라(C) 그들의 피가 자기들에게로 돌아가리라'(레 20:12)는 형식으로 되어 있다. 이 형식에서 형벌(B)과 이유(C)의 순서가 바뀌기도 하지만 그 틀은 그대로 가지고 있다. 성적인 범죄의 사례는 남의 아내(레 20:10), 그의 아버지의 아내(레 20:11), 며느리(레 20:12), 남자끼리 동침하는 경우(레 20:13), 아내와 장모와 함께 사는 경우(레 20:14), 남자가 짐승과 교합하는 경우(레 20:15), 여자가 짐승과 교합하는 경우(레 20:16), 아버지의 딸과 어머니의 딸을 데려다가 여자의 하체를 보든지, 남자의 하체를 보는 경우(레 20:17), 월경 중의 여인의 하체를 범한 경우(레 20:18), 이모나 고모의 하체를 범하는 경우(레 20:19), 숙모와 동침하는 경우(레 20:20), 형제의 아내를 데리고 사는 경우(레 20:21) 등이다.

이러한 성적인 범죄의 사례와 형벌을 설명한 뒤에 여호와의 규례와 법도를 지켜 행하여야 땅이 토하여 내지 않을 것이라고 경고한다(레 20:22). 특히 가나안의 특징적인 성적인 범죄에서 벗어나야 할 이유와 근거를 "나는 너희의 하나님 여호와니라 … 나는 너희를 거룩하게 하는 여호와니라"(레 20:7–8)는 말씀과 "나는 너희를 만민 중에서 구별한 너희의 하나님 여호와니라"(레 20:24, 26)는 말씀으로 설명한다. 이것은 여호와께서 '거룩하라'는 명령을 주셨지만, 동시에 이 명령을 능히 지킬 수 있는 힘도 주시는 분이심을 확증한다(발렌틴 2011, 266). 왜냐하면 여호와께서 이스라엘을 거룩하게 하시는 분이고, 그들을 만민 중에서 구별하셨기 때문이다.

(5) 제사장의 거룩에 관한 규례(레 21:1-22:33)

레위기 17-20장이 전체 이스라엘 백성들에게 주신 거룩에 관한 규례라면(레 17:2; 18:2; 19:2; 20:2) 레위기 21-22장은 특히 제사장들에게 주신 거룩에 관한 규례이다(레 21:1, 17, 22:2, 17). 제사장들에게 이러한 자세한 규례를 주신 것은 제사장은 거룩하신 하나님과 언약 백성 사이의 관계를 유지하고 증진하는 책임을 맡은 자이기 때문이다. 이 규례는 다음의 내용으로 이루어져 있다.

- 제사장의 조문과 결혼 문제(레 21:2-9) + 반복구
- 대제사장의 조문과 결혼 문제(레 21:10-15) + 반복구
- 제사장의 장애나 흠의 문제(레 21:16-24) + 반복구
- 제사장의 성물을 대하는 문제(레 22:1-9) + 반복구
- 제사장의 성물을 먹는 문제(레 22:10-16) + 반복구
- 온 이스라엘이 제물을 드리는 문제(레 22:17-33) + 반복구

- 반복구: "나는 너희를 거룩하게 하는 여호와니라"(레 21:8, 15, 23; 22:9, 16, 32)

특이한 것은 각각의 문제를 처리하는 규례를 설명하고 마지막에 "나는 너희를 거룩하게 하는 여호와니라"(레 21:8, 15, 23; 22:9, 16, 32)는 말씀을 반복하여 기술한다는 것이다. 이 반복구는 여호와께서 거룩하신 분인 동시에 그들을 거룩하게 하시는 분으로 소개한다. 여호와께서 희생 제물을 통하여 제사드리는 규례와 속죄일 제정을 통하여 어떻게 거룩하게 되고 하나님과 교제할 수 있는지를 보여주셨다.

구약 시대에는 아론과 그의 아들들에게만 제사장 직분이 제한되어 있었지만 신약 시대에는 모든 성도들이 왕 같은 제사장이다(벧전 2:9). 그러므로 성도는 모든 행실에 거룩해야 한다. 왜냐하면 그리스도의 속죄 사역의 그림자인 구약의 제사 제도가 예표하는 대로 예수 그리스도의 몸을 단번에 드리심으로 말미암아 우리가 거룩함을 얻었기 때문이다(히 10:10, 14). 그러므로 그리스도 안에서 구속함을 받은 모든 성도는 모든 행실에 거룩한 자가 되어야 한다(벧전 1:15-16).

(6) 지켜야 할 여호와의 절기들에 관한 규례(레 23:1-44)

하나님이 모세에게 절기에 관한 규정들을 주셔서 이스라엘 백성들에게 전하라는 도입부(레 23:1-2)와 모세가 여호와께서 명령하신 것을 공포했다고 보도하는 결론(레 23:44)은 여호와의 절기의 틀을 이룬다. 그리고 봄의 절기들(유월절과 칠칠절)과 관계된 규례의 마지막 부분(레 23:22)과 가을의 절기들(나팔절, 속죄일, 초막절)과 관계된 규례의 마지막 부분(레 23:43)에서 "나는 너희의 하나님 여호와니라"는 형식을 반복한다. 이는 절기들을 시내산 언약과 연결시키기 위함이다(발렌틴 2011, 273). 이것은 레위기 23장에서 지켜야 할 절기들이 시내산 언약을 이행하는 일과 긴밀하게 연관되어 있다는 것이다. 이 절기들은 하나님의 은혜를 기억하게 하고, 과거를 청산하고 새 출발을 할 수 있게 하고, 나아가 미래를 꿈꾸게 만든다. 레위기 23장에 기록된 절기들에 관한 내용을 기록된 순서대로 도식화하면 다음과 같다.

절기	성경	시기	방법	목적
안식일	레 23:3	매주 일곱째 날	모든 일에서 쉼	창조 사역과 구속 사역을 기념함
유월절	레 23:5 출 12:1-14 민 9:1-14	첫째 달 14일	어린 양의 피	애굽에서 구원해 주신 사실을 기념함
무교절	레 23:6-8 출 12:15-20 민 28:17-25	첫째 달 15-21일	이레 동안 무교병을 먹음	여호와께서 이스라엘을 애굽에서 어떻게 구원해 주셨는지를 기념함
초실절	레 23:9-14	첫째 달 16일	곡물의 첫 열매 한 단을 드림 새 소제를 흔들어 드림 번제	구속의 은혜로 곡식을 거두고 누림을 기억하고 감사하여 기념함
칠칠절 맥추절	레 23:15-21 출 23:16 민 28:26-31	유월절 후 일곱 안식일이 지난 후, 즉 세 번째 달 6일	첫 열매 드림 새 소제를 드림 유교병을 드림 속죄제와 화목제 가난한 자들과 나눔	구속의 은혜로 곡식을 거두고 누림에 관한 감사와 기쁨
나팔절	레 23:23-25	일곱째 달 첫날	노동하지 않음 나팔을 붐 쉼	

속죄일	레 23:26–32	일곱째 달 10일	속죄제물을 드림 백성들은 스스로 괴롭게 함	속죄
초막절 장막절 수장절	레 23:33–43 출 23:16	일곱째 달 15일 이레 동안 지킴	이레 동안 초막에 거함	애굽에서 나올 때 초막에 거주하게 하신 것을 기념하게 함

이 절기들은 앞에서 설명한 바와 같이 의미가 있었고 '대대로 지킬 영원한 규례'(레 23:14, 21, 31, 41)라고 하였지만 신약 시대에는 그리스도 안에서 새로운 의미가 되었다. 유월절과 무교절은 그리스도의 십자가 죽으심과 부활로 구속을 성취하심과 관련이 있고 오늘날에는 고난주간과 부활절로 지킨다(고전 5:7). 칠칠절(오순절)에는 구약에서 애굽에서 구원을 받은 이스라엘 백성들이 약속의 땅 가나안에서 첫 열매를 거두게 된 것, 곧 계속하여 그 땅에서 누리게 될 은혜를 기념하여 지켰다.[73] 오순절에 그리스도께서 성령을 보내어 그리스도의 구속을 적용해 주시고, 계속하여 그 은혜를 누릴 수 있게 된 것을 기념하며 오늘날에는 성령강림절로 지킨다(행 2:1–4; 고후 1:22; 5:5). 속죄일과 관련해서는 구약의 제사법에 따라 예수님이 십자가에서 죽으셨기 때문에 다시는 죄를 위하여 제사드릴 필요가 없게 되었다(히 10:18).

(7) 등잔불과 진설병에 관한 규례(레 24:1–9)

이 문단은 성소 안에 있는 촛대에 불을 관리하는 규례와 상에 떡을 진설하는 규례를 설명한다.

---

73 구약성경의 맥추절과 오늘날 한국 교회가 '맥추감사절'이라는 이름으로 지키는 것과는 관계가 없다. 개역개정판에서 출애굽기 23:16에 "맥추절을 지키라 …"는 말씀과 출애굽기 34:22에 "칠칠절, 곧 맥추의 초실절을 지키고 …"라는 말씀이 있다. 출애굽기 23:16의 히브리어 원문에는 우리 번역의 '맥추절'(麥秋節)처럼 보리를 의미하는 단어가 없다. 원문은 '첫 열매 추수의 절기'(חַג הַקָּצִיר בִּכּוּרִים)이다. 출애굽기 34:22에는 '밀'(חִטָּה)이 있지만 첫 열매를 추수하는 절기를 지켜야 한다는 뜻이다. 구약의 칠칠절이 의미하는 바가 신약에서 성령이 오심으로 성취가 되었기 때문에 오늘날에는 성령강림절로 지켜야 한다.

① 등잔불(레 24:1–4)

등잔대에 관한 규례는 비교적 자세하게 여러 군데서 설명되어 있다(출 25:31–39; 27:20–21; 40:25–26). 제사장은 등잔대에 불을 밝히기 위하여 기름을 관리해야 했는데 등불은 저녁에는 켜고 아침이면 껐다(출 27:20–21, 참조. 삼상 3:3). 그런데 레위기 24:2, 3에서의 '계속해서', '항상'이라는 단어 때문에 성막 안에서 항상 켜 두어야 한다고 생각하지만 히브리어로 '타미드'(תָּמִיד)라는 단어는 멈추지 않거나 중단이 없이 해야 한다는 의미가 아니라 해당되는 의식적인 행위들이 규칙적인 간격과 정해진 시간에 반복되어야 한다는 것을 의미한다(Haran 1985, 207). 이 점을 이해한다면 빛을 하나님의 임재나 예수님과 연결켜서는 안 되고, 기름을 성령과 연결시켜서는 안 된다. 만약에 등잔대의 불이 예수님이나 하나님의 임재를 말하는 것이고 그 불을 밝히는 기름을 성령이라고 한다면 날이 밝으면 끄는 부분을 어떻게 설명할 수 있겠는가? 그러므로 등잔대와 기름은 성전의 기능을 수행하기 위한 것이라고 보아야 한다.

② 진설병(레 24:5–9)

여호와께서 고운 가루로 떡 열두 개를 구워서 각 덩이로 십분의 이 에바(4.4L) 분량의 떡을 만들어 여섯 개씩 두 줄로 상 위에 진열하게 하셨다. 그리고 정결한 유향을 각 줄 위에 두게 하시고, 안식일마다 이 떡을 진설하게 하셨다(레 24:5–8). 이 떡에 대하여 개역개정판과 달리 히브리어 성경에는 여러 수식구가 있다. 예를 들면 '임재의 떡'이라는 의미인 '레헴 파님'(לֶחֶם פָּנִים, 출 25:30), 규칙적으로 드리는 떡이라는 의미인 '레헴 하타미드'(לֶחֶם הַתָּמִיד, 민 4:7), 줄을 맞추어 진열해 놓는 떡이라는 의미인 '레헴 하마아레케트'(לֶחֶם הַמַּעֲרֶכֶת, 느 10:33) 등의 이름으로 나타난다. 이러한 이름은 상 위에 떡을 규칙적으로 진열해 주어야 한다는 것과 떡이 하나님이 임재하시는 상징임을 보여 준다. 여호와께서 이 떡을 가리켜 '이스라엘 자손을 위한 것이며 영원한 언약이니라'(레 24:8)고 말씀하신 것을 볼 때 이 떡은 이스라엘 열두 지파와 언약 관계에 있음을 나타내는 표징임을 알 수 있다.

여호와께서 이 떡을 아론과 그의 자손들에게 돌리라고 하셨다(레 24:9). 그런데 제사장 아히멜렉은 다윗과 그와 함께한 자들이 시장하여 떡을 요구할 때 그들에게 이 떡을 주었다(삼상 21:6). 그리고 안식일에 예수님의 제자들이 곡식을 잘라 먹은 것을 보고 바리새인들이 문제를 제기한 일이 있다. 이때 예수님은 제사장만 먹을 수 있는 진설병을 먹을 것이 없어 시장한 다윗과 그와 함께한 사람들에게 준 것을 정당화하셨다(막 2:23-26). 이것은 제사장만이 먹을 수 있는 거룩한 떡이라 할지라도 제사장의 몫인 떡을 곤궁한 사람들에게 줄 수 있음을 알게 한다. 이와 함께 예수님은 안식일이 사람을 위하여 있는 것이요 사람이 안식일을 위하여 있는 것이 아니라고 하시며 "인자는 안식일의 주인이니라"(막 2:28)라고 말씀하셨다. 안식일을 제정하시고 주인 되신 예수님은 구약 시대에 주신 제도는 사람의 유익을 위함인 것을 가르쳐 주셨다.

(8) 신성 모독에 관한 규례(레 24:10-23)

이 문단은 레위기에서 나답과 아비후의 죽음에 관한 기사(레 10:1-7)와 함께 이야기(narrative)로 기록되어 있다. 이것은 특별한 중요성을 보여 주기 위한 문학적 장치다. 이스라엘 사람인 어머니와 애굽 사람인 아버지 사이에 태어난 어떤 사람이 이스라엘 사람과 싸우다가 이스라엘 여인의 아들이 여호와의 이름을 저주하는 사건이 발생했다(레 24:10-11). 무리가 이스라엘 여인의 아들을 끌고 모세에게 가서 가두고 여호와의 명령을 기다렸다. 여호와께서 여호와를 저주한 사람을 진영 밖으로 끌어내어 돌로 쳐 죽이라고 하셨다(레 24:13-14). 이 사건을 통하여 규례를 주시기를 여호와의 이름을 저주하면, 반드시 죽이되 거류민이든지 본토인이든지 동일하게 적용되어야 한다고 하셨다(레 24:15-16). 이것은 이스라엘 여인의 아들이 혼혈이기 때문에 죽인 것이 아니라는 것이다.

신성 모독에 관한 규례의 결론은 교차 대칭 구조로 된 레위기 24:16-22과 연결되어 있다(Wenham 1979, 312). 이 구조는 죄와 그 형벌이 일치해야 함을 보여 주고, 동시에 거류민이나 본토인 모두에게 동일하게 적용해야 함을 보여 준다. 신성 모독이 이 구조와 관계없는 듯 보이나 이 구조를 통하여 법 적용의 형평성을 설명하며 여호와를 저주하는 자를 돌로 치는 것은 죄에 상응하는 벌임을 보여 주려는 것이다. 그리고 "이스라엘 자손이 여호와께서 모세에게 명령하신 대로 행하였더라"(레 24:23)는 말씀은 여호와를 저주한 사람을 돌로 친 사건이 신성 모독과 연관된 기사라는 것을 보여 준다.

A 거류인이나 본토인 동일하게 법 적용(레 24:16)
  B 사람을 쳐 죽인 자는 반드시 죽여야 한다(레 24:17)
    C 짐승을 쳐 죽인 자는 짐승으로 갚아야 한다(레 24:18)
      X 그가 행한 대로 처벌해야 한다(레 24:19-20)
    C′ 짐승을 죽인 자는 짐승으로 물어 주어야 한다(레 24:21)
  B′ 사람을 쳐 죽인 자는 죽여야 한다(레 24:21b)
A′ 거류인이나 본토인 동일하게 법 적용(레 24:22)

(9) 안식년과 희년에 관한 규례(레 25:1-55)

레위기 25장에 기록된 안식년(레 25:1-7)과 희년(레 25:8-55)에 관한 규례는 레위기 17-27장에서 언약 백성의 거룩한 삶을 위한 실제적 명령을 가르치는 내용 가운데 있다(Wenham 1979, 4). 안식년과 희년에 관한 규례는 언약 백성의 삶과 언약 백성으로서 복을 누리는 문제와 밀접하게 연관되어 있다.

① 안식년(레 25:1-7)

안식년은 육 년 동안은 파종하고 소출을 거두며 일곱째 해에는 땅을 쉬게 하여 안식하게 하는 절기이다. 안식년에 관한 규례를 보면 몇 가지 중요한 특징이 있다. 첫째, 땅을 쉬게 하였고(레 25:2-5), 둘째, 안식년에 땅을 경작하지는 않기에 하나님이 식물을 주시되, 언약의 백성들과 그에게 속한 남종과 여종과 품꾼과 객과 육축과 들짐승들이 함께 먹게 했다(레 25:6-7). 셋째, 레위기에 나타나지 않지만 이방인을 제외한 이웃이나 형제에게 꾸어준 채주는 채무를 면제해 주었다(신 15:2-3). 넷째, 가난한 자들에게 필요한 대로 쓸 것을 넉넉하게 주기도 하고 꾸어 주게 했다(신 15:7-8). 다섯째, 종들을 자유하게 해 주었다(신 15:12). 특히 신명기 문맥에서는 이러한 일을 행하는 자에게 "하나님 여호와께서 … 네게 복을 주시리라"(신 15:6, 10, 18)는 약속을 반복한다.

레위기 문맥에서 여호와와 교제하는 방법으로 거룩한 삶을 강조하는 것과 같은 의미라고 할 수 있다. 안식년에 관한 규례를 제정하신 중심되는 사상은 땅과 거기에 속한 산물은 모든 것을 주신 하나님께 돌리게 하려는 것이다. 또한 생명을 유지하는 수단인 땅과 거기에 속한 산물을 부자와 가난한 자가 공평하게 누리게 하려는 것이다(Kellogg 1988, 499).

② 희년(레 25:8–55)

희년은 칠 년이 일곱 번이 지난 사십구 년 일곱째 달 열흘, 곧 속죄일에 뿔 나팔을 크게 불고 오십 년째 해를 거룩하게 하고 자유를 공포하는 해이다(레 25:8–11). 레위기 25장에는 '희년'(요벨, יוֹבֵל)으로 나타나지만 신명기 31:10에는 '면제년'(쉬낫 하쉬미타, שְׁנַת הַשְּׁמִטָּה)으로, 이사야 61:2에는 '은혜의 해'(셔낫 라촌, שְׁנַת־רָצוֹן)로, 에스겔 46:17에는 개역개정판에는 '희년'이라고 번역되어 있으나 히브리어 성경에는 '자유의 해'(셔낫 하더로르, שְׁנַת הַדְּרוֹר)로 되어 있다. 이렇게 다양한 이름은 희년의 의미가 면제와 자유와 은혜의 개념을 담고 있음을 보여 준다. 희년에는 자유가 공포되었다(레 25:10). 희년이 되면 가난하게 되어 몸을 팔아 종이 되었던 사람도 종의 신분에서 벗어나 자유인이 된다(레 25:10). 그리고 땅을 경작하지 않음으로 땅의 해방이 이루어진다(레 25:11–12). 여기에 관한 자세한 규정은 레위기 25:13–55에서 설명한다.

• **땅 매매에 관한 규례(레 25:13–23):** 이것은 땅과 관련된 것으로 땅 자체를 사는 것이 아니라 희년까지 나올 수 있는 수확을 매매하도록 규정한다(레 25:15–16). 구매자는 그 토지에서 희년까지 얻을 수 있는 이익에 대하여서만 돈을 지불한다. 그 이유는 희년이 되면 그 땅이 본래 주인에게 돌아가기 때문이다. 그래서 매매하는 과정에서 땅값을 속이지 말라고 하셨다. 이 규정을 통하여 여호와께서는 백성 중 많은 사람들이 가난하게 되는 것을 막으시고, 동시에 몇몇 사람들이 많은 토지를 소유하는 것을 막으신다. 이러한 토지 매매의 규정은 하나님과 이스라엘 백성의 관계 규정인 언약과 연관되어 있다. 이때에 '만일 일곱째 해에 심지도 못하고 소출을 거두지도 못하면 무엇을 먹으리요?'(레 25:20)라고 물으며 염려할 수 있으나 하나님이 제 육 년에 복을 주어 삼 년 쓰기에 족하게 하여 제 팔 년에 파종할 수 있게 하신다고 하셨다(레 25:20–22). 그래서 이 법을 지키는 일은 하나님을 믿는 믿음을 통해서 이루어진다.

• **기업 무르는 규례(레 25:24–34):** 여호와께서 두 희년 사이의 기간에 백성 중에 가난해지는 것을 막기 위해 기업 무르는 규례를 세우셨다. 만일 어떤 사람이 가난

해서 자기 소유의 일부를 팔았다면, 친척 중에서 누가 그 판 것을 다시 무를 수 있다. 이것을 '속전'(거울라, גְּאֻלָּה)이라고 한다. 개역개정판에는 '무르다'라는 표현을 사용했다(레 25:24). 하지만 기업을 무르는 자의 권리는 시간과 공간의 제약을 받는다. 만일 성안의 가옥을 팔았으면 판 지 1년 안에 무를 수 있고, 그 기간이 지나면 무를 수 없다(레 25:29–30). 그러므로 희년은 성벽이 없는 촌락에만 적용된다(레 25:31).

• **이자에 관한 규례(레 25:35–38):** 가난으로 어려움에 처한 사람들이 동족에게 돈을 빌릴 경우에 그에게서 이자를 받아서는 안 된다(느 5:7, 10; 겔 18:17; 22:12). 여호와께서는 이를 통하여 형제 사랑하기를 배우게 하신다.

• **종의 해방에 관한 규례(레 25:39–55):** 언약 백성들이 가난하게 되어, 빚 때문에 자신을 종으로 팔게 될 경우에 해방을 선포했다. 혹시 형제가 가난하게 되어 노예가 되었을 경우에는 그를 종처럼 엄하게 대해서는 안 되고, 품꾼이나 동거인으로 대해야 한다(레 25:39–40).

여호와께서 희년에 대하여 이렇게 자세한 규례를 주신 것은 제도를 잘못 운영하여 생길 수 있는 여러 가지 문제의 가능성을 염두에 두셨기 때문이다. 이러한 희년법은 언약 백성들이 가난하게 되어 노예가 된 자들에게 자유를 주고, 동시에 경제 정의가 실현되어 부자의 독점을 막고 경제적인 문제로 인격이 차별되는 것을 막으시려는 목적이 있다.

이 희년을 지키라고 하시며 '… 나는 너희의 하나님 여호와니라'(레 25:17, 38, 55)는 말씀을 권면의 중요한 근거로 세 번이나 반복하여 말씀하신다. 이것은 언약 백성이 희년을 지키는 것이 하나님을 섬기는 방법이며, 동시에 거룩한 삶의 방식임을 보여 준다.

안식년과 희년에 관한 규례를 현대적으로 적용하기 위해서는 구속사적인 관점에서 보아야 한다. 안식년법과 희년법은 불연속성과 연속성을 가지고 있다. 구약의 이 법은 하나님의 백성인 이스라엘에게 준 시민법이다. 하지만 우리가 살고 있는 땅은 이스라엘이 받은 약속의 땅과 다르다. 약속을 받은 조상들에게 물려받은 땅도 아니고, 이 땅에는 하나님의 백성들만 사는 것이 아니기 때문이다. 더욱이 이 법은 이스라엘의 사회–경제법의 내용을 담고 있지만 하나님을 섬기는 규칙으로 주신 것이다.

희년법은 하나님이 약속의 땅에서 하나님의 백성들이 평등한 위치에서 동등한 기회를 부여받은 상태에서 받아서 하나님을 섬기도록 그 시대적인 상황에서 주신 법이다(신득일 1993, 37). 이러한 점에서 희년법은 불연속적인 특성을 가지고 있다. 하지만 이 법은 연속성도 가지고 있다. 그것은 희년법이 가지고 있는 정신으로 이웃 사랑의 법을 실천하여 다 함께 잘 살 수 있는 세상을 만들어 가야 한다는 것이다. 특히 예수님은 공생애를 시작하시면서 희년법이 기록된 이사야 61:1–3의 말씀을 인용하여 "이 글이 오늘날 너희 귀에 응하였느니라"(눅 4:21)라고 하셨다. 그리스도께서 오심으로 구약의 희년 사상이 의미하는 것이 성취가 되었다는 것이다. 이것은 동시에 그리스도께서 오심으로 그를 믿는 자들은 희년에 관한 규례를 실천할 수 있고, 또한 그리스도께서 완전한 자유를 주시는 날까지 실천해야 한다는 것을 보여 준다.

6. 언약적 복과 저주(레 26:1-46)

레위기는 시내산 언약의 문맥 안에 있다(레 26:46; 27:34). 이것은 레위기가 언약 관계를 유지하고 그 안에 있는 복과 은혜를 누리며, 동시에 언약의 목표를 이루는 일과 연관된 법을 기록하고 있다는 것이다. 여호와께서 죄를 처리하고 거룩한 삶을 사는 일의 중요성을 말하기 위하여 법을 지킬 때에 받게 될 복(레 26:3–13)과 청종하지 아니할 때 받게 될 저주(레 26:14–39)의 내용을 설명해 주셨다.

내용 분해

(1) 레위기에 기록된 법의 핵심 요약(레 26:1–2)

(2) 복과 저주(레 26:3–39)

(3) 회개와 회복(레 26:40–45)

(4) 결어(레 26:46)

내용 해설

(1) 레위기에 기록된 법의 핵심 요약(레 26:1-2)

이스라엘 자손은 레위기에 기록된 법에 따라 하나님이 정해 주신 방법대로 나가야 죄 용서를 받을 수 있고, 언약 백성으로 살아갈 수 있는 능력을 공급받는다. 그래서 제2계명인 모든 형태의 우상을 만들지 말라는 계명(참조. 출 20:4-6; 신 5:8-10)과 제4계명인 안식일을 지키고 성소를 경외하라는 계명(참조. 출 20:8-11; 신 5:12-15)은 하나님과 교제하는 일에서 핵심적인 위치를 차지한다. 동시에 이 일은 법을 지키지 못했을 경우에 받게 될 저주에 관한 처방전으로 볼 수 있다(발렌틴 2011, 311).

(2) 복과 저주(레 26:3-39)

이 문단에는 법을 지킬 때에 받게 될 복(레 26:3-13)과 청종하지 아니할 때 받게 될 저주(레 26:14-39)의 내용을 기록되어 있다. 그 내용을 도식화하면 법을 지키는 일이 얼마나 중요한지 잘 볼 수 있다.

복 (레 26:3-13)	저주 (레 26:14-39)
내 규례와 계명을 준행하면(3)	청종하지 아니하여 모든 명령을 준행하지 아니하면 (14-15, 18, 21, 27)
비와 비옥함과 풍요(4-5)	질병과 염병(16, 25), 기근과 가난(19-20, 26)
사나운 짐승을 제함(6)	들짐승이 자녀와 가축을 해함(22)
평화(6)	칼을 보냄(25),
적군에 대한 승리(7-8)	적군에게 패배(17), 포위되어 굶주림으로 자식을 먹음(29), 적들에게 패하여 흩어짐(33)
번성함(9-10)	포로로 끌려감(34-39)
성막에서 교제(11-12)	예배를 받지 않으심(30, 31)

복과 저주의 문맥에서 레위기 26:34-39은 하나님의 말씀을 청종하지 아니하여 결국은 포로로 끌려가 땅이 안식을 얻게 될 것을 말한다. 이후 역사에서 이 말씀대로 이루어진 것을 볼 때 언약의 말씀을 지켜 행하는 일이 중요하다는 것을 알 수 있다(대하 36:20-21).

(3) 회개와 회복(레 26:40-45)

이스라엘 백성들이 비록 언약의 말씀을 청종하지 못하여 심판을 받는다고 할지라도 그들의 미래가 닫힌 것은 아니다. 왜냐하면 그들이 죄를 회개하면 하나님이 아브라함과 이삭과 야곱과 맺은 언약을 기억하셔서 그들이 원수들에게 잡혀갔다고 할지라도 멸하지 아니하고 그들의 하나님이 되기 위하여 함께하실 것을 약속하시고 있기 때문이다. 이스라엘은 언약을 지키지 못했는데도 하나님은 이스라엘과 맺은 언약을 깨뜨리지 않으신다(레 26:44). 여호와는 장차 언약 관계를 회복하실 그리스도를 보내어 그들의 하나님이 되실 것이기 때문이다.

(4) 결어(레 26:46)

저자는 "이것은 여호와께서 시내산에서 자기와 이스라엘 사이 자손 사이에 모세를 통하여 세우신 규례와 법도와 율법이니라"라고 했다. '이것은' 히브리어로 '이것들은'(에일레, אֵלֶּה)으로, 성막을 완공한 후에 주신 법도인 레위기 1:1-26:26까지의 내용을 말한다. 그리고 시내산에서 주신 법이라는 것은 레위기에 기록된 법은 시내산 언약으로 언약 백성으로서 언약 관계를 지속하고, 하나님과 교제하며 언약의 궁극적인 목적인 하나님 나라를 건설해 갈 수 있는 방법으로 주셨다는 것이다.

7. 부록: 서원과 구별한 예물과 십일조에 관한 법(레 27:1-34)

레위기의 마지막 장도 시내산 언약이다(레 27:34). 그런데도 레위기 1-26장 안에 넣지 않고 '부록' 형식으로 맨 뒤에 두었다. 그 이유는 서원 예물이나 십일조를 바치는 일의 중요성을 강조하기 위함이고, 이 역시 언약 백성으로서 하나님과 교제하며 하나님 나라를 건설하는 데 중요하기 때문이다. 특이한 것은 레위기에 기록된 대부분의 법이 의무 규정이지만, 서원과 구별하여 예물을 바치는 일은 자율 규정이라는 것이다. 그래서 이 문단은 주제를 구분하는 단락인 '만일 어떤 사람이'(레 27:2, 14)로 시작하고, 그 사례들은 '… 이면'으로 시작한다(레 27:4, 5, 6, 7, 8, 9, 11, 13, 16, 17, 18, 20, 22).

하지만 세 번째 단락인 십일조에 관한 법(레 27:26-33)은 개역개정판은 '오직'이라는 말로 시작하지만 히브리어 성경은 '그러나'의 의미인 '아크'(אַךְ)로 시작한다. 이것은 앞의 서원과 바치는 예물과는 대조적으로 처음 난 것과 십일조는 여호와의 성물이기 때문에 반드시 드려야 할 의무 규정임을 보여 준다.

내용 분해

(1) 서원에 관한 규례(레 27:1-25)
(2) 십일조에 관한 규례(레 27:26-34)

내용 해설

(1) 서원에 관한 규례(레 27:1-25)

서원은 하나님과 교제하는 삶에서 중요한 역할을 한다(창 28:20-22; 민 21:2; 신 23:22-24; 삼상 1:11 등). 제물을 드리는 일에 가난한 자들을 위한 장치들이 있었던 것처럼(레 1:14-17; 5:1-13), 서원을 할 때 '형편대로' 정하게 한 것은 누구든지 원하면 서원의 복을 누리게 하려는 것이다(레 27:8). 서원 예물의 값을 정할 때, 사람일 경우 자신이 그 값을 형편대로 정하고(레 27:8), 가축이면 제사장에게 가서 제사장이 값을 정하고(레 27:11), 집일 경우도 제사장이 값을 정한다(레 27:14). 그리고 밭을 바칠 경우에는 자신이 값을 정한다(레 27:16, 23). 만약에 바친 밭이나 집을 무를 경우에 거기에 오분의 일, 곧 20퍼센트를 더해야 한다(레 27:13, 15). 서원에 관한 자세한 규례를 설명하는 것은 하나님과 교제하는 일에 장애가 없게 하려는 것이다. 서원은 믿음 생활에 필요한 부분이지만 의무적인 규정이 아니다. 하지만 누구든지 하나님에게 어떤 것을 얻기를 원하거나 받은 은혜에 대한 감사로, 또는 하나님에 대한 사랑을 자원하여 표현할 수 있다(Kellogg 1988, 552).

(2) 십일조에 관한 규례(레 27:26-34)

구약성경에 십일조에 관한 언급들이 있다(창 14:17-20; 28:22). 하지만 십일조에 관하여 구체적으로 명령하신 내용은 레위기 27:26-34이다. 특히 이 문맥에서 '처음 난 것'과 '십분의 일'을 동일하게 말한다(레 27:26, 30). 이것은 구약성경에서 전체를 대표하는 의미를 가지고 있다. 중요한 것은 이 규례가 시내산 언약의 문맥 안에 있다는 것이다. 십일조에 관한 규례를 지키는 것은 언약에 들어 있는 복을 누리는 방법이며 언약의 궁극적인 목표인 하나님 나라를 세우는 일이다. 이 시내산 언약 안에 오늘날에도 그리스도 안에서 여전히 지켜야 하는 십계명(출 20:1-17)이 있다. 특히 바벨론 포로에서 돌아온 이후에 에스라와 느헤미야의 지도로 성벽을 다 재건하고 난 뒤 저주로 맹세한 내용을 보면, 그들은 하나님의 집을 버리지 않겠다고 하면서 십일조를 드려서 성전의 기능을 수행하도록 하겠다고 맹세했다(느 10:32-39). 이것은 십일조를 믿음의 표현일 뿐만 아니라 성전의 궁극적 목표인 그리스도와 그리스도 안에서 이루실 하나님 나라를 위하여 헌신한다는 표현으로 이해했다는 것이다. 또한 말라기 선지자는 이스라엘이 저주를 받은 것은 규례대로 십일조와 봉헌물을 드리지 아니하였기 때문이라고 해석했다(말 3:9). 이와 대조하여 십일조를 드리는 일을 하나님의 복을 받는 방법이라고 했다(말 3:10-12).

십일조에 관한 규례가 시내산 언약에 포함되어 있다는 것은 신약 시대에도 그리스도 안에서 여전히 의미가 있다는 것이다. 그리스도의 오심과 사역을 예표하는 제사법을 제외하고는 새로운 의미가 되었기 때문에 지킬 수 있고, 지켜야 한다. '새로운' 의미가 되었다는 것은 다른 의미로 바뀌어졌다는 것이 아니라 십계명과 기타 계명들이 그리스도 안에서 지킬 수 있게 되어 약속된 복을 받을 수 있게 되었다는 것이다. 그리고 예수님은 마태복음 23:23에서 "… 너희가 박하와 회향과 근채의 십일조는 드리되 율법의 더 중한 바 정의와 긍휼과 믿음은 버렸도다 그러나 이것도 행하고 저것도 버리지 말아야 할지니라"라고 말씀하셨다. 예수님은 십일조 헌금을 드리는 일을 인정하셨다. 예수님이 이 말씀을 하신 때는 구약과 신약의 과도기이기 때문에 신약 시대에는 적용될 수 없다고 주장하는 사람도 있다. 하지만 이 말씀은 신약 시대에도 여전히 중요하다. 그래서 십일조를 하나님이 약속한 복을 누리고 구약 시대에는 성전이요 신약 시대에는 교회를 통하여 이루고자 하시는 하나님 나라를 건설하는 방법으로 받아들이고 온전한 십일조를 드려야 한다. 오늘날 십일조를 교회에 드리는 것은 '모든 것이 주님의 은혜로 된 것이고 주님의 것이다'라는 신앙 고백의 표현이요, 동시에 하나님이 교회를 통하여 이루고자 하시는 하나님 나라를 건설하는 중요한 일에 헌신하는 믿음의 표현이다. 더구나 이 일에는 과거 믿음의 선배들이 경험했던 것처럼 실제로 해 보면 인간의 계산법을 넘어서는 다른 셈법이 있음을 알 수 있다.

V. 구속사적 의미

구속사에서 레위기의 위치

레위기는 성막을 완공하고 봉헌한 날, 곧 애굽에서 나온 둘째 해인 주전 1445년 첫째 달 초하루에서(출 40:17) 둘째 달 첫째 날까지(민 1:1) 딱 한 달 동안에 일어난 구속 역사를 기록하고 있다. 레위기에 기록된 내용은 시내산 언약의 문맥 가운데 있다(레 26:46; 27:34). 이것은 레위기가 언약 관계를 유지하는 일과 연관되어

있다는 것이다. 그래서 레위기는 구속사에서 언약 백성이 언약 관계를 유지하고 거기에 들어 있는 복을 누리기 위해 어떻게 시내산 언약을 지킬 수 있으며, 또한 어떻게 언약의 목표를 이루어 갈 수 있는지에 관한 법을 기록하고 있다.

레위기의 구속사에서 하나님은 제사 제도와 제사장의 역할과 책임 그리고 제사드리는 사람의 삶을 가르쳐 주심으로 언약 관계를 유지하고 또한 회복할 수 있는 길을 가르쳐 주셨다. 하나님이 가르쳐 주신 그 길은 오실 메시아를 믿음으로 언약 관계를 유지할 수 있게 하신 은혜의 방편이었다. 그리고 당시 언약 백성들은 하나님이 명령하신 제사 제도에 따라 제사를 드리고 계명을 지켜 거룩한 삶을 살아서 하나님과 교제하며 하나님의 뜻을 이루어 갈 수 있었다.

그런데 신약의 저자들은 그리스도께서 십자가에서 성취하신 일을 설명하기 위하여 레위기에 나오는 제사 개념을 가지고 설명한다(롬 8:3; 히 5:3; 13:11; 벧전 1:19; 3:18; 요일 2:2; 4:10 등). 이러한 설명은 구속사에서 그리스도가 누구이며, 그가 성취하신 일이 무엇인지 알게 해 주는 역할을 한다. 특히 히브리서 저자는 구약의 제사 제도는 오실 그리스도를 예표하는 것이기에 그리스도께서 오심으로 이러한 제도를 폐하시고 그리스도의 몸을 단번에 드리심으로 말미암아 우리가 거룩함을 얻게 되었다고 설명한다(히 10:1-18). 구약의 제사와 관련된 규정은 오실 그리스도를 예표하거나 상징하는 것으로 실체이신 그리스도께서 오심으로 새로운 의미로 대체되었다. 예표적이며 상징적인 희생 제사는 그 실체로 오신 그리스도께서 다 성취하심으로 더 이상 필요가 없게 되었기 때문이다. 그래서 신약 시대에는 구약의 희생 제물이 예표하는 대로 예수님이 희생 제물이 되시므로 우리는 거룩한 자가 되었고(히 10:1, 14), 그 결과 하늘 보좌로 자유롭게 왕래하며 교제할 수 있게 되었다(히 10:19-20). 이것은 거룩한 삶을 사는 것이 가능해졌고, 이러한 삶을 통하여 구속사에서 복의 통로로 봉사하며 언약의 궁극적 목표인 하나님 나라를 건설하는 것이 가능하게 되었다는 것이다. 오늘날 모든 성도들은 이러한 삶의 토대 위에서 아름답고 복된 미래를 열어 갈 수 있다.

민수기

Numbers

S U M M A R Y

민수기

오경의 네 번째 책인 민수기는 시내산 언약을 체결한 후의 가나안을 향한 여정을 설명한다. 특히 민수기는 시내산 언약이 어떻게 적용되는지 알게 하여 언약의 말씀을 믿고 순종하는 일이 중요하다는 것을 보여 준다. 그래서 민수기는 시내산 언약을 적용한 역사라고 할 수 있다. 출애굽 당시 20세 이상 싸움에 나갈 수 있는 이스라엘 자손은 603,550명이었다(민 1:46). 광야 40년 끝에는 601,730명이었다(민 26:51). 이것은 이스라엘 백성들이 하나님의 약속을 믿지 못하고 광야에서 죽었고, 심지어 이해할 수 없는 한 사건으로 말미암아 모세마저 가나안에 들어가지 못했다 할지라도(민 20:1-13) 여호와께서 이스라엘 백성들을 통해 약속을 이어 가신다는 것을 알게 한다. 동시에 민수기는 출애굽 1세대가 불순종하여 가나안에 들어가지 못한 사건을 통하여 약속을 누리는 일에 언약의 말씀을 믿고 순종해야 할 책임이 있다는 것을 알게 한다(시 95:4-11; 히 3:7-4:11). 민수기에 기록된 역사적 경험을 토대로 신명기는 언약의 말씀을 믿고 순종할 때 약속의 땅에서 영원히 살 수 있다는 것을 보여 준다.

I. 저자와 기록 배경

이 책의 저자는 모세다. 이러한 결론에 이르게 되는 중요한 근거는 여호와의 명령대로 그 노정을 따라 모세가 기록했다고 말하기 때문이다(민 33:1-2). 그러나 모세의 저작을 부인하는 자들도 있다. 그들은 "이 사람 모세는 온유함이 지면의 모든 사람보다 더하더라"(민 12:3)는 언급이 자서전이라기보다는 전기라는 것을 암시한다고 본다. 그럼에도 오경은 하나의 문맥으로 기록되었기 때문에 모세

가 민수기를 썼다고 본다.[74]

민수기의 시간과 공간 배경은 출애굽 이후 광야 40년간의 생활이다. 시간 배경으로는 애굽에서 나온 후 둘째 해 첫째 달(민 9:1)부터 기록하고 있지만 언제까지의 사건을 다루고 있는지는 분명하지 않다. 하지만 애굽에서 시작된 광야 생활의 여정을 요약하고 모압에 이르기까지의 역사를 다루고 있다(민 33:1–49). 그리고 신명기에서 열한 째 달 첫째 날에 모세가 지나간 역사를 언급할 때 그때가 아모리 왕 시혼과 바산 왕 옥을 쳐 죽인 후라고 했다. 이것은 민수기가 요단 동편을 정복한 때인 광야 사십 년 열째 달까지의 역사를 기록하고 있다는 것이다(참조. 신 1:3–4). 공간 배경으로는 광야이다. 그곳은 시내 광야(민 1:1–10:10), 가데스 주변 지역(민 10:11–20:13), 가데스에서 모압(민 20:14–36:13) 등이다. 유대교는 민수기를 본문에서 다섯 번째 단어인 '광야에서'(버미더발, בְּמִדְבַּר)라는 제목으로 부른다. 이 명칭은 이스라엘이 시내 광야(민 1:1)로부터 바란 광야(민 10:12) 그리고 모압 평지(민 22:1; 민 33:48, 50; 36:13) 등으로 이동한 것에서 유래되었다.

II. 문학적 구조

민수기에는 다양한 종류의 글들이 나타난다. 예를 들면 이야기(민 4:1–3; 5:1–4; 10:11–36), 율법(민 5:5–6:21; 8:5–26; 9:11–14; 15:1–41), 시(민 21:17–18), 예언(민 23:7–10, 18–24; 24:3–9, 15–24), 축도(민 6:24–26) 등이다. 그래서 민수기는 문학적 양식이 다양하고 그와 관련된 이야기를 기록한 특성 때문에 구조를 개관하기가 어렵다. 하지만 민수기의 구조를 몇 가지 관점에 따라 나누어 보면 전체 구조를 이해하는 데 중요한 통찰력을 얻을 수 있다. 민수기를 연대와 장소를 중심으로 3부분으로 구분할 수 있다.

연대기

- 광야 생활 둘째 해 첫째 달 첫째 날부터 둘째 달 열아홉 번째 날까지(민 1:1–10:10)

74 저자 문제는 모세오경의 서론인 "오경은 어떤 책인가"를 보라.

- 날짜는 언급되지 않았으나 광야 40년에 포함된 기간(민 10:11–19:22)
- 광야 40년 기간 중 마지막 열 달(민 20:1–36:13; 33:38; 신 1:3)

장소

- 시내 광야(민 1:1–10:10)
- 시내 광야에서 가데스(민 10:11–20:1)
- 가데스에서 모압(민 20:1–36:13)

그러나 올슨(Olson 1985, 118–120)은 민수기에 나타나는 두 개의 인구 조사(민 1장, 26장)를 중심으로 구분했다. 그는 이 인구 조사의 목록이 민수기의 구조를 이루는 기둥이며, 광야 세대를 구분한다고 보았다. 민수기 1–25장을 첫 세대, 즉 팔레스타인에 살고 있는 거주민들을 하나님이 쫓아내실 것이라는 약속을 믿지 않고 하나님의 능력을 의심하여 죄를 범한 세대에 관한 이야기로 보았다. 민수기 26–36장은 두 번째 세대의 인구 조사 때부터 약속의 땅에 들어가기 위해 준비하는 때까지의 이야기로 보았다. 이 구조 역시 민수기를 이해하는 일에 중요한 구실을 한다.

하지만 모세가 민수기에서 중요한 사건을 기록할 때 연대를 기록하고 있다는 것은 책의 구조를 알려 주는 중요한 역할을 한다. 연대기를 지시하는 부분은 다음과 같다.

참조 구절	특별한 사건	연대기
민 1:1	첫 번째 인구 조사	둘째 해 둘째 달 첫째 날
민 9:1	두 번째 유월절	다음 해(둘째 해) 첫째 달
민 10:11	시내 광야를 떠날 때	둘째 해 둘째 달 스무 날
민 20:1	미리암의 죽음	(사십 년) 첫째 달
민 20:28; 33:38	아론의 죽음	사십 년 다섯째 달 초하루

이 연대기에서 두 가지 특징적인 면을 볼 수 있다. 하나는 민수기는 대부분 연대기 순서로 기록되었으나 처음 두 달 동안 일어난 사건을 기록한 민수기 1:1-10:36은 연대기 순서로 기록되지 않았다. 또 하나는 민수기 20:1-36:13은 광야 40년의 생활 가운데 마지막 1년 동안에 있었던 사건을 기록하고 있다. 이것은 가나안에 들어가기 전 1년 동안의 시간이 특별한 의미를 가지고 있었다는 것이다. 이 중에 민수기 1:1-10:36에 기록된 연대기 순서를 도식화해 보면 다음과 같다.

연대기	참조구절	특별한 사건
둘째 해 첫째 달 초하루 (02/01/01)	출 40:2, 17	성막을 세움
둘째 해 첫째 달 첫째 날부터 열두째 날까지 (02/01/01-12)	민 7:1, 12, 18, 24, 30, 36, 42, 48, 54, 60, 66, 72, 78	지파별로 성막의 헌물을 드림
다음 해(둘째 해) 첫째 달 열넷째 날 (02/01/14)	민 9:1, 5	두 번째 유월절
둘째 해 둘째 달 첫째 날 (02/02/01)	민 1:1	첫 번째 인구 조사
둘째 해 둘째 달 열넷째 날 (02/02/14)	민 9:11	부정한 자들을 위한 두 번째 유월절
둘째 해 둘째 달 스무 날 (02/02/20)	민 10:11	시내 광야를 떠날 때

민수기 7:1은 성막 세우기를 끝내고, 성막과 모든 제단에 기름을 발랐던 날이라고 하였기 때문에 과거에 일어난 사건임을 알게 한다. 이 말씀은 출애굽기 40:1-16을 요약한 것이다. 그래서 민수기 7:1-10:10은 성막을 완공하고 난 뒤의 일이다. 대체로 모세는 연대기에 따라 사건을 기록하지만 여기서는 연대기를 무시한 느낌을 준다. 이것은 성경의 역사서에 종종 나타나는 것으로 중요한 사건을 기억하게 하려는 회상 장면이다. 올슨(Olson 1996, 44)과 벨링거(2016, 283)도 이 부분을 회상이라고 보았다. 한 달 전의 사건을 회상한 내용은 감독된 자들이 성막의 기능을 할 수 있도록 헌물을 드린 일과 유월절과 성막에 구름 기둥이 나

타난 사건이다. 이 사건들을 회상하는 것은 성막 중심으로 진행된 준비 작업을 꼼꼼하게 되새겨 보고 성막과 하나님의 임재에 관심을 집중시키게 한다(벨링거 2016, 283). 이것은 이스라엘 백성들이 성막 중심의 삶을 살며, 이곳에 임재해 계신 하나님이 당신의 백성들과 교제하신다는 것을 보여 주기 위함이다.

민수기에 기록된 연대기를 따라 세 부분으로 구분할 수 있다. 민수기 1-10장은 애굽에서 나온 지 둘째 해 둘째 달 첫째 날(민 1:1)부터 구름 기둥의 인도에 따라 광야 생활을 시작하는 이야기(민 10:11)까지의 내용을 기록하고 있다. 민수기 11:1-19:22은 광야 생활 40년 가운데 왜 가나안에 들어가지 못했는지를 밝히는 38년간의 이야기를 기록하고 있다. 민수기 20:1-36:13은 광야 생활 마지막 마흔째 해 첫째 날(민 20:1)부터 가나안에 들어가기 전까지, 열 달 동안의 일을 기록하고 있다(참조. 신 1:3). 연대기에 따른 구조를 볼 때 모세는 민수기에서 광야 40년간의 생활을 다 다루지 않고 애굽에서 나온 둘째 해와 마지막 마흔째 해에 있었던 사건을 중점적으로 기록하고 있다. 반면 광야 38년간의 생활에 대하여서는 몇 가지 사건만 기록하고 있다.

민수기의 문학적 구조에서 특이한 것은 율법의 위치다. 율법은 대부분 어떤 사건이나 이야기가 있고, 그 사건과 관련하여 위치해 있다. 그래서 민수기에서 율법은 대개 문단의 범위와 그 문단의 주제를 알려 주는 기능을 한다.

사건이나 내러티브	율 법
민 5:1-4 부정한 사람의 처리	민 5:5-6:21 부정한 사람의 처리 규정
민 7:1-8:4 성막을 세운 후 지파별로 헌물을 드리고 등잔대에 등불을 켬	민 8:5-26 레위인 성막 봉사에 관한 규정
민 9:1-10 두 번째 유월절을 지킴	민 9:11-14 부정하게 된 자들이 유월절을 지키는 율례
민 9:15-23 구름 기둥을 따라 행진할 준비	민 10:1-10 나팔을 부는 규정
민 13:1-14:45 가나안 정탐과 백성들의 원망	민 15:1-41 그 땅에 들어갈 때 드리는 헌물 규정
민 16:1-17:12 아론의 대제사장직에 대한 고라의 반역	민 18:1-19:22 제사장과 레위인의 직무 규정

민 27:1-7 슬로브핫의 딸들의 요구	민 27:8-11 기업에 관한 규정
민 27:8-23 모세의 후계자로 여호수아를 세움	민 28:1-30:16 들어갈 땅에서 준수해야 할 규정들(번제물, 안식일, 초하루, 유월절, 칠칠절, 속죄일, 장막절, 서원 등)
민 33:50-56 가나안 땅의 분배	민 34:1-36:13 분배에 관한 규정(경계, 레위인, 도피성, 시집간 여자의 기업)

민수기에 기록된 율법은 광야 생활을 할 때도 필요하지만 대부분은 가나안을 정복한 후에 그 땅에서 지켜야 할 규범이다. 특히 마지막 마흔째 해에 기록된 율법은 가나안을 차지하고 난 뒤에 필요한 기업과 절기와 분배에 관한 규정이다. 이러한 율법의 내용을 볼 때 민수기는 약속의 땅 가나안으로 가기 위한 준비 과정에 초점을 맞추고 있다.

이러한 문학적 구조와 특성들은 가나안에 들어가는 여정과 연관되어 있다. 문학적 구조는 관점에 따라 다를 수 있지만 연대기에 따라 다음과 같이 구분할 수 있다.

- 약속의 땅에 들어가기 위한 준비와 행진(민 1:1-10:36)
- 광야에서 불평하고 반역함(민 11:1-19:22)
- 약속의 땅에 들어가기 위한 새로운 준비(민 20:1-36:13)

III. 주제와 기록 목적

하나님이 이스라엘을 애굽의 종의 상태에서 구원해 내시고 시내산에서 그들과 언약을 맺어 하나님의 보배로운 백성이 되게 하셨다. 그래서 구원을 받아 언약 백성이 된 자들은 마땅히 믿음과 감사와 순종으로 응답해야 한다. 하지만 계속되는 불신과 반역으로 결국 첫 번째 세대의 사람들은 가나안을 차지하지 못하는 불행을 자초했다. 민수기는 두 세대의 이야기를 기록하고 있다. 한 세대는 불신으로 말미암아 광야에서 멸망했고, 또 한 세대는 불신의 결과가 얼마나 치명적인지 직접 목격했다. 첫 번째 세대의 이야기(민 1-25장)는 죄와 심판에 관한 이야기이다. 일반 지도자와 제사장급 지도자들도 하나님이 임명하신 지도자인 모세와 아론을 대적한다(민 12장, 16-17장). 그들은 광야에서 하나님의 약속과 섭리하심을 믿지 못하고 끊임없이 불평하기도 한다. 예를 들면 민수기 11장의 다베라(불사름, 민 11:3), 기브롯 핫다아와(탐욕의 무덤들, 민 11:34) 등의 지명이 이를 잘 반영한다. 불신의 대표적인 사례는 민수기 13-14장에 기록된 정탐꾼들의 보고이다. 이 사건으로 말미암아 여호수아와 갈렙을 제외한 첫 번째 세대는 광야에서 죽게 되었다(민 14:26-35). 그리고 이해할 수 없는 한 사건(민 20:1-13)으로 말미암아 모세도 약속의 땅에 들어가지 못했다. 두 번째 세대의 이야기(민 26-36장)는 여호수아를 후계자로 세우고 들어갈 땅에서 지켜야 할 율법 규정을 중심으로 기록되어 있다. 이것은 들어가게 될 땅인 가나안에서 율법을 지켜 행하는 일이 중요하다는 것을 보여 준다.

민수기의 주제는 두 세대의 이야기를 통하여 하나님의 말씀을 믿고 순종하는 것이 언약적 축복을 누리는 실제적인 방법이라는 것을 보여 준다. 특히 민수기는 두 세대의 이야기를 통하여 양면성을 보여 준다. 한 면은 그들이 하나님을 믿지 못하고 불순종하여 심판을 받아 많은 기회들을 상실하게 되었다는 것이고, 또 한 면은 언약적 축복을 누리기 위해서는 하나님을 믿고 그분의 인도를 따라야 한다는 것이다. 주목할 점은 요단 강 서편의 땅을 차지하기 전에 요단 강 동편의 땅을 차지하는 과정에서 믿고 순종하는 일의 중요성을 보여 주었다는 것이다. 아모리 왕 시혼과 바산 왕 옥이 차지하고 있었던 요단 동편의 땅도 약속의 땅에 포함되어 있다. 그런데 이스라엘은 이 땅을 아론이 호르산에서 죽은 후(민 20:22-29), 곧 광야 40년 다섯째 달 초하루(민 33:38) 이후에 점령했다(민 21:21-35). 이것은 하나님의 말씀을 믿고 순종하면 요단 강 서편의 땅도 차지할 수 있다는 중요한 증표였다. 이 믿음과 순종의 중요성을 강조하기 위하여 신명기 2:26-3:11에 이 역사를 회상하는 데서도 잘 알 수 있다.

민수기의 기록 목적은 이러한 주제를 중심으로 하나님의 백성으로서 어떻게 살아야 하나님과 교제하면서 언약적 축복을 누릴 수 있는지, 또한 어떻게 사명을 다할 수 있는지 보여 주는 것이다. 그것은 거룩한 삶이다. 하나님이 거룩한 삶을 요구하신다는 것을 민수기의 여러 사건을 통하여 증명해 주셨다. 그것은 유월절을 지키지 않는 자(민 9:13), 불평하는 집단(민 11:1–3; 33–34; 21:4–9), 미리암(민 12:10–15), 이스라엘의 반란(민 14장), 안식을 어기는 자(민 15:32–36), 고라, 다단, 아비람의 반란(민 16장), 그리고 바알브올에 우상 숭배하는 것(민 25장) 등의 사건에서 하나님이 벌을 주신 일이다. 심지어 하나님이 모세와 아론에게조차 그분의 거룩함을 무시하였을 때 벌을 주심으로 더 분명하게 알게 해 주셨다(민 20:12). 민수기는 언약 백성으로서 하나님의 말씀에 따라 순종하며 거룩한 삶을 사는 자가 언약적 복을 누리며, 동시에 언약의 최종 목적인 그리스도 안에서의 하나님 나라를 이룰 수 있음을 보여 준다.

Ⅳ. 내용

내용 구조

1. 약속의 땅에 들어가기 위한 준비와 행진(민 1:1–10:36)
2. 광야에서 불평하고 반역함(민 11:1–19:22)
3. 약속의 땅에 들어가기 위한 새로운 준비(민 20:1–36:13)

1. 약속의 땅에 들어가기 위한 준비와 행진(민 1:1-10:36)

이 문단은 이스라엘이 시내산을 떠나 약속의 땅으로 들어가기 위해 준비하는 사건을 기록하고 있다. 이 문단은 '문학적 구조'에서 살펴본 바와 같이 연대기 순서를 따르지 않는다. 이 문단은 각 지파들의 인구 조사(민 1:1–2:34), 레위인들의 인구 조사와 임무(민 3:1–4:49), 건강한 공동체를 위한 규례(민 5:1–31), 나실인의 서원 규례(민 6:1–21), 제사장의 축복(민 6:22–27), 감독들과 지파들이 헌물을 드림(민 7:1–89), 레위인들의 성결(민 8:1–26), 유월절을 지킴(민 9:1–14), 여호와의 임재와 인도(민 9:15–10:11) 순으로 되어 있다. 이 순서는 백성들의 성결과 하나님의 임재와 인도에 초점을 맞춘다.

내용 분해

(1) 첫 번째 인구 조사와 진영 편성(민 1:1–2:34)

(2) 레위인의 인구 조사와 임무(민 3:1–4:49)

(3) 여호와의 복을 받을 수 있는 거룩한 삶(민 5:1–6:27)

(4) 회상: 성막 완공 이후의 일들(민 7:1–10:10)

(5) 이스라엘 백성들의 행진(민 10:11–36)

내용 해설

(1) 첫 번째 인구 조사와 진영 편성(민 1:1–2:34)

출애굽한 이스라엘의 인구 조사는 싸움에 나갈 수 있는 자의 수가 얼마인지에 관한 정보를 준다. 그리고 이스라엘이 어떻게 진영을 편성하였는지를 보여 준다.

① 첫 번째 인구 조사(민 1:1–46)

이스라엘이 애굽 땅에서 나온 후 둘째 해 둘째 달 첫째 날에 하나님은 시내 광야 회막에서 그들의 종족과 조상의 가문에 따라 이십 세 이상으로 싸움에 나갈 만한 모든 자들을 계수하게 하셨다(민 1:1–3). 이 인구 조사에 '싸움에 나갈 만한 모든 자'라는 표현이 모두 14번이나 나온다(민 1:3, 20, 22, 24, 26 등). 이것은 인구 조사의 목적이 전쟁과 연관된다는 것을 보여 준다. 하나님은 인구를 계수할 때 함께 참여할 사람들로 각 지파의 우두머리를 세우셨다(민 1:4). 이들은 회중에서 부름을 받은 자이고 종족들의 우두머리였다(민 1:16). 이들이 계수한 싸움에 나갈 총 인구수는 603,550명이다(민 1:46). 그 인구를 지파별로 구분하면 다음과 같다.

지 파	첫 번째 인구 조사 (민 1:20–46)	두 번째 인구 조사 (민 26:5–51)
르우벤	46,500	43,730 (–2,770)
시므온	59,300	22,200 (–37,100)
갓	45,650	40,500 (–5.150)
유다	74,600	76,500 (+1,900)
잇사갈	54,400	64,300 (+9,900)
스불론	57,400	60,500 (+3,100)
에브라임	40,500	32,500 (–8,000)
므낫세	32,200	52,700 (+20,500)
베냐민	35,400	45,600 (+10,200)
단	62,700	64,400 (+1,700)
아셀	41,500	53,400 (+11,900)
납달리	53,400	45,400 (–8,000)
총계	603,550	601,730 (–1,820)
레위(민 3:39, 43, 46)	22,000	23,000 (+1,000)

레위 지파를 제외하고 싸움에 나갈 인구가 603,550명이라고 할 때 여자와 아이를 포함한다면 2백만 명 정도로 추정할 수 있다. 이스라엘 백성들이 한 곳에 집결한다고 할 때 1평(3.3 m²)에 두 사람이 차지할 경우 100만 평이 필요하다. 축구장 하나의 크기가 약 2,496평(110×75=8,250 m²)이라면 400개 정도가 있어야 한다.

② 계수되지 않는 레위 지파(민 1:47–54)

하나님이 레위 지파는 계수하지 말라고 하셨다. 그 이유는 하나님께서 그들에게 증거의 성막과 그 모든 기구와 그 모든 부속품을 관리하고 운반하는 일을 맡겼기 때문이다(민 1:47–50). 또한 성막 안에 외인이 들어오지 못하게 지키게 하셨고, 만약 들어온다면 죽이게 하셨다(민 1:51). 그래서 증거의 성막 사방에 진을 치게 하셔서 이스라엘 자손에게 진노가 임하지 않게 하셨다(민 1:53). 이것은 시내산에서 하나님이 강림하실 때 산 주위에 쳐 놓은 경계를 침범하는 자는 죽이게 한 사건을 생각나게 한다(참조. 출 19:11–13). 하나님이 임재하시는 장소가 거룩한 곳이기 때문이다. 하지만 민수기 문맥에서 볼 때 레위인들은 외인이 들어오지 못하게 하는 일보다 이스라엘을 대신하여 봉사하고 속죄하는 일을 하여 여호와의 진노가 임하지 아니하게 하고 그들이 복을 받도록 봉사하는 일에 더 무게를 두고 있다(민 8:19; 18:5).

③ 이스라엘의 진영과 행진 형태(민 2:1–34; 3:21–37; 10:11–28, 33–34)

하나님이 이스라엘 자손은 각각 자기의 진영의 군기와 자기 조상의 가문의 기호 곁에 진을 치되 '회막을 향하여 사방으로' 진을 치게 하셨다(민 2:1–2). 이스라엘의 진영 형태와 행군 형태를 다음과 같이 도식화할 수 있다.

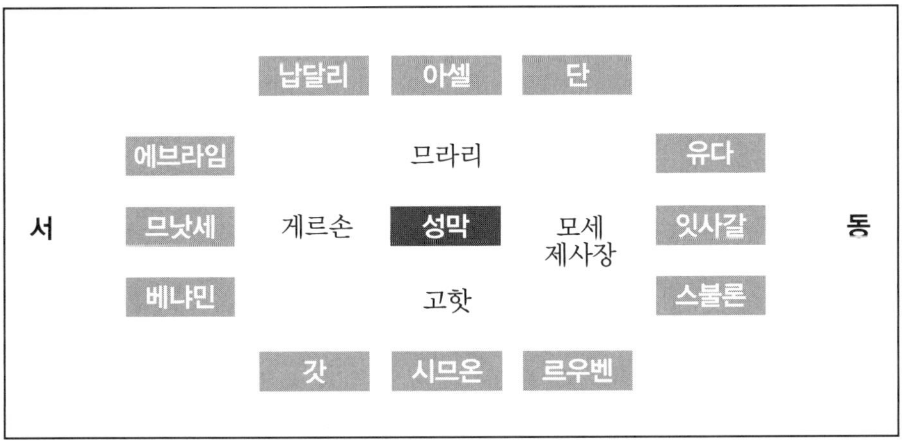

진영 형태(민 2:1–31; 3:21–37)

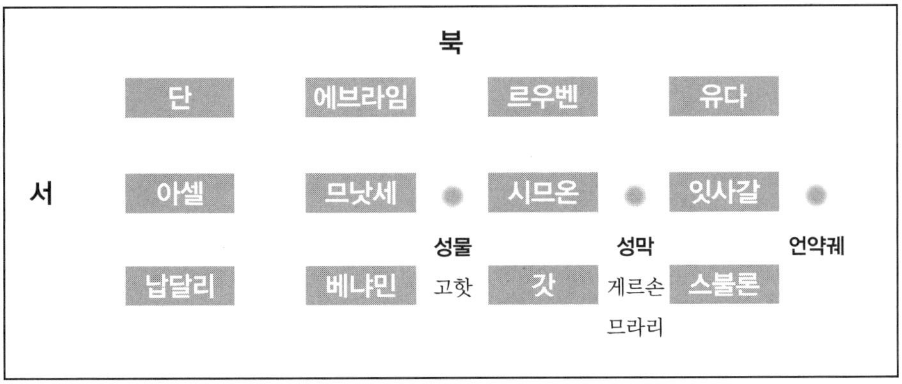

행진 형태(민 10:11–28)

이스라엘 백성들의 진영 형태와 행진 형태를 보면 그들이 성막 중심으로 생활했음을 알 수 있다. 그들이 진영을 이루어 생활할 때는 성막이 진영의 한 가운데에 위치하고, 행진을 할 때는 언약궤가 맨 앞에 위치했다. 그리고 전체 이스라엘 백성들이 성막을 중심으로 일정한 질서를 이루고 있음을 볼 수 있다. 이것은 오늘날 그리스도 안에서 성도의 생활의 중심이 교회가 되어야 한다는 것을 구약의 실례를 통하여 보여 준다.

(2) 레위인의 인구 조사와 임무(민 3:1–4:49)

전체 이스라엘의 인구 조사에 이어 저자는 제사장인 아론의 아들들에 대해 설명한다(민 3:1–4). 그리고 여호와께서 이들을 돕는 레위인의 직무(민 3:5–13)를 설명한 다음에 레위인들의 인구를 두 번이나 조사하게 하셨다. 한 번은 태어난 지 일 개월 이상 된 남자를 파악하는 것이고(민 3:14–51), 또 한 번은 레위 자손 가운데 고핫과 게르손과 므라리 자손의 30세 이상부터 50세까지 회막의 일을 할 수 있는 사람을 파악하는 것이다(민 4:1–49).

① 아론의 아들(민 3:1–5)

아론의 아들들은 레위 지파 가운데 제사장 직분을 수행하는 자들로서 고핫 가문이다(출 6:16–25). 아론의 아들들은 나답과 아비후와 엘르아살과 이다말인데 제사장 직분을 받은 자들이다(민 3:3). 이들 중에 나답과 아비후는 여호와께서 명하시지 않은 다른 불을 담아 분향하려다가 죽었기 때문에 엘르아살과 이다말이 제사장의 직분을 행했다(민 3:4). 이스라엘의 역사에서 이들의 가문은 제사장으로서 중요한 역할을 담당하게 된다.

② 레위인들의 직무(민 3:5–10)

레위인들은 제사장 아론 앞에 서서 섬기는 일로 아론의 직무와 온 회중의 직무를 맡아 봉사했다(민 3:6–7). 특히 회막의 모든 기구들을 맡아 관리했다(민 3:8). 그리고 제사장을 도와 외인이 가까이 오지 못하게 했다(민 3:10). 전자가 온 이스라엘을 대신하여 하나님을 섬기기 위한 것임을, 후자는 하나님이 정하신 방법이 아니면 거룩하신 하나님이 계신 곳에 올 수 없다는 것을 보여 준다. 감사하게도 그리스도께서 오심으로 이 경계가 없어지고 누구든지 자유롭게 하늘 성소로 왕래할 수 있는 자유를 가지게 되었다(히 10:19–20). 레위 사람들의 직무에 관한 자세한 설명은 민수기 8:5–26에 있다.

③ 레위인에 관한 인구 조사를 하는 목적(민 3:11–13)

이 문단은 레위인에 대하여 인구 조사를 하는 목적을 설명한다(Wenham 1981, 70). 하나님이 레위인을 택하신 것은 이스라엘 중에 처음 태어난 모든 자를 대신하기 위한 것이다(민 3:12). 하나님은 그 이유를 “레위인은 다 내 것이라”라고 말씀하시고 애굽에서의 열 번째 재앙에서 처음 난 애굽인들과 가축들은 죽였으나 이스라엘 백성들은 남기셨다. 그들은 구원받은 것을 기억하며 이스라엘 중에 처음 태어난 자들을 대신하여 여호와께 구별되었다(민 3:11–13, 참조. 출 11:4–13:15). 특히 시내산에서 금송아지 사건 이후에 레위인들은 이스라엘의 처음 난 자를 대신했다(출 32:25–29).

④ 레위 자손의 일 개월 이상된 남자의 계수와 임무(민 3:14–39)

이 문단은 레위 자손 가운데 태어난 지 일 개월 이상된 남자(민 3:14–51)를 계수하고 그 직무를 간략하게 설명한다. 레위 가문을 도식화하면 다음과 같다(민 3:17–20).

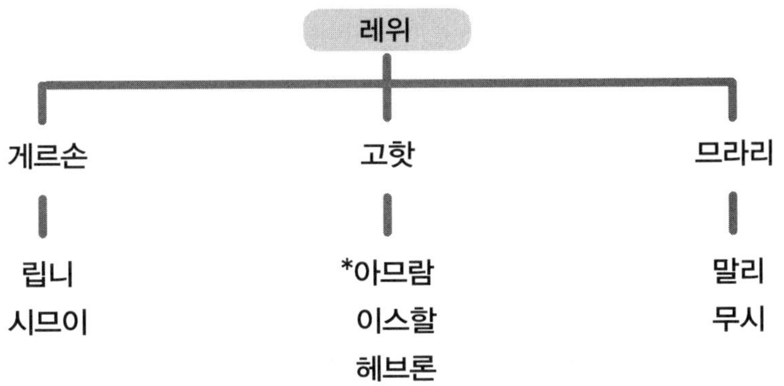

* 아므람 → 아론, 모세, 미리암 → 나답, 아비후, 엘르아살, 이다말

게르손 자손의 수는 7,500명, 지휘관은 라엘의 아들 엘리아삽이다. 이들은 성막 서쪽에 진을 치고, 성막과 장막과 그 덮개와 회막 휘장 문과 뜰의 휘장과 그 밖의 성막과 제단 사방에 있는 뜰의 휘장 문과 그 모든 것에 쓰는 줄을 담당했다(민 3:21-26).

고핫 자손의 수는 8,600명, 지휘관은 웃시엘의 아들 엘리사반이다. 이들은 성막 남쪽에 진을 치고 증거궤와 상과 등잔대와 제단들과 성소에서 봉사하는 데 쓰는 기구들과 휘장과 그것에 쓰는 모든 것을 담당했다(민 3:27-32)

므라리 자손의 수는 6,200명, 지휘관은 아비하일의 아들 수리엘이다. 이들은 성막 북쪽에 진을 치고, 성막의 널판과 그 띠와 그 기둥과 그 받침과 그 모든 기구와 그것에 쓰는 모든 것과 뜰 사방 기둥과 그 받침과 그 말뚝과 그 줄들을 담당했다(민 3:33-37)

모세와 아론과 아론의 아들들은 성막 동쪽에 진을 치고 이스라엘 자손의 직무를 위하여 성소의 직무를 수행하며 외인이 가까이 오면 죽이는 직무를 담당했다(민 3:38).

민수기 3:14-15과 3:39은 수미쌍관법을 이루어 레위 자손의 수가 얼마이며, 한 문단이 끝나고 레위 사람의 수를 파악한 실제적인 목적 한 가지와 연결시킨다. 레위인의 일 개월 이상된 남자는 모두 22,000명이었다(민 3:39).

⑤ 레위인의 인구 조사의 실제적 목적(민 3:40-51)

이 문단은 이스라엘 자손의 처음 난 자들의 속전(贖錢)에 대한 내용이다. 여호와께서 모세에게 이스라엘 자손의 처음 난 남자로 일 개월 이상된 자들을 계수하고 그들을 대신하여 레위인을 여호와께 돌리고, 이스라엘의 가축들 가운데 처음 난 것 대신에 레위인의 가축을 여호와께 돌리라고 하셨다(민 3:40-41). 그런데 모세가 이스라엘 자손 중에 처음 난 자를 계수하니 22,273명이었다(민 3:43). 그래서 모세는 여호와의 말씀대로 그들이 레위인보다 273명이 더 많기 때문에 레위인으로 대속한 이외의 사람에게 속전으로 성소의 세겔로 한 사람에 다섯 세겔씩 받아 모두 1,365세겔을 아론과 그의 아들들에게 주었다(민 3:46-51). 레위인은 하나님의 종으로서 다른 이스라엘 자손이 구속을 받을 수 있도록 봉사한다(Wenham 1981, 71). 레위인이 하나님의 종으로서 처음 난 자들을 대신하여 구속하는 이 원리에서 그리스도인들은 예수님이 당신의 백성을 대신해 구속하기 위하여 큰 고통을 당하는 종의 모습을 보게 한다(Wenham 1981, 71). 하나님이 이러한 제도를 주신 것은 이스라엘 백성들로 하여금 구속을 받아 하나님과 교제하는 삶을 살게 하려는 것이다.

⑥ 30세에서 50세까지 회막 일을 할 수 있는 자의 계수와 그 임무(민 4:1-49)

이 문단에서는 레위 자손 가운데 30세에서 50세까지 회막에서 일을 할 수 있는 사람을 계수하고 그 임무를 자세하게 설명한다(참조. 민 3:21-37).

고핫 자손은 성막 안의 지성물인 증거궤와 진설병과 등잔대와 금제단 등을 다루었다. 제사장 아론과 그의 아들들이 성막 안의 지성물을 덮는 일, 곧 포장하는 일을 했다(민 4:15). 제사장들이 이들을 포장할 때 각기 다른 색의 보자기를 가지고 포장했다. 아론과 그의 아들들이 포장을 마치면 고핫 자손에게 그것들을 메게 했다(민 4:15). 아론의 아들 엘르아살이 성막 안의 지성물에 관한 감독을 맡았다(민 4:16). 고핫 자손이라도 지성물을 볼 수 없었고 만약에 본다면 죽을 것이라고 하셨다(민 4:20). 고핫 자손은 지성물을 어깨에 메었기 때문에 이들에게는 수레와 소를 주지 않았다(민 7:9).

게르손 자손은 성막의 휘장들과 회막과 그 덮개와 그 위의 해달의 가죽 덮개와 회막 휘장 문을 메며, 뜰의 휘장과 성막과 제단 사방에 있는 뜰의 휘장 문과 그 줄들과 그것에 사용하는 모든 기구를 메었다(민 4:25-26). 아론의 아들 이다말이 이 직무의 감독을 맡았다(민 4:28). 이들에게는 수레 둘과 소 네 마리를 주어 기구들을 운반하게 했다(민 7:7).

므라리 자손은 장막의 널판들과 그 띠들과 그 기둥들과 그 받침들과 뜰 둘레의 기둥들과 그 받침들과 그 말뚝들과 그 줄들과 그 모든 기구들과 그것에 쓰는 모든 것을 맡았다(민 4:31-32). 아론의 아들 이다말이 감독했다(민 4:33). 이 기구들은 매우 무겁고 부피가 컸기 때문에 이들에게는 수레 네 대와 소 여덟 마리를 주어 봉사하게 했다(민 7:8).

이러한 규례는 중요한 성경적 원리를 보여 준다. 그것은 하나님의 백성들의 각 지체에게는 각자의 역할이 있고 그 일을 어떻게 할 것인지에 관한 구체적인 지침이 있다는 것이다. 이들이 역할과 매뉴얼에 따른 봉사로 성막 임무를 수행하였듯이 그리스도의 몸인 교회의 각 지체는 성령이 주신 은사로 전체 교회의 유익을 위해 봉사한다(Wenham 1981, 73–74).

회막에서 봉사할 수 있는 나이인 30세에서 50세까지의 고핫 자손은 2,750명(민 4:36), 게르손 자손은 2,630명(민 4:40), 므라리 자손은 3,200명이고(민 4:44), 총수는 8,580명이었다(민 4:48). 그렇다면 레위인 전체 22,000명 가운데 8,580명을 제외하면 나머지 13,420명은 특별한 임무를 수행하지 않은 것처럼 보이지만 그들은 회막에서 봉사할 수 있는 연령인 30세가 되기까지 준비하는 일을 하였던 것 같다. 이들을 하나님의 것으로 구별한 것은 민수기 문맥에서 볼 때 이스라엘 자손을 대신하여 속죄하는 일을 하여 여호와의 진노가 임하지 않게 하고, 복을 받도록 봉사하게 하려는 것이다(민 8:19; 18:5). 이 일은 오늘날 그리스도 안에서 목회자를 세워 영혼을 돌보게 하는 일이라고 할 수 있다(히 13:17).

(3) 여호와의 복을 받을 수 있는 거룩한 삶(민 5:1–6:27)

이 문단은 언약 백성이 복을 받을 수 있는 거룩한 삶의 여러 면을 설명한다. 이 내용을 보면 피부 질환, 유출병, 이웃에게 행한 범죄, 아내의 간통, 나실인, 제사장의 축복 등 다양한 주제들을 나열하고 있기 때문에 하나로 연결되는 고리가 없는 것처럼 보인다. 하지만 이 내용은 이스라엘 백성들이 여호와의 복을 받을 수 있도록 거룩해야 한다는 것을 보여 준다.

① 부정한 사람의 처리(민 5:1–4)

여기에서 세 부류의 부정한 자에 대하여 말한다. 그들은 모든 나병 환자, 유출증이 있는 자, 주검으로 부정하게 된 자이다(민 5:2). 나병은 히브리어 '차라'(צרע)에서 온 단어로 악성 피부병을 말한다(레 13:1–14:57). 유출병은 히브리어 '조브'(זוב)로 몸에서 흘러나오는 것인데, 고름과 피가 대표적 유출물이다(레 15:1–33). 죽은 사람의 시체를 만진 것도 부정한 것으로 간주한다. 여호와께서는 이들을 진영 밖으로 내어보내라고 하시면서 "내가 그 진영 가운데 거하느니라"라고 하셨다(민 5:3). 그래서 부정한 사람을 처리하는 것은 진영 가운데 거하시는 하나님이 거룩하시기 때문에 거룩해야 한다는 원리를 적용하는 것이다.

② 건강한 공동체를 위한 규례(민 5:5–31)

앞에 있는 이야기에서 부정한 사람을 진영 밖으로 내어보내는 경우를 세 가지만 말했다(민 5:1–4). 이 문단은 진영을 더럽히는 다른 일들에 관한 규례를 이어서 설명한다. 그것은 이웃에게 지은 죄에 관한 배상 규례(민 5:5–10), 아내의 부정을 밝히는 규례(민 5:11–31) 등이다.

• **이웃에게 지은 죄에 관한 배상 규례(민 5:5–10):** 이 문단이 이웃에게 지은 죄에 관한 배상 규례라는 것을 알 수 있는 부분은 지은 죄를 자복하고 그 죄의 값을 갚되 1/5을 더한 것과 제물로 숫양을 바친 것이다(민 5:6–8, 참조. 레 6:1–7). 그 죄는 맡긴 물건을 속이거나, 도둑질한 것이나, 착취한 것이나 잃은 물건을 주운 것 등이다. 이 일은 여호와를 거역하는 일이다(민 5:6). 이러한 규정을 볼 때 언약 백성들은 사회적 관계에서도 깨끗해야 한다는 것을 알 수 있다. 이러한 일을 행하면서 제사에 참여하면 하나님의 복을 누릴 수 없다.

• **아내의 부정을 밝히는 규례(민 5:11–31):** 이 문단에는 결혼한 여자가 남편이 아닌 다른 남자와 부정한 일을 저지른 것이 의심 되지만 증거가 없거나 또는 남편이 의심하였으나 아내가 더럽혀지지 아니하였을 경우에 행하는 규정이 기록되어 있다. 이때 남편은 아내를 데리고 제사장에게 가서 보리 가루 1/10 에바를 바치라고 했다. 이것은 의심의 소제이며 기억의 소제다(민 5:15). 이때 토기에 거룩한 물을 담고 성막 바닥의 티끌을 취하여 물에 넣고 여인을 여호와 앞에 세워 머리를 풀게 하고 의심의 소제물을 그 손에 두고 맹세하게 했다. 그때 여인이 다른 남자와 더럽힌 일이 없으면 쓴 물의 독을 면하게 되지만 더럽혔으면 넓적다리가 마르고 배가 불러서 백성들에게 저주거리가 되었다(민 5:16–21). 당시 이러한 방법은 하나님의 주권과 섭리를 믿는 믿음을 전제한다. 이것은 이스라엘 공동체가 성적으로도 거룩해야 하나님의 복을 받을 수 있다는 것을 말하기 위함이다. 그리고 당시 사회에서 여성을 함부로 대하지 못하게 하려는 하나님의 배려도 보여주기 위함이다.

③ 나실인 법(민 6:1–21)

나실인 법은 남자나 여자가 자기 몸을 구별하여 여호와께 드리는 것이다(민 6:2). 나실인은 히브리어로 '나지르'(נָזִיר)인데, '드려진 사람', '구별된 사람'을 말한다. 즉 여호와께 드리기 위하여 구별한 사람이다. 나실인은 포도주나 포도와 관련된 것을 마시거나 먹지 말며, 서원을 한 기간 동안 삭도를 머리에 대지 말며, 심지어 부모 형제가 죽은 때에라도 시체를 가까이해서는 안 된다(민 6:3-7). 그 이유는 자신의 몸을 구별한 동안 여호와께 거룩한 자이기 때문이다(민 6:8).

그런데 이러한 나실인이 자신을 구별하지 않고 더럽히게 되면 그의 몸을 정결하게 하는 일곱째 날에 머리털을 밀고 여덟째 날에 산비둘기 두 마리나 집비둘기 두 마리로 한 마리는 속죄제물로, 한 마리는 번제물로 드려 죄를 대속하게 했다(민 6:9-11). 여호와께 드리는 날을 다시 정하여 일 년 된 숫양을 속건제물로 바쳐야 했다. 이 경우에 지나간 기간은 자기 몸을 더럽혔기 때문에 무효다(민 6:12). 그리고 나실인으로서 기간이 차면 번제로 일 년 된 숫양 한 마리, 속죄제로 일 년 된 어린 암양 한 마리, 화목제물로 숫양 한 마리와 무교병을 바치고 제사장은 그것들을 여호와께 드려야 했다(민 6:13-20).

나실인을 세운 목적이 무엇인지 명확하게 설명하지 않는다. 두귀드(Duguid 2006, 77-78)는 나실인으로 서원하는 것은 하나님께 드리기 위하여 일상적인 삶에서 일시적으로 구별함으로 이스라엘 백성들이 거룩한 나라로 살아야 한다는 것을 상기시켜 주는 거울이 된다고 하며 이렇게 말했다. "나실인은 한 나라로서 이스라엘이 여호와께 드려진 것처럼 여호와께 드려진 사람이다. 그래서 이스라엘 백성들이 나실인을 볼 때마다 그들은 여호와를 섬기기 위하여 부름을 받았다는 것을 상기할 수 있었다." 하지만 성경에 보면 삼손, 사무엘 그리고 아모스 시대의 사람들(암 2:11)이 나실인으로 서원한 것으로 나타난다. 이 경우는 단순히 부름을 상기시키는 일일 뿐만 아니라 하나님을 위하여 어떤 특별한 일을 하기 위한 것으로도 보인다. 웬함(Wenham 1981, 89)은 이러한 일을 그리스도의 제자로서의 삶을 반영하는 것으로 금식과 주님을 따르는 삶과 연관시켰다(마 6:16; 막 2;20; 눅 14:26; 마 8:21-22). 그리고 그는 나실인을 우리 주님의 사역을 예시하는 것이라고 보았다.

④ 제사장의 축복(민 6:22-27)

여호와께서 아론과 그의 아들들에게 이스라엘 자손을 위하여 축복하라고 하셨다(민 6:23). 이 축복(benediction)은 다음과 같다(민 6:24-26).

A 여호와는 네게 복을 주시고
B 너를 지키시기를 원하며
A′ 여호와는 그의 얼굴을 네게 비추사
B′ (너에게) 은혜 베푸시기를 원하며
A″ 여호와는 그 얼굴을 네게로 향하여 드사
B″ (너에게) 평강 주시기를 원하노라

이 축복은 일정한 운율이 있는 시다. 이 축복은 이스라엘 전체 무리가 아니라 2인칭 단수인 '너'(you)가 6번 나온다. 이는 부정한 것에서 구별하고 이 축복을 믿음으로 받아들이는 개인이 받는다는 것이다. 그리고 여호와께서 하시는 행동(A, A′, A″)과 그 결과(B, B′, B″)로 나타나는 복을 설명한다. 그 복은 지켜주시는 일, 은혜를 베풀어 주시는 일 그리고 평강 주시는 일이다. 이 축복은 제사장이 여호와의 이름으로 축복하면 여호와께서 그들에게 복을 주실 것이라는 약속이다(민 6:27). 그래서 이것은 기도가 아니다. 이 축복은 고린도후서 13:13,[75] 히브리서 13:20-21[76] 등과 함께 예배의 축도(강복선언)에 사용되고 있다.

(4) 회상: 성막 완공 이후의 일들(민 7:1-10:10)

이 문단에서는 애굽에서 나온 후 둘째 해 첫째 달 초하루(2/1/1)에 성막을 완공한 후부터(출 40:2, 17) 둘째 해 첫째 달 열넷째 날(2/1/14)에 유월절을 지킨 날과 구름 기둥과 불 기둥이 나타나 인도한 날까지를 회상한다. 민수기 7:1에서 보면 성막 세우기를 끝내고, 성막과 모든 제단에 기름을 발랐던 날이라고 하였기 때문에 과거에 일어난 사건임을 알 수 있다. 특히 성막과 모든 제단과 기구에 기름을 발랐다는 사실을 기록한 것은 출애굽기 40:1-16을 요약한 것이다. 이러한 회

75 주 예수 그리스도의 은혜와 하나님의 사랑과 성령의 교통하심이 너희 무리와 함께 있을지어다(고후 13:13)

76 양들의 큰 목자이신 우리 주 예수를 영원한 언약의 피로 죽은 자 가운데서 이끌어 내신 평강의 하나님이 모든 선한 일에 너희를 온전하게 하사 자기 뜻을 행하게 하시고 그 앞에 즐거운 것을 예수 그리스도로 말미암아 우리 가운데서 이루시기를 원하노라 영광이 그에게 세세무궁토록 있을지어다 아멘(히 13:20-21).

상은 독자들의 호흡을 멈추고 성막 중심으로 진행된 준비 작업을 꼼꼼하게 되새겨보고 성막과 하나님의 임재에 관심을 집중시키게 한다(벨링거 2016, 283).

① 감독된 자들이 드린 헌물(민 7:1–89)

이 문단에는 이스라엘 지파의 지휘관으로 감독된 자들이 바친 헌물이 기록되어 있다. 이 기록은 출애굽 후 둘째 해 첫째 달 첫째 날(2/1/1)부터 있었던 일이다. 이들은 수레 여섯 대와 소 열두 마리를 드렸다. 지도자 두 사람에 수레 한 대와 지도자 한 사람이 한 마리의 소를 바쳤다(민 7:3). 이 지도자들은 하루에 한 사람씩 제단의 봉헌물을 드렸다(민 7:11). 민수기 7:12–83을 보면 봉헌물과 관련하여 드린 날(A), 드린 지파의 지도자(B), 봉헌물(C), 드린 지파의 지도자(B′), 곧 A–B–C–B′로 된 내용을 12번이나 동일하게 반복하여 기록하고 있다.

전체적인 내용을 한 묶음으로 "열두째 날 동안 각 지파의 지도자들이 드린 예물은 이러했다"라고 해도 될 텐데 구태여 반복하는 이유는 무엇인가? 그것은 히브리 어법의 특성 가운데 하나로 하나님이 헌신한 자들의 지파와 이름과 그 바친 예물을 다 기억하심을 강조하기 위함이다. 특별히 지도자들이 드린 봉헌물이 의미가 있는 것은 모세가 회막에 들어가서 여호와께 말하려고 할 때 법궤 위 속죄소 위의 두 그룹 사이에서 여호와께서 말씀하셨다는 것이다(민 7:89). 여호와께서 말씀하셨다는 것은 하나님이 그곳에 임재해 계신다는 것이다. 회막은 빈 신전이 아니라 살아 계신 하나님의 궁전이다(Wenham 1981, 93–94). 희생 제물을 드리는 장소로 갈보리가 제단을 대신하였지만 믿는 자들이 복음 사역을 위하여 자신과 돈을 하나님께 드린다면 여전히 하나님이 그의 은혜로 응답해 주심을 기대할 수 있다(Wenham 1981, 94).

② 등잔대의 등불을 켬(민 8:1–4)

등잔대에 대하여서는 출애굽기 25:31–40에서 설명하고 있고, 브살렐이 만든 것은 출애굽기 37:17–24에서 설명한다. 하지만 여기서는 여호와께서 말씀하신 대로 아론이 등불을 켤 때 일곱 등잔을 등잔대 앞으로 비추게 하고, 아론은 그대로 행한 내용을 기록하고 있다. 그런데 빛의 방향을 등잔대 앞으로 비추게 한 이유가 무엇인지 설명하지 않는다. 웬함(Wenham 1981, 95)은 등잔대의 빛과 불은 생명을 주시는 하나님의 임재와 축복을 나타내는 것이라고 했다. 벨링거(2016, 289)는 등잔은 하나님의 임재를 상징한다고 하였고, 나무처럼 꽃문양이 있고 가지가 있는 등잔대는 하나님의 임재와 생명을 살리는 능력을 상징한다고 보았다. 그러나 성경 어디에도 이러한 것을 지지해 주는 설명이 없다. 제사장은 등잔대에 불을 밝히기 위하여 기름을 관리해야 했는데 저녁에는 등불을 켜고 아침이면 껐다(출 27:20-21; 레 24:3, 참조. 삼상 3:3). 이들의 설명대로 등잔불이 하나님의 임재를 나타내는 것이라면 등불을 꺼두는 낮에는 하나님이 임재하시지 않는가? 이것은 단순히 성막의 기능을 수행하기 위하여 불을 밝히는 행동으로 보는 것이 자연스럽다.

③ 레위인의 회막 봉사에 관한 규정(민 8:5-26)

이 문단에는 레위인들이 회막에서 봉사하는 규정이 기록되어 있다. 여호와께서는 그들에게 속죄의 물을 뿌리고 전신을 삭도로 밀고 의복을 빨아서 몸을 정결하게 하라고 하셨다(민 8:6-7). 또 그들에게 수송아지 한 마리를 번제물로, 기름 섞은 고운 가루를 소제물로 가져오게 하고 레위인을 회막 앞에 나오게 하고 온 이스라엘 회중을 모으고 아론은 레위인을 흔들어 바치는 제물로 여호와 앞에 드리게 하셨다(민 8:8-11). 그리고 레위인으로 수송아지의 머리에 안수하게 하고, 하나는 속죄제물로, 하나는 번제물로 여호와께 드리고 레위인을 아론과 그의 아들들 앞에 세워 여호와께 요제로 드리게 하셨다(민 8:12-13). 이 일 후에 회막에 들어가 봉사하게 하셨다(민 8:15). 레위인들은 제사장들을 돕기 위해 세워진 자들이다(민 8:13, 19). 레위인에게 이러한 규정을 준 것은 여호와께서 애굽에서 처음 난 자를 치던 날에 이스라엘의 처음 난 자 대신에 레위인을 취하셨기 때문이다. 그리고 여호와께서 그들을 구별하여 이스라엘 자손을 대신하여 봉사하게 하고 이스라엘 자손을 위하여 속죄하게 하셨기 때문이다(민 8:16-19). 이 규정에 따라 레위인들은 그대로 행했다(민 8:20-22). 이렇게 구별된 레위인들은 25세에서 50세까지 봉사하였고, 그 후에 그의 형제들을 돕는 일을 할 수 있었다(민 8:23-26). 그런데 민수기 4:47에는 30세에서 50세까지로 되어 있기 때문에 벨링거(2016, 291)는 전승의 차이라고 하고 각기 시기마다 다른 필요들 때문이라고 했다.

신약 시대에는 회막에서 백성들을 대신하여 속죄하고 봉사하는 제사장이나 레위인을 대신하여 그리스도께서 오셔서 친히 자신이 하늘 성소에 들어가심으로 그를 믿는 누구든지 자유롭게 하나님과 교제하는 길을 열어 주셨다(히 10:19-20). 그리고 교회는 하나님의 백성들을 인도하는 자들을 세워 중보하게 했다(히 13:17). 그래서 오늘날 목회자들은 교회를 섬기는 자로서 자신을 깨끗하게 하여 언약 백성들이 하늘 성소에 자유롭게 왕래할 수 있도록 도와야 한다.

④ 두 번째 유월절(민 9:1-14)

여호와께서 모세에게 애굽에서 나온 다음 해, 곧 두 번째 해 첫째 달 열넷째 날(1/14)에 유월절을 지키라고 말씀하시자 백성들은 그 모든 율례대로 지켰다(민 9:1-5). 여호와께서는 유월절에 관한 자세한 규례를 출애굽기 12:43-13:16에서 설명해 주셨다. 여호와께서는 어떤 사람이든지, 그가 이방인이라 할지라도 약속을 믿고 할례를 받으면 유월절에 참여할 수 있게 하셨다. 하지만 이 절기에 참여하는 자들은 무교병을 먹으며, 처음 난 것들을 드리되 장자는 대속해야 한다. 이뿐만 아니라 자녀들에게 이 의미를 설명해야 한다.

하지만 두 번째 유월절을 지킬 때 한 가지 문제가 발생했다. 왜냐하면 사람의 시체로 말미암아 부정하게 되어 유월절을 지킬 수 없는 사람들이 있었기 때문이다(민 9:6). 이 문제에 대하여 모세가 여호와께 묻자 부정하게 되거나 출타한 자들에게 한 달 뒤 곧 둘째 달 열넷째 날에 유월절 율례대로 행하게 하셨다. 그러나 정결하기도 하고 여행 중이 아니면서도 유월절을 지키지 않으면 백성 중에서 끊어질 것이라고 하셨다(민 9:11-13). 유월절은 여호와께서 큰 능력으로 애굽에서 구원해 내신 것을 기념하기 때문이다(출 12:51; 13:8-10, 16). 타국인이라도 여호와 앞에 이 규례를 지키고자 하면 규례를 따라 참여할 수 있었다. 구약 시대에도 구원은 이방인에게 열려 있었고 누구든지 유월절에 행하신 사건을 믿으면 구원을 얻을 수 있었다(출 12:48).

이러한 유월절 규례는 종 되었던 애굽에서 구원해 내신 것을 기념하지만 동시에 그리스도께서 자신의 목숨을 주심으로 우리를 죄에서 구속해 주신 사건을 예표한다. 신약 시대 성도들은 유월절을 지키지 않는다. 하지만 이 절기가 예표하는 그리스도께서 유월절 양이 되어 주심으로 그를 믿는 자들이 구원을 얻어 하나님과 교제하게 되었기 때문에 그의 고난과 죽으심을 기념하는 고난 주간을 지킨다. 또한 성찬 예식을 행하므로 그의 구원 사역을 기념하여 지킨다. 그리고 누구든지 그리스도를 믿고 세례를 받으면 구원을 얻고 성찬 예식에 참여할 수 있다.

⑤ 구름 기둥의 인도(민 9:15–23)

성막을 세운 날에 구름이 성막을 덮었고 밤이 되면 불 모양 같은 것이 나타나 아침까지 있었다(민 9:15). 구름 기둥과 불 기둥은 하나님이 그들 가운데 임재해 계신다는 것을 눈으로 볼 수 있도록 주신 상징이었다(출 13:21–22; 14:24; 민 12:5–6; 신 31:15–16; 시 99:7). 이 본문은 구름이 성막에서 떠오르면 행진하였고 여호와의 명령에 따라 진을 쳤으며, 이틀이든지 한 달이든지 일 년이든지 구름이 성막 위에 머물러 있을 동안에 진영에 머물렀다는 사실을 반복하여 강조한다(민 9:17, 18, 19, 20, 21, 22, 23). 이것은 여호와께서 항상 그들과 함께 계시고, 인도하신다는 것을 보여 준다.

⑥ 은 나팔(민 10:1–10)

여호와께서 모세에게 은 나팔 둘을 만들어 회중을 소집하며 진영을 출발할 때 사용하게 하셨다(민 10:1–2). 나팔 두 개를 불 때는 온 회중이 회막으로 모이고, 하나만 불면 천부장이 모이며, 크게 불 때는 동쪽 진영이 행진하는 등 나팔은 회중을 소집하고 행진하는 신호 기능으로 사용되었다(민 10:3–7). 아론의 자손 제사장들이 이 나팔을 불었다(민 10:8).

하지만 장차 들어갈 땅에서도 대적을 치러 가는 날이나 정한 절기와 초하루에 번제물을 드리고 나팔을 불게 했다. 그런데 나팔을 부는 일은 여호와께서 이스라엘을 기억하시는 일이 된다고 했다(민 10:9–10). 이것은 하나님이 정하신 규례대로 제사장이 나팔을 부는 것을 하나님을 의지하는 믿음의 표시로 이해했다는 것을 의미한다. 이 규례 역시 장차 들어가게 될 가나안에 목표를 두고 있다는 것을 알게 한다.

사도 바울이 이 나팔의 기능을 이해하고 예언과 방언을 비교하면서 "만일 나팔이 분명하지 못한 소리를 내면 누가 전투를 준비하리요"(고전 14:8)라고 했다. 이것은 나팔이 어떤 내용을 알리는 신호 기능을 한다는 것을 알게 한다.

(5) 이스라엘 백성들의 행진(민 10:11-36)

이스라엘 자손들은 둘째 해 둘째 달 스무날에 구름이 증거의 성막에서 떠올라 시내 광야에서 출발했다(민 10:11). 이들은 민수기 2:1-28에서 설명한 대형과 순서대로 가나안을 향해 나아간다(참조. 행진 형태 도표). 선두로 유다, 잇사갈, 스불론 지파가 행진했다(민 10:14-16, 참조. 민 2:1-9). 그 뒤를 따라 게르손 자손이 두 수레에 성막과 뜰의 휘장을, 므라리 자손이 네 수레에 성막의 널판과 기둥, 받침 등을 싣고 갔다(민 10:17, 참조. 민 3:21-26, 33-37). 그 뒤를 르우벤, 시므온, 갓 지파가 행진했다(민 10:18-20, 참조. 민 2:10-16). 그 뒤를 고핫 자손이 성물을 메고 행진했다(민 10:21, 참조. 민 3:27-32). 다음으로 에브라임, 므낫세, 베냐민 지파가 행진했다(민 10:22-24, 참조. 민 2:18-24). 맨 마지막으로는 단, 아셀, 납달리 지파가 행진했다(민 10:25-28, 참조. 민 2:25-31). 이스라엘 백성들은 여호와께서 정해 주신 순서에 따라 질서있게 행진했다.

모세는 장인인 미디안 사람 르우엘의 아들 호밥에게 동행해 줄 것을 요청하고 여호와께서 이스라엘에게 복을 내릴 것이라고 했다(민 10:29). 호밥은 거절하고 고향으로 가려고 하였으나 모세는 광야에서 어떻게 진을 칠지를 알기에 눈이 되어 달라고 그에게 다시 부탁했다(민 10:30-32). 이 이야기만으로는 호밥이 어떻게 응답하였는지 알 수 없다. 만약에 모세의 청을 받아들이고 따라갔다면 그 역시 여호와께서 언약 백성에게 베푸시는 복을 받게 되었을 것이다.

이스라엘 백성들이 여호와의 산인 시내산을 떠나 삼 일 길을 갈 때에 언약궤가 그 길에 앞서가며 그들의 쉴 곳을 찾았고, 그들이 진영을 떠날 때 여호와의 구름이 그 위에 머물렀다. 이것은 여호와께서 이스라엘 백성들 앞서 인도하실 뿐만 아니라 동행하신다는 것을 보여 준다(민 10:33-34).

2. 광야에서 불평하고 반역함(민 11:1-19:22)

민수기의 중간 단락(민 11:1-19:22)은 광야 생활 40년의 처음 1년과 마지막 1년을 제외한 약 38년간의 생활을 다루고 있다. 하지만 저자는 그 기간 동안 있었던 많은 사건을 다루지 않고 출애굽 1세대 사람들이 왜 가나안에 들어가지 못했는지 그 이유를 설명하는 사건만 선별적으로 기록하고 있다.

내용 분해

(1) 처음 세 가지의 불평(민 11:1–12:16)

(2) 정탐꾼들과 백성들의 반역(민 13:1–15:41)

(3) 고라를 중심한 반역과 제사장의 직무(민 16:1–19:22)

내용 해설

(1) 처음 세 가지의 불평(민 11:1–12:16)

① 첫 번째 불평: 다베라(민 11:1–3)

광야에서 반역한 사건 가운데 맨 처음 기록된 다베라 사건은 백성들이 악한 말로 원망한 일이다. 백성들이 어떻게 원망했는지는 설명하지 않지만 이 사건으로 말미암아 여호와께서 진노하시고 불을 내리셨다. 이로 말미암아 백성들이 부르짖고 모세가 여호와께 기도할 때 불이 꺼졌다. 이곳의 지명 이름을 '불사름'이라는 뜻인 '다베라'(תַּבְעֵרָה)라고 하였는데 이는 여호와의 불이 그들 중에 붙었기 때문이다. 이 지명을 떠올릴 때마다 이 사건을 생각나게 했을 것이다. 이 짧은 사건은 민수기에 기록된 반역의 패턴인 반역–여호와의 진노–백성들의 부르짖음–모세의 기도–진노가 그침이라는 기본 틀을 보여 준다.

② 두 번째 불평: 기브롯 핫다아와(민 11:4–36)

두 번째 불평 사건의 발단은 이스라엘 백성들 가운데 섞여 사는 무리가 탐욕을 품은 일이다(민 11:4). 그러자 이스라엘 백성들도 함께 동참하여 "누가 우리에게 고기를 먹게 하랴?"라고 말하며 애굽에 있을 때 먹은 생선과 오이, 부추, 파 등을 언급하면서 만나 외에 아무 것도 없다고 불평했다(민 11:5–6). 그리고 저자는 만나가 어떤 것인지 민수기 11:7–9에 부언하여 설명한다. 만나는 깟씨 같고 모양은 진주와 같았는데 백성들이 그것을 맷돌에 갈기도 하고, 절구에 찧기도

하고, 가마에 삶기도 한 것을 볼 때 만나로 다양한 요리가 가능했다. 그런데도 백성들이 장막 문에서 울자 하나님이 진노하셨다(민 11:10). 하나님의 진노가 어떤 방식으로 나타났는지는 알 수 없다.

이때 여호와의 진노도 심히 컸고 모세도 기뻐하지 않았다. 그래서 모세는 자기 혼자 그 일을 감당하기가 어렵다고 불평했다(민 11:10–15). 이러한 불평에 대하여 하나님이 두 가지로 응답해 주셨다. 하나는 모세에게 백성의 장로와 지도자 70명을 모아 모세에게 임한 영이 그들에게도 임하게 하여 백성들의 짐을 함께 지게 하시겠다는 것이다(민 11:16–17). 또 하나는 한 달 동안 고기를 먹게 하시겠다는 것이다(민 11:18–20). 모세는 두 번째 응답에 대하여 자신과 함께 있는 자들이 육십만 명인데 어떻게 가능하겠느냐고 반문했다. 이때 하나님은 "여호와의 손이 짧으냐? 네가 이제 내 말이 네게 응하는 여부를 보리라"(민 11:23)라고 하셨다. 모세가 여호와의 말씀을 백성들에게 알리고 백성들의 장로 70명을 모아 장막에 둘러 세우자 여호와께서 강림하여 모세에게 임한 영을 그들에게도 임하게 하셨다. 그리고 그들에게 영이 임하신 때에 그들이 예언을 하다가 다시는 하지 않았다(민 11:25). 70인의 장로들에게 영이 임했다는 것은 하나님의 능력이 지도자들에게 임했다는 것을 보여 준다(참조. 삿 3:10; 6:34; 11:29; 14:6, 19; 삼상 16:13)(Allen & Barker 2002, 271). 이것은 하나님이 주신 직분을 잘 감당할 수 있도록 하신 것이다. 그리고 영이 임한 때에 예언을 하다가 다시 하지 않게 되었다는 것은 예언은 단순히 일시적이었다 할지라도 그들에게 영이 임했다는 증거라고 보아야 한다. 그리고 70명의 장로 가운데 두 명인 엘닷과 메닷이 어떤 이유에서인지 장막에 가지 않았으나 그들에게도 영이 임하여 예언했다(민 11:26). 이들이 장막에 가지 않고 진영에 있었는데도 예언했다는 것은 장막에서 경험한 특별한 일을 진영에 있는 사람들도 알게 하려는 것이다. 모세도 이 현상을 부정적으로 보지 않았다(민 11:29). 이렇게 함으로 여호와께서는 70명의 장로들이 모세를 도와 함께 백성들을 인도할 수 있게 하셨다.

그리고 여호와께서 모세에게 말씀하신 대로 바다에서 메추라기를 몰아 진영 사방으로 내리게 하셨다(민 11:31). 그러나 여호와께서는 백성들에게 진노하여 심히 큰 재앙으로 치셨다(민 11:33). 저자는 여호와께서 탐욕으로 말미암아 큰 재앙으로 치신 곳의 이름을 '탐욕의 무덤'이라는 뜻을 가진 '기브롯 핫다아와'(קִבְרוֹת הַתַּאֲוָה)

라고 했다. 이곳을 이러한 이름으로 지은 것은 욕심을 낸 백성을 여기에서 장사하였기 때문이다(민 11:34). 백성들은 이곳에서 하세롯으로 갔다(민 11:35).

만나와 메추라기 사건은 구약성경 여러 곳에서 언급되고 있다(신 8:3; 느 9:20; 시 78:23-31). 특히 모세는 신명기 8:3에서 하늘에서 만나를 내리신 목적을 사람이 떡으로만 사는 것이 아니라 여호와의 입에서 나오는 말씀으로 사는 줄을 알게 하시려는 것이라고 설명했다. 예수님은 오병이어의 기적을 행한 이후에 광야에서 이스라엘을 돌보신 사건을 상기시키며 자신이 하늘로부터 생명을 주시기 위하여 오신 참 떡이라고 하셨다(요 6:32-33). 이것은 만나가 단순히 광야의 음식이라기보다는 하나님이 그들과 함께 계신다는 사실을 믿는 믿음의 표지로도 사용되고 있음을 알 수 있다.

③ 세 번째 불평(민 12:1-16)

모세가 가진 권위에 대하여 미리암과 아론이 도전하는 사건은 하세롯에서 있었다(민 11:35, 12:16). 이 일은 앞의 두 불평과 다르다. 앞의 두 불평은 백성들이 했지만 여기서 불평한 아론은 대제사장이었고, 누이 미리암은 선지자였다(출 15:20). 이들은 모세가 구스 여자를 취한 일을 구실로 "여호와께서 모세와만 말씀하셨느냐 우리와도 말씀하지 않으셨느냐"(민 12:2)라고 하면서 모세가 가진 독특한 권위에 도전했다. 여기에 '구스 여자'를 십보라로 보기도 하고, 두 번째 아내로 보기도 한다. 칠십인역은 '구스'를 '이디오피아'로 번역했다. 십보라는 미디안 여인이지만(출 2:16) 하박국 3:7은 미디안과 구산을 동일시한다(Wenham 1981, 110-111). 모세는 이러한 비방에 대하여 아무런 대응을 하지 않았고 해설자는 "여호와께서 이 말을 들으셨더라 이 사람 모세는 온유함이 지면의 모든 사람보다 더하더라"(민 12:3)라고 했다.

이 상황에서 '갑자기' 여호와께서 모세와 아론과 미리암을 회막으로 부르셨다(민 12:4). 그리고 여호와께서는 모세는 일반 선지자와는 달리 여호와께서 '대면하여'(페엘-페, פֶּה אֶל־פֶּה) 말하고 그는 여호와의 형상을 보고 말하는데 어찌 그를 비방하기를 두려워하지 않느냐고 책망하셨다(민 12:6-8). 그렇다고 모세가 여호와를 직접 보았다는 것은 아니다. 여기에서 '형상'은 하늘에 있는 것이나 땅에 있는 것의 보이는 형상을 말하는 것이다(출 20:4). 실제로 모세가 여호와께 얼굴을 보여 달라고 요구했을 때 여호와께서는 직접 보고 살 자가 없다고 하시며 그의 등을 보여 주신 바가 있다(출 33:18–23). 여호와께서 모세의 위치를 이렇게 설명하시는 것은 그가 일반 선지자와는 다른 위치에 있는 선지자라는 것을 알게 하시려는 것이다.

여호와께서 진노하시고 떠나가자 구름이 장막 위에서 떠나갔고 미리암은 나병에 걸렸다(민 12:10). 이것을 보고 아론은 회개하였고, 모세가 기도하자 미리암을 이레 동안 진영 밖에 가두고 그 후에 들어오게 하셨다(민 12:14). 그러면 왜 미리암만 벌을 받았는가? 신득일(2014, 119–120)은 민수기 12:1에 '비방하다'(תְּדַבֵּר) 라는 동사가 여성 3인칭 단수라는 점을 근거로 미리암이 주도적인 역할을 했기 때문이라고 했다. 그렇다고 할지라도 책임 있는 위치에 있는 아론이 동조했는데도 벌을 받지 않은 것은 이해하기 쉽지 않다. 그때 이스라엘은 이 사건의 의미를 알았을 것이다. 왜냐하면 미리암의 불평 사건으로 말미암아 그녀가 다시 들어오기까지 행진하지 않았기 때문이다(민 12:15). 이 사건은 모세의 특별한 위치를 강조하며 그의 말을 듣는 일이 중요함을 강조한다. 이 사건 후에 백성들은 하세롯을 떠나 바란 광야로 갔다(민 12:16).

당시에는 하나님과 대면하여 말씀을 전하는 자의 권위를 위협하는 것은 전체 공동체의 질서를 해하는 일이고 하나님의 말씀을 무력화시키는 위험한 일이었다. 오늘날에는 모세와 같이 직접 하나님과 대면하여 계시를 받지 않는다. 하지만 하나님의 말씀을 전파하고 가르치는 목회자의 권위를 위협하여 그가 전파하는 하나님의 말씀을 약화시키는 행동은 어떻게 이해할 수 있을까?

(2) 정탐꾼들과 백성들의 반역(민 13:1–15:41)

이스라엘 백성들은 하세롯에서 떠나 바란 광야 가데스 바네아에 진을 쳤다(민 12:16; 13:1, 26). 가데스 바네아는 가나안의 남쪽 끝에 위치해 있었다(민 34:4; 수 15:3). 여기서 모세는 여호와의 명령에 따라 12명의 정탐꾼을 보내었다. 그들 중 10명은 약속의 땅에 대하여 부정적으로 보고하므로 이스라엘 백성들이 반역하게 되고 그들은 40년을 광야에서 방황하게 되었다(민 14:33–35). 하지만 하나님은 가나안에 들어갈 새로운 세대를 위하여 율법을 주심으로 미래에 관한 소망을 주셨다(민 15:1–41).

① 정탐꾼을 보냄(민 13:1–16)

이스라엘 백성들이 바란 광야 가데스 바네아에 진을 치고 있었을 때 여호와께서 각 지파의 지휘관 한 사람씩을 보내어 가나안 땅을 정탐하게 하셨다(민 13:2). 민수기의 이 기록은 신명기 1:19–25의 말씀과 약간의 차이가 있다. 신명기에는 여호와께서 가나안을 주셨기 때문에 올라가서 차지하라고 하셨으나 이스라엘은 사람을 먼저 보내어 그 땅을 정탐하자고 제안한 것을 모세가 받아들인 것으로 나타난다. 송병현(2009, 270)은 이 신명기의 기록을 근거로 이스라엘 백성들과 모세는 단순히 여호와의 명령을 순종하면 되는데 정탐꾼을 보내자고 한 것은 하나님을 불신한 죄라고 했다. 하지만 이 두 기록이 서로 모순되는 것처럼 보이지만 둘 다 사실로 믿어야 한다. 신명기에서 모세는 정탐꾼을 보내자는 백성들의 의견을 부정적으로 보지 않고 하나님도 부정적으로 보시지 않았다. 모세는 여호와의 명령에 따라 여호수아와 갈렙을 포함한 12명의 정탐꾼을 보내었다(민 13:3–16).

모세는 12명의 정탐꾼에게 남방 지역인 네겝을 지나 산지로 올라가게 했다(민 13:17). 모세는 땅의 거민이 강한지 약한지, 거민이 많은지 적은지, 땅이 좋은지 나쁜지, 성읍이 진영인지 산성인지, 토지가 비옥한지 메마른지, 나무가 있는지 없는지 등을 탐지하게 하고 그 땅의 실과를 가져오게 했다. 그때는 포도가 처음 익을 즈음이었다(민 13:18–20). 이때는 이스라엘의 월력으로 다섯째 달인 아브월, 곧 현대력으로 7–8월이다. 이들은 모세의 당부대로 신 광야에서 하맛 어귀 르홉에 이르렀고, 네겝을 거쳐 헤브론에 올라갔다. 헤브론에는 아낙 자손인 아히만과 세새와 달매가 있었다(민 13:22). 아낙 자손은 성경에 거인족으로 나타난다(민 13:33; 신 2:10, 21; 9:2). 또 에스골 골짜기에서 포도송이가 달린 가지를 베어 두 사람이 막대기에 꿰어 메고, 석류와 무화과를 땄다(민 13:23). 이곳에서 포도송이 달린 가지(אֶשְׁכּוֹל)를 베었기 때문에 '에스골 골짜기'(נַחַל אֶשְׁכּוֹל)라고 불렀다(민 13:24). 이것은 이 땅이 비옥하다는 것이다.

② 정탐꾼들의 보고(민 13:17–33)

정탐꾼들은 40일 동안 정탐을 하고 돌아와서 긍정적인 소식과 부정적인 소식을 보고했다. 긍정적 소식은 가나안이 젖과 꿀이 흐르는 비옥한 땅이라는 것이고, 부정적 소식은 그 땅 거주민은 강하고 거기에서 견고한 성읍과 아낙 자손을 보았다는 것이다(민 13:25–28). 갈렙이 백성을 조용하게 하는 것으로 보아 이 보고 후에 백성들이 소동한 것으로 보인다. 갈렙은 "올라가서 그 땅을 취하자 능히 이기리라"(민 13:30)고 말했다. 그러나 그와 함께 올라갔던 10명의 정탐꾼들은 그들이 강하다고 말하며 그 정탐한 땅을 악평하며 주민을 삼키는 땅이요 거기서 본 아낙 자손과 비교하여 "우리는 스스로 보기에도 메뚜기 같다"(민 13:33)라고 했다. 동일한 땅을 보았는데도 갈렙의 보고와 다른 정탐꾼들의 보고가 왜 이렇게 다른가? 그 차이는 어디에서 오는가?

③ 백성들의 불평(민 14:1–35)

정탐꾼들의 보고를 듣자 온 백성들은 부르짖으며 통곡하고 모세와 아론을 원망하며 한 지휘관을 세워 애굽으로 돌아가자고 했다(민 14:1–4). 이때 모세와 아론이 이스라엘 온 회중 앞에서 엎드렸다. 이 행동은 하나님의 임재를 의식하며 하나님이 하시려는 것을 두려워하며 엎드린 것으로 보기도 한다(Wenham 1981, 121). 하지만 모세와 아론이 온 회중 앞에 엎드렸고 온 회중이 그들을 돌로 치려고 하였기 때문에(민 14:10) 매우 위급한 상황이었다고 보는 것이 좋다. 이 상황에서 여호수아와 갈렙이 옷을 찢으며 우리가 정탐한 땅은 심히 아름다운 땅이고 여호와께서 우리를 기뻐하시면 그 땅으로 인도하실 것이라고 말했다(민 14:8). 특히 '여호와께서 우리를 기뻐하시면'이라는 말은 하나님의 뜻이고 하나님이 함께 하시면 능히 할 수 있다는 믿음을 표현하는 말이다. 그리고 나머지 10명의 정탐꾼과는 대조적으로 "여호와를 거역하지 말라 또 그 땅 백성을 두려워하지 말라 그들은 우리의 먹이라 그들의 보호자는 그들에게서 떠났고 여호와는 우리와 함께 하시느니라 그들을 두려워하지 말라"(민 14:9)고 했다. 여기에서 '우리의 먹이'는 개역한글판처럼 '우리의 밥'(לַחְמֵנוּ)이라고 번역하는 것이 더 좋다. 먹이는 동물의 먹을거리를 말하기 때문이다. 여호수아와 갈렙은 하나님과 그의 약속을 믿었다. 이것이 10명의 정탐꾼과 결정적 차이이다. 10명의 정탐꾼은 애굽에서부터 지금까지 그들을 인도하시고 도우신 하나님과 하나님의 능력을 믿지 못했다. 오히려 가나안은 주민을 삼키는 땅이고 거기서 네피림 후손을 보았다고 했다(민

13:32–33). 이것은 하나님을 두려워하고 믿기보다는 가나안을 두려워한 것이다. 믿음은 현실적인 상황을 보는 것이 아니라 그 모든 상황 배후에서 일하시는 하나님을 바라보는 것이다. 이것이 여호수아와 갈렙의 믿음이었다.

백성들이 모세와 아론과 함께 여호수아와 갈렙도 돌로 치려는 순간 여호와의 영광이 회막에서 이스라엘 모든 자손에게 나타났다(민 14:10). 이때 여호와께서 "이 백성이 어느 때까지 나를 멸시하겠느냐 내가 그들 중에 많은 이적을 행하였으나 어느 때까지 나를 믿지 않겠느냐"(민 14:11)라고 말씀하셨다. 이것은 이스라엘이 여호와와 그의 약속을 믿지 않음을 뜻한다. 그리고 여호와께서는 전염병으로 이들을 쳐서 멸하실 것이라고 말씀하셨다(민 14:12). 이때 모세는 하나님의 자비와 약속에 근거하여 애굽에서부터 지금까지 백성의 죄를 사하신 것 같이 용서해 달라고 기도했다(민 14:18–19). 모세는 이스라엘이 시내산에서 금송아지를 만들었을 때와 동일한 논리로 40일을 기도했다(출 32:11–14; 신 9:25–29).

하나님은 '이 백성을 사하시옵소서'라는 모세의 기도를 들으시고 '내가 사하노라'고 말씀하셨다(민 14:19–20). 그러나 웬함(Wenham 1981, 122–123)이 지적하였듯이 하나님이 용서하셨다고 하여서 그들이 대한 죄에 관한 형벌까지 피할 수 있다는 의미는 아니다. 다만 완전히 멸절당하지 않는다는 것이다. 이스라엘은 용서를 받았지만 아무 일도 없었던 것처럼 지나칠 수가 없었다. '계속해서 죄를 저질러도 괜찮다'는 생각이 들도록 해서는 안 되기 때문이다(신득일 2014, 151).

그런데 우리는 죄 용서함을 받았다 할지라도 그 죄의 값은 받아야 한다는 말을 조심스럽게 적용해야 한다. 다윗이 죄를 회개하고 용서를 받았지만 밧세바를 통해 낳은 첫 아이가 죽은 것처럼 죄를 용서받더라도 벌을 받는다고 적용해서는 안 된다(신득일 2014, 151). 그렇다면 우리의 죄악을 따라 우리에게 그대로 갚지 아니하신다는 말씀(시 103:10)이나 그리스도께서 죄를 담당해 주심으로 십자가에서 죽으신 것을 어떻게 설명할 수 있겠는가? 여호와께서 정탐 사건에서 발생한 단 한 번의 범죄로 이스라엘을 가나안에 들어가지 못하게 하신 것은 아니다. 여호와께서는 모세에게 말씀하실 때 "열 번이나 나를 시험하고"(민 14:22), "내가 어느 때까지 참으랴"(민 14:27)라고 하셨다. 이것은 여호와께서 오랜 기간 동안 이스라엘의 불순종을 참으셨다는 것이다. 그래서 이들은 광야에서 죽었고 안식을 누리지 못했다(시 95:11).

그리고 여호와께서 심판하실 것을 먼저 모세에게 말씀하시고(민 14:22–25), 이 말씀을 모세와 아론에게 좀 더 자세하게 말씀해 주셨다(민 14:26–35). 이러한 반복은 성경에 자주 나타나는 것으로 의미를 강조하기 위한 것이다.[77] 하나님은 계속 반복하여 원망하는 이스라엘 백성들 가운데 이십 세 이상으로 계수된 자는 약속한 땅에 들어가지 못할 것이라고 하셨다(민 14:22–23, 29–30). 그러나 갈렙과 여호수아는 그 땅에 들어가게 될 것이라고 말씀하셨다(민 14:24, 30). 이 차이는 하나님을 따랐는지의 여부다(민 14:24). 특히 저자는 민수기 문맥에서 갈렙을 '그나스 사람'(קְנִזִּי 〈 קְנַז)[78] 여분네의 아들로 소개한다(민 32:12). 동일한 용어가 창세기 15:19, 36:11, 여호수아 14:6, 14에 나온다. 그런데 창세기 15:19에 나오는 그나스 족속은 멸망을 받아야 할 가나안 민족 가운데 하나이다. 그나스 사람이 언제, 어떻게 이스라엘 민족 가운데 들어왔는지 성경이 설명하지 않기 때문에 알 수 없다. 하지만 갈렙은 순수한 혈통이 아니라 할지라도 누구든지 약속을 믿고 순종하는 자는 언약 백성이 될 수 있고, 구속사에서 특별한 위치를 차지할 수 있다는 것을 보여 준다. 갈렙과 반대로 이스라엘 백성들은 가나안을 정탐한 날 수인 40일의 하루를 1년으로 계산하여 40년간 죄악을 담당해야 할 것이라고 말씀하셨다(민 14:33–34). 그리고 여호와께서는 "너희는 그제서야 내가 싫어하면 어떻게 되는지를 알리라"(민 14:34)고 하셨다.

④ 정탐과 관련된 두 개의 사건(민 14:36–45)

정탐꾼의 보고를 들은 백성들의 반응과 하나님의 심판을 선언하신 이야기 마지막에 두 가지 이야기가 기록되어 있다. 하나는 12 정탐꾼 중 악평한 10명의 정탐꾼은 재앙으로 죽었지만 여호수아와 갈렙은 살았다는 것이다(민 14:36–38). 이

77 이러한 반복은 여호와께서 성막의 기구들에 관한 규정(출 25:1–31:18)을 주시고 백성들이 이 규정에 따라 만드는 내용(출 35:1–39:43), 애굽에서의 열 번째 재앙과 관련하여 유월절 규례(출 12:1–28)를 말씀하시고 다시 그 규례를 말씀하신 일(출 12:43–13:16), 레위인을 계수한 후 그들에게 회막에서 섬기는 임무에 관한 규정(민 3:21–37)을 주시고, 회막에서 일을 할 수 있는 자의 규정을 다시 자세히 설명하신 일(민 4:1–49) 등에서 나타난다.

78 개역개정판 성경에 '그니스'(קְנִזִּי)와 '그나스'(קְנַז)로 나타난다. 이것은 다른 이름이 아니라 동일한 이름이다. '그니스'는 민족을 의미하는 접미사 '이'(י)가 결합되었기 때문에 '그나스 사람' 또는 '그나스 족'이라고 해야 한다.

러한 대조를 통하여 불신의 위험과 믿음의 중요성을 보여 준다. 또 하나는 모세가 사십 년을 방황하게 될 것이라는 여호와의 말씀을 전하자 백성들이 가나안 땅으로 올라가려고 한 사건이다. 이들의 결심에 대하여 모세가 여호와께서 함께 하시지 않기 때문에 올라가지 말라고 경고하였는데도 그들은 올라갔고, 아말렉과 가나안인에게 패배했다(민 14:45). 이 이야기는 그들의 죄의 깊이와 그들이 하나님의 말씀을 이해하지 못했음을 보여 준다(Olson 1996, 85-86).

⑤ 여호와께 드리는 제물에 관한 규정(민 15:1-41)

올슨(Olson 1996, 90)은 민수기 15장의 제목을 "희망의 속삭임: 약속의 땅에서 생명의 규정과 안심시키기"라고 붙였다. 그는 반역과 불순종으로 혼란에 빠진 이스라엘에게 미래를 확신시키기 위해 율법을 주셨다고 보았다. 특히 율법의 효과를 경기의 전략을 점검하는 코치와 같고 완전히 패배한 이후에 잊어버렸던 기본적인 본질을 되새겨보는 것이라고 설명했다. 웬함(2012, 335)은 이와 같은 상황에서 "과연 이스라엘 백성들이 약속의 땅에 들어갈 수 있는가?"라는 의문을 품을 수 있는데 여기서 주어진 율법은 땅에 관한 약속이 실현됨을 확인해 주는 것이라고 했다. 이러한 관점에서 하나님이 이 율법을 주신 것은 이스라엘이 가나안에 들어가게 될 것을 보증하신 것이다. 그리고 이 율법은 민수기 13:1부터 시작된 정탐꾼들의 보고와 그에 따른 백성들의 반역에 관한 이야기의 결론이면서 새로운 시작을 잇는 다리 역할을 한다.

하나님이 정탐꾼 이야기에 이어 "너희는 내가 주어 살게 할 땅에 들어가서"(민 15:2)라고 말씀하심으로 땅에 관한 약속을 다시 확인해 주셨다. 이 율법은 제물을 드리는 규정(민 15:3-21), 죄 처리에 관한 규정(민 15:22-31), 안식일에 관한 규정(민 15:32-36), 하나님의 명령을 기억하게 하는 규정(민 15:37-40) 등으로 이루어져 있다.

• 제물을 드리는 규정(민 15:3-21): 여호와께서는 출애굽기와 레위기에서 이미 이 규정들을 주셨다. 하지만 소나 양을 제물로 드리는 규정은 레위기보다 더 자세하게 되어 있다. 그것은 화제로 소나 양을 번제나 서원을 갚는 제사나 낙헌제(=화목제)의 제물을 드릴 때 고운 가루 1/10에 기름 1/4힌(약 1L), 어린 양이면 전제로 포도주 1/4힌(약 1L), 숫양이면 소제로 고운 가루 1/10에 기름 1/3힌(약 1.3L),

화목제일 경우 수송아지와 소제로 고운 가루 3/10에바(약 6.6L)에 기름 1/2힌(약 2L), 전제로 포도주 1/2힌(약 2L) 등을 드리게 했다(민 15:3–10). 세부 규정처럼 보이지만 이 율법은 약속의 땅에서 곡식과 기름과 포도주를 풍성하게 주실 것을 보증해 준다. 특히 "그 땅의 양식을 먹을 때 … 너희의 처음 익은 가루 떡을 대대로 여호와께 거제로 드리라"(민 15:20–21)라고 말씀하셨다. 이것은 이스라엘이 비록 범죄하여 애굽에서 나온 20세 이상으로 계수된 자는 다 죽는다 할지라도 다음 세대는 들어가게 될 것을 보증하신 것이다. 그리고 이 율법은 이스라엘 백성들만 아니라 타국인에게도 동일하게 적용되었다(민 15:15–16). 이것은 누구든지 약속을 믿고 율법을 지키면 언약적 축복에 참여할 수 있다는 것이다.

• **죄 처리에 관한 규정(민 15:22–31):** 이 법은 레위기의 속죄제(레 4:1–5:13)와 속건제(레 5:14–6:7) 규정에도 나온다. 특히 '부지중에'(민 15:22, 24, 25, 26, 27, 28×2, 29) 지은 죄는 '고의로'(민 15:30) 지은 죄와 대조적으로 속죄제를 드려 사함을 받을 수 있는 길을 열어 주셨다. 이것은 가나안 땅에서 언제든지 하나님과 교제할 수 있는 길을 열어 주셨다는 것이다. 그리고 타국인에게도 동일하게 이 법을 적용했다(민 15:29). 그러나 그들이 고의로 율법을 범하면 여호와를 비방하고 멸시하는 자이기 때문에 백성들 가운데 끊어질 것이라고 경고했다(민 15:30–31).

• **안식일 규정(민 15:32–36):** 이 규정은 출애굽기 31:12–17에도 나온다. 여기에 기록된 내용은 이스라엘 자손들이 광야에서 안식일에 어떤 사람이 나무하는 것을 발견하였을 때 그 사람을 어떻게 처리해야 할 것인지에 대한 규정이다. 당시에 안식일을 범하는 사람을 어떻게 처리해야 하는지 자세한 규정이 없었던 것처럼 보인다. 그때 여호와께서 모세에게 그 사람을 죽이라고 하셨다(민 15:36). 안식일을 지킨다는 것은 언약 백성임을 나타내는 영원한 표징이다(출 31:17). 오늘날은 구약의 안식일을 지키지 않는다. 하지만 주일을 거룩하게 지키는 일은 우리가 그리스도 안에서 구속받은 자라는 것을 나타내는 표징이다.

• **하나님의 명령을 기억하게 하는 규정(민 15:37–40):** 여호와께서 옷단 귀에 술을 만들고 청색 끈을 그 귀의 술에 더하라고 하셨다(민 15:38). 여호와께서 이 규정을 주신 것은 여호와의 모든 계명을 기억하여 준행하고 방종하게 하는 자신의 마음과 눈의 욕심을 따라 음행하지 않도록 하기 위함이다(민 15:39). '음행하다'(זָנָה)라는 동사는 '창기처럼 행동한다'는 이미지(image) 언어로 이스라엘이 참신이신 하나

님이 아니라 다른 신들을 좇아 행할 때 사용하는 표현이다(Olson 1996, 99). 오늘날 신약 교회에서 이러한 규정은 없다 할지라도 예배와 성찬과 규칙적으로 성경을 읽는 일은 하나님의 백성으로 거룩하게 살도록 인도하는 중요한 장치이다.

민수기 15:1-41에 기록된 율법은 올슨(Olson 1996, 99)이 지적한 바와 같이 광야 세대가 불순종하고 반역하였는데도 새로운 세대의 백성들을 격려하고 안심시키는 말씀임을 보여 준다.

(3) 고라를 중심한 반역과 제사장의 직무(민 16:1-19:22)

민수기의 문학적 구조 가운데 하나는 어떤 사건이나 이야기가 있고 그와 관련된 율법을 설명하는 것이다. 이 문단에서는 고라와 다단과 아비람의 반역이 있고, 이 반역으로 말미암아 제사장의 직무와 역할과 관련된 율법을 설명한다.

① 고라의 반역과 심판(민 16:1-35)

레위의 증손인 고핫의 손자 고라와 르우벤 자손의 다단과 아비람과 온이 '당을 지어'[79] 반역했다. 그리고 총회에서 택함을 받은 자 가운데 이름 있는 지휘관 250명이 합세했다(민 16:1-2). 그들이 내세운 주장은 회중이 다 거룩하고 여호와께서 그들 가운데도 계시는데도 모세와 아론만 '스스로 높이는 것'[80]은 분수에 지나친 행동이라는 것이다(민 16:3). 이들의 주장 가운데 회중도 거룩하고 여호와께서 그들 가운데 계신다는 것은 사실이다. 하지만 웬함(2014, 337)이 지적한 것처럼 그들은 제사장과 그 직분의 핵심을 제대로 파악하지 못했다. 모세와 아론은 자기 스스로 높인 것이 아니다. 하나님이 직접 제사장들을 임명하시고 그들에게 제사장 직분을 주셨다. 하지만 그들은 직분의 차이를 이해하지 못했다. 그들이 왜 반역하였는지 구체적인 내용은 말하지 않았지만 두 가지 사실을 통하

79 개역개정판의 '당을 지어'라는 히브리어 동사 '라카흐'(לָקַח)는 문자적으로는 '취하다'라는 뜻으로 원문에는 목적어가 없다. 여러 영어 번역 성경도 이 단어를 다양하게 번역하였는데 우리 번역처럼 '당을 짓다'라고 이해하는 것이 좋다.

80 개역개정판에 '스스로 높이는 것'의 히브리어 '티트나서우'(תִּתְנַשְּׂאוּ)는 히트파엘형으로 재귀와 강조의 의미가 들어 있다.

여 알 수 있다. 하나는 모세가 "제사장의 직분을 구하느냐"라고 질문했다는 것이다. 또 하나는 이 사건 이후에 제사장과 레위인의 직무에 관한 율법을 주셨다는 것이다(민 18:1–19:22). 이로 볼 때 고라 자손의 반역은 제사장과 레위인의 갈등에서 비롯되었음을 알 수 있다.

모세는 고라와 그의 추종자들의 말을 듣고 엎드렸다(민 16:4). 모세가 엎드렸다는 것은 여호와께 기도했다는 것이다. 이때 하나님이 모세에게 응답하신 것으로 보인다. 왜냐하면 모세가 여호와의 지시 사항을 행동으로 옮기고 있기 때문이다. 모세는 고라와 모든 무리에게 여호와께서 자기에게 속한 자가 누구인지, 곧 거룩한 자가 누구인지 보이실 것이라고 했다(민 16:5). 그리고 고라와 그를 따르는 무리에게 향로를 가져다가 여호와 앞에서 불을 담고 향을 두게 했다. 그때 여호와께서 택하신 자는 거룩하게 될 것이라고 했다(민 16:6–7). 향로에 향을 피우는 일은 대제사장이 지성소에 들어갈 때 하는 의식이다(레 16:12–13). 그리고 모세는 사람을 보내어 다단과 아비람을 오게 하였으나 그들은 거부했다(민 16:12–14). 그러면서 그들은 모세를 가리켜 "네가 이 사람들의 눈을 빼려느냐"(민 16:14)라고 했다. 여기에 '눈을 뺀다'라는 말은 관용구로 '현혹시키다'라는 의미이고, 현대적으로 풀어 쓰면 '진실을 보지 못하게 하다'(throw dust in the eyes)라는 의미다(Milgrom 1990, 134). 그들은 모세를 백성들로 하여금 진실을 보지 못하게 하는 지도자로 보았다. 이 말에 대하여 모세는 "주는 그들의 헌물을 돌아보지 마옵소서 나는 그들의 나귀 한 마리도 빼앗지 아니하였고 그들 중의 한 사람도 해하지 아니하였나이다"(민 16:15)라고 했다. 언약 백성이 성소에서 헌물을 드리는 일이 하나님과 교제하는 방편이라면 "주는 그들의 헌물을 돌아보지 말라"는 모세의 말은 주께서 그들과 만나지 말아달라는 것이다. 이것은 언약 공동체에서 멸해달라는 것과 같다. 이것은 모세가 그의 위치를 부정하는 이들의 행동을 이스라엘 공동체를 해하는 일로 보았다는 것이다.

이 일로 말미암아 모세는 여호와의 말씀대로 고라와 그의 추종자들 250명에게 아론과 함께 향로를 들고 나오게 했다. 그리고 그들은 제각기 향로를 가져다가 불을 담고 향을 그 위에 얹고 모세와 아론과 더불어 회막 문에 섰다(민 16:16–18). 이때 고라는 온 회중을 회막 문에 모아 놓고 모세와 아론을 대적하려고 했다(민 16:19). 이 회중은 일반 백성을 포함할 수 있고, 고라를 따르는 무리일 수도 있다. 이때 여호와의 영광이 온 회중에게 나타났다(민 16:19). 그리고 여호와께서는 모세와 아론에게 이들을 멸하실 것이기 때문에 피하라고 하셨다. 이 말씀을 들은 모세는 회막으로 오기를 거부한 다단과 아비람에게 갔고, 그들 주위에 있는 회중에게 그들을 떠나고 그들의 물건을 아무것도 만지지 말라고 했다. 그러면서 땅이 입을 열어 그들과 그들의 모든 소유물을 삼켜 산 채로 스올에 빠지게 하면 이 사람들이 여호와를 멸시한 줄을 알게 될 것이라고 했다(민 16:30). 모세가 이 말을 마치자 땅바닥이 갈라져 고라와 그에게 속한 사람들과 재물을 삼켰다(민 16:31–33). 이 사건으로 말미암아 모세가 전한 말처럼 고라와 그를 따르던 사람들이 죽은 것은 여호와를 멸시한 것으로 증명되었다. 그리고 여호와께로부터 불이 나와 분향하는 250명을 불살라 죽였다(민 16:35). 그러나 이 본문에 언급되지 않았지만 고라의 아들들은 죽지 않았다(민 26:11). 왜냐하면 율법은 아버지는 자식들 때문에, 자식들은 아버지 때문에 죽임을 당하지 않고 각 사람은 자기 죄로 말미암아 죽임을 당할 것이라고 규정하고 있기 때문이다(신 24:16).

② 심판 이후의 조치 1: 향로(민 16:36–40)[81]

고라를 따르는 자들 가운데 향로를 들었던 250명의 지휘관들은 불로 죽었지만 향로는 남아 있었다. 비록 이들이 고라를 추종하여 따랐기 때문에 죽었지만 향로는 여호와께 드렸기 때문에 거룩하다. 여호와께서는 그 향로를 쳐서 제단을 싸는 철판을 만들어 이스라엘 자손에게 표가 되게 하라고 하셨다(민 16:38). 제단을 싸는 철판을 만들어 기념물이 되게 하신 목적은 아론 자손이 아닌 다른 사람은 여호와 앞에 분향하러 오지 못하게 하려는 것이다. 또한 고라와 그를 따르는 무리처럼 되지 않게 하려는 것이다(민 16:40). 눈으로 볼 수 있는 표징을 주어 믿음 생활에 도움을 주는 일은 민수기에서 중요하게 다루어지고 있다. 옷단 귀에 술을 다는 일(민 15:38–41)이나 아론의 지팡이(민 17:10) 등도 동일하게 기능한다. 그러나 그리스도께서 오신 이후에는 이러한 기념물을 필요로 하지 않는다. 왜냐하면 하나님이 성경을 주신 일과 그리스도께서 성찬을 제정해 주셔서 떡을 먹고 잔을 마실 때마다 주를 기념하고 주의 죽으심을 오실 때까지 전하게 하신 것(고

81 민수기 16:36–17:13은 히브리어 성경으로는 17:1–28이다. 이렇게 구분한 것은 민수기 16:36부터 새로운 문단으로 보았기 때문이다.

전 11:25–26) 외에 다른 기념될 만한 것을 주시지 않았기 때문이다.

③ 죽은 자들로 인한 백성들의 반역(민 16:41–50)

이튿날 이스라엘 자손의 온 회중이 고라와 그를 따르던 자들이 죽은 것에 대하여 모세와 아론을 원망하며 "너희가 여호와의 백성을 죽였다"(민 16:41)라고 했다. 이것은 회중들이 고라와 그를 따르는 자들이 죽은 것을 모세와 아론 때문이라고 보았다는 것이다. 이때 구름이 회막을 덮고 여호와의 영광이 나타나 백성들을 멸하려고 하시자 모세와 아론은 엎드렸다(민 16:45). 여호와께서 진노하셔서 역병이 시작된 상황에서 모세는 아론에게 향로를 가져다가 말하길 제단의 불을 담고 그 위에 향을 피워 회중들에게 가서 회중을 위하여 속죄하라고 했다(민 16:46). 아론이 모세의 명령을 따라 향로를 가지고 백성을 위하여 속죄하고 죽은 자와 산 자 사이에 섰을 때 염병이 그쳤다. 이 사건으로 죽은 자가 고라의 일로 죽은 자 외에 14,700명이었다(민 16:48). 이 사건은 아론의 직무를 비판하는 자들에게 그 직무의 정당성을 입증하고, 직무의 가치를 입증했다는 데 큰 의미가 있다(Wenham 1981, 139). 또한 고라와 그를 따르던 자들이 죽은 것이 모세와 아론의 책임이 아니라는 것을 보여 준다.

④ 심판 이후의 조치 2: 아론의 지팡이(민 17:1–13)

여호와께서 아론 자손의 제사장 직무에 대적하는 고라와 그의 추종자들을 심판하신 후에 제사장 직무의 중요성을 다시 확인해 주셨다. 그것은 제사장 직무는 그들 스스로 높이는 것이 아니라 하나님이 세우신다는 것을 새로운 증거를 주심으로 확증하고자 하신 것이다. 여호와께서 각 조상의 가문을 따라 지휘관의 지팡이 열둘을 취하고 그 사람들의 이름을 지팡이에 쓰되 레위의 지팡이에는 아론의 이름을 쓰라고 하셨다(민 17:2–3). 그리고 그 지팡이를 회막 안에서 여호와께서 당신의 백성들과 만나는 곳인 증거궤 앞에 두게 하셨다. 그렇게 하신 목적은 여호와께서 택한 자의 지팡이에 싹이 나서 이것으로 이스라엘 자손이 제사장에 대하여 원망하는 말을 그치게 하려는 것이다(민 17:5). 그러면 여호와께서 어떤 증거를 주실까?

이튿날 모세가 증거의 장막에 들어가 보니 레위 집의 아론의 지팡이에서 움이 돋고 순이 나고 꽃이 피어 살구 열매가 열렸다(민 17:8). 모세는 이 지팡이 전부를 여호와 앞에서 이스라엘 모든 자손에게 가져왔고 지휘관들은 각자의 지팡이를 집어 들었다. 이때 여호와께서 아론의 지팡이를 증거궤 앞으로 도로 가져가 거기에 간직하고 반역한 자들에게 표징이 되게 하여 여호와께 대한 원망을 그치고 죽지 않게 하라고 하셨다(민 17:10). 이것은 고라를 좇아 죽은 250명의 향로를 쳐서 제단을 싸는 철판을 만든 표징 이후 두 번째 표징이다. 이를 보고 백성들은 자신들이 죽게 되었다고 고백했다(민 17:12). 이러한 백성들의 반응은 특별한 기적을 보고 제사장 직무가 일반 레위인의 직무와 달리 하나님이 특별히 선택하신 직분이라는 것을 알게 한다. 그래서 죄를 지은 인간은 자기 마음대로 하나님 앞에 나갈 수 없고 반드시 하나님이 정하신 사람을 통하여 나갈 수 있다.

감사하게도 그리스도께서 이 세상에 오셔서 친히 대제사장이 되어 자신의 피를 가지고 들어가심으로 죄를 위하여 다시 제사를 드릴 필요가 없다(히 10:10-18). 그 결과 구약 시대에는 아론을 통하여 하나님의 성소에 나아가지만 신약 시대에는 그리스도를 통하여 하늘 성소로 들어가는 자유를 얻게 되었다(히 10:19-20). 그러나 구속받은 모든 성도가 하늘 성소로 왕래하는 자유를 얻었다고 해서 하나님의 계명을 지키지 않아도 되는 것은 아니다. 하나님이 정하신 법을 지켜 행하면서 하늘 성소로 가야한다.

⑤ 제사장과 레위인의 직무와 몫(민 18:1-32)

민수기 16:36부터 17:13에 기록된 사건은 하나님과 이스라엘 백성들 사이에 올바른 절차와 방법으로 임명된 중재자들이 있어야 한다는 것을 입증해 주었다. 민수기 18장은 제사장과 레위인의 임무와 특권에 대하여 정리해 주고 그들이 섬기는 일에 관한 보수로 받게 될 목록들을 제시한다(웬함 2014, 340). 일반적으로 하나님께서 모세에게 말씀하시고 모세가 아론과 백성들에게 전달해 주었다. 그러나 이때는 특이하게도 여호와께서 아론에게 직접 말씀하셨다(민 18:1, 8). 여호와께서 아론에게 "너와 네 아들들과 네 조상의 가문"(민 18:1)이라고 말씀하심으로 아론의 제사장직에 관한 말씀이라고 한정해 주셨다.

• **제사장과 레위인의 직무(민 18:1-7):** 제사장과 레위인의 직무를 정리하면, 제사장들은 성소 내부를 지켜야 하지만 레위인은 성소 바깥을 지켜서 자격을 갖추지

않은 사람이 들어가지 못하게 했다. 이것은 여호와의 진노가 미치지 않게 하려는 것이다(웬함 2014, 340). 성소 안에는 제사장들만 들어가 일할 수 있었다. 이들은 성소에 관한 죄와 제사장 직분에 관한 죄를 함께 담당해야 한다(민 18:1) 특히 제사장이 '죄를 담당한다'는 것은 모든 의식상의 오류에 대하여 형벌을 받아야 한다는 것을 의미한다(Budd 1984, 205). 여호와께서 제사장과 레위인의 직무를 구별하기 위하여 레위인을 선물로 주셔서 그들을 돕는 자로 세우셨다(민 18:6). 그리고 여호와께서 아론에게 제사장의 직분을 '선물'(מַתָּנָה)로 주셨다고 했다. 제사장 직분은 인간의 노력으로 얻어지는 것이 아니다. 하나님이 이러한 직분을 세우신 목적은 성소의 거룩을 보존하여 이스라엘 자손에게 여호와의 진노가 미치지 않게 하려는 것이다. 그래서 하나님이 이스라엘 공동체에 제사장 직분을 주신 것은 선물이다.

• **제사장의 몫(민 18:8–20):** 하나님이 아론에게 이스라엘 백성들이 거룩하게 한 모든 헌물을 주관하게 하시고 그것들을 아론과 그의 아들들에게 영구한 몫의 음식으로 주셨다. 특히 소제와 속죄제물과 속건제물 가운데 불사르지 아니한 것은 다 제사장의 몫으로 주셨다(민 18:8–10). 하나님은 아론의 자녀들 중에 정결한 자에게 백성들이 드리는 첫 소산물인 기름과 좋은 포도주와 곡식, 처음 태어난 소, 양, 염소 등의 고기도 주셨다(민 18:11–18). 이스라엘 자손이 드리는 모든 성물을 아론과 그의 자녀들에게 주시며 이것을 가리켜 '소금 언약'이라고 하셨다(민 18:19). 소금 언약이라는 표현을 사용한 것은 이 규례는 영원하며 어겨서는 안 되는 원리라는 것이다. 고대 사회에서 소금은 음식물을 오랫동안 보존하는 특성을 가지고 있기 때문이다(웬함 2014, 341).

• **레위인의 몫(민 18:21–24):** 여호와께서 레위인에게 이스라엘의 다른 지파가 드리는 십일조를 몫으로 주셨다. 그래서 그들에게는 이스라엘 자손 중에 기업이 없다(민 18:24). 다만 그들은 가나안 전 지역에 흩어져 있는 48개의 성읍만을 받는다(참조. 민 35:1–8). 그것은 여호와께서 그들의 기업이 되시기 때문이다.

• **레위인의 십일조(민 18:25–32):** 이 문단은 여호와께서 다시 모세에게 주신 말씀이다. 여호와께서 레위인에게 각 지파로부터 받은 몫인 십일조 중에서 십일조를 제사장에게 주라고 하셨다. 그리고 십일조를 드리고 남은 것도 동일한 비유적인 표현으로 타작 마당의 소출과 포도즙 틀의 소출같이 될 것이라고 하셨다(민

18:30). 이것은 십일조를 드리고 남은 것은 마치 다른 지파가 추수한 것과 같이 여기고 살라는 것이다. 이것이 레위인이 회막에서 일한 보수다(민 18:31).

제사장과 레위인에게 이러한 규례를 정한 것은 하나님이 그들의 직분의 차이와 더불어 그 일을 잘 할 수 있도록 보수를 정해 주신 것이다. 이들은 제사와 회막에서 봉사함으로 백성들의 안전과 행복을 위해 봉사한 것이다. 예수님과 바울은 이러한 규례를 복음의 일꾼들을 후원하는 것과 연결시켰다(마 10:5-15; 눅 10:1-12; 고전 9:13-14; 딤전 5:17-18).

⑥ 부정을 씻는 의식(민 19:1-22)

신학적으로 이스라엘은 제사장과 레위인과 일반인으로 구분할 수 있다. 민수기 18장은 제사장과 레위인에 관한 내용이라면 19장은 일반인의 정결에 관한 율례라고 할 수 있다(Wenham 1981, 145). 이 장은 일반인이 시체를 만졌거나 가까이한 자들의 정결 의식을 다루고 있다.

• **정결하게 하는 재를 만드는 방법(민 19:1-10):** 여호와께서 모세와 아론에게 말씀하시기를 이스라엘 자손이 온전하고 흠이 없고 아직 멍에를 메지 아니한 붉은 암송아지를 그들에게로 끌어오게 하셔서 모세로 하여금 엘르아살에게 주게 하셨다. 엘르아살은 그 송아지를 여호와의 목전에서 잡아서 손가락으로 그 피를 찍고 그 피를 일곱 번 뿌리고 그 암소를 불살라야 했다. 그리고 정결한 자가 붉은 암송아지 재를 부정을 씻는 물을 위해 간직하게 했다.

• **정결하게 하는 절차(민 19:11-22):** 사람의 시체를 만진 자, 장막에서 사람이 죽었을 때 장막에 들어가는 자, 들에서 칼에 죽은 자나 시체나 뼈를 만진 자 등은 부정한 자이다(민 19:11, 14, 16). 부정한 자들이 자신을 정결하게 하지 않은 것은 성소를 더럽히는 행동이다. 또한 이들은 회중 가운데서 끊어질 것이다(민 19:13, 20). 그러므로 제사장이 아니더라도 정결한 자라면 누구나 우슬초에 정결하게 하는 물을 적셔 장막과 기구와 거기에 있는 사람들에게 뿌리되, 특히 셋째 날과 일곱째 날에 부정한 자에게 뿌려 정결하게 해야 한다(민 19:18-19).

이러한 의식을 제정한 것은 하나님의 성소에서 거룩하신 하나님과 교제하는 자들은 정결해야 하기 때문이다. 더구나 붉은 암송아지 재를 두어 부정을 씻는 물을 위해 간직하여 진영 밖 정한 곳에 두게 한 것은 누구든지 하나님과 교제케 하려는 하나님의 배려다. 그러나 신약 시대에는 이러한 의식을 행할 필요가 없다. 왜냐하면 그리스도의 피를 암송아지의 재와 비교하며 그 피가 우리의 양심을 죽은 행실에서 깨끗하게 하여 살아 계신 하나님을 섬기는 것이 가능하게 되었기 때문이다(히 9:13–14).

3. 약속의 땅에 들어가기 위한 새로운 준비(민 20:1-36:13)

이 문단은 이스라엘 백성들이 광야 생활 40년 중에 마지막 열 달(민 20:1–36:13; 33:38; 신 1:3) 동안 있었던 사건을 기록하고 있다. 민수기 20:1에 '첫째 달에' 이스라엘 온 회중이 신 광야에 이르렀을 때에 미리암이 죽은 사실을 기록하고 있다. 이 첫째 달의 연도가 언급되지 않았지만 애굽 땅에서 나온 지 40년 다섯 번째 달에 죽은 아론의 배경과 일치한다고 볼 수 있다(참조. 민 33:38–39). 40년의 광야 생활 중 마지막 열 달 동안의 사건은 약속의 땅에 들어가기 위한 새로운 준비 과정이다.

내용 분해

(1) 가데스의 사건(민 20:1–21)
(2) 호르산에서 있었던 사건(민 20:22–21:3)
(3) 광야의 놋뱀(민 21:4–9)
(4) 요단 동쪽을 점령함(민 21:10–35)
(5) 발람과 발락 그리고 이스라엘(민 22:1–25:18)
(6) 두 번째 인구 조사(민 26:1–65)
(7) 새로운 세대를 위한 율법 규정(민 27:1–30:16)
(8) 미디안과 전쟁함(민 31:1–54)
(9) 요단 동쪽 지파들에게 분배한 땅(민 32:1–42)
(10) 애굽에서부터 모압 평지까지의 노정(민 33:1–49)
(11) 가나안 땅의 분배와 관련된 율법 규정(민 33:50–36:13)

내용 해설

(1) 가데스의 사건(민 20:1–21)

이스라엘 온 회중이 신(צִן) 광야에 이르고(בּוֹא) 이 안에 있는 가데스에 머물렀다(יָשַׁב).[82] 이 신 광야는 네겝 아래에 있는 지역으로 12명의 정탐꾼이 가데스에 머물며 맨 먼저 정탐하기 위하여 올라갔던 곳이다(민 13:21).[83] 이곳에서 미리암의 죽음(민 20:1), 백성들의 반역과 모세와 아론의 죄(민 20:2–13), 에돔이 이스라엘이 지나가기를 거절하는 사건(민 20:14–21) 등이 있었다.

① 미리암의 죽음(민 20:1)

미리암은 모세의 누이다. 그녀는 태어난 지 석 달이 된 모세를 갈대 상자에 넣어 나일 강에 놓았을 때 지켜보다가 모세의 어머니를 유모로 소개했다(출 2:4–8). 그리고 여선지자이기도 하였기 때문에 지도적인 위치에 있었을 것이다(출 15:20–21). 미리암(מִרְיָם)의 헬라어 표기가 마리아(μαρια, Maria)라는 점을 고려한다면 그녀는 이스라엘 사회에 선한 영향을 미친 것으로 볼 수 있다(마 1:16; 막 6:3 등). 그녀는 광야 생활 40년 첫째 달에 죽었다. 이것은 여기서부터 기록된 내용이 광야 40년간 가운데 마지막 1년간의 사건을 기록하고 있다는 것을 보여 준다.

② 백성들의 반역과 모세와 아론의 죄(민 20:2–13)

이스라엘 백성들이 물이 없으므로 모여서 모세와 아론을 공박했다(민 20:2). 개역개정판 번역에 따르면 단순히 백성들이 모세와 아론에게 모여들어 다투는 것처럼 보이지만 원문의 의미는 모세와 아론에 대항하여 모인 것이다.[84] 그들은 모

82 개역개정판에는 신(צִן) 광야와 가데스에 이른 것으로 되어 있어 두 지역 사이의 개념을 모호한데, 원문의 의미는 신 광야에 이르고, 가데스에 머물렀다는 뜻이다.

83 이 지역은 출애굽 이후 엘림과 시내산 사이에 있고, 만나와 메추라기를 내리기 시작했던 '신'(סִין) 광야와 다르다(출 16:1; 17:1; 민 33:11, 12).

84 개역개정판에 민수기 20:2의 '모세와 아론에게로'라는 히브리어 본문은 '알 모세 버알–아하론'(עַל־מֹשֶׁה וְעַל־אַהֲרֹן)이다. 여기에 전치사 '알'(עַל)은 '대항하여', '반대하여' 등으로 번역하는 것이 본문의 의미와 잘 어울린다.

세와 아론에게 대항하지만 실상은 여호와를 대적하는 것이다. 그들은 모세와 아론에게 "너희가 어찌하여 우리를 애굽에서 나오게 하여 이 나쁜 곳으로 인도하느냐 …"(민 20:4)라고 말했다. 이때 모세와 아론이 회중을 떠나 회막 문에 엎드리자 여호와의 영광이 나타났다. 여호와께서 모세에게 지팡이를 가지고 가서 회중을 모으고 그들의 목전에서 반석에게 명령하여 물을 내라고 하셨다(민 20:8). 이 명령은 출애굽 당시 르비딤에서 반석을 쳐서 물을 내게 하였던 것과 다르다(출 17:6).

모세는 회중을 그 반석 앞에 모으고 "반역한 너희여 들으라 우리가 너희를 위하여 이 반석에서 물을 내랴"(민 20:10)라고 하며 반석을 두 번 쳐서 물이 나오게 하여 회중들과 짐승이 마시게 했다(민 20:11). 그런데 여호와께서 이러한 모세와 아론의 행동에 대하여 "너희가 나를 믿지 아니하고 이스라엘 목전에서 내 거룩함을 나타내지 아니한 고로 너희는 이 회중을 내가 그들에게 준 땅으로 인도하여 들이지 못하리라"(민 20:12)라고 하셨다. 해설자는 이 사건의 의미를 "이스라엘 자손이 여호와와 다투었으므로 이를 므리바 물[85]이라 하더라 여호와께서 그들 중에 거룩함을 나타내셨더라"(민 20:13)라고 설명했다. 이 설명을 볼 때 여기서의 사건은 이스라엘은 여호와와 다투고 여호와께서는 그의 거룩함을 나타내신 사건이라는 것이다. 백성들이 여호와와 다투었을 뿐만 아니라 모세와 아론도 예외가 아니라는 것을 보여 준다. 그리고 모세와 아론이 여호와의 거룩함을 나타내지 아니한 것을 상기시킨다. 시편 95:8에 "너희는 므리바에서와 같이 또 광야의 맛사에서 지냈던 날과 같이 너희 마음을 완악하게 하지 말지어다"라고 함으로 이 역사를 거울로 삼아 하나님을 거역하는 일의 위험을 설명한다. 히브리서 저자도 이 역사를 거울로 삼아 안식에 들어가려면 하나님의 말씀을 믿고 순종하는 일이 중요하다는 것을 교훈한다(히 4:7–11).

가데스에서 있었던 이 사건은 모세가 약속의 땅에 들어가지 못한 이유를 설명해 준다. 이 사건은 수수께끼와 같다. 왜냐하면 모세와 아론이 치명적인 잘못을 범한 것이 아닌데도 하나님께서 그들을 가나안에 들어가지 못하게 하셨기 때문이다. 하지만 하나님은 "너희가 하나님을 믿지 아니하고 이스라엘 자손의 목전에서 내 거룩함을 나타내지 아니한 고로"(민 20:12)라고 말씀하셨다. 그리고 이

---

85 므리바 물(מֵי מְרִיבָה)은 '다툼의 물'이라는 뜻으로 출애굽기 17:7의 '맛사와 므리바'라고 부른 것과는 다르다.

스라엘 역사를 배경으로 쓴 시에서 "모세가 그의 입술로 망령되이 말했다"(시 106:33)라고 했다. 하나님이 모세와 아론이 하나님을 믿지 못했다고 하셨을 때 그들이 무엇을 믿지 못했는지는 불분명하다. 웬함(Wenham 1981, 150)은 모세가 여호와의 명령을 온전히 수행하지 못한 것을 정탐꾼들이 하나님의 약속을 믿지 못하였기 때문에 비관적인 반응을 보인 일과 같은 것으로 보았다(민 14:11). 그리고 모세는 "우리가 너희를 위하여 이 반석에서 물을 내랴"(민 20:10)라고 말하므로 하나님의 거룩을 드러내지 못했다. 그러나 하나님은 모세와 아론을 가나안에 들어가지 못하게 하심으로 그들 중에 그 거룩함을 나타내셨다(민 20:13).[86] 붓드(Budd 1984, 219)는 이 지명이 원인론적 역할(etiological play)을 한다고 보았다. 이 말은 이 사건 때문에 이 지명이 생겨났다고 보기 때문이다.

모세와 아론은 하나님의 말씀을 믿지 못했을 뿐만 아니라 여호와의 거룩을 드러내지 못한 죄로 말미암아 가나안에 들어가지 못했다. 모세는 이 사건을 회상하며 요단 저쪽에 있는 아름다운 땅과 레바논을 보게 해 달라고 여호와께 여러 번 간청한 것으로 보인다. 하지만 여호와께서 이스라엘 백성들로 말미암아 모세에게 진노하신 것으로 설명하면서 "그만해도 족하니 이 일로 다시 내게 말하지 말라"라고 말씀하셨다(신 3:25). 백성들의 반역 때문에 모세는 가나안에 들어가지 못했지만 하나님은 반역한 이스라엘 백성들에게 물을 주시며 가나안에 들어가게 하셨다. 이 점은 설명할 수 없는 수수께끼 같은 일이지만 지도자라 할지라도 하나님의 말씀을 믿지 못한다면 이 땅에서 은혜가 제한될 수도 있음을 보여 준다. 이 사건은 오늘날 목사를 비롯한 교회의 지도자들에게 엄중한 경고가 된다(신득일 2014, 208). 직분자들은 자신의 영광을 드러내기보다는 끝까지 주님을 경외하며 정당하게 직분을 수행하면서 여호와의 영광과 그의 거룩함을 드러내어야 한다.

③ 에돔이 이스라엘이 지나가기를 거절하는 사건(민 20:14-21)

모세가 가데스에서 에돔 왕에게 사람을 보내어 에돔 땅을 통과할 수 있게해 달라고 요청했다. 밭이나 포도원으로 가지 않고 우물물도 마시지 않고 왕의 큰

86 여기서 '여호와께서(그가) 그들 중에 거룩함을 나타내셨더라'(와이카데에쉬 밤, וַיִּקָּדֵשׁ בָּם)는 말씀은 이 사건이 일어난 지명인 '가데스'(קָדֵשׁ, 거룩한 사람 또는 거룩한 곳)와 언어유희를 이루고 있다(Wenham 1981, 151).

길로만 갈 것이라고 했다(민 20:14–17). '왕의 큰 길'은 오늘날에도 '왕의 대로'로 알려진 길이다. 이 길은 다마스커스와 아라비아를 잇는 무역로다(Wenham 1981, 152). 모세가 에돔 왕에게 요청할 때 '당신의 형제'(민 20:14)라고 말했다. 실제로 에돔은 야곱의 형 에서로부터 시작된 나라이기 때문이다(창 36:31–39). 그리고 모세는 에돔 왕에게 이스라엘이 애굽에서부터 지금까지의 역사를 설명하며 통과하게 해 줄 것을 요청했다(민 20:15–16). 그런데도 에돔 왕은 많은 백성들을 거느리고 나와서 막음으로 모세와 이스라엘은 돌아갈 수밖에 없었다(민 20:20–21).

(2) 호르산에서 있었던 사건(민 20:22–21:3)

이 문단에는 호르산에서 아론이 죽고 엘르아살이 대신하여 대제사장직을 계승하는 사건(민 20:22–29)과 호르마를 정복한 사건(민 21:1–3)이 기록되어 있다.

① 아론의 죽음과 엘르아살의 대제사장직 계승(민 20:22–29)

이스라엘 자손이 가데스를 떠나 호르산에 이르렀다. 여기서 하나님은 아론은 조상들에게로 돌아가게 하시고 아론의 옷을 벗겨 엘르아살에게 입히라고 말씀하셨다(민 20:23–26). 그리고 이 말씀대로 모세가 아론의 옷을 벗겨 엘르아살에게 입힌 후에 아론은 그 산꼭대기에서 죽었다(민 20:28). 민수기 33:38–39에 따르면 아론은 출애굽한 후 40년 다섯째 달 초하루에 죽었다. 그때 그의 나이는 123세였다(참조. 출 7:7). 아론이 가나안에 들어가지 못하고 죽은 것은 므리바 물에서 여호와의 말씀을 거역하였기 때문이다(민 20:24).

아론이 죽은 후에 그의 옷을 엘르아살에게 입혔다. 이것은 대제사장 직분을 계승한다는 것을 의미한다. 대제사장은 이스라엘 백성들의 죄를 대신하여 중보하는 사역을 하기 때문에 매우 중요한 직분이다. 그래서 아론의 자손만이 그 직분을 담당했다. 그러나 구약의 제사장직으로 말미암아서는 온전함을 얻을 수 없기 때문에 멜기세덱의 반차를 따르는 한 제사장 곧 예수 그리스도를 세우셨다(히 7:11). 그래서 우리는 그리스도를 통하여 하나님에게 가까이 갈 수 있는 은혜를 받게 되었다(히 7:19).

② 호르마를 정복한 사건(민 21:1–3)

네겝에 거주하는 가나안 사람 아랏의 왕이 이스라엘이 아다림 길로 온다는 정보를 듣고 이스라엘을 쳐서 몇 사람을 사로잡아 갔다(민 21:1). 이때 이스라엘이 여호와께 서원하여 이 백성을 넘겨 주시면 다 멸망시키겠다고 했다. 하나님은 이스라엘의 목소리를 들으시고 가나안 사람들을 넘기셨다. 그래서 그 땅을 정복하고 그곳의 이름을 '호르마'라고 했다(민 21:2–3). '호르마'(חָרְמָה)는 멸망 또는 파괴라는 뜻이다. 과거 정탐꾼의 부정적인 보고로 죽음을 당한 이후에 이스라엘 백성들이 하나님의 허락도 없이 가나안을 정복하려고 하다가 패배했던 곳이다(민 14:36–45). 후에 여호수아가 정복한 나라의 명단에 호르마가 들어가 있다(수 12:14). 이것은 이스라엘이 호르마에서 얻은 승리는 하나님을 의지하고 나갈 때 약속의 땅을 차지할 수 있다는 것을 보여 주는 의미있는 사건이다.

(3) 광야의 놋뱀(민 21:4–9)

이스라엘 백성들이 호르산에서 출발하여 홍해 길을 따라 에돔 땅을 우회하려 했다. 왜냐하면 에돔 왕이 이스라엘이 자기 땅을 지나는 것을 거절하였기 때문이다(민 20:21). 홍해 길은 염해와 엘랏만 사이를 잇는 길인데 이 길로 말미암아 백성들의 마음이 상했다(민 21:4). 개역개정판에 '마음이 상했다'라는 말씀은 NIV 번역처럼 '인내심이 없다'라고 번역하는 것이 더 좋다.[87] 그들은 홍해 길로 가는 것 때문에 다시 하나님과 모세를 향하여 원망했다. 호르산에서 하나님의 말씀대로 승리를 얻은 것을 다 잊은 듯이 말했다. 그리고 광야에서 초자연적인 방식으로 하늘로부터 내린 음식인 만나(출 16:4; 시 78:24–25; 105:40; 요 6:31)를 '하찮은 음식'이라고 하였고, 이 음식을 '싫어한다'고 말했다(민 21:5). 그들은 지난 40년간 하나님이 베풀어 주신 은혜를 다 잊은 것처럼 말하고 행동했다.

하나님은 이렇게 원망하는 백성들에게 불뱀을 보내셨다. 불뱀이라고 부른 것은 독이 있는 뱀에게 물렸을 때 불에 덴 것과 같은 통증을 느끼기 때문이다(Gray 1903, 277–278; Budd 1984, 234). 모세는 이 광야를 불뱀과 전갈이 있는 위험한 곳이

87 '마음이 상하다'는 히브리어로 '틱차르 네페쉬'(תִּקְצַר נֶפֶשׁ)인데 '틱차르'(תִּקְצַר)의 어근은 '짧다'는 의미의 '카차르'(קָצַר)에서 왔다.

라고 한 바가 있다(신 8:15). 하나님은 원망하는 이스라엘 백성들에게 원래 이곳에 서식하던 불뱀을 보내어 백성들을 물게 하셨고, 그 결과 죽은 자들이 많았다(민 21:6).

이때 백성들은 여호와와 모세를 향하여 원망하는 죄를 범했다고 말하며 모세에게 여호와께 기도하여 이 뱀들이 떠나게 해 달라고 간청했다(민 21:7). 모세가 백성들을 위하여 기도하자 여호와께서 놋뱀을 만들어 장대에 매달라고 하시며 물린 자마다 그것을 보면 살 것이라고 하셨다. 뱀에게 물린 자가 이 놋뱀을 쳐다보면 모두 살았다(민 21:9). 이것은 이성적인 사고로는 이해가 되지 않는 일이다. 하지만 믿고 놋뱀을 쳐다본 자들은 살았다. 이 상황에서 '놋뱀을 보는 것'은 믿음과 순종이 따라야 하기 때문에 공동체와 개인의 책임이다. 그리고 하나님이 이러한 처방을 주신 의미가 무엇인지 예수님은 유대인의 선생인 니고데모와의 대화 중에 말씀해 주셨다. "모세가 광야에서 뱀을 든 것 같이 인자도 들려야 하리니 이는 그를 믿는 자마다 영생을 얻게 하려 하심이니라."(요 3:14–15) 예수님은 놋뱀을 쳐다보는 일을 구원을 위하여 십자가에 달린 그리스도를 쳐다보는 일과 연결시켰다. 누구든지 놋뱀을 쳐다보는 자는 살았듯이 예수님의 십자가를 바라보는 자는 생명을 얻는다.

모세가 만들었던 놋뱀 자체가 능력이 있는 것은 아니다. 그런데 역사적으로 모세가 만들었던 놋뱀은 이스라엘 백성들에게 우상 숭배의 대상이 되었다. 그래서 히스기야(주전 715–687)는 백성들이 거기에 분향하는 것을 보고 그것을 깨뜨렸다. 그리고 그것을 '느후스단'(נְחֻשְׁתָּן)이라고 불렀다(왕하 18:4). 이것은 개역개정판 난외주에 있는 것처럼 단순히 '놋 조각'이라는 뜻이다.

(4) 요단 동쪽을 점령함(민 21:10–35)

① 모압 평지에 이르게 됨(민 21:10–20)

불뱀 사건 이후에 이스라엘 백성들은 염해의 동쪽인 오봇, 이예 아바림, 세렛 골짜기, 아르논 강 건너편에 진을 쳤다. 아르논 강가에 진을 친 일에 대하여 '여호와의 전쟁기'에 있는 내용을 인용함으로 모압의 경계에 이르렀음을 보여 준다. 그리고 거기에서 떠나서 브엘, 맛디나, 나할리엘, 바못을 지나 모압 들(מוֹאָב

שְׂדֵה, 모압 평지)에 이르게 되었다(민 21:20). 그리고 광야가 내려다보이는 비스가 산 꼭대기에 이르렀다. 저자가 이러한 여정을 빠르게 소개하는 것은 40년의 광야 생활을 마치고 약속의 땅에 들어갈 때가 임박했음을 보여 준다.

② 아모리와 바산을 정복함(민 21:21-35)

모압 평지에서 이스라엘은 아모리 왕 시혼에게 사자를 보내어 그 땅을 통과할 수 있게 해 줄 것을 요청하였으나 시혼은 거절했다. 이뿐만 아니라 그는 그의 백성들을 거느리고 이스라엘을 쳤다(민 21:21-23). 이스라엘은 이 전쟁에서 아르논에서 얍복 강까지 점령했다. 그리고 이스라엘이 그 모든 성읍을 빼앗고 아모리 왕 시혼의 도성인 헤스본과 시혼이 그 전에 모압을 쳐서 빼앗은 아르논까지 그 모든 성읍에 거주했다(민 21:24-26). 이 특별한 사건에 대하여 시인은 정복한 땅에 대하여 노래를 지어 불렀다(민 21:27-30). 이 노래는 이곳이 어떻게 이스라엘의 기업이 되었는지를 알려 준다. 그리고 이스라엘은 아모리인의 땅에 거주했다(민 21:30).

이스라엘이 거기에서 돌이켜 바산 길로 올라가자 바산 왕 옥이 그의 백성을 거느리고 나와 에드레이에서 싸우려고 했다. 이때 하나님이 옥과 그의 백성을 이스라엘에게 넘기셨다고 말씀해 주셨다. 이스라엘은 그 말씀을 듣고 바산을 점령했다(민 21:33-35).

모세는 신명기에서 아모리 왕 시혼과 바산 왕 옥을 쳐서 얻은 성읍을 자세히 설명하였고, 여호수아에게 아모리와 바산을 점령한 사건의 의미를 설명했다(신 2:26-3:22). 그것은 하나님이 이 두 왕에게 행하신 모든 일을 네 눈으로 본 것과 같이 남아 있는 모든 나라도 그와 같이 하신다는 것을 알게 하려는 것이다. 신명기에서 해설자가 이 사건을 설명할 때 특히 바산의 왕이 르바임 족속의 남은 자이고 그의 침상은 길이가 9규빗(4.25m)이고, 너비가 4규빗(1.8m)이라고 했다(신 3:11). 이러한 설명은 바산 왕 옥이 거인족이며 그가 다스린 나라가 강대했지만 하나님이 함께하심으로 승리했다는 것을 보여 준다.

출애굽 연대를 주전 1446년으로 받아들인다면 아모리 왕 시혼이 멸망한 것은 1406년이 된다. 왜냐하면 이때가 광야 40년 생활이 거의 끝나고 아론이 죽은 후이기 때문이다(민 20:28; 33:38). 후에 사사 입다가 암몬과 전쟁할 때 하나님이 아모리 족속의 왕 시혼을 넘겨 주신 이후 300년을 거주했다고 말했다(삿 11:21-22,

26). 이것은 입다가 이 말을 한 때가 주전 1106년이라는 것을 알게 하여 입다와 삼손이 언제 활동하였는지 보여 준다(Howard 1993, 103).

(5) 발람과 발락 그리고 이스라엘(민 22:1-25:18)

이 문단은 모압 평지에서 일어난 사건으로 모압 왕 발락이 발람을 불러 이스라엘을 저주하려 하지만 발람이 그의 의도와는 달리 이스라엘을 축복하는 내용을 담고 있다. 이 이야기는 아이러니한 내용이지만 문학적 구성이 뛰어나고 신학적으로 심오하다(Wenham 1981, 164). 이 구조는 삼중적인 반복으로 이루어져 있다(민 22:28, 32, 33). 나귀가 여호와의 사자를 세 번 피하려고 한 일(민 22:23, 25, 27), 발람이 모압에 도착하기 전에 여호와의 사자를 세 번 만난 일(민 22:12, 20, 22-35) 등이다. 세 가지 메시지씩 두 개의 단위로 구분하여 여섯 가지의 행동을 기록하고 있다(민 22:7-14, 15-20, 21-35, 41-23:12, 13-26, 27-24:25). 이 구조를 도식화하면 다음과 같다(Wenham 1981, 166).

민 22:2-14		**1-2일**
	민 22:2-6	서론: 발락이 발람에게 사람을 보냄
	민 22:7-14	발람이 여호와를 만남(1)
민 22:15-35		**3-4일**
	민 22:15-20	발람이 여호와를 만남(2)
	민 22:21-35	발람이 여호와를 만남(3)
	민 22:22-23	나귀가 여호와의 사자를 봄(1)
	민 22:24-25	나귀가 여호와의 사자를 봄(2)
	민 22:26-35	나귀가 여호와의 사자를 봄(3)
민 22:36-24:13		**5-6일**
	민 22:36-40	서론: 발락이 발람을 맞이함
	민 22:41-23:12	발람이 이스라엘을 축복함(1)
	민 23:13-26	발람이 이스라엘을 축복함(2)
	민 23:27-24:13	발람이 이스라엘을 축복함(3)
민 24:14-25		**발람의 네 번째 예언**

① 발락의 초청과 발람의 행동(민 22:1–35)

십볼의 아들 발락은 이스라엘이 아모리에게 행한 일을 보았기 때문에 이스라엘을 두려워했다(민 22:2–3). 그래서 발락은 브올의 아들 발람에게 사신을 보내어 그로 하여금 이스라엘을 저주하게 하려고 했다. 그는 그가 복을 비는 자는 복을 받고 저주하는 자는 저주를 받는 능력 있는 자로 알려져 있다(민 22:6).

모압 장로들과 미디안 장로들은 복채[88]를 가지고 발람에게 가서 발락의 말을 전했다(민 22:7). 발람은 발락의 초청을 받고, 그 초청을 받아들이는 과정에서 하나님의 사자(하나님)와 세 번 만난다. 첫 번째 만남은 발락이 보낸 사자들이 발람의 집에 유숙할 때이다. 이때 여호와께서 그들이 왜 왔는지를 묻고는 그들과 함께 가지도 말고, 이스라엘은 복을 받은 자이기 때문에 저주하지 말라고 하셨다(민 22:11–12). 두 번째 만남은 발락이 더 높은 고관을 보내어 크게 존귀하게 하고 발람이 말하는 것은 무엇이든지 시행할 것이라는 말을 들은 후이다. 이 만남에서 여호와께서는 발람에게 가라고 하시며 '내가 네게 이르는 말만' 하라고 하셨다(민 22:20). 그런데 여호와께서 가라고 하셔서 고관들과 함께 가는 도중에 그가 타고 있던 나귀가 여호와의 사자를 세 번이나 보고 특이한 반응을 보인 사건이 있었다. 세 번째 만남은 이 특이한 사건이 세 번 있은 후에 있었다. 이때 여호와께서 발람에게 다시 '내가 네게 이르는 말만' 하라고 하셨다(민 22:35). 이 이야기의 구조는 다음과 같다.

- 발람과 여호와의 첫 번째 만남(민 22:7–14)
- 발람과 여호와의 두 번째 만남(민 22:15–20)
  - 나귀가 여호와의 사자를 첫 번째 봄(민 22:21–23)
  - 나귀가 여호와의 사자를 두 번째 봄(민 22:24–25)
  - 나귀가 여호와의 사자를 세 번째 봄(민 22:26–30)
- 발람과 여호와의 세 번째 만남(민 22:31–35)

여호와께서 처음에 발람에게 발락에게 가지 말라고 말씀하셨는데, 두 번째는

88 복채는 히브리어로 '케셈'(קֶסֶם)인데 점치는 도구를 말한다. 의미상 '점치는 일에 대한 대가'로 의역하는 것이 좋다. NIV는 the fee for divination으로 번역했다.

왜 가라고 하셨을까? 그 답은 발람과 여호와의 만남 사이에 끼여 있는 나귀가 여호와의 사자를 보는 삽화(揷話, episode)에 있다. 이러한 구조를 통하여 저자는 발람과 나귀 사이의 유비를 만들어 낸다. 발람이 자기 말을 안 듣는 나귀에게 분노한 것처럼 하나님도 자신의 뜻을 알고 있으면서도 따르지 않는 발람에게 분노하신다는 것을 보여 준다(박철현 2009, 324). 또한 이 삽화(揷話, episode)는 발람이 영적으로 눈이 먼 것과 무능력함을 드러낸다. 발람의 나귀는 길에 서 있는 여호와의 사자를 보았는데도 그는 보지 못하고 있기 때문이다. 더구나 동물들의 이상한 습관은 메소포타미아에서 일종의 징조로 간주되었는데도 그는 인식하지 못하였기 때문이다(Wenham 1981, 170). 심지어 나귀가 말을 하지 않는가(민 22:28-30)? 나귀의 행동과 말은 발람이 직면하게 될 문제를 예상케 한다. 나귀는 여호와의 사자의 칼이나 발람의 막대기 사이에 세 번이나 걸렸다. 즉, 발람은 세 번이나 발락의 요구와 하나님의 금지 사이에 걸릴 것이다. 이 특이한 사건 이후에 발람은 여호와께 불순종하면 죽는다는 것을 알아야 했다. 그래서 그는 발락의 요구보다 하나님의 말씀을 선포해야 했다(Wenham 1981, 171). 그렇지 않으면 하나님이 그를 어떻게 하실 것인지 예상하게 만든다.

② 발람이 이스라엘을 축복함(민 22:36-24:13)

발락은 발람이 온다는 소식을 듣고 그에게 "내가 어찌 그대를 높여 존귀하게 하지 못하겠느냐"라고 하며 부귀와 영화를 약속한다(민 22:37). 그러나 이미 발람은 여호와와 만나서 여호와께서 그에게 이르는 말만 해야 한다는 사실을 알고 있었기에 하나님이 주시는 말씀만 할 수 있다고 말한다(민 22:38). 나귀 이야기에서 미리 예상한 것처럼 나귀가 발람과 여호와의 사자 사이에 끼였듯이 발람은 축복하고자 하는 하나님의 뜻과 저주하고자 하는 발락의 욕망 사이에 끼여 있다(벨링거 2016, 371). 이 관계 사이에서 발람은 이스라엘을 향한 축복을 예언한다. 각각의 예언은 다음의 요소로 세 번 반복해서 나타난다.

A 발락이 발람을 이스라엘이 내려다보이는 높은 곳으로 인도함(민 22:41; 23:13, 27-28)

B 발락이 일곱 제단을 쌓고 수송아지와 숫양 일곱을 드림(민 23:1-2, 14, 29-30)

C 발람이 발락을 떠나 다른 곳에서 하나님에게 물음(민 23:3, 15, 세 번째는 떠나 지 않음)

D 발람이 여호와께로부터 받은 이스라엘을 축복하는 예언을 발락에게 전함 (민 23:7–10, 18–24; 24:3–9)

E 발락이 예언을 듣고 보인 반응(민 23:11–12, 25; 24:10–11)

F 발람이 여호와께서 하신 말씀을 전해야 한다고 말함(민 23:12, 26; 24:12–14)

이 중에 발람이 여호와께로부터 이스라엘을 축복하는 예언을 받아 발락에게 전하는 내용이 관심을 끈다.

• **첫 번째 축복(민 23:7–10):** 이스라엘 백성을 여러 백성 중의 하나로 여기지 않을 것이고, 그들은 야곱의 티끌을 아무도 능히 셀 수 없을 만큼 번성할 것이다.[89] 그래서 발람 자신도 야곱처럼 되기를 바라는 내용으로 예언을 마친다.

이 축복은 이스라엘이 하나님의 복을 받은 백성이고 일반 백성들과는 구별된 민족이라는 것이다. 이것은 아브라함과 맺은 언약(창 12:1–3; 13:16)과 시내산 언약에서 하나님이 그들을 사랑받는 백성이요 제사장 나라와 거룩한 백성으로 삼으셨다는 것을 상기시킨다(출 19:6). 이 말씀은 바로 이 백성을 통하여 메시아를 보내시고 그를 믿는 모든 하나님의 백성이 셀 수 없이 나오게 될 것을 예언한 것이다(갈 3:16, 26–29).

• **두 번째 축복(민 23:18–24):** 하나님은 사람이 아니시고 거짓말을 하시는 분이 아니시기 때문에 이스라엘 자손에게 그 약속하신 것을 반드시 이루신다. 그래서 발람은 이스라엘에게 행한 어떤 점술이나 복술도 소용이 없다고 했다. 또한 하나님이 그들을 애굽에서 인도해 내셨기에 그 백성이 암사자같이 일어나 움킨 것을 먹을 것이라고 했다. 이 비유적인 예언은 이스라엘을 해하려 하는 자는 도리어 해를 당하게 될 것을 말한다. 이 역시 이스라엘이 하나님이 약속하신 것을 성취하시기 위하여 택한 백성이라는 점을 강조한다.

89 민수기 23:10의 “야곱의 티끌을 누가 능히 셀 수 있느냐”는 말씀은 수사의문문으로 이 민족이 창대하게 될 것과 땅을 주실 것이라고 약속하신 아브라함 언약을 상기시킨다. ‘티끌’은 히브리어 ‘아파르’(עָפָר)로 ‘먼지’, ‘흙’이라는 뜻이다. 그래서 이 말씀은 아브라함의 자손을 땅의 티끌 같게 하시겠다는 말씀을 연상시킨다(창 13:16).

• **세 번째 축복(민 24:3-9):** 이 예언은 발락과 다른 장소에서 들은 것이 아니라 그가 있는 데서 들은 내용이다. 이스라엘의 장막을 마치 그 벌어짐이 골짜기 같고, 강가의 동산 같고, 물가의 백향목 같다고 했다. 그리고 두 번째 예언(민 23:22-24)과 같이 이스라엘을 들소와 암사자와 수사자와 같다고 했다(민 24:8-9). 그 결론으로 "너를 축복하는 자마다 복을 받을 것이요 너를 저주하는 자마다 저주를 받을 지로다"(민 24:9)라는 말씀으로 마친다. 이 말씀은 아브라함에게 하신 약속을 상기시킨다(창 12:3). 발람의 이 예언은 이스라엘 백성들이 단순히 복을 받는 자들이 아니라 그들이 모든 사람들의 운명을 결정하고 복을 받게 하는 복의 통로가 된다는 것이다. 그래서 발람을 통하여 이스라엘에게 하신 말씀은 이스라엘의 존재적 특성과 그들이 미래에 그리스도께서 오실 통로로서 기능하게 될 것을 말한다. 이 얼마나 영광스러운 복인가!

③ 발람의 마지막 예언(민 24:14-25)

발락은 발람이 이스라엘을 저주하는 것이 아니라 축복하는 예언을 하자 발람을 돌아가게 했다. 발람은 돌아가기 전에 또 다른 예언을 했다. 이 예언은 앞의 세 번 이스라엘을 축복할 때와 같은 이야기의 구조를 따르지 않는다. 이러한 경우는 대개 연속되는 전체 이야기의 핵심이다(Parunak 1984, 166-168; 벨링거 2016, 376). 특별히 여기에서는 모압 왕 발락이 발람을 통하여 이스라엘을 저주하려고 하였지만 오히려 모압이 멸망을 받게 될 것이라고 예언했다. 이뿐만 아니라 아말렉과 겐 족속과 깃딤까지 멸망하게 될 것이라고 예언했다. 이 예언은 현재나 가까운 미래가 아니라 먼 미래의 일로 '한 별'과 '한 규'가 이스라엘에게서 나와 모압을 무찌른다는 것이다(민 24:17). 이 예언은 일차적으로는 다윗 왕조가 세워지는 것으로 보아야 한다. 왜냐하면 다윗이 모압을 포함하여 주변 국가들을 정복하였기 때문이다(삼하 8:2-12). 발락이 발람을 불러 이스라엘을 저주하려고 한 이 사건은 이스라엘 백성들 밖에서 이루어진 일이다. 이러한 예언이 어떻게 알려졌는지는 알 수 없다. 하지만 이 예언은 이스라엘이 그리스도께서 오시는 통로로서 택함을 받은 자라는 것을 보여 준다.

④ 발람의 음모(민 25:1–18)

발람 이야기의 앞 문단인 민수기 22:1–24:25과 민수기 25:1–18은 대조적이다. 앞 문단은 이스라엘이 하나님이 택하신 백성으로 세상의 모든 민족의 운명을 결정할 수 있는 특별한 위치에 있는 자들이라고 묘사한다. 하지만 뒤의 문단은 그들이 하나님의 심판을 받을 수도 있음을 보여 준다.

이스라엘이 싯딤에 머물러 있을 때 백성들이 모압 여자들과 음행하기 시작했다. 그것은 모압 여자들이 자기 신들에게 제사할 때에 이스라엘 백성들을 청하였기 때문이다(민 25:1–2). 이 일로 말미암아 여호와께서 진노하셔서 모세에게 바알브올에 가담한 백성의 수령들을 잡아 목매어 달면 진노가 그칠 것이라고 말씀하셨다(민 25:3–4). 이 일로 이스라엘의 회중이 회막에서 울 때에 시므온의 한 지도자 시므리가 미디안 백성 한 종족의 수령의 딸을 데리고 왔다(민 25:6, 14–15). 이 모습을 본 아론의 손자인 엘르아살의 아들 비느하스가 창을 가지고 따라 들어가 죽였다. 그러자 염병이 그쳤다. 염병으로 죽은 자가 무려 24,000명이었다(민 25:9). 하나님은 비느하스가 하나님의 질투심으로 질투하여 진노를 돌이키게 했다고 하셨다(민 25:11). 이 일로 말미암아 평화의 언약, 곧 그와 그의 후손에게 영원한 제사장 직분의 언약을 주셨다(민 25:11–13). 이것은 하나님의 질투심을 가진 레위 지파의 비느하스에게 내린 축복이다. 그리고 이들을 유혹한 미디안들을 치라고 하셨다(민 25:18).

그러나 이 엄청난 사건의 배후에는 발람이 있었다(민 31:16). 발람은 그가 가진 술수로 이스라엘 백성들을 저주할 수 없다는 사실을 알았다. 그는 이스라엘의 율법을 잘 알았다. 그래서 그는 하나님이 미워하시는 일을 하면 진노하신다는 사실을 알고 모압 왕에게 말한 것으로 보인다. 그리고 모압 왕 발락이 제시한 지위와 보화에 탐이 났던 것으로 보인다. 왜냐하면 오랜 역사를 거치면서 발람이 발락이 주는 뇌물과 불의의 삯을 탐내었기에 발락을 가르쳐 걸림돌을 놓게 하여 이스라엘이 우상의 제물을 먹게 한 행동으로 설명하기 때문이다(느 13:2; 벧후 2:15; 계 2:14).

이 발람과 관련된 사건은 구속사에서 두 가지 중요한 사실을 알려 준다. 하나는 구원은 무조건적인 하나님의 은혜라는 것이다. 왜냐하면 모세가 이 사건을 회상하며 이스라엘이 신실하지 못하였는데도 가나안에 들어가게 되는 것은 언약 백성의 의로움 때문이 아니라, 여호와께서 조상들에게 한 맹세를 이루려 하심이라고 설명하기 때문이다(신 9:5). 또 하나는 하나님의 택한 백성으로 독특한 위치를 가지고 있다 할지라도 언약 백성으로 누리는 축복은 조건적이라는 사실을 알려 준다. 구원을 받았다 할지라도 구원을 누리는 일은 언약의 말씀을 지키는 일과 연관되기 때문이다.

(6) 두 번째 인구 조사(민 26:1-65)

민수기에는 두 번의 인구 조사가 기록되어 있다. 첫 번째 인구 조사에서 모세는 '이십 세 이상으로 싸움에 나갈 자'(민 1:3, 20, 22 등)를 대상으로 조사했다. 이때 조사한 백성의 수는 603,550명이었다(민 1:46). 브올의 일로 전염병이 난 후에 여호와께서 모세와 엘르아살에게 '이십 세 이상으로 전쟁에 나갈 모든 자'[90]를 계수하게 하셨다. 그 계수된 총수는 601,730명이었다(민 26:51). 지파별로 동일한 기준에 따라 인구를 조사하였는데도 거의 동일하다. 첫 번째 인구 조사 때에 일 개월 이상 된 레위인은 22,000명이었다(민 3:39). 두 번째 인구 조사 때는 23,000명이었다(민 26:62). 특히 두 번째 인구 조사는 여리고 맞은 편 요단 가 모압 평지에서 시행되었다(민 26:3, 63). 광야 40년을 다 끝내고 가나안에 들어가기 직전이라는 것이다. 그런데 이 계수에는 모세와 아론이 시내 광야에서 첫 번째 계수한 이스라엘 자손은 한 명도 들어가지 못했다. 다만 여호수아와 갈렙만 이 조사에 들어가 있다(민 26:64-65). 두 번째 인구 조사 결과를 도표로 만들면 다음과 같다.

지 파	첫 번째 인구 조사 (민 1:20-46)	두 번째 인구 조사 (민 26:5-51)	증가 (+)	감소 (-)
르우벤	46,500	43,730		2,770
시므온	59,300	22,200		37,100
갓	45,650	40,500		5,150
유다	74,600	76,500	1,900	

90 히브리어 원문은 '이십 세 이상으로 싸움에 나갈 자'와 동일한 단어를 사용하고 있는데 이는 통일성 있게 번역을 하지 못했기 때문이다.

잇사갈	54,400	64,300	9,900	
스불론	57,400	60,500	3,100	
에브라임	40,500	32,500		8,000
므낫세	32,200	52,700	20,500	
베냐민	35,400	45,600	10,200	
단	62,700	64,400	1,700	
아셀	41,500	53,400	11,900	
납달리	53,400	45,400		8,000
총계	603,550	601,730		1,820
레위	22,000	23,000	1,000	

두 번째 인구 조사에서 나타난 결과를 볼 때 저자는 각 지파의 증감 원인을 설명하지 않는다. 다만 시므온 지파가 무려 37,100명이 감소한 것은 지도자 중의 한 사람인 시므리가 브올의 사건에서 미디안 여인 고스비와 음행한 일과 무관해 보이지 않는다(민 25:6, 14). 이스라엘은 앞 세대 사람들이 반역하고, 광야에서 힘들게 살았는데도 인구수가 거의 동일하다. 이것은 "여호와는 노하기를 더디하시고 인자가 많아 죄악과 허물을 사하시나 형벌 받을 자는 결단코 사하지 아니하시는"(민 14:18) 하나님이심을 확증해 준다(Olson 1996, 162).

두 번째 인구 조사를 한 목적은 광야 생활 40년이 지난 후에 가나안에 들어가 기업을 차지하게 하려는 것이다. 첫 번째 인구 조사에서는 '이십 세 이상으로 싸움에 나갈 자'라는 표현이 14번이나 나타나지만 두 번째 인구 조사에서는 단 한 번만 나타난다(민 26:2). 왜냐하면 두 번째 인구 조사의 목적이 전쟁에 나갈 만한 사람을 조사하기 위함이 아니라 가나안에서의 땅 분배를 위해 각 지파의 숫자를 파악하는 것이었기 때문이다(민 26:52-56). 무엇보다도 저자는 첫 번째 인구 조사와 두 번째 인구 조사를 수미쌍관법으로 연결하여 이스라엘 백성들의 이야기를 기술한다. 이것은 출애굽하여 나온 세대가 여호수아와 갈렙을 제외하고 광야에서 왜 죽었는지를 설명하고, 다음 세대가 하나님의 약속을 성취하기 위하여 나아가는 것을 보여 준다.

(7) 새로운 세대를 위한 율법 규정(민 27:1–30:16)

이 문단은 민수기의 문학적 구조에서 특이한 것으로 이야기와 그와 연관된 율법 규정이다. 그것은 슬로브핫의 딸들의 기업 요구와 그것과 관련된 율법 규정(민 27:1–11), 여호수아를 후계자로 세우는 이야기와 그것과 관련된 규정(민 27:12–30:16)으로 이루어져 있다. 이 율법 규정은 모두 약속의 땅 가나안에 들어가면 지켜야 할 것으로 언약 백성의 삶의 특징적인 부분이다. 특히 두 번째 인구 조사 이후에 슬로브핫의 딸들의 기업에 관한 율법 규정으로 시작하여 이들에 관한 율법 규정으로 마치고 있다(민 27:1–11; 36:1–15). 슬로브핫의 딸들의 기업에 대한 첫 번째 규정은 딸들도 기업을 차지할 수 있다는 것이고, 두 번째 규정은 딸들이 다른 지파의 남자와 결혼하면 지파 소유가 줄어들기 때문에 같은 지파의 남자와 결혼하여 기업을 지키라는 것이다. 슬로브핫의 딸들에 관한 두 개의 설명은 새로운 세대와 연관된 본문을 함께 묶어 문학적 뼈대를 이루고 있다(Olson 1996, 192). 이러한 수미쌍관법의 구조는 새로운 세대가 약속의 땅 가나안을 정복하고 정착하게 될 것을 바라보고 있음을 보여 준다.

① 슬로브핫의 딸들의 기업 요구와 율법 규정(민 27:1–11)

두 번째 인구 조사에서 므낫세 자손 중에 슬로브핫에게는 아들이 없고 딸만 있는데 그 딸들의 이름은 말라와 노아와 호글라와 밀가와 디르사라고 밝힌 바가 있다(민 26:33). 여기서 저자는 인구 조사에서 슬로브핫이 왜 딸만 있다고 소개하였는지 그 이유를 설명한다. 전통적으로 이스라엘에서는 한 지파에 기업으로 받은 땅은 다른 지파에 넘어가지 않고 아들에게 물려주었다. 딸들이 결혼할 때 아버지는 지참금을 주었다. 그런데 땅을 물려줄 아들이 없는 경우에는 어떻게 처리해야 하는지의 문제가 생긴다. 그래서 슬로브핫의 딸들은 자신들의 아버지가 여호와를 거슬러 반역한 고라의 무리에 들어가지도 않았고 자기 죄에 죽었는데도 아들이 없다하여 그들의 아버지의 이름이 종족 중에서 삭제되면 안 되기 때문에 딸들에게도 기업을 달라고 요구했다(민 27:3–4). 슬로브핫의 딸들의 요구는 이스라엘 백성들이 가나안을 정복하여 땅이 이스라엘 각 지파에 분배될 것을 바라본 믿음에서 나온 것이다.

모세가 이 문제를 여호와께 아뢰자 여호와께서 슬로브핫의 딸들의 요구가 옳다고 하시면서 그들에게 기업을 주라고 하셨다(민 27:7). 이것은 딸들도 기업을 차지할 수 있다는 것을 보여 준다. 그러면서 기업에 관한 규정을 주셨다. 그 규정은 어떤 사람이 아들이 없으면 그 기업을 딸에게 돌릴 것이고, 딸도 없으면 그의 형제에게 줄 것이고, 그의 형제도 없으면 가까운 친족에게 주라는 것이다(민 27:8–11). 여호와께서 이 규정을 주신 것은 가나안에 들어가게 하신다는 일종의 약속이다. 왜냐하면 이 규정은 가나안을 정복하고 땅을 기업으로 받을 때 의미가 있기 때문이다.

② 여호수아가 모세의 후계자로 임명됨(민 27:12–23)

여호와께서 모세에게 신 광야에서 여호와의 거룩함을 드러내지 못하였기 때문에 아론과 같이 조상에게 돌아갈 것이라고 하셨다(민 27:13–14). 그러자 모세는 한 사람을 회중 위에 세워서 그들을 인도하여 출입하게 하셔서 이스라엘이 목자 없는 양과 같이 되지 않게 해 달라고 했다(민 27:16–17). 여호와께서 눈의 아들 여호수아가 그 안에 여호와의 영이 머무는 자이기 때문에 그에게 안수하고 후계자로 세우라고 하셨다(민 27:18). 그리고 여호수아를 엘르아살과 온 회중 앞에 세우고 그를 모세의 존귀를 그에게 돌려 이스라엘로 복종하게 하라고 하셨다(민 27:19–20). 모세는 여호와께서 명령하신 대로 행했다(민 27:22–23).

③ 지켜야 할 절기와 그 절기에 드릴 희생 제물(민 28:1–29:40)

여호와께서 모세에게 여호수아를 후계자로 세우고 절기와 그 절기에 드릴 희생 제물에 관한 규정을 말씀해 주셨다. 이러한 규정은 이스라엘이 반드시 가나안을 기업으로 받게 될 것이고 그 땅에서 희생 제물과 소제와 전제를 드릴 수 있다는 약속의 다른 표현이다. 특히 여기에서 여호와께서 소제와 전제를 드리라는 규정을 주신 것을 주목할 필요가 있다(민 28:5–7, 9, 12–14, 20, 26; 29:3, 9 등). 왜냐하면 소제와 전제는 땅을 기업으로 얻어 농사를 지어야 가능하기 때문이다. 웬함(Wenham 1981, 197)은 민수기 28:1–29:40에 기록된 이스라엘 백성들이 지켜야 할 절기와 희생 제물을 다음과 같이 도표로 만들었다.

절 기	번 제			속죄제
	수송아지	숫양	어린 양	숫염소
매일(민 28:3–8)			2	
안식일(민 28:9–10)			2	
매달 초하루(민 28:11–15)	2	1	7	1
무교절 7일 동안(민 28:17–25)	2	1	7	1
칠칠절(민 28:26–31)	2	1	7	1
일곱째 달 초하루(민 29:1–6)	1	1	7	1
속죄일(민 29:7–11)	1	1	7	1
장막절(민 29:12–38)				
첫째 날	13	2	14	1
둘째 날	12	2	14	1
셋째 날	11	2	14	1
넷째 날	10	2	14	1
다섯째 날	9	2	14	1
여섯째 날	8	2	14	1
일곱째 날	7	2	14	1
여덟째 날	1	1	7	1

④ 서원에 관한 율법 규정(민 30:1–16)

하나님의 백성들은 절기에 서원제를 드릴 수 있다(민 29:39). 이 문단에서는 서원에 관한 구체적인 율법 규정을 설명한다.

• **서원에 관한 기본 원리(민 30:2):** 서원은 자유롭게 할 수 있으나 사람이 여호와께 서원을 하면 깨뜨리지 말고 그가 입으로 말한 것은 다 지켜야 한다(민 30:2).

• **결혼하지 않은 여자(민 30:3–5):** 여자가 어려서 아버지 집에서 서원할 때 아버지가 듣고 가만히 있으면 서원을 이행해야 한다. 만약 그 서원을 아버지가 듣고 허락하지 않으면 서약을 이루지 못할 뿐만 아니라 여호와께서 사해 주신다.

• **새로 결혼한 여자와 과부(민 30:6–9):** 여자가 남편을 맞아 서원을 하였을 때 남편이

그것을 듣고 아무 말이 없으면 서원을 이행해야 하고, 허락하지 않으면 그 서약은 무효가 된다. 그러나 과부나 이혼당한 여자가 서원하면 모든 서약을 지켜야 한다.

• **부녀의 서원과 남편의 책임(민 30:10–16):** 부녀자가 남편의 집에서 서원하였을 때 남편이 금하지 않았으면 이행해야 한다. 그리고 그의 남편이 듣고도 여러 날이 지나도 말이 없으면 지켜야 한다. 그것은 아내의 서원을 듣고도 아무 말도 하지 않았기 때문에 며칠 뒤에 무효화할 수가 없다.

사람들이 어려운 상황에 빠지게 되면 "만약 하나님이 이 어려운 상황에서 구원해 주신다면 제가 …을 할 것을 약속합니다"라고 서원할 수 있다. 서원은 믿음 생활에 필요한 사항이지만 의무적인 사항은 아니다. 하지만 하나님에게 어떤 것을 얻기를 원할 때 서원할 수 있다(Kellogg 1988, 552). 실제로 성경에는 서원의 사례들이 있다(참조. 창 28:20–22; 삿 11:31; 삼상 1:11). 이러한 서원 제도는 하나님의 특별한 은혜를 얻게 하려는 제도적 장치로 주신 것이다.

(8) 미디안과 전쟁함(민 31:1–54)

브올에서 이스라엘을 범죄하게 한 일에는 미디안과 모압이 관여했다. 이 일에 관여한 이스라엘 지도자와 남자들은 처형을 당하고 전염병으로 24,000명이 죽었다(민 25:9). 이 문단은 이 일에 관여한 미디안을 치는 전쟁을 기록하고 있다. 하지만 이 전쟁에서 민수기 1장의 조직과 10장의 나팔 신호, 19장의 정결 의식, 18장의 제사장의 생계를 지원하는 일, 7장과 28–30장의 제사 규정을 적용한다(벨링거 2016, 411). 올슨(Olson 1985, 176)은 이 전쟁을 "과거 죄에 대한 심판과 미래 정복 전쟁 미리 맛보기"라고 했다. 그래서 이 전쟁은 앞으로 가나안에서 전쟁할 때 발생하는 문제를 미리 적용해 본다는 점에서도 중요한 의미가 있다.

• **미디안과 전쟁함(민 31:1–12):** 여호와께서 모세에게 이스라엘의 원수를 미디안에게 갚은 후에 조상에게 돌아가게 될 것이라고 하셨다(민 31:2). 모세가 마지막으로 군사적 지도력을 행사하는 전쟁이다. 모세는 각 지파에서 1,000명의 군사를 보내게 해서 싸우게 하였고, 제사장 비느하스에게 성소의 기구와 신호 나팔을 들려서 전쟁에 보냈다(민 31:4–6). 이 전쟁에서 이스라엘은 미디안의 모든 남자

를 다 죽였고, 다섯 왕들과 브올의 아들 발람을 죽였다(민 31:7-8). 이스라엘 자손이 부녀들과 그들의 아이를 사로잡고 가축과 양떼와 재물 등의 전리품을 가지고 왔다. 이 전투에서 이스라엘 자손은 한 명도 죽지 않았다(민 31:49).

• **모세의 책망(민 31:13-18):** 모세와 제사장 엘르아살과 회중의 지도자들이 싸움에 나갔던 천부장들과 백부장들을 진영 밖에서 영접하다가 모세가 그들에게 노했다(민 31:13). 왜냐하면 미디안 여자들을 살려 주었기 때문이다(민 31:15). 일반적으로 이스라엘 백성들이 가나안 지역 밖에서 대적들과 전쟁을 할 때에 여자들과 유아들은 살려 주었다(참조. 신 20:14). 그러나 미디안 여자들에게는 이스라엘을 미혹한 책임이 있었다. 그래서 모세는 남자와 동침한 여자를 다 죽이라고 했다. 이것은 하나님이 심판하시는 거룩한 전쟁으로 보고 발람의 꾀를 따라 브올의 사건에서 이스라엘로 범죄하게 했다고 보았기 때문이다(벨링거 2016, 412). 그러나 남자를 알지 못하는 여자는 이스라엘 백성들을 위하여 살려 주라고 했다(민 31:18). 이들은 이스라엘 백성들과 결혼하여 이스라엘 공동체의 일원이 될 수 있었다(Niditch 1993, 46-51; 웬함 2014, 363). 이것은 모든 민족이 하나님의 구속사에 참여할 수 있는 길을 열어 둔 것이라 할 수 있다.

• **군인들의 정결 의식(민 31:19-24):** 싸움에 나간 군인들이 적군을 죽이거나 시체를 접촉하면 진영 밖에서 7일 동안 머물게 했다. 그리고 금, 은, 동 등을 불과 정결하게 하는 물로 정결하게 하라고 했다(민 31:23).

• **전리품의 분배(민 31:25-47):** 전리품의 절반은 전쟁에 참전한 군인들에게 나누어 주고 절반은 참전하지 않은 백성들에게 주었다(민 31:27). 이 전리품 가운데 제사장들은 군인들 몫의 1/500을 받았고, 레위인은 백성들 몫의 1/50을 받았다. 이스라엘이 미디안과 전쟁에서 얻은 전리품은 양이 67만 5천 마리, 수소 7만 2천 마리, 나귀 6만 1천 마리, 남자와 동침하지 아니한 여자 3만 2천 명, 금 1만 6,750세겔이다(민 31:32-35, 52). 이러한 전리품 분배는 앞으로 이스라엘이 정복할 땅과 그 소산물을 나누는 일을 미리 맛보게 하는 것이다.

(9) 요단 동쪽 지파들에게 분배한 땅(민 32:1–42)

이 문단은 르우벤과 갓, 그리고 므낫세 반 지파가 요단 동편에 정착하여 기업을 차지하게 된 배경을 담고 있다. 그리고 이들이 가나안 정복 전쟁에 왜 선봉에 서게 되는지의 배경도 보여 준다.

① 르우벤과 갓 지파의 이기주의(민 32:1–5)

르우벤 자손과 갓 자손은 많은 가축 떼를 가지고 있었다. 그들은 아셀 땅과 길르앗 땅을 보고 목축하기에 좋은 장소라고 생각했다(민 32:1–2). 이곳은 요단 골짜기가 보이는 곳으로 해발 약 762m이고 비가 적당히 내리는 비옥한 땅이다(Wenham 1981, 214). 그리고 이곳은 아모리 왕 시혼과 바산 왕 옥을 물리치고 차지한 땅이다(민 21:21–35). 그런데 르우벤 자손과 갓 자손은 이 땅을 소유로 요구하고 요단 강을 건너지 않게 해 달라고 요구했다(민 32:5).

지금 이스라엘 백성들은 광야 40년간의 생활을 마치고 온 이스라엘 공동체가 힘을 모아 가나안 땅을 정복하기 위하여 요단 강을 건너야 할 상황이다. 그리고 그 땅에 지금 거주하고 있는 가나안 족들과 전쟁을 해야 한다. 그 전쟁에는 필연적으로 많은 희생들이 있게 될 것이다(참조. 신 20:1–7). 그런데 르우벤 자손과 갓 자손은 동족인 하나님의 백성들이 마주하게 될 치열한 전쟁을 기피하고 있는 것이다. 그들은 자신들의 이익만 생각하고 전체 언약 공동체의 문제는 생각하지 않는다.

② 르우벤과 갓 지파의 이기주의에 대한 모세의 책망(민 32:6–15)

모세는 자기와 자기 가족만을 생각하는 이들의 이기적인 행동을 형제들을 낙심시키는 일로 보았다. 그 결과 여호와께서 약속하신 땅에 들어가지 못하게 하는 일로 보았다(민 32:6–7). 자기 한 사람의 이익이나 편리만 생각하는 이기주의는 그 공동체 전체를 낙심시키고, 그 공동체가 함께 추구하고 수행하려는 거룩한 목적을 좌절시키는 행동이다. 모세는 르우벤 자손과 갓 자손의 행동을 약 38년 전에 가데스 바네아에서 12명의 정탐꾼을 가나안에 보내었을 때의 일과 연관시켰다(민 32:8–11). 모세가 이들의 행동을 가데스 바네아에서의 정탐꾼들의 행동과 비교한 것은 그들이 하나님과 하나님의 약속을 온전히 믿지 못한 것으로 보았기 때문이다(민 32:11). 가데스 바네아에서 12명의 정탐꾼 가운데 10명의 정탐꾼들은 백성들의 지도자로서 하나님의 약속을 믿고 백성들을 격려하기보다 오히려 낙심시켰다(참조. 민 13:31-33). 모세는 이 역사에서 10명의 정탐꾼이 한 부정적인 말과 행동으로 하나님의 백성을 낙심시킨 일을 자신들의 이기심 때문에 백성들을 낙심시킨 르우벤 자손과 갓 자손에게 적용했다(민 32:14-15).

③ 모세의 책망에 대한 두 자손의 타협안(민 32:16-32)

모세의 책망을 들은 르우벤 자손과 갓 자손은 타협안을 제시했다. 그 타협안은 자신들에게 요단 동편의 땅을 기업으로 주어 성읍을 건축하고 유아들과 처자들을 남겨 둘 수 있게 해 주면 하나님이 약속하신 땅 가나안을 완전히 정복할 때까지 그들의 앞에서 가고 요단 서쪽을 기업을 받지 않겠다는 것이다(민 32:16-19). 모세는 그들이 제안한 타협안을 반복하여 확인하고 그들이 이행하면 이 땅을 소유로 주지만 만약 그 말한 대로 행하지 않으면 여호와께 범죄하는 일이라고 경고했다(민 32:20-24). 그러자 르우벤 자손과 갓 자손은 주의 명령대로 행할 것이며 무장하고 건너가서 싸울 것이라고 했다(민 32:25-27). 저자는 두 지파가 제안한 타협안을 이해한다는 것을 교차 대칭 구조로 설명한다.

A 두 지파의 타협안(민 32:16-19)
  B 모세가 타협안을 받아들이고 맹세시킴(민 32:20-24)
    X 두 지파가 타협안을 이행할 것을 약속함(민 32:25-27)
  B′ 모세가 받아들인 타협안을 공동체에 말함(민 32:28-30)
A′ 두 지파가 타협안을 이행할 것을 약속함(민 32:31-32)

저자가 이러한 구조로 설명한 것은 르우벤과 므낫세 자손이 타협안과 그것을 반드시 이룰 것이라고 맹세한 사실을 강조하기 위한 것이다.

모세는 두 지파의 맹세를 받아들이고 갓 자손과 르우벤 자손과 과 므낫세 반 지파에게 요단 동편의 땅을 기업으로 주었다(민 32:33-38). 그리고 므낫세의 아들 마길의 자손이 길르앗을 쳐서 빼앗고 거기에 있는 아모리인을 쫓아내었기 때문에 길르앗을 마길에게 주었다(민 32:39–42). 저자가 이 사건을 기록한 것은 르우벤 자손과 갓 자손과 므낫세 반 지파가 요단 동편 땅을 기업으로 받은 배경과 가나안 정복 전쟁에서 그들이 선봉에 서게 된 배경을 보여 주기 위함이다.

이들 지파들은 가나안 정복 전쟁에서 선봉에 서서 싸웠고(수 1:12–18; 4:12–13), 모든 전쟁을 끝낸 후에 여호수아와 온 이스라엘 백성들의 축복을 받으며 그들의 기업으로 돌아갔다(수 22:1–9). 그리고 이들은 우리의 구원자 메시아가 오시는 길을 예비하는 구약 교회의 기초가 되는 이스라엘의 열두 지파 속에 계속 머무를 수 있는 복을 얻었다.

(10) 애굽에서부터 모압 평지까지의 노정(민 33:1–49)

이 문단은 삽입구다. 이 문단을 괄호 안에 넣고 르우벤 지파와 갓 지파와 므낫세 반 지파에게 요단 동편의 땅을 분배해 준 기록(민 32:33–42)을 가나안 땅을 차지하여 기업을 분배하는 율법 규정(민 33:50–36:13)과 연결해도 어색하지 않다.

A 요단 동편 땅의 기업 분배(민 32:33–42)
  X 삽입구: 광야 40년간의 노정기(민 33:1–49)
A′ 요단 서편 땅의 기업 분배에 관한 율법(민 33:50–36:13)

저자는 삽입구에서 이스라엘이 애굽을 떠나 모압 평지에 이르기까지의 노정에서 진을 쳤던 지역의 목록을 소개한다. 이 노정은 모세가 여호와의 명령을 따라 행진한 것을 기록한 것이다(민 33:2). 이러한 노정기가 있다는 것은 이스라엘 역사를 설명하고 그 의미를 알게 하려는 학문적 노력과 활동이 있었다는 것을 암시한다(벨링거 2016, 423). 이 노정에서 이스라엘 백성들은 출발지 라암셋에서 모압 평지까지 42곳에서 진을 쳤다. 모세는 이 노정을 일정한 형식으로 서술한다. 그 형식은 '이스라엘 자손이 A를 떠나 B에 진을 쳤고 B를 떠나 C에 진을 쳤다'라고 되어 있다. 예외적으로 몇 곳에 관한 설명을 덧붙이고 있다. 예를 들면 르비딤에 진을 쳤는데 거기는 백성들이 마실 물이 없었다고 했다(민 33:14). 엘림에서 진을 쳤을 때는 "샘물 열둘과 종려나무 칠십 그루가 있으므로"(민 33:9)라고 했다. 호르산에서는 애굽 땅에서 나온 지 사십 년째 다섯째 달 초하루에 아론이 죽었고, 그의 나이가 123세라고 설명한다(민 33:37–40).

그러면 저자는 땅을 기업으로 분배하는 기록 사이에 왜 광야 40년간의 노정기를 넣었을까? 이 노정기는 이스라엘이 광야 40년간의 역사를 되새기게 하여 하나님이 이스라엘을 애굽의 노예의 신분에서 건져내 약속의 땅 어귀로 인도해 주셨음을 백성들에게 상기시켜 주는 역할을 한다(벨링거 2016, 426). 저자가 여기에 노정기를 둔 것은 광야 생활 40년 동안 여호와께서 이스라엘 백성들을 인도해 주신 것을 상기시켜 그들로 하여금 가나안 땅을 정복하고 기업으로 차지하게 될 것을 확신시키기 위함이다.

(11) 가나안 땅의 분배와 관련된 율법 규정(민 33:50–36:13)

민수기의 마지막 장들인 이 문단은 가나안 정복이 가까웠다는 것을 가정한 일련의 율법과 지시 사항들을 담고 있다. 이 율법들은 하나같이 긍정적인 분위기와 기대감으로 약속의 땅으로 들어가기 전에 그 땅에 집중한다.

① 당부와 경고(민 33:50–56)

여리고 맞은 편 모압 평지에서 여호와께서 모세를 통하여 이스라엘 백성에게 말씀하시기를 가나안에 들어가면 그 땅의 모든 원주민을 몰아내고 우상을 다 깨뜨리고 산당을 헐라고 하셨다(민 33:51–53). 그리고 여호와께서 민수기 26:52–56에서 지시하신 것처럼 그 땅에 들어가 종족에 따라 제비를 뽑아 수가 많으면 많은 기업을 주고, 적으면 적은 기업을 주라고 다시 한 번 말씀해 주셨다(민 33:54).

또한 여호와께서 만일 이스라엘이 그 땅의 종족을 몰아내지 않으면 남겨 둔 그들이 이스라엘 백성들의 눈에 가시와 옆구리에 찌르는 것이 되어 괴롭게 할 것이라고 경고하셨다(민 33:55–56). 여호와께서 주신 당부와 경고는 약속의 땅에 들어가게 될 것을 전제로 하신 말씀이다. 하지만 이 뒤의 역사를 보면 이스라엘은 이들을 다 쫓아내지 못함으로 여호와께서 경고한 대로 되었다(참조. 삿 2:3).

② 가나안 땅의 경계와 기업을 나눌 책임자(민 34:1–29)

하나님이 아브라함과 그의 자손에게 애굽 강에서부터 유브라데까지 주실 것이라고 약속하셨고(창 15:18), 가나안 온 땅을 주어 영원한 기업이 되게 하겠다고 약속하셨다(창 17:8). 그런데 여기서 이 지역의 경계를 알려 주셨다. 남쪽 경계(민 34:3–5)는 동편으로 염해 끝에서 시작하여 아그랍빔 언덕 남쪽, 신, 가데스 바네아 남쪽, 하살아달, 아스몬, 애굽 시내를 지나 지중해까지이다. 서쪽 경계(민 34:6)는 지중해이다. 북쪽 경계(민 34:7–9)는 대해에서 호르산, 하맛 어귀, 스닷, 시브론을 지나 하살에난까지이다. 동쪽 경계(민 34:10–12)는 하살에난에서 스밤, 리브라, 아인 동쪽, 긴네렛 동쪽 해변, 요단 강을 내려가 염해까지다.

이 경계를 볼 때 요단 동편 지역은 하나님이 약속하신 땅인가 하는 의문이 든다. 밀그롬(Milgrom 1990, 501)은 요단 동편 지역은 약속의 땅이 아니라고 보고 약속된 땅과 실제 땅 사이의 모순이 있다고 보았다. 그러나 만약에 요단 동편이 약속의 땅이 아니라면 하나님이 르우벤 지파와 갓 지파와 므낫세 반 지파에게 기업을 줄 이유가 있겠는가? 모세가 땅의 경계를 말하는 문맥에서 이스라엘 백성들이 제비 뽑아 받을 땅이라 하면서 여호와께서 아홉 지파 반에 주라고 명령하셨다고 했다(민 34:13). 왜냐하면 여호와께서 그 이유를 르우벤 지파와 갓 지파와 므낫세 반 지파는 이미 기업을 받았다고 하셨기 때문이다(민 32:33–42; 34:14–15). 그래서 요단 동편도 약속의 땅이라고 보아야 한다. 올슨(Olson 1996, 188)은 바산 왕 옥을 정복할 때 여호와께서 거룩한 전쟁에 사용하는 전형적인 용어인 '그와 그의 백성과 땅을 넘겼다'고 말씀하신 것을 근거로 약속의 땅 바깥에 있는 것이 아니라고 했다(참조. 민 21:34).

여호와께서는 이 땅의 기업을 나눌 자로 제사장 엘르아살과 눈의 아들 여호수아와 각 지파의 지휘관 한 사람씩 택하게 하셨다(민 34:16–29). 이것은 하나님이 약속의 땅을 주실 것을 보증하는 것이다.

③ 레위인에게 줄 성읍(민 35:1–8)

민수기에서는 일반 백성들의 인구 조사 뒤에는 항상 레위인의 인구도 기록하고 있다(민 1:47–54; 3:14–39; 26:57–62). 레위인의 기업은 하나님이시지만 그들에게는 거주할 땅이 필요했다. 여호와께서 도피성 여섯 성읍을 포함하여 48개의 성읍을 그들에게 주시되 각 지파의 기업에 따라 주게 하셨다(민 35:6-8). 그들에게 줄 성읍의 들은 성벽에서부터 동서남북으로 1,000규빗(약 450m)부터 2,000규빗(약 900m)이었다(민 35:4-5).

여호와께서 레위 지파를 구별하여 각 지파에서 기업을 주어 거기에 살게 하신 목적은 여호와의 언약궤를 메며 여호와 앞에 서서 그를 섬기며, 또 여호와의 이름으로 축복하는 일을 하도록 하려는 것이다(신 10:8). 이 일은 이스라엘 백성들이 언약의 백성으로 거룩한 삶을 살게 하시려는 제도적 장치이다. 특히 이 점은 바벨론 포로 이후 2차 귀환 당시 에스라가 돌아올 때 레위인이 없어서 찾은 사실에서도 알 수 있다. 이때 에스라와 함께 돌아온 레위인들이 한 일들을 볼 때 레위인의 직무가 단순히 성막에 국한되어 있는 것이 아니라 하나님의 말씀을 가르치는 일과 연관되어 있다는 것을 알게 한다(스 8:15-19; 느 8:4-8).

④ 도피성: 생명 보호를 위한 사회적 안전장치(민 35:9-34)

이 문단은 도피성에 관한 규정을 설명한다. 여호와께서 레위인에게 주는 48개의 성읍 가운데 6개의 성읍은 도피성으로 주게 하셨다(민 35:6). 도피성을 지정한 목적은 부지중에 살인한 자가 그리로 피하게 하여 회중 앞에서 판결을 받기까지 억울하게 죽지 않게 하시려는 것이었다(민 35:12). 도피성은 6개의 성읍으로 3개의 성읍은 요단 동편에 두고 3개의 성읍은 가나안 땅에 두게 하여 이스라엘 자손만이 아니라 타국인과 이스라엘에 거류하는 자도 그곳으로 피하게 했다(민 35:13-15). 이것은 누구든지 정당한 재판 과정 없이 죽지 않게 하려는 사회적 안전장치다.

그리고 여호와께서 어떤 사람이 이 도피성에 피할 수 있는지 규정해 주셨다. 철 연장이나 죽일 만한 돌이나, 죽일 만한 나무나, 기회를 보고 무엇을 던져 죽이거나, 악의를 가지고 죽인 자는 죽이라고 하셨다(민 35:16-21). 그러나 우연히 사람을 밀치거나, 기회를 엿봄이 없이 무엇을 던지거나, 보지 못하고 사람을 죽일만한 돌을 던져 죽였을 경우, 곧 의도성이 없이 죽인 경우만 도피성에 피할 수 있게 하셨다(민 35:22-25a).

그리고 여호와께서는 의도치 않게 사람을 죽인 자를 대제사장이 죽을 때까지 도피성에 거주하게 했다. 만약 그가 이 기간 전에 도피성 밖으로 나가면 피를 보복하는 자가 그를 죽여도 죄가 없다(민 35:25b–28). 대제사장이 죽을 때까지 도피성에서 거주하게 한 것은 대제사장의 죽음이 사람을 죽인 죄를 구속한 것으로 보기 때문이다(Allen & Barker 2002, 240).

여호와께서 도피성 제도를 가리켜 판결하는 규례라고 하셨고, 살인한 자를 증인의 말을 따라 죽이되 한 증인의 입으로 하지 말라고 하셨다(민 35:29–30). 이것은 재판 과정 없이 사람의 생명을 죽이지 못하게 하려는 것이다. 그러나 고의로 살인한 자와 관련해서는 생명의 속전(코페르, כֹּפֶר)을 받지 말고 그를 반드시 죽이라고 하셨다(민 35:31). 여호와께서 사람을 죽이는 것을 땅을 더럽히는 것으로 보시고 피 흘림을 받은 땅은 반드시 그 피를 흘리게 한 자의 피가 아니면 속함을 받을 수 없다고 하셨다(민 35:33). 그래서 도피성에 피한 자가 대제사장이 죽을 때까지 머물게 한 것은 대제사장이 살인자의 죄를 구속한 것으로 볼 수 있다. 그래서 도피성 제도는 사람들의 생명을 보호하기 위한 사회적 안전 장치다.

⑤ 슬로브핫의 딸들의 기업에 관한 율법 규정(민 36:1–13)

두 번째 인구 조사 이후에 슬로브핫의 딸들의 기업 요구에 대하여 여호와께서는 그들에게도 기업을 주라고 하셨고, 그와 관련된 율법 규정도 주셨었다(민 27:1–11). 그 규정은 딸들도 땅을 기업으로 차지할 수 있다는 것이다. 그런데 이 율법 규정에 대하여 길르앗 자손의 수령들이 나와서 문제를 제기했다. 그 문제는 만약에 슬로브핫의 딸들이 다른 지파에 속한 남자와 결혼하게 되면 그 딸들이 기업으로 받은 땅은 다른 지파의 소유가 된다는 것이다. 그렇게 된다면 므낫세가 제비 뽑은 기업에서 떨어져 나가 결과적으로 기업이 줄어들게 된다는 것이다(민 36:1–4). 그래서 모세는 여호와의 말씀으로 슬로브핫의 딸들은 자유롭게 결혼할 수 있으나 그 조상 지파의 종족에게만 시집을 가게 했다. 그리하면 이스라엘 자손의 기업이 이 지파에서 저 지파로 옮겨지지 않고 자기 지파에서 각각 자기의 기업을 지킬 수 있기 때문이다(민 36:5–9). 슬로브핫의 딸들은 여호와께서 모세에게 명하신 대로 숙부의 아들들의 아내가 되어 그들의 기업이 남아 있게 되었다(민 36:10–12). 슬로브핫의 딸들의 기업에 관한 두 개의 설명(민 27:1–11; 36:1–12)은 새로운 세대와 연관된 본문을 함께 묶어 주는 문학적 뼈대를 이룬다. 이 문학적 뼈대 안에 있는 자료들은 장차 가나안 땅에 정착하게 될 일과 연관되어 있다(Olson 1996, 192).

모세가 요단 동편의 땅을 르우벤 지파와 갓 지파와 므낫세 반 지파에게 분배한 이후에 여호와께서 모세를 통하여 여리고 맞은 편 요단 강가 모압 평지에서 들어가게 될 땅의 분배에 관련된 율법 규정을 설명해 주셨다(민 33:50). 저자는 민수기 33:50부터 시작한 땅의 분배에 관한 말씀을 마치면서 "이는(이 율법 규정들)[91] 여리고 맞은 편 요단 가 모압 평지에서 여호와께서 모세를 통하여 이스라엘 자손에게 명령하신 계명과 규례니라"(민 36:13)라고 했다. 이것은 두 번째 인구 조사의 목록에 기록된 새로운 세대의 사람들이 약속의 땅에 들어가게 될 것을 확증하는 역할을 한다.

V. 구속사적 의미

구속사에서 민수기의 위치

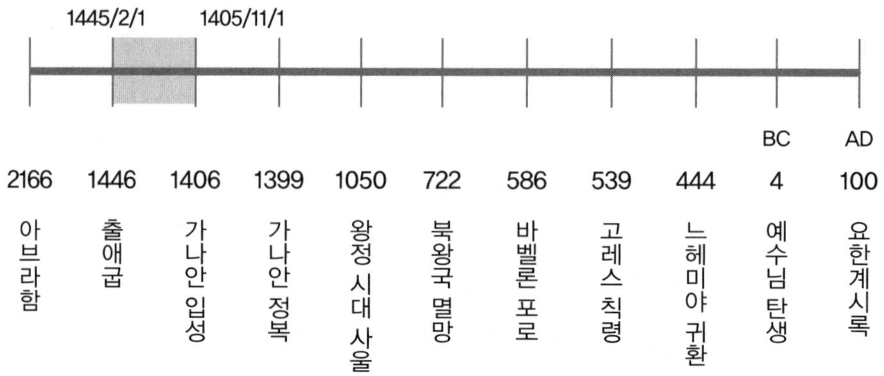

민수기는 애굽에서 나온 지 둘째 해 둘째 달 첫째 날(민 1:1)부터 가나안에 들어가기 두 달 전(신 1:3)까지의 구속사(救贖史, redemptive history)를 기록하고 있다.

하나님은 이스라엘 백성들과 시내산에서 언약을 맺었고 이스라엘 백성들이 계속하여 언약을 배반하였는데도 이들을 버리지 않으셨다. 이것은 하나님이 이

91 개역개정판에 '이는'이라고 번역된 단어는 히브리어 '에일레'(אֵלֶּה)로 '이것들은'이다. 곧 민수기 33:50부터 모압 평지에서 말한 율법 규정을 말한다.

스라엘 백성과 맺으신 언약을 지키시고 광야에서 인도하시고 그들의 필요를 공급해 주신 하나님의 은혜 때문이다(Milgrom 1990, xxxvii). 하나님은 이스라엘 백성들이 불평하고 원망할 때도 그들에게 필요한 양식인 만나와 메추라기를 먹이셨고, 물을 마시게 하셨다(민 11:4–34; 20:2–13). 그리고 하나님은 성막 가운데 계심과 이스라엘 가운데 계심을 낮에는 구름 기둥과 밤에는 불 기둥으로 인도하심으로 알게 해 주셨다(민 9:15–16; 14:14). 이뿐만 아니라 민수기에서 제사장과 레위인의 직무 규정과 제사 제도를 많이 설명하는 것은 제사 제도를 통하여 죄를 용서하시고 회복케 하시는 하나님의 은혜를 보여 준다(민 8:5–26; 15:1–41 등). 이것은 하나님이 이스라엘과 언약을 맺은 대로 이들을 통하여 하나님이 작정하신 구속사를 이루실 뿐만 아니라 그들과 교제하기를 기뻐하신다는 것을 보여 주신 것이다.

민수기의 구속사 속에서 이스라엘 백성들은 하나님이 그들 가운데 임재하시는 것을 보고 순종해야 했으나 계속해서 반역함으로 출애굽한 1세대 사람들은 여호수아와 갈렙을 제외하고 광야에서 다 죽었다. 이스라엘 백성들이 구속사에서 하나님과 교제하며 하나님의 뜻을 이루는 자가 되려면 하나님과 그가 하신 약속을 믿고 순종해야 했다. 이 점을 시편 95:7–11은 광야 40년간의 생활을 요약하면서 "너희가 오늘 그의 음성을 듣거든 너희는 므리바에서와 같이 또 광야의 맛사에서 지냈던 날과 같이 너희 마음을 완악하게 하지 말지어다 … 그들은 내 안식에 들어오지 못하리라"라고 했다. 그리고 히브리서 3:7–4:11은 시편 95:7–11의 말씀을 인용하여 민수기의 광야 여정을 안식에 들어가는 과정으로 이해했다. 히브리서 저자가 말하는 '안식'의 개념은 문맥적으로 볼 때 우리 믿음의 궁극적인 목적이며 구원을 의미하는 하나님 나라와 같은 뜻이다. 하나님 나라는 믿음으로 지금 이 세상에서 경험할 수도 있고, 주님이 재림하시면 경험할 수도 있는 이중적인 성격을 가지고 있다. 이처럼 안식도 지금 하나님의 말씀을 순종할 때 이 세상에서 경험할 수 측면과 주님이 재림하시면 영원히 누릴 수 있는 미래적 개념도 가지고 있다. 그래서 히브리서 4:9은 "그런즉 안식할 때가 하나님의 백성에게 남아 있도다"라고 한 것이다. 그리고 히브리서 4:11은 "그러므로 우리가 저 안식에 들어가기를 힘쓸지니 이는 누구든지 저 순종치 아니하는 본에 빠지지 않게 하려 함이라"고 했다. 그러므로 우리는 하나님 나라의 은혜를 누리며 구속사의 목표인 완전한 하나님 나라에 들어가기 위해 언약의 말씀을 믿고 순종해야 한다. 이 일을 위하여 그리스도께서 오셔서 자기의 피로 영원한 속죄를 이루어 주셨다. 그래서 우리는 살아 계신 하나님을 섬기는 것이 가능하게 되었다(히 9:11-15).

신명기

Deuteronomy

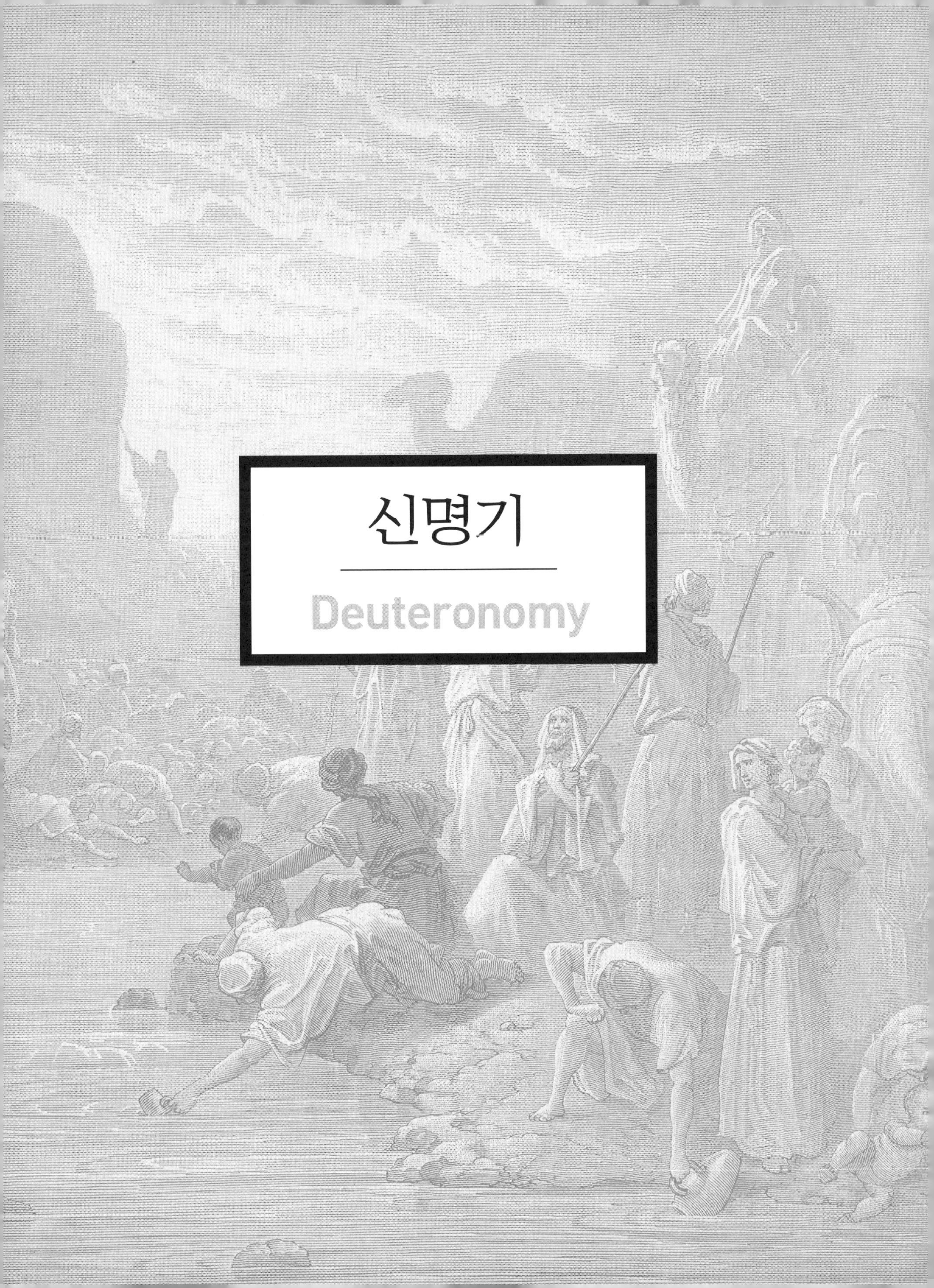

S U M M A R Y

신명기

신명기라는 책의 제목은 헬라어로 번역한 70인역에서 왔다. 헬라어의 신명기 명칭은 '듀테로노미온'(*Deuteronomion*, Δευτερονομιον)이다. 여기서 오늘날의 영어 명칭인 Deuteronomy가 왔다. 이 뜻은 '두 번째 율법' 혹은 '율법의 반복'이다. 이 단어는 신명기 17:18의 '율법서의 등사본'을 헬라어로 번역한 말이다. 한글 성경은 모두 한자어에서 온 '신명기'(申命記)를 사용한다. 여기에 사용된 '신'(申)은 '거듭', 또는 '되풀이하다'라는 의미도 있고, '펴다', '밝히 알린다'라는 의미도 있다. 책의 내용을 볼 때 신명기는 이 두 가지 의미를 다 가지고 있다. 오경 가운데 다른 책들은 하나님이 모세를 통하여 율법을 주셨지만 신명기는 모세 자신이 할 수 있는 모든 설득의 방법을 동원하여 율법을 지키도록 격려한다(웬함 2015, 191). 그래서 신명기는 율법을 다시 설명하여 그 의미와 중요성을 밝히 알게 하려는 책이다. 그리고 신명기는 이스라엘 백성의 과거, 현재, 그리고 미래에 대하여 민수기와는 다른 보충적인 시각을 보여 준다(Olson 1996, 192).

신명기는 내용으로나 논리 구조로 볼 때 모세오경의 절정이며 결론이다(웬함 2015, 191). 신명기는 광야 40년간의 생활을 마치고(신 1:3) 가나안에 들어가기 직전에 모세가 광야 40년간의 경험을 토대로 쓴 책이다. 그것은 민수기에서 시내산 언약(출 19-24장, 레위기)의 말씀이 광야 40년간의 생활에서 적용되고 경험된 것을 의미한다.

또한 이 신명기는 그 뒤에 있는 역사서(또는 구약 3구분법에 따르면 전선지서)인 여호수아, 사사기, 룻기, 사무엘상, 하, 열왕기상, 하를 해석하는 중요한 신학적 기초를 제공해 준다. 그래서 이 역사를 가리켜 '신명기적 역사'(Deuteronomic History)라고 부른다. 비평학자들이 이 용어를 사용하는 것과 개혁주의에서 사용하는 개념에는 차이가 있다.[92] 우리는 신명기 신학의 관점에서 역사서를 기술했다고 본다.

I. 저자와 기록 배경

역사비평학이 등장하기 전에는 유대교나 기독교 전통은 모두 모세를 이 책의 저자로 보았다. 그런데 신명기에는 '모세 사후 문헌'(post-Mosaica) 혹은 '모세의 것이 아닌 문헌'(a-Mosaica)으로 볼 수 있는 여러 증거들이 있다. 예를 들면 지리 정보(신 2:10-11, 20-23; 3:9, 11, 13b-14)나 역사 정보(신 10:6-9), 모세의 죽음(신 34장) 등과 같이 후대의 편집자에 의해 첨가된 자료들이 있다. 이러한 점들은 모세와 신명기를 단절시키는 결과를 가져왔다. 특히 계몽주의의 발흥과 성경에 관한 역사비평학의 발전과 함께 신명기는 모세와의 역사적인 관계로부터 단절되었다(Dillard & Longman 1994, 93).

그러나 개혁주의 전통에 서 있는 교회는 모세가 신명기를 직접 기록한 것으로 받아들인다. 왜냐하면 신명기의 끝부분으로 갈수록 모세가 만든 성문화가 된 언약 문서가 빈번하게 나타나기 때문이다(신 27:3, 8; 28:58; 29:21, 29; 30:10; 31:24). 그래서 신명기 1:1에 나타나 있는 표제와 같이 모세가 "요단 저편에서 … 이스라엘 무리에게 선포한 말씀"으로 신명기를 받아들여야 한다. 그 외 구약성경의 다른 책들도 이에 동의한다(수 23:6; 왕상 2:3; 8:53; 왕하 14:6; 18:12). 무엇보다도 예수님이 신명기를 모세의 저작으로 인정하셨다(마 19:7-8; 막 10:3-5; 요 5:46-47). 신약성경의 다른 저자들도 모세가 저자임을 증거했다(행 3:22-23; 7:37-38; 롬 10:19).

92 마르틴 노트(M. Noth)는 신명기적 역사 가설을 주장했다(노트 1997, 61). 그는 신명기 저자가 신명기와 전선지서(여호수아, 사사기, 사무엘서, 열왕기서)를 썼다고 보았다. 이 가설을 받아들이는 학자들은 예루살렘 멸망 이후에 주전 722년과 주전 586년의 사건들을 설명하고자 신명기를 기록했다고 보았다.

II. 문학적 구조

이 책의 문학적 구조를 이해하는 일은 중요한 문제다. 왜냐하면 신학 주제와 문학 구조는 밀접하게 연관되기 때문이다(Hill & Walton 1991, 342). 하지만 신명기가 어떤 문학 구조로 짜여 있는지 파악하는 일은 쉽지 않다.

신명기의 구조에 대해 많은 연구들이 있었다. 그 연구들은 신명기에 기록된 모압 언약이 고대 근동의 봉신 조약(= 종주권 조약)의 구조와 유사하다는 것을 알게 한다. 주전 2500년에서 주전 1500년경에 이르는 고대 근동의 조약들이 50개 이상 발굴되었다. 그들 중 거의 절반은 주전 2000년 중기 신 히타이트 제국의 기록이다(Hill & Walton 1991, 142–143). 이 조약들에는 조금씩 다른 특징이 있지만 주전 2000년 중기에 작성된 문서와 신명기가 유사하다는 것은 모세가 썼다는 증거로 제시되기도 한다(Kitchen 1966, 90–102). 신명기의 모세 설교의 구조가 이와 유사하다는 것은 당시 사람들이 이해할 수 있는 구조를 선택하여 메시지를 전했다는 것을 시사해 준다. 고대 근동의 히타이트 조약 형태와 성경의 언약을 왈턴(Hill & Walton 1991, 143)이 다음과 같이 도식화했다.

히타이트 조약 문서	내용	출애굽기 레위기	신명기	여호수아
서문	계약 주체	출 20:1	1:1–5	24:1–2a
역사적 서언	쌍방 간 과거의 관계 요약	출 20:2	1:6–3:29	24:2b–13
준수 사항	의무 조항 열거	십계명 (출 20:1–17) 언약 법전 (출 20:22–23:19) 제사 의식 (출 34:10–26; 레 1–25장)	4–26장	24:14–25
문서 처리 규정	문서 보관 공식인 낭독		27:2–3	24:26
증인들	서약에 입회한 신들		31–32장	24:22, 27
저주와 축복	계약 이행과 불이행 간에 받게 될 보응	레 26:1–33	28장	24:20

신명기의 구조는 대부분의 성경학자들이 이해하듯이 '봉신 조약'으로 알려진 고대 근동의 종주국과 속국 간에 맺은 조약 문서와 유사한 면을 가지고 있다. 봉신 조약은 신명기의 구조를 이해하는 일에 도움을 줄 뿐만 아니라 시내산 언약과 모압 언약을 이해하는 일에도 중요한 통찰력을 주었다. 이 조약은 규정한 내용을 준수하는 한 그들을 보호하고 돌본다는 것을 주된 내용으로 한다. 그 내용은 대개 전문(관계 규정), 역사적 서언, 계약 조항, 기록 보관, 계약 조건의 이행 여부에 따른 축복과 저주, 증인 명단 등으로 되어 있다. 신명기에서는 하나님이 종주국 왕으로 소개되며, 역사적 개관으로 하나님이 어떻게 이스라엘을 애굽에서 구원하여 시내산에서 자신을 계시하셨으며, 아브라함에게 약속했던 땅으로 인도하셨는지를 말한다. 그리고 약속의 땅에 이르면 돌을 세워 율법을 기록하라고 했다(참조. 신 27:2–3; 수 8:30–32). 이러한 구조를 볼 때 신명기가 고대의 조약 문서의 틀을 가지고 있다는 것은 부인할 수 없다.

일반적으로 신명기를 가리켜 모압에서 맺었기 때문에 '모압 언약'이라고 하지만 신명기 29:1에만 나타나는 유일한 표현이다.[93] 그러면 신명기 전체가 모압 언약인지, 아니면 신명기 가운데 특정 부분만 모압 언약인지 설명해야 한다. 이 문제를 해결하려면 신명기 29:1 "호렙에서 이스라엘 자손과 세우신 언약 외에 여호와께서 모세에게 명령하여 모압 땅에서 그들과 세우신 언약의 말씀은 이러하니라"는 말씀이 표제(heading)인가, 아니면 결어(colophon)인가 하는 점을 밝혀야 한다. 송제근(1998, 190–194)은 이것이 표제라면 모압 언약의 실체를 볼 수 없고, 구체적인 언약법 조항과 언약 체결 예식이 빠져 있기 때문에 모압 언약의 결어로 보았다. 그리고 모압 언약이 시작되는 본문을 신명기 4:45인 "이스라엘 자손이 애굽에서 나온 후에 모세가 증언과 규례와 법도를 선포하였으니"로 보았다. 그리고 신명기 4:44인 "모세가 이스라엘 자손에게 선포한 율법은 이러하니라"는 말씀은 신명기 전체의 도입부인 1:5–4:43에 관한 결어로 보았다. 그리고 이 결어는 신명기 1:5의 표제와도 상응한다고 보았다(송제근 1998, 194–201). 이 구조가 문맥적으로도 잘 어울린다. 그래서 신명기 29:1은 결어다(송제근 1998, 201–202; Block 2012, 662–663). 그리고 신명기 4:44의 구조와 29:1의 결어 구조도 거의 같

93 신명기 29:1은 히브리어 성경 맛소라 본문에서는 28:69이다.

다. 이것은 신명기 4:45-29:1이 한 문학 단위라는 것이다. 하지만 개역개정판, NIV 성경, 웬함, 그리고 스튜어트 등(웬함 2015, 194; 피 & 스튜어트 2007, 69-78)은 이것을 결어로 보는 것이 아니라 문단을 시작하는 말씀으로 보았다. 송제근(1998, 338)은 시내산 언약과 모압 언약을 비교하면서 "이 두 언약은 이 모든 내용의 거의 대부분 서로 일치한다. 전체적으로 시내산 언약 본문은 보다 원초적인 표현을 쓰고 연대기적으로 기술되었다. 그러나 모압 언약은 더 논리적이고 조직적이며 신학적으로 설득력 있게 기술되었다"라고 했다. 그런데도 신명기 전체가 언약적 성격을 가지고 있기 때문에 모압 언약이라고 할 수 있다. 왜냐하면 모세가 동일하게 모압 평지에서 선포한 율법이고, 이 율법과 관련하여 복과 저주를 말하기 때문이다.

송제근(1998, 338)은 시내산 언약과 비교하며 모압 언약의 구조를 분석하였다. 물론 두 언약이 일치한다고 보기에는 어려운 부분도 있지만 송제근의 책에 나오는 내용을 재구성하여 만든 아래의 도표는 신명기의 논리 구조를 이해하는 데 도움이 되리라 생각한다.

	시내산 언약 (출 19-24)	모압 언약 (신 4:45-28:69)
1. 언약관계의 정의	출 19:3-8	신 26:17-19
2. 언약당사자의 만남	출 19:9-25	신 5:1-5; 22
3. 모세의 권위	출 19:9a, 20ff; 20:18-21	신 5:23-6:3
4. 언약 조건 1	출 20:1-17	신 5:6-21
5. 언약 조건 2	출 20:23-23:19	신 12:1-26:15
6. 언약체결예식 ① 약속과 축복 ② 언약체결예식 ③ 언약체결이후의 피로연	 출 23:20-33 출 24:3-8 출 24:9-11	 신 28 신 27:5-7a, 14-26 신 27:7b

신명기는 세 편의 모세의 설교로 이루어져 있다. 오경 가운데 다른 책들은 하나님이 모세를 통하여 율법을 주셨지만 신명기는 모세가 그 율법의 의미와 중요성을 설교하는 방식으로 기록되었다. 이것이 신명기의 중요한 기록상의 특성이

다. 이 점을 반영하는 다음의 요소들은 신명기의 설교적 특성을 잘 보여 준다. (1) '오늘날' 혹은 '오늘'에 관한 빈번한 언급, (2) 신앙 고백(신 26:5–10)과 다른 여러 곳에서 '우리' 사용, (3) 2인칭 대명사(너희, 너희들)의 빈번한 사용, (4) '들으라'는 반복적인 소환, (5) 수많은 호격 사용, (6) 과거 사건을 현실 속에 역동적으로 재현하는 방법으로 기억을 사용하라는 호소, (7) 청중들로부터 순종의 반응을 이끌어 내기 위한 약속과 위협 사용, (8) 마음과 지성에 관한 호소, (9) 예화의 사용(신 19:5; 출 21:11–13) 등이다(밀러 2000, 45). 신명기의 이러한 구조와 특성에 따라 문학적 구조를 정리하면 다음과 같다. 이러한 문학적 구조는 이 책의 주제를 이해할 수 있게 할 뿐만 아니라 어떤 논리로 주제를 설명하고 있는지를 알 수 있게 하기 때문에 중요하다.

1. 신명기 서론(신 1:1–4)
2. 모세의 첫 번째 설교(신 1:5–4:44)
   (1) 역사 회고(신 1:5–3:29)
   (2) 하나님의 규례와 법도를 지키는 일의 중요성(신 4:1–40)
   (3) 도피성: 생명 보호를 위한 사회적 안전장치(신 4:41–43)
   (4) 결어(신 4:44)
3. 모세의 두 번째 설교: 모압 언약(신 4:45–29:1)
   (1) 역사적 서언(신 4:45–49)
   (2) 언약 조건 1: 십계명(신 5:1–21)
   (3) 언약의 말씀을 지켜야 할 중요성(신 5:22–11:32)
   (4) 언약 조건 2: 율법 해석과 적용(신 12:1–26:19)
   (5) 율법의 기록 보관과 공포(신 27:1–28:68)
   (6) 결어(신 29:1)
4. 모세의 세 번째 설교(신 29:2–32:52)
   (1) 모세의 설교(신 29:2–30:20)
   (2) 모세가 여호수아를 세우고 백성들을 권면함(신 31:1–29)
   (3) 모세의 노래와 권면(신 31:30–32:52)
5. 모세의 축복(신 33:1–29)

6. 모세의 죽음(신 34:1–8)
7. 새 지도자 여호수아(신 34:9–12)

III. 주제와 기록 목적

신명기의 문학적 구조에서 살펴본 바와 같이 신명기는 주전 2000년 중기의 고대 근동의 봉신 조약의 형식으로 기록되었다. 저자는 군주인 하나님과 봉신인 이스라엘 사이에 맺은 언약을 근거로 이스라엘에게 하나님의 말씀을 지켜 행하는 일이 중요하다는 점을 설명한다. 무엇보다 이것이 이스라엘의 미래와 직결되어 있다는 것이다. 특별히 모세는 세 번에 걸친 설교를 통하여 여호와의 언약 백성으로서 언약의 규정 사항을 신실하게 지켜 행한다면 여호와께서 이스라엘의 군주로서 보호하고 지켜 주신다는 것을 설득하고 있다. 신명기의 주제는 언약 백성은 하나님의 법을 지킴으로 약속의 땅에서 복과 은혜를 누리며 제사장 나라의 사명을 다할 수 있다는 것이다.

이 주제를 중심으로 신명기는 몇 가지 중요한 목적을 가지고 있다. 첫째, 이스라엘 백성들이 하나님과 맺은 사랑의 언약을 근거로 다양한 설득의 과정을 통하여 주의 명령과 법도를 지켜 행한다면 들어가게 될 땅에서 복을 받게 된다는 것이다. 이 점은 신명기 전체에서 계속 발견된다(신 4:14, 40; 6:1–3; 11:31–32; 12:28; 14:29; 15:18; 16:20; 26:16–19; 27:10; 29:29; 30:20; 31:9–13; 32:47 등). 신명기 전체에서 언약의 말씀을 지키는 자에게는 복을, 언약의 말씀을 버리고 우상을 숭배하고 악을 행하면 저주를 받게 된다는 것이 반복된다. 전 선지서(역사서)인 여호수아, 사사기, 사무엘서, 열왕기서는 이 원리에 따라 역사를 기술하고 있고, 그곳에 신명기의 문체, 주제, 중심 사상 등이 잘 반영되어 있다(Kalland & Barker 2002, 243). 그리고 이사야부터 말라기 선지자까지 그들은 선지서를 기록하면서 신명기의 관점으로 당시의 시대를 해석하고 미래를 전망했다.

둘째, 아브라함과 맺은 언약에 따라 무조건적인 은혜로 언약에 참여하지만 그 언약에 담긴 복을 누리는 문제는 조건적 성격을 가지고 있다는 것이다.

셋째, 언약 백성이 법을 지키지 못함으로 하나님의 징계를 받아 환란을 당한다 할지라도 회개하고 여호와께 돌아오면 다시금 관계를 회복시켜 주신다는 것이다(신 4:29–31).

IV. 내용

내용 구조

1. 신명기 서론(신 1:1–4)
2. 모세의 첫 번째 설교(신 1:5–4:44)
3. 모세의 두 번째 설교: 모압 언약(신 4:45–29:1)
4. 모세의 세 번째 설교(신 29:2–32:47)
5. 모세의 축복(신 33:1–29)
6. 모세의 죽음(신 34:1–8)
7. 새 지도자 여호수아(신 34:9–12)

1. 신명기 서론(신 1:1-4)

이 문단은 해설자가 3인칭 시점으로 신명기의 지리와 연대기 배경을 설명해 준다. 모세가 요단 동쪽 숩 맞은편의 아라바 광야, 곧 바란과 도벨과 라반과 하세롯과 디사합 사이에서 선포한 말씀이다. 저자는 모세가 설교한 지점에 대하여 "호렙 산에서 세일산을 지나 가데스 바네아까지 열 하룻길이었더라"(신 1:2)라고 설명했다.[94] 이 짧은 해설은 호렙 산에서 모압 평지 가까이에 있는 가데스 바네아까지 불과 열 하룻길밖에 안 되는 길인데 거의 40년 만에 오게 되었다는 것을 밝히려는 것이다(참조. 민 10:11). 모세가 설교한 이때는 마흔째 해 열한째 달 그 달 첫 날(40/11/01)이다. 그리고 해설자는 이때가 아모리 왕 시혼과 바산 왕 옥을 죽인 이후라고 설명한다. 그래서 신명기 서론은 신명기에 기록된 내용이 언제, 어디에서 주어졌는지를 보여 준다.

---

94 신명기에서는 33:2을 제외하고는 시내산을 모두 호렙 산으로 부르고 있다.

2. 모세의 첫 번째 설교(신 1:5-4:44)

이 문단은 모세가 1인칭 시점으로 행한 첫 번째 설교다. 모세는 이 설교에서 호렙 산에서 출발하여 모압 평지에 이르기까지의 역사를 회고하며 하나님이 이스라엘 백성들과 함께하신 일들을 설명한다(신 1:1–3:29). 그리고 하나님의 율법을 지키는 일의 중요성을 강조한다(신 4:1–44).

내용 분해

(1) 역사 회고(신 1:5–3:29)
(2) 하나님의 규례와 법도를 지키는 일의 중요성(신 4:1–40)
(3) 도피성: 생명 보호를 위한 사회적 안전장치(신 4:41–43)
(4) 결어(신 4:44)

내용 해설

(1) 역사 회고(신 1:5–3:29)

모세는 첫 번째 설교를 시작하면서 신명기가 오경의 다른 책들과는 다르다는 것을 보여 준다. 그것은 모세가 여호와로부터 율법을 받아서 말한 것이 아니라 이미 받은 율법을 설명한다는 것이다.[95] 특히 모세는 이 역사적 서언에서 가데스에서 실패한 사건부터 아모리 왕 시혼과 바산 왕 옥을 친 사건 이후에 요단 동쪽 땅을 분배한 사건까지 회고한다. 이 회고를 통하여 이스라엘의 실패와 그 가운데서도 하나님이 베푸신 은혜를 설명한다.

① 땅을 차지하라는 여호와의 명령(신 1:5–8)

모세는 요단 동쪽인 모압에서, 여호와께서 호렙에서 땅을 차지하라고 하신

---

95 신명기 1:5에 '설명하다'라는 동사의 히브리어 단어는 '바알'(באר)의 피엘형으로 '밝히 설명하다'라는 뜻이다.

말씀을 회고하며 명령한다. 이스라엘이 차지해야 할 땅은 그 땅의 지형적인 위치와 형태를 따라 아라바와 산지와 평지와 네겝과 해변과 가나안 족속의 땅과 레바논과 큰 강 유브라데까지다. 특별히 그 땅을 가리켜 아브라함과 이삭과 야곱에게 맹세하여 그들과 그들의 후손에게 주리라 한 땅이라고 했다(신 1:8). 모세는 여호와께서 하신 약속을 회고하며 차지해야 할 것이라고 당부한다.

② 모세가 지도자를 세움(신 1:9–18; 출 18:13–17)

모세가 지도자를 세운 배경을 보면 그의 장인 이드로의 권고에 따라 행한 일과 다르게 보인다(참조. 출 18:13–27). 이 차이는 모세가 그때의 사건을 회고하며 다른 각도에서 설명한 것으로 볼 수 있다. 모세 혼자 그 짐을 감당할 수 없었기 때문에 그는 각 지파에서 지혜와 지식이 있고, 인정받는 자들을 택하게 하여 수령으로 세웠다(신 1:13). 모세는 이 수령들을 각 지파를 따라 천부장, 백부장, 오십부장, 십부장을 삼아 세웠다. 백성들을 재판할 이들에게 명한 규정을 재확인한다. 재판장들은 쌍방 간에 공정하게 판결하며, 그가 가진 외적인 조건에 따라 판단하지 말며 신분의 귀천에 따라 차별하지 말고, 사람의 낯을 두려워하지 말아야 한다. 그리고 어려운 문제는 더 높은 권위자에게 넘겨야 한다(신 1:17–18). 이러한 자격 기준과 업무 규정은 오늘날 교회와 사회의 일꾼을 세우는 일에도 중요한 시사점을 준다.

③ 가데스에서 실패한 일을 회고함(신 1:19–46; 민 13:1–14:45)

이 문단에서 모세는 약 38년 전 가데스 바네아에서 있었던 사건을 회고하면서 당시 세대의 사람들처럼 하나님을 믿지 않는 죄를 범하지 말 것을 당부한다. 처음 이 사건이 기록된 민수기 13:1–16을 보면 여호와께서 각 지파의 지휘관 된 자 한 사람씩 12명을 보내어 가나안 땅을 정탐하게 하셨다(참조. 민 13:2). 하지만 모세가 회고하는 이 문단에서는 백성들이 사람을 보내 그로 하여금 그 땅을 정탐하고 어느 길로 가야 하며, 어느 성읍으로 들어가야 할 것을 알아 보고하게 하자고 제안하자 모세가 허락한 것으로 되어 있다(신 1:22–23). 이것은 모세가 잘못 이해하고 있는 것이 아니라 당시의 사건을 다른 시각에서 묘사하는 것으로 보아야 한다. 열두 명의 정탐꾼들이 정탐하고 그 땅의 열매를 가지고 돌아와 가나안 땅은 좋지만 그 백성은 장대하고 성읍은 크고 견고하다고 말함으로 백성들을 낙심시켰다. 그때 모세는 여호와께서 애굽에서 행한 것처럼 그들을 위하여 싸울 것이라고 해도 이스라엘 백성들이 믿지 않았던 사실을 회고했다(신 1:28–32).

모세는 여호와께서 그들의 원망하는 소리를 들으시고 이 악한 세대들 중에는 약속하신 땅을 볼 자가 없을 것이라고 하신 말씀을 상기시켰다. 그러나 온전히 순종한 갈렙과 여호수아는 그 땅을 기업으로 차지할 것이고, 정탐꾼들이 사로잡히리라고 하던 자녀들은 들어가게 될 것이라고 회고했다(신 1:36–39). 그리고 여호와께서 이스라엘의 방향을 돌려 홍해 길을 따라 광야로 가게 하셨으나 그들은 그 말씀에 귀를 기울이지 않고 무기를 가지고 올라갔고, 그러나 여호와께서 그들에게 귀를 기울이지 않으시므로 크게 패한 사건을 언급했다(신 1:40–46). 이러한 역사 회고를 통하여 모세는 믿음과 순종이 중요하다는 점을 강조한다.

④ 광야에서 보낸 해와 요단 동편 정복 회고(신 2:1–3:22)

이 문단에는 가데스 바네아의 사건 이후에 광야 40년을 지나 가나안의 경계인 모압 평지까지 이르게 된 내용 중에 다섯 지역에서 있었던 사건이 기록되어 있다. 모세는 이 과정을 평행 구조로 반복하여 설명한다.

		여행 지역(A)	여호와의 명령(B)	결과(C)
1	에돔	신 2:1	신 2:3–7	신 2:8a
2	모압	신 2:8b	신 2:9	* (신 2:10–12)
3	암몬	신 2:18	신 2:19	* (신 2:20–23)
4	아모리	신 2:24	신 2:24–31	신 2:32–37
5	바산	신 3:1	신 3:2	신 3:3–11

*는 모세가 그 땅에 관한 부수적인 상황을 설명한다.

• **에돔/에서(신 2:1–8a):** 모세는 여호와께서 세일에 사는 에돔은 이스라엘을 두려워하니 그들과 다투지 말라고 하시며 그들에게 세일 산을 기업으로 주신 사실을 언급했다(신 2:3–5). 하지만 이 사건이 기록된 민수기 20:14–21과는 다르다. 민수기 기록을 보면, 이스라엘 백성들은 에돔 땅을 지나갈 수 있도록 요청하지만 에

돕이 군대를 거느리고 막음으로 지나갈 수 없었다. 두 개의 본문의 차이가 나는 것은 관점에 따라 어떤 부분을 더 세밀하게 묘사하기도 하고, 어떤 부분은 설명하지 않을 수도 있기 때문이다. 그래서 이 둘을 서로 보완적이라고 보아야 한다.

• **모압(신 2:8b-9):** 여호와께서 모압은 롯의 자손으로 그들에게 아르를 기업으로 주셨기 때문에 싸우지 말라고 했다.

• **부수적 설명(신 2:10-12, 20-23):** 모세는 모압이 거인족인 르바임을 쫓아내고 거주했다는 사실을 회고한다(신 2:9-12). 그리고 암몬이 차지하고 있는 땅에도 르바임(모압은 에밈, 암몬은 삼숨밈이라 불렀음)이 살고 있었으나 여호와께서 쫓아내게 하신 사실을 회고한다. 갑돌(오늘날의 크레테)에서 나온 사람들이 아위 사람을 멸하고 거기에 거한 사실도 회고한다. 모세가 이러한 부수적인 설명을 하는 목적은 무엇일까? 그것은 하나님의 백성이 아닌 모압이나 암몬이나 갑돌 사람들도 그 지역에 사는 사람들을 쫓아내고 거주했다면 하나님의 백성인 이스라엘 역시 가나안에 살고 있는 르바임을 비롯한 다른 민족을 당연히 쫓아내고 거주할 수 있다는 것을 말하기 위함이다.

• **아모리 왕 시혼(신 2:24-37; 민 21:21-32):** 모세는 요단 동편 지역에 있는 아모리 왕 시혼을 점령한 과정을 회고한다. 그때 모세는 평화의 말로 그 땅을 통과할 수 있도록 구하였으나 시혼이 거절했다. 모세는 그 이유를 하나님이 그를 이스라엘에게 넘기시기 위하여 그의 마음을 완고하게 하셨기 때문이라고 회고한다(신 2:30).

• **바산 왕 옥(신 3:1-11; 민 21:23-35):** 이스라엘이 요단 동편의 땅 바산을 차지한 것은 아모리 왕 시혼과 같이 여호와께서 그와 그의 백성을 넘겨 주셨기 때문이다(신 3:2). 특히 저자는 옥을 가리켜 르바임의 남은 자라고 하였고 그의 침상이 철이며 길이가 9규빗(4.25m)이고, 너비가 4규빗(1.8m)이라고 소개한다(신 3:11).

• **요단 동쪽 땅을 기업으로 준 일(신 3:12-22; 민 32:1-32):** 모세는 아모리 왕 시혼과 바산 왕 옥을 물리치고 아로엘에서 길르앗 산지 절반을 르우벤 자손과 갓 자손에 주었다(신 3:12). 그리고 모세는 길르앗의 남은 땅과 바산을 므낫세 반 지파에게 주었다. 므낫세의 아들 야일은 그술과 마아갓 족속의 경계까지 아르곱 온 지방을 점령하고 그곳 이름을 '하봇야일'이라고 지었다(신 3:13-14). 이 뜻은 '야일의 진영' 또는 '야일의 마을'이라는 뜻이다.

아모리 왕 시혼과 바산 왕 옥을 점령하고 이 땅을 르우벤 자손과 갓 자손과 므낫세 반 지파에게 기업으로 준 일은 중요한 의미가 있다. 그것은 아모리 왕 시혼이 다스리던 나라와 바산 왕 옥이 다스리던 나라도 하나님이 약속하신 땅으로 보게 하려는 것이다. 왜냐하면 하나님이 아브라함에게 아모리 족속의 죄악이 가득 차면 그 땅을 주실 것이라고 약속하셨기 때문이다(참조. 창 15:16). 그래서 이스라엘이 이 땅을 차지하는 것은 하나님이 약속하신 것을 성취하는 것이기도 하지만, 동시에 이 땅의 죄악을 심판하는 일이기도 하다(참조. 신 18:12). 시혼과 옥을 이긴 것은 가나안에 더 강한 민족이 있다고 할지라도 그들이 경험한 대로 여호와께서 친히 싸우시기 때문에 믿고 순종하면 요단 서쪽 땅을 차지할 수 있다는 것을 보여 준다(신 3:21-22).

⑤ 모세가 요단을 건너지 못한 이유(신 3:23-29)

이 문단은 모세가 요단을 건너지 못한 이유를 설명한다. 민수기에 따르면 모세가 가나안에 들어가지 못한 이유는 이스라엘 목전에서 여호와의 거룩함을 나타내지 아니하였기 때문이다(민 20:13). 그러나 신명기에서는 모세가 당시를 회고하면서 백성들의 죄 때문이라고 반복적으로 설명한다(신 1:37; 3:26; 4:21-22). 당시 모세는 요단 서쪽의 아름다운 땅, 아름다운 산과 레바논을 보게 해 달라고 간절히 기도했다. 하지만 모세는 '너희 때문에' 여호와께서 자신에게 진노하셨다고 회고한다. 모세가 이 일로 기도할 때 여호와께서 "그만해도 족하니 이 일로 다시 내게 이르지 말라"(신 3:26)라고 하신 말씀을 회고한다. 모든 백성들보다 모세는 약속의 땅에 들어가기에 마땅하였던 사람인데도 왜 들어가지 못하였는가? 신명기에 나타나는 '너희 때문에'라는 표현을 반복하는 것은 이 말씀을 듣는 자들로 하여금 단순히 개인적인 심판으로 간주하지 않게 하려는 것이다. 이것은 모세가 심판을 받을 때 나머지 백성들에게는 그 심판이 은혜가 된다는 진리를 상기시키려는 의도로 보인다(밀러 2000, 90). 모세가 백성들의 죄 때문에 가나안에 들어가지 못한 것은 다른 사람들이 지은 죄로 말미암아 그들이 받아야 할 죄의 형벌을 주의 종들이 받는 애매한 고난의 역사적 효시로 볼 수 있다(밀러 2000, 90).

(2) 하나님의 규례와 법도를 지키는 일의 중요성(신 4:1-40)

이 문단을 시작할 때 히브리어 성경에서는 '이제 이스라엘아 들어라'는 말씀으로 시작한다.[96] '이제'라는 단어는 신명기 1:5-3:29에서 광야 40년간의 역사를 회고한 논리적 결과임을 나타낸다. 그리고 모세는 '이스라엘아 들어라'라는 호격과 명령법으로 시작한다. 또한 이 문단은 수미쌍관법으로 구성되어 있다. "이스라엘아 이제 내가 너희에게 가르치는 규례와 법도를 듣고 준행하라 그리하면 너희가 살 것이요 너희 조상의 하나님 여호와께서 너희에게 주시는 땅에 들어가서 그것을 얻게 되리라."(신 4:1, 참조. 4:40). 이것은 이 문단의 주제가 여호와의 규례와 법도를 지키는 일이 생명을 얻는 방법이고, 듣고 새겨야 할 중요한 내용이라는 것이다. 모세는 이러한 문학적 장치로만 중요성을 강조하는 것이 아니라 다양한 방법으로 설득한다.

① 규례와 법도를 지켜야 할 중요성과 그 의미(신 4:1-8)

이 문단에서 모세는 이스라엘 백성들로 하여금 여호와의 규례를 지켜야 할 중요성과 의미를 설명한다. 주의 규례와 법도를 지켜야 할 중요성은 생명을 얻는 일과 약속의 땅을 소유하는 일과 직결되어 있기 때문이다(신 4:1). 모세는 이 일의 중요성을 설명하기 위하여 이스라엘이 최근에 경험한 바알브올의 사건을 가지고 설명한다. 여호와께서 바알브올의 일로 말미암아 행하신 일을 눈으로 목격한 바와 같이 바알브올을 따른 사람은 멸망시키셨고 여호와께 붙은 자는 다 살려 주셨다는 것이다(신 4:3-4, 참조. 민 25:1-9). 이때 주의 규례와 법도를 지키지 않고 발람의 꾀를 따라간 사람은 주께서 보낸 전염병으로 24,000명이 죽었다(민 25:9). 이때 여호와께 붙은 자는 생존했다(신 4:4). 이 역사적 실례를 통하여 모세는 주의 규례와 법도를 지키는 일은 생명을 얻는 방법이고 가나안에서 은혜를 누리는 방법임을 보여 준다.

이뿐만 아니라 모세는 주의 규례를 지키는 일이 어떤 의미가 있는지도 설명했다. 그는 주의 규례를 지키는 일을 이스라엘의 지혜요 지식이라고 했다. 그리

96 개역개정판에는 '이스라엘아 이제 들어라'라고 되어 있지만 히브리어는 '버아타 이스라엘 셔마'(וְעַתָּה יִשְׂרָאֵל שְׁמַע)인데, '이제'라는 말로 시작한다.

고 여러 민족이 주의 규례를 듣고 "이 큰 나라 사람은 과연 지혜와 지식이 있는 백성이로다"라고 말하게 될 것이라고 했다(신 4:6). 이것은 이스라엘이 주의 규례를 지키는 일은 삶의 모든 문제를 풀어 가는 지혜요 또한 이방 사람들에게는 전도의 의미도 있다는 것이다. 율법이 열방에 적용된 것은 아니라 할지라도 이스라엘이 한 모델로서 열방의 빛으로 살게 하여 율법이 열방으로 '퍼져 가거나'(go forth), 그들이 그것을 배우기 위해 '다가오게'(come up) 하도록 주어진 것이다(Wright 1992, 227). 모세는 왜 이러한 의미가 있는지 두 개의 수사의문문으로 강조한다.[97]

- 우리 하나님 여호와께서 우리가 그에게 기도할 때마다 우리에게 가까이 하심과 같이 그 신이 가까이 함을 얻은 큰 나라가 어디 있느냐?(신 4:7)

- 오늘 내가 너희에게 선포하는 이 율법과 같이 그 규례와 법도가 공의로운 큰 나라가 어디 있느냐?(신 4:8)

이 두 개의 수사의문문은 율법이 왜 지혜가 되며, 열방이 지혜가 있다고 말하는지 그 이유를 설명해 준다. 이스라엘이 율법을 준행하며 기도할 때 하나님이 가까이 하여 그들의 문제를 풀어 주시기 때문이며, 또한 공평하게 율법을 적용하여 백성들의 삶을 행복하게 해 주기 때문이다.

② 규례와 법도를 주심(신 4:9–24)

모세는 이스라엘 백성들에게 주의 규례와 법도를 지켜야 할 중요성을 다양한 방법으로 설득한다.

• 호렙 산에서 강림하신 여호와(신 4:9–14): 모세는 호렙 산에서 불이 붙어 불길이 충천하고 어둠과 구름과 흑암이 덮였는데, 여호와께서 불길 중에 그의 언약을 반포하시고 십계명을 주신 사건을 회고한다(신 4:11–13). 특히 하나님이 호렙 산에

97 신명기 4:7을 시작하며 히브리어 성경에는 이유를 나타내는 접속사 '키'(כִּי)로 시작한다. 이것은 율법이 어떤 의미가 있는지를 보여 준다. 신명기 4:7과 4:8은 모두 히브리어 의문사 '미'(מִי)로 시작하는 수사의문문이다.

서 친히 두 돌판에 쓰신 십계명을 주셨다. 이는 이스라엘 백성들이 약속받은 땅에서 행하게 하려는 것이다(신 4:14).

• **자기를 위하여 새긴 우상을 섬기지 말라(신 4:15–24):** 모세는 여호와께서 호렙 산 불길 중에서 말씀하시던 날에 어떤 형상도 보지 못했다는 사실을 상기시키며 여호와를 위해 어떤 형상도 만들어 섬기지 말라고 했다(신 4:15–23). 그러면서 모세는 여호와는 소멸하는 불이요 질투하시는 하나님이라고 소개한다. 여호와께서 당신을 바르게 섬기기를 원하시지만 이스라엘 백성이 자기를 위하여 우상을 만들어 섬기면 진노하신다. 특히 여호와를 질투하는 하나님이라고 소개한 것은 적극적으로 사랑을 표현하시는 분이라는 것이다. 이것은 십계명 가운데 특별히 하나님을 섬기는 방법을 설명하는 제2계명이다.

③ 경고와 하나님의 은혜(신 4:25–31)

모세는 약속의 땅에서 살 때에 만일 부패하여 무슨 형상의 우상이든지 조각하여 만들어 섬기면 그 땅에서 속히 망할 것이라고 경고했다. 이뿐만 아니라 여호와께서 민족 중에 흩으실 때에 이스라엘은 보지도 듣지도 못하는 목석의 신들을 섬길 것이라고 경고했다(신 4:26–28). 모세는 이 일에 천지를 증인으로 세웠다(신 4:26; 30:19; 31:28). 구약성경 밖의 고대의 언약에는 그 조항에 신들의 이름도 포함되어 있다(Kalland & Barker 2002, 279). 모세가 천지를 증인으로 세운 것은 하나님이 창조하신 온 세상이 하나님이 행하신 일과 언약을 맺으신 것을 분명히 안다고 보기 때문이다. 그러나 모세는 거기에서 마음을 다하고 뜻을 다하여 하나님을 찾으면 만나게 될 것이라고 했다. 왜냐하면 이스라엘과 언약을 맺으신 하나님이 자비하시기 때문이다(신 4:29–31).

④ 규례와 법도를 지켜야 할 중요성을 설명함(신 4:32–40)

모세는 그의 첫 번째 설교를 마치면서 규례와 법도를 지켜야 할 중요성을 설명하기 위하여 다시 한 번 하나님이 얼마나 위대한 분이신지 네 개의 수사의문문으로 설득한다(신 4:32–34).[98]

98 다음의 수사의문문은 히브리어 성경에서 네 개의 의문사 '하'(הֲ)로 시작한다.

- 하늘 이 끝에서 저 끝까지 이런 큰 일이 있었느냐?
- 이런 일을 들은 적이 있었느냐?
- 어떤 국민이 불 가운데에서 말씀하시는 하나님의 음성을 너처럼 듣고 생존하였느냐?
- 어떤 신이 와서 시험과 이적과 기사와 전쟁과 강한 손과 편 팔과 크게 두려운 일로 한 민족을 다른 민족에게서 인도하여 낸 일이 있느냐?

모세는 이것을 하나님 여호와께서 애굽에서 눈으로 볼 수 있도록 여호와 자신을 나타내셨다는 것으로 강조한다. 그 이유는 여호와께서 하나님이시요 그 외는 다른 신이 없음을 알게 하려는 것이었다(신 4:35). 그래서 모세는 다양한 설득 방법을 사용하여 여호와의 규례와 법도를 지켜야 할 중요성을 설명한다.

(3) 도피성: 생명 보호를 위한 사회적 안전장치(신 4:41-43)

모세는 요단 동쪽에 도피성 세 곳을 지정했다. 르우벤 지파를 위한 베셀, 갓 지파를 위한 길르앗 라못, 므낫세 지파를 위한 바산 골란이다. 이 도피성은 원한이 없이 부지중에 살인한 자가 도피하여 정당한 재판 없이 죽는 일이 없게 하려는 사회적 안전장치다(참조. 민 35:12).

(4) 결어(신 4:44)

신명기 4:44과 4:45은 마치 두 개의 표제(heading)로 되어 있는 것처럼 보인다. 그것은 둘 다 모세가 이스라엘 자손에게 선포한 율법이라고 소개하기 때문이다.

폰 라드(von Rad 1979, 55)는 이 구문을 이해하기가 괴물과 같다고 했다. 사실 두 개의 표제가 같이 붙어 있는 것은 어울리지 않을 뿐만 아니라 이해하기도 쉽지 않다. 하지만 신명기만이 아니라 일반적으로 다른 책도 문단의 시작과 마침을 알리는 신호 기능을 가지고 있는 도입구와 결어가 있다. 이와 같이 모세의 첫 번째 설교는 시작하는 도입구와 결어인 신명기 1:5과 4:44이 거의 같은 표현을 사용한다.[99] 이 문단은 성경에 자주 사용되는 수미쌍관법으로 되어 있다. 이러한 문학적 장치를 이해한다면 신명기 4:44은 모세가 모압 평지에서 한 설교의 결론으로 언약 백성들이 지켜야 할 율법임을 알 수 있다.

3. 모세의 두 번째 설교: 모압 언약(신 4:45-29:1)

모세는 두 번째 설교에서 신명기 전체 서론에서와 같이 아모리 왕 시혼과 바산 왕 옥의 땅을 차지한 역사적 사실을 반복하여 언급한다(신 1:4; 2:26–3:11; 4:46–49; 29:7–8). 모세가 이 역사를 언급하는 목적은 그의 설교를 듣는 이스라엘 백성들로 하여금 하나님이 어떤 위대한 일을 하셨고, 그의 약속을 어떻게 이루셨는지 알도록 하기 위함이다. 일반적으로 모압 언약이라는 용어를 사용하지만 신명기 29:1에서만 유일하게 호렙 산(= 시내산)에서 세운 언약과 비교하며 이 용어를 사용한다. 이 말씀을 모세의 두 번째 설교의 결어(colophon)로 받아들인다면 신명기 4:45–29:1은 모압 언약이다. 더 나아가 신명기 전체가 언약적인 성격을 가지고 있기 때문에 모압 언약이라고 할 수 있다. 왜냐하면 모세가 동일하게 모압 평지에서 선포한 율법이고, 이 율법과 관련하여 언약의 중요한 요소인 역사적 서언과 준수 사항과 복과 저주의 내용을 담고 있기 때문이다. 특히 신명기 4:45–29:1은 언약 조건인 준수 사항(신 5:6–27:1)과 복과 저주의 내용(신 28:1–68)을 자세하게 설명한다.

내용 분해

(1) 역사적 서언(신 4:45–5:5)

(2) 언약 조건 1: 십계명(신 5:6–21)

(3) 언약의 말씀을 지켜야 할 중요성(신 5:22–11:32)

(4) 언약 조건 2: 율법 해석과 적용(신 12:1–26:19)

99 신명기 1:1, 1:5; 4:44, 45; 29:1 등이 표제인지, 아니면 결어인지에 관한 더 자세한 논의는 송제근(1998, 195–201; Song 1992, 193–199)을 참조하라. 모세의 책에 이러한 형식의 결어는 레위기 26:46; 27:34; 신명기 29:1 등에서도 볼 수 있다.

(5) 율법의 기록보관과 공포(신 27:1–28:68)

(6) 결어(신 29:1)

내용 해설

(1) 역사적 서언(신 4:45–5:5)

이 문난은 모세의 두 번째 설교의 역사적, 지리적 배경을 설명해 준다. 모세가 이 설교를 한 때는 역사적으로 아모리 왕 시혼과 바산 왕 옥을 멸하고 그 땅을 기업으로 얻었을 때이고, 장소는 요단 동쪽 벳브올 맞은편 골짜기였다.

(2) 언약 조건 1: 십계명(신 5:1–21)

모세는 하나님이 베푸신 은혜의 토대 위에 언약 관계에서 그의 백성으로 살며 은혜를 받는 조건으로 십계명을 주신 사실을 설명한다. 특히 모세는 호렙 산에서 하나님이 강림하셔서 친히 십계명을 주신 사실을 강조한다.

① 십계명을 주실 때의 배경(신 5:1–5)

모세는 온 이스라엘 백성들에게 전하는 규례와 법도를 지켜 행할 것을 당부한다. 그러면서 이 규례와 법도를 지켜 행하여야 할 근거로 호렙 산에서 언약을 세우실 때 그들의 조상들과 세웠을 뿐만 아니라 지금 살아 있는 이스라엘 백성들과도 세웠다는 점을 상기시켰다.[100] 그리고 여호와께서 산 위의 불 가운데서 대면하여 말씀하실 때 이스라엘 백성이 두려워하여 모세가 대신 전한 말씀이라고 상기시켰다. 이것은 십계명을 주신 지리적이며 역사적 배경을 보여 준다.

---

100 개역개정판은 신명기 5:3을 "이 언약은 여호와께서 우리 조상들과 세우신 것이 아니요 오늘 여기 살아 있는 우리, 곧 우리와 세우신 것이라"라고 번역했다. 이 번역은 마치 시내산 언약과 모압 언약을 분리하는 것 같은 인상을 준다. 하지만 이 언약은 단순히 과거의 사건만을 말하는 것이 아니라 모든 세대의 이스라엘을 포함한다(Thompson 1974, 113).

② 십계명(신 5:6-21; 출 20:1-17)

십계명은 출애굽기 20:1-17에도 기록되어 있다. 구조적인 관점에서 보면 십계명은 이스라엘과 하나님이 맺은 관계에서 제기되는 근본적인 요구들(1-4계명)과 공동체적인 삶을 위한 지침들(5-10계명)로 이루어져 있다. 일반적으로 1계명부터 4계명은 하나님과 우리의 관계에 대한 계명으로 이해된다(Cassuto 1967, 246; 해밀턴 2007, 251). 이 계명은 예수님이 계명을 요약하신 것처럼 하나님 사랑(1-4계명)과 이웃 사랑(5-10계명)의 순서로 되어 있다. 그리고 이 계명은 계약적인 짜임새를 가지고 두 당사자들, 즉 하나님과 이스라엘의 관계를 밝힘으로 시작한다. 그 관계는 십계명 서문에 나타나 있다. "나는 너를 애굽 땅 종 되었던 집에서 인도하여 낸 네 하나님 여호와라"(신 5:6) 이 서문이 우리에게 가르쳐 주는 것은 하나님은 주가 되시고 우리 하나님 되시고 구속자가 되시므로 우리가 마땅히 그분의 모든 계명을 지켜야 한다는 것이다(웨스트민스터 소교리문답 44문; 대교리문답 101문). 십계명은 다음과 같은 내용으로 구성되어 있다.[101]

• **서문:** 서문은 하나님과 언약 백성들이 어떤 관계인지 보여 주어 하나님의 법을 지켜야 할 근거와 방법을 보여 준다. 왜냐하면 하나님이 이스라엘 백성들을 애굽에서 구원하여 내신 이후에 구속받은 백성들에게 이 법을 주셨다고 밝히기 때문이다. 이것은 계명을 지키는 것이 구원의 조건이 아니라 결과임을 보여 준다. 동시에 이 서문은 계명을 주신 분이 애굽에서 구원해 주시고 큰 은혜와 사랑을 베풀어 주신 분으로 설명한다. 이것은 이 법을 지킬 수 있는 중요한 방법이 되기도 한다. 왜냐하면 우리를 구원하신 하나님의 은혜를 이해할 때 우리는 계명을 무거운 짐으로 지키는 것이 아니라 사랑과 감사의 표현으로 지킬 수 있기 때문이다. 이러한 사실에 근거하여 사도 요한은 하나님을 사랑하는 것은 그의 계명들을 지키는 것이며, 그 계명은 무거운 짐이 아니라고 했다(요일 5:3).

• **제1계명:** 이 계명은 예배의 대상에 관한 것이다. 우리가 하나님만 섬긴다는 것은 하나님을 하나님으로 인정하고 하나님을 영화롭게 하는 것이다. 세상 사람들은 하나님이 참 신이시고 살아 계신 분이심을 알지 못하기 때문에 하나님을 하나님으로 섬기지 못하고, 섬길 수도 없다. 그리고 사람들은 다 종교성을 가

101 십계명에 관한 해설은 개혁주의 신앙고백서인 웨스트민스터 대교리문답 98-148문, 소교리문답 41문-81문을 참조하는 것이 좋다.

지고 있기 때문에 하나님을 섬기지 아니하면 미련하게도 다른 신을 섬기게 되어 있다(롬 1:21–23).

• **제2계명:** 이 계명은 예배의 방법에 관한 것이다. 이 계명이 의미하는 것은 하나님을 섬기되 하나님이 명하시지 않은 방법으로 섬겨서는 안 된다는 것이다. 그래서 우리는 하나님을 섬긴다는 목적으로 삼위일체 하나님의 한 위를 눈으로 볼 수 있는 형상이나 그림으로 묘사해서는 안 된다. 또한 우리는 하나님의 말씀을 배제하고 우리의 생각대로 섬겨서도 안 된다(참조. 삼상 15:22–23).

• **제3계명:** 이 계명은 예배자의 태도에 관한 것이다. 이 계명에서 '망령되다'의 히브리어는 '샤워'(שָׁוְא)로 '헛되다', '의미없이 사용하다'라는 뜻이다. 그리고 '일컫는다'의 히브리어는 '나사'(נָשָׂא)로 '들다', '담당하다', '취급하다' 등의 뜻이다. 여기에서는 '취급하다'라는 의미가 가장 적절하다. 그래서 "여호와의 이름을 망령되이 일컫지 말라"는 계명의 뜻은 여호와의 이름을 우리의 생각이나 행동, 말 등에서 의미 없이 또는 거짓되게 사용해서는 안 된다는 것이다.

• **제4계명:** 이 계명은 예배의 시간과 제도에 관한 것이다. 안식일을 기억하여 거룩하게 지킨다는 것은 하나님을 창조주와 구원자 하나님으로 인정한다는 것을 의미한다. 출애굽기 31:16–17에 이스라엘 자손이 안식일을 지키는 일을 가리켜 "… 그것으로 대대로 영원한 언약을 삼을 것이니 이는 나와 이스라엘 사이에 영원한 표징이며 …"라고 했다. 그래서 우리가 안식일을 지킨다는 것은 하나님과 맺은 언약 관계를 확인하고, 그 안에서 은혜를 누리게 하는 제도적 장치임을 알 수 있다.

• **제5계명:** 이 계명은 하나님을 사랑하고 이웃을 사랑하는 모델에 관한 것이다. 왜냐하면 예배의 대상이신 하나님을 사랑하는 일이 사회적인 관계에서는 이웃을 사랑하는 출발점인 부모를 공경하는 일이기 때문이다. 그래서 이 계명은 하나님 사랑에 대한 계명과 이웃 사랑에 대한 계명 사이에서 다리 역할을 한다(Christensen 1991, 125). 예수님도 부모 공경의 계명을 이웃 사랑의 계명에 넣어 설명하셨다(마 19:19). 웨스트민스터 대교리문답 124문에 이 계명을 단순히 부모만을 말하는 것이 아니라 우리 위에 있는 모든 권세를 포함하여 설명한다. 그리고 125문에는 이 계명의 일반적인 의도는 우리가 여러 인간관계 즉 아랫사람, 윗사람, 또는 동등한 사람으로서 서로에게 지고 있는 의무들을 행하는 것이라고 했

다. 이것은 이 계명을 이웃 사랑의 출발점으로 보았다는 것이다. 또한 이 계명을 범하는 일에 대하여 돌로 쳐 죽이라고 한 것은 여호와와 맺은 언약 관계 전체를 위협한 것으로 보았다는 것이다(신 21:18–21, 참조. 신 13:5).

• **제6계명:** 이 계명은 이웃의 생명 보호에 관한 것이다. 이 계명은 합법적인 노력으로 자신과 다른 사람의 생명을 보존하라는 것과 불의하게 자신과 다른 사람의 생명을 빼앗거나 해하는 일을 해서는 안 된다는 것이다(웨스트민스터 소교리문답 68–69문). 예수님은 이 계명을 사람을 죽이는 행위에만 적용하지 않으시고 살인의 동기가 되는 마음의 문제로까지 확대하셨다. 지적하셨다. 예수님은 형제에게 노하는 자나 '라가'(אֲכָא:ר)라 하는 자도 살인하는 것이라고 하셨다(마 5:21–22). '라가'는 '머리가 비었다' 또는 '쓸모가 없다'라는 뜻이기도 하지만 사람을 인격적으로 모욕하는 행동을 말한다. 나아가 구약성경은 어떤 주인이 자기의 소가 사람을 받는 버릇이 있는 것을 알고도 단속하지 않아 그 소가 사람을 받거나 죽이면 이 계명을 적용했다(출 21:29). 오늘날 이 계명은 회사의 근무 환경이 근로자의 건강과 생명에 해가 된다는 사실을 알고도 방치하여 생명에 치명적인 손상을 주는 일에도 적용할 수 있다.

• **제7계명:** 이 계명은 이웃의 가정 보호에 관한 것으로 '성'(sex)을 사용하는 문제와 관련이 있다. 성은 본래 가정을 이루고 부부 관계를 증진시키는 하나님의 선물이다. 하지만 인간이 타락함으로 우리의 생각이나 정욕대로 성을 사용함으로 이웃의 가정을 파괴한다. 오늘날 이 계명은 성을 왜곡되게 사용함으로 발생하는 혼전 성관계와 동성애에까지 적용될 수 있다.

• **제8계명:** 이 계명은 이웃의 재산 보호에 관한 것이다. 이 계명은 합법적으로 우리 자신과 다른 사람의 재물을 얻어야 하고, 부당하게 이웃의 재물을 취하는 것을 금하고 있다(웨스트민스터 소교리문답 74–75문). 오늘날 이 계명은 폭력과 거짓말로 이웃의 재산을 빼앗거나 부당하게 이익을 남기거나, 심지어 이웃의 지적 소유권을 불법으로 사용하는 문제에까지 적용될 수 있다.

• **제9계명:** 이 계명은 이웃의 명예 보호에 관한 것이다. 이 계명에 명시된 '거짓 증거'(에드 샤워, עֵד שָׁוְא)는 법정을 생각나게 하는 용어인데, 말로 사람의 명예와 생명을 보호하는 일과 연관되어 있다. 특히 법정에서 증언할 때 하나님이 두 사람 이상 증인을 세우게 한 것은 한 사람의 인격과 생명이 중요하다는 것이다(참조.

신 19:15). 오늘날 이 계명은 법정에서 거짓으로 증언을 해서는 안 되고, 누구의 말도 왜곡하지 말아야 하고, 참견하기 좋아하는 것이나, 중상하는 것이나, 조사도 해 보지 않고 경솔하게 말하는 행위에 까지 폭넓게 적용될 수 있다(하이델베르크 교리문답 112문).

• **제10계명:** 이 계명은 이웃 사랑의 동기인 마음에 관한 것이다. 이 계명의 특징은 6계명에서 9계명까지 다 적용되는 것으로 실제 행동이 나타나기 이전의 마음의 내면 상태를 지적한다는 것이다. 이것이 세상의 법과 하나님의 법의 결정적인 차이점이다. 왜나하면 이 계명은 마음의 동기 문제를 다루기 때문이다. 예수님은 마음에서 음란, 도둑질, 살인, 간음, 탐욕, 악독, 속임, 음탕, 질투, 비방, 교만 등이 나타난다고 하셨다(마 7:20–23). 그래서 이 계명은 이웃과 그의 모든 것에 대하여 의롭고 사랑하는 마음을 품어야 함을 말한다(웨스트민스터 소교리문답 80문).

예수님은 이 십계명을 하나님을 사랑하고 이웃을 사랑하라는 계명으로 요약하셨다(마 22:37–40). 예수님은 성도들이 예수님께서 이 계명을 능히 지켜 행할 수 있도록 구속해 주셨고, 또한 구속받은 자답게 살 수 있도록 그들에게 성령을 주셨다(요 14:15–21). 그래서 신약 시대에 살고 있는 모든 그리스도인들이 계명을 지킨다는 것은 하나님을 사랑하고 섬기는 방법이요, 그리스도 안에서 구속의 은혜를 누리는 방법이다.

(3) 언약의 말씀을 지켜야 할 중요성(신 5:22–11:32)

이 문단은 언약의 말씀을 지켜야 할 중요성을 다양한 방법으로 설득한다. 모세는 여호와께서 주신 모든 규례와 법도를 지키는 일은 여호와를 향한 사랑을 증명하는 방법이요 복된 미래를 열어 가는 방법으로 설명한다.

① 율법의 중재자 모세(신 5:22–33)

모세는 여호와께서 시내산에서 율법을 주실 때 큰 음성으로 말씀하신 후에 두 돌판을 주신 사실을 회상한다. 그때 지파의 수령들과 장로들이 나와서 여호와의 음성을 직접 듣는 것이 두렵기 때문에 모세가 직접 여호와의 말씀을 듣고 전해 줄 것을 요청한 사실을 상기시킨다. 그때 여호와께서 그들의 말이 옳다고 하시며 항상 이같은 마음을 품고 모든 명령을 지키면 복을 받을 것이라고 말씀하신 것을 회상하며 모세는 여호와께서 명령하신 도를 지켜야 그 땅에서 생명이 길 것이라고 권한다. 모세는 여호와께서 직접 하신 말씀을 근거로 여호와의 규례를 지킬 것을 다시 설득한다.

② 하나님의 명령과 규례(신 6:1–3)

이 문단은 짧지만 다음과 같은 구조로 하나님의 명령과 규례를 지켜야 할 동기를 부여해 준다.

- 하나님이 가르치라고 명하신 명령과 규례와 법도(신 6:1)
- 목적: 여호와를 경외하여 이스라엘의 날을 장구하게 하시기 위한 것이다. 여호와를 경외하는 구체적인 표현은 모세가 명한 규례와 명령을 지키는 것이다(신 6:2).[102]
- 결론: 규례와 명령을 지키면 복을 받고 젖과 꿀이 흐르는 땅에서 크게 번성하게 될 것이다(신 6:3).

③ 쉐마: 이스라엘아 들으라(신 6:4–9)

이 문단은 "이스라엘아 들으라"(셔마 이스라엘, שְׁמַע יִשְׂרָאֵל)는 말씀으로 시작한다. 유대 전통에서는 이 문단의 시작인 신명기 6:4의 첫 단어 '듣다'(שְׁמַע)의 명령형 동사를 따라 쉐마(Shema)라고 부른다(Janzen 1987, 280–300; Merrill 1994, 162). 쉐마의 구절들은 십계명 혹은 율법의 요약이라 할 수 있다. 더 구체적으로 말하면 십계명의 서문과 제1계명과 제2계명의 요약이라고 볼 수 있다. 쉐마는 이스라엘의 신앙과 삶의 기초석이었고, 그들과 역사의 주가 되신 여호와와의 관계를 끊임없이 점검하는 다림줄이었다(밀러 2000, 165). 쉐마의 핵심은 예수님이 십계명을 요약하신 말씀과 같이 "너는 마음을 다하고 뜻을 다하고 힘을 다하여 네 하나님 여호와를 사랑하라"(신 6:5, 참조. 마 22:37)는 것이다. 성경에서 '마음'(לֵבָב)은 인간의 지적이며 이성적인 자리이고, '뜻'(נֶפֶשׁ)은 존재의 본질적인 것으로 의지와 감성

102 히브리어 성경에서 목적절을 이끄는 접속사 '러마안'(לְמַעַן)으로 시작한다.

을 포함하는 내적인 부분이다(Wolff 1974, 17, 21–22, 46–51, 53). '힘'(מְאֹד)은 기능과 능력을 포함한 육체적인 부분이다(Merrill 1994, 164). 이 힘은 한 개인이 가지고 있는 모든 능력이나 재산이나 사회적 능력을 포함한다고 할 수 있다. 그래서 인간에게 마음과 뜻과 힘은 전인적인 요소로서 분리할 수 없다. 그리고 이 말씀의 히브리어 원문에는 '다하라'는 동사가 있는 것이 아니라 각 단어마다 '온 …으로' 또는 '모든 …으로'(בְּכָל)라는 단어가 붙어 있다. 그래서 이 말씀의 뜻은 우리 인간이 가지고 있는 지성과 의지와 감성을 포함하여 우리가 가진 모든 능력으로 하나님을 사랑해야 한다는 것이다. 하나님을 사랑한다는 것은 모호하게 들릴 수 있다. 구약성경은 동일한 의미를 표현하는 방식으로 비슷한 개념의 단어를 동격으로 연결하여 반복한다. 예를 들면 "나를 사랑하고 내 계명을 지키는 자에게는 천대까지 은혜를 베푸느니라"(출 20:6)는 말씀과 같이 하나님을 사랑하고 그의 계명을 지키는 것을 같은 개념으로 설명한다(신 7:9; 수 22:5; 느 1:5; 단 9:4). 신약성경에서도 주를 사랑하는 일과 그의 계명을 지키는 일을 같은 개념으로 이해한다(요 14:15, 21). 그래서 하나님을 사랑하는 구체적인 행위는 그의 계명을 지키는 것으로 나타난다.

그런데 이미 앞에서도 모세가 강조한 바와 같이(신 4:9–10; 6:2) 언약 관계는 여호와와 직접 대면한 세대를 넘어 영원히 지속된다. 왜냐하면 그 약속과 규정은 아직 태어나지 아니한 세대도 포함하고 있기 때문이다(신 4:25, 40; 5:9–10, 29). 그래서 모세는 먼저 "내가 네게 명하는 이 말씀을 마음에 새기고"(신 6:6)라고 했다. 그리고 모세는 "네 자녀에게 부지런히 가르치며"라고 했다. 이 말씀은 개역개정판에는 표현이 안 되어 있지만 '거듭거듭 말하다'는 의미의 '샤난'(שׁנן)과 '가르치다'(말하다)라는 의미의 '다발'(דבר)로 강조와 반복을 의미하는 문법 특징을 가지고 있다.[103] 이것은 자녀들에게 부지런히 거듭거듭 여호와의 말씀을 말해 주어야 한다는 것이다. 모세는 이 일을 집에 앉아 있을 때든지, 길을 갈 때든지, 누워

103 이 말씀은 히브리어로 '버쉬난탐 러바네카 버디발타 밤'(וְשִׁנַּנְתָּם לְבָנֶיךָ וְדִבַּרְתָּ בָּם)이다. 여기에 '샤낙'(שׁנן 〉 וְשִׁנַּנְתָּם)이라는 동사는 '거듭거듭 말하다'는 뜻이고, '다발'(דבר 〉 וְדִבַּרְתָּ)이라는 단어는 '반복하여 말해 주다'라는 뜻이다. 이 동사는 히브리어에서 강조와 반복을 의미하는 피엘형으로 되어 있다.

있을 때든지 항상 말해 주라고 했다(신 6:7).[104] 이것은 부모가 자녀들에게 항상 하나님의 말씀을 말해 주어야 함을 강조하는 것이다. 또한 이 말씀을 잘 기억하고 볼 수 있도록 손목에도 매고, 미간에도 붙이고, 문설주 바깥문에도 기록하라고 했다. 이것을 문자적으로 이해해야 하는지, 비유적으로 이해해야 하는지는 쉽지 않다. 유대인들의 전승에서는 이를 문자적으로 이해하여 팔과 이마에 묶고 다녔고 문설주에 부착했다(밀러 2000, 175). 지금도 랍비들이나 일부 유대교인들은 말씀을 이마에 붙이고 다니는 것을 볼 수 있다. 여기에는 항상 하나님의 말씀을 가까이하고 볼 수 있도록 외적으로 자극하여 내적으로 반응하게 만드는 교육적 기능이 있기 때문에 이를 무시할 수는 없다. 모세가 이렇게 강조한 목적은 언약 백성의 미래는 여호와를 사랑하고 그의 계명을 지키는 일에 있다고 보았기 때문이다.

④ 불순종에 대한 경고와 순종에 대한 위로(신 6:10-19)

모세는 여호와께서 아브라함과 이삭과 야곱에게 주신 땅에 대하여 좀 더 선명한 그림을 보여 준다. 그것은 이스라엘 백성들이 건축하지 아니한 아름다운 성읍과 아름다운 물건이 가득한 집을 얻게 하시며 파지 아니한 우물과 심지 아니한 포도원과 감람나무를 차지하게 하시는 것이다(신 6:10-11). 이것은 가나안 사람들이 지은 집과 파놓은 우물과 일구어 놓은 모든 포도원을 주시겠다는 것이다. 하지만 모세는 이스라엘 백성들이 애굽에서 인도하여 낸 여호와를 잊어버리고 그 땅에 있는 다른 신들을 섬기면 멸절될 수 있다는 사실도 경고한다.

하지만 모세는 이스라엘이 맛사에서 여호와께서 우리 가운데 계신지 아니 계신지 시험한 것과 같이 시험하지 말고 여호와의 명령을 지키고 여호와 보시기에 정직하게 행할 것을 권면했다. 그러면서 이스라엘은 복을 받고 여호와께서 조상들에게 맹세하신 땅을 차지하게 될 것이라는 말로 위로했다(신 6:16-19).

---

104 신명기 6:7의 '말하다'라는 단어를 '강론하다'라고 번역하므로 부모의 책임으로 보는 것이 아니라 전문 사역자에게 맡겨야 한다고 오해할 수 있다. 개역개정판에 '강론하다'라고 번역한 것은 앞에서 설명한 '반복하여 말해주다'(워디발타 〈 다발, וְדִבַּרְתָּ 〈 דבר)라는 단어와 같은 것으로 부모가 자녀에게 하나님의 구원 사역을 반복적으로 말해 주어야 한다는 것을 의미한다.

⑤ 여호와의 구속 사건을 가르치라(신 6:20-25)

모세는 율법의 순종 여부가 가나안에서의 복된 삶을 결정한다는 것을 설명한 후에 다시 여호와의 규례와 법도를 자손들에게 가르쳐야 한다고 강조한다. 그것은 그 법이 무엇을 의미하는지 후손들이 물으면 의미를 설명해 주어야 한다는 것이다(신 6:20). 그런데 모세는 율법의 문자적 의미가 무엇인지 가르치기보다는 그 율법을 언제 주셨고, 왜 주셨는지를 설명하라고 했다. 여호와께서 율법을 주신 때는 이스라엘이을 애굽에서 권능의 손으로 인도해 주신 후이다(신 6:20-23). 그리고 이 법을 주신 이유는 여호와를 경외하여 항상 복을 누리게 하기 위함이다(신 6:24).

그런데 모세는 우리가 그 명령을 지키는 것이 '우리의 의'라고 했다(신 6:25).바울은 율법을 가리켜 '생명에 이르게 할 계명'(롬 7:10), '거룩하고 의로우며 선하도다'(롬 7:12), '신령하다'(롬 7:14)라고 했다. 그러나 이스라엘은 이 율법을 온전히 지키지 못했다. 그래서 생명을 얻게 할 법이 저주가 되었다. 감사하게도 하나님이 예수님을 화목제물로 세워 자신의 의로우심을 나타내실 뿐만 아니라 예수 믿는 자들을 의롭다고 해 주셨다(롬 3:25-26). 동시에 그리스도께서 우리에게 성령을 주심으로 이 율법을 지킬 수 있게 해 주셨다(요 14:15-21; 롬 8:3-4).

⑥ 가나안 땅을 정복하라는 명령(신 7:1-26, 참조. 출 23:20-33)

모세는 여호와께서 이스라엘을 가나안 땅으로 인도하시면 그 땅의 민족들을 다 진멸하라고 했다. 또한 모세는 그들과 혼인하지 말라고 했다. 그 이유는 그들이 유혹하여 다른 신들을 섬기게 하면 여호와의 진노가 임하여 멸망할 수 있기 때문이다(신 7:1-4). 모세는 우상의 제단을 헐며 주상을 깨뜨리라고 했다. 이는 여호와께서 이스라엘을 '하나님의 성민'으로, 만민 중에서 '자기 기업의 백성'으로 택하셨기 때문이라고 했다(신 7:6). 여기에서 '자기 기업의 백성'(서굴라, סְגֻלָּה)와 출애굽기 19:5에 '내 소유'(서굴라, סְגֻלָּה)는 동일한 단어다. 이 단어는 고대 근동 조약의 전문 용어로 하나님과 이스라엘의 언약 관계를 나타내는 표현으로 응용되었다(송제근 1998, 55). 모세가 이러한 용어를 사용한 것은 여호와께서 시내산에 강림하여 언약을 맺으실 때 하신 말씀을 회상한 것이다(참조. 출 19:5-6). 모세가 이 사건을 회상하며 이스라엘 백성들의 특별한 위치를 강조한 것은 언약 백성답게 하나님의 규례와 법도를 지켜야 한다는 것을 강조하기 위함이다.

모세는 계속하여 시내산에서 언약을 맺을 당시에 하신 말씀을 회상하며 하나님의 율법을 지켜 행하면 하나님이 조상들에게 맹세하신 언약을 지켜 인애를 베푸실 것이라고 했다.[105] 그리고 모세는 그 땅에서 번성하게 되며 질병에 걸리지 않게 하실 것이라는 약속을 상기시킨다. 그러나 만약 이스라엘이 다른 신을 섬기면 이스라엘에게 올무가 될 것이라고 경고하신 내용도 상기시킨다(신 7:12–16, 25, 참조. 출 23:20–33). 모세는 이스라엘 백성들이 약속의 땅에서 우상을 숭배하지 않고 하나님의 말씀대로 살아야 한다는 것을 시내산에서 있었던 사건을 상기시키며 설득한다.

⑦ 광야 생활에서 배워야 할 교훈(신 8:1–20)

이 문단에서 모세는 이스라엘 백성들이 들어가게 될 땅에서 번성하여 제사장 나라로 살기 위해서는 율법을 지켜야 한다는 것을 설명한다.

모세는 여호와께서 명하는 모든 명령을 지켜 행하면 조상들에게 맹세하신 땅을 차지할 것이라고 했다(신 8:1). 모세는 주의 법도를 지켜야 할 중요성을 말하면서 광야 40년 생활을 하게 하신 것을 기억하라고 했다. 모세는 광야 생활을 하게 하신 두 가지 목적을 설명해 주었다.[106] 하나는 여호와 편에서, 여호와께서 이스라엘을 낮추시고 그들이 그 명령을 지키는지, 지키지 않는지 알려 하시는 것이라고 했다(신 8:2). 그리고 또 하나는 인간 편에서, 사람이 떡으로만 사는 것이 아니라 여호와의 입에서 나오는 말씀으로 사는 줄을 알게 하려는 것이라고 했다(신 8:3). 그래서 모세는 여호와께서 광야에서 이들을 낮추시고, 이들에게 만나를 먹이셨다고 했다. 이것은 이스라엘이 광야 생활에서 하나님의 말씀을 믿지 못하여 불평할 때 하나님이 진노하신 사건을 모세가 다른 각도에서 해석한 것이

105 신명기 7:12에 “네 하나님 여호와께서… 언약을 지켜 네게 인애를 베풀 것이라”는 말씀은 히브리어 성경에서 ‘워샤말 아도니이 러카 엘– 하버리트 워엘–하헤세드’(וְשָׁמַר יְהוָה אֱלֹהֶיךָ לְךָ אֶת־הַבְּרִית וְאֶת־הַחֶסֶד)로 ‘네 하나님 여호와는 너와 맺은 은혜 언약을 지키실 것이다’라고 번역해야 한다. 원문의 강조점은 언약의 성격이 은혜 언약이며 여호와께서 그 언약을 지키신다는 것이다.

106 히브리어 성경에서 목적절을 이끄는 접속사 ‘러마안’(לְמַעַן)으로 유도되는 두 개의 절로 되어 있다.

다(참조. 민 11:4–36; 14:1–35). 이스라엘이 광야 생활을 하게 된 것은 하나님의 약속을 믿지 못하는 불순종의 결과이지만 모세는 그것을 여호와께서 그들을 훈련하여 여호와를 경외하게 하려는 것으로 보았다.

특히 예수님은 마귀에게 돌들로 떡이 되게 하라는 시험을 받았을 때 신명기 8:3의 말씀을 인용하여 시험을 이기셨다(마 4:4; 눅 4:4). 여기에서 '떡'의 원문은 '빵'(לֶחֶם)으로 이스라엘의 주식(主食)이다. 우리나라 문화에 맞는 말은 '밥'이다. 빵은 단순히 먹는 빵만을 말하지 않고, 일상생활에 필요한 양식을 상징적으로 사용한 말이다. 이것은 부분을 가지고 전체를 표현하는 '제유법'[107]으로 양식 전체, 좀 더 확장하면 의식주의 모든 물질적인 생활을 상징하는 의미로 사용한다.

모세의 이 말은 사람이 살아가는 일에서 의식주가 생명을 유지하는 수단은 되지만 생명을 보증해 주는 것은 아니라는 것이다. 생명을 보증하는 것은 하나님을 믿고 그 말씀대로 살아가는 자들에게 주시는 하나님의 은혜다. 사실 하나님이 은혜를 베풀지 아니하시면 빵은 아무런 의미를 가지지 못한다. 모세는 여호와께서 이 근본적인 진리를 가르치기 위하여 광야 40년간 자기 백성을 훈련하신 것으로 보았다. 그중에 하나가 이스라엘이 광야 생활을 하는 동안 의복이 해어지지 않고 발이 부르트지 않은 초자연적인 사건을 경험한 일이었다(신 8:4). 이것은 광야 생활에서 이스라엘이 경험했던 하나님의 은혜다. 이와 더불어 사람들이 그 아들을 징계함같이 하나님도 징계하신다고 설명했다(신 8:5, 참조. 히 12:5–6).

왜 하나님이 이스라엘 백성에게 초자연적인 기적으로 만나를 먹이시며, 왜 그들을 광야에서 40년 동안 훈련하셨을까? 신명기 8:7에 그 이유를 설명하고 있다. 히브리어 원문에는 '왜냐하면'이라는 이유를 나타내는 접속사 '키'(כִּי)가 있다. 여호와께서 이스라엘을 광야에서 40년 동안 훈련하신 것은 그가 곧 아름다운 땅으로 이르게 하실 것이기 때문이다. 그 땅은 골짜기나 산지에 시내와 분천과 샘이 있고, 밀과 보리와 포도와 무화과 그리고 철과 동과 같은 지하자원이 풍부한 곳이다(신 8:7–10). 하나님이 약속하신 땅인 가나안은 지중해 해양성 기후대에 속

107 제유법(synecdoche)은 같은 종류의 사물 중에서 어느 한 부분을 들어 전체를 나타내는 비유법 가운데 하나이다. 예를 들어 주기도문에 있는 네 번째 간구인 "오늘 우리에게 일용할 양식을 주시옵고"에서 양식은 사람이 살아가는 일에서 필요한 한 부분으로 사람의 필요 전체를 나타낸다.

해 있기 때문에 그곳에는 농작물이 풍부했다. 12명의 정탐꾼들이 이 땅을 정탐하고 돌아왔을 때 포도송이가 너무 커서 2명이 메고 올 정도였다(민 13:23). 여호와께서 이스라엘을 광야에서 훈련하신 것은 그들이 떡에 해당하는 이 모든 것을 누리고, 의미를 가지도록 하기 위함이다. 하지만 이스라엘이 약속의 땅에서 이 은혜를 누리는 일은 근본적인 진리인 여호와의 말씀을 믿고 순종하는 일에 달려 있다. 아무리 가나안이 좋은 곳이라 할지라도 여호와를 경외하지 않으면 이것은 아무런 의미를 가지지 못하기 때문이다. 그래서 모세는 이 진리의 중요성을 강조하기 위하여 만약에 앞으로 들어가게 될 땅에서 마음이 교만하여 여호와 하나님 섬기기를 잊어버리면 반드시 멸망당하게 될 것이라고 경고했다(신 8:11–20). 이스라엘 역사를 보면 모세가 한 설교대로 하나님이 이 말씀이 사실임을 증명해 주셨다(수 7:1–26; 왕하 17:7–23). 이스라엘이 근본적인 진리인 하나님의 말씀을 믿고 순종하는 일은 생명을 얻는 방법이다. 이스라엘은 광야 생활에서 이 진리를 배웠다.

⑧ 금송아지 사건을 비롯한 과거를 회고함(신 9:1–10:11)

모세는 계속하여 여호와의 법도를 지키는 일이 중요하다는 것을 여러 가지 논리로 설득한다. 이 문단에서 모세는 과거에 이스라엘이 여호와를 믿지 못하여 발생한 금송아지 사건과 다베라와 맛사와 기브롯 핫다아와 사건 등을 언급함으로 불순종이 얼마나 위험한 일인지 알게 하고 말씀에 순종하도록 설득한다.

과거에 믿지 못하던 자들이 "누가 아낙 자손을 능히 당하리요"(신 9:2)라고 말했지만, 모세는 하나님이 약속하신 대로 이스라엘이 요단을 건너가서 이스라엘보다 강대한 나라를 차지하게 될 것이라고 말했다(신 9:1–3). 그러면서 이스라엘이 그 땅을 차지하는 것은 두 가지 이유 때문이라고 말했다. 하나는 이스라엘의 공의로움 때문이 아니라 그 땅 민족이 악하기 때문이다(신 9:4). 또 하나는 여호와께서 아브라함과 이삭과 야곱과 맹세하신 것을 이루려 하심이다(신 9:5). 왜냐하면 이스라엘은 목이 곧은 백성이기 때문이다(신 9:6). '목이 곧다'라는 말은 고집이 센 황소나 말과 같이 완고하다는 구약성경의 관용구 가운데 하나이다(출 32:9; 신 10:16; 31:27 등). 모세는 이 사실을 신명기 9:7–10:11에서 과거 역사를 실례로 들면서 논증한다.

이스라엘이 목이 곧은 백성임을 보여 주는 많은 사건들이 있었지만 모세는 역사적 순서와 관계없이 몇 가지 대표적인 사건을 들고 있다. 첫 번째는 호렙 산에서 이스라엘이 금송아지를 만들어 섬긴 사건(신 9:7–19, 참조. 출 32:1–35), 두 번째는 다베라에서 악한 말로 여호와를 원망한 사건(민 11:1–3), 세 번째는 맛사에서 마실 물이 없어 여호와께서 그들 가운데 계신지를 시험한 사건(출 17:1–7), 네 번째는 기브롯 핫다아와에서 탐욕을 품은 사건(민 11:4–36), 다섯 번째는 가데스 바네아에서 여호와의 약속을 믿지 못한 사건(민 13:1–14:45) 등이다. 모세는 여호와께서 이스라엘을 멸하시겠다고 하셨을 때 그가 중보 기도한 사실을 회상하고 있다(신 9:25). 이 사건 중에, 모세가 40주야를 기도했다고 할 때 어떤 사건인지 명확하지 않다. 하지만 그가 기도한 내용을 기록한 신명기 9:26–29은 호렙 산에서 금송아지를 만들었을 때와 가데스 바네아에서 한 기도이다(출 32:11–14; 민 14:16). 그리고 모세가 40주야를 기도했다는 것은 호렙 산에서 금송아지를 만들었을 때만 언급되어 있다(출 34:28). 그리고 모세는 여호와께서 그의 중보 기도를 들으시고 깨어진 두 돌판을 다시 주시고 언약을 세우시고 그 땅에 들어가게 하신 사실을 회고한 것을 볼 때 금송아지 사건을 말한다고 볼 수 있다(신 9:18; 10:1–5, 10–11; 출 32:9–14, 30; 34:28). 모세는 이러한 역사 회고를 통하여 이스라엘의 의로움 때문이 아니라 모세의 중보 기도를 들으시고 여호와께서 은혜를 베푸셨다는 것을 보여 준다.

그런데 모세가 역사를 회고하는 말 가운데 있는 신명기 10:6–9은 역사적 삽입구로 모세가 중보 기도를 했을 때와는 거리가 있다(Kalland & Barker 2002, 257). 이 부분은 신명기 10:5에서 모세가 다시 받은 두 돌판을 궤 안에 넣어 지금까지 있다고 회상한 말에 대하여 해설자가 설명한 것이라고 보아야 한다. 이 설명은 당시의 사건을 기억나게 하고, 레위 지파가 구별되어 돌판을 넣은 궤를 메게 된 역사적 과정을 보여 준다. 그리고 '브에롯 브네야간'(בְּאֵרֹת בְּנֵי־יַעֲקָן, 야아간의 아들들의 우물들)이나 아론이 죽은 '모세라'를 언급함으로 1차 독자들인 이스라엘 백성들이 과거를 더 생생하게 기억할 수 있게 돕고 있고, 아론이 죽었기에 그의 아들 엘르아살이 제사장의 직분을 수행하고 있음을, 그리고 레위 지파가 구별되어 궤를 매게 된 사실을 증거하고 있다.

⑨ 미래를 위한 권면(신 10:12–11:25)

모세는 신명기 9:1–10:11에서 이스라엘은 목이 곧은 백성으로서 땅을 차지할 만한 자격이 없다는 것을 논증했다. 그러나 모세는 이 문단에서 미래를 위한 권면을 한다. 여호와께서 요구하시는 것은 여호와를 경외하는 것으로 그를 사랑하고 마음을 다하고 뜻을 다하여 여호와를 섬기는 것이다(신 10:12–13). 여호와를 섬겨야 할 이유는 여호와께서 이스라엘의 조상들을 기뻐하시고 사랑하셔서 그들의 후손인 이스라엘을 만민 중에서 선택하셨기 때문이다(신 10:15). 그래서 모세는 마음에 할례를 받고, 목을 곧게 하지 말라고 당부한다. 그리고 하나님은 신 가운데 신이시며, 주 가운데 주이시며, 사람을 외모로 보지 않으시고, 뇌물을 받지 아니하시고, 고아와 과부와 같은 사회적 약자들을 돌보시는 분임을 설명한다(신 10:17–18). 이러한 하나님이 과거 애굽에서 나그네 되었던 이스라엘을 인도하여 큰 민족을 이루게 하신 사실을 상기시킨다(신 10:19–22). 이어서 하나님을 잘 섬길 때 어떤 복을 주시는지 자세하게 설명한다. 특히 모세는 이미 신명기 6:4–9에서 설명한 것을 다시 반복하며, "나의 이 말을 너희의 마음과 뜻에 두고 또 그것을 너희 손목에 매어 기호를 삼고 너희 미간에 붙여 표를 삼으며 너희 자녀들에게 가르치라"(신 11:18–19)라고 권면한다. 이 말씀은 이스라엘에게 하나님의 명령이 그들의 모든 생각과 행동을 인도하도록 이스라엘을 격려하고, 그것에 그들이 긍정적으로 반응하도록 그들을 자극하라는 것이다. 그러면 여호와께서 이스라엘이 들어가는 땅의 백성들을 다 쫓아내시고 그들이 발바닥으로 밟는 곳은 다 소유가 될 것이라고 권면했다(신 11:22–24). 이스라엘의 미래는 언약 백성다운 삶을 사는 데 있다.

⑩ 복과 저주를 위한 선택(신 11:26–32)

모세는 신명기 5:22–11:25에서 언약의 말씀을 지켜야 할 중요성을 여러 다양한 방법으로 설득했다. 모세는 마지막으로 이스라엘이 율법의 중요성과 복과 저주가 어디에 있는지 알았다면 어느 길을 선택할 것인지 그들을 도전하면서 마친다. 신명기 11:26은 '보라'라는 명령법으로 시작한다. 이것은 한 단락의 결론이며 다음의 내용이 중요하다는 것을 보여 주는 신호이다. 모세는 오늘 복과 저주를 너희 앞에 두는데 들으면 복을 받을 것이지만 듣지 않으면 저주를 받을 것이라고 선언한다(신 11:25-26). 그리고 그들이 가나안에 들어가면 그리심 산에서 축복을 선포하고 에발 산에서 저주를 선포하라고 했다(신 11:29). 후일에 모세의 명령대로 여호수아가 여리고와 아이를 정복한 후에 그리심 산과 에발 산에 모여 복과 저주를 선포했다(수 8:30-35). 그래서 이스라엘은 이 산을 볼 때마다 두 갈래의 길 가운데 어떤 길을 선택해야 할 것인지 상기하였을 것이다.

(4) 언약 조건 2: 율법 해석과 적용(신 12:1-26:19)

이 문단은 신명기 5:1-21에 기록된 언약 조건인 십계명의 말씀을 여러 다양한 상황에서 해석하고 적용한다. 그래서 여기에 기록된 내용은 율법의 핵심인 하나님을 사랑하고 이웃을 사랑하는 계명을 어떻게 적용해야 하는지 구체적으로 보여 준다. 율법을 지켜 행하는 것은 언약 백성으로서 지켜야 할 책임이며, 가나안에서의 복된 삶을 가능케 하는 조건이다. 이 긴 문단은 대체로 십계명의 순서에 따라 내용을 배열하고 있는 것처럼 보인다. 카우프만(Kaufman 1979, 105-158)은 이 문단을 십계명과 연관이 있다고 제안한 이후 대체로 다음과 같이 구분한다.

십계명		신명기 적용	
1-2	다른 신을 섬기는 행위	12:1-13:18	가나안 신전에서 제사를 금지함
3	하나님의 이름을 망령되이 일컫지 말라	14:1-21	하나님의 이름
4	안식일	14:22-16:17	십일조, 안식년, 절기 등
5	부모를 공경하라	16:18-18:22	권위 존중
6	살인하지 말라	19:1-22:8	인간의 생명 존중
7	간음하지 말라	22:9-23:18	간음과 불법적인 성의 사용
8	도둑질하지 말라	23:19-24:7	재물과 관련된 범죄
9	거짓 증거하지 말라	24:8-25:4	타인을 공평하게 대하기
10	탐내지 말라	25:5-26:15	여성과 재산

이러한 구분은 다양한 사회적 상황에서 십계명을 어떻게 넓게 적용할 수 있는지 통찰력을 준다. 하지만 때로는 무리하게 십계명을 적용할 수 있는 위험도

있다. 전체적으로 우리는 이 법을 하나님의 언약 백성으로서 지켜야 할 규범이며 약속의 땅에서 하나님의 은혜를 누리는 방법으로 보아야 한다.

① 1–2계명의 적용(신 12:1–32)[108]

이 문단에서는 여호와 외에 다른 신을 섬기지 말라는 1계명과 너희를 위하여 새긴 우상을 만들지 말라는 2계명을 적용하여 설명한다. 모세는 이스라엘이 여호와 하나님에게 어디에서, 어떻게 드려야 하는지에 관한 규례를 설명한다. 이 일을 설명하면서 모세는 먼저 이스라엘이 장차 쫓아낼 민족들이 섬기던 제단들을 헐고 조각한 신상들을 멸하라고 했다(신 12:2–3). 이스라엘은 이방인들이 하는 것처럼 하지 말고 하나님이 정하신 방법으로 예배해야 한다. 그것은 여호와께서 자기 이름을 두시려고 택하신 곳에서, 여호와께서 정하신 제사법에 따라 예배를 드려야 한다는 것이다(신 12:4–6). '여호와께서 자기 이름을 두시려고'는 관용적 표현으로 여호와께서 임재하시고 당신의 백성과 만나 교제하는 곳을 말한다(출 25:8; 29:46; 대하 12:13; 스 6:12; 사 18:7). 또한 전통적으로 '고기를 먹다'는 '희생 제사를 드리다'는 말과 같은 뜻이다(웬함 2015, 206). 그래서 '여호와 앞에서 고기를 먹는다'(신 12:7)는 '여호와께 제사를 드린다'는 뜻이다. 이때 고기는 제사를 드리는 사람이 먹을 수 있는 화목제물이었을 것이다. 이스라엘이 여호와께서 정하신 곳에서, 정하신 방법으로 제사를 드릴 때 그분은 그들을 만나 주시고 그들에게 복을 주실 것이다(신 12:7).

여기서 모세가 신명기 율법 가운데 여호와를 향한 예배가 예루살렘 성전을 중심으로 되어야 한다는 것에 초점을 맞추고 있지 않다는 사실에 집중할 필요가 있다(밀러 2000, 211). 전승사학파의 학자들과 문서설을 주장하는 학자들은 신명기 12장을 요시야 개혁의 역사적 배경으로 읽고 예루살렘으로 제의를 집중하려는 행위로 간주한다(Dillard & Longman 1994, 93–94). 하지만 이 본문은 예배가 예루살렘 성전으로 집중되어야 한다는 것을 정당화해 주지 않는다. 당시에는 예루살렘에 성전이 없었다. 그래서 후일에 예루살렘 성전을 중심으로 하는 제사를 드려야 하지만 성전이 세워지기 전에는 여호와께서 택하신 곳은 여호와께서 인

108 신명기 12:1–13:18은 십계명 가운데 1–2계명을 구체적으로 적용한 것이다.

정하는 곳으로 보아야 한다.[109]

모세는 여기서 제사와 관련하여 몇 가지 사실을 반복적으로 기록하고 있다. 그것은 제사를 드리는 자의 자녀와 노비와 성중에 있는 레위인과 함께 즐거워해야 한다는 것이다(신 12:12, 18).

- 하나님이 택하신 장소(신 12:5, 11, 14, 18, 21, 26).
- 제사에 관한 규례(신 12:6, 11–12, 15–19, 21–25).
- 복(신 12:7, 25, 28)

모세는 이스라엘 백성들이 그 땅에 들어가 이방인들이 섬기던 방식대로 제사를 드려서는 안 된다고 강조하며, 심지어 그 땅에 자기들의 자녀들을 불살라 그들의 신들에게 드리기도 한다고 경고한다(신 12:29–31). 예배는 자기 생각대로 하거나 이방인들과 같이 드려서는 안 된다. 예배에 관한 이러한 규칙은 오늘날에도 매우 중요하다. 성도는 반드시 성경적인 원리와 교리 표준에 따라 하나님이 정하신 곳에서, 정하신 방법으로 예배를 드려야 한다. 그것이 두세 사람이 모인 곳(마 18:20), 곧 교회에 임재해 계신 하나님을 만나고 교제하는 방법이기 때문이다.

② 우상 숭배(신 13:1–18)

이 문단에서 모세는 어떤 사람이 다른 신들을 섬기자고 미혹하는 세 가지 상황을 가정하고 그것에 관한 처리 규정을 준다. 이 법은 십계명 가운데 다른 신들을 두지 말라는 제1계명과 자기를 위하여 새긴 우상을 만들지 말라는 제2계명을 적용한 것이다.

- **거짓 선지자들이 미혹하는 경우(신 13:1–5):** 거짓 선지자나 꿈꾸는 자가 이적과 기사를 보여 주며, 이스라엘이 알지 못하는 다른 신을 섬기자고 유혹하는 경우이다. 자칭 선지자라 하는 자가 이적과 기사를 행하면 사람들은 쉽게 미혹당할 수 있

109 솔로몬이 왕이 된 후 일천 마리의 제물로 국가적인 제사를 드렸던 곳은 기브온 산당이다(왕상 3:2–3; 대하 1:3–6). 그리고 솔로몬이 예루살렘에 성전을 건축하기 전에 백성들은 산당을 포함하여 다양한 곳에서 제사를 드렸다고 보아야 한다(레 26:30–31; 신 12:21; 삿 6:24; 삼상 7:17; 9:12; 왕상 19:10, 14).

다. 그러나 그들이 그러한 능력을 행한다 할지라도 그들의 말을 청종해서는 안 된다. 모세는 그 이유를 여호와께서 하나님 여호와를 사랑하는지의 여부를 시험하기 위한 것이라고 했다(신 13:3). 이것은 하나님이 그의 백성들의 믿음을 시험하시기 위해 거짓 선지자들이 나타나 미혹하는 것을 허용하신다는 것이다. 그래서 모세는 그들이 하나님의 백성 가운데 있다면 이스라엘은 그들을 죽여서 악을 제거하라고 했다.

• **자신의 형제나 가족이나 친구가 미혹하는 경우(신 13:6–11):** 모세는 자신의 형제나 자녀와 아내와 친구가 미혹하여 이스라엘과 이스라엘의 조상들이 알지 못하는 민족의 신들을 섬기자고 할 경우에 그들을 죽이라고 했다. 이때는 먼저 가족이 돌로 치고, 다음에 백성들이 돌로 쳐서 악을 제하여야 한다.

• **불량배들이 성읍 주민을 유혹한 경우(신 13:12–18):** 이것은 앞으로 거주할 성읍에서 불량배가 일어나 이스라엘이 알지 못하는 신들을 섬기자고 유혹하는 경우다. 이 경우에 모세는 자세하게 조사하여 확실한 사실로 드러나면 성읍 주민을 칼로 죽이라고 했다. 특히 모세는 성읍과 그 가운데 거주하는 모든 것과 가축들을 죽이고, 탈취한 물건들을 다 불로 태우고, 진멸할 물건에 손을 대지 아니하면 여호와의 진노가 그치고 자비를 베풀고 번성하게 하실 것이라고 말했다.

모세가 이렇게 말한 것은 이스라엘 백성들에게만이 아니라 누구에게든지 우상 숭배의 유혹이 찾아오기 때문이다. 때로는 이적과 기사를 보여 주면서 나타나기도 하고, 가까운 가족이나 때로는 불량배와 같이 힘으로 우상을 섬기도록 유혹하기도 한다. 그러므로 항상 깨어서 하나님의 말씀과 기도로 무장하여 거짓 신들을 분별해야 한다.

③ 금지된 행동과 정결한 음식과 부정한 음식(신 14:1–21)[110]

모세는 이스라엘 백성들에게 죽은 자를 위하여 자기 몸을 베지 말며, 눈썹 사이 이마 위의 털을 밀지 말라고 했다. 왜냐하면 이스라엘은 여호와의 성민이고, 하나님이 만민 중에서 택하여 자기 기업의 백성으로 삼으셨기 때문이다(신 14:1–2). 그래서 이 같은 행위는 이방 민족이 가지고 있는 나쁜 관습으로 볼 수 있다.

110 이 문단은 3계명을 적용한 것으로 본다. 여호와의 택한 백성은 여기에 언급된 행동을 하지 않음으로 여호와의 이름을 망령되게 하지 않고, 여호와의 이름을 높이기 때문이다.

이것은 언약 백성과 이방인들 사이를 구별하기 위한 것으로 보인다.

이와 함께 모세는 먹을 수 있는 정결한 음식과 먹어서는 안 될 부정한 음식이 무엇인지 나열한다(신 14:3-20). 정결한 음식과 부정한 음식을 구별하는 것은 레위기에서 설명하는 것처럼 이스라엘은 다른 이방과는 달리 선택된 민족임을 상기시키려는 의도가 있다고 볼 수 있다(웬함 2015, 208). 그리고 모세는 염소 새끼를 그 어미의 젖에 삶지 말라고 했다(신 14:21). 이 규례는 하나님의 창조 사역에 반하는 것이기 때문이다. 염소 새끼는 어미의 젖을 먹고 생명을 유지하며 성장하는데 어미의 젖에 새끼를 삶는 행위는 창조 질서를 파괴하는 행위이기 때문이다(참조. 신 22:6-7).

④ 십일조(신 14:22-29; 15:19-23)

십일조에 관한 자세한 규정은 레위기 27:26-34에 나와 있다. 하지만 여기서 모세는 십일조로 해야 할 일을 중심으로 설명한다. 모세는 매년 토지 소산의 십일조와 소와 양의 처음 난 것을 드리라고 했다(신 14:22-23; 15:19-20). 그러나 소와 양의 처음 난 짐승에 흠이 있으면 드리지 못하게 했다(신 15:21-22). 이로 볼 때 처음 난 것을 드리는 것은 시간적 의미의 처음이 아니라 대표성의 의미임을 알 수 있다. 바울은 예수님이 부활하신 사건의 의미를 설명할 때 "그리스도께서 죽은 자 가운데서 다시 살아나사 잠 자는 자들의 첫 열매가 되셨도다"(고전 15:20)라고 했다. 이것은 단순히 시간적 순서를 말하는 것이 아니라 그는 모든 믿는 사람의 대표로 부활하셨기 때문에 그와 연합된 자는 예수님처럼 부활하게 된다는 것이다.

모세는 이 명령과 함께 부연하여 "곡식과 포도주와 기름의 십일조를 먹으며 또 네 소와 양의 처음 난 것을 먹고 네 하나님 여호와 경외하기를 배울 것이니라"(신 14:23)라고 했다. 이러한 설명은 십일조를 여호와를 경외하는 행위로 보았다는 것이다.[111] 십일조에 관한 규례는 여호와를 경외하고 신뢰하는 것을 가르치려는 것이다(바커 2014, 408). 그리고 모세는 여호와께서 택하신 장소인 성소와

111 히브리어 본문 "네 하나님 여호와 경외하기를 배울 것이니라"에서 구문을 이끄는 접속사는 목적이나 결과를 나타내는 '러마안'(לְמַעַן)이다. NASB는 in order that으로, NIV는 so that으로 번역했다. 이것은 십일조를 드리는 행위를 여호와를 경외하는 것으로 본다는 것이다.

거리가 멀리 떨어져 있는 백성들이 십일조를 드림으로 약속한 복을 누리고자 할 때, 어떻게 해야 할 것인지에 관한 규례도 주었다. 그것은 바칠 제물을 돈으로 바꾸어 그 돈으로 성소가 있는 곳에서 제물을 구입하여 드릴 수 있게 한 것이었다(신 14:24–26).[112] 모세의 제안은 자유롭고 실제적이다(Block 2012, 357).

모세는 십일조를 분깃이나 기업이 없는 레위인과 나누게 했다(신 14:27). 그리고 모세는 매 3년 끝에 그해 소산의 십일조를 저축하여 레위인과 객과 고아와 과부들, 즉 사회적 약자들이 먹을 수 있게 했다(신 14:28–29). 이 일은 여호와께로부터 범사에 복을 받는 일이라고 했다(신 14:29). 이러한 규례는 언약 백성의 특성, 곧 모든 하나님의 자녀들의 특성을 보여 준다. 오늘날 여호와를 경외하는 구체적인 행위는 자신의 기업을 가지고 있지 않는 교역자들과 사회적으로 가난한 자들과 함께 나누는 것이다.

십일조를 드리는 일은 여호와를 경외하는 외적인 표시이다. 구약성경에 나타난 십일조는 크게 세 가지 종류가 있다. 첫째는 매년 곡식과 포도주의 십일조와 소와 양의 첫 새끼가 있고(신 12:47; 14:12), 둘째는 제사장과 레위인을 위한 십일조가 있으며(민 18:21, 28), 셋째는 매 3년 끝에 가난한 자들을 위하여 드리는 십일조가 있다(신 14:28–29; 26:12–13). 이로 볼 때 저자는 이 법을 하나님을 사랑하는 계명(1–4계명)과 이웃을 사랑하는 계명(5–10계명)에 다 적용하고 있다.

⑤ 안식년(신 15:1–18)[113]

안식년에 관한 규례는 출애굽기 23:10–11과 레위기 25:1–7에도 있다. 여기서 모세는 매 7년 끝에 빚을 면제해 주고 가난한 형제들을 돌보라는 것에 강조점을 두고 설명한다. 그러나 이러한 면제가 이방인에게는 적용되지 않는다(신 15:3). 모세는 하나님이 주시는 땅에서 가난한 형제들이 살고 있으면 마음을 완악하게 하지 말고 필요한 대로 쓸 것을 꾸어 주라고 했다(신 15:8). 면제년이 가깝다고 악한 눈으로 바라보고 아무것도 주지 아니하면 죄가 된다는 점도 지적한다(신 15:9).

---

112 참조. 마 21:12–17; 막 11:15–19; 눅 19:45–48; 요 2:13–22

113 안식년에 관한 규례는 4계명을 폭넓게 적용한 것으로 모세가 안식일에 관하여 어떻게 적용하고 있는지 통찰력을 준다.

이뿐만 아니라 모세는 이스라엘 백성들 가운데 어떤 사람이 매우 가난하게 되어 어쩔 수 없이 종이 된 경우를 가정하고 율법을 주었다. 만일 6년 동안 섬겼다면 그를 자유롭게 하고 여호와께서 복을 주신 대로 후히 주라고 했다. 그러면서 이스라엘이 애굽에서 종 되었을 때 여호와께서 속량해 주신 것을 기억하라고 했다(신 15:12–15). 구원의 은혜를 기억하는 것은 이웃에게 사랑을 실천하는 것으로 나타난다고 보기 때문이다.

안식년에 관한 규례는 언약 백성이라면 가난한 자들에게 관대하게 대해야 한다는 것이다. 모세는 이러한 자들이 여호와께서 기업으로 주실 땅에서 반드시 복을 받을 것이라고 반복하여 말한다(신 15:5, 10, 18). 과거에 애굽에서 종으로 있을 때 구속해 주신 사실을 기억하는 일과 복에 관한 약속은 사회적으로 연약한 자들에게 베푸는 동기를 제공해 주기도 한다.

⑥ 이스라엘의 절기(신 16:1–17)[114]

이스라엘 가운데 모든 남자는 일 년에 세 번 여호와께서 택하신 곳인 성소에 올라가야 한다(신 16:16–17). 그것은 하나님이 이스라엘에게 명하신 세 가지 절기인데 유월절(신 16:1–8)과 칠칠절(신 16:9–12)과 초막절(신 16:13–15)이다.

- **유월절(신 16:1–8, 참조. 출 12:1–20; 12:43–13:16):** 유월절은 여호와께서 이스라엘을 애굽에서 구원해 내신 날을 기념하여 지키는 절기이다(신 16:1, 3, 6). 모세는 이때 여호와께서 택하신 곳에서 소와 양으로 제사를 드리라고 했다. 희생 제물이 어린 양으로 제한된 것은 아니다(비교. 출 12:3, 21). 모세는 아빕월(첫째 달) 14일에 유월절을 지낸 후에 21일까지 일주일 동안 무교절을 지키게 하고 무교병을 먹게 했다. 그 이유는 애굽 땅에서 급히 나왔기 때문이라고 설명한다(신 16:3). 이는 누룩은 숙성되기까지 시간이 걸린다는 점을 감안한다면 당시의 상황을 기억하도록 하기 위한 것이다.
- **칠칠절(신 16:9–12, 참조. 출 34:22; 레 23:9–22):** 칠칠절은 곡식에 낫을 대는 첫날부터 일곱 주를 세어 일곱 안식일 후 50일째 되는 날에 지키는 절기다(신 16:9, 참조.

114 이스라엘의 절기는 4계명을 폭넓게 적용한 것이다. 성경에 기록된 절기에서 종과 짐승이 함께 참여하고 복을 누리고 있다는 것을 이해한다면 이 규례는 완전한 안식을 소망하며 지키는 안식일을 적용한 것이다.

레 23:16). 모세는 이날을 지키되 여호와께서 복을 주신 대로 자원하는 예물을 드리고, 자녀들과 노비와 성중에 있는 레위인과 객과 고아와 과부가 함께 지키게 했다. 모세는 이 규례를 지킬 것을 당부하면서 애굽에서 종 되었던 것을 기억하라고 했다(신 16:10–12). 특히 모세가 이것을 부연하고 있는 것은 구원의 은혜에 대한 감사를 자유롭고 자발적으로 하도록 하려는 것이다(Block 2012, 390–391).

• **초막절(신 16:13–15, 참조. 출 23:16; 34:22; 레 23:33–43):** 초막절은 타작마당과 포도주 틀의 소출을 거두어들이고 저장한 후에 지키는 절기이다(신 16:13). 출애굽기에서는 곡식을 거두어 창고에 저장한다는 의미로 수장절이라고 불렀다(출 23:16; 34:22). 이 절기는 일곱째 달 15일부터 이레 동안 지켰다(레 23:34). 모세는 신명기에서 이 날을 지킬 때 자녀들과 노비들과 성중에 있는 레위인과 객과 고아와 과부들과 함께 지키게 했다.

⑦ 이스라엘의 지도자들(신 16:18–18:22)[115]

이 문단에서 모세는 하나님이 약속하신 땅에 들어가면 각 성에서 지파를 따라 사회적이고 종교적인 문제를 판단하고 처리할 수 있는 지도자들을 둘 것과 그들이 어떻게 그 직무를 수행해야 할 것인지에 관한 규례를 주었다. 그 지도자들은 재판장, 제사장, 왕, 선지자 등이다.

• **재판장(신 16:18–17:13):** 재판장은 재판을 굽게 하지 말고 사람을 외모로 보지 말아야 한다. 이뿐만 아니라 재판장은 뇌물을 받지 말아야 한다. 왜냐하면 뇌물은 지혜자의 눈을 어둡게 하고 의인의 말을 굽게 하기 때문이다(신 16:18–20). 재판장에는 제사장도 포함된 것처럼 보인다. 왜냐하면 서로 피를 흘렸거나 다투는 문제로 고소하게 되면 레위 사람 제사장과 당시 재판장에게 물으라고 하였기 때문이다(신 17:8).

이스라엘은 여호와를 위한 제단 옆에 어떤 우상도 세워서는 안 되고, 여호와께 드리는 제물로 흠이나 악질이 있는 것을 드려서도 안 된다(신 16:21–17:1). 이

115 이스라엘의 지도자들에 관한 규례는 5계명을 적용한 것이다. 웨스트민스터 대교리문답 124문도 5계명이 말하는 부모는 육신의 부모만이 아니라 연령과 은사에서 모든 윗사람들과 가정과 교회와 국가에 하나님께서 우리 위에 세우신 권위의 자리에 있는 자들을 의미한다고 고백한다.

러한 규례를 통해 재판장이 종교적인 문제도 처리해야 한다는 것을 알 수 있다. 실제로 모세는 들어갈 땅에서 어떤 사람이 다른 신들을 섬기는 경우가 발생하게 될 것을 가정하고 재판장은 이 문제를 어떻게 처리해야 할 것인지에 관한 규례를 주고 있다. 재판장은 이 문제를 자세히 조사하여 가증한 일을 행한 것이 확실하면 그 자들을 끌어내어 죽여야 한다. 이때 재판장은 한 사람의 증언만 듣고 판단하지 말고 두 사람이나 세 사람의 증언으로 죽여야 한다(신 17:2-7).

재판장은 성중에서 서로 피를 흘렸거나(살인) 다투었거나 구타하였거나 서로 간에 고소했다면 율법의 뜻대로 판결해야 한다(신 17:8-11). 모세는 만약에 재판장의 판결을 듣지 않을 경우에는 그 사람을 죽여서 악을 제하라고 했다. 이스라엘의 지도자 가운데 한 직분인 재판장의 직무에 관한 규례를 준 것은 언약 백성들을 보호하여 평안하고 안전하게 살게 하려는 것이다.

• 왕(신 17:14-18:14): 모세는 여호와께서 주시는 땅에서 백성들이 왕을 세워야 될 상황이 되면 어떤 왕을 세워야 할 것인지 왕의 자격 기준과 임무를 설명한다. 왕은 이스라엘 백성들 가운데서 한 사람을 세우고 타국인을 세워서는 안 된다(신 17:15). 왕은 자신을 위해 병마(兵馬)를 많이 두지 말고, 아내를 많이 두어 미혹되지 않게 해야 한다. 또한 자기를 위하여 은금을 많이 쌓지 않아야 한다(신 17:16-17). 고대의 왕들은 대체로 자신들을 위하여 군사력과 경제력을 극대화하고자 했다. 또한 그들은 많은 부인들과 첩들을 두었다. 솔로몬은 이 경고를 무시하여 나라를 어렵게 만들었다(왕상 4:26; 11:3-4). 여기서 모세는 국가의 지도자들이 자신들의 개인적인 목적을 위하여 하나님이 주신 권력을 남용해서는 안 된다고 경고한다(바커 2014, 413). 특히 이스라엘의 왕은 율법서를 등사하여 자기 옆에 두어 읽으며 여호와 하나님 경외하기를 배우고 율법의 모든 말과 규례를 지켜야 한다. 형제 위에 교만하지 말고 율법의 명령에서 떠나 좌로나 우로 치우치지 않아야 한다(신 17:18-20). 모세가 왕에 관하여 이러한 규례를 준 것은 왕은 하나님의 법에 따라 백성들의 안녕과 행복을 위하여 통치해야 한다는 것을 보여 준다.

모세는 이스라엘의 지도자 가운데 한 직분인 왕의 자격과 직무 규정을 설명하다가 제사장과 레위인에 관한 내용을 신명기 18:1-8에 기록하고 있다. 여기서는 제사장과 레위인들의 직무 규정을 언급하는 것이 아니라 이들에게 하나님의 말씀에 따라 받을 몫을 주어야 함을 말한다(신 18:3-4). 이것은 이들의 생활을 보장해 주어 이들로 하여금 여호와의 이름으로 봉사할 수 있게 하려는 것이다(신 18:5, 7). 이것은 사회 전체를 통치하는 왕이 하나님이 정하신 방법에 따라 제사장들과 레위인들이 그 직무를 수행할 수 있도록 집행해야 한다는 것이다.

모세는 이스라엘에게 하나님이 주시는 땅에 들어가 그 땅에 사는 사람들의 가증한 행위를 본받지 말라고 했다. 그것은 아들이나 딸을 불 가운데 지나게 하지 말고, 점쟁이, 길흉을 말하는 자, 요술하는 자, 진언자, 신접자, 박수, 초혼자 등을 용납하지 말라는 것이다(신 18:9–11). 왕의 직무 가운데 하나는 이방의 주술적인 관습을 막는 것이다. 왜냐하면 모세가 왕의 직무를 설명하는 문맥에서 이를 설명하고 있기 때문이다. 이스라엘의 왕은 이방의 예배 관습 때문에 국가의 삶이 더렵혀지지 않도록 지키는 역할을 해야 한다(웬함 2015, 209).

• **선지자(신 18:15–22):** 여호와께서 이스라엘 가운데 모세와 같은 선지자 하나를 일으켜 이스라엘로 하여금 그의 말을 듣게 하실 것이다(신 18:15). 모세는 그 근거로 호렙 산에서 불 가운데 임재하여 말씀하실 때의 상황을 제시했다. 그때 이스라엘은 두려워서 여호와의 음성을 직접 듣지 않게 해 달라고 요구하자, 하나님은 이를 옳게 여기셨다(신 18:16–17). 그래서 당시 모세를 통하여 말씀하셨는데, 이제 모세와 같은 선지자 하나를 세워 하나님의 음성을 듣고 전하게 하시겠다고 하셨다(신 18:18). 이러한 이유에서 모세는 모든 선지자의 원형이다.

그리고 모세는 선지자가 하나님의 말씀을 전할 때 이스라엘이 듣지 않을 수도 있다는 것과 선지자가 자기 마음대로 여호와의 이름으로 전할 수도 있다는 것을 경고한다(신 18:19–20). 선지자가 전하는 말의 진위를 구분하는 방법은 여호와의 이름으로 말한 일에 관한 성취 여부이다(신 18:21–22). 그러나 이 말씀을 거짓 선지자들도 실제로 이적과 기사를 행한다는 말씀과 비교해 보면 서로 충돌되는 것처럼 보인다(참조. 신 13:1–5). 이 단락의 요점은 거짓 선지자의 말이나 징조가 현실 속에 성취된다고 할지라도 여호와 하나님을 섬기는 일에서 멀어지게 한다면 그것은 여호와로부터 나온 예언일 수가 없다는 것이다(밀러 2000, 244). 선지자가 전하는 말씀의 진위 여부는 그가 전한 말씀의 성취에 따라 확증되는지, 여호와의 말씀과 일치되는지, 그리고 여호와만을 섬기는 일에 초점을 맞춘 것인지의 여부로 알 수 있다.

그러나 모세가 '나와 같은 선지자'(신 18:15)라고 하였을 때 선지자는 모세처럼 하나님과 인간 사이에서 중보자의 역할을 하는 자를 의미한다. 선지자를 설명하는 문맥에서 '나와 같은 선지자'는 모세 이후 다음 세대에 하나님의 말씀을 대신 전할 수 있는 사람을 말한다. 여기서 선지자는 모세처럼 백성들에게 하나님의 말씀을 전달하고, 중보 사역을 통하여 하나님의 새로운 질서를 창조하며, 하나님의 통치를 구현할 자를 말한다(밀러 2000, 246). 이 경우 모세가 말한 '나와 같은 선지자'는 모세 뒤에 나타날 집합적인 의미의 선지자이다(Kalland & Barker 2002, 266). 동시에 이스라엘은 이 선지자를 오실 메시아로 이해해 왔다(요 1:21, 25, 45; 6:14 등). 사도들은 '나와 같은 선지자'를 예수님에게 적용했다(행 3:22-26). 이러한 신약성경의 증거를 볼 때 '나와 같은 선지자'는 모세 이후에 하나님의 뜻을 전할 모든 선지자들을 말하기도 하고, 그 선지자의 직무를 완전히 성취하여 하나님의 통치를 온전히 구현할 메시아를 말하기도 한다.

⑧ 도피성: 생명 보호를 위한 사회적 안전장치(신 19:1-21; 민 35:9-28; 수 20:1-9)[116]

모세는 이스라엘이 들어갈 땅에서 거주할 것을 염두에 두고 세 성읍을 구별하게 했다(신 19:2). 이미 요단 동편에서 세 성읍을 지정해 준 바가 있다(신 4:41-43). 모세는 들어가게 될 땅에서 세 성읍을 구별하고 전체를 세 구역으로 나누어 길을 닦고 살인자를 그곳에 도피하게 했다(신 19:3). 이것은 당시 부지중에 사람을 죽인 자가 억울하게 죽임을 당하는 일이 없이 신속하게 피할 수 있게 하려는 것이었다. 특히 모세는 어떤 사람이 도피할 수 있는 실례로 나무를 베다가 도끼가 자루에서 빠져 이웃을 죽게 한 경우를 들었다(신 19:5). 이것은 살해당한 친족이 그 살인자를 추적하여 죽일 수도 있었던 고대 사회의 친족 보복의 관습과 연관되어 있다(신 19:6). 그러나 만일 어떤 사람이 이웃을 미워하여 '엎드려 기다리다가'(의도적이며 계획적으로) 죽이고 이 성으로 도피하면 그를 잡아다가 보복자의 손에 죽이게 했다(신 19:11-12). 그래서 도피성 제도를 주신 목적은 심판을 뛰어넘은 긍휼을 보여 주는 것이라기보다는 재판 절차상의 인도주의와 공정성을 확보하기 위한 것이다(밀러 2000, 232). 도피성은 정당한 재판 절차 없이 보복을 당하여 억울하게 생명을 잃는 일이 없도록 제정한 사회적 안전장치다.

116 도피성에 대한 규례는 6계명을 폭넓게 구체적으로 적용한 것이다.

⑨ 경계표(신 19:14)

모세는 이스라엘이 들어가서 얻게 될 각 사람이 받은 기업에서 조상이 정한 경계표를 옮기지 못하게 했다. 경계표를 옮긴다는 것은 불법적으로 이웃의 재산권을 침해하는 행위를 말한다(참조. 신 27:17). 이 말씀은 이웃의 재산과 관련된 계명인 도둑질하지 말라는 제8계명의 적용이다. 하지만 이 규례는 당시나 오늘날이나 경계표를 옮기는 일로 사람을 죽이거나 전쟁이 일어난다는 것을 고려한다면 6계명을 적용한 것이라고도 할 수 있다.

⑩ 재판(신 19:15–21)

사람들이 행한 악에 대하여 죄를 정할 때는 재판의 과정을 거쳐야 한다. 특히 재판장은 모든 죄에 대하여 두세 증인이 있을 때 사건을 확정해야 한다(신 19:15). 이것은 한 사람의 편파적인 증언에 따라 어느 사람이 억울하게 누명을 쓰거나 피해를 당하는 일이 없게 하려는 제도이다. 모세는 증인의 증언을 자세히 조사하여 거짓 증거로 판명되면 그가 그의 형제에게 행하고자 한 대로 벌하여 악을 제거하라고 했다(신 19:16–19). 이것은 거짓 증거하지 말라는 제9계명을 적용한 것이다. 그리고 재판 규례에 관한 결론으로 "생명에는 생명으로, 눈에는 눈으로, 이에는 이로, 손에는 손으로, 발에는 발로"(신 19:21) 행하라고 했다. 왜냐하면 법 적용에서 범죄와 형벌이 일치해야 하고, 형평성이 있어야 하기 때문이다.

⑪ 전쟁(신 20:1–20)[117]

이 문단은 전쟁에 관한 법을 담고 있다. 그것은 전쟁을 대하는 자세에 관한 법(신 20:1–4), 징집에 관한 법(신 20:5–9), 전쟁 수행에 관한 법(신 20:10–18), 수목을 처리하는 법(신 20:19–20) 등이다. 이 법은 살인하지 말라는 제6계명을 폭넓게 적용한 것이다.

• **전쟁을 대하는 자세에 관한 법(신 20:1–4):** 모세는 이스라엘이 적군과 싸울 때 말과 병거와 군사들이 많아도 두려워하지 말라고 하며 애굽에서 인도해 내신 여호와께서 함께하신다고 권했다. 전쟁을 할 때마다 제사장은 이 말을 하라고 했다. 이

117 전쟁에 관한 규례는 6계명을 구체적인 상황에 적용한 것이라고 할 수 있다.

것은 전쟁을 할 때 이스라엘은 제사장을 부르고 하나님이 행하신 일들을 상기하며 그의 도움을 구해야 한다는 것이다.

• **징집에 관한 법(신 20:5–9):** 모세는 전쟁을 수행하는 책임자가 전쟁에 나가는 군사를 모병할 때 백성들의 상황을 배려할 것을 말한다. 전쟁에서 돌려보내어야 할 자들은 새 집을 건축한 자, 포도원을 만들고 그 과실을 먹지 못한 자, 약혼하고 결혼하지 못한 자 등이다(신 20:5–7). 전쟁을 할 때 이들에 관한 배려는 전쟁의 목적 자체가 이스라엘 백성들의 안전과 행복에 있다는 것을 보여 준다. 또한 책임자들에게 그 전쟁을 두려워하는 사람들을 돌려보내게 했다. 그 이유는 그들이 형제들의 마음을 낙심하게 할 수 있기 때문이다(신 20:8). 이것은 공동체의 안전과 행복에 관심이 없고, 하나님을 의지하지 않아 공동체를 해칠 수 있다고 보았기 때문이다.

• **전쟁 수행에 관한 법(신 20:10–18):** 이스라엘은 어떤 성읍을 치려고 할 때 먼저 화평을 선언해야 한다. 만약 그 성읍이 화평을 받아들이면 조공을 받고 섬기게 해야 한다. 만약 그 성읍이 화평을 거부하면 남자는 다 죽이고 여자들과 유아와 가축들은 탈취물로 삼을 수 있다(신 20:10–15). 그러나 모세는 여호와께서 기업으로 주시는 땅에 사는 족속들을 완전히 진멸하라고 했다(신 20:16–17).[118] 이 법을 일반적으로 '헤렘법'이라고 부른다. 그들을 진멸해야 할 이유는 이스라엘이 그들이 자신들의 신들에게 행한 가증스러운 일을 본받아 여호와께 범죄할 수 있기 때문이다(신 20:18). 그런데 모세는 신명기 7:3에서 "또 그들과 혼인하지 말지니, 네 딸을 그들의 아들에게 주지 말 것이요, 그들의 딸로 네 며느리를 삼지 말라"고 말했다. 만약에 그 땅에 사는 자들을 다 진멸시킨다면, 이스라엘의 아들딸과 결혼할 원주민은 없을 것이다. 그리고 신명기 7:22은 "네 하나님 여호와께서 이 민족들을 네 앞에서 조금씩 쫓아내시리니 너는 그들을 급히 멸하지 말라 …"고 했다. 그래서 이 법은 들어갈 땅에 있는 모든 사람들을 다 죽이는 데 목적이 있는 것이 아니라 이스라엘의 신앙이 오염되는 것을 막기 위해서 원주민들과 일체의 관계를 끊으라는 '수사적 명령'으로 보아야 한다(웬함 2015, 211).

118 개역개정판의 '진멸하다'는 히브리어의 의미를 강조하기 위해 정동사인 '진멸하다'(히람, חרם)에 동일 어근 부정사(חרם)를 함께 사용한다. 이때 이 단어의 의미는 '철저하게 진멸하라'(하하레임 타하리메임, הַחֲרֵם תַּחֲרִימֵם)가 된다.

• **수목을 처리하는 법(신 21:19-20):** 모세가 나무를 함부로 베지 못하게 한 법은 오늘날의 의미로 친환경적 의미라기보다는 사람이 살아갈 수 있는 환경을 유지하게 하려는 것이다. 그래서 모세는 베지 말아야 할 나무를 유실수로 제한한다.

⑫ 미해결된 살인 사건(신 21:1-9)

이 문단은 이스라엘이 들어갈 땅에서 피살된 시체를 발견하고 그를 죽인 자를 알지 못할 경우에 그 사건을 처리하는 법에 관한 것이다. 죽인 자를 알 수 없는 시체를 발견하였을 경우에 그곳에서 제일 가까운 성읍의 장로들과 재판장들은 그 성읍에서 아직 부리지 아니한 암송아지를 골짜기로 끌고 가서 목을 꺾어야 한다. 이때 성읍의 모든 장로들은 암송아지 위에 손을 씻으며 "… 무죄한 피를 주의 백성 이스라엘 중에 머물러 두지 마옵소서"(신 21:7-8)라고 말했다. 이렇게 하면 그 피 흘린 죄가 그들 중에서는 사함을 받게 된다(신 21:9). 블락(Block 2012, 492)은 이 법을 사울과 피를 흘린 그의 집으로 말미암아 3년 기근이 있었던 사건에 적용했다(삼하 21:1-14). 이 경우는 살인과 땅이 더럽혀지는 사건은 서로 연관이 있음을 보여 준다. 그래서 이 법을 지키는 것은 살인하지 말라는 제6계명의 적용이면서 하나님이 미해결된 사건을 해결해 주시기를 기원하는 의미와 땅이 더럽혀져 어려움을 당하지 않게 해 달라는 기원의 의미이다.

⑬ 여자 포로를 아내로 삼는 일(신 21:10-14)

적군과 싸운 전쟁에서 여호와께서 넘겨 주심으로 그들을 포로로 잡았을 때 누군가 아리따운 여자를 보고 아내로 삼고 싶으면 집에 데려갈 수 있다. 이 경우 그녀의 머리를 밀고 손톱을 베고 그 부모를 위해 한 달 간 애곡한 후에 그가 그 여인을 아내로 삼을 수 있다. 그러나 그 후에 그가 마음이 변하여 기뻐하지 않으면 그 여자를 종으로는 팔지 않고 자유롭게 가게 했다. 이 법은 여성의 인격을 존중하고 배려하는 것이다.

⑭ 장자의 상속권(신 21:15-17)

모세는 어떤 사람이 두 사람의 아내를 두었는데 하나는 사랑을 받고 하나는 미움을 받다가, 둘 다 아들을 낳았을 경우 장자의 권리가 누구에게 있는지에 관한 법을 주고 있다. 이 법은 마치 성경이 일부다처제를 인정하는 것처럼 보인다. 그러나 성경은 일부다처제를 인정하지 않는다(참조. 창 2:24; 고전 7:2; 딤전 3:2–3). 모세가 앞에서 설명한 여자 포로 중에 한 명을 아내로 삼은 경우를 염두에 둔 것처럼 보인다(Block 2012, 497). 아니면 당시의 사회 관습이었을 수도 있다. 여하튼 이스라엘은 누구의 아들이라 할지라도 장자에게 두 몫을 주어야 한다.

⑮ 패역한 아들(신 21:18–21)

어떤 사람에게 완악하고 패역한 아들이 있어 부모가 징계하여도 그가 듣지 않고 방탕하여 술에 잠겨 있다면 그 부모는 그를 데리고 성문에 가서 성읍 장로들에게 말하여 죽이게 했다. 성문은 당시 그 성읍의 법정과 관리들이 있었던 곳이다. 성읍 장로들에게 말했다는 것은 정당한 법 절차를 통하여 처리했다는 것이다. 이것은 부모를 공경하라는 제5계명의 적용이다. 이뿐만 아니라 이 계명은 패역한 아들을 죽이는 문제를 다루기 때문에 6계명의 적용이라고 할 수 있다. 왜냐하면 만약 사람이 잘못 재판하여 억울하게 사람이 죽는 일이 없게 하려는 규례라고 볼 수 있기 때문이다.

⑯ 사람을 나무 위에 다는 일(신 21:22–23)

어떤 사람이 죽을 죄를 범하여 나무에 달리게 되면 그 시체를 나무 위에 밤새 두지 말고 그 날에 장사하여 땅을 더럽히지 말라고 했다. 왜냐하면 나무에 달린 자는 하나님의 저주를 받았기 때문이다. 바울은 갈라디아 교회에 보낸 편지에서 "나무에 달린 자마다 저주 아래에 있는 자라"(갈 3:13)는 말씀을 인용하며 그리스도께서 나무에 달려 죽으신 것을 우리를 위하여 저주를 받고 율법의 저주에서 속량해 주신 것으로 해석했다.

⑰ 이웃의 재산(신 22:1–4)

이스라엘은 그 형제의 소나 나귀가 길을 잃은 것을 보면 찾아 주어야 한다. 나귀나 소가 길에 넘어져 있으면 도와서 일으켜야 한다. 형제의 잃어버린 물건을 얻게 되면 못 본 체하지 말고 형제에게 돌려주어야 한다. 이 법은 어떤 공동체 구성원의 재산이 손실되거나 파손될 위험에 처해 있을 때 그 공동체 구성원의 재산을 어떻게 돌보고 지켜 주어야 하는지에 관한 것이다(밀러 2000, 266). 이 법은 이웃의 재산 보호에 관한 계명인 도둑질하지 말라는 제8계명의 적용이다. 이웃의 재산을 지켜 주고, 잃었을 경우에 찾아 주는 것은 이웃을 사랑하는 행위다. 하지만 재산권 문제로 사람을 해하거나 죽일 수 있는 일이라면 그것을 예방하는 의미에서 6계명을 적용한 것이라고 할 수 있다.

⑱ 창조 질서 보존(신 22:5, 9-12)

모세가 이 문단에서 말하는 법은 하나님이 창조하시고 정하신 질서를 보존하는 일과 연관된다(밀러 2000, 256-257). 이스라엘에서 남자는 여자의 의복을, 여자는 남자의 의복을 입어서는 안 된다(신 22:5). 이것은 성(sex) 정체성에 관한 것으로 제7계명을 적용한 것이다(웨스트민스터 대교리문답 139문). 또한 이스라엘은 포도원에 두 종자를 섞어 뿌리는 일과 소와 나귀를 한 겨리에 멍에를 메고 가는 일을 해서는 안 된다. 그리고 양털과 베실로 섞어 짠 것을 입어서는 안 된다(신 22:9-11). 이러한 법 가운데 포도원에 두 종자를 섞어 뿌리는 일은 유전자를 변형하는 일이다. 오늘날 이를 통해 생산성을 높이고 상품의 질을 높일 수는 있으나 인체에 유해할 수 있는 유전자 변형 식품(GMO)[119]을 만드는 일에 적용할 수 있다. 이 법들 중에 어떤 것은 적용이 가능하나 어떤 것은 현대 세계에 적용할 수 없는 것들도 있다. 구약 시대에 주신 이 법들은 택한 백성으로서의 이스라엘의 지위를 상기시키며, 그들을 이방인과 구별해 주는 역할을 한다(웬함 2015, 212). 그리고 이 법은 하나님이 '그 종류대로'(창 1:12, 21, 25) 창조하신 질서를 보존해야 함을 말하는 것으로 볼 수도 있다.

⑲ 결혼과 성(신 22:13-30)

이 문단에 기록된 법은 간음하지 말라는 제7계명을 적용한 것으로 결혼과 성의 사용 문제를 다룬다. 여기에 기록된 법은 결혼과 가정생활을 보호하여 언약 백성의 거룩성을 보호하기 위한 것이다.

119 Genetically Modified Organism

- 처녀의 표적을 빙자하여 아내를 쫓아내는 경우(신 22:13–19)
- 결혼한 처녀가 처녀의 표적이 없는 경우(신 22:20–21)
- 어떤 남자가 유부녀와 동침한 경우(신 22:22)
- 처녀가 약혼한 후에 다른 남자와 동침한 경우(신 22:23–24)
- 어떤 남자가 약혼한 처녀를 강간한 경우(신 22:25–27)
- 남자가 약혼하지 아니한 처녀와 동침한 경우(신 22:28–29)
- 어떤 사람이 아버지의 아내를 취한 경우(신 22:30)

⑳ 여호와의 총회에 들어오지 못하는 사람들(신 23:1–8)

'여호와의 총회'(קְהַל יְהוָה)라는 표현은 민수기 16:3과 20:4, 역대상 28:8에 나온다. '총회'라는 단어는 '모으다'는 의미의 '카할'(קָהָל)에서 나왔다. 이는 여호와의 백성들의 모임이라는 뜻으로 구약 시대의 교회를 말한다. 이 총회에 들어올 수 없는 자들은 고환이 상한 자나 음경이 잘린 자들이다. 이들은 우연한 사고로 고환이나 음경이 상한 자들이 아니라 부도덕한 성의 사용으로 문제가 발생한 사람들을 말한다. 롯의 자손인 암몬과 모압은 이스라엘이 애굽에서 나올 때 영접하지 아니하거나 발람에게 뇌물을 주어 저주하게 하였기 때문에 여호와의 총회에 영원히 들어올 수 없다(참조. 창 19:37–38; 민 23:11; 31:16). 그러나 에서의 후손인 에돔은 여호와의 총회에 들어올 수 있다(신 23:7–8).

이 법을 이해하기가 쉽지 않다. 바벨론 포로 귀환 후에 느헤미야는 암몬과 모압 사람이 하나님의 총회에 들어오지 못하게 한 법을 재확인했다(느 13:1–2). 하지만 모압 여인 룻이 다윗의 계보에 들어간 일을 어떻게 설명할 수 있겠는가(룻 4:18–22; 마 1:5)? 이것은 하나님의 은혜다. 그러나 이 법은 당시에 택한 백성으로서의 이스라엘의 특별한 신분과 삶의 거룩성을 강조하는 것으로 보아야 한다.

㉑ 거룩한 삶(신 23:9–26:15)

모세는 이스라엘 백성들이 세상과 구별된 거룩한 삶을 살아야 한다는 것을, 하나님의 계명을 여러 상황에 적용하여 설명한다. 거룩한 삶은 하나님의 백성들의 삶의 특징이다. 모세가 일정한 논리 없이, 무작위로 언약 백성의 삶의 특징들을 기술한다.

- **적군을 치러 출진할 경우(신 23:9–14):** 몽설을 하였으면 진영 밖으로 나가고, 진영 밖에 변소를 마련하여 진영을 거룩하게 해야 한다.
- **성적인 문제(신 23:17–18):** 여자 중에 창기나 남자 중에 남창이 있게 해서는 안 된다.
- **이웃 사랑의 문제(신 23:19–20, 24–25; 24:10–22)**
  - 형제에게 꾸어줄 때 이자를 받지 말라(신 23:19–20).
  - 포도원 안에서 포도를 먹을 수 있고, 곡식의 이삭을 손으로 따도 되지만 그릇에 담거나 낫을 대어서는 안 된다. 이는 가난한 이웃을 배려해야 하고, 이웃의 재산을 도둑질해서는 안 된다는 것이다(신 23:24–25)
  - 형제를 종으로 삼거나 팔아서는 안 된다(신 24:7).
  - 이웃에게 꾸어줄 때 전당물을 잡지 말라. 꾸는 자가 전당물을 줄 때 가난한 자라면 해 질 때에 돌려주라(신 24:10–13). 객이나 고아의 송사를 억울하게 하지 말고 과부의 옷을 전당 잡지 말라(신 24:17–18). 이는 가난한 사람들을 배려하라는 것이다.
  - 가난한 품꾼을 학대하지 말고 품삯을 미루어서는 안 된다(신 24:14–15). 이러한 법은 오늘날 노동자들을 인격적으로 대하며, 그들의 임금을 체불해서는 안 된다는 것을 보여 준다.
  - 곡식을 벨 때나 감람나무의 열매를 추수할 때, 나그네와 고아와 과부를 위하여 남은 것은 버려 두라(신 24:19–21). 이를 오늘날 산업정보화시대에 적용하면 소득의 일부를 가난한 자들을 위하여 사용하라는 것이다.
  - 곡식을 떠는 소에게 망을 씌우지 말라(신 25:4). 소가 곡식을 떤다는 것은 밟아서 알갱이를 낸다는 것으로 소가 먹는 것을 막아서는 안 되고, 먹을 것을 제공해야 한다는 것이다. 이것은 오늘날 함께 일하는 직원이나 근로자들이 일을 할 수 있도록 필요를 공급해야 한다는 것이다. 바울은 이 말씀을 복음의 사역자들에게 적용하여 이들이 일할 수 있도록 삯을 주어야 한다고 했다(고전 9:9; 딤전 5:18).
  - 공평하고 의로운 재판을 해야 한다. 객이나 고아와 같은 사회적 약자들의 송사를 억울하게 해서는 안 된다(신 24:17). 재판장은 누가 의인이며, 누가 악인인지 바르게 재판해야 한다(신 25:1). 만약에 악인에게 태형이 합당하면 죄의 수에 따라 벌을 내리되 사십까지만 때려야 한다. 이것은

형제를 비인도적으로 대우해서는 안 된다는 것이다. 하지만 후에 유대인들은 이 율법을 악용하여 바울에게 사십에서 하나 감한 매를 다섯 번이나 때렸다(고후 11:24).

- 무게 단위인 공정한 저울추와 부피 단위인 공정한 되를 두어야 한다(신 25:13-15). 이는 부당한 이득을 취하기 위하여 무게, 양, 질, 가격 등을 속이지 말고 정당한 상거래 행위를 해야 한다는 것이다.
- 셋째 해 곧 십일조를 드리는 해에 모든 소산의 십일조 내기를 마친 후에 레위인과 고아와 과부들, 즉 사회적 약자들이 그것을 먹을 수 있게 했다(신 26:12-13, 참조. 신 14:28-29).

• **토지 소산의 맏물(신 26:1-11):** 이 법은 새로운 땅에서 토지의 소산 중에 맏물을 수확하여 하나님이 택하신 곳인 성소에 드리라는 것이다. 그리고 맏물을 드릴 때 어떤 의미를 담아 드리는 것인지, 제사장에게 어떻게 말해야 하는지 가르쳐 주었다(신 26:3-10). 이것은 이스라엘의 신앙 고백인데 몇 가지 내용을 담고 있다. 하나는 이스라엘의 조상은 방랑하는 아람 사람, 곧 아브라함과 이삭과 야곱인데 소수의 사람을 데리고 애굽에 내려갔고 하나님이 그들을 번성하게 해 주셨다는 것이다. 또 하나는 이곳에서 애굽 사람들이 학대하므로 여호와께 부르짖을 때 그가 기도를 들으시고 큰 기적과 기사로 인도하여 이 땅을 주셨다는 것이다. 그러므로 이 법은 하나님의 구원을 경험한 백성들이 그 경험을 기억하고 말하는 것이다(밀러 2000, 284). 그리고 그들은 이 모든 복의 원천이신 하나님을 기억하고 맏물을 바칠 뿐만 아니라 레위인과 거류하는 객들과 함께 나누어야 한다(신 26:10-11). 위에 열거된 삶이 거룩한 삶이고 언약 백성들의 삶의 특징이다.

㉒ 율법 해석과 적용의 결론(신 26:16-19)

모세는 율법을 해석하고 적용하면서 그 결론으로 여호와를 하나님으로 인정하고 그의 규례와 법도를 지키라고 했다(신 26:17). 모세는 이 권면이 자신의 말이 아니라 하나님이 친히 하신 말씀에 근거한 것이라고 했다. "여호와께서도 네게 말씀하신 대로 오늘 너를 그의 보배로운 백성이 되게 하시고 그의 모든 명령을 지키라 확인하셨느니라"(신 26:18). 여기에서 '보배로운 백성'은 출애굽기 19:5-6에 나오는 내용 가운데 '내 소유'(서굴라, סְגֻלָּה)라는 단어와 동일하다. 이것은 여호와께서 이스라엘을 하나님의 사랑받는 백성이 되게 하셨기 때문에 법을 지켜야 한다는 것이다. 언약 백성이 이 법을 지킨다면 여호와께서 모든 민족 위에 뛰어나게 하실 것이고 여호와의 거룩한 백성이 되게 하실 것이다(신 26:19).

(5) 율법의 기록 보관과 공포(신 27:1-28:68)

이 문단은 언약 문서를 기록 보관하고 공포하는 일과 관련된 내용이다. 특히 이 문단은 신명기 11:26-32과 연결되어 신명기 12:1-26:19에 기록된 율법을 지키는 일을 확실하게 하기 위하여 복과 저주로 언약을 맺는 일과 연관되어 있다. 율법이 백성들의 삶과 역사를 지도하는 규정이라면 그것을 보존하여 이스라엘 백성들에게 준행 의무를 상기시키고 일깨워 주는 장치가 있어야 한다. 그 장치가 신명기 27장이다(밀러 2000, 294). 그런데 이 율법은 모압에서 맺은 언약이지만 모세는 이스라엘 백성이 가나안에 들어가서 세겜에서 의식을 거행할 것을 명한다(신 27:2, 11-26). 이러한 이유에서 모압 언약의 완성은 세겜에서 이루어진다. 모세가 모압에서 말하고 있지만 언약을 기록 보관하고 선포해야 할 장소로 세겜을 언급하며 미래에 세겜에서 행할 일과 현재 모압에서 행할 일을 번갈아 설명한다.

- 미래: 세겜에서 행할 일(신 27:1-8)
- 현재: 모압에서 행할 일(신 27:9-10)
- 미래: 세겜에서 행할 일(신 27:11-26)
- 복과 저주 선포: 세겜과 모압에서 행할 일(신 28:1-68)

① 율법의 기록 보관(신 27:1-10)

이 문단은 수미쌍관법을 사용하여 "내가 오늘 너희에게 명령하는 이 명령을 너희는 다 지킬지니라"(신 27:1, 참조. 27:10)라고 했다. 이러한 구조적 장치는 이 안에 기록된 내용이 율법을 지켜 행하는 일과 연관된 것임을 보여 준다. 하지만 내용상으로는 동일하지만 저자는 가나안에 들어가 세겜에서 행해야 할 일(신 27:1-8)과 모압에서 행해야 할 일(신 27:9-10)을 구분하고 있다.

- **세겜에서 행할 일(신 27:1-8):** 모세는 이스라엘이 요단을 건너 가나안에 들어가게

되면 큰 돌을 세우고 석회를 발라 그 위에 이 율법의 모든 말씀을 기록하라고 했다(신 27:2–4, 8). 모세는 율법을 기록한 돌들을 에발 산에 세우게 했다(신 27:4). 이 말씀대로 여호수아는 가나안을 정복한 후 율법을 돌에 기록하여 복과 저주의 말씀을 선포했다(수 8:30–35). 이것은 언약의 말씀을 대대로 상기하고 이 말씀대로 살아야 함을 보여 주려는 장치이다.

에발 산은 세겜에 있는 산으로, 세겜은 아브라함이 처음 가나안에 도착하여 약속의 땅이 어떤 곳인지 본 곳이고, 제단을 맨 처음 쌓은 곳이며, 요셉이 묻히게 될 곳이었다(창 12:7; 수 24:32). 이곳은 역사적으로 매우 중요한 장소이다. 이스라엘은 이곳에서 그들이 받은 언약과 그 언약을 처음 맺었던 조상들과 하나가 되었다(웬함 2015, 214). 이곳에서 이스라엘은 쇠 연장을 대지 아니하고 다듬지 아니한 돌로 제단을 쌓고 번제와 화목제를 드려야 한다(신 27:5–7). 이때 다듬지 아니한 돌로 제단을 쌓게 한 것은 하나님을 예배하는 제단을 공식적으로 짓기 전에 이방의 번제단과 구별하기 위한 것으로 보인다. 이곳에서 번제와 화목제를 드렸다는 것은 가나안으로 인도해 주신 하나님의 은혜에 감사하고 여기에 기록된 율법을 지켜 행함으로 하나님의 백성으로 살겠다는 것을 의미한다. 에발 산에서 발굴된 유적 가운데 다듬지 아니한 돌로 세운 거대한 제단(9.1m×7m)이 발견되었다. 이 제단은 이스라엘 백성이 가나안에 정착한 뒤에 여호수아가 만든 것으로 추정된다(바커 2014, 426).

• **모압에서 행할 일(신 27:9–10):** 모세는 제사장들과 함께 하나님 여호와의 백성이 되었기 때문에 오늘 하나님 여호와의 명령을 청종하고 그 명령과 규례를 행하라고 했다.

② 세겜의 그리심 산과 에발 산에서 율법 공포(신 27:11–26)

이 문단은 장차 들어갈 가나안의 세겜에 있는 그리심 산과 에발 산에서 율법을 선포할 것을 명령하는 내용이다. 모세는 이스라엘이 요단을 건넌 후에 시므온과 레위와 유다와 잇사갈과 요셉과 베냐민은 백성을 축복하기 위하여 그리심 산에 서고, 르우벤과 갓과 아셀과 스불론과 단과 납달리는 저주하기 위하여 에발 산에 서게 했다. 그리고 모세는 레위 사람으로 하여금 큰 소리로 저주를 받을 12가지의 법을 말하게 하고 모든 백성에게는 '아멘'으로 응답하게 했다. 저주를 받을 12가지의 죄는 다음과 같다.

- 우상을 만들어 세우는 자(신 27:15)
- 부모를 경홀히 여기는 자(신 27:16)
- 이웃의 경계표를 옮기는 자(신 27:17)
- 맹인에게 길을 잃게 하는 자(신 27:18)
- 객이나 고아나 과부의 송사를 억울하게 하는 자(신 27:19)
- 아버지의 아내와 동침하는 자(신 27:20)
- 짐승과 교합하는 자(신 27:21)
- 아버지의 딸이나 어머니의 딸과 동침하는 자(신 27:22)
- 장모와 동침하는 자(신 27:23)
- 이웃을 암살하는 자(신 27:24)
- 무죄한 자를 죽이려고 뇌물을 받는 자(신 27:25)
- 이 율법의 말씀을 실행하지 아니하는 자(신 27:26)

저주와 관련된 이 율법은 모든 종류의 율법을 다 열거한 것이 아니라 12가지 사례만 제시한다. 바울은 갈라디아 교회에 보낸 편지에서 12번째인 "누구든지 율법책에 기록된 대로 모든 일을 항상 행하지 않는 자는 저주 아래에 있는 자라"(갈 3:10, 참조. 신 27:26)는 말씀을 인용하여 율법 아래에 있는 자들은 다 저주 아래에 있다고 했다. 하지만 그리스도께서 우리 대신 저주를 받아 그리스도 안에서 아브라함의 복이 우리에게 미치게 했다고 설명한다(갈 3:13–14).

③ 복과 저주(신 28:1–68)

이 문단은 복과 저주의 내용을 담고 있다. 모세는 복과 저주를 거의 동일한 주제와 어휘와 문체적인 특징을 가지고 대조적으로 기록하고 있다. 다음과 같은 구조로 복과 저주가 배열되어 있다.

복(신 28:1-14)		저주(신 28:15-68)	
A	복의 전제 조건(28:1-2)	A′	저주의 전제 조건(28:15)
B	공식적인 복의 선포(28:3-6)	B′	공식적인 저주의 선포(28:16-19)
C	구체적인 복의 해설(28:7-14)	C′	구체적인 저주의 해설(28:20-68)

이 복과 저주는 조건적이다. 이스라엘이 여호와의 규례와 법도를 지킨다면 복을 받을 것이다. 반대로 이스라엘이 여호와의 규례와 법도를 지켜 행하지 않는다면 저주를 받을 것이다. 이스라엘의 미래는 율법을 지키는 여부에 달려 있다. 소위 신명기 역사라고 부르는 여호수아, 사사기, 룻기, 사무엘서, 열왕기서를 보면 책의 저자들이 이 관점에서 역사를 해석한다. 그리고 선지자들은 이 언약의 관점에서 당시 시대의 문제가 어디에 있는지 진단하고 처방한다.

(6) 결어(신 29:1)

모압 언약이라는 말은 신명기 29:1에만 나타나는 유일한 표현이다. 개역개정판이나 대부분의 영어 번역 성경은 이 절을 29:1로 구분하였으나 히브리어 성경에서는 28:69이다. 신명기 29:1은 신명기 4:45부터 시작된 모압 언약의 결어로 보아야 한다.[120] 그리고 이미 비교적 자세하게 살펴본 바와 같이 모압 언약은 새로운 언약이 아니라 시내산 언약을 더 상세하게 설명하고 보충한 것이다(Block 2012, 663).

120 이 부분에 관한 더 자세한 설명은 이 책의 서론인 '문학적 구조'를 참조하라. 보는 관점에 따라 신명기 4:44부터 모압 언약이라고 보기도 한다(송제근 1998, 201-202; Block 2012, 662-663).

4. 모세의 세 번째 설교(신 29:2-32:52)

모세의 세 번째 설교는 모압 언약에서 설명한 내용의 중요성을 다양한 방법으로 논증하고 설득한다.

내용 분해

(1) 모세의 설교(신 29:2-30:20)

(2) 모세가 여호수아를 세우고 백성들을 권면함(신 31:1-29)

(3) 모세의 노래와 권면(신 31:30-32:52)

내용 해설

(1) 모세의 설교(신 29:2-30:20)

모세가 모압 언약 이후에 온 이스라엘을 소집하고 마지막으로 당부하는 설교는 신명기 29:2부터 시작하여 30:20에 마친다. 신명기 29:2은 "모세가 온 이스라엘을 소집하고 …"라고 시작한다. 그런데 신명기 31:1은 "또 모세가 가서 온 이스라엘에게 이 말씀을 전하여"라고 시작한다. 이것은 일정한 시간의 흐름이 있었음을 나타낸다. 그래서 이것은 신명기 29:2부터 30:20이 한 설교이고, 신명기 31:1은 어느 정도의 시간이 지난 후에 일어난 일과 설교라는 것이다. 이 문단에서 모세의 설교의 핵심은 언약의 말씀을 지키는 것이 복을 받는 방법이라는 것이다.

① 과거 역사 회고(신 29:2-9)

모세는 온 이스라엘을 소집하고 지금까지의 역사를 회고한다. 그 역사는 출애굽(신 29:2-4), 광야 생활(신 29:5-6), 요단 동쪽 두 왕과의 전쟁에서 승리하고 그 땅을 분배한 일이다(신 29:7-8). 그런데 모세는 과거 출애굽 당시의 역사를 언급하면서 "여호와께서 … 행하신 모든 일을 너희가 보았나니 … 네 눈으로 보았느니라"라고 하며 '보았다'는 것을 강조한다. 그런데 모세는 "그러나 깨닫는 마음과 보는 눈과 듣는 귀는 오늘까지 여호와께서 너희에게 주지 아니하셨느니라"(신 29:4)라고 했다. 이스라엘이 역사 가운데 행하신 하나님의 큰 일을 보았는데도 하나님이 깨닫는 마음을 그들에게 주시지 않아 그들이 깨닫지 못했다면서 모세가 과거 역사를 상기시키는 이유가 무엇인가? 이 말씀을 이해할 수 있는 열쇠는 로마서 11:8의 말씀이다. "기록된 바 하나님이 오늘까지 그들에게 혼미한 심령과 보지 못할 눈과 듣지 못할 귀를 주셨다 함과 같으니라." 바울이 이 말씀을 인용한 것은 하나님이 엘리야 시대에 바알에게 무릎을 꿇지 아니한 7천명을 남겨 두셨듯이 하나님의 은혜로 택하심을 따라 남은 자가 있다는 것을 논증하기 위함이다. 그래서 이 말씀은 하나님이 이스라엘로 하여금 그가 행하신 큰 일을 보지 못하게 하겠다는 뜻이 아니라, 택하심을 받은 자는 하나님이 행하신 큰 일을 믿는다는 것을 강조하기 위한 것이다. 모세가 출애굽부터 요단 동편의 땅을 점령하고 기업으로 분배한 역사를 언급한 것은 하나님이 택하신 남은 자들은 언약의 말씀을 믿고 순종해야 함을 강조하기 위함이다.

② 맹세로 세운 언약을 지켜야 할 중요성(신 29:10–29)

모세는 현재 모압 땅에서 이루어지는 언약에 참여하는 자들을 다 언급한다. 그들은 수령과 지파와 장로들과 지도자들과 모든 남자, 유아들과 아내들과 진중에 있는 객과 나무패는 자와 물 긷는 자들이다(신 29:10–11). 모세는 이들 모두 여호와의 언약에 참여하며 언약을 맺는 맹세에 참여하여 여호와께서 그들을 자기 백성으로 삼으시고 그가 친히 하나님이 되어주신다는 사실을 설명한다(신 29:12–13). 이뿐만 아니라 모세는 이 언약과 맹세(맹세로 세우는 이 언약)[121]를 이 자리에 함께 있는 자들만이 아니라 미래 세대까지 연결시킨다(신 29:14–15). 모세는 혹시라도 들어가게 될 땅에서 이 저주의 말을 듣고도 독초와 쑥의 뿌리가 생겨서 마음을 완악하게 하면 여호와께서 이 책에 기록된 대로 이들에게 저주할 것이라고 경고했다(신 29:18–21).

121 개역개정판은 신명기 29:14의 의미를 바르게 번역하지 못했다. 문법적으로 '내가 이 언약과 맹세를 … 세운다'는 것은 '내가 맹세로 이 언약을 세운다'라고 해야 한다. 이것은 두 개의 명사를 '그리고'로 연결하여 '형용사+명사'의 의미를 가지는 중언법(hendiadys)이다.

이뿐만 아니라 모세는 가나안에 들어가서 일어날 일들을 미리 보고 말하는 것처럼 그 땅에 일어날 재앙과 그 재앙에 대하여 그 원인을 해석하는 방식으로 설명한다. 실제로 사사 시대부터 바벨론 포로로 끌려가기까지의 이스라엘의 역사는 그대로 이루어졌다(렘 5:19; 22:8–9).

질문: (뒤에 일어날 자손과 객과 여러 나라 사람들이 그 땅에 일어난 재앙과 질병을 보고 묻기를) "여호와께서 어찌하여 이 땅에 이같이 행하셨느냐 이같이 크고 맹렬하게 노하심은 무슨 뜻이냐?"(신 29:24)

대답: (사람들이 대답하기를) "그 무리가 … 여호와께서 그들의 조상을 애굽에서 인도하여 내실 때에 더불어 세운 언약을 버리고 … 다른 신들을 섬기고 절한 까닭이라 이러므로 여호와께서 … 이 책에 기록된 저주대로 재앙을 내리시고 …"(신 29:25–29).

모세가 이 권면을 할 때 일어난 일은 아니지만 일어날 수도 있는 상황을 가정하여 말한 것은 맹세로 세운 언약은 반드시 지켜야 함을 강조하기 위한 것이다. 그래서 모세는 이 권면의 결론으로 "감추어진 일은 우리 하나님 여호와께 속하였거니와 나타난 일은 영원히 우리와 우리 자손에게 속하였나니 이는 우리에게 이 율법의 모든 말씀을 행하게 하심이니라"(신 29:29)라고 했다. 작정이나 섭리 등과 같은 감추어진 일은 하나님께 속해 있기 때문에 우리는 알 수 없다. 하지만 모세는 나타난 일은 이스라엘과 그의 자손들에게 영원히 속했다고 했다. 여기에서 '나타난 일'은 히브리어로 '계시된 것들'(하니그롯 〈 가라, הַנִּגְלֹת 〈 גָּלָה)인데, 모세를 통하여 주신 율법을 말한다. '감추어진 일'과 '나타난 일'을 서로 대조하는 것은 이스라엘에게는 계시된 율법의 모든 말씀을 지켜 행해야 할 책임이 있다는 것이다.

③ 회복의 길(신 30:1–10)

이 문단은 신명기 30:1–2과 30:10이 구조적으로 감싸는 수미쌍관법으로 이루어져 있기 때문에 쉽게 파악할 수 있다. 양쪽에 이스라엘의 회복을 위한 조건과 회개 형식의 문구가 나타난다(Merrill 1994, 386). 이 구조가 보여 주는 것은 이스라엘이 범죄하여 저주를 받아 고통당한다고 할지라도 그들이 회개하고 마음을 다하고 뜻을 다하여 여호와의 말씀을 청종하면 회복할 수 있다는 것이다.

이 문단은 이스라엘이 언약의 말씀인 율법을 순종하지 아니하고 다른 신들을 섬김으로 다른 나라에 포로로 끌려갈 수도 있는 상황을 가정하고 논리를 전개한다. 모세는 이스라엘이 그 상황에서도 회개하고 주의 말씀을 청종하면 여호와께서 다시 돌아오게 하실 것이라고 말한다(신 30:2–5). 여기까지 모세는 회복의 방법으로 이스라엘이 회개하고 율법을 순종해야 할 책임을 강조한다. 이것은 언약의 조건적인 성격을 보여 준다.

그러나 모세는 이 권고 후에 더 먼 미래를 내다보고 신명기 30:6에서 "네 하나님 여호와께서 네 마음과 네 자손의 마음에 할례를 베푸사 너로 마음을 다하며 뜻을 다하여 네 하나님 여호와를 사랑하게 하사 너로 생명을 얻게 하실 것이며"라고 말했다. 이 본문은 이스라엘의 미래와 관련한 선지적 예언이다(von Rad 1979, 183). 사람들은 하나님을 향하도록 근본적으로 변화된 후에야 마음으로 하나님을 사랑할 수 있다(Merrill 1994, 389). 이 일은 분명 예언적인 성격을 가지고 있지만 하나님이 마음에 할례를 받게 하여 가능하게 하시겠다는 약속이다. 그리고 모세는 이스라엘이 여호와의 말씀을 청종하고 모든 명령을 행할 것이라고 했다(신 30:8). 이것은 하나님이 언약 백성을 위하여 행하신 삶의 기초다. 이 기초 위에서 모세는 여호와의 말씀을 청종하고 그의 명령과 규례를 지키고 마음과 뜻을 다하여 여호와께 돌아오면 그가 복을 주실 것이라고 권면했다(신 30:9–10). 이것은 언약이 무조건적인 은혜이면서도 그 안에 조건적인 성격이 있음을 알게 한다. 그러나 이 일은 그리스도께서 구속하여 새 사람이 되게 하시고 성령을 주심으로 가능하게 되었다(겔 36:26; 요 14:15–21).

④ 선택: 생명과 사망, 복과 저주(신 30:11–20)

모세는 지금까지 자신이 한 명령은 하늘에 올라가거나 바다에 내려가야 얻을 수 있는 것이 아니라 가까이 있다고 했다. 이 말씀의 핵심은 이방 신들을 섬기는 것처럼 이해할 수 없거나 헤아릴 수 없는 것이 아니라 당신의 백성을 위한 여호와의 목적과 뜻을 분명하게 알 수 있다는 것이다(Merrill 1994, 391). 그래서 이스라엘은 말씀을 입으로 읊조리고 마음에 새김으로 실천하여 생명을 얻을 수 있다.

바울은 신명기 30:12-14의 말씀을 인용하여 로마서 10:6-8에서 재해석했다. 바울은 믿음으로 말미암는 의를 설명하면서, 그리스도를 모셔 내리려고 하늘로 올라가거나 죽은 자 가운데서 모셔 올리려고 무저갱에 내려갈 필요가 없이 그들이 전파하는 믿음의 말씀이 어렵고도 멀리 있는 것이 아니라 우리에게 가까워 우리의 입에 있고 우리의 마음에 있기에, 우리가 입으로 예수님을 주로 시인하고, 또 하나님께서 그를 죽은 자 가운데서 살리신 것을 마음으로 믿으면 구원을 받을 것이라고 해석했다(롬 10:6-9).

모세는 이러한 사실을 근거로 이스라엘 앞에 생명과 복과 사망과 화를 두었다고 하면서 어떤 삶을 선택해야 할 것인지 도전한다(신 30:15-18). 그리고 모세는 이 언약의 증인으로 하늘과 땅을 불러 생명과 사망과 복과 저주들을 두었기 때문에 생명을 선택하라고 반복하여 말한다. 이스라엘이 생명과 복의 길을 선택한다면 여호와를 사랑하고 그의 말씀을 청종하게 될 것이다.

(2) 모세가 여호수아를 세우고 백성들을 권면함(신 31:1-29)

이 문단은 모세의 후계자로 여호수아를 세우는 일과 백성들에게 율법의 중요성을 확인시키는 내용으로 이루어져 있다.

① 모세가 여호와의 말씀대로 여호수아를 세움(신 31:1-8)

모세가 가서 온 이스라엘에게 여호와께서 하신 말씀을 전했다. 이 말씀은 여호와께서 하신 약속과 이스라엘이 순종해야 할 책임 부분으로 이루어져 있다. 여호와께서 하신 약속은 여호와께서 이스라엘보다 먼저 건너가셔서 대적을 멸하시고 이스라엘로 땅을 차지하게 하실 것, 여호수아가 이스라엘을 거느리고 건너갈 것(신 31:3, 참조. 신 9:3), 그리고 여호와께서 아모리 왕 시혼과 바산 왕 옥에게 행하신 것과 같이 행하실 것 등이다(신 31:4). 이스라엘이 순종해야 할 책임 부분은 이스라엘이 여호와의 명령대로 행하고 담대하여 두려워하지 말아야 한다는 것이다(신 31:5-6). 여기서 약속의 땅을 차지하는 문제와 관련하여 여호와께서 하시는 일과 인간의 책임 간의 관계를 잘 보여 준다.

이에 모세는 여호수아를 불러 이스라엘 목전에 세우고 백성을 거느리고 여호와께서 맹세하며 주신다고 약속하신 땅에 들어가 그 땅을 차지하라고 했다(신 31:7). 하나님은 이미 모세에게 여호수아를 강하고 담대하게 하여 후계자로 세우라고 말씀하셨지만 이것은 공적으로 임무를 계승한다는 것을 보여 준다(참조. 신 1:38; 3:28).

② 모세가 백성들에게 율법에 대하여 권면함(신 31:9–13)

모세는 율법을 써서 제사장들과 장로들에게 주었다(신 31:9). 모세가 말하는 이 율법이 신명기 전체를 말하는 것인지, 오경 전체를 말하는 것인지 명확하게 설명하지는 않지만, 넓은 의미로 오경 전체를 말하는 것으로 보인다. 모세의 이 권면은 매우 중요하다. 왜냐하면 지금까지는 여호와께서 모세를 통하여 말씀해 주셨으나 앞으로는 책에 기록된 율법을 통하여 말씀하실 것이기 때문이다.

모세는 칠 년 끝 면제년의 초막절에 온 이스라엘이 여호와께서 택하신 곳에서 모일 때 제사장들이 이 율법을 낭독하여 온 이스라엘로 여호와 경외하기를 배우게 하라고 했다(신 31:11–13). 모세의 이 가르침에 따라 이스라엘 백성들에게 율법을 읽고 가르치는 일은 제사장들의 주요 임무 가운데 하나가 되었다(신 33:10; 말 2:4–9). 이스라엘의 미래는 여호와를 경외하는 일에 달려 있다. 그래서 하나님은 제사장들에게 기업을 주지 않고 여호와께서 그들의 기업이 되셔서 그 임무에 전념하게 하셨다. 신약 시대에도 하나님의 말씀을 가르치는 사역자들이 즐거움으로 일할 수 있도록 돕는 것 역시 같은 맥락에서 이해해야 한다(히 13:17).

③ 여호와께서 모세와 여호수아를 불러 권면함(신 31:14–23)

지금까지 모세가 율법을 해석하여 적용해 주었으나 여기서는 여호와께서 직접 말씀하신다. 여호와께서는 모세에게 말씀하시길 그가 여호수아와 함께 회막으로 불러 여호수아에게 명령할 것이라고 하셨다(신 31:14). 그리고 여호와께서 구름 기둥 가운데서 장막에 나타나셨다(신 31:15).

여호와께서는 장막에 임재하셔서 여호수아가 듣는 데서 모세에게 말씀하셨다(신 31:16). 여호와께서는 이스라엘이 약속의 땅에 들어가면 우상을 숭배하고 언약을 버리게 될 것이라고 경고하셨다. 그때 여호와께서 진노하셔서 그들에게서 얼굴을 숨기시므로 재앙이 임하게 되면 백성들이 "이 재앙이 우리에게 내림은 우리 하나님이 우리 가운데 계시지 않은 까닭이 아니냐?"(신 31:17)라고 할 것이라고 하셨다. 실제로 이스라엘 역사를 보면 하나님이 징계의 도구로 미디안을 들어 이스라엘을 고통스럽게 하실 때 이스라엘은 동일하게 말했다(삿 6:13). 그래서 여호와께서는 모세에게 한 노래를 지어 증거가 되게 하라고 하셨다(신 31:19, 21). 모세가 지은 노래는 신명기 32:1-43에 있다. 여호와께서는 이스라엘이 이 노래를 부를 때마다 이 경고를 기억하고 언약 백성의 특성을 드러내며 살기를 기대하셨을 것이다.

여호와께서 마치 미래에 일어날 것을 보고 말씀하듯이 말씀하셨다. 그러나 이것은 수사법의 하나인 반어법(irony)으로 표현한 것이다. 반어법은 본래의 뜻을 강조하거나 표현의 효과를 높이기 위하여 실제 표현하고자 하는 뜻과는 반대되는 말을 쓰는 표현 방법이다. 여호와께서는 그렇게 이스라엘에게 이러한 불행한 일이 일어나서는 안 된다는 것을 강조하시는 것이다.

여호와께서 여호수아가 듣는 데서 모세에게 말씀하신 후에 여호수아에게 명령하셨다. 그것은 이스라엘을 인도하여 그 땅에 들어가게 하실 것이기 때문에 강하고 담대하라는 것이다. 그 이유는 여호와께서 여호수아와 함께하시기 때문이라고 하셨다(신 31:23). 여호수아가 이 명령을 여호와께 직접 들었다는 것은 그가 모세의 후계자로 세움을 받았다는 것이다.

④ 모세가 백성들에게 율법에 대하여 권면함(신 31:24-29)

모세는 율법을 다 책에 써서 레위 사람에게 명령하기를 율법책을 언약궤 곁에 두어 증거가 되게 하라고 했다(신 31:24-26). 이뿐만 아니라 모세는 모든 장로들과 관리들을 모아 그들에게 율법을 들려 주고 하늘과 땅을 증인으로 삼았다(신 31:28). 모세는 두 그룹 모두에게 동일하게 이스라엘이 여호와를 거역하여 재앙을 당하게 될 것이라고 말했다(신 31:27, 29). 모세가 이렇게 말한 것은 과거의 경험을 볼 때 실제로 이루어질 것을 예상한다고도 할 수 있다. 그러나 모세는 이스라엘에게 이러한 일이 일어나기를 원하거나 예언하는 것이 아니라, 실제로는 이스라엘이 여호와를 경외하여 복된 삶을 살기를 원한다. 그래서 이것은 반어법으로 말하고 있는 것이다.

(3) 모세의 노래와 권면(신 31:30-32:52)

이 문단에는 모세가 이스라엘 총회에 들려 준 노래와 이 노래에 담긴 율법을 지키는 일이 어떤 의미가 있는지를 권면하는 내용이 기록되어 있다.

① 모세의 노래(신 31:30-32:43)

모세의 노래가 어떤 성격을 가지고 있는지 이 노래의 처음과 끝에 있는 설명을 통하여 수미쌍관법으로 보여 준다. "모세가 이스라엘 총회에 이 노래의 말씀을 끝까지 읽어 들리니라."(신 31:30, 참조. 32:44) 그래서 모세와 여호수아가 온 이스라엘이 듣도록 이 노래를 들려 주었다는 것은 이 노래가 온 백성들이 듣고 기억해야 할 말씀임을 보여 준다. 이 노래는 다음과 같은 구조로 되어 있다.

- 하늘과 땅을 언약의 증인으로 세움(신 32:1-2)
- 언약의 하나님을 묘사함(신 32:3-4)
- 백성들을 기소함(신 32:5-6)
- 하나님이 이스라엘에게 베푸신 복을 회고함(신 32:7-14)
- 언약의 말씀에 대한 이스라엘의 불순종(신 32:15-18)
- 여수룬의 불순종에 대한 언약의 저주(신 32:19-27)
- 다른 신들의 무능력(신 32:28-38)
- 여호와의 자기 백성에 대한 옹호와 복수(신 32:39-43)

모세는 이 노래를 매우 아름다운 이미지 언어(image language)와 반어법(反語法)으로 묘사하며 여호와의 말씀을 듣고 순종하는 일이 중요함을 보여 준다. 모세는 이 노래를 "하늘이여 귀를 기울이라 내가 말하리라 땅은 내 입의 말을 들을지어다"(신 32:1)라는 말로 시작한다. 이것은 하늘과 땅을 법정의 증인으로 세우는 이미지(image)다. 후일 이사야 선지자와 미가 선지자가 이 말씀을 근거로 이스라엘을 책망할 때 하늘과 땅을 증인으로 소환하는 것은 이 말씀의 중요성을 잘 보여 준다(사 1:2; 34:1; 미 1:2; 6:1 2). 모세는 이 노래에서 그의 말을 '비처럼 내리고', '이슬처럼 맺히고', '연한 풀 위에 가는 비 같고', '채소 위의 단비 같다'(신

32:1)라고 했다. 이러한 은유(metaphor)를 사용한 것은 그의 노래에 담긴 말을 지키며 행하는 것은 복된 미래를 준다는 것을 보여 준다. 이 외에도 모세의 노래는, '자기의 눈동자 같이'(신 32:10), '마치 독수리가 … 같이'(신 32:11) '발로 찼다'(신 32:15), '내 화살이 다할 때까지'(신 32:23) 등의 이미지 언어로 표현되었다. 이러한 이미지를 통하여 말씀의 핵심을 분명하게 한다.

특히 모세는 언약의 말씀을 불순종한 이스라엘을 '여수룬'이라고 불렀다(신 32:15). '여수룬'(יְשֻׁרוּן)은 문자적으로 '올바른 사람', '의로운 사람'이라는 뜻으로 이스라엘을 비유적으로 일컫는 말이다. 그들은 올바르게 행동하지 못하고 그들을 지으신 하나님을 버렸다(신 32:15). 그리고 모세는 이스라엘이 아직 들어가지도 않은 가나안에서의 삶을 예견하고 저주를 예언하고 있다. 모세가 이 저주를 이스라엘에게 말할 때 그 안에는 예언적인 성격이 있기도 하지만 그의 마음은 이렇게 되지 않기를 원한다. 그래서 모세가 이스라엘을 여수룬이라고 부른 것이나 이들에게 저주를 예언한 것은 실제 표현하고 싶은 뜻과는 반대되는 말로 표현한 반어법(反語法)이다.

모세는 이스라엘이 범죄할 때 언약의 말씀에 따라 받게 될 저주 가운데 여호와께서 직접 말씀하시는 방식으로 "… 나도 백성이 아닌 자로 그들에게 시기가 나게 하며 어리석은 민족으로 그들의 분노를 일으키리로다"(신 32:21)라고 했다.[122] 바울이 이 말씀을 인용하며 이스라엘이 하나님을 버림으로 하나님께서 이방인들에게 구원을 베풀어 이스라엘로 하여금 시기심이 생기게 하려는 것이라고 해석했다(롬 10:19; 11:11-12). 하나님은 이 저주의 말씀대로 엘리야 시대에 사르밧 과부에게 은혜를 베푸심으로(왕상 17:8-24), 엘리사 시대에 나아만의 나병을 치료하심으로(왕하 5:1-27), 요나의 말을 듣고 회개한 니느웨에 은혜를 베푸심으로(욘 1-4), 신약 시대에 모든 이방인들에게 구원의 은혜를 베풀어 주심으로 그 말씀의 의미를 보여주셨다(롬 11:11).

모세의 이 노래는 애굽에서 나온 이후에 부른 노래(출 15:1-18)와 더불어 구원의 하나님을 기억하고 섬겨야 한다는 것을 보여 준다. 그리고 사도 요한은 구원받은 자들이 하늘 성소에서 모세의 노래와 어린양의 노래를 함께 부르는 것으로

122 신명기 32:20-27은 여호와께서 직접 말씀하신 것을 인용한 것이다.

묘사한다(계 15:3). 이것은 모세의 노래가 어린양의 노래와 더불어 우리가 영원히 기억해야 할 노래라는 것을 알게 한다.

② 율법을 지키는 일의 중요성(신 32:44–47)

모세가 율법의 모든 말씀을 마치고 가장 중요한 요점을 다시 한 번 요약한다. 그것은 "내가 오늘 너희에게 증언한 모든 말을 너희의 마음에 두고 너희의 자녀에게 명령하여 이 율법의 모든 말씀을 지켜 행하게 하라"(신 32:46. 참조. 신 4:9; 6:6–7; 11:18)는 말씀이다. 이 율법을 지키는 일이 중요하다는 것을 말하기 위하여 모세는 "이는 너희에게 헛된 일이 아니라 너희의 생명이니"(신 32:47)이라고 했다.[123] 개역개정판에 '헛된 일'이라고 번역된 말은 히브리어로 '다바르 레익'(דָּבָר רֵק)인데, '의미없는 말', '공허한 말', '빈 말'이라는 뜻이다. 특히 '다바르'(דָּבָר)는 '말' 또는 '말씀'으로 번역되어야 한다. 모세의 노래와 직접 연관된 신명기 31:30–32:47에 보면 이 단어의 어근(דבר)으로 된 명사와 동사가 11번이 나타난다(신 31:30×2; 32:1, 44×2, 45×2, 46×2, 47×2). 다시 말해 모세의 노래를 통하여 주신 말씀이 의미가 없는 말이나 빈말이 아니라 생명과 직결된 말씀이라는 것이다. 모세가 말한 대로 율법을 지키는 일은 이스라엘이 약속의 땅에 들어갔을 때 빈말이 아니라 생명이라는 것을 증명해 줄 것이다.

③ 모세의 죽음에 관한 말씀(신 32:48–52)

여호와께서 모세에게 그가 느보산에 올라가 가나안 땅을 바라보고 거기에서 죽을 것이라고 말씀하셨다(신 32:48–50). 여호와께서 모세와 아론이 가나안에 들어가지 못한 이유를 가데스의 므리바 물가에서 그들이 여호와의 거룩함을 이스라엘 자손 중에 나타내지 아니하였기 때문이라고 하셨다(신 32:51). 이미 모세가 가나안에 들어가지 못하게 될 이유를 여러 차례 반복하여 설명한 바가 있다(민 27:12; 20:11–13; 신 1:37; 3:23–29; 4:21–22). 그런데도 다시 반복하는 것은 여호와의 말씀을 믿고 끝까지 순종하는 일이 중요하다는 것을 독자들에게 도전하기 위함이다.

123 신명기 32:47의 원문은 이유를 나타내는 접속사인 '키'(כִּי)로 시작한다. 그래서 이 절은 율법을 지키는 일이 왜 중요한지를 설명한다.

5. 모세의 축복(신 33:1-29)

모세는 죽기 전에 마지막으로 이스라엘을 축복한다. 모세는 이 축복을 시로 기록했다. 그 구조는 다음과 같다.

- 역사 회고(신 33:2–5)
- 열두 지파들을 향한 축복(신 33:6–25)
  - 르우벤(신 33:6)
  - 유다(신 33:7)
  - 레위(신 33:8–11)
  - 베냐민(신 33:12)
  - 요셉(신 33:13–17)
  - 스불론과 잇사갈(신 33:18–19)
  - 갓(신 33:20–21)
  - 단(신 33:22)
  - 납달리(신 33:23)
  - 아셀(신 33:24–25)
- 이스라엘의 복과 미래(신 33:26–29)

6. 모세의 죽음(신 34:1-8)

모세는 여호와의 말씀에 순종하여 느보산에 올라가 여리고 맞은 편 비스가 산 꼭대기에 이르렀다(신 34:1, 참조. 신 32:48–52). 여호와께서는 이곳에서 모세에게 길르앗 온 땅과 단까지 보이시고 온 납달리와 에브라임과 므낫세의 땅과 서해까지의 유다 온 땅과 네겝과 종려나무의 성읍인 여리고를 보여 주셨다(신 34:1–3). 느보산은 해발 약 802m다. 여기서 가나안 땅을 두루 볼 수 있다. 그런데 여호와께서 이 지역을 보여 주신 것은 사실이지만 이때는 가나안 땅을 차지하기 전이었고, 또한 각 지파가 기업으로 차지하기 전이었다. 이 부분은 땅을 정복하고 분배한 뒤에 첨가된 것으로 보인다. 여호와께서 모세에게 이 땅을 가리키시며 "아브라함과 이삭과 야곱에게 맹세하여 그의 후손에게 주리라 한 땅이라"(신 34:4)라고 하셨다(참조. 창 12:1; 15:18–20). 여호와께서 약속하신 것을 성취하시겠다는 것을 보여 주셨다.

그러나 여호와께서 모세에게 "내가 네 눈으로 보게 하였거니와 들어가지는 못하리라"(신 34:4)라고 말씀하신 대로 여호와의 종 모세가 모압 땅에서 죽었다. 특히 모세를 가리켜 '여호와의 종'이라고 부른 것은 의미가 있다. 왜냐하면 이 특별한 칭호는 위대한 왕이신 여호와께서 그의 직무를 담당하게 하신 자들에게 사용되었기 때문이다. 여호와의 종은 하나님의 왕적인 통치를 수행하며 봉사하는 자들이다(Kalland & Barker 2002, 286).[124] 그런데 여호와께서 모세를 데려가시고 모압 땅에 있는 골짜기에 장사하였지만, 저자는 아는 자가 없다는 사실을 부연한다(신 34:6).

마지막으로 저자는 모세가 죽을 때의 나이가 120세였고 그의 눈이 흐리지 아니하였으며 기력이 쇠하지 아니했다고 설명했다(신 34:8). 모세는 궁중에서 40년, 미디안 광야에서 40년, 이스라엘을 애굽에서 인도하는 지도자요 선지자로 40년을 살았다(출 7:7; 행 7:23). 모세가 죽은 후에 이스라엘은 30일 동안 애곡했다(신 34:8). 이 기록을 볼 때 신명기에 모세가 율법을 해석하여 설교하고 가르친 것은 약 30일 동안이라는 것을 알 수 있다(참조. 신 1:3).

7. 새 지도자 여호수아(신 34:9-12)

모세가 살아 있을 때 그의 후계자로 세운 여호수아에게 안수하자 그에게 지혜의 영이 충만했다. 그리고 이스라엘 자손은 여호와께서 모세에게 명령하신 대로 여호수아의 말에 순종했다(신 34:9). 이것은 여호수아가 지도자로서 이스라엘을 가나안으로 인도할 것이라는 기대감을 가지게 한다.

그런데 해설자는 여호수아가 훌륭한 지도자이기는 하지만 이스라엘에게 모

124 구약성경은 특별히 아브라함(창 26:24), 모세(출 14:31; 수 1:1), 여호수아(수 24:29), 다윗(삼히 3:18; 7:5), 선지자들(왕하 9:7)과 집합적인 이스라엘(사 41:8–9), 신약성경은 교회의 감독과 장로(딤후 2:24), 바울(딛 1:1), 구속받은 성도 등을 가리켜 '하나님의 종'(롬 6:22; 계 19:5)이라고 했다.

세와 같은 선지자는 일어나지 못했다고 하면서, 모세를 여호와와 대면하여 아시던 자요 이적과 기사를 행한 분으로 설명했다(신 34:10-12). 그러나 모세가 아무리 위대한 선지자라 할지라도 하만(Harman 2007, 294)이 지적한 바와 같이 그의 사역은 예비적이다. 그에게서 시작된 선지자 사역은 모세와 같이 하나님의 집의 종이 아니라 하나님의 집을 맡을 주인이신 그리스도께서 오실 때까지 계속되었다(히 3:5-6). 이 선지자는 1차적으로는 모세 뒤에 나타날 집합적인 의미의 선지자이다(Kalland & Barker 2002, 266). 동시에 이 선지자는 오실 메시아다(요 1:21, 25, 45; 6:14 등). 이러한 점을 이해한다면 신명기는 창세기 3:15에 여자의 후손으로 오셔서 완전한 구속을 이루실 한 분, 곧 그 선지자 그리스도를 바라보며 끝맺고 있다는 것을 알 수 있다.

V. 구속사적 의미

구속사에서 신명기의 위치

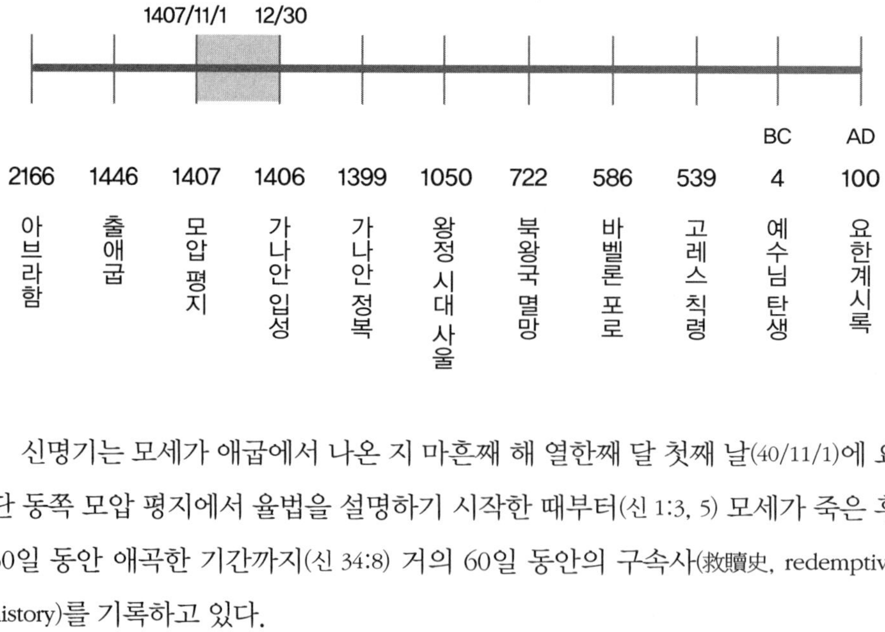

신명기는 모세가 애굽에서 나온 지 마흔째 해 열한째 달 첫째 날(40/11/1)에 요단 동쪽 모압 평지에서 율법을 설명하기 시작한 때부터(신 1:3, 5) 모세가 죽은 후 30일 동안 애곡한 기간까지(신 34:8) 거의 60일 동안의 구속사(救贖史, redemptive history)를 기록하고 있다.

모압 평지에서 불과 60일이 채 되지 않는 기간에 하나님이 이들과 함께하심으로 그들이 약속의 땅 가나안에 들어갈 수 있게 준비를 시키셨다. 특히 모세는 그의 설교를 통하여 지난 40년간의 광야 생활을 회고하며 이스라엘은 하나님이 선택하신 백성이라는 점을 반복하여 강조한다(신 4:37; 7:6–7; 10:15; 14:2). 또한 모세는 하나님이 이스라엘을 성민으로 간주하셨고, 앞으로도 그렇게 하실 것을 반복하여 강조한다(신 7:6; 14:2, 21; 26:19; 28:9). 이것은 언약 백성의 특권이다.

그러나 언약 백성들이 이 특권에 따른 은혜를 누리려면 언약의 말씀을 지켜야 한다. 그래서 모세는 언약 조건으로 십계명(신 5:6–21)을 언급하며 이 계명을 구체적인 상황에서 적용하여 설명한다(신 12:1–27:1). 이 조건을 충족시키지 못하면 이스라엘은 가나안에서 언약 백성으로서의 특권을 누릴 수 없을 뿐만 아니라 천하 만민이 구원을 얻는 통로로서의 책임을 감당할 수 없기 때문이다(참조. 창 18:18; 22:18; 26:4). 특별히 신명기에서 이 점을 강조하는 것은 이스라엘을 하나님의 구속사에서 책임 있는 역할을 감당해야 할 위치에 있는 자로 보기 때문이다.

이스라엘은 모세의 설교대로 언약 백성으로서 신분을 인식하고 책임 있는 삶을 살기도 하였지만 그렇게 살지 못하여 징계를 받기도 했다. 심지어 이스라엘은 주변의 크고 작은 나라들의 침략을 받아 고통받았고, 마침내 바벨론 포로라는 수치스러운 역사를 경험했다. 그러나 하나님이 아브라함에게 약속하신 자손인 메시아가 오심으로 모든 불법에서 속량하여 깨끗하게 하시고 선한 일을 열심히 하는 자기 백성과 거룩한 백성이 되게 하셨다(딛 2:14; 벧전 2:9). 그래서 구속받은 성도들에게는 신명기에 기록된 법의 핵심인 하나님을 사랑하는 것이 가능하게 되었다(신 6:5; 마 22:37–40; 요일 5:1–3).

참고문헌(Bibliography)

가이슬러, 노르만 1991.『구약성경 개론』. 윤영탁 역. 서울: 엠마오.

고재수 1991[1987].『구속사적 설교의 실제』. 서울: 기독교문서선교회.

고재수 1989. "구약의 역사적 본문에 대한 기독론적 해석."『고려신학보』 제17집. 부산: 고신대학 신학대학원 출판부.

기동연 2005. "출애굽기 6:3의 재해석."『구약논집』1. (서울: 한국복음주의 구약신학회: 55-69.

김정준 1980.『시편명상 1』. 서울: 대한기독교서회.

김지찬 1996.『언어의 직공이 되라』. 서울: 생명의 말씀사.

김진수 2012. "구약 내러티브의 해석과 설교 (1)."『신학정론』 제30권 2호: 523-544.

김진수 2013. "구약 내러티브의 해석과 설교 (2)."『신학정론』 제31권 1호: 35-62.

노트, M 1997.『이스라엘 역사』. 박문재 역. 서울: 크리스천다이제스트.

둠브렐, W J 2001.『언약과 창조』. 최우성 역. 서울: 크리스챤서적.

라솔, W S 외 2인 2003.『구약개관』, 박철현 역. 크리스천다이제스트.

라이트, 크리스토퍼 2008. "레위기." J. A. 모티어 외.『IVP 성경주석』. 서울: IVP.

로벗슨, 팔머 1988.『계약신학과 그리스도』. 김의원 역. 서울: 기독교문서선교회.

로벗슨, 팔머 1999. "'함의 저주'에 관한 오늘날의 중요한 문제들."『구약신학 논문집』 제9집. 합동신학대학원 출판부.

명종남 1990.『반더발 성경 연구』1. 연합선교회.

맥콘빌, 고든 2008. "신명기." J. A. 모티어 외.『IVP 성경주석』. 서울: IVP.

밀러, 맥스웰 1999. "성서를 역사로 해석한다는 것: 역사가로서 의 접근." 스티븐 헤이네스 편.『성서비평 방법론과 그 적용』. 서울: 대한기독교서회.

밀러, 패트릭 D 2000.『신명기』. 김회권 역. 서울: 한국장로교출판사.

바커, 폴 2014. "신명기 해설."『ESV 스터디 바이블』. 신지철 역. 서울: 부흥과개혁사.

박철현 2009. "야누스적인 인간 발람과 이스라엘의 운명." 목회와신학 편집부 편.『민수기, 어떻게 설교할 것인가』. 서울: 두란노아카데미.

발렌틴, S E 2011.『레위기』. 한미공동주석편집번역위원회. 서울: 한국장로교출판사.

벨링거, 윌리엄 2016.『레위기, 민수기』. 김진선 역. 서울: 성서유니온.

붓드, 필립 J 2004.『민수기』. 박신배 역. 서울: 도서출판 솔로몬.

서종택 1984. "소설론."『문학개론』. 구인환 외. 서울: 형설출판사.

송병현 2009. "정탐하는 백성들."『민수기 어떻게 설교할 것인가』. 서울: 두란노아카데미.

송제근 1998.『시내산 언약과 모압 언약』. 서울: 도서출판 솔로몬.

송제근 2017.『아주 오래된 날마다 새로운 구약성경 이야기』. 군포: 언약나라.

스나이더, H A 1991.『하나님 나라와 오늘의 도전』. 탁영철 역. 서울: 기독지혜사.

신득일 1993. "희년의 윤리."『고려신학보』제25집. 부산 고신대학교 신학대학원.

신득일 2012.『구약정경론』. 서울: 생명의 양식.

신득일 2014.『광야의 반란』. 서울: CLC.

신득일 2015.『101가지 구약 Q & A』. 서울: CLC.

아처, 글리아슨 1985.『구약총론』. 김정우 역. 서울: 기독교문서선교회.

알렉산더, 데스몬드 2014. "창세기 해설."『ESV 스터디 바이블』. 신지철 역. 서울: 부흥과개혁사.

오만, H M 1986. "구약의 역사적 본문에 대한 기독론적 설교." 이병구 역.『고려신학보』제12집. 부산: 고신대학교 신학대학원 출판부.

왈턴, 존 1981.『구약의 연대기 도표』. 안영복 역. 서울: 성광문화사.

웬함, G 1998. "레위기의 구조와 중심사상."『그 말씀』. 서울: 두란노서원.

웬함, G 2014. "민수기 해설."『ESV 스터디 바이블』. 신지철 역. 서울: 부흥과개혁사.

웬함, G 2015[2007].『성경이해 3: 모세 오경』. 서울: 성서유니온.

이어령 2011.『빵만으로는 살 수 없다』. 서울: 열림원.

차일즈, B S 1992a.『구약신학』. 박문재 역. 서울: 크리스천 다이제스트.

차일즈, B S 1992b.『구약정경개론』. 김갑동 역. 서울: 대한기독교출판사.

차일즈, B S 1999.『성경신학의 위기』. 박문재 역. 서울: 크리스천 다이제스트.

최승락 2013.『하물며 진리』. 용인: 킹덤북스.

카이저, 월터 1992.『영적 회복이 필요할 때』. 홍성훈 역. 서울: 두란노서원.

카일, C F 1985. "머리말."『카일 · 델리취 구약주석』. 서울: 기독교문화사.

캉, C H과 넬슨, E R 1997.『한자에 담긴 창세기의 발견』. 이강국 역. 서울: 미션하우스.

크레아다누스, S 1989.『구속사적 설교의 원리』. 권수경 역. 서울: 학생신앙운동.

클레멘츠, 로날드 E 1994.『구약성서해석사』. 문동학, 강성열 역. 서울: 나눔사.

키드너, 데렉 1994.『창세기』. 한정건 역. 서울: 기독교문서선교회.

토비아스, R B 2014.『인간의 마음을 사로잡는 스무 가지 플롯』. 김석만 역. 서울: 풀빛.

트림프, C 1996.『설교학 강의』. 신득일, 고서희, 한만수 공역. 서울: 기독교문서선교회.

틸레, 에드윈 R 1990.『히브리 왕들의 연대기』. 한정건 역. 서울: 기독교문서선교회.

페인, D F 2015[2008]. "사무엘상하."『IVP 성경주석』. 김순영 외 7인 공역. 서울: 한국

기독학생회 출판부.

프리처드, 제임스 B 2016.『고대 근동 문학 선집』. 강승일, 김구원 외 4인역. 서울: 기독교문서선교회.

피, 고든 D와 스튜어트 D 1991.『성경을 어떻게 읽을 것인가』. 오광만 역. 서울: 성서유니온.

피, 고든 D와 스튜어트 D 2007.『책별로 성경을 어떻게 읽을 것인가』. 길성남 역. 서울: 성서유니온.

한정건 1994. "출애굽의 경로와 시내산 위치에 대한 고찰."『개혁신학과 교회』제4호. 천안: 고려신학대학원: 7-35.

한정건 1996. "창조에서의 안식의 의미."『개혁신학과 교회』제6호. 천안: 고려신학대학원: 27-66.

한정건 2012.『구약성경신학』. 천안: 고신대학교 신학대학원.

한정건 2016.『창세기』. 서울: 고신총회출판국.

해밀턴, 빅터 2007.『오경개론』. 강성렬, 박철현 역. 고양: 크리스천 다이제스트.

헬버그, J L 1986. "구약성경연구의 출발점과 방법." 길성남 역.『고려신학보』제12집. 부산: 고신대학 신학대학원 출판부: 95-117.

화이퍼, 찰스 F 1979.『구약사 개론』. 김영배 역. 서울: 예수교문서선교회.

힐가드, E R 외 2인 1984.『심리학 개론』. 홍대식 역, 서울: 박영사.

Aalders, G C 1981. *Genesis*. Bible Student's Commentary. trans. W. Heynen. Grand Rapids.

Alexander, T. D. 2008. "Genesis Notes," *ESV Study Bible*. Wheaton: Crossway Bibles.

Allen, R B & Barker, K L 2002 "Numbers," *NIV Study Bible*. Grand Rapids: Zondervan.

Alter, R 1981. *The Art of Biblical Narrative*. New York: Basic Books.

Alter, R, 1999. *The David Story : A Translation with Commentary of 1 and 2 Samuel*. New York: W. W. Norton & Company.

Amit, Y 2001. *Reading Biblical Narrative*. Minneapolis: Fortress Press.

Atkinson, D 1990. *The Message of Genesis 1-11: The Dawn of Creation*. Leicester: IVP.

Baldwin, J G 1985. *The Message of Genesis 12-50: From Abraham to Joseph*. BST. Leicester: IVP.

Bar-Efrat, S 1989. *Narrative Art in the Bible*. Sheffield: Almond Press.

Berkhof, L 1941. *Systematic Theology*. Grand Rapids: Eerdmans.

Berkhof, L 1988. *Principles of Biblical Interpretation*. Grand Rapids: Baker Book House.

Block, D I 2012. *Deuteronomy*. NIVAC. Grand Rapids: Zondervan.

Brooks, C & Warren R P 1959. U*nderstanding Fiction*. New York: Appleton Century Crofts.

Brown, R 1994[1993]. *The Message of Deuteronomy*. BST. Leicester: IVP.

Brueggemann, W 1982. *Genesis*. Interpretation. Westminster Knox.

Budd, P J 1984. *Numbers*. WBC. Texas: Word Books.

Calvin, J 1963. *Genesis*. Grand Rapids: Eerdmans.

Carpenter, E 1997. "עֶבֶד". In *NIDOTE* Vol. 3. (Grand Rapids: Zondervan): 304-309.

Cassuto, U 1967. *A Commentary on the Book of Exodus*. trans. Israel Abrahams. Jerusalem: Magnes Press.

Chatman, S 1978. *Story and Discourse: Narrative Structure in Fiction and Film*. Ithaca: Cornell University Press.

Childs, B S 1974. *The Book of Exodus*. OTL. Louisville: The Westminster Press.

Chisholm Jr., R B 1998. *From Exegesis to Exposition*. Grand Rapids: Baker Academic.

Chisholm Jr., R B, 2006. *Interpreting the Historical Books: An Exegetical Handbook*. Grand Rapids: Kregel Pub.

Christensen, D L 1991. *Deuteronomy 1-11*. WBC. Word Books.

Cornfeld, G 1976. *Archaeology of the Bible: Book by Book*. New York: Harper & Row.

De Graaf, S G 1981. *Promise and Deliverance* Vol. 1. St. Catharines: Paideia Press.

Devries, S J 1985. *1 Kings*. WBC. Texas: Word Books.

Dillard, R B & Longman III, T 1994. *An Introduction to the Old Testament*. Grand Rapids: Zondervan.

Duguid, I M 2006. *Numbers*. Wheaton: Crossway Books.

Gesenius, 1990[1910]. *Gesenius' Hebrew Grammar*. A. E. Cowley trans. New York: Oxford University Press.

Goldingay, J 1990. *Approaches to Old Testament Interpretation*. Downers Grove: IVP.

Goldsworthy, G 1987. *Gospel & Kingdom: A Christian Interpretation of the Old*

Testament. Australia: The Paternoster Press.

Gootjes, N H 1990. "Rethinking Redemptive–Historical Interpretation." *Clarion* Vol. 39. The Canadian Reformed Magazine.

Gray, G B 1903. *A Critical and Exegetical Commentary on Numbers*. ICC. Edinburgh: T. & T. Clark.

Greidanus, S 1970. *Sola Scriptura: Problems and Principles in Preaching Historical Texts*. Toronto: Wedge Publishing Foundation.

Greidanus, S 1988. *The Modern Preacher and the Ancient Text: Interpreting and Preaching Biblical Literature*. Grand Rapids: Eerdmans.

Hamilton, V P 1990, 1995. *The Book of Genesis*. 2 vols, NICOT. Grands Rapids: Eerdmans.

Haran, M 1985. *Temples and Temple-Service in Ancient Israel*. Winona Lake: Eisenbrauns.

Harman, A M 2007[2001]. *Deuteronomy: The Commands of a Covenant God*. FBC. Great Britain: Christian Focus.

Harrison, R K 1999. *Introduction to the Old Testament*. Grands Rapids: Eerdmans.

Hartley, J E 1992. *Leviticus*. WBC. Nelson/Paternoster.

Hasel, G 1991. *Old Testament Theology: Basic Issues in the Current Debate*. 4th edition. Grand Rapids: William B. Eerdmans Publishing Company.

Hill, A E & Walton, J H 1991. *A Survey of the Old Testament*, Grand Rapids: Zondervan.

Hoekema, A A 1986. *Created in God's Image*. Grand Rapids: Eerdmans.

Hoekema, A A 1989. *Saved by Grace*. Grand Rapids: Eerdmans.

Howard Jr., D M 1993. *An Introduction to the Old Testament Historical Books*. Chicago: Moody Press.

Janzen, J G 1987. "On the Most Important Word in the Shema"(Deut 6:4–5). *VT* 37: 280–300.

Kaiser Jr., W C 1978. *Toward an Old Testament Theology*. Grand Rapids: Zondervan.

Kaiser Jr., W C 1987. *Toward Rediscovering the Old Testament Theology*. Grand Rapids: Zondervan.

Kalland, E S & Barker, K L 2002. "Deuteronomy Notes." *NIV Study Bible*. Grand Rapids: Zondervan.

Kang, C H & Nelson, E R 1979. *The Discovery of Genesis*. Louis: Concordia

Publishing House.

Kaufman, S A 1979. "The Structure of the Deuteronomic Law." *Maarav* 1–2: 105–158.

Kaye, B N & Wenham G J eds. 1978. *Law, Morality and the Bible*. London: IVP.

Kellogg, S H 1988. *Studies in Leviticus*, Grand Rapids: Kregel Publications.

Kidner, D 1967. *Genesis*. TOTC. Leicester: IVP.

Kitchen, K 1966. *Ancient Orient and Old Testament*. Downers Grove: Inter Varsity.

Liddell, R 1956. *Some Principle of Fiction* . London: Jonathan Cape.

Licht, J 1978. *Storytelling in the Bible*. Jerusalem: The Magnes Press.

Longman III, T 1987. *Literary Approaches to Biblical Interpretation*. Grand Rapids: Zondervan.

Longman III, T 1997. *Reading The Bible With Heart Mind*. Nav. Press.

Lowth, R 1923[1829]. *Lecture on the Sacred Poetry of the Hebrews*. 3rd ed. G. Gregory trans. Bibliolife.

Martens, E A 1994. *God's Design: A Focus on Old Testament Theology*. Grand Rapids.

McConville, J G 1984. *Chronicles in the Daily Study Bible*. St. Andrew Press.

Matthews, K A 1996. *Genesis 1-11:26*. NAC. Broadman & Holman Publishers.

Matthews, K A, 2005. *Genesis 11:27-50:26*. NAC. Broadman & Holman Publishers.

Merrill, E H 1994. *Deuteronomy*. NAC. Broadman & Holman Publishers.

Milgrom, J 1990. *Numbers*. The JPS Torah Commentary. Philadelphia: The Jewish Publication Society.

Milgrom, J 1991. *Leviticus 1-16*. AB. Doubleday.

Milgrom, J, 2000. *Leviticus 17-22*. AB. Doubleday.

Milgrom, J, 2001. *Leviticus 23-27*. AB. Doubleday.

Miller Jr., P D 1990. *Deuteronomy.* Interpretation. Louisville: John Knox Press.

Niditch, S 1993. "War, Women and Defilement in Number 31." *Semeia* 61: 39–57.

Olson, D T 1996. *Numbers*. Interpretation. Louisville: John Knox Press.

Olson, D T 1985. "The Death of the Old and the Birth of the New: The Framework of the Book of Numbers and the Pentateuch." *BJS* 71. Chico: Scholars.

Obstfeld, R 2002. *Fiction First Aid: Instant Remedies for Novels*, Stories and Scripts. Cincinnati: Writer's Digest Books.

Parunak, H V D 1984. "Oral Typesetting: Some Uses of Biblical Structure." *Biblica*

62: 153–168.

Payne, J B 1971. *The Theology of Older Testament*. Grand Rapids: Zondervan.

Powell, M A 1990. *What Is Narrative Criticism?* Minneapolis: Fortress Press.

Pritchard, J B ed. 1969. *Ancient Near Eastern Texts*(ANET). Princeton: Princeton University Press, 1969.

Rhoads, D & Michi D 1982. *Mark As Story: An Introduction to the Narrative of a Gospel*. Philadelphia: Fortress Press.

Robertson, D 1976. "The Bible as Literature," *The Interpreter's of the Bible Dictionary Sup*. Vol. Ed. Keith Crim. Nashville: Abingdon.

Robertson, O P 1980. *The Christ of the Covenants*. New Jersey: P&R.

Ryken, L 1984. *How to Read the Bible as Literature*. Grand Rapids: Academie Books.

Saley, R J 1978. "The Date of Nehemiah Reconsidered," In *Biblical and Near Eastern Studies. Essay in Honour of William Sanford LaSol*. ed. G. A. Tuttle: 151–165.

Sangster, W E 1984. *The Path to Perfection: An Examination & Restatement of John Wesley's Doctrine of Christian Perfection*. Westminster : Epworth Press.

Shin, D I 2004. "The Ark of Yahweh in the Old Testament: An Exegetical–Theological Study." Ph. D. dissertation. North West University.

Smith, W 1937. *The Glorious Revival Under King Hezekiah*. Grand Rapids: Zondervan.

Song, T G 1992. "Sinai Covenant and Moab Covenant: An Exegetical Study of the Covenants in Exodus 19:1–24:11 and Deuteronomy 4:45–28:69." Ph. D. dissertation. Cheltenham and Gloucester College of Higher Education.

Thompson, J A 1974. *Deuteronomy*. TOTC. London: IVP.

Trimp, C 1988. *Heilsgeschiedenis en Prediking*. Kampen: Uitgeverij Van Den Berg.

Unger, M F 1954. *Archaeology and the Old Testament*. Grand Rapids: Zondervan.

Vanderwaal, C 1978a. *Search the Scriptures 1*. Paideia Press.

Vangemeren, W 1988. *The Progress of Redemption: The Story of Salvation from Creation to the New Jerusalem*. Grand Rapids: Academie.

Vangemeren, W 1997. Ed. *New International Dictionary of Old Testament Theology & Exegesis*. Grand Rapids: Zondervan.

von Rad, G 1979[1966]. *Deuteronomy*. trans. Dorothea Barton. OTL. London: SCM Press.

Walsh, J T 1997. "Gen 2:4b–3:24: A Synchronic Approach." In *Journal of Biblical Literature* 96: 161–77.

Walsh, J T 2001. *Style & Structure in Biblical Hebrew Narrative*. Minnesota: A Michael Glazier Book.

Waltke, B 1986. "Was Cain's Offering Rejected, by God Because It Was Not a Blood Sacrifice?" *WTJ* 48: 363–72.

Weingreen, J 1959[1939]. *A Practical Grammar for Classical Hebrew*. London: Oxford University.

Wenham, G J 1979. *The Book of Leviticus*. NICOT. Eerdmans.

Wenham, G J 1981. *Numbers*, TOTC. Leicester: IVP.

Wenham, G J 1987. *Genesis 1-15*. WBC. Nelson/ Paternoster.

Wenham, G J 1994. *Genesis 16-50*. WBC. Nelson/Paternoster.

Wilson, J A 1957. *The Culture of Ancient Egypt*. Chicago: The University of Chicago.

Wolff, H W 1974. *Anthropology of the Old Testament*. Philadelphia: Fortress.

Wood, L J 1970. *A Survey of Israel's History*. Grand Rapids: Zondervan.

Wright, C J H 1992. "The Ethical Authority of the Old Testament: A Survey of Approaches. Part II. *Tyndale Bulletin* 43.2: 203–271.

Young, E J 1953. *An Introduction to the Old Testament*. Grand Rapids: Eerdmans.

Young, E J 1976. *In the Beginning*. Carlisle: The Banner of Truth Trust.

Youngblood, R 2002. "Genesis Introduction and Notes." *NIV Study Bible*. Grand Rapids: Zondervan.

Youngblood, R & Kaiser Jr., W C 2002. "Exodus Notes." *NIV Study Bible*. Grand Rapids: Zondervan.